Alois Bach / Walter Sauer (Hrsg.)

Schützen, Retten, Kämpfen – Dienen für Deutschland

Alois Bach / Walter Sauer (Hrsg.)

Schützen, Retten, Kämpfen – Dienen für Deutschland

2016

Carola Hartmann Miles-Verlag

Bibliografische Information der Deutschen Nationalbibliothek

Die Deutsche Nationalbibliothek verzeichnet diese Publikation in der Deutschen Nationalbibliografie; detaillierte bibliografische Daten sind im Internet über www.dnb.de abrufbar.

© 2016 Carola Hartmann Miles-Verlag
www.miles-verlag.jimdo.com
email: miles-verlag@t-online.de

Herstellung: BOD - Books on Demand, Norderstedt
Titelbilder/Bildnachweis: BMVg/Bundeswehr

Printed in Germany

ISBN 978-3-945861-36-3

Inhalt

II. Anforderungen an moderne Streitkräfte und eine zeitgemäße Führungsphilosophie

III. Deutsche Streitkräfte im Spannungsbogen von Staat und Gesellschaft

IV. Arbeitsplatz Bundeswehr – Wie attraktiv müssen Streitkräfte heute sein?

Für die Soldaten und Soldatinnen der Bundeswehr

– Aktive, Reservisten, (Einsatz-)Veteranen und Ehemalige –

wie auch für ihre Familien und Angehörigen

Staatsbürger in Uniform: Wir. Dienen. Deutschland.

Vorwort der Bundesministerin der Verteidigung: Schützen, Retten, Kämpfen – Dienen für Deutschland

Dr. Ursula von der Leyen

Seit über 60 Jahren ist die Bundeswehr eine verlässliche Größe unseres demokratischen Rechtsstaates. Seit dem Tag ihrer Gründung vertraut sie auf die Innere Führung als ihre Organisations- und Führungsphilosophie, als ihre Leitlinie für die Menschenführung und Richtschnur für den Umgang miteinander. Die Innere Führung hat nicht nur den Aufbau dieser Streitkräfte geprägt. Sie ist auch im täglichen Dienst eine feste Basis soldatischen Handelns geworden. Das gilt besonders in den Auslandseinsätzen, wo die Anforderungen an die Persönlichkeit hoch und die Facetten des Auftrags immer vielfältiger sind.

Seit 25 Jahren ist die Bundeswehr eine Armee im Einsatz. Damit einhergehend haben sich die Anforderungen an die Soldatinnen und Soldaten, aber auch die zivilen Mitarbeiterinnen und Mitarbeiter grundlegend verändert. Und seit 25 Jahren hält die Bundeswehr diesen ständig wachsenden Anforderungen stand. Sie schafft das, eben weil sich das Leitprinzip ihrer Führungskultur in den vergangenen Jahrzehnten zutiefst bewährt und als flexibel erwiesen hat. Das innere Gefüge der Bundeswehr ist so bei allen äußeren Einflüssen stets stabil geblieben. Deswegen ist Innere Führung wichtiger denn je in einer Zeit, in der Krisen und Konflikte rings um den Erdball unsere Sicherheit und unsere Freiheit in einer unvorhersehbaren Intensität, Komplexität und Geschwindigkeit bedrohen.

In Phasen globaler politischer, wirtschaftlicher und gesellschaftlicher Veränderung kann die Bundeswehr ihren Auftrag nur erfüllen, wenn sich die Menschen, die in ihr dienen und arbeiten, an zentrale Werte unseres Gemeinwesens gebunden fühlen – wie die Achtung und den Schutz der Menschenwürde. In dieser Verpflichtung finden unsere Soldatinnen und Soldaten auch eine ethische Begründung, eine rechtliche Begrenzung und eine moralische Rechtfertigung ihres Handelns. Als „Staatsbürger in Uniform" treten sie aus innerer Überzeugung aktiv ein für Menschenwürde, Freiheit, Frieden, Gerechtigkeit, Gleichheit und Solidarität in unserer Demokratie. Gleiches gilt für die „Staatsbürger *mit* Uniform", wie unsere Reservistinnen und Reservisten auch genannt werden. Innere Führung gibt auch ihnen die Grundlage für verantwortungsbewusstes Führen und Entscheiden.

Innere Führung ermöglicht Handeln aus Einsicht – der oder dem Einzelnen und damit der Gemeinschaft insgesamt. Sei es beim Schützen unserer Werte, beim Retten in Not geratener Menschen, beim Kämpfen für Sicherheit, Frieden und Freiheit oder beim „Dienen für Deutschland" – so wie es das vorliegende Buch beschreibt.

Allen militärischen Vorgesetzten kommt in der Führung, Ausbildung und Erziehung unterstellter Soldatinnen und Soldaten eine herausgehobene Verantwortung zu. *„Wer Menschen führen will, muss Menschen mögen"*: Getreu diesem alten Grundsatz sind sie gehalten, die Individualität jeder Soldatin und jedes Soldaten zu berücksichtigen und sinnvoll in die erfolgreiche Erfüllung des Auftrages einzubinden. Gerade in schwierigen Situationen, die mit Gefahr für Gesundheit und Leben einhergehen, sind die Anforderungen an Führungspersönlichkeiten hoch. Mit der Inneren Führung haben sie dabei ein unverzichtbares Instrument zur Hand.

Der Führungskultur der Bundeswehr kommt auch mit Blick auf die Attraktivität als Arbeitgeber eine besondere Bedeutung zu. Denn der demografische und der gesellschaftliche Wandel machen vor den Streitkräften ebenso wenig halt wie der bundesweit beklagte Fachkräftemangel. Hinzu kommt die Vereinbarkeit von Familie und Dienst, die – zumindest im Grundbetrieb – für die Angehörigen der Bundeswehr genauso möglich sein muss wie für alle anderen erwerbstätigen Menschen in Deutschland. In diesem Umfeld wird es zunehmend schwierig, gut ausgebildete, verantwortungsbewusste und sozial kompetente Männer *und* Frauen für den Dienst in der Bundeswehr zu gewinnen und auch zu halten. Diese Aufgabe ist zuallererst eine Frage der Inneren Führung. Und gerade an diesem Punkt zeigt sich, dass unsere Führungsphilosophie nicht nur theoretischer Anspruch ist, sondern dass sie dem besonderen Berufsbild der Soldatinnen und Soldaten auch im Alltag dient und ihn positiv gestaltet.

Bei meinen Auslandsreisen werde ich oft auf die Innere Führung angesprochen. Immer wieder kommt es auch vor, dass Verbündete und Partner um Rat fragen, wie man sie implementiert und anwendet. Darauf können wir stolz sein. Die Innere Führung ist ein Pfund, mit dem die Bundeswehr wuchern kann. Umso mehr stehen wir alle in der Pflicht, diese Philosophie zu bewahren und tagtäglich mit Leben zu füllen. Wir müssen sie aber auch so gestalten, dass sich die Menschen in der Bundeswehr auch in Zukunft mit ihr identifizieren können.

Innere Führung ist die unabdingbare Grundanforderung allen soldatischen Tuns, der jede Soldatin und jeder Soldat ohne Einschränkung nachkommen muss – unabhängig von Dienstgrad, Dienststellung oder Auftrag. Sie ist in ihrem Ansatz zeitlos gültig, muss aber regelmäßig den aktuellen Rahmenbedingungen angepasst werden. Mit dem vorliegenden Buch erfährt die 60-jährige und facettenreiche Erfolgsgeschichte der Inneren Führung ihre berechtigte Wertschätzung. Ich danke allen Autorinnen und Autoren für ihre klugen Beiträge. Dem Werk wünsche ich eine weite Verbreitung und viele interessierte Leserinnen und Leser.

Geleitwort des Wehrbeauftragten des Deutschen Bundestages: Soldatsein im 21. Jahrhundert

Dr. Hans-Peter Bartels

Unterscheidet sich das Soldatsein heute in seinen Anforderungen vom Soldatsein früherer Zeiten? Wenn ja, wo? Stimmen überkommene Etikettierungen für den Soldatenberuf heute noch? Der Militärtheoretiker Clausewitz schrieb vor etwa 200 Jahren, der gute Soldat müsse über genug Geschicklichkeit verfügen, um seine Kenntnisse auch in die Ausführung übertragen zu können. Etwa zur gleichen Zeit entstand der englische Wahlspruch „Right or wrong – my country!" Hinter solchen Maximen stand die Überzeugung, dass einen guten Soldaten militärische Fertigkeiten in Verbindung mit bedingungslosem Patriotismus auszeichnen. Das gilt so heute gewiss nicht mehr.

Aber was macht eine deutsche Soldatin oder einen Soldaten in der Demokratie aus? Neben der Beherrschung einer zunehmend komplexen Militärtechnik gibt es ein spezifisches soldatisches Leitbild, das die Bundeswehr seit Beginn ihres Bestehens vermittelt: die Innere Führung.

Die Wehrmachtsoffiziere des militärischen Widerstands vom 20. Juli 1944 hatten den Konflikt zwischen Gehorsam und Recht aufzulösen. Sie haben sich für das Recht und gegen den Gehorsam entschieden, gegen ihren Eid auf den „Führer". Sie sind im Sinne der Radbruchschen Formel ihrem eigenen Kompass zur Unterscheidung von Gut und Böse gefolgt: Wo das Unrecht ein unerträgliches Maß annimmt, das evident zum Handeln zwingt, wird Widerstand Pflicht. Jeder hat für sich entschieden – nach seinem inneren menschlichen Maßstab, nach seinem Gewissen. Das ist Innere Führung.

Über dieses in unserer schwierigen Geschichte verankerte einzigartige soldatische Leitbild hinaus ist die Bundeswehr nicht nur eine Armee in der Demokratie, sondern auch eine Armee, die selbst nach demokratischen Grundsätzen verfasst ist: mit Beschwerde- und Petitionsrecht, mit Vereinigungsfreiheit und gewählten Personalvertretungen – und mit verfassungsmäßigen Kontrollorganen, zu denen neben dem obligatorischen Verteidigungsausschuss (GG Art. 45 a) auch das Amt des Wehrbeauftragten (GG Art. 45 b) gehört.

Der Wehrbeauftragte hat zum einen über den „Schutz der Grundrechte der Soldatinnen und Soldaten" sowie „die Einhaltung der Grundsätze der Inneren Führung" zu wachen. Und es sind regelmäßig Missstände und Unzulänglichkeiten, die durch Eingaben, Truppenbesuche und Gespräche direkt an den Wehrbeauftragten herangetragen werden. Es ist sein gesetzlicher Auftrag, diesen nachzugehen und ggf. Verbesserungen anzuregen. Zum anderen ist die Institution des Wehrbeauftragten Teil der parlamentarischen Kontrolle über die Streitkräfte. Aus beiden Perspektiven ergibt sich für den Wehrbeauftragten ein Bild des „Soldatseins", das in der Praxis eng mit den gegenwärtigen Rahmenbedingungen zusammenhängt, unter denen dieser Beruf auszuüben ist.

Diese Rahmenbedingungen waren auch in den zweieinhalb Jahrzehnten nach dem Ende des Kalten Krieges in vielerlei Hinsicht schwierig, sowohl für die Institution Bundeswehr als auch für die einzelnen Soldatinnen und Soldaten und deren Angehörige. Der Dienst in den Streitkräften verlangt seit jeher eine enorme Flexibilität und Teamgeist und fordert im Ernstfall den Einsatz des eigenen Lebens. Die Auseinandersetzung mit Verwundung und Tod ist unvermeidbar. Nicht wenige Soldatinnen und Soldaten führen über Jahre eine Wochenendehe oder -beziehung. Trennungen von der Familie – auch über längere Zeiträume – müssen hingenommen werden. Aber auch für Menschen, die hochmotiviert, belastbar, mobil und willens sind, das Gemeinwohl vor die eigenen Bedürfnisse zu stellen, müssen die Bedingungen in Richtung Familienfreundlichkeit verbessert werden. Der Bundeswehr darf es nicht egal sein, ob Partner, Kinder und Eltern bereit sind, die Belastungen und Entbehrungen, die dieser Beruf auch für die Familien bedeutet, mitzutragen. In den Familien haben beide Erwachsene gleichwertige Ansprüche an Beruf und Leben. Und die Bundeswehr ist als Freiwilligenarmee mit deutlich älterem Personal als zu Wehrpflichtzeiten inzwischen ganz überwiegend eine Familienarmee.

Seit der Epochenwende 1989/90 wurde die Bundeswehr permanent umgebaut. Die Begriffe „Heeresstruktur 5", „Erneuerung von Grund auf", „Transformation" und „Neuausrichtung" markieren eine stetige personelle Reduzierung und strukturelle Umgestaltung. Hinzu kam die Aussetzung der Wehrpflicht im Jahr 2011, die über viele Jahrzehnte das Fundament der Bundeswehr darstellte. Wer in den vergangenen 25 Jahren den Soldatenberuf ausübte, musste auf Kontinuität verzichten und ein übergroßes Maß an Flexibilität und Mobilität zeigen.

Von einem Gesamtumfang beider deutschen Armeen von knapp 600.000 Soldatinnen und Soldaten im Jahr der Einheit schrumpfte der Personalumfang über 370.000, 340.000, 280.000 und 250.000 auf eine Zielgröße von 185.000. Entsprechend viele Standorte wurden aufgelöst, verkleinert oder umgegliedert, immer wieder. Viele Soldatinnen und Soldaten, von denen nicht wenige ihrem Beruf eng verbunden waren, mussten vorzeitig ihren Dienst beenden. Mancher wird sich dabei wie „Ballast" vorgekommen sein, den es abzuwerfen galt. Die, die bleiben und weiter dienen konnten, hatten nicht selten veränderte berufliche und private Lebensumstände zu meistern.

Einher gingen diese Einschnitte mit den großen multinationalen Auslandseinsätzen in der Balkanregion und in Afghanistan sowie vielen mittleren und kleineren Einsätzen weltweit. Zeitweise waren 11.000 Soldatinnen und Soldaten gleichzeitig in den Out-of-area-Aufträgen gebunden, seit Beginn der deutschen Beteiligung an internationalen Missionen haben mehrere Hunderttausend deutsche Soldatinnen und Soldaten den unterschiedlichsten Einsatzkontingenten angehört. Trotz aller Schutzphilosophie und -technik gab es Tod und Verwundung, auch psychische Verwundungen, die zum Teil Jahre später aufbrachen.

Ausrüstung und Ausstattung insbesondere in dem gefahrträchtigen Einsatz in Afghanistan waren zu Beginn alles andere als optimal und bedurften umfangreicher Nachsteuerungen. Diese konnten zwar in Etappen umgesetzt werden, in der Zwischenzeit forderte die Situation von den Soldatinnen und Soldaten aber nicht selten besonderen Einfallsreichtum und Engagement, um Lücken schließen zu können. Auch diese Bereitschaft zur Improvisation zeichnet den Soldatenberuf in besonderem Maße aus. Wo Dienst nach Vorschrift nicht zum Ziel führt, finden Soldatinnen und Soldaten Mittel und Wege.

Sowohl personell als auch materiell konzentrierte sich die Ausstattung der Bundeswehr in den letzten beiden Jahrzehnten auf die großen Auslandseinsätze. Das war nicht falsch. Vernachlässigt wurde dabei allerdings über Gebühr der Grundbetrieb, in dem der überwiegende Teil der Soldatinnen und Soldaten Dienst leistete. Dies hat zu hohlen Strukturen und einer bis heute nicht ausgeräumten Mangelverwaltung geführt. Symbolisch steht dafür der Begriff des „dynamischen Verfügbarkeitsmanagements". Dahinter verbirgt sich nichts anderes, als dass sich etwa übende Verbände das benötigte Material vom Panzer bis zur Schutzweste unter hohem logistischem und zeitlichem Aufwand bei anderen Verbänden „leihen" müssen.

Dass dieser Weg falsch war, bestreitet niemand mehr, dennoch ist nach wie vor von allem – vom Großgerät bis hin zu persönlichen Ausrüstungsgegenständen – zu wenig da. In vielen Bereichen ist ein geregelter Ausbildungsbetrieb so nicht möglich. Für eine ganze Reihe von Soldatinnen und Soldaten bedeutet dies, sie können ihren Beruf nicht oder nur unter sehr erschwerten Umständen ausüben. Unzufriedenheit und Frustration, das Gefühl mangelnder Wertschätzung und Resignation können die Folge sein.

Darüber hinaus gibt es militärische Verwendungsreihen, in denen seit Jahren eine massive personelle Unterdeckung besteht, was dazu führt, dass die vorhandenen Soldatinnen und Soldaten überproportional zu Einsätzen herangezogen werden. Auch Truppenteile mit massiven personellen Unwuchten und einer Tagesantrittsstärke unter 50 Prozent sind keine Seltenheit. Struktur und Personal stimmen nicht überein.

Dieses Missverhältnis betrifft nicht nur Personal und Ausrüstung, auch die Infrastruktur der Bundeswehr leidet unter jahrelangen Verzögerungen bei Erhalt und Modernisierung von Dienst- und Wohnunterkünften in Kasernen und Dienststellen. Mit einem zeitgemäßen und ansprechend gestalteten Arbeitsumfeld und ebensolchen Räumlichkeiten bei dienstlicher Unterbringung können längst nicht alle Soldatinnen und Soldaten unserer modernen Bundeswehr rechnen.

Klar ist heute: Es gibt eine neue Lage. Die sicherheitspolitischen Entwicklungen haben zu einer Renaissance der kollektiven Verteidigung geführt. Unsere osteuropäischen NATO- und EU-Partner erwarten Bündnissolidarität. Daneben fordert die Bekämpfung des djihadistischen Terrors in Syrien, im Irak, in Afghanistan, aber auch in Mali und anderswo einen militärischen Beitrag Deutschlands durch den multinationalen Einsatz der Bundeswehr.

Aber nicht alles, was heute nachgesteuert werden muss, hat mit Material, Personal, Infrastruktur und Geld zu tun. Nachzusteuern wäre etwa auch im Bereich der „Fehlerkultur". Der Hang zur Vermeidung von Fehlern um jeden Preis und zur Absicherung durch eine ausufernde „Mitzeichnungsbürokratie" hat im Ergebnis zu einem Abstreifen von Verantwortung und einer Aushöhlung des Prinzips des „Führens mit Auftrag" geführt – obwohl gerade dieses Prinzip ein wesentliches, den Soldatenberuf in Deutschland prägendes Element darstellt. Dabei kann selbst eine falsche Entscheidung positive Lerneffekte haben. Verantwortung muss persönlich wahrgenommen werden. Das ist gute Führungstradition der Bundeswehr, auch um 21. Jahrhundert.

Einleitung der Herausgeber – Ein Beitrag für eine notwendige sicherheitspolitische Debatte in unserer Gesellschaft!

Alois Bach und Walter Sauer

In den letzten Jahren erleben wir eine Welt mit zunehmenden ethischen, religiösen und machtpolitischen Konflikten, vor allem im Krisenbogen von Nordafrika über Nah-/Mittelost und den Kaukasus bis hin zur Ost-Ukraine. Der islamistische Terror – als Stichworte seien IS, Al Qaida, Boko Haram und Al Shabaah genannt – wütet nicht nur in diesen Regionen, sondern bedroht die Menschen durch Anschläge weltweit und auch in Europa. Humanitäre Katastrophen in Staaten der Dritten Welt und „Failed States" (gescheiterte und zerfallene Staaten) benötigen weiterhin oder von neuem Hilfe von außen. Auch sind sie entscheidende Auslöser für die Flüchtlingsströme nach Europa, die manche als Bedrohung für unsere Sicherheit und unsere Lebensweise werten. Besonders der 5-jährige Bürgerkrieg in Syrien hinterlässt nicht nur seine Spuren in der Region, sondern ist ein Hauptmotor für die Migrationsbewegungen. Im Hinblick auf die Nähe zu Deutschland ist der Ukraine-Konflikt, ausgelöst durch die russische Annexion der Krim im März 2014, der unmittelbarste und bedeutendste für unsere Sicherheit.

Unbestreitbar ist, dass solchen Bedrohungen und Konflikten nur im internationalen Zusammenwirken begegnet werden kann. Dies erfordert Ausdauer und den Einsatz aller diplomatischen, zivilen und militärischen Kräfte und Mittel. Auch das Sicherheitsbedürfnis der deutschen Bevölkerung hat sich in jüngster Zeit zu Gunsten eines stärkeren sicherheitspolitischen Engagements verändert. Der Ruf nach dem Einsatz deutscher Soldaten nimmt zu. Die Bundeswehr ist gerade in diesen Regionen eingesetzt, um vor allem Krisen einzudämmen, Terrorgruppierungen und kriminelle Schleuserbanden zu bekämpfen, zu Konfliktlösungen beizutragen, beim Aufbau von verlässlichen Sicherheitskräften zu unterstützen und Menschen in ihren Heimatländern eine Zukunft zu ermöglichen. Neben den Auslandseinsätzen ist die Aufgabe der Bündnisverteidigung wieder in den Fokus gerückt.

Im Freundeskreis Zentrum Innere Führung e.V. finden sich sicherheitspolitisch interessierte Personen – also Staatsbürger und Staatsbürger in Uniform – zusammen, um auch in der heutigen bewegten Zeit die seit der

Gründung der Bundeswehr bewährte Führungsphilosophie der Inneren Führung zu bewahren und zu ihrer zeitgemäßen Gestaltung einen Beitrag zu leisten. Am 4. Mai 2016 ist der Freundeskreis 10 Jahre alt geworden. Er hat sich im Wesentlichen vier Ziele gesteckt: erstens die Bildungsarbeit des Zentrums Innere Führung ideell und materiell zu unterstützen, zweitens seinen Mitgliedern die Gelegenheit zu bieten, die Entwicklung der Konzeption Innere Führung und ihrer Gestaltungsfelder hautnah zu verfolgen wie auch eigene Impulse einzubringen, drittens den sicherheitspolitischen Dialog in unserem Land zu fördern sowie viertens für die Belange der Bundeswehr und ihres Personals aktiv einzutreten – sei es in der öffentlichen sicherheitspolitischen Diskussion oder durch eigene Veranstaltungen und Veröffentlichungen.

Bereits zu seinem 5. Geburtstag hatte der Freundeskreis mit den Herausgebern Hans-Christian Beck und Christian Singer das Buch „Entscheiden, Führen, Verantworten – Soldatsein im 21. Jahrhundert" (2011 ebenfalls erschienen im Miles-Verlag) veröffentlicht. Ziel war es dort, zu einem besseren Verständnis der Konzeption der Inneren Führung, der Führungskultur der Bundeswehr, ihrer Bewährung im Einsatz und zu ihrer Weiterentwicklung beizutragen. Der Schwerpunkt des Buches lag dabei auf der Bewertung der Führungsprinzipien und Verhaltensnormen im militärischen Alltag, insbesondere in der praktischen Anwendung im Einsatz. Die große Resonanz, die die Autoren und Autorinnen für ihre Namensartikel erhielten, und daraus resultierende Vortrags- und Diskussionsveranstaltungen waren eine Überlegung wert, ein solches Projekt zu wiederholen. Letztlich war der runde Geburtstag unseres Vereins für uns der Anlass, ein zweites Buch herauszugeben.

Ziel des Freundeskreises und der Herausgeber ist es, mit dem neuen Buch „Schützen, Retten, Kämpfen – Dienen für Deutschland" durch Soldaten/-innen aller Ebenen, ihre Familienangehörigen und sicherheitspolitisch versierte Autoren/-innen den Soldatenberuf, die Führungskultur der Bundeswehr, ihre Einbettung in Staat und Gesellschaft und die Rahmenbedingungen des soldatischen Dienstes – im Einsatz wie im Alltag zu Hause – in möglichst vielen Facetten, praxisnah und anhand von persönlichen Erfahrungen, aber auch unter Einbindung von militär-soziologischen Untersuchungen zu beleuchten. Mit diesem Sammelband soll – gerade vor dem Hintergrund der anstehenden Veröffentlichung des Weißbuches 2016 und der bevorstehenden Feierlichkeiten zum 60. Geburtstag der deutschen Streitkräfte – auch ein Beitrag zu der mehr als notwendigen öffentlichen Debatte zum Auftrag der Bundeswehr und den dafür notwendigen Kräften und (finanziellen) Mitteln erbracht werden.

Es ist uns gelungen, eine große Bandbreite von Autoren/-innen für das Buch zu gewinnen – vom Generalinspekteur der Bundeswehr bis zu Oberstabsgefreiten, von Aktiven bis zu Reservisten und (Einsatz-)Veteranen, von Bundestagsabgeordneten bis zum Fernsehkorrespondenten, von Soziologen bis zu Geistlichen, von Ehefrauen von Soldaten bis zum Vorsitzenden des Deutschen BundeswehrVerbandes. Sie alle haben ihre Erfahrungen und ihre Argumente in beeindruckenden und authentischen, zum Teil auch in emotional geprägten Namensartikeln niedergeschrieben. Ihre Beiträge werden sicherlich nicht nur zur Wissensvertiefung der Leser und Leserinnen über vielfach nur Insidern bekannte Themenfelder beitragen, sondern auch die öffentliche sicherheitspolitische Diskussion bereichern und anregen. Darüber hinaus haben die Bundesministerin der Verteidigung in ihrem Vorwort und der Wehrbeauftragte des Deutschen Bundestages in seinem Geleitwort bemerkenswerte Akzente zum Thema des Buches gesetzt. Alle Beiträge sind sicherlich geeignet, um zu dem von uns als Herausgebern und dem Freundeskreis Zentrum Innere Führung e. V. angestrebten besseren „Brückenschlag" zwischen Bundeswehr, Politik und Gesellschaft beizutragen.

Mandatierte Einsätze, einsatznahe Missionen und zunehmend erweiterte Aufträge in der Bündnisverteidigung haben das Gesicht und den Charakter der Bundeswehr verändert und werden dies auch künftig tun. Sie bestimmen – neben ständigen Strukturveränderungen aus der Neuausrichtung oder aufgrund neuer sicherheitspolitischer Erfordernisse wie beispielsweise der Einrichtung eines Cyberkommandos – wesentlich den Dienst in unserer Bundeswehr und haben auch entscheidenden Einfluss auf das Leben von Soldatenfamilien. Letztlich wirken sich die Auftragsvielfalt und das daraus resultierende Aufgabenspektrum entscheidend und prägend auf die Rollenvielfalt aus, die Soldaten und Soldatinnen heutzutage und in Zukunft zu erfüllen haben. Neben den im Titel des Buches aufgeführten Rollen des Schützers, Retters und Kämpfers sind dies vor allem die Rollen des Vermittlers, ja Schlichters zwischen Konfliktparteien und die des „Diplomaten in Uniform".

Unsere Führungskultur und -philosophie, die Konzeption der Inneren Führung mit dem Leitbild des „Staatsbürgers in Uniform", stellen dabei hohe Anforderungen an alle Soldaten und Soldatinnen, insbesondere an militärische Führungskräfte, um die geforderte Rollenvielfalt zu bewältigen. Gerade multinationale Auslandseinsätze in fremden Kulturkreisen, Beiträge zur Bündnisverteidigung außerhalb der eigenen Landesgrenzen oder Sonderaufträge als Militärbeobachter und Rüstungskontrollinspektoren belegen täglich, dass von Soldaten und Soldatinnen heute mehr gefordert ist als die Beherrschung des militärischen Handwerks und hohe physische und psychische Belastbarkeit. Eine alleinige Fokussierung nur auf militärische Fähigkeiten oder das Element Kampf würde dem künftigen soldatischen Anforderungsprofil nicht mehr gerecht werden. Rechtliche, interkulturelle, ethische und moralische Handlungssicherheit, Befähigung zur medialen Kommunikation, diplomatisches Geschick und sicheres, situativ angemessenes Auftreten und Handeln sind heutzutage – und erst recht zukünftig – von Soldaten und Soldatinnen aller Ebenen gefordert. Letztlich wird bereits auf unterster Ebene Verantwortung für Entscheidungen übernommen (Stichwort: The Strategic Corporal), die unter Umständen in der Heimat erhebliche Diskussionen in den Medien oder im politischen Raum auslösen können.

Daher war es uns als Herausgeber wichtig, dass gerade Soldaten und Soldatinnen aller Ebenen über Ihre Einsatz- und Berufserfahrungen, ja über ihren beruflichen Werdegang berichten, Schlussfolgerungen daraus ableiten und wo erforderlich Handlungsbedarf aufzeigen – und dies insbesondere im Kontext mit unseren bewährten Führungsgrundsätzen und unserem soldatischen Leitbild. Wichtig war es uns auch, dass die militärischen Autoren und Autorinnen über ihre individuelle Motivation für ihren täglichen Dienst und ihre gefühlten Wahrnehmungen im Hinblick auf Wertschätzung und Rückhalt in der eigenen Bevölkerung berichten. Gerade im Kontext mit gefallenen und verwundeten Soldaten und Soldatinnen drängen sich stets Fragen auf wie: „War der Einsatz und die Auftragsdurchführung dieses Risiko wert?" oder „Wie werden wir unserer Fürsorgepflicht für verwundete Soldaten oder zurückgebliebene Angehörige gerecht?"

Militär-soziologische Untersuchungen sowie Einblicke in das Empfinden der Familien zeigen darüber hinaus Blickwinkel auf, die zum Mitfühlen anregen, aber auch Denkanstöße für die Weiterentwicklung fast aller zehn Gestaltungsfelder der Inneren Führung, aber auch der Streitkräfte (Stichworte: Personalumfang, Struktur, Ausrüstung, Ausbildung, etc.) selbst geben. Anregungen hierzu sind auch in den Ausführungen der Verteidigungsministerin, des Wehrbeauftragten, des Generalinspekteurs der Bundeswehr, der Bundestagsabgeordneten, des Bundesvorsitzenden des Deutschen Bundeswehr-Verbandes und der vielen sicherheitspolitischen Fachleute zu finden.

Weiterhin war es uns wichtig, durch kompetente Autoren das Verhältnis zwischen Militär, Politik und Gesellschaft zu beleuchten, die Verantwortlichkeiten für Aufträge, Kräfte und Mittel, aber auch für die Weiterentwicklung und Ausgestaltung der Inneren Führung zu untersuchen, sowie anhand von exemplarischen Beispielen und persönlichen Berichten die Attraktivität des Arbeitsplatzes Bundeswehr unter die Lupe zu nehmen. Gerade die persönlichen Testimonials von Soldaten und Soldatinnen aller Ebenen ermöglichen einen tiefen Einblick in das „Seelenleben" der Streitkräfte und in die Motivationslage von Soldaten und ihren Familien. Sie zeigen auf, dass einerseits der Soldatenberuf viele attraktive Seiten hat und andererseits der Handlungsbedarf nicht unerheblich ist, um attraktiv genug für die Gewinnung von ausreichendem Nachwuchs zu sein. Gerade Verbesserungen im Gestaltungsfeld „Vereinbarkeit von Familie und Dienst" sind unabdingbare Voraussetzungen, um ausreichend qualifiziertes Personal auch zukünftig gewinnen zu können.

Wir hoffen, mit unserem Sammelband allen Lesern und Leserinnen neue Einblicke zu eröffnen, Denkanstöße zu vermitteln, sie zu Nachfragen anzuregen und – soweit noch nicht erfolgt – zur Teilnahme an sicherheitspolitischen Diskussionen zu bewegen. Es lohnt sich, denn Sicherheit geht uns alle an. „Ohne mich" ist in unserer globalisierten Welt keine politische Option. Wir müssen mehr als bisher über zivile und militärische Fähigkeiten zur Konfliktvorsorge, -bewältigung und -nachsorge öffentlich debattieren und wenn möglich hierfür einen gesellschaftlichen Konsens anstreben. Dies sind wir all denjenigen schuldig, die im weltweiten Einsatz für unsere Werteordnung und Interessen stehen. Sie haben es verdient, dass ihr Einsatz – oftmals unter Gefahr für Seele, Leib und Leben – gewürdigt und anerkannt wird.

Abschließend gilt unser besonderer Dank allen Autoren und Autorinnen für die besondere und individuelle Qualität ihrer Beiträge, Hauptmann Andreas Leis für die professionelle redaktionelle Aufbereitung der Artikel und des Bild- und Kartenmaterials, den Mitgliedern des Vorstandes des Freundeskreis Zentrum Innere Führung e. V. für ihre engagierte Zuarbeit, Angehörigen des Zentrums für ihre Mitarbeit, vor allem bei der Suche nach Bundeswehr-internen Autoren, sowie dem Bildungswerk des Deutschen BundeswehrVerbandes, der Karl-Theodor-Molinari-Stiftung, für die Unterstützung zur Veröffentlichung dieses Buches. Wir danken Frau Carola Hartmann vom Miles-Verlag Berlin für ihre professionelle Beratung und vertrauensvolle Zusammenarbeit. Ohne sie alle hätte sich unser Buchprojekt „Schützen, Retten, Kämpfen – Dienen für Deutschland" nicht realisieren lassen.

I. Innere Führung – Die Führungskultur deutscher Streitkräfte in der Bewährung

Der Generalinspekteur der Bundeswehr mit Soldaten beim Truppenbesuch in Afghanistan

UNMEM: Einzelkämpfer – Vermittler – Diplomat beim Einkauf
auf dem heimischen Markt

"Der Einsatz sieht harmlos aus, aber das Leid der Menschen
geht mir nicht mehr aus dem Kopf."

Einführung der Herausgeber – Vielfältige Auftragserfüllung auf der Basis bewährter Führungsgrundsätze!

Alois Bach und Walter Sauer

Weltweite Einsätze der Bundeswehr sind vor allem ein sichtbarer Ausdruck der gewachsenen Verantwortung Deutschlands vor dem Hintergrund der Krisenherde in Nah-/Mittelost, Afrika, aber auch in Europa und der steigenden Bedrohung unseres Gemeinwesens durch islamistischen Terror, der letztlich auf unsere Werteordnung, unsere Lebensweise und unser Selbstverständnis zielt. Das Sicherheitsbedürfnis unserer Bevölkerung hat sich wegen dieser Entwicklungen und der Flüchtlingsströme im Laufe der letzten zwei Jahre zu Gunsten eines stärkeren sicherheitspolitischen Engagements verändert, auch wenn offensive Einsätze militärischer Gewalt – wie auch schon in der Vergangenheit – unverändert mehrheitlich abgelehnt werden.

Mit Stand April 2016 ist die Bundeswehr in 17 Einsätzen bzw. einsatzgleichen Missionen auf drei Kontinenten (Europa, Asien und Afrika) und zwei Weltmeeren (Indischer Ozean und Mittelmeer) mit rd. 3.500 Soldaten und Soldatinnen aktiv. Der Einsatz in Liberia (UNMIL – United Nations Mission in Liberia) wird voraussichtlich Mitte dieses Jahres beendet werden. Ein neuer Einsatzschwerpunkt scheint sich dennoch mit Afrika abzuzeichnen. Die laufenden wie auch die abgeschlossenen Einsätze der Bundeswehr können den Übersichtskarten am Ende des Buches entnommen werden.

Auch wenn der personelle Umfang mit 3.500 in Anbetracht der derzeitigen Gesamtstärke der Bundeswehr von ca. 177.000 Soldaten und Soldatinnen gering erscheint, bedeutet dies aufgrund der Vor- und Nachbereitung weiterer Kontingente, der notwendigen logistischen und führungstechnischen Unterstützung aus der Heimat, der großen Zahl von Soldaten in Ausbildungs- und Berufsförderungsmaßnahmen und anderer internationaler Bündnisverpflichtungen, dass insbesondere die Belastung von Spezialisten oftmals mehr als hoch ist. Die zunehmende, oft kurzfristige und nicht langfristig planbare Beteiligung an internationalen Missionen wird zukünftig von den Angehörigen der Streitkräfte noch mehr Flexibilität erfordern und insbesondere die grenzwertigen Belastungen für Spezialisten und ihre Familien erhöhen. Allein dies zeigt, dass der Personalumfang der Bundeswehr überdacht werden muss, will man der gewollt gestiegenen Verantwortung Deutschlands und der damit verbundenen Führungsrolle gerecht werden.

Mit der Konzeption der Inneren Führung und einem richtig verstandenen Leitbild des Staatsbürgers in Uniform haben wir einen verlässlichen Kompass für Einsätze und einsatznahe Missionen. Das heißt: jeder Soldat und jede Soldatin soll verstehen, wofür er/sie ausgebildet und eingesetzt wird. Jeder Soldat und jede Soldatin soll gerade im Auslandseinsatz überzeugt sein, dass sein/ihr Auftrag politisch gewollt, militärisch leistbar, rechtlich und ethisch begründet ist. Auch erscheint es in der öffentlichen Diskussion insbesondere nach den Afghanistanerfahrungen unstrittig zu sein, dass gemeinsam mit den Verbündeten und/oder Partnern erreichbare politische Ziele formuliert sein müssen, welche in einem vernetzten Ansatz mit klar umrissenen Beiträgen – also ausreichenden Kräften und (Finanz-)Mitteln – der nationalen und internationalen Akteure beharrlich und nachhaltig zu verfolgen sind.

Was unsere Soldaten und Soldatinnen im Einsatz erreichen oder an Anerkennung bei ihren Verbündeten und den Einheimischen erwerben, ist unmittelbar auf eine solide militärische Ausbildung, die zweckmäßige Anwendung bewährter Führungsgrundsätze, rechtliche, ethische und interkulturelle Handlungssicherheit, politische und moralische Urteilsfähigkeit zurückzuführen. All diese Fähigkeiten und Kompetenzen sind in laufbahnbezogenen Lehrgängen und in praxisorientierten – auf die jeweiligen Einsatzszenarien zugeschnittenen – Ausbildungen vermittelt und eingeübt worden. Es zahlt sich aus, Einsatzerfahrungen permanent auszuwerten und vorausschauend umzusetzen. Ziel muss es dabei stets sein, eine möglichst umfassende Auftragserfüllung im Einsatz zu gewährleisten, die einhergehenden Risiken zu minimieren und anstehende Belastungen besser zu bewältigen.

Nach der Darlegung unserer Führungskultur und des soldatischen Leitbildes werden militärische Führer unterschiedlicher Ebenen ihre Erfahrungen anhand des jeweiligen Auftrages und der speziellen Anforderungen von verschiedenen Einsatzgebieten darstellen. Sie werden dabei auch der Frage nachgehen, wie sich unsere Führungsprinzipien bewährt haben. Bewusst haben wir den Schwerpunkt auf die jüngsten Einsätze bzw. einsatznahen Missionen sowie auf VN-Einsätze gelegt, da gerade hier der Soldat in der Rolle des Vermittlers gefordert ist. Das relativ unbekannte Arbeitsfeld des Rüstungskontrollinspektors haben wir in den Fokus gerückt, da dort die Rolle des „Diplomaten in Uniform" zum Tragen kommt. Im letzten Beitrag des ersten Kapitels soll der Frage nach der Übertragbarkeit von Elementen der Inneren Führung auf andere Staaten und deren Armeen nachgegangen werden.

Warum benötigt die Bundeswehr eine Führungskultur und ein soldatisches Leitbild?

Hans-Christian Beck

Ein gelungener Neuanfang

Das geistige Fundament der 1955 aufgestellten neuen deutschen Streitkräfte mit dem Leitbild Staatsbürger in Uniform und der Konzeption Innere Führung als umfassende ethisch begründete, gesellschafts- und militärpolitische Führungskultur gehört zweifelsohne zu den kreativsten und innovativsten politischen Neuerungen, die während der fünfziger Jahre in der Bundesrepublik geschaffen worden sind.[1]

Die Gründerväter der Bundeswehr und der Inneren Führung gingen von der Annahme aus, dass mit dem Ziel der Verwirklichung des Staatsbürgers in Uniform ein Bündnis zwischen demokratischer Idee und militärischer Notwendigkeit möglich ist. Dazu mussten sie eine Konzeption entwickeln, mit deren Hilfe die Übertragung der Grundprinzipien des demokratischen Rechtsstaates auf Streitkräfte realisiert werden konnte, die effizient ihre Aufgaben erfüllen und einsatzbereit sein sollten.

Dabei kristallisierten sich zwei Ebenen heraus, die jedoch eng zusammenhängen. Auf der institutionellen Ebene ging es vor allem um die Einbindung der Streitkräfte als Wehrpflichtarmee in das politische System der Bundesrepublik Deutschland – heute eine Freiwilligen- und Berufsarmee – unter Wahrung der Grundprinzipien unseres demokratischen Rechtsstaates sowie unter besonderer Berücksichtigung der Machtmäßigung und Machtkontrolle auch im innermilitärischen Bereich durch ein System, das in der Politikwissenschaft als ein System von „Checks and Balances" bezeichnet wird (u.a. Art 87a u. b GG, eingeschränkte Befehlsgewalt, begrenzte Gehorsamspflicht, zivile Rechtsprechung etc.). Auf der individualen Ebene sollte mit der normativen Grundlage des Leitbildes vom Staatsbürger in Uniform das Menschenbild unseres Grundgesetzes mit der Garantie von Menschenwürde, Grundrechten und Rechtsstaatsprinzipien den verbindlichen Rahmen für die innere Ordnung der Streitkräfte bilden – mit dem gleichzeitigen Ziel der Einsatzbereitschaft.

Durch Umsetzen der Inneren Führung in den zehn Gestaltungsfeldern[2] soll der Staatsbürger in Uniform nicht nur im täglichen Dienst des

Truppenalltags, sondern auch im Einsatz verwirklicht werden. Diesem Zweck dienen etliche Gesetze, vor allem das Soldatengesetz, das mit seinem Pflichtenkatalog zugleich auch die besonderen Erziehungsziele für Soldaten festlegt. Zahlreiche aus dem Soldatengesetz abgeleitete Vorschriften und Weisungen enthalten Normen und Verfahren zur Gewährleistung der Gesetzesaufträge, aber auch berufsethische Verpflichtungen, wie z.B. Leitsätze, die sich in der Führungslehre, im soldatischen Selbstverständnis, in Führung, Erziehung/Sozialisation und Ausbildung umfassend als Ansprüche niederschlagen – natürlich auch in anderen Geltungsbereichen. Und damit ist Innere Führung insgesamt mehr als eine normative Konzeption, sie ist eine dynamische Führungsphilosophie mit ständigen Ergänzungen, Anpassungen, aktuellen Veränderungen und einer Berufsethik, die an demokratisch-rechtsstaatliche Werte gebunden ist.

Innere Führung wurde, mit dem Leitbild des Staatsbürgers in Uniform als Ziel, von Anfang an ein „Trendsetter" für die Balance zwischen der notwendigen Anpassung der Streitkräfte an Staat und Gesellschaft und der Ausprägung der typischen Besonderheiten und Eigenarten des Militärs. Leitbild sowie Führungskultur hatten immer eine kriegstüchtige Armee[3] zum Ziel. Beide boten und bieten auch heute noch Gewähr dafür, dass deutsche Streitkräfte keine „Sonderkulturen" entwickeln, kein „Eigenleben" führen oder gar „Eigengesetzlichkeiten" entstehen. Es ist wohl einmalig, dass Politik, Militär und Gesellschaft an den geistigen und rechtlichen Grundlagen der neuen deutschen Streitkräfte mitwirkten.

Das Leitbild des Staatsbürgers in Uniform zeichnete sich früh ab. In der Planungsphase zur Aufstellung deutscher Streitkräfte erwuchs daraus im gedanklichen Wechselspiel und in enger Zusammenarbeit zwischen Politikern, Soldaten, Juristen, Wissenschaftlern und öffentlicher Meinung ein geschlossenes Gedankengebäude, wobei nicht zu verkennen ist, dass Leitbild und Konzeption vornehmlich Wolf Graf von Baudissin zu verdanken sind. Die Streitkräfte bedürfen einer solchen modernen, zukunftsweisenden Führungskultur, die es mit denen in Industrie und Wirtschaft aufnehmen kann.

Innere Führung ist eine zutiefst politische, militärische und gesellschaftliche Konzeption; weder Politik, Militär noch Gesellschaft können aus der Pflicht und der Verantwortung genommen werden: Daher muss es Anliegen aller sein, die Führungskultur weiterzuentwickeln, anzupassen und zu erneuern, dort wo es erforderlich und geboten erscheint.

Die Konzeption dient der Verwirklichung des Staatsbürgers in Uniform; sie gibt Orientierung und den Rahmen vor für Berufsbild und Selbstverständnis des Soldaten, Ethik, Tradition und wie in Streitkräften zu führen ist. Sie stellt eine äußerst anspruchsvolle Konzeption dar und bildet in zehn Gestaltungsfeldern die Grundlage des militärischen Dienstes von Führung, Erziehung und Ausbildung. Sie bildet eine verpflichtende Grundlage für alle Soldaten.[4]

Leitbild vom Staatsbürger in Uniform und Konzeption Innere Führung noch zeitgemäß und modern?

Das Leitbild des Staatsbürgers in Uniform gibt als Rechtsnorm den mündigen Bürger vor, der als Soldat im demokratischen Staat ein „freier Mensch, guter Staatsbürger und vollwertiger Soldat" zugleich ist.[5] Der Staatsbürger in Uniform war von Anfang an mehr oder weniger umstritten. Ein großes Missverständnis gründete sich auf die These, man ginge zu sehr von einem idealistischen Menschenbild aus und zudem liefere die Gesellschaft keinen fertigen Staatsbürger ab; bisweilen wird auch heute noch so argumentiert.

Das Grundgesetz der Bundesrepublik Deutschland macht alle Bürger gleichermaßen zu Staatsbürgern, ohne dass sie dazu besondere Qualifikationen mitbringen müssen. Grund- und Menschenrechte stehen jedem Bürger von Geburt an zu. Natürlich gibt es Unterschiede, inwieweit sich jeder Einzelne seiner Rolle als Staatsbürger wirklich bewusst ist. Das Leitbild des Staatsbürgers in Uniform ist umso leichter zu verwirklichen, je mehr der einzelne Soldat seine Rolle als Staatsbürger mit seinen Rechten und Pflichten ernst nimmt. Zu vermitteln, was einen guten Staatsbürger ausmacht, ist vor allem Aufgabe aller Erziehungseinrichtungen in Staat und Gesellschaft, vom Elternhaus angefangen bis zu den Streitkräften im Rahmen der „Politischen Bildung".

Der Begriff „Staatsbürger in Uniform" wird derzeit in vielen Publikationen wieder einmal in Frage gestellt. Was ist aber an diesem Begriff so schlecht und unzeitgemäß? Etwa: die freie Persönlichkeit, ein Mensch mit seiner individuellen Würde und seinen im Grundgesetz verbrieften Freiheits- und Menschenrechten? Etwa: der verantwortungsbewusste Staatsbürger, der aus Einsicht und Verantwortungsgefühl gegenüber dem Gemeinwesen seine eigenen Vorstellungen und Absichten mit denen der anderen ausgleicht und an der Gestaltung des Gemeinwesens mitwirkt? Oder: der einsatzbereite Soldat, der den militärischen Dienst als einen Beitrag zur Verteidigung Deutschlands, aber auch zur Sicherung des Friedens und der Menschenrechte in der Welt begreift und bereit ist, hierfür auch unter Einsatz seines Lebens zu kämpfen? Stattdessen werden Begriffe ins Spiel gebracht wie: „Archaischer Krieger", „Demokratischer Krieger", „Athener" oder „Spartaner" oder gar „Weltbürger in Uniform", die alle nicht annähernd den „Staatsbürger in Uniform" ersetzen können oder gar in die Zukunft weisen.

Mit dem Leitbild des Staatsbürgers in Uniform, das sich zwar an alle Soldaten, aber immer in erster Linie an die Vorgesetzten richtete, war von Anfang an der politisch denkende Soldat gefordert, nicht der politisierende. Er mag sogar der unbequemere Soldat sein, aber er ist der gegen Machtmissbrauch gefeiteste. Er ist bei hervorragender Bildung und Ausbildung auch der fähigere Soldat, der unserem demokratischen Gemeinwesen am besten entspricht.

Vom Staatsbürger in Uniform wird ein hohes Orientierungs- und Einsichtniveau erwartet. Er wird verstanden als der politisch bewusste Soldat, nicht lediglich als der bloß den politischen Willen der Gemeinschaft ausführende „professional soldier". Ihm wird zugemutet, dass er selbst sich ein Urteil über den Auftrag der Streitkräfte und damit zugleich auch seine eigene berufliche Rolle bilde. Ehe wir ein über sechzig Jahre bewährtes Leitbild in Zweifel ziehen, sollten wir über ein besseres, tragfähigeres und in die Zukunft weisendes verfügen, das aber derzeit nicht zu erkennen ist. Sollte uns der Begriff der „Staatsbürgerlichkeit" zu schaffen machen durch Menschen mit doppelter Staatsbürgerschaft, mit Migrationshintergrund und mit unterschiedlichen Religionen, dann wäre dies vor allem in Politik und Gesellschaft zu diskutieren. Seit Aussetzung der Wehrpflicht ist der zivile Bürger entpflichtet worden, der, wie mancher glaubt, nur noch Steuern zu bezahlen und die Gesetze zu beachten habe. Aber ist das so? Viele unserer Bürger bekleiden Ehrenämter, engagieren sich in sozialen, kirchlichen und sportlichen Einrichtungen, unterstützen uneigennützig bei Katastrophen und in der Flüchtlingshilfe. Sind diese alle etwa schlechtere Staatsbürger? Vor Vorurteilen und Gesellschaftsschelte sollten wir uns hüten.

Wenn Militär heutzutage nur noch ein Mittel der Politik unter vielen anderen ist, dann ist zur Krisenprävention, Konfliktbewältigung und im bewaffneten Konflikt ein umfassender vernetzter Ansatz erforderlich, der neben militärischen vor allem politische, diplomatische, wirtschaftliche, entwicklungspolitische und damit insbesondere zivile Kräfte und Mittel mit einschließt. In der Zusammenarbeit der Soldaten mit zivilen Organisationen vielfältiger Art gilt es zu prüfen, ob nicht gerade der Staatsbürger in Uniform sich als starke und verbindende Klammer zwischen ziviler und militärischer Welt erweisen und wieder mehr Geltung erreichen könnte.

Unsere Führungskultur und -philosophie Innere Führung „… ist der Führungs-, Ausbildungs- und Gestaltungsauftrag zur Umsetzung von Werten und Normen des Grundgesetzes für einsatzbereite Streitkräfte in der Demokratie und zur Verwirklichung des Staatsbürgers in Uniform."[6] General Wolf Graf von Baudissin wie auch General Ulrich de Maizière haben immer wieder auf die Dynamik der Inneren Führung in der Konzeption wie in der Praxis hingewiesen, die einem kontinuierlichen Anpassungsprozess an die fortschreitenden Veränderungen des Kriegsbildes, der Politik, der Gesellschaft und Umwelt unterliegt: Sie richteten die Anforderungen an Politik und Gesellschaft, die Bundeswehr beim notwendigen langen und differenzierten Anpassungs- und Führungsvorgang zur Verwirklichung des Staatsbürgers und der Inneren Führung nicht alleine zu lassen.

Beide Forderungen sind heute nach wie vor von hoher Aktualität – nämlich: Wie der Reformgeist und die demokratischen Errungenschaften der Konzeption Innere Führung als unveräußerliches hohes Gut bewahrt werden können und wie die Konzeption an die veränderten Gegebenheiten einer Armee im Einsatz anzupassen sind – unter Beachtung der Konstanten und Variablen der Führungskultur.

Innere Führung stellt hohe Anforderungen an alle Soldaten, besonders an die Vorgesetzten. Leider haben immer noch zu viele Soldatinnen und Soldaten – und das reicht bis auf die Ebene der Stabsoffiziere[7] – keine geschlossene Vorstellung vom Gesamtkonzept der Inneren Führung, geschweige denn von der Entstehung der Konzeption und ihrer historischen Traditionslinien[8]. Innere Führung ist in ihren Zusammenhängen und ihrem komplexen Sinn nachzuvollziehen. Sie muss gelehrt, umgesetzt und praktiziert werden. Oft sind nur Teilbereiche verinnerlicht. Eine Weiterentwicklung der Inneren Führung findet heute durchaus statt (siehe Gestaltungsfelder wie auch die hochaktuelle Themenvielfalt des Zentrums Innere Führung); sie wird aber fast nur bundeswehrintern vollzogen. Der geistig-strategische Überbau der Führungskultur muss infolge der Veränderungen des Kriegsbildes, der sicherheitspolitischen Rahmenbedingungen und der vernetzten Sicherheit durch die Politik und die Gesellschaft unter konzeptioneller Vorleistung der Militärs geleistet werden – eine intellektuelle Herausforderung der militärischen Führung.

Die Grundsätze unserer Führungskultur haben sich aber nicht nur im Ausbildungsdienst im Frieden, sondern auch bei allen Auslandseinsätzen bewährt sowie im Gefecht. Einsatz- und Gefechtserfahrungen bestätigen dies: „Ohne praktizierte Innere Führung hätten wir vermutlich mehr Verluste gehabt."[9] Wenn zudem Soldaten unterschiedlicher Führungsebenen bekräftigen, dass sie mit ihren Vorgesetzten jederzeit wieder in die Einsätze gingen, dann hat hier Innere Führung stattgefunden. Vor allem auch die jüngeren Vorgesetzten auf der Zug- und Kompanieebene verfügen oft über die intensivsten Erfahrungen im Gefecht. Von höheren Vorgesetzten wird umso mehr „Zuhören", „Verstehen" und „Begreifen" gefordert sein, denn Expertise und Erfahrungsvorsprung liegen vielfach nicht mehr bei ihnen.

Die Erfahrungen aus den Auslandseinsätzen zeigen, dass gerade die jungen Unteroffiziere und Offiziere die Hauptlast in den Einsätzen wie im Gefecht tragen. Erfreulicherweise finden sich darunter viele, die zwar nicht ständig über die Grundsätze der Inneren Führung diskutieren, sondern einfach danach handeln und diese umsetzen. Vorbild, Verantwortung, Vertrauen und Verlässlichkeit vorzuleben führt zu ganz natürlicher und freiwilliger Gefolgschaft.

Schwerpunkte der Weiterentwicklung der Inneren Führung

Wolf Graf von Baudissin hat nie eine systematische Zusammenfassung seiner Vorstellungen über den Staatsbürger in Uniform und die Innere Führung vorgelegt, und trotzdem erscheinen in seinen Studien, Vorträgen und Beiträgen seine Aussagen wie aus einem Guss. Hintergrund dieser Feststellung ist, dass er sein Denken an Clausewitz geschult und dessen methodische Denkwege genutzt hat. Bei Baudissin sind drei Ausgangspunkte für seine Überlegungen zu erkennen: „Das sind seine Orientierung an einem realistischen und zukunftsorientierten Kriegsbild, an reflektierten ethisch fundierten Maßstäben und an den Erfordernissen einer demokratischen Gesellschaft."[10]

Da Baudissin die ethische Orientierung künftiger deutscher Streitkräfte in den Menschen- und Bürgerrechten des Grundgesetzes allgemein verbindlich formuliert sah, konnte er formal aus der Analyse des Kriegsbildes[11] in der Zeit des „Kalten Krieges" (Atomarer Krieg, konventioneller Krieg, subversiver/subkonventioneller Krieg, Politisierung des Militärs, Kriegsverhinderung durch Abschreckung, Technik, Mechanisierung etc.) und durch die Ableitungen aus den Prinzipien einer demokratischen Gesellschaft (Freiheit, Menschenwürde, Menschenrechte, politischer Pluralismus, Rechtsstaat) die Konzeption Innere Führung als logische Konsequenz rationalen Denkens formulieren (mit dem Ziel des Staatsbürgers in Uniform, Erziehung/Sozialisation, Bildung, Tradition, Menschenführung, Führungsstil, mitdenkender Gehorsam bis hin zu Disziplin und Effizienz in den Streitkräften).[12]

Eine derart systematische Vorgehensweise bezüglich der Veränderungen in Politik, Militär, Gesellschaft und des Kriegsbildes ist nie mehr erfolgt. Was hindert uns aber daran, aus der Komplexität des heutigen „Hybriden Kriegsbildes"[13] die Folgerungen für Politik, Gesellschaft und Militär zu ziehen, eine Gesamtstrategie vernetzter Sicherheit zu entwickeln und die Auswirkungen auf das Leitbild des Staatsbürgers in Uniform und die Führungskultur der Inneren Führung zu prüfen?

Den politischen Entscheidungsträgern gilt es immer wieder bewusst zu machen, dass sie eine besondere Verantwortung und Rolle gegenüber den Streitkräften und damit auch der Inneren Führung wahrzunehmen haben. Sie müssen transparent und nachvollziehbar die Ziele unserer Außen- und Sicherheitspolitik, die deutschen vitalen Interessen erklären, die Primäraufgaben einer Armee deutlich herausstellen, einsichtige und überzeugende Begründungen für jeden Einsatz liefern, Zweck und politisches Ziel nennen, welcher politische Zustand sowie welches Ausmaß von Frieden erstrebt werden sollen. Werden diese Fragen nicht ausreichend beantwortet, hängt Innere Führung sozusagen in der Luft, denn alle politischen Entscheidungen bezogen auf die Streitkräfte haben Auswirkungen auf Legitimation, Integration, Motivation und Innere Ordnung. Die Ziele der Sicherheits- und Verteidigungspolitik, Auftrag und Aufgaben der Streitkräfte, ein gesamtstrategischer Ansatz wie auch die Zusammenarbeit zwischen Regierungsressorts, Streitkräften und zivilen Organisationen sind klar im Weißbuch und den Verteidigungspolitischen Richtlinien anzusprechen. Aufträge, Personal, Ausrüstung, entsprechende Verfügbarkeit und Modernität von Großgerät und Finanzmittel müssen stimmen. Beispiele wie unzureichende Ausstattung mit Großgerät, eingeschränkte Einsatzfähigkeit von Großgerät in allen Teilstreitkräften usw., wie im Wehrbeauftragtenbericht 2015[14] nur allzu deutlich angesprochen, schaden nicht nur dem Ansehen der Bundeswehr, sondern haben vor allem gravierende Auswirkungen auf die Innere Führung.

Die militärische Führung, aber auch alle Vorgesetzten müssen Innere

Führung zu ihrer eigenen Sache machen und auch durchsetzen. Eine Betonung der Verbindlichkeit ihrer Grundsätze reicht nicht aus. Es kann nicht ins Belieben des Einzelnen gestellt werden, ob er nach den Grundsätzen handelt oder nicht. Helmut Schmidt ließ als Verteidigungsminister ins Weißbuch 1970 schreiben, dass Innere Führung ein Wesenskern der Bundeswehr ist und: „Wer sie ablehnt, taugt nicht zum Vorgesetzten unserer Soldaten".

Beim Staatsbürger in Uniform, der im Spannungsfeld zwischen Verantwortung und Loyalität steht, der treu dient, bedarf es der Klärung, ob wirklich der kritische Soldat gewollt ist, der sich einbringt, zu Wort meldet, sich einmischt. Wenn dieser Soldat gewollt ist, dann darf Kritik nicht nur gefordert, sondern sie muss auch ertragen werden. Wie steht es eigentlich um eine „Streitkultur" in der Bundeswehr, die eine Auseinandersetzung mit unterschiedlichen Standpunkten, Argumenten und Meinungen zulässt, in der es vor allem um die Suche nach den jeweils besten Lösungen geht? Entscheidend dabei ist, dass eine wie auch immer ausgeprägte Streitkultur rechtsstaatlichen Grundsätzen entspricht, den Schutz von Minderheiten beinhaltet und in einer Form ausgetragen wird, die unserem Verständnis von Zivilisation und Menschlichkeit, Stil und Form, der gebotenen Zurückhaltung und Kameradschaft entspricht und geprägt ist von Toleranz, Sachlichkeit und Gelassenheit. Die Entwicklung einer Streitkultur könnte der „progressiven Sachstandsverdünnung nach oben" entgegenwirken, und Feststellungen über mangelnde Ausbildung, bedingte technische Einsatzbereitschaft von Großgerät würden nicht erst kurz vor einem Einsatz erfolgen.

Es ergibt sich die Chance einer Neubelebung der Politischen Bildung (Krisen und Konflikte in der Welt, Verstehen der politischen Verhältnisse im Einsatzland, des politischen Zwecks des eigenen Einsatzes und dessen politisches Ziel u.a.), denn die Ausführungen militärischer Aufträge im Einsatzland können sich bis auf die strategische Ebene der Politik und der militärischen Führung auswirken.

Das Prinzip „Führen mit Auftrag" und Innere Führung entstammen zwar unterschiedlichen Epochen deutscher Militärgeschichte, doch die Art des Führens mit Auftrag entspricht am besten unserer Führungskultur. Beim Führen mit Auftrag wird das zu erreichende Ziel genannt, die entsprechenden Kräfte und Mittel zugeteilt und die Art der Durchführung wird dem unterstellten Führer, der die Absicht der übergeordneten Führung kennt, überlassen. Dieses Führungsprinzip stützt sich ganz besonders auf Vorbild, Verantwortung, Vertrauen und Verlässlichkeit, setzt aber auch eine ethische und rechtliche Ausbildung voraus, denn Ziel ist es, den Auftrag mit möglichst geringen Verlusten zu erfüllen. Die Zusammenhänge werden an exemplarischen Beispielen aus Einsätzen deutlich.

Wir kommen nicht umhin, aus unserer Führungskultur heraus, ein künftiges Berufsbild des Soldaten zu entwickeln (Woraus bezieht der Soldat seine Identität, sein Selbstverständnis, wie sieht er sich selbst? Welchen Typus von Soldaten wollen Politik, Militär und Gesellschaft? usw.), das dem Soldaten Orientierung vermittelt, aber auch in die Politik und in die Gesellschaft hineinwirkt.

Integration unserer Führungskultur in die öffentliche Debatte

Die Soldatinnen und Soldaten der Bundeswehr müssen selber überzeugt sein, dass sie mit ihrer Führungskultur über ein hohes Gut verfügen, das es einerseits zu bewahren und zu praktizieren, andererseits auch ständig aktuell weiterzuentwickeln gilt. Jeder einzelne Vorgesetzte muss sich die Konzeption Innere Führung hart erarbeiten durch Lektüre, eigene Erfahrungen, Anwendung der Grundsätze in der Praxis, im Austausch mit anderen vorbildlichen Vorgesetzten und ggf. durch Lehrgänge. Er muss begreifen, dass „Führen von Menschen" lebenslanges Lernen bedeutet. Bei Fehlentwicklungen und Vorkommnissen sind viele rasch zur Hand, das Scheitern der Führungskultur zu konstatieren. Die Konzeption Innere Führung scheitert nicht, es scheitern immer die Menschen mit ihren Unzulänglichkeiten und Fehlern.

Es gilt, selbstbewusst die Führungskultur in die Öffentlichkeit zu tragen und ihre Herkunft, Inhalte, Aktualität und ihre Gestaltungsfelder darzustellen. Es muss der Diskurskultur zwischen Soldaten und Mitbürgern, ja innerhalb der Streitkräfte wieder mehr Geltung verschafft werden.[15] Die Auseinandersetzung über unsere Führungskultur darf nicht nur Anderen in den Medien überlassen werden. Alle Vorgesetzten haben sich in die Öffentlichkeitsarbeit einzubringen durch Vorträge, Veranstaltungen und Diskussionen; sie haben Rede und Antwort zu stehen und das mit Überzeugung, Begeisterung und Leidenschaft. „Hemmnisse liegen weder in den Erwartungen der Öffentlichkeit noch im Geist der Inneren Führung als vielmehr in der Ängstlichkeit der Politik und einer übergroßen (vorauseilenden) Vorsicht des Militärs."[16] „In den erfahrenen Führungskräften der Bundeswehr hätte die Politik berufene Erklärer der Sicherheitspolitik und ihrer Weiterentwicklung. Dieses Potential wird nicht genutzt."[17] Diese Aussage gilt auch für die Innere Führung.

Innere Führung in Verbindung mit dem Prinzip Führen durch Auftrag, das Leitbild des Staatsbürgers in Uniform wie auch ein zeitgemäßes Bild des Soldaten können zur Attraktivität des Soldatenberufes und der Streitkräfte beitragen, wenn deutlich zum Ausdruck kommt, dass der heutige Soldat eben auch ein Mitgestalter des Friedens ist – im Rahmen der internationalen Krisen- und Konfliktbereinigung im Verbund mit zivilen Organisationen und Institutionen. Mit unserer Führungskultur könnte auch deutlich gemacht werden, dass Soldaten Experten für den Frieden sind und der Beruf des Soldaten als ein dem Gemeinwohl dienender Beruf anzusehen ist, in dem sich Berufsethos, Professionalität, Menschenführung, Bildung und Weltoffenheit vereinen.

Innere Führung begünstigt den Rollenwechsel vom Kämpfer im Gefecht bis hin zum zivilen Akteur gegenüber der Bevölkerung im Einsatzland als Beschützer, Retter, Helfer und Vermittler in Konflikten. Es stellt einen anspruchsvollen Spagat dar, diese Rollen nacheinander oder gleichzeitig wahrzunehmen und die Spannungen zwischen gewaltbereit-kämpferischer Rolle und zivil-friedlicher auszuhalten und herauszustellen, dass das Kämpfen deutscher Soldaten einer strikten Wertebindung unterliegt.

Da vom Soldaten immer mehr zivile Fähigkeiten erwartet werden, ließe sich hier eine enge Klammer zwischen dem zivilen Bürger und dem Bürger in Uniform finden, denn ein heute umfassenderes Verständnis von Sicherheit führt uns doch wieder alle zusammen. Sitzen wir – der zivile Bürger und der Soldat – nicht doch wieder in „einem Boot", sind wir nicht alle, wie die jüngsten Beispiele von terroristischer Gewalt zeigen, gleichermaßen verwundbar, bedroht und den gleichen Gefahren ausgesetzt infolge der Krisen, Konflikte, des IS-Terrors, der vielen Erscheinungsformen des „Hybriden Krieges"?

Anmerkungen

[1] In: Rudolf J. Schlaffer und Wolfgang Schmidt, Wolf Graf Baudissin 1907-1993, Modernisierer zwischen totalitärer Herrschaft und freiheitlicher Ordnung, R. Oldenbourg Verlag München 2007, S. 3

[2] In: Zentrale Dienstvorschrift A-2600/1, Innere Führung, Abteilung Führung Streitkräfte (FüSK III 3), Bundesministerium der Verteidigung, Berlin 2008, Kapitel 6

[3] In: Wolf Graf von Baudissin, Soldat für den Frieden, Entwürfe für eine zeitgemäße Bundeswehr, hrsg. und eingeleitet von Peter von Schubert, R. Piper u. Co. Verlag, München 1969, S. 208, S. 217

[4] In: Zentrale Dienstvorschrift A-2600/1, Nr. 102

[5] In: Hans-Christian Beck, Christian Singer (Hrsg.), Entscheiden, Führen, Verantworten – Soldatsein im 21. Jahrhundert, Berlin 2011, S. 18

[6] Hinweis: So formulierten wir 1999 am Zentrum Innere Führung in Koblenz den Begriff Innere Führung

[7] Angelika Dörfler-Dierken/Philipp Heinrich, Der „strategische Gefreite" – Mannschaften und die Herausforderungen der Inneren Führung. In: Uwe Hartmann/Claus von Rosen (Hrsg.), Jahrbuch Innere Führung 2015, Neue Denkwege angesichts der Gleichzeitigkeit unterschiedlicher Krisen, Konflikte und Kriege, Carola Hartmann Miles-Verlag, Berlin 2015 S. 149-190.

[8] Hinweis: Gemeint sind hier „Die Preußischen Reformen 1808/1815", „Der Widerstand vom 20. Juli 1944" und vor allem die „Himmeroder Denkschrift" (Geschichte, Konzeption der Inneren Führung)

[9] Beim 7. Kolloquium des Freundeskreises Zentrum Innere Führung e. V. unter dem Thema: „Zentrale Aspekte eines möglichen Berufsbildes Soldat", Aussagen von Soldaten der Führungsebenen Kompanie und Bataillon; Erfahrungen aus Afghanistan-Einsätzen, 23.09.2013

[10] In: Dr. Martin Kutz, Innere Führung in der Bundeswehr: Auf andere Streitkräfte übertragbar?, Vortrag vor Dozenten und Offizieren des „Joint Services Command and Staff College", Shrivenham, Großbritannien am 04.12.2003, erschienen in: SOW kontrovers, Nr. 1/04, S. 1-16

[11] In:. Wolf Graf von Baudissin, Soldat für den Frieden, Zum denkbaren Kriegsbild, S. 55-75

[12] In: Martin Kutz, Innere Führung in der Bundeswehr. Auf andere Streitkräfte übertragbar?, S. 1-16

[13] In: Uwe Hartmann, Hybrider Krieg als neue Bedrohung von Freiheit und Frieden, Zur Relevanz der Inneren Führung in Politik, Gesellschaft und Streitkräften, Carola Hartmann, Miles Verlag, Berlin 2015

[14] In: Unterrichtung durch den Wehrbeauftragten, Jahresbericht 2015 (57. Bericht), Deutscher Bundestag 18. Wahlperiode, Drucksache 18/7250 vom 26.01.2016

[15] In: Uwe Hartmann, Hybrider Krieg als neue Bedrohung von Freiheit und Frieden, Zur Relevanz der Inneren Führung in Politik, Gesellschaft und Streitkräften, Carola Hartmann – Miles Verlag, Berlin, 2015, S. 68

[16] In: Dr. Klaus Naumann, Tagesspiegel vom 20.01.2013

[17] In: Dr. Klaus Naumann, Tagesspiegel vom 20.01.2013

Innere Führung – Bewährung im Einsatz?

Rainer L. Glatz

Juni 2006 in Kunduz – eine Patrouille gerät in einen Hinterhalt, eine Panzer-faust-Granate trifft ihren Fennek-Spähwagen und die Soldaten kommen nur mit viel Glück mit dem Leben davon. Bei der Einsatznachbesprechung erzählen sie einem Truppenpsychologen und mir von diesem einschneidenden Erlebnis. An diesem Sommertag wurde mir klar, dass dieser „sicherheitsrelevante Zwischenfall", wie solche Ereignisse in unserem Militärjargon nur sehr unzulänglich umschrieben werden, nur ein Vorgeschmack auf das sein würde, was die Truppe künftig zu bewältigen haben würde. Und mir war auch klar, wie wichtig es sein würde, die Männer und Frauen auf die Herausforderungen des Einsatzes nicht nur mit Blick auf Ausrüstung und Ausbildung, sondern insbesondere auch mental vorzubereiten. Wo früher in Zeiten des Kalten Krieges das Manöver der Ernstfall war und die Soldaten nach dem Prinzip ausgebildet wurden: „Kämpfen können, um nicht kämpfen zu müssen", sind heute auch Töten und Sterben Teil der Einsätze.

Ich werde daher im Folgenden meine Rückschlüsse auf die Anforderungen an die Innere Führung anhand der besonderen Situation im Auslandseinsatz ableiten. Hierbei werde ich auch, aber nicht nur, die Situation des Gefechts berücksichtigen. Denn die Bilder/Umstände der Einsätze sind heute ausgesprochen vielfältig: Wir haben den Einsatz eines einzelnen Militärbeobachters oder des sogenannten „Experts on Mission" in einer Mission der Vereinten Nationen. Daneben gibt es den Angehörigen eines multinationalen Stabes oder den Ausbilder in einer Ausbildungsmission. Öffentlich wahrgenommen werden eher die Angehörigen von größeren Kontingenten im Rahmen von Missionen unter Kapitel VII der VN-Charta, in denen die Anwendung militärischer Gewalt nicht nur zur Notwehr oder Nothilfe, sondern auch zur Durchsetzung des Auftrages erlaubt ist. Dabei darf man aber gerade auch die Belastungen nicht unterschätzen, denen die oben genannten „Einzelkämpfer" ausgesetzt sind, die sich nicht auf ein nationales Kontingent „abstützen" können und unter Umständen neben dem blauen Barett der Vereinten Nationen in einem Krisengebiet nicht einmal eine Waffe zur Selbstverteidigung tragen. Dabei sind deren oftmals in jeder Hinsicht karge Lebensumstände, zum Beispiel in einer abgesetzten Teamsite im Süd-Sudan, noch gar nicht erwähnt.

Welche Ansprüche stellen diese Rahmen- und Handlungsbedingungen an militärische Führer aller Ebenen im Rahmen der Inneren Führung? Welche Schlussfolgerungen für die Ausbildung des militärischen Führers und für die Führung im Einsatz sind daraus zu ziehen? Diesen Fragen soll im Folgenden nachgegangen werden.

Soldatisches Selbstverständnis im 21. Jahrhundert

Soldatisches Selbstverständnis muss sich stets ausdrücklich, auch in Bezug auf die Auslandeinsätze, aus Artikel 1, Absatz 1 unseres Grundgesetzes ableiten, in dem es heißt: „Die Würde des Menschen ist unantastbar. Sie zu schützen und zu achten, ist Verpflichtung aller staatlichen Gewalt."

Folgt man dieser Verpflichtung, muss dies in zweifacher Hinsicht Konsequenzen haben: erstens für das Handeln nach innen, bezogen auf Führungsverständnis und Führungskultur – also die Auftragstaktik und die Prinzipien der Inneren Führung – und zweitens für das Handeln nach außen, bezogen auf das Verhalten gegenüber der Bevölkerung in den Einsatzgebieten.

Die Dimension der Verantwortung des militärischen Führers

Der Einsatz militärischer Mittel und Fähigkeiten ist zunächst immer eine (hoch-)politische Entscheidung. Der Politiker steht daher in der Verantwortung, staatliche Interessen, ethische/moralische Bindungen und Verpflichtungen sowie Kosten und Nutzen für das Gemeinwohl sorgfältig abzuwägen und dann eine Entscheidung zu treffen, die er persönlich auch öffentlich vertreten muss. Seine Verantwortung gilt in besonderem Maße auch dem Soldaten[1] und dessen Angehörigen. Denn die Anwendung von Gewalt ist nie folgenlos – nicht nur für die Soldaten und ihre Familien, sondern auch für die Bevölkerung im Einsatzland. Daher hat er zu verantworten, dass militärische Kräfte und Mittel eingesetzt werden, die zwar immer nur der Verhältnismäßigkeit entsprechend und angemessen sein sollen, aber auch erheblichen personellen und materiellen Schaden verursachen können.

Diese Verantwortung fordert von der politischen Führung neben der erwähnten Verantwortungsethik ein klar umrissenes, mit realistischer Zielsetzung und damit erfüllbarem Auftrag versehenes Mandat und eine entsprechende Ressourcenentscheidung sowie -zuweisung. Darüber hinaus die Vermittlung von Grundlagen und Sinn eines Einsatzes.

Soldaten auf der militärstrategischen und -operativen Führungsebene müssen den politischen Willen in konkretes Handeln umsetzen. Sie identifizieren die dafür benötigten militärischen Fähigkeiten und legen das entsprechende Einsatzkontingent fest, bevor dieses ausgebildet, ausgerüstet und in das Einsatzland verlegt wird. Die taktischen Führer im Einsatzland, vom nationalen Kontingentführer bis hin zum Gruppenführer, müssen dort den militärischen Auftrag mit all seinen Konsequenzen umsetzen. Die Verantwortung, auch über Leben und Tod, setzt sich somit über alle weiteren Führungsebenen fort. Auf dem Weg zum Geschehen vor Ort und vor allem beim Führer auf der taktischen Ebene und im Gefecht wird sie immer unmittelbarer, intensiver erlebbar und auch persönlich fordernder.

Aber auch die politische, militärstrategische und militärisch-operative Ebene kann nicht nur akademisch, sondern ganz konkret mit der Tatsache konfrontiert werden, dass ein Einsatzbefehl und der für dessen Durchführung gesetzte Rahmen eine Entscheidung über Leben und Tod beinhalten kann. Ein Beispiel dafür war im Afghanistan-Einsatz die Weisung zum sogenannten „Partnering": Am 18. Februar 2011 fielen drei deutsche Soldaten in Afghanistan[2]. Sie wurden Opfer eines afghanischen Soldaten, der im gemeinsam genutzten Stützpunkt völlig unvermittelt das Feuer auf eine Gruppe deutscher Soldaten eröffnete, die technischen Dienst an ihrem Gefechtsfahrzeug durchführte. Die Nähe zwischen den afghanischen und deutschen Soldaten bei der Ausbildung und im Einsatz, die das Attentat begünstigte, war konzeptionell und im Rahmen der Durchführung des Auftrages bewusst gewollt.

Auf strategischer und operativer Ebene ist in der Regel genug Zeit gegeben, Informationen zu sammeln, Lagebilder zu verdichten und das Für und Wider einer Entscheidung ohne Zeitdruck sorgfältig abzuwägen. Auf der unteren, taktischen Ebene im Einsatzland verschärft sich der Entscheidungsdruck dramatisch. Zusätzlich handelt der militärische Führer dort auch unter großer körperlicher Belastung. Schon der ununterbrochene Dienst unter fordernden klimatischen Bedingungen, bei gleichzeitig nahezu vollständigem Verlust der Privatsphäre, führt zu einer erheblichen Grundbelastung. Soldaten der Einsatzkräfte tragen unter Umständen bei Außentemperaturen von bis zu 40 Grad Celsius bis zu 25 Kilogramm Gefechtsausrüstung und haben dabei einen persönlichen Wasserbedarf von bis zu 10 Litern.

Zusätzlich handelt der militärische Führer ständig unter hoher psychischer Anspannung. Dies insbesondere in den derzeit typischen asymmetrischen Konflikten, mit einem Gegner, der sich an keinerlei international anerkannte und verbindliche Rechtsgrundlagen und -standards hält. Dieser Gegner bewegt sich in der lokalen Bevölkerung und stellt sich selten offen zum Kampf. Er verfolgt mit Nadelstichen eine Zermürbungsstrategie. Damit lastet auf jedem militärischen Führer eine permanente psychische Anspannung, nicht zuletzt auch wegen der persönlichen Gefährdung, aber insbesondere wegen der anvertrauten Menschen. Jeden Moment kann ein friedliches Szenario in eine Gewaltsituation umschlagen, in einem scheinbar sicheren Feldlager unvermittelt eine Rakete einschlagen oder ein so genannter „Innentäter" einen Anschlag verüben.[3]

Darüber hinaus handelt der militärische Führer stets unter enormen Erwartungsdruck. Sein Entschluss zum Handeln oder Nichthandeln kann über Leben und Tod von Menschen entscheiden. Dies muss vor der eigenen Person, den Geführten, ihren Angehörigen, den Vorgesetzten und gegebenenfalls sogar der Weltöffentlichkeit verantwortbar sein, vor deren Augen jeder Einsatz heute sozusagen „live" erfolgt.

Dies wird nicht nur durch die Berichterstattung der öffentlich-rechtlichen sowie der privaten Medien, sondern im zunehmenden Maße auch durch den Gebrauch der neuen sozialen Medien, ob gewollt oder ungewollt, teilweise auch durch einzelne Soldaten mitbestimmt. Vielfältige Vorfälle und entsprechende Berichte und Bilder (z.B. Bilder aus Abu Ghraib/Irak, Bilder deutscher Soldaten mit Totenschädeln in Afghanistan, Bilder sogenannter „Kill-Teams" in Afghanistan, etc.) sprechen eine beredte Sprache. Diese können über Erfolg oder Misserfolg eines Einsatzes in Gänze entscheiden. Denn sie beeinflussen die gesamte strategische Kommunikation im Einsatzgebiet, aber auch in den Entsendestaaten in erheblichem Maße. Sie können auch die Sicherheit der eingesetzten Soldaten beeinträchtigen sowie weit in deren Familien in der Heimat hineinwirken.

An das Handeln der Soldaten wird somit jederzeit – zu Recht – ein hoher moralischer Maßstab angelegt. Fehlverhalten Einzelner, zum Beispiel durch einen jungen Unteroffizier („strategic Sergeant") oder einen Mannschaftsdienstgrad („strategic Corporal"), kann zu Rückwirkungen bis auf die politisch-strategische Ebene führen und kritisch für den Gesamteinsatz sein. Fehlverhalten ist in der militärischen Perspektive letztlich aber immer auch Ausdruck von mangelnder Führungsleistung der Vorgesetzten. So sah sich zum Beispiel der Kommandeur der International Security Assistance Force (ISAF) in Afghanistan, General John Allen, nach der Schändung von Taliban-Leichen durch U.S.-Soldaten veranlasst, in einem offenen Memorandum die

Einhaltung ethischer Standards einzufordern.[4]

Dies spiegelt die neue Einsatzrealität und das Agieren vor den Augen der Weltöffentlichkeit sowie die geänderten Rahmenbedingungen des Einsatzes militärischer Gewalt wider. Es zeigt die Reichweite der Verantwortung auf und hebt die Komplexität des Führens im Einsatz unter ethischen Aspekten hervor. Damit stellt sich die Frage, wie der militärische Führer die dafür erforderlichen Werte und Überzeugungen entwickeln und ausbilden kann und wie er in der Lage ist, diese entsprechend anzuwenden und umzusetzen.

Bundeswehr, Gesellschaft und Führungskultur

Wer in Deutschland aufwächst, tut dies in einer Gesellschaft, die noch immer überwiegend abendländisch-christlich geprägt ist, dessen Leben durch die christlichen Gebote beeinflusst wird und sich an den Erkenntnissen der Aufklärung orientiert. Man kann daher im Grundsatz davon ausgehen, dass Menschen in unserer Gesellschaft über ein entsprechendes Wertegerüst verfügen, das es ihnen erlaubt, entsprechend moralisch zu handeln.

Aber die deutsche Gesellschaft ist aufgrund historischer Erfahrungen auch von einem tiefgehenden Desinteresse an und kritischer Distanz zu militärischen Fragen geprägt. Das „Dienen", eine zentrale programmatische Formel im Rahmen der Neuausrichtung der Bundeswehr, dürfte daher auf junge Menschen eher antiquiert wirken. Denn beim Dienen schwingen persönliche Zurücknahme und Opferbereitschaft mit. Gerade letzteres, das Opfer, ist unserer postheroisch ausgerichteten Gesellschaft fremd geworden.

Professor Herfried Münkler hat sich in mehreren Abhandlungen zum asymmetrischen oder „neuen" Krieg intensiv mit den Dilemmata der postheroischen Gesellschaft auseinandergesetzt und kommt zu der Erkenntnis, dass postheroische Gesellschaften zwar durchaus bereit sind, sich auf militärische „Pazifizierungsprojekte" wie Kosovo oder Afghanistan einzulassen, jedoch darauf angewiesen sind, dass die Verluste – zuvörderst eigene, aber möglichst auch fremde – in sehr engen Grenzen bleiben: „Sie sind knapp an Opferbereitschaft, aber reich an Geld, das sie gerne als Kompensation einsetzen."[5]

In diesem gesellschaftlichen Kontext steht die Bundeswehr vor der Herausforderung, Personal, insbesondere auch Führungspersonal zu gewinnen und auszubilden. Eine, wenn nicht sogar die entscheidende Frage für die Personalregeneration unserer Streitkräfte und deren Verhalten im Einsatz wird dabei auch sein, wie unsere „friedensbewegte"/„postheroische" Gesellschaft (H. Münkler) mit den Soldaten umgeht, die unter Umständen auch den „Tod", in ihrem Auftrag vor Ort handelnd, zu verantworten haben.

Wie bereitet die Bundeswehr in diesem Kontext ihren Nachwuchs auf die Führungsverantwortung – auch – in derartigen Einsatzszenarien vor? Das Konzept der Inneren Führung ist die bewährte Führungsphilosophie und Führungskultur der Bundeswehr. In der Zentralen Dienstvorschrift A-2600/1 wird dazu ausgeführt: *„Die Grundrechte binden die Angehörigen der Bundeswehr an jedem Ort und zu jeder Zeit. Deshalb sind alle Soldatinnen und Soldaten der Bundeswehr **„Staatsbürger in Uniform".** Sie sind den Werten und Normen des Grundgesetzes in besonderer Weise verpflichtet. Sie haben der Bundesrepublik Deutschland treu zu dienen und das Recht und die Freiheit des deutschen Volkes tapfer zu verteidigen. Ihr militärischer Dienst schließt den **Einsatz der eigenen Gesundheit und des eigenen Lebens** mit ein und verlangt in letzter Konsequenz, im Kampf auch zu töten. Der Dienst in der Bundeswehr stellt deshalb **hohe Anforderungen an die Persönlichkeit** der Soldatinnen und Soldaten. Sie treffen vor allem im Einsatz Gewissensentscheidungen, die ihre ethische Bindung in den Grundwerten finden."* [6]

Mit dem unverrückbaren Kernbestand der Inneren Führung wird der Soldat an die Werte und Normen des Grundgesetzes gebunden[7]. Seit Aufstellung der Bundeswehr galt auch, dass der Soldat im (Kriegs-)Einsatz unter Umständen sein Leben in die Waagschale legen muss. Während diese Forderung im Kalten Krieg glücklicherweise nicht konkret wurde, ist sie, beginnend mit den Auslandseinsätzen der 1990er Jahre, jedoch immer realer geworden; sie hat eine verstärkte Reflexion des Umgangs mit Leben und Tod und einer entsprechenden Berufsethik mit Nachdruck erforderlich gemacht.

Die neuen Rahmenbedingungen der Einsätze stellen sich dabei unter anderem wie folgt dar: Der militärische Einsatz erfolgt weltweit und führt in uns sehr fremde Kulturkreise. Er fordert den Soldaten stärker in der Rolle des Kämpfers, aber auch als Helfer und Diplomat – und dies mitunter in schnell wechselnder Abfolge oder sogar gleichzeitig. Bereits auf unteren Führungsebenen ist hohe Verantwortung mit großer politischer Relevanz zu tragen. Daher ist es für einen erfolgreichen Einsatz erforderlich, für den einzelnen Soldaten zunächst nach dem Erwerb der professionell-handwerklichen Grundlagen das Erlangen/Erlernen von interkultureller Kompetenz sicherzustellen. Sie wird heute als Schlüsselqualifikation für den Soldaten, insbesondere für den militärischen Führer, angesehen, ist Teil der Laufbahnbeurteilungen und wird entsprechend in die Ausbildung integriert.

Die Ausbildung in Interkultureller Kompetenz wirkt in zwei Richtungen: Sie soll primär das Verständnis für die fremde Kultur fördern und damit Verhaltens- und Handlungssicherheit im fremdkulturellen Umfeld vermitteln. Zu-gleich setzt aber auch bei der Befassung mit einer fremden Kultur ein Prozess des Vergleichens und auch des Abgrenzens dieser zur eigenen Kultur ein: ein Akt der Bewusstseinsschärfung über die eigenen kulturellen Wurzeln. So findet in diesem Ausbildungsabschnitt nicht nur die Befassung mit einer fremden Kultur statt, sondern häufig auch die Reflexion eigener Werte und Traditionen sowie in der Konsequenz – so ist zu hoffen – eine entsprechende sensible Projektion der eigenen Kultur im Einsatz.

Dies stellt naturgemäß hohe Forderungen an die Ausbildung: Der militärische Führer muss nicht nur seinen Kernauftrag, den Kampf, beherrschen, er muss zudem auch an den Schnittstellen zum zivilen „Nation-Building" sicher agieren können.

Gleichzeitig müssen die Soldaten der Bundeswehr erleben und verarbeiten, dass ihr Einsatz von der Gesellschaft zunächst einmal mit Skepsis, kritischer Distanz und Gleichgültigkeit oder, wie es der ehemalige Bundespräsident Horst Köhler im Jahre 2005 benannte, höchstens mit „freundlichem Desinteresse" begleitet wird.[8] Dies muss man auch im Zusammenhang damit sehen, dass für die Motivation der Soldaten im Einsatz nicht nur die politische Sinnvermittlung ihres Tuns, sondern auch dessen Ansehen zu Hause wichtig ist. Wie die Gesellschaft mit den Menschen umgeht, die diese in der Heimat zurücklassen, ist ebenfalls von großer Bedeutung. Ehe- und Lebenspartner, Kinder, Mütter, Väter und Freunde sind allein durch die Trennungserfahrung erheblichen Belastungen ausgesetzt, ganz besonders dann, wenn das soziale Umfeld – meist durch Unwissenheit – mit einer schmerzhaften Gleichgültigkeit auf diese besondere Lebenssituation reagiert. „Soldatenfamilien im Einsatz"[9] bedürfen eines besonderen Verständnisses und einer fürsorglichen Unterstützung durch den Dienstherrn, aber auch durch ihr soziales Umfeld, damit sie keinen Schaden nehmen. Vor diesem Hintergrund ist neben der Sinnvermittlung für den Einsatz eine sichtbare Unterstützung der Gesellschaft für ihre Soldaten und deren Familien zwingend notwendig.

Die Sinnvermittlung und das aktive Einstehen für den einmal gefassten Beschluss des militärischen Einsatzes müssen sich insbesondere dann bewähren, wenn (vermeintlich) Fehler gemacht werden. Denn wird nur der Anschein von moralischem Fehlverhalten ruchbar, ist das Interesse schlagartig geweckt, verkehrt sich das erwähnte Desinteresse und die Grenze zur

Skandalisierung ist nach oben offen. Dabei kommen oftmals ungenügende Kenntnisse über die Einsatzrealität in den Medien, der Gesellschaft und der Politik zum Tragen, die teilweise aus einer – auch geistigen – Einsatzferne resultieren. Entscheidungen, die unter dem Erleben von Sprengstoffanschlägen und/oder Beschuss, Tod und Verwundung innerhalb von Sekunden oder Minuten durch den militärischen Führer zu treffen sind, werden so im Nachgang und ohne Zeitdruck detailgenau und mit dem umfassenderen Blick seziert und zur Diskussion gestellt – dies unter Umständen ohne mit den konkreten Handlungsbedingungen, in denen diese Entscheidungen zu treffen waren, hinreichend vertraut zu sein.

Das Handeln des militärischen Führers unter den Augen der Weltöffentlichkeit mit dem Potenzial, dass ein Entschluss auf niedriger taktischer Ebene bereits strategische Auswirkungen haben kann, erfordert, dass der militärische Führer über einen präzisen moralischen Kompass verfügt, der blitzschnell zur Hand und verlässlich sein muss. Ethisch verantwortbares Handeln nimmt somit einen hohen Stellenwert ein. Das Zentrum Innere Führung hat dazu den sogenannten „Koblenzer Entscheidungscheck" entwickelt, anhand dessen der Führer seine taktische Entscheidung an fünf Kriterien messen soll:

Am Anfang steht die „Legalitätsprüfung". Hier prüft der Soldat, ob seine Entscheidung konform ist mit den gültigen Einsatzregeln. Danach folgt ein mit „Feuer der Öffentlichkeit" bezeichneter zweiter Schritt. Hier stellt sich die Frage, ob das Handeln vor den Augen der Weltöffentlichkeit vertretbar ist. Dann geht es im „Wahrhaftigkeitstest" um die Erwägung, ob man das, was man beabsichtigt, auch einem Menschen mitteilen kann, der einem sehr nahe steht. Daran schließt sich das Prüfkriterium der „goldenen Regel" an. Basierend auf dem Vers Matthäus 7,12 („Alles, was ihr also von anderen erwartet, das tut auch ihnen. Darin besteht das Gesetz und die Propheten.") soll der Soldat sich fragen, ob er das, was er beabsichtigt, an sich selbst erfahren möchte. Wohlgemerkt, hier handelt es sich um eine Prüfung im moralischen Sinne und nicht um die Frage, ob ich bei Schusseröffnung auch selber gerne beschossen werden möchte. Am Ende der Prüfung steht „der kategorische Imperativ" (Kant). Der Soldat soll sich fragen, ob sein Handeln geeignet ist, einem Allgemeingültigkeitsanspruch zu genügen, d.h., den sittlichen Wert hat, um als Grundlage für ein allgemeines Gesetz zu dienen. Eine Entscheidung, die in der Abwägung diese Prüfkriterien berücksichtigt, wird leichter höchsten ethischen Standards genügen.

Bei der Gewinnung und Auswahl von Unteroffizieren und Offizieren für Führungsfunktionen ist es daher unerlässlich, neben der fachlichen Qualifikation auch die charakterliche Eignung zu bewerten. Denn: Führen im Einsatz stellt in beiden Bereichen höchste Ansprüche an den Vorgesetzten. Es ist sogar zu fragen, ob beide Bereiche gleichrangig nebeneinander stehen oder nicht sogar die Persönlichkeit höher zu gewichten ist? Dabei stellt sich auch die Frage, ob funktionale Defizite durch gezielte Ausbildung wesentlich schneller und zuverlässiger abzustellen sind als Persönlichkeitsdefizite.

Neben materiellen Anreizen ist dabei die Führungskultur ein ganz wesentlicher Aspekt. Die Bundeswehr genießt in Sachen Glaubwürdigkeit als Institution eine hohe Akzeptanz. Man traut ihr zu, deutsche Interessen weltweit angemessen zu vertreten. Die militärischen Führer haben damit eine feste Basis und das erforderliche Vertrauen, um gemäß der Auftragstaktik handeln zu können. Dies erfordert Führen mit Zielen, Auflagen nur dort, wo unabweisbar erforderlich, Vertrauensvorschuss und Fehlertoleranz[10] auf allen Führungsebenen. Vor allem beim Letzteren, der Fehlertoleranz, ist noch deutlich Raum für Verbesserung gegeben. Diese Führungskultur (mitmenschliches Zusammenhandeln) gilt es nicht nur im Einsatz, sondern auch im Diensttalltag in der Heimat zu leben, denn die Wahrnehmung der Bundeswehr von außen, ihre Attraktivität als Arbeitgeber, hängt ganz wesentlich von einer als positiv wahrgenommenen sozialen Praxis ab, einer Führungskultur, die sich auch im Einsatz bewährt.[11]

Führungserfahrung im Einsatz

In den letzten Jahren haben Hunderte von Soldaten der Bundeswehr im Kampf gestanden und sich bewährt. Ich weiß aus vielen Berichten und Gesprächen, dass die Führungsleistung unserer überwiegend noch sehr jungen Führer im Gefecht – auch bei unseren multinationalen Partnern – überzeugt hat, und, noch wichtiger, dort, wo die deutsche Staatsanwaltschaft von Amts wegen eine Untersuchung vornehmen musste, die Rechtmäßigkeit und Angemessenheit ihres Handelns bestätigt wurde.

Heute berichten militärische Führer offen über ihren Einsatz. Einer der Führer des ehemaligen QRF-Bataillons in Nordafghanistan führt aus: *„Wenn das Gefecht läuft, wird nur noch das abgerufen, was geübt und befohlen wurde. Jetzt zeigt sich der tatsächliche Zusammenhalt des Zuges und der damit verbundene Kampfwert. Kein Soldat hat gezögert. Mut und Zuversicht sprach aus den Gesichtern. Der Zug hat funktioniert. Bei allem Kampfesmut und Willen zur Auftragserfüllung der Solda-*

ten, so muss man sich doch bemühen, dass das Gefecht nicht zur Selbstverständlichkeit oder etwa gewöhnlich wird. Weder für die unterstellten Soldaten, noch für einen selbst. Menschlich bleiben und die Achtung vor dem Menschlichen eben sollten nicht in Vergessenheit geraten. Keiner meiner Soldaten hat Kerben in seine Schulterstütze geritzt oder Striche an seinen Helm gemalt."[12]

Dieses Zitat zeigt, dass die Prinzipien moralischen Handelns auch in solch fordernden und belasteten Gefechtssituationen nicht verloren zu gehen scheinen. Da spiegeln sich Stolz auf die eigene Leistung und die Auszeichnung, Stolz auf die Bewährung in schwieriger Situation und gelebte Kameradschaft wider. Und: Da sind die leisen Töne, wenn über die eigenen Verwundeten und über das Töten resümiert wird. In der Achtung des Gegners und der Sorge um den Kameraden und die anvertrauten Menschen scheint sich ein positives Menschenbild zu offenbaren.

Dieses Bild spiegelt sich auch in den abschließenden Bemerkungen des Berichtes der sogenannten „Nachtwei-Kommission" – leider öffentlich wenig beachtet – wider[13], in denen es heißt: *„Die Aussagen der Soldaten ... zu ihren Einsatz- und Gefechtserfahrungen zeugten durchweg von hoher Professionalität und Ernsthaftigkeit. ... Dass zur Erfüllung des militärischen Auftrages immer auch die besondere Rücksichtnahme auf die Zivilbevölkerung gehört, ist für unsere Soldaten offenkundig und selbstverständlich."*

Fazit

(Innere) Führung im Einsatz geht weit über die taktische Ebene im Einsatzland hinaus und fordert alle Entscheidungsebenen. Jeder, der Entscheidungen trifft, muss an seinem jeweiligen Platz sein Handeln/Nicht-Handeln ehrlich reflektieren, sein Gewissen prüfen und darf sich der Dimension sowie möglicher Konsequenzen seines Tuns in ethischer Hinsicht nicht entziehen. Dabei ist ein klarer moralischer Kompass im Sinne eines gefestigten Werteverständnisses unverzichtbar.

Der ethische Anspruch an den Soldaten ist heute höher als je zuvor. Er ist nicht nur militärischer Fachmann, der moderne Technik und militärische Einsatzgrundsätze sicher beherrscht, sondern auch politischer Verantwortungsträger in einer hochkomplexen Realität. Er ist Kämpfer und setzt dort, wo es der Auftrag von ihm erfordert, militärische Gewalt ein. Er ist aber auch Vertreter seines Landes gegenüber dem fremden Kulturkreis. In diesem handelt er auch als interkulturell bewusst agierender Helfer, Vermittler, Retter, Beschützer, Ausbilder und Partner. Somit ist heute weit mehr von ihm gefordert als nur die Kernbefähigung des Kämpfers.

Zur Bewältigung der damit verbundenen Herausforderungen haben die Menschenführung im Gefecht als Teil der Inneren Führung und eine umfassende einsatzorientierte Ausbildung eine herausragende Bedeutung. Die Grundsätze der Inneren Führung können so und im richtigen Verständnis von moderner Auftragstaktik den Rahmen für Handlungsfreiheit, aber auch für die gebotene Verantwortung unserer Soldaten setzen. Einsatzrealität heute ist oftmals von unmittelbarer Bedrohung für Leib und Leben treffend beschrieben und gekennzeichnet. Sie kann für den Einzelnen eine unter Umständen extreme Erfahrung sein, die an die tiefsten Wurzeln menschlicher Existenz rührt. In vielen Gesprächen schilderten mir Soldaten diese prägenden Erfahrungen. Dabei führten sie ihre Handlungssicherheit im Einsatz (und im Gefecht) maßgeblich auf eine realitätsnahe, gemeinsam erlebte Ausbildung und das daraus resultierende militärische Können sowie auf das Vertrauen in den militärischen Führer zurück. Dieses Vertrauen ist besonders dann gegeben, wenn tatsächlich das Prinzip des „Führens von vorn", soziale Kompetenz der Vorgesetzten und persönliche Fürsorge erlebt wird.

Als militärischer Führer muss der Vorgesetzte Gefahren und Belastungen gemeinsam mit seinen Soldaten tragen. Erst auf diese Weise lassen die Persönlichkeit eines militärischen Führers, seine innere Einstellung, sein Charakter zusammen mit seinem Führungsstil, seinem Führungs- und Fürsorgeverhalten die Handlungssicherheit bei seinen Soldaten wachsen. Führen im Einsatz und auch im Gefecht heißt zweierlei: die Erfüllung des militärischen Auftrag einerseits und der bestmögliche Schutz des Lebens anvertrauter Soldaten andererseits. Das Wissen um eine bestmögliche medizinische Versorgung, eine moderne Ausrüstung und die uneingeschränkte Gewissheit einer umfassenden Fürsorge der Familienangehörigen ergänzen die Anwendung der Grundsätze der Inneren Führung, gerade im Einsatz und im Gefecht.

Die Führungsphilosophie der Inneren Führung hat sich aus meiner Sicht auch in den extremen Situationen menschlichen Erlebens und Verhaltens im Einsatz bewährt. Dabei sind es die innere Haltung jedes Einzelnen, der eigene „moralische Kompass" und die Führungskompetenz militärischer Vorgesetzter, die durch alle Phasen eines Einsatzes tragen können.

Anmerkungen

1 Ich sehe davon ab, der Leitlinie des Genderns zu folgen, und lege höheren Wert auf die Lesbarkeit meiner Ausführungen, in dem Bewusstsein, dass in allen angesprochenen Berufsgruppen auch Frauen in Führungsfunktionen auf allen Ebenen hervorragende Arbeit leisten.

2 Siehe u.a. Gartmann, Fabian: „Fünf Freunde zogen in den Krieg", Bild am Sonntag vom 19.02.2012, S. 10. Der Artikel lässt vier betroffene Soldaten zu Wort kommen, die ihren Eindruck des Anschlags mit dem Erleben der eigenen Verantwortung und des Sterbens von Kameraden wiedergeben. Daneben kommt auch die Mutter eines Gefallenen zu Wort.

3 Siehe neben dem bereits erwähnten Anschlag vom 28. Februar 2011 auf dem OP NORTH die Anschläge gegen deutsche Soldaten im Mai 2011 in Taloqan und im Mai 2014 in Kabul.

4 Allen, John R. (General), Memorandum HQ ISAF / USFOR-A-Cdr "Standards of Ethical Military Conduct" vom 13.01.2012 (Eine Seite / sinngemäße Übersetzung): „Unser Auftrag ist fokussiert auf die Unterstützung der afghanischen Regierung, der afghanischen Sicherheitskräfte und ganz besonders der afghanischen Menschen. Wir sind Gäste in Afghanistan und Partner der Afghanen. Es ist sehr bedeutend, dass wir fortfahren, ihr Vertrauen und Verständnis zu erringen. Dabei ist es von herausragender Bedeutung, dass wir ein Höchstmaß an Professionalität, Moral und ethischen Standards zeigen – zu jeder Zeit, bei all unseren Aktionen und an jedem Ort. Dabei darf es keine Ausnahmen geben."

5 Münkler, Herfried: „Der asymmetrische Krieg", DER SPIEGEL 44/2008, S. 176-177.

6 Bundesministerium der Verteidigung (BMVg), ZDv A-2600/1 „Innere Führung", 2008, Ziffer 105.

7 Insbesondere auch an Artikel 1, Absatz 1 GG: „Die Würde des Menschen ist unantastbar. Sie zu schützen und zu achten, ist Verpflichtung aller staatlichen Gewalt."

8 Rede bei der Kommandeurtagung der Bundeswehr im Bonner „Wasserwerk" 2005.

9 Der Titel des Buches von Silvio Gödickmeier und Martin Schloßmacher bringt diese Lebenssituation auf den Punkt. S. Gödickmeier / M. Schloßmacher: „Soldatenfamilien im Einsatz", Berlin 2006.

10 Gemeint ist damit kein „Blankoscheck"! Die Anwendung militärischer Gewalt als eines der riskantesten politischen Mittel steht zu Recht stets unter kritischer Aufmerksamkeit der Öffentlichkeit, der Medien und des Parlamentes. Diese berechtigte kritische Aufmerksamkeit sollte durch die Art ihrer Wahrnehmung nicht als „Generalverdacht" empfunden werden.

11 Vgl. dazu. Reeb, Hans-Joachim: „Neue Bundeswehr und Gesellschaft", erschienen in Europäische Sicherheit, Ausgabe 5/2011, Seiten 72-76, S. 75: „Die Streitkräfte müssen in einen Wettbewerb um die qualifizierten Bewerber eintreten. Die Nachfrage wird durch eine kritische Haltung in Ein-Kind-Haushalten verschärft, dieses Kind in Berufe mit hohem persönlichen Risiko für die körperliche Integrität zu entlassen."

12 Schultze, Stefan: „Führen unter Feuer", in Beck, Hans-Christian / Singer Christian (Hrsg.): „Entscheiden, Führen, Verantworten", Miles-Verlag, Berlin 2011, S. 228.

13 Bericht der Kommission zur Untersuchung des Einsatzes des G36-Sturmgewehres in Gefechtssituationen.

Ausbildung, Beratung und Unterstützung im Nord-Irak – Bewährung von Führungsgrundsätzen

Jochen Schneider

Der Beginn

Seit August 2014 wiesen Fallschirmjäger der Division Schnelle Kräfte (DSK) die kurdischen Sicherheitskräfte, die Peshmerga, an den von Deutschland gelieferten Waffen vor Ort in der Autonomieregion Kurdistan/Nord-Irak ein. Dabei bildeten die deutschen Soldaten die Peshmerga im sicheren Umgang mit den gelieferten Sturmgewehren, den Panzerfäusten und den Panzerabwehrlenkraketensystemen MILAN aus. Zur Unterstützung dieser acht Ausbilder befand sich ein Verbindungselement in Stärke von drei Mann in Erbil vor Ort. Ihr Auftrag war es, Verbindung zum Deutschen Generalkonsulat und zum Einsatzführungskommando zu halten sowie die eigenen Kräfte bei der Durchführung ihres Auftrages zu unterstützen.

Im Herbst zeichnete sich auf allen politischen Ebenen in Berlin, einschließlich des Bundesministeriums der Verteidigung, ab, dass das deutsche Engagement im Nord-Irak erweitert werden könnte. Man wollte mit mehr Ausbildern unterstützen, die nicht nur an den verschiedenen Waffen unterrichten sollten, sondern auch Handlungstraining, also taktische Ausbildungen, für die Peshmerga durchführen sollten.

Der Auftrag

Parallel zum politischen Entscheidungsprozess in Berlin begannen die Coalition Forces, die Ausbildung der kurdischen Sicherheitskräfte besser zu koordinieren. Das Ausbildungsprogramm „Build Partner Capacity" für den Nord-Irak sollte von nun ab durch die bereits dort stationierte amerikanische Task Force Erbil aus einer Hand koordiniert und durchgeführt werden.

Deutschland bot in internationalen Abstimmungsprozessen an, die Führung dieses neuen Ausbildungsprogrammes zu übernehmen. Parallel zur politischen Willensfindung und zur Vorbereitung des Bundestagsmandats wurde bereits im Herbst 2014 damit begonnen, die mögliche deutsche Ausbildungsmission zu erkunden und vorzubereiten.

Die 10. Panzerdivision, die 2014 aufgrund der Neustrukturierung des Heeres damals noch den Namen Division SÜD trug, stand für das Jahr 2015 in der Einsatzverantwortung. Sie erhielt somit den Auftrag, die zukünftige Ausbildungsunterstützung im Nord-Irak zu planen und durchzuführen. Im Dezember begann die 10. Panzerdivision, den möglichen Ausbildungsauftrag der Peshmerga so vorzubereiten, dass dieser ab 1. Februar 2015 vor Ort im Nord-Irak, also verzugslos nach der Mandatserteilung durch den Deutschen Bundestag, übernommen werden konnte. Die Gebirgsjägerbrigade 23 aus Bad Reichenhall wurde beauftragt, umgehend ein Ausbildungsteam mit bis zu 30 Ausbildern aufzustellen und auf den Einsatz vorzubereiten. Noch vor Weihnachten erhielten die Soldaten und Offiziere, die für den zukünftigen internationalen Stab der Ausbildungsmission vorgesehen waren, ihren Einsatzauftrag, vorbehaltlich des Bundestagsmandats.

Als designierter Kommandeur des zukünftigen „Kurdistan Training Coordination Centers" und Kommandeur des ersten Deutschen Einsatzkontingents im Nord-Irak erhielt ich den Auftrag, diese Operation sowohl national als auch international innerhalb der US-Task Force in Erbil aufzubauen. Ich entschloss mich, möglichst früh im Januar 2015 mit einer Rumpfbesatzung, also einem Kernstab, in den Nord-Irak zu verlegen. Dieser Kernstab bestand aus sechs Offizieren und Unteroffizieren, die zu Beginn einer Operation in der Lage waren, die wichtigsten Arbeitsfelder in den militärischen Führungsgrundgebieten von Einsatzsteuerung, Logistik bis hin zu IT und Kommunikation abzudecken.

Dieser Einsatzauftrag war für die Bundeswehr bis dahin einmalig. Zwar waren die multinationalen Kräfte der Coaltion Forces auf ausdrücklichem Wunsch der irakischen Zentral- und der kurdischen Regionalregierung im Kampf gegen den IS (Islamischer Staat) auf irakischem Boden, jedoch gab es bis zum Zeitpunkt der Verlegung kein Memorandum of Understanding oder ein sogenanntes Status of Forces Agreement zwischen dem Irak und den multinationalen Partnern, welche Einsatz, Dauer und Auftrag ausländischer Streitkräfte in einem souveränen Staat regeln. Jeder Soldat, der irakischen Boden betrat, musste somit über ein Visum akkreditiert werden. Damit verzögerte sich die Verlegung meiner ersten Kräfte um bis zu zwei Wochen.

Um die Zeit bis zur Verlegung sinnvoll zu nützen, entschloss ich mich, meinen Kernstab in einer Bundeswehrliegenschaft in Regensburg zusammenzuziehen. Wir nutzten die Zeit, um uns mit den ersten grundlegenden Planungsschritten auseinanderzusetzen. Der Auftrag lautete, unter deutscher Führungsverantwortung ein Zentrum einzurichten, um die vielschichtigen, multinationalen Bemühungen der Coalition Forces in der Ausbildungsunterstützung im „Build Partner Capacity" Programm (BPC) zusammenzuführen, zu koordinieren, zu planen und durchzuführen.

Zunächst wurde dieser Auftrag einer Auswertung, einer sogenannten Beurteilung der Lage, unterzogen. Der grobe Auftrag wurde dabei detaillierter definiert und meine erste Absicht als zukünftiger Kommandeur der multinationalen Ausbildungsmission formuliert. Wir identifizierten und legten alle notwendigen taktischen Operationslinien für einen Training Campaign Plan fest. Taktische Operationslinien sind ein Hilfsmittel in einem militärischen Planungsprozess, um komplexe, ganzheitliche Aufträge und deren Ziele durch die Identifizierung einzelner Handlungsfelder mit deren Teilzielen zu vereinfachen. Dadurch entsteht eine schematische Darstellung eines komplexen Auftrags, die einem Ablaufdiagramm ähnelt.

Da sich zu diesem Zeitpunkt aber auch die Coaltion Forces in der Neustrukturierung ihrer Ausbildungsbemühungen befanden, lag ein direkter Auftrag – die vorgegebenen Ziele für das zukünftige Trainingscenter und dessen Rahmenbedingungen – noch nicht vor. Lediglich operative Vorgaben des Kommandos der Landstreitkräfte im Irak (Coalition Forces Land Component Command Iraq CFLCC-I) konnten für die Vorabplanung und die grundlegende Entwicklung des Training Campaign Plans genutzt werden.

Ende Januar waren die Offiziere und Unteroffiziere meines ersten Kernstabes verlegfähig und folgten mir in Etappen ab 25. Januar 2015 in den Nord-Irak.

Die einsatzvorbereitende Ausbildung

Neben der ärztlichen Voruntersuchung für die Einsatztauglichkeit erhielten mein Kernstab (meine Regensburger Gruppe) und ich aufgrund der Kurzfristigkeit eine eintägige Einsatzvorbereitung durch das Einsatzführungskommando der Bundeswehr. Im Verlauf des Einsatzes zeigte sich jedoch, dass einsatzerfahrene, robuste, verantwortungsbewusste und kreative Unteroffiziere mit Portepee, Offiziere und Stabsoffiziere auch bei nur geringer Vorbereitungszeit in der Lage sind, eigenständig als erste Kräfte voraus ihren Auftrag gemäß unseren Führungsgrundsätzen zu erfüllen.

Bei neuen Einsätzen sind Erkunder, Vorauskräfte und die ersten Angehörigen von Anfangs- oder Eintrittsoperationen immer die entscheidenden Sensoren, um für nachfolgende Hauptkräfte eine angepasste einsatzlandspezifische Ausbildung zwar zeitkritisch, aber noch zeitgerecht durchführen zu können. Auf sie kommt es an. Sie müssen Verbindung halten, um ihre ersten Beobachtungen und Erfahrungen (Lessons Identified) sowie die neu gewonnene Lage (Situational Awareness) zielgerichtet und zeitgerecht übermitteln zu können.

Parallel zur Verlegung dieser Vorauskräfte führte seit Mitte Januar 2015 das erste Ausbilderteam unter der Leitung des Gebirgsjägerbataillons 233 aus Mittenwald seine Einsatzausbildung innerhalb von zwei Wochen durch. Die Ausbildung gliederte sich in drei Abschnitte:

Erstens in eine Einsatzlandspezifische Ausbildung für alle Einsatzsoldaten, in der es darum ging, den Einsatzsoldaten die aktuelle Bedrohungslage, kulturelle Besonderheiten und weitere spezifische Bedingungen für den Nord-Irak zu vermitteln.

Zweitens in eine Ausbildung zur Erhöhung des Eigenschutzes für das Ausbilderteam (Mobile Training Unit – MTU), um auch in auf sich gestellten Situationen handlungsfähig zu bleiben. Dies schloss spezielle Verfahren der Rettung und Evakuierung von versprengten, eingeschlossenen oder abgeschnittenen Einsatzkräften wie auch Sanitäts- und Schießausbildung ein.

Drittens erfolgte für die MTU eine Ausbildung der Ausbilder in enger Abstimmung mit den Kräften im Einsatzland, um die Ausbildung bereits zu Hause am Standort zielführend und effektiv vorbereiten zu können.

Trotz der enorm knappen Vorbereitungszeit zeigte sich im Einsatzland, dass diese einsatzlandspezifische Ausbildung der MTU mit ihrer angewandten Methodik und Didaktik innerhalb von nur zwei Wochen voll und ganz zweckmäßig gestaltet war. Die Ausbilder der MTU konnten sofort und reibungslos ihren Ausbildungsauftrag übernehmen. Die sogenannte Harmonisierungsausbildung, also die Zusammenführung der Einsatzkräfte und das gemeinsame Training in Vorbereitung auf die Spezifika des Einsatzes, war dabei der Schlüssel zum Erfolg für die Ausbildungsunterstützung. Sie wird auch zukünftig unerlässlich sein, immer dann, wenn Verbände, Kompanien oder Züge erst für einen Einsatzauftrag zusammengeführt oder neu zusammengestellt werden müssen.

Eine strukturierte Ausbildung für die Kräfte des Sanitätszugs konnte jedoch nicht stattfinden. Für einige Soldaten des Sanitätsdienstes wurde ein einwöchiger Lehrgang für das fachspezifische Betreiben der Rettungsstation durchgeführt. Zudem fand ein dreitägiger, sogenannter Integrationstest einer deutschen Operationsgruppe in einem amerikanischen Field Surgery Team statt, um die multinationale Zusammenarbeit und die Verfahren in der medizinischen Notfallversorgung zu üben. Insgesamt nicht zufriedenstellend, auch wenn dies keine Auswirkung auf unseren Einsatz hatte. Dennoch halte ich es auch bei sogenannten „adhoc-Einsätzen" für unabdingbar, dass neben der individuellen Vorbereitung der Sanitätskräfte eine gemeinsame integrierte Einsatzvorausbildung erfolgt, um eine vertrauensvolle und enge Zusammenarbeit bereits vor Einsatzbeginn herzustellen.

Deutsche Führungsgrundsätze und die Bewährung im Einsatz

Meine „Regensburger Gruppe" und ich hatten als konkrete Planungsgrundlage lediglich die Absichten, Willensbekundungen und Ziele („acceptable conditions/objectives") der nächsthöheren Führungsebenen in Bagdad (CFLCC-I), die wie folgt lauteten:

1. „ISIL defeated", der gewünschte Endzustand: IS ist zerschlagen.

2. "ISF capable of supporting GoI security", als operatives Ziel: Die Irakischen Sicherheitskräfte (ISF – Iraqi Security Forces) sind in der Lage, die Souveränität und Sicherheit der irakischen Regierung (GOI – Government of Iraq) zu unterstützen.

Aus diesen operativen – für die ausführende, taktische Ebene auf den ersten Blick abstrakt wirkenden – Grundlagen leiteten wir die eigenen Ziele mit ihren Handlungslinien ab, um eben diese übergeordneten Ziele und Zustände zu erreichen. Bei der Entwicklung dieser Handlungsfelder – militärisch: taktische Operationslinien – werden zunächst durch ein „Rückwärtsdenken" eigene taktische Ziele und Endzustände entwickelt, die das Erreichen der Ziele bzw. des Endzustandes der übergeordneten Führung gewährleisten. Den eigenen taktischen Zielen/Endzuständen werden dann die Handlungsfelder, die taktischen Operationslinien, zugeordnet.

Aufgrund der eigenen wesentlichen Leistung lag unser Schwerpunkt auf dem Handlungsfeld der taktischen Operationslinie „Training", inklusive der Ausbildung und Anwendung ethischer Prinzipien. Ihre Endzustände, also die taktischen Ziele für das Training, bilden damit den Kern der Auftragserfüllung. Die restlichen taktischen Endzustände waren die Grundlage und Voraussetzung für das Erreichen der Endzustände auf der Operationslinie „Training".

Eine Anfangsoperation ist komplex. Gleichzeitige, zeitliche und räumliche Zusammenhänge bestimmen gerade am Anfang eine Operation entscheidend. Zudem wurde die Komplexität bei diesem Einsatzauftrag weiter durch die Tatsache erhöht, dass bereits nationale und multinationale Ausbildungen und Einweisungen liefen, die verzugslos zu synchronisieren und zu koordinieren waren. Für den Anfang, den Short-Term, wurden daher die taktischen Operationslinien des „Training Campaign Plan" nochmal vor Ort angepasst, um Reibungsverluste beim Übergang in den eigentlichen Plan zu vermeiden.

Auf der Grundlage dieser taktischen Operationslinien, die noch vor Verlegung in das Einsatzland zusammen mit einem ersten Entwurf eines „Mission Statements" als Kommandeur des „Kurdistan Training Coordination Centers" (KTCC) definiert waren, wurden die ersten Trainings- und Ausbildungsvorhaben koordiniert, synchronisiert und durchgeführt. Die notwendige Lagefeststellung im Einsatzraum auf der taktischen Ebene wurde initiiert, die ersten infrastrukturellen Maßnahmen zum Aufbau und Betrieb des KTCC wurden veranlasst und die taktischen Operationslinien im Rahmen des „Training Campaign Plan" gleichzeitig weiterentwickelt. Der Einsatz von taktischen Operationslinien in der Entscheidungsfindung, in der Planung und als Controlling Instrument hat sich für die Aufstellung und den Betrieb des KTCC voll bewährt.

Durch verschiedenste Sensorik und Maßnahmen wurde das Lagebild für die eigene Force Protection (Sicherheit) und für die Identifizierung des Ausbildungsbedarfs der Peshmerga konsolidiert. Die Vorgehensweise vom IS, seine Enemy Techniques, Tactics and Procedures (E-TTP – Techniken, Taktiken und Verfahren), wurde umfassend bewertet und die erforderlichen Erkenntnisse für die Ausbildung gewonnen. Diese Ergebnisse wurden mit den verantwortlichen Führern der Peshmerga besprochen und führten zu einem logischen, folgerichtigen Ausbildungsbedarf, dem „Demand".

Mitte März 2015 konnte dann die von uns neu konzipierte Ausbildung der Peshmerga mit Ausbildern aus sechs Nationen (Norwegen, Italien, Großbritannien, Niederlande, USA und Deutschland) starten. Ziel war es, ein kurdisches Infanteriebataillon auf allen Ebenen so auszubilden, dass es auf dem Gefechtsfeld gegen den IS erfolgreich bestehen und agieren konnte. Es gelang uns, sowohl das Verhalten der einzelnen Kämpfer als auch das taktische Verhalten von Zügen, Kompanien und des Bataillons erheblich zu verbessern. Die Soldaten des Bataillons absolvierten das Training hoch motiviert.

Sie waren offen für neue Verhaltensregeln auf dem Gefechtsfeld, handelten zunehmend umsichtiger und brachten ihre Kräfte und Waffensysteme immer effizienter zur Wirkung.

Am 16. April 2015 konnte die erste Ausbildung eines geschlossenen Infanteriebataillons erfolgreich beendet werden – ihre Kampfkraft und auch ihr Einsatzwert im Hinblick auf die Verteidigung ihrer Heimat bzw. den Kampf gegen IS war erheblich gesteigert worden. Die Ausbildung und die Befähigung zum Einsatz im Rahmen verbundener Kräfte für ein geschlossenes, organisches Infanteriebataillon mit allen Führungsebenen bilden seitdem den Schwerpunktauftrag des KTCC. Im Rahmen der Coalition Forces ist diese Ausbildung unter dem „Erbil Way" bekannt geworden.

Mein Fazit

Bei der Vorbereitung und im Aufwuchs dieser Anfangsoperation für den Deutschen Anteil des KTCC und für das KTCC selbst kann aus meiner Sicht festgestellt werden, dass sich unsere (taktischen und operativen) Führungsgrundsätze absolut bewährt haben.

Gerade eine Rückbesinnung auf die Zusammenstellung eines sogenannten großen Erkundungskommandos gemäß den taktischen Vorschriften des Heeres ist sehr zweckmäßig. Erkundungskommandos sollen sich ebenengerecht und taktisch auf die Art der Operation, auf die Stärke des Truppenkontingents und auf den Auftrag – unter Einbeziehung aller notwendigen Führer der taktischen Ebene und Unterstützungskräfte – fokussieren können. Somit ist der Informations- und Wissenstransfer durch die direkten Vorgesetzten und Unterstützungskräfte sichergestellt. Insbesondere ein Verbleib von Teilen des Erkundungskommandos im nachfolgenden Einsatz optimiert diesen Transfer.

Die gerade für eine Anfangsoperation unabdingbaren Fähigkeiten „Interkulturelle Einsatzberatung" als ein Schlüssel zur Initiierung wichtiger Gesprächs- und Verhandlungsebenen/-strukturen sowie „Counter Intelligence" als Voraussetzung zur Abschirmung in einer noch unklaren Lage sind weitere Garanten für den Erfolg.

Im Bereich der operativen Ebene im Rahmen von Combined Joint Operations haben sich ständige Forward Planning Cells und Forward Command Outposts, also vorgeschobene Gefechtsstände, gerade auch mit Planungskapazitäten, bewährt. Daher sollte bei Anfangsoperationen zukünftig darüber nachgedacht werden, operative Fähigkeiten und Führungselemente, je nach Bedarf flexibel und zeitlich befristet, institutionalisiert „nach vorne" zu bringen, um die Effektivität der taktischen Ebene mit Blick auf den schnellen Operationsverlauf weiter steigern zu können.

Ob eine Operation als Eintrittsoperation oder als einfache Anfangsoperation durchgeführt wird, ist für die schnellen und rasanten Entwicklungen, Erkenntnisse und Bedürfnisse gerade in den Bereichen der Situational Awareness, der Logistik und in der Operationsführung unerheblich.

Flexibilität, Weitblick, die Fähigkeit, Interdependenzen jenseits des eigenen Aufgabenbereichs zu erkennen, selbstständiges Entscheiden und Handeln sowie die Bereitschaft, Verantwortung zu übernehmen, sind entscheidende Merkmale für die deutsche Auftragstaktik, aber auch für die gut ausgebildeten und im Sinne der übergeordneten Führung eigenverantwortlich handelnden Soldaten, insbesondere für die militärischen Führer.

Auf das sehr disziplinierte und zielorientierte Verhalten meiner Soldatinnen und Soldaten bin ich besonders stolz.

Führung unter afrikanischen Bedingungen – Ausbildungsunterstützung in Mali

Ralf Hammerstein

Dieser Artikel nimmt Bezug auf meine Einsatzerfahrung als Kontingentführer des deutschen Einsatzkontingentes der Europäischen Trainingsmission (EUTM) und J3/J5[1] in der Training Task Force (TTF) vom September 2014 bis März 2015 in Mali. Neben diesen Aufgaben wurde ich mit der Durchführung des ersten Kompaniecheflehrgangs beauftragt, der zukünftige malische Einheitsführer innerhalb von zwölf Wochen auf ihre Aufgaben als militärische Führer vorbereiten sollte.

Die Missionsführung wurde zunächst durch Frankreich mit dem Kommandeur und wesentlichen Anteilen der Deutsch-Französischen Brigade gestellt und ab Oktober 2014 an Spanien übergeben. Deutschland stellte durchschnittlich 150 von insgesamt ca. 550 Soldatinnen und Soldaten und war somit der größte Truppensteller der Mission und zuständig für die Infanterie-, Pionier- und Logistikausbildung sowie für die sanitätsdienstliche Versorgung[2]. Zur Unterstützung des Ausbildungsauftrages stellte Deutschland ein „National Support Element" analog zu den Fähigkeiten in anderen Einsätzen mit deutscher Beteiligung.

Die Bedrohungslage war grundsätzlich niedrig. Anschläge durch terroristische Zellen sowie durch organisierte Kriminalität konnten jedoch nicht ausgeschlossen werden. Darüber hinaus führte der Ausbruch des Ebola-Virus in Mali zu einer mentalen Belastung der Soldatinnen und Soldaten. Die für Afrika typischen Krankheiten sowie klimatischen und hygienischen Bedingungen stellten ebenfalls besondere Herausforderungen dar.

In diesem Artikel werde ich auf meine Erfahrungen in der Ausbildung malischer Soldaten und militärischer Führer eingehen. Im Mittelpunkt stehen dabei die Bewährung der deutschen Führungskultur in der Ausbildung sowie die Grenzen und Unterschiede mit Blick auf das malische System und in der Zusammenarbeit mit anderen Nationen. Darüber hinaus werden zunächst die Vorbereitung auf den Einsatz und der Umgang mit nationalen Belangen im Einsatz kritisch betrachtet.

Vorbereitung auf den Einsatz

Mit Übernahme meiner neuen Aufgabe als Bataillonskommandeur des Artilleriebataillons 295 in Immendingen im Mai 2014 wurde ich mit der Kontingentführung des deutschen Einsatzkontingentes EUTM Mali ab September 2014 beauftragt. Aus meinem Bataillon nahmen jedoch nur wenige Soldaten am Einsatz teil, da viele bereits kurz vorher im Einsatz in Mali gewesen waren.

Die in der „Zentralen Einsatzvorbereitenden Ausbildung im Rahmen von Konfliktverhütung und Krisenbewältigung" durchgeführten weisungsgemäßen Inhalte schufen einen gemeinsamen Abholpunkt für alle Soldatinnen und Soldaten meines Kontingentes. Der in der Einsatzvorbereitung vorgesehene Lehrgang am Zentrum Innere Führung war von sehr hoher Qualität. Landeskunde und interkulturelle Kompetenz, vorgetragen durch Experten aus Afrika, waren sehr gewinnbringend. Gleichwohl können sie die eigenen Erfahrungen mit den Besonderheiten in Mali nicht ersetzen.

Eine spezielle Vorbereitung auf den Ausbildungsauftrag mit Blick auf Methodik und Didaktik der Ausbildung im zu erwartenden Umfeld, Ausbildung an den Waffen der malischen Armee und taktische Grundsätze zum Einsatz der Fähigkeiten des auszubildenden malischen Verbandes waren jedoch nicht vorgesehen. Ebenso fehlte eine für diesen Auftrag gezielte Sprachausbildung in Französisch oder in Bambara[3], so dass für die Ausbildung malischer Soldaten grundsätzlich ein Sprachmittler notwendig war. Diese Defizite wurden in der Einsatzvorbereitung nachfolgender Kontingente sukzessive abgestellt bzw. nach der Übernahme der Missionsführung durch Deutschland durch entsprechende Maßnahmen im Einsatz nachgesteuert. Darüber hinaus wurde mit Blick auf die vielfältigen Ausbildungsmissionen der Erfahrungsaustausch in der Einsatzvorbereitung intensiviert, so in einem Workshop „Das Heer in Ausbildungsmissionen" am 22./23. September 2015 beim Kommando Heer in Strausberg.

Unabhängig von der weisungsgemäßen Einsatzvorbereitung war die Motivation der Kontingentangehörigen vor dem Einsatz bemerkenswert hoch. Diese wurde mit dem Interesse an Afrika und dem Ausbildungsauftrag sowie dem kleinen Kontingent in einem noch „jungen" Einsatz – mit wenigen bürokratischen Auflagen – begründet und hielt nahezu die gesamte Einsatzdauer des Kontingentes an.

Nationale Aspekte des deutschen Einsatzkontingentes

Das im Vergleich zu anderen Einsätzen eher kleine Kontingent wurde aus einer Vielzahl verschiedener Einheiten zusammengesetzt. Der größte Teil der Ausbildungskommandos und der führungsrelevanten Dienstposten wurde durch die Deutsch-Französische Brigade gestellt.

Die Stehzeiten in den Ausbildungskommandos waren auf sechs Monate gemäß der Weisungslage ausgerichtet. In allen anderen Bereichen im Kontingent variierte die Stehzeiten grundsätzlich zwischen sechs Wochen und vier Monaten. Die damit einhergehende erhebliche Fluktuation führte nicht nur zu einem besonderen organisatorischen Aufwand, sondern kostete Zeit und Kraft zur Einarbeitung und zum „Team Building".

Zusätzliche personelle Abstellungen in den Einsatz von meist kurzer Dauer aufgrund nationaler Auflagen kamen zu der bereits hohen Fluktuation im Kontingent hinzu. Eine Beteiligung des Kontingentes am nationalen Entscheidungsprozess erfolgte erst im Nachgang der Entscheidung. Das Verhältnis „tooth to tail" war mit Blick auf den Ausbildungsauftrag und das kleine Kontingent somit ungünstig. Eine Reduzierung von Auflagen und „Verschlankung" dieses Verhältnisses wäre unter den damaligen Rahmenbedingungen möglich gewesen, um eine stärkere Konzentration auf den Ausbildungsauftrag zu erzielen.

Unabhängig von diesen nationalen Belangen gelang es den deutschen Soldaten, sich in das multinationale Umfeld gut zu integrieren. Hierdurch konnten die vielfältigen Fähigkeiten des Kontingentes mit Erfolg in die Mission eingebracht werden. Die Bereicherung der Soldatinnen und Soldaten durch die kulturelle Vielfalt der Mission und die zahlreichen Kontakte mit der Bevölkerung wurden durch eine große Mehrheit des Kontingentes als sehr gewinnbringend aufgenommen. Hierdurch wurde die Erwartungshaltung an den Einsatz und die hohe Motivation der Soldatinnen und Soldaten des Kontingentes bestätigt.

Umgekehrt wurde deutlich, welche Erwartungshaltung auf malischer Seite und bei den internationalen Partnern in der Mission gegenüber den deutschen Soldaten bestand. So wurden die typischen deutschen Tugenden wie Pünktlichkeit, Präzision, Fleiß und Disziplin erwartet. Spätestens hiermit wurde deutlich, dass interkulturelle Kompetenz nur über die Frage nach der eigenen Identität erlangt werden kann. In diesem Zusammenhang wurden zur Kohäsionsbildung im Kontingent und in der Mission besondere deutsche

Feiertage und Traditionen mit anderen Nationen begangen.[4] Dies war nicht nur identitätsstiftend und ein Teil der deutschen Heimat in Afrika, sondern trug zum besseren gegenseitigen Verständnis kultureller Besonderheiten im Einsatz bei.

Deutsche Führungskultur auf dem Prüfstand

Mit Beginn des Einsatzes rückte die konkrete Vorbereitung auf den Ausbildungsauftrag in den Mittelpunkt. Defizite in der Vorbereitung des Einsatzes in Deutschland wurden somit deutlich. Da alle anderen Nationen ähnliche Defizite in der Handhabung fremder Waffen und Vorbereitung von Ausbildungsthemen aufwiesen, wurde auf deutsche Initiative eine Harmonisierung der Ausbildung mit den truppenstellenden Nationen im Einsatz durchgeführt. Somit konnte mit Blick auf den Zweck und die Ziele des Ausbildungsauftrages eine gemeinsame Grundlage für die Ausbildung durch die unterschiedlichen Ausbildungskommandos und Nationen im Einsatz geschaffen werden.

Gleichwohl konnte eine gemeinsame Ausbildungskonzeption sowie taktische Grundsätze nach französischem Vorbild aufgrund der unterschiedlichen nationalen Kenntnisse und Erfahrungen nur sehr eingeschränkt umgesetzt werden. Darüber hinaus blieben Grundsätze der Methodik und Didaktik der Ausbildung sowie Ausbildungskonzeption weitestgehend national geprägt. Jeder bildete entlang seiner Kenntnisse und Erfahrungen aus. Dieser Sachverhalt ist wenig überraschend, da man grundsätzlich nur die Inhalte glaubwürdig ausbilden kann, die man selber beherrscht.

Maßgeblich für den Ausbildungserfolg war das Vertrauen in die eigenen Fähigkeiten und Erfahrungen sowie ein hohes Maß an Improvisation und geistiger Flexibilität. Es wurde deutlich, dass je höher die Einsatzerfahrung und Professionalität sind, desto höher ist die Interoperabilität in der Ausbildung zwischen den Nationen bzw. den Ausbildungskommandos.

Mit Blick auf die Bedeutung des Ausbildungsauftrages für den Einsatz der malischen Verbände im Norden Malis und der hohen Professionalität einsatzerfahrener Soldaten in den Ausbildungskommandos stellte sich die Frage, ob die Besetzung der deutschen Ausbildungskommandos entsprechend erfolgte. Hier zeigte sich, dass dies grundsätzlich zutraf, obwohl eine dahingehende Auflage in der Auswahl der Soldaten bei Aufstellung des Kontingentes nicht bestand. Zwischenzeitliche nationale Überlegungen zur Durchführung der Infanterieausbildung durch Soldatinnen und Soldaten in der „Zweitrolle" haben sich nicht durchgesetzt. Der Grundsatz „Ausbildung nur in der Erstrolle" in der Besetzung der deutschen Ausbildungskommandos bewährte sich.[5]

Die eingangs beschriebene Erwartungshaltung an Deutschland wurde insbesondere im Rahmen des Kompaniecheflehrgangs deutlich: „Deutsche Tugenden" wurden teilweise bewundert. Dies bedeutete jedoch nicht, dass das Verhalten auf malischer Seite selbstkritisch reflektiert wurde. Neben der grundsätzlich offenen und freundlichen Art der malischen Soldaten sowie einer zeitweisen hohen Lernbereitschaft waren Führungswillen, Initiative und Kritikfähigkeit nur bei wenigen begabten militärischen Führern ausgeprägt.

Die Gründe hierfür sind durch die soziokulturellen Verhältnisse und die gesellschaftliche Rolle der malischen Armee zu erklären: Soziale Bindungen sind für das Überleben eines Großteils der Bevölkerung in Mali entscheidend aufgrund einer mangelnden staatlichen Versorgung. Kritik in Verbindung mit einem direkten Vorgehen im sozialen Umfeld kann diese Bindungen stören und die eigene Versorgung somit gefährden. Des Weiteren wird die malische Armee als eine Institution wahrgenommen, die ihren Angehörigen die Versorgung sichert. Dabei ist das Leistungsprinzip nachrangig und wird durch Patronage und Vetternwirtschaft ausgehebelt. Die hieraus resultierende Wirkung auf die Leistungsfähigkeit der malischen Armee ist desaströs und wird beispielhaft durch die Misserfolge der malischen Armee in der Vergangenheit belegt.

Die Gründe für das Verhalten auf malischer Seite und das darauf auszurichtende eigene Vorgehen wurden erst nach einigen Wochen in der Ausbildung deutlich. Der Schwerpunkt der Ausbildung wurde somit sowohl auf das fachliche Können als auch auf das Führungsverhalten gelegt. Es galt daher zunächst, die malische Passivität aufzubrechen, um die Mitverantwortung auf malischer Seite zu stärken. Ein direktes Vorgehen verbunden mit einer Kritik war jedoch sehr risikobehaftet, da dies das gegenseitige Vertrauen gefährdete. Gleichwohl wurde auch deutlich, dass ein rein indirektes Vorgehen keine nachhaltige Wirkung zeigte.

Die malischen Führer wurden in ihrer bisherigen Laufbahn nach französischem Vorbild ausgebildet, das mit einem malischen „Anstrich" teilweise noch aus der Zeit der Unabhängigkeit der 60er Jahre stammte. In diesem Zusammenhang wurde eine Vielzahl von Herausforderungen für die Ausbildung der malischen Führer deutlich. Hier sind nur die wichtigsten Handlungsfelder mit Blick auf das Führungs- und Planungsverhalten aufgezeigt:

(1) Führung in dem Verständnis, dass nur das Vorbild und erlebte Beispiel überzeugen kann, galt es von Grund auf auszubilden. Die hierzu notwenige Selbstdisziplin war unabhängig vom Dienstgrad und Alter nur bei wenigen militärischen Führern vorhanden. (2) Vorstellungen über das Führen von vorne im Einsatz sowie im Grundbetrieb verbunden mit einer helfenden Dienstaufsicht fehlten. (3) Neben gravierenden Mängeln im Bereich des militärischen Handwerks waren die Bedeutung von Fürsorge und Respekt gegenüber untergebenen Soldatinnen und Soldaten nur rudimentär bekannt. (4) Eine Fähigkeit zur frühzeitigen Planung und Befehlsgebung verbunden mit einer weitreichenden Logistik fehlte nahezu vollständig. (5) Die Bedeutung der Durchführung einer Truppenausbildung war sehr schwach ausgeprägt. Diese findet in den malischen Verbänden in der Heimatgarnison grundsätzlich nicht oder nur sehr selten statt.

Mit Blick auf diese Defizite wurden Inhalte sowie die Methodik und Didaktik der Ausbildung angepasst. Dabei standen der Praxisbezug und das Prinzip der „Kombinierten Führer- und Truppenausbildung" im Vordergrund, um Bilder zu vermitteln und zu erleben. Diese Bilder beinhalteten sowohl taktische Situationen verbunden mit einem vereinfachten Führungsprozess und einer Befehlsgebung angelehnt an französische Vorgaben.

Hierbei kam es darauf an, eine „Ordnung auf dem Gefechtsfeld" durch gezielte Planung, Schnelligkeit und Zweckmäßigkeit entlang von taktischen Grundsätzen in der Praxis mit einfachen Mitteln zu erzeugen und zu üben. Dies wurde aufgrund der Erfahrung der Ausbilder im Kompaniecheflehrgang durch deutsche und britische[6] Grundsätze geprägt und folgte dem Prinzip „Führung mit Auftrag".

In diesem Zusammenhang zeigte sich eine hohe Übereinstimmung zwischen den deutschen und britischen Grundsätzen sowie deren praktischer Umsetzung in taktischen Situationen. Diese Gemeinsamkeiten wurden ebenso in der Art und Weise der Vorbereitung, Durchführung und Nachbereitung von Ausbildungen deutlich.

Gleiches galt für Themen der „Inneren Führung", die ebenfalls in die praktische Ausbildung einflossen. Dabei wurden die Vorteile bei einer Beteiligung von Untergebenen gegenüber der vermeintlichen Schwäche des Führers hervorgehoben. Das Prinzip „Führen durch Vertrauen" sowohl in das eigene Können als auch in die Fähigkeiten der Untergebenen wurde in diesem Zusammenhang deutlich gemacht. Die hierzu notwendige intensive Ausbildung und Übung der malischen Verbände in ihren Garnisonen fand bisher in der malischen Armee nicht statt und wird erst durch EUTM im Rahmen der Wiederholungsausbildung durchgeführt.

Der Ausbildungserfolg sowohl im Bereich des militärischen Handwerks als auch mit Blick auf das Führungskönnen konnte zum Ende des Kompaniecheflehrgangs bei ca. einem Drittel der zukünftigen malischen Einheitsführer mit Erfolg und bei einem weiteren Drittel mit Einschränkungen nachgewiesen werden.

Mit Blick auf die Vermittlung von Normen und Gesetzen zur Achtung des Gegners konnte trotz der Unterrichtung durch Experten im Bereich „Humanitarian Law" nur bei wenigen malischen Führern ein Ausbildungserfolg erzielt werden. Das Beachten von Gesetzen und das Respektieren der Würde des Gegners wurden von einem Großteil der malischen Führer als Zeichen der Schwäche verstanden. Ein Grund hierfür sind nicht zuletzt die tief sitzenden Vorurteile gegenüber dem potenziellen Gegner.

Fazit

In der Kürze der zur Verfügung stehenden Zeit für die Ausbildung der malischen Soldaten mussten die Ziele der Ausbildung auf das Machbare beschränkt werden. Ausbildungsziele, -mittel und -zeit sind vor allem auf die Ausbildung der militärischen Führer zu konzentrieren. Die Konzeption hierzu muss entwickelt werden und im Missionsplan Eingang finden. Hier gilt es, die Mitverantwortung der Führer der malischen Streitkräfte zu stärken

Das „Führen mit Auftrag" hat sich in der Ausbildung der malischen Soldaten und militärischen Führer bewährt. Ein Verständnis für die Bedeutung einer „Inneren Führung" für die malischen Streitkräfte konnte jedoch nur bedingt aufgrund der soziokulturellen Prägung der malischen Führer geschaffen werden.

Trotz zahlreicher Rückschläge bedingt durch „afrikanische Verhältnisse" konnte vor allem bei jungen Offizieren und Unteroffizieren nach mehreren Wochen der Ausbildung in der TTF im Koulikoro Training Center, getrennt von ihrem sozialen und familiären Umfeld sowie von ihren Garnisonsverbänden, festgestellt werden, dass signifikante Leistungssteigerungen und Verhaltensänderungen eingetreten sind. Einige junge und intelligente militärische Führer zeigten die gleichen Qualitäten wie sie bei guten deutschen militärischen Führern zu finden sind. Das Lernverhalten sowie die Eigeninitiative und das Verantwortungsbewusstsein stiegen zusehends.

Die Zukunft der malischen Armee hängt maßgeblich von der Ausbildung und Erziehung ihres Führungsnachwuchses ab. Hier gilt es, Strukturen zu schaffen, bei denen das Leistungsprinzip den Vorrang erhält. Die Nachhaltigkeit der erzielten Ausbildungserfolge bleibt daher angesichts der sozialen und politischen Lage sowie des Zustandes der malischen Armee abzuwarten. Die Chancen auf eine gute Entwicklung in Mali sind weiterhin weder gleich noch gerecht verteilt.

Die Teilnahme an EUTM Mali war ein Gewinn für alle Kontingentangehörigen mit Blick auf eine reiche und vielfach neue Erfahrung in einem fremden kulturellen Raum. Insbesondere im Bereich der Ausbildung konnten eigene Fähigkeiten auch im Vergleich mit anderen Nationen der Mission überprüft und verbessert werden.

Anmerkungen

[1] Stabsabteilung zuständig für die Planung und Durchführung von Maßnahmen/Operationen für ein sicheres Umfeld der EUTM.

[2] Dies beinhaltet die notfallmedizinische Behandlung sowie die notfallmäßige Diagnostik und Therapie in einem Rettungszentrum.

[3] Bambara ist neben der Amtssprache Französisch die am weitesten verbreitete Nationalsprache in Mali.

[4] u.a. Volkstrauertag, Tag der Deutschen Einheit, Gottesdienste, Weihnachten

[5] Der Begriff der Erstrolle steht für den militärischen Hauptbestimmungszweck der jeweiligen Truppengattung. Die sog. Zweitrolle beschreibt eine für den Einsatz zusätzlich zu erwerbende Fähigkeit.

[6] Britische Offiziere und Unteroffiziere des Royal Gurkha Regiment

Patrouille und Ausbildungsunterstützung vor der Küste des Libanons

Martin Pauker

Die Entstehung des maritimen Anteils des UNIFIL-Einsatzes

Als Reaktion auf den 33-Tage Krieg im Libanon vom 12. Juli bis 14. August 2006 und die damit verbundene israelische Seeblockade wurde zum ersten Mal in der Geschichte der UN eine Maritime Task Force (MTF) zur Friedenssicherung auf See vor der Küste des Libanon ins Leben gerufen. Der Einsatz der MTF 448 wird durch die United Nations Security Council Resolution (UNSCR) 1701 legitimiert. Im September 2006 beschloss der Deutsche Bundestag das Mandat für den UN-Einsatz und damit die Entsendung von bis zu 2400 Soldaten in die Mission.

Deutschland sollte die Führung des multinationalen Marineverbandes übernehmen und war verantwortlich für die Kontrolle der Seewege und die Unterbindung des Waffenschmuggels. Weitere Aufgaben bestanden in der Bereitstellung einer Search und Rescue Organisation, humanitärer Hilfe, technischer Ausrüstungshilfe und Ausbildungshilfe für die libanesischen Streitkräfte. Als Rückzugshafen für die deutschen Einheiten wurde der Hafen von Limassol auf Zypern gewählt. Er diente nunmehr zur Nachversorgung aller deutschen Einheiten. Nach 17-monatiger Gesamtverantwortung für den Verband übergab Deutschland die Führung an die italienische Marine, blieb jedoch mit mindestens drei Einheiten an der Operation beteiligt.

Seitdem ist die Deutsche Marine ununterbrochen im Einsatz vor der Küste des Libanon. Damit stellt der UNIFIL-Einsatz (United Nations Interim Force in Lebanon) den am längsten andauernden maritimen Einsatz der Bundeswehr dar. Mittlerweile (April 2016) befindet sich die Marine im 32. Einsatzkontingent UNIFIL.

Auftrag und Aufgaben der Maritime Task Force (MTF)

Die Area of Maritime Operation (AMO) umfasst ein Gebiet von ca. 110 x 43 Seemeilen, ausgehend von der libanesischen Küstenlinie bis ca. 50 sm westlich der Küste, und schließt den darüber liegenden Luftraum ein. Durch die Resolution 1701 wurde die UNIFIL MTF 448 ermächtigt, alle Maßnahmen zu ergreifen, um: (1.) sicherzustellen, dass die Einsatzgebiete von UNIFIL nicht für feindselige Aktivitäten genutzt werden, (2.) allen gewaltsamen Versuchen, die UNIFIL an der Ausübung ihrer mandatierten Pflichten zu hindern, zu widerstehen, (3.) Personal, Einrichtungen, Anlagen und Ausrüstung der Vereinten Nationen zu schützen, (4.) Sicherheit und Bewegungsfreiheit des Personals der UN und der humanitären Helfer zu gewährleisten und (5.) unbeschadet der Verantwortung der libanesischen Regierung Zivilpersonal, das unmittelbar von körperlicher Gewalt bedroht ist, zu schützen.

Für die Marine ergaben sich daraus folgende Aufgaben: (1.) Führen der maritimen Operation und Bereitstellen der zugehörigen LEAD-NATION-Fähigkeiten Aufklärung und Überwachung des Seegebietes innerhalb des durch die UN festgelegten maritimen Einsatzgebietes (Area of Maritime Operation, AMO), (2.) seeseitige Sicherung der libanesischen Küste und Küstengewässer, Kontrolle des Seeverkehrs in der AMO, inklusive Kontrolle der Ladung und Personen an Bord der Schiffe, (3.) Umleitung von Schiffen im Verdachtsfall, (4.) maritime Abriegelungsoperationen im Verdachtsfall, (5.) Unterstützung der humanitären Hilfe, (6.) Lufttransport in die und innerhalb der Einsatzgebiete, (7.) Eigensicherung und Nothilfe, (8.) Technische Ausrüstungshilfe, militärische Beratung und Ausbildungshilfe für die libanesischen Streitkräfte.

Die Resolution schließt die Anwendung militärischer Gewalt im Rahmen der vorgegebenen Grenzen ein. Das UNIFIL-Mandat ist damit robust, wenngleich nicht offensiv gestaltet. Die Anwendung militärischer Gewalt ist durch die Einsatzregeln (Rules of Engagement) festgelegt und nach Maßgabe des Völkerrechts geregelt. In der Praxis bedeutet dies für die Schiffe und Boote des maritimen Einsatzverbandes die ständige Überwachung des genannten Seegebietes. Alle Schiffe im Seegebiet werden abgefragt und die erhaltenen Daten analysiert. Verdächtige Schiffe können umgeleitet und an die libanesischen Behörden zur Überprüfung übergeben werden.

Die Schnellboote im Einsatz

Seit dem Beginn des Einsatzes waren deutsche Schnellboote fast ununterbrochen Teil des internationalen MTF-Verbandes. Im Oktober 2014 wurden die Boote durch die Korvette Braunschweig im Einsatzgebiet abgelöst und kehrten scheinbar letztmalig aus dem Einsatzgebiet in der Levante zurück in ihren Heimathafen. Im Hinblick auf die geplante Außerdienststellung im Juni 2016 sollten die verbliebenen Schnellboote nunmehr an nationalen und internationalen Manövern teilnehmen und den Grundbetrieb in heimischen Gewässern gewährleisten. Die Korvetten sollten durchgehend die Einsatzverantwortung für UNIFIL übernehmen und mit jeweils einer Korvette durchgehend Teil des maritimen Einsatzverbandes sein.

Die Flüchtlingsströme im Mittelmeer und die damit verbundene Teilnahme deutscher Soldaten an der Mission EUNAVFOR MED führten zu einer Verschiebung der Einheiten. So nahm die Fregatte Schleswig-Holstein an der Rettung schiffbrüchiger Flüchtlinge im Mittelmeer teil und konnte nicht, wie geplant, an der EU-geführten Mission ATALANTA am Horn von Afrika teilnehmen. Diese Aufgabe wurde an die Korvette Erfurt, zu diesem Zeitpunkt im UNIFIL-Einsatz, erteilt. Somit wurde erneut ein Schnellboot für den Einsatz vor der Küste des Libanon vorgesehen. Der Besatzung des Flugkörperschnellbootes S80 HYÄNE blieben 5 Wochen zur Vorbereitung und dem Transit in das Einsatzgebiet.

Für die Besatzung des Flugkörperschnellbootes HYÄNE war die Einsatzteilnahme am Anfang des Jahres 2015 nicht geplant. So nahm die Besatzung an Geschwaderausbildungsfahrten teil und hatte im Mai 2015 mit der Teilnahme am internationalen Manöver Joint Warrior 2015 in schottischen Gewässern einen Großteil seiner geplanten Seetage für das Jahr 2015 hinter sich gebracht. Durch die kurzfristige Teilnahme am UNIFIL-Einsatz kam die Besatzung auf 220 Abwesenheitstage im Kalenderjahr 2015.

Einsatzvorbereitung

Für das 7. Schnellbootgeschwader und insbesondere die Besatzung von S80 HYÄNE hieß es nun alle Einsatzvorbereitungen in 3 Wochen abzuschließen. Der materielle Klarstand der Einheit musste hergestellt werden, die Einsatzzusatzausstattung an Bord genommen und die Transitplanung inklusive diplomatischer Anmeldungen für die Zwischenhäfen erstellt werden. Es folgten Unterrichtungen in den Bereichen Länderkunde im Einsatzgebiet und Gebührniswesen. Des Weiteren mussten alle benötigten ärztlichen Untersuchen abgeschlossen und die Besatzung in die Einsatzuniformen eingekleidet werden. Alle Vorbereitungen wurden zeitgerecht abgeschlossen und die Besatzung konnte fast geschlossen für 2 Wochen in den Erholungsurlaub gehen, bevor der Befehl „alle Leinen los und ein" gegeben wurde und der 10-tägige Transit ins Mittelmeer begonnen wurde. Während des Transits wurden insbesondere operative Verfahren wie der Artillerieeinsatz geübt und die Besatzung arbeitete sich in die operativen Grundlagendokumente ein.

Der Transit ins Einsatzgebiet wurde, vor dem Hintergrund der nötigen kurzfristigen Verschiebungen der maritimen Einheiten, auf ein schnelles Erreichen des Einsatzgebiet optimiert, was zu Einbußen in den Hafenliegezeiten führte. So wurden die 6 Zwischenhäfen nur zum Bunkern von Kraftstoff und Proviant genutzt und konnten somit nicht zur Erholung der Besatzung dienen. Am 25. Juli 2015 erreichte S80 HYÄNE das Einsatzgebiet und löste die Korvette ERFURT ab.

Neben dem Boot musste auch ein Kontingent der Systemunterstützungsgruppe (SUG) ins Einsatzgebiet verlegen, um die logistische und materielle Einsatzbereitschaft während des gesamten Einsatzzeitraumes sicherzustellen. In der SUG sind alle Abschnitte des Bootes mit Fachpersonal vertreten, um jegliche Instandsetzungen vor Ort zu gewährleisten. Zur Unterstützung der Bootbesatzungen befindet sich im Hafen von Limassol zudem ein ca. 30 Soldaten starker Stab, der gerade in den Off-Taskphasen eine tatkräftige Unterstützung darstellt, so u.a. die operative Lage fortschreibt während der Hafenliegezeiten der Boote. Neben der SUG beinhaltet der Stab die Führungsgrundgebiete Personalmanagement, militärisches Nachrichtenwesen, Ausbildung und Einsatz, Logistik sowie die sanitätsärztliche Betreuung.

Organisation im Einsatz und Verlauf einer On-Task Phase

Im Einsatzgebiet wird zwischen On-Task und Off-Task Phasen unterschieden. Eine On-Task Phase beginnt mit dem Erreichen der AMO und endet mit dem Verlassen dieser. Eine Off-Task Phase beinhaltet den Hin- und Rücktransit in die AMO sowie der anschließenden Hafenliegezeit. Während der Hafenliegezeit werden Instandsetzungen durchgeführt, Kraftstoff und Proviant aufgefüllt und die Besatzung erhält ihre Ruhephasen. Gemäß gültigen Befehlswerken wird ein Schlüssel von 50% On-Taskphasen zu 50% Off-Taskphasen angestrebt, dadurch wird eine ständige Präsenz von maritimen Einheiten in der AMO gewährleistet.

Sobald die AMO erreicht wurde, patrouilliert die Einheit in einem vorgeschriebenen Gebiet. Der gesamte Schiffsverkehr wird aufgefasst und alle einlaufenden Schiffe in einem libanesischen Hafen nach einem festen Schema abgefragt. Die gewonnenen Informationen werden an den CTF-Stab weitergeleitet und dort ausgewertet. Verdächtige Kontakte werden den libanesischen Behörden gemeldet, die dann eine Untersuchung auf dem Schiff durchführen, sobald sich das Schiff im Hafen befindet. Neben dem Patrouillieren werden Übungen im maritimen Verband durchgeführt, um die operativen Verfahren zu verbessern und die Einsatzfähigkeit der Einheiten zu erhalten. Außerdem werden operative Sprechübungen, seemännische Manöver geübt und Flugbetrieb durchgeführt.

Die deutschen Schnellboote wurden vor dem Hintergrund des Kalten Krieges Anfang der 80er Jahre entwickelt und für den küstennahen Einsatz in der Ostsee optimiert. Für Operationen im küstennahen Bereich sollten sie maximal 24 Stunden im Einsatzgebiet verbringen, bevor sie einen Hafen oder ein Versorgungsschiff zur Nachversorgung anlaufen konnten. Daher sind Schnellboote der Klasse 143A als sogenannte Ein-Wachen-Boote vorgesehen. Bei dieser Organisationsform sind alle Besatzungsmitglieder während einer Seefahrt auf ihren Stationen und verrichten ihre Arbeit. Um in einem Einsatzgebiet im Mittelmeer durchhaltefähig zu agieren, mussten insbesondere in der Bordorganisation Veränderungen vorgenommen werden.

Um eine 4-tägige On-Task Phase durchhaltefähig zu gestalten, wurde die Besatzung in zwei Wachen unterteilt. Die so entstandenen Steuerbord- und Backbordfahrwachen wechseln sich alle 6 Stunden ab und nach jeder On-Taskphase werden die Wachzeiten gewechselt. In der Freiwache können die Soldaten ruhen, essen und sich auf die nächste Fahrwache vorbereiten. Auf Grund der Enge auf einem Schnellboot der Klasse 143A gibt es keinen Gemeinschaftsaufenthaltsraum, also keine „Messe", so dass die Soldaten in ihrer Freizeitgestaltung an Bord stark eingeschränkt sind. Sport kann nur in sehr eingeschränktem Umfang an Bord durchgeführt werden. Vor jedem Fahrwachenwechsel findet ein Briefing durch die ablösende Wache statt, um alle Abschnitte an Bord über die aktuelle operative Lage zu informieren.

Zur Kommunikation mit der Familie steht ein Satellitentelefon zur Verfügung, das jederzeit nach Freigabe durch den Kommandanten benutzt werden kann. Private Mails können im Funkraum gesendet und empfangen werden. Weitere Kommunikation muss auf den Hafenaufenthalt verschoben werden. Nach 4-5 Tagen On-Task wird der Rücktransit nach Limassol durchgeführt und sobald alle Nachbereitungsmaßnahmen abgeschlossen sind, kann die Besatzung in eine 2-tägige Ruhephase gehen.

Ausbildungsunterstützung im Libanon

Seit dem Beginn der maritimen Operation vor der Küste des Libanon ist das deutsche Einsatzkontingent für die Ausbildungsunterstützung der libanesischen Marine verantwortlich. Ein Team aus vier Soldaten ist ständig im Libanon stationiert und koordiniert die Ausbildungsunterstützung. Sie begleiten die libanesische Marine in den Ausbildungsschwerpunkten Schadensabwehr an Bord, Navigation und taktischer Sprechfunk. Des Weiteren wurde durch Deutschland ein Navigationstrainer sowie eine Elektronikwerkstatt im Libanon errichtet und der libanesischen Marine zur Verfügung gestellt. In beiden Ausbildungsstätten bilden libanesische Ausbilder, unterstützt durch deutsche Soldaten, libanesische Kadetten aus. Wöchentlich finden Ausbildungen an den jeweiligen Küstenradarstationen statt, um die Leistung der libanesischen Marine im Bereich der Überwachung ihrer Hoheitsgewässer zu verbessern.

Zudem werden libanesische Kadetten an Bord der MTF-Einheiten im Rahmen von „Stage at Sea" ausgebildet. Sie werden in ihrer jeweiligen Vertiefung eingesetzt. Mehrmals wurden libanesische Kadetten an Bord von S80 HYÄNE ausgebildet und konnten sich in den Bereichen Navigation, Maritime Interdiction Operation und Schadensabwehr fortbilden. Durch hohen Stellenwechsel des libanesischen Personals wird diese Ausbildung erschwert. Die libanesischen Streitkräfte unterliegen einer hohen Fluktuation in ihrem Personalkörper. Daher müssen Ausbildungsabschnitte kurzfristig an das jeweilige Ausbildungsniveau der Rekruten angepasst werden. Eine stetige Verbesserung des Ausbildungsstandes wird durch diesen Umstand erschwert. Daher sind ständige persönliche Kontakte und Gespräche mit der libanesischen Marineführung von hoher Bedeutung und werden täglich gepflegt. In diesen Gesprächen werden immer neue Ausbildungsschwerpunkte aufgezeigt und darauf beruhende Ausbildungspläne geschaffen. Gerade der persönliche Kontakt und die darauf beruhenden Vertrauensbeziehungen sind imminent wichtig für die Stringenz der Ausbildung.

Führungsherausforderungen

Im Verlaufe des Einsatzes müssen sich die Besatzungsmitglieder vielfältigen Belastungen stellen. Die stark eingeschränkte Privatsphäre, die teils monotonen Patrouillentätigkeiten, die klimatischen Bedingungen sowie die lange Abwesenheitsbelastung erschweren die Erfüllung der Aufgaben. Hinzu kommt die latente asymmetrische Bedrohung, die auch in diesem Einsatzgebiet nicht ausgeschlossen werden kann. Oftmals mussten Entscheidungen gefällt werden, bei denen es galt, die Auftragserfüllung der Einheit zu gewährleisten, jedoch die persönlichen Härten der Besatzung auf einem geringstmöglichen Maß zu halten. Die Etablierung eines starken Teamgefühls, abgestuft über alle Führungsebenen, das geprägt von Mitbestimmung, Informationsweitergabe und Vertrauen war, schuf ein funktionierendes Gesamtsystem. Durch den Kerngedanken, „wir sitzen alle in einem Boot", konnte den genannten Belastungen entgegnet werden.

Darüber hinaus wurden weitere Maßnahmen unternommen, um die Abwesenheitsbelastung zu minimieren. Frühzeitig wurde eine Familienzusammenführung geplant, so dass den Besatzungsangehörigen die Heimreise für eine Woche ermöglicht werden konnte. Dieses Angebot wurde vom Großteil der Besatzung angenommen. Private Härtefälle konnten durch geplante personelle Wechsel Berücksichtigung finden. So fand ein häufiger Austausch des Personals mit dem Heimatverband statt, um die Abwesenheitsbelastung einzelner Soldaten zu minimieren. Unterrichtungen und Ausflüge im Rahmen der politischen Bildung erleichterten die Abwesenheitsbelastung spürbar, schafften sie doch Verständnis für die eigene Mission. Die Zusammenarbeit mit dem Militärgeistlichen im deutschen Stab erwies sich, gerade vor diesem Hintergrund, als sehr gewinnbringend.

In den vorherigen, persönlichen Einsatzteilnahmen wuchsen mit jeder Verwendung die eigenen Verantwortungsbereiche, wobei zu jeder Zeit eine vorgesetzte Führungsebene vorhanden war und somit auf einen größeren Erfahrungsschatz zurückgegriffen werden konnte. Auf diese Weise konnten Fehler schnell durch Vorgesetzte behoben werden und die eigene Leistungsfähigkeit durch die Zunahme an Erfahrungen, Fähig- und Fertigkeiten verbessert werden. So halfen die persönlichen Erfahrungen aus den zuvor bestrittenen Einsätzen bei der operativen und administrativen Bewältigung des Einsatzes, jedoch stellte die besondere Stellung als Kommandant und damit als allein verantwortlicher militärischer Führer für 41 Besatzungsmitglieder eine erhöhte persönliche Herausforderung dar.

Durch die Delegation von ausgewählten Aufgaben, das Fördern der Verantwortungsübernahme durch alle Führungsebenen und die Etablierung einer ausgewogenen Fehlerkultur, bei der Fehler gemacht werden dürfen und akzeptiert werden, wenn sie zur Verbesserung zukünftiger Ergebnisse führen, konnte ich die persönliche Aufgabenbelastung senken. Dies förderte das Arbeitsklima, die Motivation und schlussendlich die Ergebnisse im eigenen Team und führte zur Entlastung des Command Teams, da die Arbeitsbelastung gleichförmiger verteilt wurde. Nichtsdestotrotz bleibt die Gesamtverantwortung für die Einheit und das unterstellte Personal einzig beim Kommandanten. Unter den gleichen Belastungen stehend, galt es die Besatzung zu führen und jeder Zeit in der Lage zu sein, Führungsentscheidungen nach besten Wissen und Gewissen zu treffen.

Resümee

Die erstmalige Teilnahme als Kommandant der Besatzung S80 HYÄNE in einem mandatierten Einsatz stellte unter den beschriebenen Umständen eine große Herausforderung dar. Die Umstände, Hintergründe und Belastungen des UNIFIL-Einsatzes kennend, entwickelte sich diese Verwendung zu einem weiteren Lernprozess.

Mit zunehmender Einsatzdauer mussten interne Arbeitsabläufe und Aufgaben umverteilt werden, um die eigene Arbeitsbelastung zu senken, damit jederzeit genügend Ressourcen für Führungstätigkeiten und Führungsentscheidungen vorhanden waren. Vorhandene Abläufe, die sich im heimatlichen Seebetrieb als gut bewährten, mussten an die Einsatzumstände angepasst werden, wobei dieser Lernprozess nur durch gemachte Erfahrungen im Einsatzgebiet ermöglicht wurde. So mussten auch persönliche Belange den dienstlichen unterstellt werden, um jederzeit der Verantwortung für Personal und Material gerecht werden zu können. Hierbei stellten sich der ausgeprägte Teamgedanke und das ständige Aufrechterhalten der Motivation als Grundlage der erfolgreichen Einsatzteilnahme heraus.

Für mich persönlich stellte die erstmalige Verwendung als Kommandant im Einsatz den Abschluss der Kommandantenausbildung dar. Die gemachten Erfahrungen rundeten die abgeschlossene Wachoffizierausbildung, die bestandene Kommandantenprüfung sowie die Verwendung als Kommandant im heimatlichen Seebetrieb ab und führten zu einer persönlichen Reife auf meinem derzeitigen Dienstposten als Kommandant des Flugkörperschnellbootes S80 HYÄNE.

Seesoldaten. Sie Schützen, Retten, Kämpfen.
Auch im Mittelmeer

Julian Liese

„Allahu akbar" – Die Seesoldaten vernehmen diesen Ausruf aus über hundert Stimmen, lesen es als Schriftzug auf allen Seiten des Schlauchbootes; ja sogar auf dem kleinen Außenbordmotor prangt der Druck.[1] Im kurzfristig neu angeordneten Einsatz – erst Seenotrettung unter deutschem Kommando, dann ab Juni 2015 als Operation SOPHIA unter europäischer Führung – gilt es, interkulturelle Kompetenz zu beweisen und über den Tellerrand der eigenen Ausbildung hinaus zu blicken. Jahrelang durch die Erfahrungen aus der Mission ATALANTA und aus dem Einsatz in Afghanistan geprägt, wurde die obige Formel mit religiöser Kriegsführung, mit Terror und Zerstörung verbunden. Im Mittelmeer jedoch ist es ein Zeichen der Hoffnung, ein Aufschrei der Erleichterung und Dankbarkeit.

Seesoldaten im Mittelmeer

Der Auftrag der Bordeinsatzsoldaten des Seebataillons im Mittelmeer ist ein gänzlich anderer als jeder bisher dagewesene und jeder, auf welchen in der harten, monatelangen Ausbildung hin trainiert wurde. Als Infanteristen der Marine ist es die originäre Aufgabe der Bordeinsatzkräfte, im Rahmen von Seeraumüberwachungs- und Embargo-Operationen deutsche Kriegsschiffe im Nahbereich vor Angriffen zu schützen, für Boardingoperationen[2] zur Verfügung zu stehen und zivile Handelsschiffe auf ihrem Weg durch gefährliche Seegebiete zu sichern, zum Beispiel für das World Food Programme. Und doch: Auch vor Libyens Küste gilt es, wie überall und jederzeit, zu schützen, zu retten und zu kämpfen.

Diese Verben beschreiben die Arbeit der Männer aus Eckernförde im Mittelmeer vielleicht sogar besser, als je zuvor. Im Regelfall zu zehnt, acht Einsatzsoldaten und zwei Teamführer, werden die Männer der Bordeinsatzkompanie auf der jeweiligen Einheit der Deutschen Marine eingesetzt. Im Rahmen der Seenotrettung und der Operation SOPHIA[3] waren die Bordeinsatzteams auf den Fregatten HESSEN und SCHLESWIG-HOLSTEIN, dem Tender WERRA, sowie bereits zwei Mal auf dem Einsatzgruppenversorger BERLIN vor Ort. Auch auf der WEILHEIM, einem Minenjäger, fanden sich einige Seesoldaten.

Sie verbringen den Tag mit Weiterbildung und Vorbereitung für den Ernstfall. Schießen, waffenlose Selbstverteidigung, Sport, gemeinsame Stunden mit Feldjägern, Rechtsberatern, Psychologen und der Bordbesatzung stehen auf dem Plan. Routine in ständiger Erwartung einer der möglichen Durchsagen, welche sie in sofortige Alarmbereitschaft versetzen.

„SOLAS" – eine bevorstehende Rettung in Not geratener Personen, „Speedbootabwehr" – die eigene Einheit vor einer äußeren Bedrohung schützen und „BOARDING" – das Anfahren, Anhalten und Durchsuchen eines verdächtigen Kontaktes.

Leben retten

Im ersten Fall gilt es schnellst möglich den sogenannten Vollschutz anzulegen, einen Ganzkörperschutzanzug zur Vorbeugung von Krankheiten. Helm, Schutzweste, Ausrüstung und Bewaffnung werden darüber angelegt. Mit Mundschutz, zwei Lagen von OP-Handschuhen und ganz in luft- und wasserdichten Stoff gehüllt werden die Speedboote besetzt und die treibenden Untersätze der in Not Geratenen angefahren. Teilweise mehr als 18 Stunden am Stück werden dann Hilfsbedürftige zu hunderten geborgen, mitunter direkt aus dem Wasser gezogen und vor Ort versorgt.

Diese Aufgabe haben die Soldaten bisher nicht trainiert, sind auf die Bilder und Geräusche, die Schreie, Krankheiten, Verletzungen und Menschenmassen nicht vorbereitet. Doch aufgrund ihrer hohen geistigen und körperlichen Belastbarkeit konnten sie bisher jede Situation konzentriert und professionell meistern.

Die Kameraden schützen

Eine Bedrohung wurde erkannt – es kommt zur Speedbootabwehr. Unbekannte Fahrzeuge nähern sich dem eigenen Boot oder Schiff. Es gilt, die Waffenstationen zu besetzen und für den Ernstfall an Ort und Stelle zu sein, um die Gefahr abzuwehren. Bordeinsatzsoldaten verteidigen im Nahbereich. Sie besetzen die Maschinengewehre und schweren Maschinengewehre, um auch die Bereiche des Schiffes zu verteidigen, welche nicht mit den großen Geschützen abgedeckt werden können.

Aktiv gegen Schleuser

Im Fall einer sogenannten Boardingoperation stellt sich das Aufgabenspektrum gänzlich anders dar. Ein verdächtiges Fahrzeug wurde aufgeklärt. Vielleicht ein mutmaßlicher Schmuggler, vielleicht ein „Spotter" – also jemand, der das Vorgehen der Soldaten beobachtet und an die Profiteure des Menschenhandels weitermeldet.

Auch hier besetzen die Seesoldaten die Speedboote, legen ihre ballistische Schutzausrüstung an, aber die Bewaffnung ist zahlreicher, die Anzahl an Magazinen deutlich höher als im ersten Fall.

Dies ist die originäre Aufgabe der Einsatzkräfte. Bereits im Rahmen von Operation Sharp Guard und Active Endeavour,[4] sowie EUNAVFOR Somalia[5] wurden und werden auf diese Weise Seeraumüberwachungsoperationen durchgeführt. Nun auch im Rahmen der Phase 2a der Mission SOPHIA im Mittelmeer.[6]

Schützen, Retten, Kämpfen – als Berufsbild

Aus dem geschilderten Aufgabenspektrum wird klar: Die Arbeit an Bord vor den Küsten des südlichen Mittelmeeres ist geprägt von allen Facetten des fordernden Berufes eines Seesoldaten – Schützen, Retten, Kämpfen. Woher nehmen die Männer der Bordeinsatzkompanie, die hierzu notwendige hohe Motivation? Eindeutige Antwort: Aus ihrem soldatischen Selbstverständnis und ihrem Willen, das Erlernte aus der Ausbildung zielgerichtet einzusetzen.

Mehrere Monate durchlaufen die Bordeinsatzsoldaten verschiedenste Module, welche sie auf ihren Einsatz vorbereiten und sie zu einem funktionstüchtigen Team zusammenschweißen sollen. Hierbei wird stets darauf geachtet, neue Erkenntnisse aus den aktuellen Einsatzerfahrungen in die Ausbildung einfließen zu lassen. Neben körperlich fordernden Abschnitten, einer Vielzahl an Stunden im Nahkampfraum, auf Schießbahnen und Truppenübungsplätzen, Taktiktraining, Abseilen und dem sogenannten Fastroping stehen daher – insbesondere durch die Erlebnisse während des ersten Einsatzkontingentes der deutschen Seenotrettungsmission befördert – auch etliche Unterrichtsstunden zusammen mit ihren Team- und Zugführern, den bataillonsinternen Feldnachrichtenkräften, Psychologen und Rechtsberatern auf dem Programm. Die Soldaten sollen ein Verständnis für ihr Gegenüber entwickeln, die Eigenarten der diversen Herkunftsregionen kennenlernen und Lösungsansätze finden, wie mit ihnen umzugehen ist. Es gilt, die ethische, rechtliche und politische Legitimation des Auftrages zu verdeutlichen. Bord-einsatzsoldaten sollen stets wissen, warum sie für Deutschland zur See fahren – vor Somalia wie auch im Mittelmeer.

Und zur See fahren die Marineinfanteristen seit der Aufstellung des Seebataillons im April 2014 immer häufiger. Zum einen ist dies der Tatsache geschuldet, dass die bereits angesprochene, herausfordernde Ausbildung nur ein gewisser Prozentsatz der Bewerber besteht. Der Nachwuchs ist also begrenzt. Zum anderen liegt es an den bundeswehrweit einzigartigen Fähigkeiten der Seesoldaten. Aufgrund der steigenden Anzahl von Einsätzen der Bundeswehr – national und multinational – im maritimen Umfeld sind absehbar Bordeinsatzsoldaten sowohl im Mittelmeer als auch am Horn von Afrika durchgehend im Einsatz.

Für 2016 bedeutet dies konkret: Mindestens zehn Soldaten sind in der Operation SOPHIA auf einer deutschen Einheit im Einsatz. Je Team für vier bis sechs Monate. Das ganze Jahr. Weitere zehn Soldaten nehmen an der Operation ATALANTA teil. Wiederum für jeweils vier bis sechs Monate. Hinzu kommen weitere fünf Einsatzkräfte, welche ein militärisches Versorgungsschiff des ATALANTA-Verbandes vor Angriffen schützen. 25 Soldaten im Einsatz, das mag nicht viel erscheinen. In Anbetracht der Tatsache aber, dass gegenwärtig nur etwas mehr als 40 Soldaten der Kompanie den Status „einsatzklar" besitzen, wird schnell deutlich, dass die Einsatzkräfte hoch belastet und stark frequentiert sind. Belastet sind die Soldaten hierbei nicht nur durch die hohen Abwesenheiten, sondern auch durch ihre Erlebnisse vor Ort.

SOPHIA – eine neue Mission mit neuen Werten?

Im Licht des ersten Absatzes dieses Artikels wird deutlich: Der Einsatz EU-NAVFOR MED konfrontiert die deutschen Soldaten und ihre europäischen Verbündeten fast täglich mit Szenarien, welche fernab der eigenen Lebenswirklichkeit stehen. Stets wird in der Heimat, der Führungsphilosophie der Inneren Führung folgend, von interkultureller Kompetenz gesprochen, die „Rules of Engagement"[7] gelehrt und den Soldaten möglichst anschaulich vermittelt, was es bedeutet, Staatsbürger in Uniform zu sein. Doch bewähren sich die Führungsgrundsätze, gelehrt in den Unterrichtsräumen der Kompanie auch, wenn man bei über 40°C hunderten von angsterfüllten Menschen mit anderem kulturellen Hintergrund gegenübersteht, welche eine andere Sprache sprechen und aus einer Welt kommen, die einem völlig fremd ist?

Eine eindeutige Antwort kann, wie so oft in Bezug auf Ausnahmesituationen, an dieser Stelle nicht gegeben werden. Aber die ersten Einsatzerfahrungen zeigen, dass die Verinnerlichung staatlicher und gesellschaftlicher Werte, insbesondere das Verständnis von Menschenwürde und Menschenrechten, einerseits den Bordeinsatzsoldaten helfen, immer wieder, auch unter größten physischen und psychischen Belastungen, mit beachtlicher intrinsischer Motivation professionell zu arbeiten. Sie wollen helfen, wollen schützen, retten und kämpfen.

Andererseits muss auch festgehalten werden, dass dieses soldatische Selbstverständnis und die Bereitschaft zur Übernahme von Verantwortung immer wieder auch in Konflikt treten mit den Erlebnissen während der Arbeit mit den in Not Geratenen. Eigene Moralvorstellungen und die feste Überzeugung, richtig zu handeln, stoßen an ihre Grenzen, wo Menschen mit anderer Kultur und eigenen Werten und Normen hautnah in Kontakt treten. So scheint es aus Sicht der Seesoldaten zum Beispiel außer Frage, Frauen, Kinder, Verletzte und Schwache zuerst zu retten. Sie sind Schutzbedürftige. Ihre Versorgung benötigt die meiste Zeit, ihr Transport ist komplexer, als der von verhältnismäßig Gesunden und Starken. Dies steht allerdings in diametralem Gegensatz zur Weltanschauung einiger Völkergruppen. Sowohl Flüchtende aus dem arabischen Raum, Syrer, Algerier, Libyer und andere, als auch afrikanisch stämmige Hilfesuchende folgen in ihrer jeweiligen Heimat einem anderen Werteverständnis. Gemäß ihrer persönlichen Stellung beanspruchen insbesondere Männer immer wieder die ersten Schwimmwesten und das Recht, zuerst geborgen zu werden. Hier bricht bei den häufig sehr heterogenen Gruppen und dem beschriebenen Vorgehen der deutschen Retter – Frauen und Kinder zuerst – schnell Streit um den persönlichen Status aus, gibt es Schlägereien um die bestmögliche Position an Bord.

In solchen Momenten erfährt interkulturelle Kompetenz ihre Feuertaufe. Den Soldaten ist in der Theorie natürlich klar, dass ihnen ein solches Verhalten begegnen kann und doch zeichnet die Realität in viel drastischeren Farben, als es ein Unterricht oder fallbezogene Ausbildung kann. Interkulturelle Kompetenz bedeutet, die eigenen ethischen Überzeugungen zu reflektieren und sich vor Augen zu führen, dass ein Gegenüber durchaus eigene Vorstellungen verfolgen kann, welche weder besser, noch schlechter, in jedem Fall aber deutlich anders sein können. Die gelernten und verinnerlichten Führungsgrundsätze und Leitlinien der Inneren Führung geben den Soldaten immer wieder interkulturelle, rechtliche, ethische und menschliche Handlungssicherheit und doch führt eben diese Philosophie auch dazu, dass viele Fragen aufgeworfen werden: Wie kann man seiner Aufgabe gerecht werden, seinen Auftrag erfüllen, ohne seine eigenen Grundsätze aufzugeben oder den Menschen, welche es zu retten gilt, ihre zu verwehren?

Erkenntnisse

Unabdingbar ist, die Würde und Rechte jedes einzelnen Menschen zu achten und zu schützen, mit welchen vor Ort gearbeitet wird. Viel intensiver als im Unterricht oder bei der Reflexion im heimischen Umfeld beschäftigen sich die Seesoldaten daher im Einsatz mit der Frage, wo diese Würde und Rechte handfest, fassbar und akut zu Tage treten. Hier setzt die Kompanieführung an und führt in Zusammenarbeit mit den Psychologen der Einsatzflottille einsatzvor- und nachbereitende Ausbildung durch, welche über den Rahmen der allgemeinen Unterrichte und Einsatznachbereitungsseminare hinausgeht.

Der Grundsatz des Führens mit Auftrag soll hierbei den Bordeinsatzsoldaten die Flexibilität geben, welche im multikulturellen Gemenge der Mission SOPHIA notwendig ist. Damit diese Flexibilität aber niemals zulasten der Handlungssicherheit etabliert wird, muss zwingend das Verständnis des Auftrages und die damit einhergehende Legitimation verdeutlicht und verinnerlicht werden.

Mit deutlichen Worten gesprochen: Wo Soldaten unter extremen Bedingungen, Hitze und Seegang mit kranken, verletzten und panischen Menschenmassen arbeiten, kann nicht mit Befehl und Gehorsam geführt werden, ohne eklatant die moralische Dimension der Mission auszuklammern. Eine tiefgreifende Befassung mit dem Auftrag, dem Berufs- und Selbstverständnis der Soldaten, mit dem Thema der Menschenwürde und den verbrieften Menschenrechten des Grundgesetzes vor, während und nach der Operation prägt die Erfordernisse von SOPHIA. Damit ist dieser neue Einsatz ein Prüfstand und ein Meilenstein für bewährte Grundsätze der Inneren Führung zugleich.

Zurück im Alltag

Auch für die Heimat, zurück zuhause, stellt der neue Einsatz ein Novum im Unterschied zu den vergangenen Missionen der Bundeswehr dar. Frei nach Peter Struck hieß es lange, dass Deutschland auch am Hindukusch verteidigt werde. Doch kaum ein deutscher Staatsbürger spürte je eine Nähe zu den Geschehnissen in Afghanistan. Die Folgen der sogenannten Flüchtlingskrise sind jedoch für jeden sichtbar. Tag um Tag erreichen mehr Menschen Deutschland in der Hoffnung auf Asyl und eine Zukunft in Frieden, Sicherheit und möglichst auch in Wohlstand.

Auch für die Soldaten nach ihrer Rückkehr ist eine Konfrontation mit diesem Fakt unausweichlich, mehr noch als für den Zivilisten auf der Straße. Denn die Armee unterstützt bei der Bewältigung dieser Krise auch im Inland. Erst wurde der Beitrag der Bundeswehr unter „Helfende Hände" bekannt, nun heißen die Soldaten „Schnelle Unterstützungskräfte", welche für Flüchtlinge Mobiliar aufbauen, in der Registratur unterstützen und überall dort anpacken, wo Not am Mann ist.

Seesoldaten stellen für diese Vorhaben durchgängig Trupps für den Einsatz in Schleswig-Holstein. Auch Bordeinsatzkräfte sind Teil dieses Engagements und begegnen so den Geretteten unter gänzlich anderen Umständen wieder: Im Alltag, während des täglichen Dienstes, dort wo sie zuhause sind. Hinzu kommt die starke Präsenz des Themas in den Medien. Viel wird über diesen Aspekt des Einsatzes und diese gänzlich neue Facette der Mission und ihr „Nicht-Enden" in der Heimat, in der Bordeinsatzkompanie wie auch mit den Angehörigen und Freunden, gesprochen. Die Soldaten sehen die Krise mit anderen Augen als ihre Freunde im privaten Umfeld. Sie haben das Leid vor Ort erlebt und kennen nicht nur die Bilder im Fernsehen. Aus dem medialen Interesse und der Wahrnehmung im persönlichen Umfeld erwachsen vielerlei positive wie auch hinterfragende Gedanken. Die positive Wahrnehmung der Bundeswehr im Allgemeinen und des einzelnen Soldaten im Speziellen führt zu einem Gefühl der Wertschätzung und der Dienstfreude. Zeitgleich fällt es schwerer, die Erlebnisse des Einsatzes hinter sich zu lassen und zuhause „anzukommen". Diese gedankliche und emotionale Auseinandersetzung prägt die Persönlichkeitsentwicklung, auf welche Weise und in welchem Umfang wird die Zukunft zeigen.

Anmerkungen

[1] Am 19.09.2015 rettet ein Bordeinsatzteam unter Führung von Kapitänleutnant Julian Liese 108 Menschen aus Seenot. Ihr Schlauchboot wurde durch die SCHLESWIG-HOLSTEIN ca. 70 nautische Meilen vor der lybischen Küste aufgeklärt. Am gleichen Tag wurden noch weitere 659 in Not Geratene durch das Team aufgenommen.

[2] Der Auftrag der Boardeinsatzteams ist die Überprüfung von Handelsschiffen sowie die Piraterie- und Terrorismusbekämpfung. Also fremde Schiffe zu entern, zu sichern und nach Gütern des Handelsembargos, Waffen und anderen gefährlichen Gütern zu durchsuchen, die durch den Auftrag des Flottenverbandes bestimmt sind.

[3] European Union Naval Force Mediterranean.

[4] Die Operation Sharp Guard war eine gemeinsame Embargomission der NATO und der Westeuropäischen Union gegen Jugoslawien. Operation Active Endeavour ist eine militärische Mission der NATO zur Seeraumüberwachung im Mittelmeer mit dem Ziel terroristische Aktivitäten aufzuklären und zu behindern.

[5] European Union Naval Force Somalia, auch bekannt unter dem Namen: Operation ATALANTA. Eine multinationale Mission der EU zum Schutz von humanitären Hilfslieferungen nach Somalia, der freien Seefahrt und zur Bekämpfung der Piraterie vor der Küste Somalias am Horn von Afrika und im Golf von Aden.

[6] In der Phase 2a des Einsatzes erhalten die Schiffe die Möglichkeit, Boote von Schleppern in internationalen Gewässern anzuhalten, zu durchsuchen, zu beschlagnahmen und umzuleiten. Schleusereiverdächtige können an Bord genommen und an Strafverfolgungsbehörden eines EU-Mitgliedsstaats übergeben werden.

[7] Die Einsatzregeln (Rules of Engagement, RoE) bezeichnen im militärischen Bereich die Regeln für die Streitkräfte zum Einsatz von Gewalt und Zwangsmaßnahmen bei einer Operation.

Schutzauftrag an der Peripherie des Bündnisses

Bernd Stöckmann

Der Auftrag des deutschen Einsatzkontingents „Active Fence Turkey" (DEU EinsKtgt AF TUR) beinhaltete den Schutz der anatolischen Stadt Kahramanmaraş mit ihren rund 500.000 Einwohnern auf Grundlage eines entsprechenden Antrags der Bundesregierung vom 6. Dezember 2012. Dabei ging es um die Entsendung bewaffneter deutscher Streitkräfte zur Verstärkung der integrierten Luftverteidigung der NATO auf Ersuchen der Türkei und auf Grundlage des Rechts auf kollektive Selbstverteidigung (Artikel 51 der Charta der Vereinten Nationen) sowie des Beschlusses des Nordatlantikrates vom 4. Dezember 2012.

Dazu verlegten im Januar 2013 etwa 300 Soldatinnen und Soldaten der Luftwaffe, der Streitkräftebasis sowie des Zentralen Sanitätsdienstes in die Türkei. Knapp drei Jahre wurde der Schutzauftrag rund um die Uhr mit dem Flugabwehrraketensystem Patriot aus einer Kasernenanlage der türkischen Artillerie heraus sichergestellt. Die Führung wurde truppendienstlich durch das Einsatzführungskommando der Bundeswehr in Potsdam, operativ-taktisch durch das Ballistic Missile Defence Operations Center der NATO bzw. des NATO Allied Air Component Command Headquarters in Ramstein wahrgenommen. Neben dem o.a. Schutzauftrag galt es, zu den Gastgebern in der Kaserne und der Stadt, zu den Angehörigen der türkischen Streitkräfte und den Schwester-Einsatzkontingenten der Niederlande in Adana, die Anfang 2015 durch spanische Kräfte abgelöst wurden, sowie der USA in Gaziantep Verbindung aufzunehmen, zu halten und zu festigen.

Die Einsatzvorbereitende Ausbildung umfasste neben den üblichen Ausbildungsabschnitten zusätzlich u.a. ein spezielles Taktiktraining für das Feuerleit- und Kampfführungspersonal, ein vertieftes ABC-Training für alle Soldatinnen und Soldaten sowie ab dem zweiten Kontingent ein Seminar zu landeskundlichen Aspekten am Zentrum Innere Führung (ZInFü) für das Führungspersonal. Insbesondere letzteres erwies sich nicht nur als äußerst professionell vorbereitet und mit hochgradig kompetenten Referenten durchgeführt, sondern gab auch wertvolle Hinweise für den Umgang mit Angehörigen des türkischen Militärs und der Zivilgesellschaft. Der Vermittlung eines vertieften Verständnisses über Land und Leute, insbesondere den gewachsenen historischen, kulturellen und religiösen Besonderheiten einer gastgebenden Nation, kann gerade im Anfangsstadium eines neuen Einsatzes m.E. nicht genug Bedeutung zugemessen werden.

Neben der Fokussierung auf einen eng gefassten Einsatzauftrag im 24 Stunden Schichtbetrieb stellten nämlich die enge Zusammenarbeit in und mit den Angehörigen der türkischen Streitkräfte sowie der Zivilgesellschaft die beiden größten Herausforderungen für die Kontingentführung dar. Somit hatte dieser Einsatz von Beginn an neben der operativ-taktischen Dimension eine hohe militärpolitische Bedeutung.

AF TUR – ein besonderer Einsatz in und mit der Türkei

Der Einzug des DEU EinsKtgt AF TUR in eine türkische Liegenschaft, die eigentlich mittelfristig aus der Nutzung genommen werden sollte, ging einher mit erheblichen Einschränkungen für die Gastgeber selbst. Das DEU EinsKtgt nahm nicht nur rund zwei Drittel des gesamten Kasernengeländes in Anspruch, sondern übernahm auch die Hälfte des Stabsgebäudes, einen Teil des örtlichen Sanitätszentrums sowie weitere Ressourcen in Form von Wasser und Abwasser, Energie oder Telefonanschlüssen. Ferner unterschieden sich das Miteinander der Dienstgradgruppen, der Umgangston untereinander und mitunter auch das äußere Erscheinungsbild der deutschen Soldatinnen und Soldaten erheblich von den Sitten und Gebräuchen in einer türkischen Liegenschaft. Dass das Miteinander somit nicht immer ohne Spannungen und Reibungsverluste vonstattengehen konnte, lag dabei auf der Hand. Darüber hinaus ist der Kommandeur des dort stationierten stolzen Armeetruppenteils in der protokollarischen Stellung der Provinz und der Stadt die unangefochtene Nummer 2, nach dem Gouverneur und noch vor dem Bürgermeister. Nun wurde erwartet, dass er sich als Host Nation Verantwortlicher vor Ort und damit als Dienstleister vorwiegend um die Bedürfnisse und Belange der deutschen Truppe kümmern sollte. Auch persönlich für ihn eine große Herausforderung.

Als Kontingentführer halfen mir vor diesem Hintergrund im Umgang mit den Vertretern der türkischen Streitkräfte drei Ansätze, um zu einem guten und gedeihlichen Miteinander zu gelangen: (1.) die Vorstellung, wie meine Soldatinnen und Soldaten und ich reagieren würden, wenn mit sehr kurzer Vorwarnzeit knapp 300 türkische Soldaten in unsere Kaserne einziehen und ihren „way of life" mitbringen und ausleben würden; (2.) ein Übereinkommen mit meinem türkischen Gastgeber, dass wir niemals vor Besuchern, gleich welcher Nation, mit einer unterschiedlichen Meinung auftreten würden, um ihn in seiner Rolle und seinem Selbstverständnis nicht nach außen hin zu beschädigen und (3.) das Führen vieler intensiver Gespräche mit allen Angehörigen des Einsatzkontingents, um Einsicht in das Miteinander sowie ihre Rolle als Gäste in einer türkischen Liegenschaft zu vermitteln und auch kleine Fortschritte unmittelbar zu kommunizieren.

Empathie und Interkulturelle Kompetenz waren dabei wichtige Stichworte, die es galt, vor Ort mit Leben zu erfüllen. Dabei zeigte sich, dass die Grundsätze der Inneren Führung ganz allgemein nicht nur für den eigenen Bereich griffen, sondern langfristig auch zu Verhaltensänderungen unserer türkischen Gastgeber führten, die sich zunehmend öffneten und auch über Dienstgradgrenzen hinweg interessierter, mutiger und sichtbarer wurden. Unsere Gastgeber haben nämlich sehr wohl darauf geachtet, wie innerhalb des deutschen Einsatzkontingents miteinander umgegangen wurde und auf welche Art und Weise die Kontingentführung die Auftragserfüllung in diesem Umfeld sicherstellte.

Während sich das Verhältnis zu Angehörigen der türkischen Streitkräfte positiv entwickelte und wuchs, begegnete die Bevölkerung der Stadt Kahramanmaraş den Angehöriges des DEU EinsKtgt von Beginn an mit ausgesuchter Gastfreundschaft und Hilfsbereitschaft. Dazu gehörten nicht nur die politischen Vertreter, sondern auch die geistlichen Repräsentanten der Abdulhamidhan Moschee sowie die Ansprechpartner von Handel, Hotel und Dienstleistung bis hin zu zufälligen Kontakten im Alltag. Die große Dankbarkeit, dass die Stadt und ihre Einwohner durch das DEU EinsKtgt vor möglichen Raketenangriffen aus Syrien heraus geschützt wurden, und das subjektiv empfundene starke Bedrohungsgefühl waren allgegenwärtig. Sie waren für jeden Einzelnen spürbar und erlebbar. Durch gemeinsame Fußballspiele mit Kahramanmaraşspor (dem größten Fußballverein vor Ort), Einladungen zum DEU EinsKtgt (z.B. anlässlich des Tages der Deutschen Einheit) sowie Unterstützung bei der Teilhabe an öffentlichen türkischen Feiertagen wurde versucht, wenigstens einen Teil dieser Freundschaft zurück zu geben.

AF TUR – ein Einsatz

Der Einsatz Active Fence Turkey war für alle Angehörigen des Bereichs Flugabwehrraketendienst der erste Einsatz mit dem Flugabwehrraketenwaffensystem Patriot und für viele Soldatinnen und Soldaten der erste Einsatz überhaupt. Damit gingen die bekannten Herausforderungen einher, die Einsätze stets mit sich bringen, wie längere Abwesenheiten von zu Hause, von Familie und Freunden, ungewohnte klimatische und kulturelle Belastungen, Verzicht auf Privatsphäre und Einschränkungen der persönlichen Freiheiten. Dennoch war die Vermittlung der Einsatznotwendigkeit insbesondere in der Anfangsphase von AF TUR einfach: so konnten doch alle Angehörigen des DEU EinsKtgt AF TUR nicht nur die Lage in Syrien in Funk und Fernsehen beobachten, sondern auch das Gefühl der Bedrohung im Umgang und Gespräch mit der türkischen Bevölkerung unmittelbar spüren. Zudem spitzte sich die Situation in der Region nach dem Giftgasangriff vom 21. August 2013 nahe Damaskus weiter zu und die Lageentwicklung war unvorhersehbar, da abhängig von der Kooperation Syriens bei der Vernichtung seines Chemiewaffenpotenzials.

Temporäre Einschränkungen beim Ausgang sowie das Hochfahren des Bereitschaftsstatus für das gesamte Personal wurden daher bereitwillig mitgetragen. Mit größter Motivation und hohem Verantwortungsbewusstsein führte diese Einsicht zu dem unbedingten Willen, die Einsatzbereitschaft des Waffensystems unter allen Umständen zu gewährleisten. Über 99% Verfügbarkeit des Systems sind dabei nicht nur ein Beleg für den Einsatzwillen des Personals, sondern auch für die qualitativ hochwertige und in die Tiefe gehene Qualifikation, die nicht nur dem Taktik-, sondern auch dem Technikpersonal vermittelt wurde. Die langjährige Investition in die lehrgangsgebundene Ausbildung hat sich im Einsatz vollumfänglich bewährt.

Es zeigte sich jedoch auch, dass insbesondere das Feuerleit- und Kampfführungspersonal nicht nur mit dem ungewohnten Schichtdienst zu kämpfen hatte. Vielmehr belastete der auf den Radarbildschirmen erkennbare Einsatz von taktisch-ballistischen Flugkörpern und von weitreichenden Artilleriesystemen im Norden Syriens dieses Personal erheblich, da abends in den Nachrichten die Wirkung dieser Einsätze mit Fernsehbildern visualisiert wurde. Den abstrakten Radarsymbolen konnten konkrete Gesichter, Personen und deren Geschichten zugeordnet werden. Das Gefühl der Ohnmacht, des Nicht-Eingreifen-Könnens zusammen mit den Belastungen des Schichtdienstes und dem anhaltenden Wechsel des Schlafrhythmusses in einer sehr hellhörigen Unterkunft führte bei einigen zu körperlichen und seelischen Erschöpfungszuständen, denen es zu begegnen galt. Maßnahmen waren zum einen die Verkürzung der Stehzeiten des Schichtdienstpersonals (rund ein Viertel des Gesamtpersonals) von vier Monaten auf sechs Wochen – dafür jedoch mehrmals im Jahr – sowie das Angebot von sogenannten „Recreation Seminaren" in Adana.

Darüber hinaus ergab sich insgesamt die Notwendigkeit, möglichst permanent einen Truppenpsychologen vor Ort zu haben, um die Belastungen dienstlicher und privater Natur abzufedern. Alle entsandten Truppenpsychologen stellten eine herausragende Unterstützung des Kontingentführers dar. Zusammen mit den Militärseelsorgern hatten sie stets ein gutes ergänzendes Lagebild über die Innere Lage des EinsKtgt und waren in der Vermittlung von Führungsentscheidungen eine große Hilfe. Das gesamte Kontingent hat von der Anwesenheit und dem aktiven, gestalterischem Einbringen der Truppenpsychologen profitiert. Sie sollten, sofern möglich, stets fester Bestandteil der Einsatzkontingente sein.

Die Flugzeit von taktisch-ballistischen Flugkörpern beträgt insgesamt nur wenige Minuten. Dementsprechend kurz sind die Vorwarn- und Alarmierungszeiten. Kahramanmaraş liegt rund 100 Kilometer nördlich der türkisch-syrischen Grenze und ist ein wichtiges regionales Handelszentrum. Die Stadt bietet daher im Rahmen der Betreuung durchaus einige Möglichkeiten der Zerstreuung. Der Ausgang, der aufgrund der Weisungen der Gastnation in ziviler Kleidung zu geschehen hatte, und die Gastfreundschaft der türkischen Bevölkerung taten ein Übriges, um die Einsatzbelastungen für einige Stunden vergessen zu lassen. Daraus ergaben sich jedoch zweierlei Herausforderungen: (1.) wie ist die Ernsthaftigkeit eines politisch mandatierten operativen Einsatzes zu vermitteln, wenn sich das Personal in ziviler Kleidung jederzeit quasi frei in der Stadt, welche man zu schützen hat, bewegen kann und (2.) wie kann eine nahezu verzugslose Alarmierung vor dem Hintergrund der o.a. Flugzeiten taktisch-ballistischer Flugkörper sowie die Umsetzung von entsprechenden Schutzmaßnahmen und Notfallübungen realisiert werden – und dies in einer Kaserne, die von außen sehr gut einsehbar ist und damit im Fokus der Öffentlichkeit steht?

Ein alleiniger Test aller Notfallverfahren schloss sich zu Beginn des Einsatzes aus – erst viel später konnten zusammen mit den türkischen Gastgebern Teile des Notfallplans geübt und verifiziert werden. Hier mussten daher sinnvolle Kompromisse eingegangen werden. Entsprechende Pläne zu erstellen war das Eine. Das Andere war jedoch das Vertrauen ins eigene Personal zu haben, sich der Gefährdungslage stets bewusst zu sein, sich auch beim Ausgang in der Stadt im Einsatz zu fühlen und seitens der jeweiligen Führer vor Ort in der Lage und willens zu sein, sich der Führungsverantwortung zu stellen und schnell Entscheidungen zu treffen.

Führung eines Kontingents – Versuch einer Reflexion

Mit den Erfahrungen aus meinem ersten Einsatz als Senior Mentor eines Operational Mentor and Advisor Team (OMLT) in Kunduz, Afghanistan, von November 2009 bis Juli 2010, dem zusätzlichen Landeskundemodul am ZInFü sowie einem individuellen Medientraining am Zentrum Informationsarbeit Bundeswehr fühlte ich mich gut vorbereitet auf die Aufgaben als Kontingentführer in der Türkei.

Der regelmäßig zu beobachtende Verschuss von taktisch-ballistischen Raketen und von weitreichenden Artilleriesystemen innerhalb Syriens sowie der Rückhalt in der türkischen Bevölkerung haben es mir persönlich dabei einfach gemacht, die Frage nach der Sinnhaftigkeit dieses Einsatzes für mich selbst zu beantworten bzw. meinen Soldaten zu erklären.

Die Zusammenarbeit mit den Vertretern der stolzen und selbstbewussten türkischen Streitkräfte war eine wertvolle Erfahrung und Herausforderung zugleich. Wir waren Gäste in einer türkischen Liegenschaft und mit diesem Verständnis ließ sich vieles einordnen. Ich bin zwar kein großer Fußballfan, trotzdem bemühte ich mich, den Nationalsport in der Türkei als Türöffner zu benutzen – nur um häufig festzustellen, dass meine Gesprächspartner über die Bundesliga besser Bescheid wussten, als ich es je wissen werde. Das erste Eis war damit oft gebrochen.

Von Beginn an habe ich zudem versucht, alle Kontingentangehörigen persönlich kennen und einschätzen zu lernen. Daneben gab es wöchentliche Runden mit den Chefs, den Spießen und den Vertrauenspersonen. Viele Stunden habe ich zudem bei dem im Schichtdienst eingesetzten Personal verbracht, um wenigstens mittelbar deren Belastung erleben und zu teilen. Dieser unmittelbare Kontakt hat sich uneingeschränkt ausgezahlt. Ähnlich, wie mit meinem OMLT, so gibt es auch heute noch „meine" Einsatzfamilie aus AF TUR.

Aufgrund der Rahmenbedingungen konnte ich nicht alle Notfallverfahren drillmäßig üben lassen – ich musste und konnte mich auf mein Personal verlassen sowie darauf vertrauen, dass meine Absicht erkannt und verstanden worden war. Dieses Vertrauen ist nie erschüttert worden. Dasselbe gilt auch für meine vorgesetzten Dienststellen – ihnen habe ich vertraut und auf offene Kommunikation gesetzt.

Die Überschrift dieses Kapitels lautet: „Innere Führung – die Führungskultur deutscher Streitkräfte in der Bewährung". Ich bin davon überzeugt, dass sich die Grundsätze der Inneren Führung bei AF TUR mehr als bewährt haben:

- dass die Soldatinnen und Soldaten des DEU EinsKtgt AF TUR aus dem Verständnis der Sinnhaftigkeit und Notwendigkeit dieses Einsatzes bereit waren, bis an ihre Grenzen zu gehen, sich mit vollem Engagement ihrem Auftrag verschrieben haben und zum Teil mehrmals in diesen Einsatz gingen, zeigt mir, dass das zentrale Element der Inneren Führung funktioniert und gelebt wird,

- dass Vertrauen mit Vertrauen zurückgegeben wird, dass Fürsorge keine Einbahnstraße ist, zeigt mir, dass die zentralen Begriffe des Führungsverständnisses der deutschen Streitkräfte nichts an ihrer Bedeutung verloren haben,

- dass bei einem deutsch-türkischen Tischtennisturnier ein türkischer Wehrpflichtiger unter dem Applaus aller gewonnen hat, zeigt mir, dass die Grundsätze der Inneren Führung bei befreundeten Streitkräften einen nachhaltigen Eindruck hinterlassen.

Schlussbemerkung

Der Einsatz AF TUR ist mittlerweile beendet, die letzten deutschen Soldatinnen und Soldaten sind nach Deutschland zurückgekehrt. Während des gesamten Einsatzes AF TUR wurde nicht eine Rakete auf Kahramanmaraş gefeuert, nicht ein Patriot Lenkflugkörper musste seinen Kanister verlassen. Die gezeigte Bündnissolidarität sowie der glaubwürdige Schutz haben ihre Wirkung nicht verfehlt. Fazit: Auftrag erfolgreich durchgeführt. Die Angehörigen aller Einsatzkontingente AF TUR sowie die zahlreichen Unterstützer können und sollten Stolz auf ihre erbrachte Leistung und ihren überzeugenden Einsatz sein.

Bündnissolidarität durch verstärkte Luftraumüberwachung im Baltikum – Routineaufgabe oder Einsatz?

Gerd Schnell

Als Reaktion auf die Ukraine-Krise hat die NATO Anfang 2014 im Rahmen der sogenannten NATO Assurance Measures entschieden, neben der seit 2004 im litauischen Siauliai stationierten Alarmrotte Quick Reaction Alert Intercept, QRA(I), eine weitere Alarmrotte im estnischen Ämari zu etablieren. Diese Aufgabe wurde durch die Deutsche Luftwaffe im Herbst 2014 erstmals mit Gestellung eines Kontingents unter der Führung des Zentrums Luftoperationen mit dem Taktischen Luftwaffengeschwader 74 (Neuburg a. d. Donau) als Leitverband übernommen.

Da die baltischen Staaten schon seit dem Beitritt zur NATO aufgrund mangelnder Fähigkeiten nicht in der Lage waren, ihren Luftraum durch Jagdflugzeuge zu sichern, wurde dies seitdem durch die NATO-Partner rotationsgemäß mittels des sogenannten Baltic Air Policing übernommen. Wegen der angespannten politischen Lage und der Bedrohungsperzeption an der Ostgrenze der NATO wurde eine Verstärkung des bestehenden Kräfteansatzes als notwendig erachtet. Der von Deutschland wahr-zunehmende viermonatige Zeitraum des als Verstärkten Air Policing Baltikum bekannten Vorhabens erstreckte sich im Jahr 2015 von Ende August bis Anfang Januar 2016 und wurde durch das Taktische Luftwaffengeschwader 31 „Boelcke" (Nörvenich) als Leitverband gestellt.

Zur Erfüllung dieses Auftrags verlegte die Luftwaffe fünf Waffensysteme EUROFIGHTER sowie 180 Soldaten an den ehemaligen sowjetischen Militärflugplatz, der ca. 250 km von der russischen Grenze entfernt, südwestlich der Landeshauptstadt Tallinn liegt. In den letzten Jahren nicht zuletzt durch Gelder der NATO umfangreich modernisiert, bietet der Fliegerhorst optimale Betriebsbedingungen für die Alarmrotte. Eine ruhige und stabile Sicherheitslage war während des Einsatzzeitraums vorhanden. Dennoch war innerhalb des gesamten Kontingentzeitraums ein erhöhtes und permanentes Gefahrenpotenzial in Bezug auf Spionageaktivitäten gegenwärtig. Eine Arbeitszeit von regelmäßig 24 Stunden pro Tag im Schichtbetrieb sowie eine uneingeschränkte Sicherstellung der ständigen Erreichbarkeit in Form einer 24/7-Rufbereitschaft bildeten die wesentlichen Rahmenbedingungen bzw. Belastungen innerhalb des Einsatzzeitraums. Erschwerende Faktoren für die

Soldaten waren die, wie erwartet ab November vorherrschenden, widrigen Wetterbedingungen sowie die täglichen Fahrzeiten zur Airbase bzw. zur Unterkunft in Tallinn von jeweils einer Stunde. „On Base" und in der näheren Umgebung waren keinerlei Unterkunftskapazitäten in ausreichendem Maße vorhanden.

Im Gegenzug ergaben sich daraus auch die wesentlichen Herausforderungen in Bezug auf die Führung des Kontingents, da eine europäische Hauptstadt zwar einerseits mit Blick auf Betreuungsmöglichkeiten großes Potenzial bietet, aber auch die Gefahr birgt, dass der Fokus auf den Auftrag verloren geht. Die Zusammenarbeit mit der Host Nation war vorbildlich. Nicht nur durch die estnischen Soldaten, sondern auch in der Bevölkerung wurde uns deutlich gezeigt, dass man unsere Präsenz zu schätzen wusste. Unsererseits wurde dies durch regelmäßige Beteiligung an den sozialen Veranstaltungen der estnischen Streitkräfte, beispielsweise Renovierung von Kindergärten, oder durch Spendenaktionen gefördert. Ein positives Medienecho in Estland begleitete unsere Zeit in Ämari.

Soldatisches Selbstverständnis im Einsatz

Das gerade in den letzten Jahren durch den Einsatz in Afghanistan vor allem medial geprägte Bild von einem Auslandseinsatz war in unserer Zeit im Baltikum also durch die sehr guten Rahmenbedingungen, gerade in puncto Betreuung und Fürsorge, Gefährdungslage sowie durch die von Beginn an begrenzte Dauer von etwas mehr als vier Monaten in vielerlei Hinsicht nicht erfüllt. Dennoch stellte sich bereits in der Planungsphase die Frage, ob es sich bei der Entsendung nach Estland um einen Einsatz handelt oder nicht. Selbstverständlich stellt die Luftwaffe auch in Deutschland im Grundbetrieb dauerhaft zwei Alarmrotten mit den Aufgabenbereichen NATO Air Policing und Gewährleistung der Sicherheit im Luftraum ab. Ebenso wie im Baltikum sind diese Kräfte dauerhaft der NATO unterstellt. Zunächst lässt sich also vordergründig nur der Ort der Stationierung als Unterscheidungsmerkmal ausmachen. Bei genauerer Betrachtung muss jedoch hinzugefügt werden, dass die Entscheidung der NATO zur Aufstockung der verfügbaren QRA(I) im Luftraum Baltikum – wie anfänglich beschrieben – eine Reaktion auf die Krise in der Ukraine war. Darüber hinaus flogen die EUROFIGHTER im Baltikum mit je zwei Lenkflugkörpern AMRAAM bewaffnet, eine im internationalen Bereich zwar übliche Konfiguration für Flugzeuge der QRA(I), für deutsche Alarmrotten aber ein Novum. Dies zeigt, dass sowohl auf NATO-Ebene als auch auf nationaler Ebene ein Unterschied zur Routineaufgabe im Inland bei den beteiligten Stellen gesehen wird.

Mit Beginn des Kontingents im September wurde das Verstärkte Air Policing Baltikum als sogenannter „vergleichbarer Einsatz" gewertet. Dies hatte zur Folge, dass neben den entsprechenden Auswirkungen im Personalwesen (z.B. Einsatzbeurteilung) auch die Priorisierung innerhalb der Luftwaffe entsprechend hoch war. Dies wurde durch alle Führungsebenen deutlich kommuniziert und mit entsprechenden Entscheidungen, dort wo notwendig, untermauert. Entsprechend hoch war bei den Kontingentteilnehmern die Handlungssicherheit und Motivation; dies führte im Endergebnis zu einer hundertprozentigen Erfüllung des Einsatzauftrags. Daher gab es auch keine Diskussionen über etwaige Ausgangsbeschränkungen, das Erteilen von Ausnahmegenehmigungen für operationelle Aufgaben oder befohlene Dienstzeitregelungen.

Wie man es von seinen Soldaten erwartet, wurde das stets notwendige Maß an Professionalität an den Tag gelegt, um den Auftrag jederzeit zu erfüllen. Und gerade das ist bei einer 24/7-Aufgabe wie der QRA(I) nicht ohne große persönliche Einschränkung von Freiheiten der Kontingentangehörigen möglich, da diese nahezu rund um die Uhr abrufbar sein müssen. Wie immer ist hier offene Kommunikation der Schlüssel zum Erfolg. Das Resultat war neben der erzielten Auftragserfüllung, dass im gesamten Kontingentzeitraum keine einzige Beschwerde, Eingabe oder Disziplinarmaßnahme erfolgte. Es war beeindruckend und erfreulich zu sehen, dass das Team Luftwaffe – gemeinsam mit den beteiligten Dienststellen und Verbänden der Bundeswehr (zeitweise bis zu 24 als Truppensteller) – auftrags- und einsatzorientiert die Aufgabe bewältigte und seine Leistungsfähigkeit unter Beweis stellen konnte. Die taktische Aufgabe, das Abfangen und Identifizieren von Luftfahrzeugen, im Baltikum stets russische Militärflugzeuge, ist für unsere Luftfahrzeugbesatzungen eine Routineaufgabe. Durch die Nähe zum russischen Luftraum in Verbindung mit der Tatsache, dass die russischen Jets ebenfalls mit voller Bewaffnung flogen und wir uns bereits beim Start in Ämari in der Reichweite von Boden-Luft-Abwehrsystemen befanden, ergab sich dennoch eine über die Routineaufgabe hinausgehende Perspektive.

Was heißt hier „Einsatz"?

Welche weitere Relevanz hatte es also nun für unser Kontingent, ob unsere Aufgabe als Grundbetrieb oder als Einsatz gewertet wird? Die Einordnung eines Vorhabens wie die Gestellung einer Alarmrotte für die NATO unter den Begriff „Einsatz" der Bundeswehr hat mehrere Dimensionen, die vor allem wichtig für das Selbstverständnis der Streitkräfte, der Luftwaffe insbesondere, aber auch für das der eingesetzten Soldaten sind.

Für die Führung der unterstellten Soldaten ist dies zudem von Bedeutung, da auch bei nicht-mandatierten Vorhaben der Streitkräfte zahlreiche Aufgaben erledigt werden müssen, für die unsere Vorschriften im Grund- bzw. Friedensbetrieb keine Regelungen vorsehen. Die Lösung dieses Problems auf kurze Sicht ist einfach und ebenso verhaftet im Selbstverständnis aller Soldaten, vor allem derer in Führungsverwendungen: Treffen und Umsetzen einer Entscheidung nach Abwägung der möglichen Optionen und Abschätzung von Risiken. Die Auftragserfüllung steht dabei natürlich immer im Vordergrund. Mittel- und langfristig muss es aber natürlich das Ziel sein, die Rahmenbedingungen und eben auch die Vorschriftenlandschaft an die Erfordernisse im Einsatz anzupassen. Selbstverständlich kann die Vorschrift nicht alle Ausnahmefälle erfassen und Führungsentscheidungen werden hier immer erforderlich sein. Dennoch tritt gerade in einer nicht mandatierten, aber als „vergleichbarer Einsatz" eingestuften Unternehmung wie dem Air Policing Baltikum diese Diskrepanz zwischen vorhandenen Regelungen und Erfordernissen offen zu Tage. Auf der einen Seite stehen operationelle Ansprüche und Erwartungen, die über den normalen Friedensflugbetrieb hinausgehen, auf der anderen Seite existieren Vorschriften, die für die Rahmenbedingungen vor Ort nicht greifen.

Als weiterer Aspekt in dieser Diskussion sei die Einführung der Arbeitszeitrichtlinie für Soldaten ab 1. Januar 2016 genannt, die durch die strikten Vorgaben für den Grundbetrieb zahlreiche Hindernisse bei der Durchführung des QRA-Betriebs nach bisherigem Muster mit sich bringt. Als Beispiele seien hier genannt, die maximale Höchstarbeitszeit von 13 Stunden pro Tag, vorgeschriebene Pausenzeiten sowie nicht zuletzt die Festlegung der durchschnittlichen Wochenarbeitszeit auf 41 Stunden bei einem erlaubten Maximum von 48 Stunden. Aufgrund des Personalgerüsts bei den Luftfahrzeugführern, im Bereich der Technik, aber auch bei den sogenannten „Enablern" (Informationstechnik, Elektronische Aufklärung) stellt uns dies vor eine große Herausforderung im Bereich der personellen Ressourcen. Das

Einordnen der Alarmrotte unter dem Begriff „Einsatz" würde in diesem Bereich Abhilfe schaffen, da für Einsätze diese Vorgaben natürlich nicht gelten.

Leistbar ist die Aufgabe tatsächlich weiterhin auch unter Berücksichtigung der für die Alarmrotte im Grundbetrieb zutreffenden Vorgaben. Einige Ausnahmeregelungen sind dazu im Gesetz bereits vorgesehen. Allerdings hat dies natürlich Verdrängungseffekte auf die übrige Auftragserfüllung der Luftwaffe zur Folge, entweder in puncto Qualität oder Quantität, da außer dem Auftrag nunmehr kaum andere Stellschrauben für die Vorgesetzten existieren. Diese Verdrängungseffekte wirken sich zunächst auf die geringer priorisierten Vorhaben im Grundbetrieb aus. Langfristig gehen sie aber zu Lasten der Einsatzfähigkeit der Streitkräfte insgesamt. Da eine Erhöhung der Personalstärke mit qualifiziertem Personal zumindest nicht auf die Schnelle möglich sein wird und gleichzeitig der Personalkörper in puncto Arbeitsstunden nun gesetzlich begrenzt ist, muss hier von Beginn an eine ganzheitliche Betrachtung über alle Vorhaben erfolgen.

Unverständlicher Weise reichte die Einordnung des Kontingents in den Kontext als „vergleichbarer Einsatz" nicht aus, um im Sinne der Arbeitszeitverordnung als Einsatz zu gelten. Eine besondere Herausforderung für die Führung war es daher, zunächst den anvertrauten Soldaten den Unterschied zwischen „Einsatz", „einsatzgleicher Verpflichtung" und einem „vergleichbaren Einsatz" zu erklären. Hinzu kommt noch der im Zusammenhang mit der Alarmrotte oft verwendete Begriff der Dauereinsatzaufgabe. Dass hier vielerorts Fragezeichen und Unverständnis entstanden, ist für mich durchaus nachvollziehbar. Denn warum eine Dauereinsatzaufgabe kein Einsatz ist, oder warum man für die Luftraumsicherung im Rahmen Active Fence Turkey (PATRIOT-Stationierung in der Türkei) ein Bundestagsmandat braucht, für Luftraumsicherung im Baltikum aber nicht, ist auch nicht für jeden sofort verständlich. Wenn nun durch eine weitere Vorgabe; wie die der Arbeitszeitrichtlinie für Soldaten, die Erfüllung des Auftrags erschwert wird, empfinden viele Soldaten dies als Hindernis bei der Ausübung ihres Dienstes. Insbesondere, wenn man sich selbst ja eigentlich in einem Einsatz glaubt.

Bei den vielen Faktoren, die bei der Bewertung dieses Themenkomplexes eine Rolle spielen, ist es meiner Meinung nach wichtig, klare Linien einzuhalten und sich nicht um Begriffsbestimmungen streiten zu müssen. Dies ist für die Soldaten in erster Linie, aber auch für die Öffentlichkeit nur schwer nachvollziehbar und erweckt den Anschein von Unentschlossenheit oder Unsicherheit. Diskussionen über Begriffe wie Krieg, bewaffneter Kon-

flikt, kriegsähnliche Zustände, usw. sind wir ja aus den letzten Jahren gewohnt. Wir sollten jetzt nicht zusätzlich lange Diskussionen über Begriffe wie
„Einsatz", „operative Aufgabe" oder „Mission" führen. Klar ist: werden Soldaten ins Ausland insbesondere mit Bewaffnung entsendet, so ist dies weder
Grundbetrieb noch Ausbildung. Welchen der obengenannten Begriffe man
nun dafür verwendet, ist letztlich nicht entscheidend. Entscheidend ist auch
nicht die Frage nach der zur Auftragserfüllung notwendigen Arbeitszeit, sondern die Frage: welche Aufgabe wird eigentlich erledigt?

Für die Zukunft sollte es nun das Ziel sein, weiter auch in dieser Hinsicht um die Einsatzfähigkeit der Streitkräfte zu kämpfen. Denn das ist es,
was meiner Ansicht nach auf dem Spiel steht. Mit der Einführung der Arbeitszeitrichtlinie für Soldaten, sowie der skizzierten Diskussion über Einsätze
und Grundbetrieb steht die Bundeswehr vor einer weiteren großen Herausforderung im Hinblick auf Motivation und Erziehung ihrer Soldaten. Bürokratie sollte keine Kernkompetenz der Streitkräfte sein. Ebenso besteht die
Gefahr, dass künftige Generationen von Soldaten sich mehr und mehr als
Verteidigungsbeamte verstehen, da das starre Korsett von Regelungen und
Vorgaben wenig Spielraum zulässt, zugleich aber Entscheidungsfreude und
Entscheidungswille hemmt. Für eine Bundeswehr, die sich gezielt auf Einsät-
ze ausrichten will, kann dies nicht zielführend sein.

Die Prinzipien der Inneren Führung werden auch in Zukunft eine
große Rolle spielen, insbesondere in einem ihrer zentralen Aspekte, dem
Vermitteln der Sinnhaftigkeit und des Zwecks des Auftrags. Durch eine korrekte Einordnung des operativen Auftrags in die Einsätze der Bundeswehr
wird und kann die Wertigkeit einer Mission nach außen wie innen entsprechend kommuniziert werden.

Auch in 2016 werden wieder deutsche Eurofighter den Luftraum im
Baltikum sichern. In der Gesamtbetrachtung aller Missionen der Bundeswehr
sollte der Stellenwert dieser Aufgabe und der dahinter stehende politische
Wille auch im Interesse der durchführenden Soldaten entsprechend deutlich
gemacht werden.

Ein besonderer Auftrag: Einsatz als Rüstungskontrollinspektor

Axel Schneider

Ich darf Sie ganz herzlich willkommen heißen. Sie haben sich entweder bei der Lektüre des Buches bis zu diesem Artikel vorgearbeitet oder aber dieses Thema gezielt aus dem Inhaltsverzeichnis gewählt. Ich lade Sie ein, auf den nächsten Seiten bei mir zu bleiben. Sie finden in meinem Beitrag Informationen und Gedanken zu einer Dienststelle der Bundeswehr, deren Auftrag meistens wenig bekannt ist.

Ich will nicht verhehlen, dass ich selbst erst im Vorfeld meiner Versetzung in das Zentrum für Verifikationsaufgaben der Bundeswehr (ZVBw) begonnen habe, mich mit dieser Dienststelle zu befassen. Bis dahin kultivierte ich – besonders nach meiner letzten Einsatzrückkehr und als Abteilungsleiter einer Panzerdivision – klischeehaft die Vorstellung eines verstaubten, verkrusteten und sich selbst genügenden Dienstbereiches, der immer wieder den Dienstbetrieb in den Streitkräften stört, weil russische, ukrainische oder sonstige europäische Inspektionsteams mit nur kurzer Vorwarnzeit und ohne Fehlertoleranz die Bundeswehr entsprechend den Rüstungskontrollverträgen detailliert inspizieren, sofort enorme Ressourcen auch in den Dienststellen binden und uns in einem Handlungsfeld fordern, bei dem in der Truppe immer zu wenig Erfahrung und Routine besteht – bei dem man zunächst nie ein gutes Gefühl hat, ob man für die Bundeswehr eine gute Visitenkarte hinterlassen hat.

Sie können sich nach diesen zugegeben flapsigen einleitenden Zeilen denken, dass ich nach drei Jahren Dienst im ZVBw diese Vorstellungen gründlich revidiert habe. Um es vorweg zu nehmen: Ich erhoffe mir, dass sich Soldaten und Soldatinnen nach der Lektüre dieses Artikels vorstellen können, im ZVBw Dienst zu leisten.

Basisinformationen über das ZVBw

In aller Kürze darf ich für Sie das ZVBw skizzieren: Das ZVBw in Geilenkirchen hat einen einzigartigen Auftrag. Mit rund 170 Angehörigen stellt es nach den Vorgaben des Auswärtigen Amtes und unter Führung des Bundesministeriums der Verteidigung die Umsetzung von 21 Rüstungskontrollverträgen und Abkommen sicher, die die Bundesrepublik Deutschland mit anderen Staaten und Organisationen abgeschlossen hat. Spezialisten des ZVBw – rund 80 Soldatinnen und Soldaten – inspizieren Militäranlagen der Vertragspartner bis nach Zentralasien hinein und begleiten ausländische Delegationen, die zur Inspektion nach Deutschland kommen. Der Einfachheit halber nenne ich alle Fachleute des ZVBw, die in der Implementierung und Verifikation zu Land und Luft eingesetzt sind, Inspektoren. Fünf Abteilungen arbeiten eng zusammen, um diesen sehr komplexen Auftrag zu erfüllen.

Die Abteilung Zentrale Rüstungskontrollaufgaben, die ich führe, ist eine vertragsübergreifende Querschnittsabteilung. Meine 30 Mitarbeiter/-innen verarbeiten eine hohe Dichte an Informationen. Wir bearbeiten die Grundsatzaufgaben für Rüstungskontrollangelegenheiten ebenso feder-führend wie die Politikberatung für zwei Ministerien, die Konzeption und ihre Weiterentwicklung. Auch alle Angelegenheiten der internationalen Kooperation und Länderbewertung liegen in unseren Händen. Seit 2013 entwickeln wir die lehrgangsgebundene nationale und internationale Rüstungskontrollausbildung zu einer zunehmend bedeutsamen Fähigkeit des ZVBw, die mehr und mehr zu einem Aushängeschild wird.

Die Abteilung Regionale Rüstungskontrolle befasst sich mit der konkreten Umsetzung der konventionellen Rüstungskontrolle in Europa, insbesondere mit dem Vertrag über konventionelle Streitkräfte in Europa (KSE-Vertrag) und dem Wiener Dokument. Diese Abteilung ist wahrscheinlich die am häufigsten wahrgenommene in der Bundeswehr. Viele Truppenteile haben hier ihre Berührungspunkte mit angewandter Rüstungs-kontrolle bekommen und ihre Erfahrungen mit ausländischen Inspek-tionsteams in den Kasernen gemacht. Im Gegenzug reist die Abteilung für die aktive Überprüfung der regelmäßig ausgetauschten Informationen (Inspek-tionen und Überprüfungsbesuche) bis in den zentralasiatischen Raum.

Die Abteilung Globale Rüstungs- und Proliferationskontrolle ist für die Implementierung der militärischen Aspekte von 18 Rüstungskontroll-abkommen zuständig. Die Abkommen beziehen sich auf die Abschaffung bzw. die Verhinderung der illegalen Proliferation bestimmter Waffen und Munitionsarten. Das Einsatzgebiet der Abteilung umfasst den gesamten Erdball. Beispielhaft zu erwähnen: die Spezialisten dieser Abteilung haben den Abzug syrischer Chemiewaffen beratend begleitet wie auch die Umsetzung der Aktionsprogramme zur Verhinderung der Proliferation von

Klein- und Leichtwaffen. Die Aufträge dieser Abteilung sind regelmäßig politisch hoch gewichtet.

Die Abteilung Offener Himmel stellt die Umsetzung des Vertrages über den Offenen Himmel sicher. Die Abteilung plant und führt Beobachtungsflüge über anderen Vertragsstaaten zwischen Vancouver und Wladiwostok durch. Durch tragische Umstände hat die Bundeswehr 1997 durch einen Absturz Bundeswehrangehörige und ihr Open Skies Flugzeug verloren. Seit dieser Zeit war Deutschland auf die Nutzung von Flugzeugen anderer Nationen angewiesen. In diesem Jahr wurde entschieden, dass Deutschland wieder ein eigenes, mit modernster Technik ausgestattetes Beobachtungsflugzeug beschaffen wird.

Die Abteilung Führung stellt die allgemeine Einsatzbereitschaft des ZVBw sicher. Die Abteilung bildet die klassischen Führungsgrundgebiete ab und ist u.a. für die Presse- und Öffentlichkeitsarbeit und die Aus- und Weiterbildung des militärischen Personals verantwortlich. Dolmetscher des Bundessprachenamtes und ein Team des Bundeswehrdienstleistungszentrums machen das „System Rüstungskontrolle" komplett und stellen durch enge Zusammenarbeit mit den Abteilungen sehr schnelle Reaktionszeiten und Flexibilität sicher.

Wenn Sie an dieser Stelle innehalten, dann erkennen Sie, dass mit diesem Aufgabenspektrum und der Zusammenarbeit mit zwei Ministerien beträchtliche militärische und politische Reichweiten erzielt werden. Nicht ohne Grund ist daher für das ZVBw geregelt, dass es dem BMVg direkt zuarbeitet. Zu oft ist es erforderlich, innerhalb weniger Stunden reagieren zu können, Personal in Marsch zu setzen, die Spezialisten vor Ort zu dirigieren oder umzuleiten. Zu oft sind politische Aspekte der Rüstungskontrolle, die aus bilateralen Kontakten mit Organisationen wie Vereinte Nationen, OSZE, NATO oder EU entstehen, für beide Ministerien mit Stellungnahmen aus dem ZVBw in sehr kurzer Zeit zu hinterlegen. Ein Lagebild wächst auf diese Weise vom ZVBw zu den Ministerien auf. Mit der Krim-Annexion im März 2014 und der sich verschärfenden Lage in der Ost-Ukraine wurde Rüstungskontrolle als Bestandteil deutscher Sicherheitspolitik wieder mehr in den Fokus platziert. Nach dem Zerfall der Sowjetunion und mit Beginn der Einsätze der Bundeswehr blieben die Bekenntnisse zum hohen Stellenwert unverändert deutlich, im Tagesgeschäft wurden sie aber vergleichsweise still und routiniert weiter betrieben. Der Schwerpunkt lag nun eben wegen der Einsätze der Bundeswehr an anderer Stelle.

Eine Verwendung im ZVBw erfordert breit gefächerte Fähigkeiten und Kenntnisse. Insbesondere die Angehörigen, die in der Implementierung der Verifikationsaufgaben eingesetzt sind, müssen die gesundheitlichen Standards vergleichbar mit den Einsätzen erfüllen, haben oft Vorverwendungen im Attachédienst oder integrierten internationalen Bereich mit militärpolitischem Hintergrund, sprechen oftmals eine Sprache aus dem osteuropäischen Raum und sind je nach Abteilung Spezialisten für Großgerät, Hauptwaffensysteme, Proliferation, Wissenschaft, kooperative Luftbeobachtung im fliegerischen Dienst und Luftauswertung. Nicht wenige hatten schon Vorverwendungen im ZVBw und sind Rückkehrer. Sehr rasch nach dem Dienstantritt beginnt die Fachausbildung durch Teilnahme an nationalen/ internationalen Lehrgängen im OSZE-Raum und an Begleiteinsätzen im laufenden Implementierungsgeschäft sowie durch enge Beteiligung an den Kommunikationsbeziehungen zum Bundesministerium der Verteidigung und zum Auswärtigen Amt.

In der Rückschau der vergangenen Jahre erfüllte das ZVBw durchschnittlich ca. 150 Maßnahmen im bilateralen oder multinationalen Rahmen für Organisationen wie Vereinte Nationen, Organisation für Sicherheit und Zusammenarbeit in Europa oder NATO – oftmals als Begleiter der ministeriellen Repräsentanten eines der Ministerien, manches Mal als der Vertreter der Bundesrepublik Deutschland. Das Spektrum der Maßnahmen ist sehr groß, mehrdimensional, 360°. Wir führen Inspektionen innerhalb der OSZE durch und nehmen Gastinspektoren mit. Im Gegenzug stellen wir Gastinspektoren zu anderen Nationen ab. Das ZVBw bildet an Ausbildungseinrichtungen anderer Staaten aus; eine erstklassige Gelegenheit für den Export deutscher Standards für Rüstungskontrolle. Dies führt unser Personal in alle Erdteile. Das Engagement des ZVBw in Afrika wird zunehmen. Ein überaus erfolgreiches Projekt zur Eindämmung der Kleinwaffenproblematik in Ost-Afrika hat großes Potenzial, als Blaupause in Nord-, Westafrika und Sahelzone angewandt zu werden. Personal des ZVBw nimmt an den zentralen nationalen wie internationalen Rüstungskontroll- konferenzen und Arbeitsgruppensitzungen teil. Es ist nicht ungewöhnlich, dass unsere Inspektoren im Jahr 13-16 Wochen im Ausland unterwegs sind.

Die ZVBw-Angehörigen, die als Inspektoren ihre Aufträge erfüllen, setzen den Schwerpunkt ihrer Auftragserfüllung auf Vertrauensbildung durch Offenheit und Transparenz, durch die Erfüllung der Verträge und Abkom- men im Geist derselben und nicht nach deren Buchstaben. Sie sind alle mit einem Diplomatenpass ausgestattet und genießen den damit verbundenen Schutz. Plakativ beschrieben – und das Auswärtige Amt sehe mir das nach – sind die ZVBw-Vertreter „Diplomaten in Uniform".

Innere Führung – Bewährung bei Rüstungskontrollmaßnahmen

Beim Schreiben des Artikels habe ich mich gefragt, woran es liegen kann, dass deutsche Inspektoren solch ein hohes Ansehen genießen. Ist es die Expertise, die Vertragssicherheit und die damit verbundenen detaillierten Kenntnisse? Ganz sicher ist das so! Darüber hinaus sehe ich aber auch, wie sie an Ort und Stelle Handlungsoptionen mit beträchtlichen politischen Anteilen entwickeln und vertreten. Ich erkenne, dass sie sich darüber im Klaren sind, welche Auswirkungen ihr Handeln besonders auf politischer Ebene haben kann. Die Grundlagen der Inneren Führung – über Jahre und Jahrzehnte gehört, erlebt, selbst vorgemacht – werden hier wirksam. Staatsbürgerlicher Unterricht, Politische Bildung, Erziehung zum Staatsbürger in Uniform, Beteiligung, Information, interkulturelle Kompetenz, ethische und rechtliche Handlungssicherheit und der besondere Wert der Menschenführung kommen hier zur Anwendung. Es gelingt der Brückenschlag dieser Faktoren zu soldatischer Ordnung, Hierarchie, Disziplin, Befehl und Gehorsam. Der Inspektor als Vertreter seines Landes steht seinen Mann und zeigt, dass er mehrdimensional agieren kann und damit überzeugt, auch oftmals verblüfft.

Das Beachten der Wertekultur Deutschlands und das Bewusstsein des ganzheitlichen Ansatzes von Gesellschaft, Politik, Geschichte und Ethik sind in den Soldaten verankert. Sie sind sich bewusst, Angehörige einer Gemeinschaft zu sein, die Werte und Risiken teilt, und richten ihr Handeln danach aus. Unsere Angehörigen tun dies oft unbewusst und in der Überzeugung, das Richtige zu tun. Der Kern der Inneren Führung ist präsent, nicht selten erst auf den zweiten Blick wahrnehmbar, aber wirkungsvoll angewendet, weil sich die Inspektoren selbst treu bleiben. Damit bleiben Türen offen, Rückwege aus Krisen werden vorbereitet und begehbar gemacht. Das Verifikationspersonal des ZVBw leistet hier seinen Beitrag für den Erhalt des Friedens. Im internationalen Rahmen, als der Vertreter der Bundesrepublik, erfassen sie die Lage vor Ort sehr schnell und ordnen sie in den Kontext der deutschen Sicherheitspolitik ein. Insbesondere in strittigen Lagen – als vertragssichere Experten – lösen sie sehr erfolgreich Probleme und meistern Herausforderungen.

Dies alles erreicht der Inspektor nicht von Beginn an. Natürlich verläuft das Geschilderte nicht lupenrein, nicht lehrbuchmäßig. Es ist gepaart mit der Persönlichkeit, dem Charakter, dem individuellen Selbstverständnis, dem Befinden. Zusätzlich verschafft die richtige Mischung im Personalkörper des ZVBw hier den Vorteil: Unteroffiziere und Offiziere mit langen Stehzeiten auf der Expertenebene gewährleisten die Kontinuität und das hohe Ansehen besonders im internationalen Rahmen. Soldaten mit kürzeren Stehzeiten bringen neue Erfahrungen, neue Fragestellungen und Impulse für Erneuerung, Transformation, Weiterentwicklung und neue Konzepte.

Verifikation in einer Extremsituation

Als Angehöriger des ZVBw in eine Extremsituation zu geraten, die sich aus dem Auftrag ergibt, ist so nicht vorgesehen, kann aber jederzeit passieren. Vertrauensbildung, Offenheit, Transparenz, Kooperation, Handeln im Geiste der Abkommen und Verträge sind Merkmale von Sicherheitspolitik und Rüstungskontrolle, die einen Kreislauf der Stabilität bilden, Eskalationen verhindern und den Teufelskreis der Instabilität, unter anderem gebildet aus Misstrauen und Hochrüstung, brechen können. Damit handelt das Verifikationspersonal des Zentrums in Phasen der staatlichen Kooperation und dient der Prävention von Krisen oder tritt wieder in das Geschehen, wenn Krisen und Konflikte beigelegt sind und die beteiligten Parteien zu friedlichem Miteinander zurückkehren.

In einer Krise sind die Handlungsmöglichkeiten für Rüstungskontrolle eingeschränkt, nachgeordnet, möglicherweise sogar falsch, weil die Grundlagen der Verträge und Abkommen das nicht vorsehen und ein Missbrauch von einer der Krisen-/Konfliktparteien angezeigt wird. Der Vorwurf der Nachrichtengewinnung, der verdeckten Informationsbeschaffung steht im Raum; gewonnenes Ansehen ist schnell zerstört; es kann nahezu unwiederbringlich verloren sein. Rüstungskontrollpersonal wird in Phasen der Eskalationen, des Krieges oder der kriegsähnlichen Auseinandersetzung nicht vor Ort sein.

In diesem Sinne gab es seit der Indienststellung des ZVBw 1991 keine vorbereitende Ausbildung für Verhalten in Extremsituationen. Das Personal zehrt von der bisherigen Ausbildung, und wenn Einsatzerfahrungen existieren, von Abschnitten der einsatzvorbereitenden Ausbildung oder unmittelbaren Erlebnissen aus den Einsatzgebieten. Das in der Rüstungskontrolle eingesetzte ZVBw-Personal führt die Maßnahmen in Uniform ohne Waffen, Gefechtsausrüstung oder Auftrag mit Eskalationspotenzial durch. Sie bewegen sich in ungepanzerten und besonders gekennzeichneten Kraftfahrzeugen, die sichtbar machen, dass sich ein Inspektorenteam im Land bewegt. Darüber hinaus ist ihre Anwesenheit allen Teilnehmerstaaten der jeweiligen Verträge und Abkommen bekannt, weil es in den Kommunikationsnetzen angezeigt wird. Ausgestattet mit Diplomatenpass und unter dem Schutz dieser Abkommen und Verträge muss das reichen.

Dennoch: In der Osterwoche 2014 geriet ein internationales Inspektorenteam, das unter meiner Führung stand, in der Ost-Ukraine für neun Tage in Geiselhaft. Das ukrainische Begleitteam wurde gemeinsam mit dem internationalen Team festgehalten. Die Geiselgruppe bestand aus 13 Personen aus sechs Nationen. Alle Teammitglieder waren Soldaten; unser Dolmetscher ist Offizier der Reserve und damit Kenner der inneren Abläufe soldatischer Gemeinschaften.

Die Gruppe war sehr hohem Druck ausgesetzt. Die Unberechenbarkeit der Geiselnehmer als auch die beträchtliche Zunahme der Gefechtshandlungen konnte jederzeit eskalieren und das Leben der Geiseln ernsthaft gefährden. Die ukrainischen Offiziere waren zudem in den Augen der Geiselnehmer als Angehörige der Armee der klassische Feind schlechthin. Bis zu unserer Freilassung fürchteten diese Offiziere zu jeder Zeit noch stärker um ihr Leben als die anderen Mitglieder der Geiselgruppe. Gleichzeitig nahm die Gruppe wahr, dass beträchtliche Anstrengungen der politischen Führungen der beteiligten Nationen und Organisationen unternommen wurden, um die Freilassung zu erwirken. Kenntnis darüber erlangten wir von einem OSZE-Unterhändler, der uns nach drei Tagen aufgespürt hat und mit den Geiselnehmern die Verhandlungen führte.

Unser Verhalten war so anzupassen, dass es den politischen Anstrengungen nicht zuwider lief. Flucht war aus diesem Grund keine Option für uns. In gleicher Weise mussten wir mit Medien umgehen. Bis zu unserer Entführung war die Inspektion ohnehin von den Medien in der Ukraine und auch in Deutschland begleitet worden. Mit der Geiselnahme aber war unser Team in den Schlagzeilen. Am dritten Tag der Gefangenschaft wurden wir in einer organisierten Medienkonferenz „vorgeführt" und damit wurden unsere Identitäten öffentlich gemacht. Insgesamt blieb dieselbe Herausforderung bestehen, dass im Umgang mit Medien von Seiten der Geiseln kein Zeichen gegeben wurde, das den Erfolg der Freilassungsbemühungen oder die Sicherheit der Geiseln gefährden könnte.

Teamchef und Gruppe mussten mit dem Unerwarteten und mit der hohen Komplexität der Lage umgehen. Wir mussten eine hohe Dichte an Informationen und vor allem Emotionen verarbeiten. Was kam auf mich als Teamchef zu? Nun: unter Druck muss der Teamchef entscheidungsfähig bleiben. Ich musste dazu die Fähigkeiten des Einzelnen wirksam werden lassen und Unterschiede als Chance begreifen. Ich habe dabei erkannt, dass Einstimmigkeit nicht immer ein gutes Zeichen ist, dass sie zu hinterfragen ist. Ich kann an dieser Stelle versichern, dass es den einsamen Führer und Entscheider in dieser Lage nicht gab. Ich kann ebenso versichern, dass dies meiner Rolle als Führer keinen Abbruch getan hat – trotz der immerwährenden kritischen Betrachtung meines Führungsverhaltens und der internen kontroversen Auseinandersetzungen. Im gemeinsamen Abwägen der Möglichkeiten, bei den vielen kleinen Absprachen, die wir ständig getroffen haben, hatte jeder Beitrag sein Gewicht, jede Stimme wurde gehört. Danach habe ich Entschlüsse gefasst und gehandelt. Vertrauen herzustellen ist der Schlüssel für ein erfolgreiches Überstehen und Meistern einer solchen Extremsituation.

An dieser Stelle möchte ich eine für mich wesentliche Erfahrung teilen: der Erhalt der Entscheidungsfähigkeit hängt von der körperlichen Fitness ab! Die gute körperliche Verfassung und das eigene Bewusstsein darüber verliehen mir die Fähigkeit, Schlafentzug auszuhalten, Kälte und Hunger zu ertragen, eigene Gereiztheit zu unterdrücken, lange stehen zu bleiben und sich zu jedem Zeitpunkt aufrichten zu können. Die physische Fitness strahlt aus, auch dem Geiselnehmer gegenüber. Letztlich wusste ich, dass ich immer einen lebensrettenden Klimmzug, Sprung, Faustschlag oder Tritt hinkriege.

Ein erheblicher Vorteil war, dass alle Geiseln Soldaten waren. Der Kodex des soldatischen Handelns und des Grundverständnisses funktionierte bei den hier betroffenen Soldaten trotz der verschiedenen Herkunftsländer und den damit verbundenen Unterschieden sehr gut. Der Appell, zunächst Haltung zu wahren, zündete. Für die innere Ordnung der Gruppe war das von großer Bedeutung. Es erleichterte die Führung des Teams beträchtlich. Ich möchte hier auch herausstellen: jeder Angehörige der Gruppe war ein erstklassiger Vertreter seiner Streitkräfte.

Eine Extremsituation wie diese Geiselnahme enthüllt den wahren Charakter von sich selbst und den Individuen im Team. Ich bin für alle anderen ein offenes Buch und sie sind es für mich. Damit muss jeder umgehen, der Teamchef aber besonders. Die Facetten, die sichtbar werden, sind unzählbar und verknüpfen sich dynamisch zwischen Individuen, zum Teil in nicht vorhersehbarer Heftigkeit, oft mit dem Anspruch, höchste Priorität zu sein. Aus ihnen werden Prozesse. Und alles mit Berechtigung! Ein fehlender Händedruck, ein ignorierter Kommentar, ein von mir zu schnell weggewischter Einwand; das sind die Fehler, die geschehen und Gewicht bekommen. Die Steuerung dieser Prozesse und deren Korrektur nimmt enorm viel Zeit in Anspruch, hat zentrale Bedeutung. Das kann nur der Teamchef machen. Es liegt in seiner Verantwortung, und die ist unteilbar. Diese Aussage hat mich begleitet, seitdem ich in der Bundeswehr zum Führer und Vorgesetzten ausgebildet wurde. Damit geht einher, dass man Anführer sein will. Das spürt das Team und dann funktioniert es. Alles, was die Lage erleichtert, wird genutzt. Eine besondere Erkenntnis, die ich erwähnen will, ist, dass Glaube den psychischen Druck enorm lindern kann.

Fürsorge und Familie

Am 3. Mai 2014 wurden wir freigelassen. Ein Team aus Russland unter Führung von Wladimir Lukin erschien in unserem Gefängnis und teilte uns mit, dass unsere Freilassung bevorstünde. Unter Ausnutzung des Geländes führten uns die Russen durch die mittlerweile zur Kampfzone gewordene Region und übergaben uns unter medialer Begleitung im freien Gelände den Vertretern der betroffenen Nationen und der OSZE. Danach wurde für uns sichtbar, welch ein dichtes Netz gespannt worden war, um uns frei zu bekommen und nach Hause zu bringen. Das Ergebnis war eine perfekte Rückführung nach Deutschland. Ich kann aus meiner Sicht sagen, dass sich Angehörige der Bundeswehr auch in Extremsituationen auf ihr Land verlassen können.

Der Nachlauf war beträchtlich. Medizinische Erstversorgung, Abschirmung der Familien nach der Zusammenführung, Nachbereitungsseminare mit allen Teammitgliedern, Schadensregulierung und Seelsorge. Die Geiselnahme war eine enorme Belastung mit hohem Potenzial, zu einem Trauma zu werden und Belastungsstörungen zu erzeugen. Die Begleitung durch den psychologischen Dienst der Bundeswehr ist gegeben und steht allen Betroffenen – auch den Familienmitgliedern – zur Verfügung. Dies ist eine wertvolle Unterstützung, denn ein betroffener Soldat kann sich nicht selbst therapieren! Er ist auf professionelle Hilfe angewiesen.

Die Unterstützung durch Familienbetreuungszentren, Berater der Polizei, Seelsorger, Kommandeur und Ministerin waren stark; trotzdem trifft die Familien solch ein Ereignis mit voller Wucht. Die Familien haben keine Führerausbildung und haben niemals an einsatzvorbereitenden Ausbildungen teilgenommen. Sie sind nicht mit dem Konzept der Inneren Führung aufgewachsen und besitzen keinen Grundstock, der sie in einer solchen Krise robust macht. Besonders in dieser Lage und mit der Öffentlichkeit, die durch die erzwungene Pressekonferenz hergestellt wurde, gerieten unsere Familien in Deutschland unter Druck. Die Ukrainekrise bekommt mit einem Mal ein Gesicht, nämlich das des Mannes aus der Pressekonferenz; damit ist sie in der Nachbarschaft, im Dorf, in der Verwandtschaft, der Arbeitsstelle oder in der Schule. Die Ehefrauen stehen dann alleine da. Eine Erkenntnis, die im Nachhinein besonders schmerzt.

Schon während der Geiselhaft bestimmen die Gedanken an die Familie das Denken und Handeln jedes Einzelnen. Die Sorge um die Frau und die Kinder, der Gedanke, dass sie unter der Ungewissheit leiden, überstrahlt das eigene Schicksal oder die Angst, zu Schaden zu kommen. In Momenten höchster Not dachte ich zuerst an meine Kinder. Von dem Unterhändler wusste ich, dass unsere Familien von Anfang an betreut wurden. Es war allen Teammitgliedern am wichtigsten zu wissen, dass die Familien informiert werden und nicht allein gelassen wurden. Dieser Rückläufer hat alle in der Gruppe enorm beruhigt.

„Lessons Learned" – Extremsituation und Innere Führung

Im ZVBw wurden seit dem Ereignis erhebliche Anstrengungen unternommen, um unsere Inspektoren besser auf das Bestehen solcher Lagen vorzubereiten. Wir haben festgestellt, dass wir häufig Inspektoren in Länder entsenden, die Gefährdungspotenzial haben. Mittlerweile geht kein Inspektor mehr in eine vergleichbare Maßnahme ohne Vorausbildung. Die Ablaufpläne für Notfälle wurden überarbeitet, alle Zuständigkeiten mit den höheren Kommandobehörden und Ministerien überprüft. Die Auseinandersetzung mit dem Thema hat die Sinne aller Angehörigen geschärft. Kein Angehöriger verfährt mehr nach dem Motto: „Kann mir nicht passieren."

Für all diese geschilderten Erlebnisse und Erkenntnisse gab es keine Blaupause, die in einer wie auch immer gearteten Vorbereitung zum Tragen gekommen wäre. In der Rückschau entdecke ich sehr viele Aspekte der Inneren Führung als Orientierungspunkte, und darüber hinaus als eine Plattform, von der ich dann in der Extremsituation dem gesunden

Menschenverstand, der Intuition, dem Instinkt, dem Gefühl, dem Unterbewusstsein Raum lassen konnte, ohne die Richtung zu verlieren. Ich stelle heute fest, dass es gelungen ist, Menschen unterschiedlichster Herkunft, Prägung und Motivation in einer Extremsituation so zusammen zu schmieden, dass sie im Team handelten, dass sie ihre Persönlichkeit erhalten und als Einzelner ihre jeweilige Rolle einnehmen konnten.

Als Teamchef stand mein Handeln unter ständiger und kritischer Beobachtung. Die Erschütterungen der Gruppe wurden nicht nur durch die Geiselnehmer und die Feuergefechte ausgelöst. Auch interne Prozesse in der Gruppe hatten hohes Potenzial, Spannungen zu erzeugen, die im Team gelöst werden mussten. Mein Handeln auf der Grundlage der Inneren Führung als Führungskultur hat hier außerordentlich gut geholfen. Das, was ich bisher von meinen Vorbildern und von meinen eigenen Erlebnissen zu Innerer Führung abgeleitet habe, kam im Erleben und Bestehen einer Extremsituation als Teamchef wie auch als Einzelner als tragende Säule zur Wirkung. Ich konnte die Spannung zwischen meinem soldatischen Verständnis als militärischer Führer und meinem moralischen Kompass mildern.

Den Wert der Inneren Führung erkennt man wahrscheinlich nur durch das Erleben. Dann erschließt sich die Bedeutung der Worte und man spürt, um was es geht. Ich habe das schon während meiner ISAF-Einsätze wahrgenommen, und es bei dem im wahrsten Sinne des Wortes „Stresstest in der Ost-Ukraine" wahrhaftig erlebt. Innere Führung ist keine Geheimsprache; sie ist nicht nur für Eingeweihte. Durch das Erleben erkennt man, dass sie alles andere als ein Auslaufmodell ist.

United Nation Military Expert on Mission – Eine Herausforderung der besonderen Art

Karl Rüdiger Tillmann

Einführung

Dieser Beitrag soll vor allem meine Erfahrungen beleuchten, die ich seit 1993 im Kontext mit Einsätzen der Vereinten Nationen – auf verschiedenen Ebenen und aus unterschiedlichen (persönlichen) Blickwinkeln – gemacht habe. Neben der Teilnahme an internationalen Ausbildungen der Vereinten Nationen (VN), konnte ich in verschiedenen Funktionen in mehrmonatigen VN-Einsätzen meinen Beitrag leisten. National konnte ich meine Erfahrungen am VN-Ausbildungszentrum der Bundeswehr (VNAusbZBw) in Hammelburg als Hörsaalleiter und „Leiter der VN-Militärbeobachter Ausbildung" unmittelbar an zukünftige Soldatinnen und Soldaten weitergeben, die sich für einen VN-Einsatz vorbereiteten.

Sechs Jahre lang steuerte ich als verantwortlicher Dezernatsleiter Beobachtermissionen im Einsatzführungskommando der Bundeswehr (EinsFüKdoBw) die deutschen Beteiligungen in VN-Einsätzen und hatte die Chance, weltweit Dienst- und Evaluierungsreisen in die verschiedensten Einsatzgebiete der VN durchzuführen. Zudem hatte ich die einmalige Gelegenheit, nicht nur mit dem Hauptquartier der VN direkt zusammenarbeiten zu können, sondern auch einige Zeit in der Zentrale in New York/USA meinen Dienst zu versehen. So war ich im VN-Hauptquartier 2011/2012 als Referent verantwortlich für den Aufbau einer VN-Mission im Sudan und Südsudan.

Besonderheiten der VN-Einsätze

Im Gegensatz zu den nationalen Kontingenteinsätzen, in denen nationale hierarchische Organisationsstrukturen mit national bereitgestellten Fürsorge- und Betreuungseinrichtungen bestehen, bedeutet ein Einsatz unter Führung der VN für einen Soldaten, dass er sich nicht nur in ein multikulturelles Umfeld einfinden muss, sondern er oftmals der einzige Vertreter seines Landes in einer Mission ist. Dabei wird er den VN in allen operativen Belangen unterstellt, nur die truppendienstlichen Angelegenheiten, z. B. die Personalführung, bleiben in nationaler Verantwortung. Die Betreuung und Fürsorge, wie wir sie aus den nationalen Kontingenten kennen, wird durch die VN nicht sicherge-stellt. Darum muss sich mehr oder weniger jeder Einzelne und/oder die ab-stellende Nation selbst kümmern.

Die Einsatztruppe wird nach Vorgaben der VN immer nationenüber-greifend zusammengestellt. Im Klartext heißt dies, dass ein deutscher Soldat zum Beispiel unter dem Kommando eines nepalesischen, indischen oder ru-andischen Vorgesetzten arbeitet und möglicherweise der einzige Deutsche in der Truppe ist. Dies kann durch unterschiedliche Ausbildungen und Füh-rungsgrundsätze in Gefahrensituationen durchaus zu Komplikationen führen.

Seit 2010 nennt das Departement of Peacekeeping Operation (DPKO) der VN die bereitgestellten Soldaten „United Nation Military Expert on Mission" (UNMEM). Im Wesentlichen sind darunter Militärbeobachter (UN Military Observer), Militärberater (UN Military Advisor) und militärische Verbindungsoffiziere (UN Military Liaison Officer) zu verstehen. Dieses Per-sonal wird in nationaler Verantwortung, aber nach Vorgaben der VN ausge-bildet. Die Soldaten gehen in der Regel unbewaffnet und bis zu zwölf Monate in den Einsatz. Für Deutschland gilt – ebenso wie für Großbritannien und Frankreich u.a. – eine Ausnahmeregelung. Diese Länder können ihr Personal in begründeten Einzelfällen auch für nur sechs Monate entsenden. Aber ebenso kann eine solche Mission bis zu zwei Jahre dauern. Aufgrund der sich ändernden Bedrohungslagen und der zunehmenden Drohungen durch be-waffnete, illegal agierende Gruppierungen und/oder Terroristen und vor dem Hintergrund erfolgter Geiselnahmen wird seitens der VN derzeit erwogen, in Einzelfällen eine Bewaffnung der UNMEM entweder sofort vorzusehen oder gegebenenfalls nachträglich zu genehmigen.

Erster VN-Einsatz – unbewaffnet und in Geiselhaft

Fast zeitgleich mit der ersten deutschen Beteiligung an einer VN-Beobachter-mission in Georgien (UNOMIG – UN Observer Mission In Georgia) ab 1993 bereitete ich mich auf meinen ersten Einsatz als Militärbeobachter vor. 1994 war ich zehn Monate in Georgien, einem für mich prägenden Einsatz. Ich wurde sofort als Teamleiter einer kleinen selbstständigen VN-Schutzzone eingesetzt, um Menschen einer ethnischen Minderheit, die zwischen den ver-feindeten Georgiern und Abchasen standen, ein Mindestmaß an Sicherheit und Schutz durch die sichtbare Präsenz mit den UN Insignien zu geben. In dieser Region war ich über Wochen auf einem Außenposten in den Bergen des Kodori (Kaukasus) stationiert. Jede Woche kamen für ein bis drei Tage neue internationale Kameraden zur Unterstützung vorbei. Den Rest der Woche lebte ich mit einem Sprachmittler allein unter der einheimischen Bevölkerung. Meine rein internationalen Vorgesetzten waren mehrere Autostunden entfernt im Hauptquartier der VN-Mission untergebracht. Verbindung zur Heimat und zum Zentrum für Verifikationsaufgaben der Bundeswehr, welches damals diesen Einsatz national steuerte, gab es für mich nur einmal pro Monat, wenn ich selbst ins Hauptquartier kam, um Bericht zu erstatten und neue Vorräte einzukaufen.

Auf einer Patrouille stoppte mich eine bewaffnete Gruppe und nahm mich als Geisel. Sie hielten mich über mehrere Tage gefangen. Durch Vermittlung der VN kam ich frei. Die Geiselnehmer wollten Forderungen durchsetzen und Garantien der VN-Mission erhalten, wie das Aufrechterhalten der von mir bereits angesprochenen Schutzzone im oberen Kodori Tal. Persönliches Fazit nach diesem Einsatz war u.a., dass die Tatsache der „fehlenden Waffe" mir damals vermutlich das Leben gerettet haben könnte.

Dieser Einsatz war ein klassischer Einsatz nach Artikel 6 der VN-Charta. Neben Militärbeobachtern und zivilen Komponenten war zum Schutz von VN-Personal und VN-Einrichtungen eine bewaffnete Friedenstruppe im Land eingesetzt. Beide Teile operierten jedoch unabhängig voneinander, aber im Einsatzgebiet soweit wie möglich abgestimmt. Die Waffen durften nur zum Selbstschutz und/oder im Fall von möglichen Menschenrechtsverletzungen zum Schutz Unbeteiligter eingesetzt werden. Die bewaffnete Schutztruppe war aber von ihrer Zahl her nie in der Lage, an allen Orten gleichzeitig zu sein. Dieses Manko zeigte deutlich die Schwäche vieler VN Missionen, da sie in ihrer Stärke, Durchhaltefähigkeit und Schlagkraft vom Engagement der einzelnen Mitgliedstaaten abhängig sind. Viele Staaten, so auch Deutschland, legten damals wie heute keinen Schwerpunkt auf diese VN-Missionen.

Deutschland stellte damals das stärkste Kontingent, neben drei Militärbeobachtern (Hauptmann bis Major) eine Sanitätskomponente mit drei Bundeswehrärzten und sechs Sanitätsfeldwebeln, die ausgebildete Rettungsassistenten waren. Am 15. Juni 2009 beendeten die VN, und damit auch Deutschland, diese Mission. Insgesamt waren 10 Gefallene und sechs Verwundete zu beklagen – darunter ein deutscher Oberstabsarzt, der am 8. Oktober 2001 bei einem, bis heute ungeklärten Hubschrauberabsturz gefallen ist.

Besondere Herausforderungen an einen UNMEM

Ein zukünftiger UNMEM muss sich im Klaren sein, dass er mindesten sechs bis zwölf Monate von zu Hause und seiner Familie getrennt ist und er erhebliche Einschränkungen in der Kommunikation – Telefon und Internet – in Kauf nehmen muss. Auch die Feldpostversorgung konnte in einigen Einsatzgebieten erst nach und nach installiert werden, sie läuft zum Teil über die Umschlagpunkte anderer größerer deutscher Kontingenteinsätze, was die Laufzeiten zwangsläufig erhöht. Also hilft man sich selbst, wo es geht. So nimmt jeder deutsche Missionsteilnehmer, der in die Heimat fliegt, in der Regel Post mit, bringt ggf. neue mit und versucht, individuellen Wünschen seiner Kameraden nachzukommen.

Damals wie heute muss ein Militärbeobachter in der Lage sein, allein auf sich gestellt zu agieren, sein tägliches Leben selbst zu organisieren – also Essen einzukaufen und Mahlzeiten zuzubereiten – und sich darauf einzustellen, fernab jeglicher Zivilisation längere Zeit unter einfachsten Bedingungen zu leben und zu arbeiten. Das gilt für die hygienischen Bedingungen ebenso wie für jegliche Infrastruktur und die sanitätsdienstliche Versorgung. Neben den täglichen dienstlichen Aufgaben für die VN gehören Saubermachen, Wäschewaschen und Einkaufen auf Basaren (mit oft nur spärlichem Angebot) zum selbstverständlichen Tagesablauf eines UNMEM. In der Regel lebt ein UNMEM mit und unter der einheimischen Bevölkerung des Einsatzgebietes.

Als UNMEM kann ich in den meisten Fällen nicht auf eine gut funktionierende deutsche Sanitätskomponente oder vergleichbares zurückgreifen. Ich muss also selbst die erforderlichen Kenntnisse der Ersten Hilfe und Selbsthilfe beherrschen. Im Notfall kann es auch passieren, dass ich als Assistent bei operativen Eingriffen hinzugezogen werde. Dies ist einigen ehemaligen Militärbeobachtern und auch mir selbst passiert – z. B. als Geburtenhelfer oder „Operationsassistent" bei schweren Verletzungen/Verwundungen Dritter. Hier ist die nationale sanitätsdienstliche Ausbildung inzwischen deutlich, auch aufgrund der Erfahrungen in den Jahren der Deutschen Beteiligung in Afghanistan, an die Anforderungen im Rahmen der VN Einsätze angepasst worden.

Bei der Vorbereitung eines Einsatzes habe ich als UNMEM wegen der Einsatzbesonderheiten auch bei der Wahl der Ausrüstung eine Menge zu beachten. Ich muss über einen langen Zeitraum autark leben können. Dafür brauche ich eine „Handwerkergrundausstattung", um z. B. eine Unterkunft bewohnbar zu machen oder das Fahrzeug auf Patrouillenfahrten eigenständig reparieren zu können. Aber auch das eigene Wohlergehen sollte nicht vernachlässigt werden, denn sechs, zwölf oder sechszehn Monate können sehr lang werden. Eine Truppenküche, Oase (Restaurantangebot der katholischen/evangelischen Militärseelsorge in Einsatzkontingenten) oder gar Bibliotheken mit Filmen oder Büchern, wie sie oft in nationalen Kontingenteinsätzen vorhanden sind, existieren nicht. Deutschland stellt jedem UNMEM fünf Kisten für den Einsatz zur Verfügung. In die Kisten passen rund 128 Kilogramm Gepäck. Es ist durchaus eine Herausforderung, die so zu packen, dass der Inhalt den VN-spezifischen Anforderungen im Einsatzgebiet, aber auch den persönlichen Bedürfnissen gerecht wird. Vergessene Kleinigkeiten können zu erheblichen persönlichen Einschränkungen führen, die nicht so schnell aufgefangen werden können, da es im VN Einsatz in der Regel keine nationale logistische Basis gibt.

Die größte Herausforderung aber ist, sich auf wechselnde Lagen mit multinationalen Kameraden einzustellen und darauf umgehend zu reagieren. So habe ich beispielsweise im Südsudan im Dezember 2013 erlebt, wie dort innerhalb weniger Tage ein Bürgerkrieg um die Präsidentschaft zwischen dem Staatspräsidenten und seinem Stellvertreter ausbrach, der Tausende Tote und Binnenvertriebene zur Folge hatte. Die VN in New York entwickelten daraufhin innerhalb weniger Wochen das Mandat von einem Einsatz mit militärischen VN-Verbindungsoffizieren zu den Südsudanesischen Streitkräften zu einem Mandat mit Militärbeobachtern. Ich musste – wie jeder im Südsudan eingesetzte UNMEN – in eigener Verantwortung umgehend einen neuen Auftrag umsetzen und erfüllen. Diese Flexibilität, sich neuen, auch unerwarteten Anforderungen direkt zu stellen, gehört zu den wichtigen Fähigkeiten eines gut qualifizierten und bestens ausgebildeten UNMEM.

Manchmal kommen auch Herausforderungen auf einen zu, die nicht in der Stellenbeschreibung stehen. In meinem jüngsten Einsatz als militärischer Berater für den Leiter der militärischen Abteilung der VN in der politischen Mission in Afghanistan (UNAMA), von Juli 2014 bis Oktober 2015, sollte jede Abteilung den Kontakt zur Zivilgesellschaft herstellen. Was sollte das sein? Ich beschloss, mich an einem Waisenhausprojekt in Kabul zu beteiligen und Sachspenden zu organisieren.

Bei diesem Einsatz wurden der erste deutsche Kommandeur einer VN Feldmission und ich ohne lange Vorwarnzeit als VN-Supervisor für die Neuauszählung der Stimmen nach der Präsidentschaftswahl 2014 eingesetzt, da sich die beiden Kandidaten über die Stimmauszählung im Clinch lagen. Uns blieben nicht mehr als 48 Stunden Vorbereitungszeit. Dies war eine der größten Herausforderungen, die zumindest ich im Afghanistan-Einsatz der VN erlebt habe. Denn die Vertreter der beiden Kandidaten versuchten ständig, Einfluss auf die Auszählung und unsere Empfehlungen zu nehmen.

Lange Stehzeiten im Einsatz, oftmals auf sich allein gestellt, hohe gesundheitliche Beanspruchung und die Tatsache, dass in der Regel keine Waffen mitgeführt werden, bedeuten für jeden Missionsteilnehmer eine hohe Herausforderung. Wer als UNMEM arbeiten will, braucht daher ein gesundes Selbstbewusstsein (nicht zu verwechseln mit Arroganz), denn in solchen Einsätzen muss er oftmals zwischen Konfliktparteien moderieren oder vermitteln. Insbesondere Militärbeobachter brauchen eine gehörige Portion diplomatisches Geschick.

Auswahl, Familienbetreuung, Ausbildung und Einsatzvorbereitung

Ganz wesentlich für den Einsatz als UNMEM ist die Eignungsfeststellung durch den zuständigen Disziplinarvorgesetzten. Dabei sollte der jeweilige Disziplinarvorgesetzte mit dem zukünftigen Bewerber und/oder der vorgeschlagenen Kandidatin die Einsatzoptionen, Rahmenbedingungen und die möglichen Herausforderungen besprechen. Der Disziplinarvorgesetzte überprüft die Kandidaten nach den folgenden Kriterien. Neben überdurchschnittlichen geistigen Fähigkeiten und praktisch-technischer Begabung, sollen sie ein hohes Maß an persönlicher Integrität, Selbstdisziplin und materieller Genügsamkeit mitbringen. Sie müssen physisch und psychisch überdurchschnittlich belastbar sein, sich umsichtig und verantwortungsbewusst verhalten, flexibel sein und improvisieren können. Außerdem wird von einem Bewerber ein sicheres und höfliches Auftreten, Überzeugungskraft und Durchsetzungsvermögen bei der Aufgabenerfüllung erwartet.

Eine nicht zu unterschätzende Fähigkeit eines UNMEM, welche aber nie niedergeschrieben wurde, ist ein hohes Maß an persönlicher Frustrationstoleranz und Geduld. In einem VN Einsatz mit bis zu 100 verschiedenen Nationen und Individualisten sowie einer engen Verzahnung mit der VN Bürokratie verlaufen Prozesse anders und langsamer als in Deutschland gewohnt. Dies kann die individuelle Geduld schon arg strapazieren.

Zudem sollte ein zukünftiger UNMEM die Fahrerlaubnis ‚B' und mindestens ein geeignetes Sprachleistungsprofil in Englisch besitzen (Lagevorträge und Verfassen von Reports in Englisch) sowie über umfangreiche Kenntnisse im Umgang mit einem PC verfügen. Wichtig für alle Bewerber ist die gesundheitliche Eignung. Insbesondere wegen der vielen Einsätze in Afrika müssen alle UNMEM tropendiensttauglich sein. Eine truppenpsychologische Betreuung gibt es für einen deutschen UNMEM nur durch das Dezernat Beobachtermissionen im Einsatzführungskommando der Bundeswehr in Deutschland. Die Hauptansprechstellen der Familienbetreuung sind in Deutschland. Falls jemand ein persönliches Gespräch benötigt, ist ein nationaler Gesprächspartner im Einsatzland oft hunderte Kilometer entfernt, die Kommunikation via Telefon und Internet ist, wie bereits erwähnt, häufig nur eingeschränkt vorhanden. Diese Faktoren machen es erforderlich, einen besonderen Typus Soldatin und Soldat für diese Einsätze zu gewinnen.

Einmalig ist, dass von Beginn der Ausbildung an bis zur Entsendung und darüber hinaus die Familienangehörigen eng im Auswahl- und Ausbildungsprozess beteiligt sind. Heute wird dies in allen Kontingenteinsätzen als modern und neu empfunden. Das Zentrum für Verifikationsaufgaben der Bundeswehr (ZVBw) in Geilenkirchen arbeitete so schon 1993. Nach meiner Kenntnis und eigenem Erleben war es mit dem damals vor Ort etablierten Dezernat Beobachtermissionen die erste Institution, die bereits in der Einsatzvorbereitung die Familien einbezog und mit ihrem Dezernatspersonal die ständige Verbindung in den Einsatz sowie zu den Familien hielt. Auch der Truppenpsychologe des Dezernats war schon damals bei der Auswahl und Vorbereitung, der Begleitung im Einsatz wie auch der Einsatznachbereitung bei den Soldaten und ihren Familien eng dabei. Der ständige Kontakt diente dazu, um eventuelle Krisen frühzeitig zu erkennen und möglichst zu vermeiden.

Der Ausbildungsverbund in Deutschland zur Ausbildung eines UNMEM oder eines Offiziers/Unteroffiziers in einem VN-Stab – mit dem EinsFüKdoBw in Potsdam, dem VNAusbZBw in Hammelburg und der Führungsakademie der Bw in Hamburg – gehört mittlerweile zu den besten Ausbildungen weltweit. Die etwa neun-wöchige Ausbildung in Theorie und Praxis in Hammelburg mit nationalen/internationalen Ausbildern und Lehrgangsteilnehmern mit einer abschließenden frei laufenden Übung – unter Einbeziehung der lokalen Bevölkerung – ist derzeit einmalig in der gesamten VN-Ausbildungswelt. Dort werden die Herausforderungen und Unterschiede in den verschiedenen Einsätzen durch erfahrene UNMEM aufgezeigt. Eine Sanitätsausbildung sowie sprachliche Übungen gehören ebenso dazu wie realistische Übungsszenarien möglicher Einsatzgebiete. Darauf können wir als Bundeswehr zu Recht stolz sein.

Die UNMEM treten als „Diplomaten in Uniform" in Erscheinung. Sie müssen alles detailgetreu protokollieren und in einem Report zusammenfassen können. Deshalb gilt es für den UNMEM akribisch, wahrheitsgetreu, neutral und objektiv zu agieren, um eventuelle diplomatische Irritationen zwischen betroffenen Ländern zu vermeiden.

Die enge Verzahnung und der ständige Austausch mit den Führungs- und Organisationsbereichen der Bundeswehr und den verantwortlichen Schnittstellen in der Ausbildung garantieren eine hervorragende Personalauswahl in allen geforderten Bereichen, welche durch eine stete truppenpsychologische Begleitung und Expertise zusätzlich abgesichert ist. Der ausgezeichnete Ruf fast aller bisherigen deutschen UNMEM und des Stabspersonals in den VN-geführten Stäben belegt den eingeschlagenen Weg nachdrücklich. Auch wenn kein Schwerpunkt seitens Deutschlands auf VN Einsätzen liegt, basiert dieser Erfolg vor allem auf dem persönlichen Miteinander aller Beteiligten, um auftragsgemäß die Zielsetzungen der Einsatzmandate zu erreichen.

Fazit und Ausblick

Leider gibt es, wo Licht ist, stets auch den berühmten Schatten. So gibt es meiner Erfahrung nach in der Bundeswehr trotz mehr als 20 Jahren deutscher Beteiligung an VN-Einätzen noch in einigen Dienststellen und bei manchen Vorgesetzten Wissenslücken, was die Anforderungen an einen UNMEM angeht. Dies führt dazu, dass noch Soldatinnen und Soldaten in die Ausbildung geschickt werden und überrascht sind, dass diese Einsätze weit von nationalen Standards abweichen, wenn es um Kommunikation, Betreuung, sanitätsdienstliche Versorgung, Truppenverpflegung, Unterkunft etc. geht.

Wir müssen die besonderen Herausforderungen und Tätigkeiten der UNMEM bewusst in den Fokus nehmen, denn sie unterscheiden sich elementar von denen für Kontingenteinsätze. Leider musste ich die Erfahrung machen, dass Leistung und Engagement dieser oft auf sich gestellten Soldatinnen und Soldaten nur eingeschränkt gewürdigt und öffentlich bekannt gemacht werden. Aus vielen Gesprächen mit unseren UNMEM wird deutlich, dass in ihren Verbänden die Wertschätzung für ihre Einsätze sehr gering ist. Da es Urlaub während der langen Einsatzzeit gibt, wurde und wird zum Teil noch heute die VN Verwendung in einigen Einsatzgebieten von Kameraden wie auch teils von Vorgesetzten als „Holiday Mission" abgetan. Mir wurde wiederholt – auch von Disziplinarvorgesetzten – geschildert, dass bei der Besetzung ein Kontingenteinsatz immer Vorrang habe. Für sie habe der VN Einsatz nicht die gleiche Bedeutung und sei auch nicht als Einsatz zu verstehen.

Ich selbst habe diese Erfahrung mehrfach gemacht, letztmalig als ich 16 Monate unbewaffnet als Military Advisor bei den VN in Afghanistan tätig war. Selbst bei den deutschen Kameraden, die erst unter ISAF, dann in der Folgemission Resolute Support gedient haben, war die Skepsis gegenüber meiner Tätigkeit trotz enger Zusammenarbeit groß. Im Rahmen von hochrangigen Besuchen wurden die deutschen militärischen Vertreter in den VN-geführten Missionen in Afghanistan nur selten berücksichtigt. Die Frage nach dem „Warum" kann ich bis heute nicht beantworten.

Mir schilderten ehemalige UNMEM, dass sie das Gefühl hätten, dass ihnen nach den VN-Einsätzen im Gegensatz zu Kameraden, die einen nationalen Einsatz z.B. in Afghanistan geleistet haben, nicht die gleichen Chancen eingeräumt worden seien, wenn es danach um interessante und/oder förderliche Verwendungen ging. Auch wenn ich mir das nicht vorstellen kann, erscheint es mir als sehr wichtig, dass diesem Dienst künftig die gleiche Aufmerksamkeit und Wertschätzung gewidmet wird, wie es für die anderen Einsätze schon heute die Regel ist. Vor allem sollte die Qualifizierung für VN-Einsätze künftig im Rahmen einer eigenen neuen Laufbahn erfolgen, um zum einen bereits ausgebildetes und einsatzerfahrenes Personal zu fördern und zum anderen mit ihrer Expertise in diesem Bereich zu halten. Einsatzerfahrenes Personal sollte beispielsweise eine dreijährige Verwendung am VN-Ausbildungszentrum erhalten. In diesen drei Jahren sollte dieses Personal für einen Einsatz zur Verfügung stehen und die VN Ausbildung im In-und Ausland sicherstellen.

Vor dem Hintergrund der weltweit zunehmenden Krisen und der Notwendigkeit, sich als Führungsnation mehr als bisher an VN Einsätzen zu beteiligen, sollte darüber nachgedacht werden, ein Organisationselement in Form eines schnell verfügbaren Kräftedispositivs von ausgebildeten UN-MEM und Stabspersonal zu schaffen. Ziel sollte es sein, beim Neuaufbau einer VN-geführten Mission diese, wenn möglich nach politischer Willensbildung, umgehend mit ausgebildetem und verfügbarem deutschen Personal – auf Anforderung oder aufgrund eigener Interessen – zu besetzen. Dadurch könnten möglicherweise ausgewählte und höherwertige Positionen bei Bedarf schneller besetzt werden, um Einfluss in der jeweiligen Mission oder bei den VN in der Gesamtheit zu erhalten. In diesem Kontext sollte ressortübergreifend überprüft werden, ob nicht eine weitere, tiefergehende Vernetzung zwischen dem Auswärtigen Amt, dem Innenministerium (mit Schwerpunkt im Bereich der Polizei), Regierungsorganisationen, interessierten Nicht-Regierungsorganisationen und mit der Bundeswehr anzustreben ist, um sich bei Bedarf und anlassbezogen gemeinsam auf eine VN-geführte Mission vorzubereiten. Mehr Austausch könnte Redundanzen vermeiden. Frühzeitige Vertrauensbildung und abgestimmtes Vorgehen sind hier von erheblicher Bedeutung.

Letztendlich wünsche ich mir persönlich, dass wir eine Interessenvertretung mit interessierten aktiven und ehemaligen Soldatinnen und Soldaten gründen, die in einem VN-geführten Einsatz ihren Dienst als UNMEM geleistet haben oder leisten. Eines der Ziele könnte sein, aktiv die Arbeit und die herausragenden Leistungen der deutschen UNMEM besser als bisher öffentlich zu machen, um so Verständnis und Rückhalt für das in der Ferne eingesetzte Personal in unserer Bevölkerung zu gewinnen. Damit wäre es auch möglich, erfahrenes Personal weiterhin für diese Form der Einsätze zu binden und zu motivieren, was letztlich im Hinblick auf die weltweiten Krisenherde mir unverändert als dringlich erscheint.

Innere Führung – Ein akzeptables Konzept für unsere Verbündeten und Partner?

Dirk Peddinghaus und Martin Gerster

Die Innere Führung als Exportschlager?

Die Frage nach der Akzeptanz der Inneren Führung bei unseren Verbündeten und Partnern wird immer wieder auch mit der Frage nach dem „Exportschlager" verbunden. Auch von einigen Mitstreitern in Uniform oder in der Politik wird diese Frage oftmals mit „ja" beantwortet. Doch verkennt diese verkürzte Sichtweise nicht die Realitäten in der Welt? Ist die Innere Führung ein Muster für andere Armeen? Wird der deutsche Weg der Unternehmenskultur positiv gesehen oder im Hintergrund vielleicht sogar belächelt? Diese Frage und damit auch die Frage nach dem Stellenwert der Inneren Führung in anderen Ländern, versucht dieser kurze Beitrag zu beantworten. Der internationale Austausch im Bereich der Führungskultur ist ein kleiner Baustein in den bilateralen Beziehungen. Nicht mehr, aber eben auch nicht weniger.

Der Auftrag zur internationalen Kooperation

Das Zentrum Innere Führung in Koblenz hat seit 1994 eine Außenstelle im berlinnahen Strausberg. Neben der Aufgabe der hauptstadtgebundenen politischen Bildung beim Seminar „Lernort Berlin", führt die neun Mann und Frau starke Truppe auch jährlich ca. 27 Seminare der Internationalen Kooperation (mit Nicht-NATO-Ländern) und ca. 19 NATO-Partnerschaftsseminare durch.

Eine Besonderheit stellt dabei die Zusammenarbeit mit Israel dar. Das zweiwöchige Seminar für Multiplikatoren aus der ganzen Bundeswehr findet in Kooperation mit dem American Jewish Committee aus Berlin statt. In der ersten Woche beschäftigen sich die Teilnehmer mit dem jüdischen Leben in Deutschland und in der zweiten Woche mit der sicherheitspolitischen Situation im Nahen und Mittleren Osten vor Ort in Israel.

Der Auftrag zur Durchführung der Seminare ist eine direkte Ableitung aus dem Weißbuch 2006 der Bundesregierung. Dort heißt es: „Die Konzeption der Inneren Führung ist Ausgangspunkt eines Dialogs mit unseren Partnern über Führungsprinzipien in den jeweiligen Streitkräften ..." und weiter: „... gemeinsame Vorstellung von Führung und soldatischem Selbstverständnis ist eine Voraussetzung für eine Intensivierung der Zusammenarbeit in der Verteidigungspolitik". Somit entspricht es dem politischen Willen, durch einen verstärkten Austausch von Meinungen, ein Klima für weitere Kooperationen – auch im militärischen Bereich – zu schaffen.

NATO	Süd-amerika	Afrika	Naher / Mittlerer Osten	Asien	Ost-Europa
USA	Argentinien	Mali	Israel	Indonesien	Mazedonien
Frankreich	Brasilien	Tunesien	Ägypten	Thailand	Kosovo
Großbritannien	Chile	Senegal	Jordanien	Vietnam	Montenegro
Niederlande	Kolumbien	Algerien	Vereinigte Arabische Emirate	Japan	Armenien
Belgien		Südafrika		Korea	Georgien
Polen				Mongolei	Serbien
Litauen				Indien	Usbekistan
Lettland				China	Azerbaijan
Estland					Russland
Kanada					Bosnien Herzegowina
Spanien					Belarus
Italien					Moldawien
Albanien					
Tschechien					
Kroatien					
Ungarn					

Abbildung: Partner im internationalen Dialog bis heute

Ist es bei der Internationalen Kooperation eher ein Austausch in Form von Expertengesprächen, die im jährlichen Wechsel in Strausberg und im Gastland stattfinden, so bringen die NATO-Partnerschaftsseminare jeweils 10 Offiziere oder Unteroffiziere der Bundeswehr mit ihren Kameraden aus dem jeweiligen Partnerland zu einer gemeinsamen Diskussion über Führungsprinzipien und demokratische Legitimation von Streitkräften ausschließlich am Standort Strausberg zusammen.

So unterschiedlich die beiden internationalen Seminare auch sein mögen, so geht es doch in beiden Fällen um das Führungsprinzip der Bundeswehr und die Diskussion mit unseren Freunden und Partnern. Im Mittelpunkt unseres Erkenntnisgewinns stehen damit auch die Fragen, wie wird der deutsche Weg gesehen, wie stehen unsere Partner zu unseren Gedanken der demokratischen Einbindung unserer Parlamentsarmee, wie beurteilen sie unser Prinzip der Menschenführung?

Zu beiden, jeweils eine Woche dauernden Seminaren gehören Diskussionen über die zehn Gestaltungsfelder der Inneren Führung[1], angereichert u.a. mit Besuchen des Deutschen Bundestages, des Verteidigungsausschusses, des Bundesrates, des Wehrbeauftragten des Deutschen Bundestages, des Verteidigungsministeriums und des Einsatzführungskommandos. Der Standort Berlin bietet somit die Möglichkeit, die Theorie schnell und sichtbar mit der Praxis und Gesprächen mit politischen Akteuren und der militärischen Führung zu verbinden. Auch die deutsche Geschichte wird wohl an keinem Ort so deutlich und anschaubar wie in der Bundeshauptstadt.

Grundlage der Diskussionen

Das Grundprinzip der Inneren Führung kann man nicht losgelöst von der Deutschen Geschichte sehen. Und aus diesem Grund beginnt jedes Seminar über das eigene Führungsprinzip mit einem kurzen Ausflug in die eigene deutsche Geschichte.

Was haben sich die Väter der Himmeroder Denkschrift vom Oktober 1950[2] bei ihren Überlegungen gedacht, welchen geschichtlichen Rahmenbedingungen – vielleicht sogar, welchen geschichtlichen Zwängen unterlagen sie? Kurzum: der Weg der Bunderepublik Deutschland nach dem zweiten Weltkrieg und die Vorbehalte, auch der drei Westmächte, machten einen neuen Weg für deutsche Streitkräfte erforderlich, deren Kern die parlamentarische Einbindung und Kontrolle sowie die Besinnung auf den Artikel 1 des Grundgesetzes „Die Würde des Menschen ist unantastbar …" auch für den Soldaten ausmachen. Die sich aus diesem Leitartikel unserer Verfassung ableitende Form des „Staatsbürgers in Uniform" ist es, die den Unterschied zwischen den einzelnen Nationen ausmacht und auch Grundlage für die Diskussionen und Gespräche bietet.

Gleich zu Beginn der Seminare wird daher schnell deutlich, dass auf Grund der geschichtlichen Herleitung eine Blaupause der Inneren Führung nicht für andere Länder passt, seien die Sympathien auch noch so groß. Jedes Land hat seine eigene Geschichte, hat seine eigene Kultur, seine eigenen Wurzeln. Wer dies verkennt, besitzt wohl weniger interkulturelle Kompetenz, als er in eigenen Vorträgen versucht zu verdeutlichen. Vielmehr kommt es, gerade bei Ländern, die unserem Kulturkreis nicht entstammen, darauf an, die Gemeinsamkeiten zu entdecken und die „Lust" auf eine Führungskultur zu wecken, die eine neue Denkweise erfordert. Gerade in der internationalen Kooperation ist es daher erforderlich, nicht als deutscher Lehrmeister aufzutreten, der die einzige Wahrheit zu verkünden hat, sondern in entsprechenden Gesprächen und Diskussionen einen Weg zu finden, in dem die relevanten Bauteile der Inneren Führung auf die jeweilige geschichtliche und kulturelle Situation des entsprechenden Landes anwendbar werden.

Es kommt also zunächst darauf an, einen gemeinsamen „Zeichenvorrat" zu erarbeiten. „Die Würde des Menschen ist unantastbar...", dieser Leitsatz unserer Verfassung bietet hier einen guten Ausgangspunkt für ein gemeinsames Verständnis der Werte und Normen, auf dem das Prinzip der Inneren Führung basiert. Dabei wird aber auch schnell deutlich, dass dieser in vielen Ländern als universal angesehene Satz, in der Praxis des Kulturkreises teilweise andere Interpretationen erfährt, sei es hinsichtlich der sozialen Stellung der Soldaten oder auch der Stellung der Frau in der Gesellschaft. Auch gesellschaftliche Strömungen und Veränderungen werden in den einzelnen Ländern unterschiedlich wahrgenommen. Lebhaft ist uns die Diskussion über die Frage der „gleichgeschlechtlichen Lebensbeziehungen" in einigen „männerdominierten Ländern" vor Augen oder die Frage der Tattoos bei deutschen Soldaten. In Indonesien zum Beispiel hielt uns die Frage der Tattoos einen ganzen Tag in Atem, bis klar wurde, dass in der indonesischen Kultur das „Tragen von Tattoos" nur im Bereich der Kriminellen geschieht. Erst nach der Klärung der Unterschiede in den beiden Kulturen war es möglich, dieses Thema inhaltlich als ein Bespiel des gesellschaftlichen Wandels, dem sich auch Streitkräfte stellen müssen, zu diskutieren.

Schafft man es also zu Beginn des Seminars nicht, diesen gemeinsamen „Zeichenvorrat" zu schaffen, spricht man aneinander vorbei, ohne dass die Inhalte transportiert werden. Dies bedeutet nun nicht, dass es zu einer Angleichung der Positionen kommen muss, sondern es schlicht um die Frage des gegenseitigen Verständnisses geht und damit der Einordnung des Gesagten.

Aus diesem Grund ist auch die Bezeichnung „Seminar" im Bereich der Internationalen Kooperation eher durch den Begriff „Expertengespräch" zu ersetzen. Dies wird durch die deutsche Delegation auch immer wieder betont. Expertengespräche bieten nämlich die Möglichkeit, auf Augenhöhe und damit frei jeglichen „Belehrungscharakters" unsere Ideen in fremden Ländern zu diskutieren. Uns ist in diesem Zusammenhang noch deutlich die Frage eines jungen ukrainischen Offiziersanwärters vor Augen, der gleich zu Beginn des Seminar deutlich seine Skepsis mit der Frage: „Wollen Sie uns im deutschen Sinne erziehen", offenbarte. Dieser Vorbehalt, den dieser junge Mann unvoreingenommen äußerte, schwingt wohl – bei älteren und erfahrenen Stabsoffizieren diplomatischer verpackt – zu Beginn jeder Auftaktveranstaltung mit.

Nach zahlreichen Seminaren/ Expertengesprächen „Streitkräfte in der Demokratie", die wir weltweit mittlerweile mit 35 Ländern durchgeführt haben, hat sich der Weg des gegenseitigen Dialogs auf Augenhöhe als besonders gewinnbringend erwiesen. Jedes Land hat seinen Stolz und dies sollten wir als Deutsche besonders beachten. Dies gilt gleichermaßen, wenn wir uns mit unseren Bündnispartnern in der NATO an einen Tisch setzen.

Aus diesem Grund ist es kaum möglich, die Seminare/ Expertengespräche mit einer – für viele Lehrgänge in der Bundeswehr pastoral eingeforderten – Evaluation zu belegen. Wie will man den Erkenntnisgewinn eines Partners messen, der sich mit den Prinzipien eines für ihn entweder völlig oder wenigstens teilweise neuen Führungsprinzips auseinandersetzt. Es ist halt nicht möglich, mit dem Besucher aus fremden Ländern eine Erfolgskontrolle durchzuführen oder vor dem nächsten Besuch zu schauen, was er denn für Ideen umgesetzt hat, die er beim letzten Mal gehört hatte. Denn es ist ja gerade dieser emphatische Ansatz, der es ermöglicht, die Idee der Inneren Führung als Grundlage von gewinnbringenden Diskussionen zu machen. Aber ein „Lehrmeister Deutschland", der wie ein Missionar in die Länder kommt und ihnen vom richtigen Weg erzählen will, ist nicht die Hilfestellung, die diese Länder brauchen.

Vielmehr wollen wir mit dem Konzept der Inneren Führung einen Anreiz geben, sich mit der eigenen Situation auseinanderzusetzen und die einzelnen Bauteile an der eigenen Lage zu reflektieren. Viele Länder, die wir in den letzten Jahren besucht haben, nehmen dieses Angebot für eine solche

Diskussion gerne an, greifen Themen der Inneren Führung auf, spiegeln diese an ihrer eigenen Wirklichkeit – und wenn es passt, dann finden sich Elemente in den jeweiligen Strukturen und Konzepten wieder. In der NATO sind es gerade die Länder des ehemaligen Ostblocks, die begierig ihre Situation zum Besseren wenden wollen und dies auch mit neuen Ideen für ihre Streitkräfte und gerade für ihre Führungsidee verbinden.

Eine wichtige Frage ist auch, ob sich unsere in Zeiten des Kalten Krieges entwickelte Führungskultur im Einsatz bewährt hat. Der Glaube, es gäbe in Deutschland zwei Führungsprinzipien – eines für den Dienst zu Hause und eines für die Einsätze – führt zu spannenden Diskussionen. Dass der gewissensgeleitete Gehorsam, das Führen mit Auftrag oder auch die Beteiligungsrechte der Soldaten nicht im Widerspruch zu einer effektiven Auftragserfüllung stehen, beeindruckt viele Partnernationen – insbesondere da hier oftmals der „Glaube an Befehl und Gehorsam" deutlich anders interpretiert wird, als wir es von unseren Soldaten verlangen. Die Leistungen der deutschen Soldaten in den vielen Einsätzen sind aber ein Beleg für das Funktionieren unserer Führungsphilosophie und haben schon so manchen Gesprächspartner zur Reflektion der eigenen, bislang konträren Denkweise veranlasst.

Erkenntnisse aus den Diskussionen

Bei den Diskussionen ist der Begriff des „Führen mit Auftrag" ein besonderer „Exportschlager", um diesen Begriff nun doch einmal zu verwenden. Viele Länder erkennen, dass dieses Führungsprinzip für effektive und effiziente Streitkräfte einen wichtigen Baustein bildet. Auch in Ländern, die bislang – wir sagen es mal vorsichtig – nicht so ein „entspanntes Verhältnis zwischen Vorgesetzen und Untergebenen haben", macht sich, manchmal hinter vorgehaltener Hand, beim nachmittäglichen oder abendlichen Tee – fernab der „wachsamen Augen eines Vorgesetzten" – diese Erkenntnis breit.

Moderne Gesellschaften – und dies erkennen besonders die jüngeren Stabsoffiziere in den entsprechenden Ländern – sind halt nicht mehr mit der „Knute" zu führen, will man schlagkräftige Streitkräfte auf Dauer erhalten. Diese Erkenntnis und das dann einsetzende Umdenken werden in diesen Ländern aus unserer Sicht mehr verändern als nur die Weitergabe und Umsetzung von Befehlen. Denn wer einen mitdenkenden Soldaten haben will, der für ein Führen mit Auftrag unabdingbar ist, der wird auch bei den anderen Rechten dieser Soldaten nicht die Augen verschließen können. Effektive Auftragstaktik gibt es eben nicht mit einer Diskriminierung und Unmündigkeit des unterstellten Personals. Und damit wird sich in einigen Ländern das Vorgesetzten-Untergebenen-Verhältnis langfristig verändern.

Ein weiterer Unterschied zwischen den Streitkräften wird deutlich, wenn man sich die demokratische Einbindung anschaut. Gerade hier haben wir auch mit unseren Partnern innerhalb der NATO klare Gegensätze, die immer wieder Ausgangspunkte für Diskussionen sind. So stößt insbesondere die Stellung des Wehrbeauftragten des Deutschen Bundestages als Kontrollorgan des Parlaments, aber auch als Petitionsinstanz für die Soldatinnen und Soldaten auf herausragendes Interesse. Die Möglichkeit, dass sich deutsche Soldaten ohne Wissen ihrer Vorgesetzten an eine Kontrollperson des Parlaments wenden können und dürfen, wird von vielen Gästen als befremdlich gesehen. Die Frage, wie wir es mit der Aushöhlung der Stellung und des Respektes gegenüber dem Vorgesetzten halten, ist ständiger Begleiter dieser Fragestellung. Erst wenn klar wird, dass es auch in unseren Streitkräften anfängliche Vorbehalte gegen diese Petitionsmöglichkeit gegeben hat, und durch die Erklärung der Rechte von Soldaten als Staatsbürger sowie der nunmehr diesbezüglichen langen Tradition wird deutlich, wie sehr die Stärkung der Rechte des Soldaten mit einem vertrauensvollen Vorgesetztenverhältnis vereinbar sind. Zu großem Erstaunen und zu einer „Beruhigung" führt es bei den Delegationen auch immer, wenn sie erkennen, dass die Möglichkeit des Wehrbeauftragten auch von Generälen/Admirälen und Stabsoffizieren genutzt wird. Plötzlich ist das Petitionsrecht des Soldaten nicht mehr ganz so absurd. Wenn dann noch Besuche und Gespräche im Amt des Wehrbeauftragten in Berlin folgen, ist das Eis meistens gebrochen.

An diesem Themenfeld kann man die Erfolge des Dialoges und der langen Diskussionen besonders deutlich sehen. Viele Länder haben oder wollen Elemente dieses „Ombudsmannes" in ihre Streitkräfte übernehmen oder haben dies bereits erfolgreich gemacht. Als Beispiel diene hier Bosnien-Herzegowina, die das Prinzip des deutschen Wehrbeauftragten fast 1:1 übernommen haben. Weitere Länder haben diese Idee bereits in der parlamentarischen Beratung, wie beispielsweise der Kosovo.

Ein Stichwort, welches immer wieder in den Diskussionen fällt, sind die „Folgeerscheinungen", die die parlamentarische Einbindung unserer Streitkräfte impliziert. Viele Länder, mit denen wir diese Diskussionen haben, kennen diese tiefe Verwurzelung in die parlamentarische Demokratie nicht.

Oftmals hat das Staatsoberhaupt die Entscheidungs-/Befehlsgewalt über den Einsatz der Streitkräfte – auch oder gerade außerhalb des eigenen Landes. Hier ist es wichtig, die Zusammenhänge der Einbindung des Deutschen Bundestages deutlich zu machen. In der Regel dient hierzu auch ein Besuch des Verteidigungsausschusses des Deutschen Bundestages und die Diskussion vor allem mit den Außen- und Verteidigungspolitikern – erfreulicherweise nehmen sich in den Sitzungswochen regelmäßig Politiker aller im Deutschen Bundestag vertretenden Parteien die Zeit, um die Delegationen im Sitzungssaal des Verteidigungsausschusses zu empfangen, mit ihnen persönlich zu diskutieren, sie zu informieren sowie ihre Fragen zu beantworten.

Die anfängliche Skepsis vieler Besucher, besonders auf die Reaktionsfähigkeit der deutschen Politik bei Krisensituationen, weicht schnell der Erkenntnis, dass auch dieses Verfahren keinen Einfluss auf die Koalitions- oder Bündnisfähigkeit Deutschlands hat. Allerdings wird insbesondere von den europäischen Partnernationen immer wieder die Frage gestellt, wie Deutschland es im Rahmen gemeinsamer europäischer Streitkräfte mit dem Parlamentsvorbehalt halten will. Letzte Zweifel unserer Verbündeten können in diesem Zusammenhang nicht immer ausgeräumt werden, auch wenn festzustellen ist, dass sich kein Einsatz wegen des so genannten Parlamentsvorbehaltes verzögert hat. Aber letztlich ist dieser zentrale Punkt der zukünftigen europäischen Sicherheits- und Verteidigungspolitik auch innerhalb des Parlaments noch nicht abschließend diskutiert. Aus unserer Sicht wird aber deutlich, dass unsere europäischen Bündnispartner keine gemeinsamen Streitkräfte akzeptieren werden, bei denen nicht von Anfang an eine verlässliche Einsatzbereitschaft sichergestellt ist. Dies gilt besonders dann, wenn die Frage der Aufgabenteilung innerhalb Europas als wünschenswert beschrieben wird. Neben der Frage der Verlässlichkeit, die unsere Partner in diesem Zusammenhang stellen, wird aber auch deutlich, dass die Konzeption der Inneren Führung ein wichtiger Bestandteil dieser gemeinsamen europäischen Streitkräfte sein muss, will man die Bundeswehr in einem solchen Konstrukt aufgehen lassen. Europäische Streitkräfte, die nicht diesem Prinzip unterworfen sind, sollten nicht im Interesse Deutschlands sein.

Zusammenfassung

Deutschland besitzt mit dem Prinzip der „Inneren Führung" eine Führungsphilosophie, die einmalig ist. Dieses Prinzip bindet die Streitkräfte in das demokratische System der Bundesrepublik in einem viel stärkeren Maß ein (Parlamentsarmee), als es in vielen Partnerländern der Fall ist. Die Innere Führung ist kein „Exportschlager", sondern der Ausgangspunkt für eine Diskussion mit unseren Freunden und Partnern. Erst wenn es gelingt, unsere Führungsprinzipien an der jeweiligen eigenen geschichtlichen Entwicklung und der eigenen Kultur zu reflektieren, kann der Funken überspringen und es können Elemente bei der Weiterentwicklung des eigenen Standpunktes einfließen. Dies gilt übrigens auch beiderseitig!

Das Prinzip des „gewissengeleiteten Gehorsams" ist eine unverzichtbare Säule unseres Selbstverständnisses, welches aus unserer Geschichte abgeleitet, ein unverrückbarer Bestandteil des soldatischen Denkens ist. Dieses Prinzip aufzugeben, käme völlig veränderten Streitkräften gleich, ein Fakt, den es zu verhindern gilt.

Der Grundsatz „Führen mit Auftrag" findet besonderes Interesse in Ländern, deren Gesellschaft sich verändert und deren Menschen nach mehr individueller Freiheit streben, und wo dies auch zugelassen wird. Hier wird erkannt, dass der Mensch als Individuum nicht im Gegensatz zu einer erfolgreichen Auftragserfüllung steht, sondern eher der Grundstein für eine effektive Auftragserfüllung ist.

Die Beteiligungsrechte der Soldaten in deutschen Streitkräften sind weit deutlicher ausgeprägt, als wir dies in anderen Staaten vorfinden. Neben den gewerkschaftlichen Rechten der zivilen Mitarbeiter, kommen dazu die soldatischen Mitbestimmungsrechte (Deutscher BundeswehrVerband, Vertrauensperson, Gleichstellungsbeauftragte, Petitionsrecht durch den Wehrbeauftragten, …) und insbesondere die Möglichkeit der politischen Teilhabe mit dem aktiven und passiven Wahlrecht!

Eine nachhaltige Stärkung der Inneren Führung in den Diskussionen mit unseren Partnern setzt eine stringente Argumentation, insbesondere in internationalen Stäben voraus. Während „Truppe" das Prinzip der Inneren Führung täglich in den Einsätzen lebt, kommt es eben auch darauf an, dass dies durch die Führung in internationalen Stäben sichtbar wird. Gerade durch das gelebte Vorbild unserer Generalität/Admiralität und der vielen Stabsoffiziere kann das Prinzip der Inneren Führung zu einem „Beispiel" werden. Bei jedem Einzelnen muss das „Feuer" für dieses Führungsprinzip brennen, wollen wir authentisch bleiben und für die Aufgaben in der Zukunft gerüstet sein. Hier sehen wir aus den vielen Diskussionen durchaus noch Optimierungsmöglichkeiten.

Ausblick

Die Konzeption der Inneren Führung ist für viele Länder eine lohnenswerte Diskussionsgrundlage für die Weiterentwicklung ihrer Streitkräfte. Gerade in „neuen Demokratien" sucht man nach einem Weg, der für die eigene Zukunft bei deren gesellschaftlichen Veränderungen gewinnbringend ist. Hier wird die parlamentarische Einbindung von Streitkräften besonders interessiert zur Kenntnis genommen und für die eigene Weiterentwicklung diskutiert. Für unsere bisherigen Partner und Freunde in der NATO kommt es aus unserer Sicht darauf an, die Idee der Inneren Führung zu verstehen, damit in den gemeinsamen Einsätzen eine bessere Verständigungsgrundlage gegeben ist. Und dieses gemeinsame Verständnis der Unterschiede und Gemeinsamkeiten muss insbesondere auch beim „einfachen Soldaten" vorhanden sein. Insoweit leisten gerade die NATO-Partnerschaftsseminare einen wichtigen Schritt, damit die Soldaten, auf deren Schultern die Hauptlast der Einsätze liegt, sich besser kennen und schätzen lernen und im Einsatz dann wissen, „wie der Andere tickt".

Für die weitere Diskussion im Rahmen einer europäischen Armee sollte sich die deutsche Politik deutlich zu den Grundprinzipien der Inneren Führung äußern und ihre Haltung zu dieser Frage klar erkennbar festschreiben. Nur so kann die Verunsicherung, die es auf diesem Gebiet gibt, überwunden werden.

Oftmals ist zu Beginn des Austausches die Innere Führung nur Theorie, die in einer Vorschrift niedergeschrieben und als die Führungsphilosophie befohlen ist. Erst durch das Vorleben – auch in den Seminaren/ Expertengesprächen – wird dieses Prinzip mit Leben erfüllt. Die deutschen Lehrgangsteilnehmer bei den NATO-Partnerschaftsseminaren und die Dozenten bei der Internationalen Kooperation müssen dabei der Katalysator sein, der Theorie zum Leben erweckt und damit für den Partner der anderen Nation auch erlebbar macht. Das „Kümmern" während der Seminare durch die Dozenten und das Organisationspersonal zählt genauso dazu, wie das kameradschaftliche Miteinander unter den Seminarteilnehmern. Den deutschen Offizieren und Unteroffizieren kommt dabei eine besondere Rolle als Botschafter des „eigenen Produkts" zu. Sie entscheiden letztlich, ob die Konzeption der Inneren Führung Theorie bleibt, oder ob der Gast eine lebendige Führungskultur als Idee mit in sein Heimatland nimmt.

In diesem Sinne ist die Innere Führung kein „Exportschlager" bei dem Deutschland sein „Produkt" in der Welt verkauft. Vielleicht kann es aber für einige Länder zu einem „Joint Venture" werden, bei dem die Innere Führung die Basis für einen neuen eigenen Weg bildet. Auf jeden Fall tragen die gemeinsamen Gespräche aber zu einem besseren gemeinsamen Verständnis des Gegenübers bei und dies ist – in vielen Ländern – schon der größte Erfolg der „Truppe aus Strausberg".

Anmerkungen

[1] Die zehn Gestaltungfelder umfassen Menschenführung, Politische Bildung, Dienstgestaltung und Ausbildung, Informationsarbeit, Organisation und Personalführung, Fürsorge und Betreuung, Vereinbarkeit von Familie und Dienst, Seelsorge und Religionsausübung sowie sanitätsdienstliche Versorgung (s. Zentrale Dienstvorschrift A-2600/1, Ziffer 602 ff.)

[2] „In der Himmeroder Denkschrift wurden erstmals seit Ende des 2. Weltkrieges Festlegungen zu Art und Umfang neuer deutscher Streitkräfte getroffen. Hinsichtlich des inneren Gefüges war eine völlige Neuausrichtung neuer westdeutscher Streitkräfte als zwingend erforderlich erachtet worden." (http://60jahrebundeswehr.de/die-himmeroder-denkschrift/)

II. Anforderungen an moderne Streitkräfte und eine zeitgemäße Führungsphilosophie

Nachbesprechung einer Übung in Mali

Nur ständiges, hartes Training macht fit für den Ernstfall

Die Kameradschaft steht an erster Stelle –
gerade in der Gefahr um Leib und Leben

Einführung der Herausgeber – Umfassende Ausbildung als sichere Grundlage für erfolgreiches Handeln!

Alois Bach und Walter Sauer

Im Einsatz werden Soldaten und Soldatinnen konfrontiert mit Tod, Verwundung, Zerstörung, Leid, Elend, Chaos, Terrorakten, Geiselnahme, anhaltenden Kampfsituationen und vielem ähnlichen mehr. Solchen psychischen und physischen Belastungen werden sie erfahrungsgemäß nur dann gewachsen sein, wenn sie umfassend – mental wie militärisch handwerklich – auf diese Herausforderungen und kritischen Lagen durch entsprechendes Handlungstraining vorbereitet sind. Und die Truppe wird nur bestehen, wenn sie umsichtig geführt wird. Vorbild, Vertrauen, Verantwortung, klare Zielvorgaben, sinnstiftende, erfüllbare Aufträge, persönliche Kommunikation, Fürsorge und Kameradschaft sind unverändert Schlüsselfaktoren sowohl für Motivation und Leistungsfähigkeit als auch für Führungserfolg. Führung unter Belastung verlangt nicht nur die ganze geistige, seelische und körperliche Kraft des militärischen Führers, sondern auch die stete Anwendung bewährter Führungsgrundsätze, wie beispielsweise „Führen mit Auftrag."

Dieses bewährte Prinzip erfordert sowohl im militärischen Alltag als auch in belastenden Einsätzen eigenständiges, auch risikobehaftetes Handeln im Sinne der Absicht des übergeordneten Auftraggebers. Folglich sind sicheres Urteilsvermögen, aktiver Handlungswille und zupackende Initiativkraft – auch in unserer zunehmend vernetzten Welt – bei allen Soldaten und Soldatinnen, insbesondere bei Führungskräften, durch gezielte Aus- und Weiterbildung zu fördern. Damit beispielsweise „Führen mit Auftrag" im Einsatz bzw. im Gefecht erfolgreich angewendet werden kann, muss dieses entscheidende Führungsprinzip ständig und überall eingeübt und praktiziert werden. Die dabei erreichte Stärkung des gegenseitigen Vertrauens von Führern und Geführten ist die beste Garantie für Führungserfolg auch in komplexen Lagen und bei hohen Belastungen.

Die Ausbildungs- und Erziehungsziele in allen Bereichen der Streitkräfte tragen diesen Erkenntnissen Rechnung. Sie sollen sicherstellen, dass Soldaten und Soldatinnen aller Ebenen, vor allem aber Führungskräfte, auch in Dilemma-Situationen, in unübersichtlichen Lagen oder im Scheinwerferlicht der Medien eigenständig und verantwortbar handeln, ohne Rückversicherung bei übergeordneten Stellen zu suchen oder wegen fehlender Informationen keine Entscheidung zu treffen. Ziel ist es dabei, dieses Handlungstraining möglichst weitgehend in jeden Grund- und Ausbildungsbetrieb einzugliedern, um einerseits möglichst aus dem Stand heraus einsatzfähig zu sein und andererseits umfangreiche zusätzliche Ausbildungen vor einem Einsatz bzw. einer Mission – also „einen Einsatz vor einem Einsatz" – zu vermeiden.

Die zu vermittelnden Ausbildungsgebiete am Zentrum Innere Führung – vorrangig für militärische Führungskräfte – berühren dabei vor allem Fragen des Führungsverhaltens in schwierigen Situationen, des individuellen Stress- und Belastungsmanagements, der Interkulturellen Kompetenz und der Rechtsausbildung vor allem zur sicheren Umsetzung der sogenannten ROE (Rules of Engagement). Berufsethische Themenstellungen, Umgang mit Tod und Verwundung wie auch Betreuung und Fürsorge sind selbstverständliche Bestandteile der dortigen Lehre. Vielfältige selbsterklärende Ausbildungsmaterialien/-hilfen sowie Aktionsprogramme, die diese Themen am Standort der Truppe durch Experten unterrichten, ergänzen das Angebot. Darüber hinaus werden als praxisnahe Handlungshilfen zwei auf die militärischen Belange ausgerichtete Coaching-Modelle – Führungsbegleitung in militärischen Organisationen (FMO) und Spitzenpersonalcoaching (SPC) – angeboten, die vornehmlich auf die Verbesserung des authentischen Führungsverhaltens, der Kommunikationsfähigkeit und des Konfliktmanagements ausgerichtet sind.

Deshalb ist es im zweiten Kapitel unsere Intention, zum einen künftige Anforderungen an die Streitkräfte, den Staatsbürger in Uniform und insbesondere an Führungskräfte darzustellen, zum anderen die Konzeption Innere Führung in ihrer Vielfalt und dynamischen Weiterentwicklung gerade in den Themenfeldern Menschenführung, Führungskräfteentwicklung, Recht, ethische Bildung, Interkulturelle Kompetenz und Diversity Management aufzuzeigen. In seinem Namensartikel steckt der Generalinspekteur der Bundeswehr den Rahmen ab, den die Streitkräfte und die Soldaten/-innen zukünftig erfüllen sollen. Aktive und ehemalige Mitarbeiter des Zentrums Innere Führung nehmen sich der so genannten „soft skills" an, die für eine zeitgemäße Führungsphilosophie von wesentlicher Bedeutung sind. Darüber hinaus sollen die Bedeutung von Motivation, Kampfmoral, Führen mit Auftrag und einsatzprägenden Faktoren mit ihren Auswirkungen sowohl anhand von persönlichen Erfahrungen zweier militärischer Führer – Verbands- und Zugführer – beleuchtet als auch mit Hilfe einer vierjährigen empirischen Feldstudie über ein ISAF-Kontingent untersucht werden.

Auftrag und Fähigkeiten deutscher Streitkräfte in der Zukunft

Volker Wieker

Das sicherheitspolitische Umfeld unseres Landes und unserer Partner ist durch große Dynamik und vielfältige krisenhafte Entwicklungen gekennzeichnet. Und obwohl Veränderungen auf der politischen Weltkarte mit ihren sicherheitspolitischen Implikationen ein, wenn nicht sogar das Kontinuum menschlicher und staatlicher Interaktion sind, ist Außenminister Frank Walter Steinmeiers Charakterisierung, dass es sich bei „den aktuellen Krisen nicht mehr um Ausnahmefälle, sondern um dauernde Begleiterscheinungen der Globalisierung handelt", sicher zuzustimmen.

Entscheidend ist aber, dass diese für Deutschland bisher eher abstrakten Bedrohungen seit dem sogenannten Krisenjahr 2014 nunmehr nicht nur mit den Konflikten in der Ukraine und in Syrien, sondern eben auch durch Attentate – wie in Paris am 13. November 2015 und Istanbul am 12. Januar 2016 – erkennbar Gestalt angenommen haben. Konflikte und kriegerische Gewalt sind nicht nur geographisch, sondern für jeden Bürger spürbar auf den europäischen Kontinent und damit in unsere tägliche Lebensrealität zurückgekehrt.

Ein Indikator hierfür ist auch die Tatsache, dass sich diese Wahrnehmung zunehmend in Umfragen manifestiert und Einzug in den politischen Diskurs in unserem Land, in unserem Bündnis, vor allem aber bei unseren Bürgerinnen und Bürgern gehalten hat. Und parallel zu der gestiegenen Bedrohung vergrößert sich die Erwartungshaltung der internationalen Partner an unser Land, als wirtschaftlich robuste und wohlhabende Nation in Europa, die ihr entsprechende internationale Verantwortung zu übernehmen. Dies kann natürlich nicht ohne Auswirkungen auf die Bundeswehr bleiben: auf die Anforderungen an ihre Einsatzbereitschaft, die Entwicklung ihrer Fähigkeiten, das Zusammenwirken mit ihren Partnern und Verbündeten in NATO und EU.

Skizzierung der Ausgangslage

Wie viele andere europäische Partnernationen hat auch Deutschland seine Streitkräfte bei einer über Jahre fallenden Finanzlinie und wiederholten Reformeinschnitten im Etat priorität an den wahrscheinlichsten Einsatzaufgaben ausgerichtet. Krisen- und Konfliktbewältigung standen aufgrund der zunehmenden Einsatzverpflichtungen uneingeschränkt im Vordergrund der Alimentierung. Dies konnte jedoch nur zu Lasten der querschnittlichen Fähigkeiten realisiert werden und hat zu teilweise ausgehöhlten Strukturen im sogenannten Grundbetrieb, bei Übungen und Ausbildung geführt.

Die große Dynamik und Vielfalt der krisenhaften Entwicklungen in Afrika, in der Ukraine oder im Nahen Osten zeigen uns allerdings, dass diese planerische Herangehensweise keine adäquaten Antworten mehr auf multipolare Bedrohungen und hybride Kriegführung bereithält. Mit dieser Erkenntnis steht die Bundeswehr allerdings keineswegs allein da. Vielmehr wurde im Licht der großen Dynamik und der Vielfalt krisenhafter Entwicklungen und Bedrohungen an den Bündnisgrenzen allen Partnern deutlich, dass die jahrelang akzeptierten Einschränkungen bei Einsatzbereitschaft und Reaktionsfähigkeit zukünftig keine Optionen mehr sein können.

Die damit notwendig gewordene Ausbalancierung der NATO-Kernaufgaben ‚Kollektive Verteidigung und Kooperation' hat nach dem Gipfel von Wales 2014 mit dem „Readiness Action Plan" und seinen Säulen, der Reassurance und der Anpassung des Bündnisses, begonnen. Die Neugewichtung wird mit den an die Einsatzrealitäten angepassten Ansprüchen an Personal und Material bezüglich Verfügbarkeit und Bereitschaftszuständen in Zukunft ein wesentliches und bestimmendes Merkmal multinationaler Planung sein.

Und dies umso mehr, weil sich die konzeptionelle Befassung mit den beschriebenen Phänomenen und Häutungen der sicherheitspolitischen Umwelt nicht auf die NATO beschränkt. Auch die EU unterzieht ihre Sicherheitsstrategie aus dem Jahr 2003 nach langen Jahren der Diskussion einer Überarbeitung. Und fast zeitgleich erfolgt national eine weitreichende strategische Bestandsaufnahme und Weichenstellung durch das neue Weißbuch der Bundesregierung.

Anforderungen an eine moderne Bundeswehr

Aus den veränderten Rahmenbedingungen, aber auch gestützt auf die Erfahrungen unserer letzten, oft unvorhersehbaren Einsätze in Syrien, Mali oder auch im Mittelmeer, müssen wir folgern, dass moderne Streitkräfte vor allem möglichst vielfältigen Anforderungen gerecht werden müssen.

Hierfür muss die Bundeswehr ein angemessenes Fähigkeitsspektrum vorhalten, welches von der Nationalen Krisenvorsorge mit der Befähigung zur Evakuierung, zu bewaffneter Rückführung und zur Geiselbefreiung bis zur Durchführung unserer Dauereinsatzaufgaben wie den Schutz und die Überwachung unseres Luftraums und unserer Hoheitsgewässer reicht. Gleichzeitig muss die Bereitstellung dieser Fähigkeiten die Aufrechterhaltung eines leistungsfähigen Grundbetriebes einschließlich umfassender Regeneration und Versorgung ermöglichen.

Ein solches Spektrum beinhaltet auch die Fähigkeiten zum Aufbau, zur Ausbildung und Beratung von Partnern, zur Beobachtung in Krisengebieten, zur Stabilisierung und zum Kampf, zur Präsenz und Überwachung von Seewegen, zur Embargokontrolle sowie Abschreckung und Verteidigung. Und spannt so gleichberechtigt den Bogen von humanitärer Hilfeleistung über bewaffnete, nicht internationale Konflikte bis hin zur anspruchsvollsten Aufgabe, der Landes- und Bündnisverteidigung.

Dies generiert aber gleichzeitig deutlich erhöhte Anforderungen an die Reaktionsfähigkeit, den geographischen Aktionsradius, die Durchhaltefähigkeit und vor allem auch den Nutzen mit Blick auf die Bandbreite unseres außen- und sicherheitspolitischen Instrumentenkastens, der wirksam und vernetzt zum Einsatz kommen muss.

Dabei ist die Bereitstellung der jeweils erforderlichen Fähigkeiten aus dem vorhandenen Streitkräftedispositiv, dem „Single Set of Forces" heraus zu leisten. Die hierfür nötige multiple Funktionalität der Bundeswehr muss durch strukturelle Resilienz in den Bereichen Personal, Material und Ausbildung gewährleistet werden.

Dafür benötigt die Bundeswehr neben einem „atmenden" und an den Aufgaben orientierten und ausgebildeten Personalkörper, die Bereitstellung einer aufgabenorientierten, strukturgerechten Ausstattung zur Verbesserung der Einsatzbereitschaft und Reaktionsfähigkeit und ergänzende Missionsausrüstungspakete. Diese reichen von der persönlichen Ausrüstung und Bekleidung für die Soldaten über geschützten Transportraum bis zu taktischen Systemverbünden von Fähigkeiten im gleichen Schutzniveau. Neben der Beschaffung bzw. der Komplettierung dieser Missionsausrüstungspakete bedarf es gleichzeitig der Grunderneuerung von durch Überalterung nicht mehr oder nur noch eingeschränkt nutzbaren Materials.

Und es erfordert natürlich den teilweise schon vor Jahren angestoßenen bedarfsbegründeten Fähigkeitsaufwuchs. Mit den in den vergangenen Monaten gefällten Entscheidungen zur Übergangslösung UAV (unmanned aerial vehicle / unbemanntes Luftfahrzeug)), dem zukunftsorientierten Taktischen Luftverteidigungssystem und dem Mehrzweckkampfschiff 180 werden wir, teilweise im multinationalen Rahmen, in den kommenden Jahren signifikante Zuwächse in unserem Fähigkeitsprofil erhalten.

Multinationale Einbindung

Diese Anpassungen können natürlich nicht alleine aus der nationalen Perspektive heraus erfolgen. Unser Fähigkeitsaufwuchs erfolgt vielmehr in Übereinstimmung mit den Planungszielen, welche die NATO im Defence Planning Process den Nationen zuweist; genauso, wie mit den Forderungen, welche die EU in ihrer Sicherheitsstrategie und im „European Headline Goal" formuliert.

Denn nur so werden wir die Unwucht zwischen den Fähigkeiten der Europäer und unserem Verbündeten, den USA, mildern können. Die USA haben in dieser alten Debatte zur transatlantischen Lastenteilung immer wieder verdeutlicht, dass der europäische Pfeiler in der NATO gestärkt und als eigene Entität entwickelt werden muss. Wir müssen unsere verbal zum Ausdruck gebrachte, globale Gestaltungsverpflichtung auch mit der dazu notwendigen „Hardware" und Fähigkeiten untermauern.

Und zum Zweiten tragen wir der Erkenntnis Rechnung, dass besonders im Segment der sogenannten „Enabler", also bei verlegefähigen Hauptquartieren oder beim strategischen Seetransport Projekte aufgrund ihrer Kosten in Zukunft nur noch multinational zu finanzieren sein werden. Daher werden wir uns zukünftig noch intensiver für eine multilaterale Fähigkeitsentwicklung in der Allianz und insbesondere in Europa einsetzen. Gerade die guten Erfahrungen aus unseren Einsätzen sollten uns als Blaupause für künftige gemeinsame oder mindestens abgestimmte Fähigkeitsentwicklungen dienen.

Das gemeinsame Nutzen von nationalen Fähigkeiten (Pooling), der gemeinsame Betrieb (Sharing), aber auch die gerade von Deutschland erfolgreich angestoßenen bi- und multilateralen Kooperationen, wie die Integration von Partnern in gemeinsamen Verbänden oder das Framework Nations Concept, bieten in der Zukunft Raum für vielfältige und erfolgversprechende Initiativen. Daher hat sich Deutschland auch bereit erklärt, als Rahmennation größere Verantwortung zu übernehmen und so dem Anspruch zur multilateralen Fähigkeitsentwicklung mehr Geltung zu verleihen.

Multinationale Kooperation ist aber kein Selbstzweck. Sie setzt den politischen Willen und ein großes Maß an gegenseitigem Vertrauen voraus. Dieser Aspekt gilt besonders für die sogenannten „kritischen Enabler", deren Bereitstellung durch eine Rahmennation immer dann einen Mehrwert generiert, weil die Teilhabe anderer, vermeintlich „kleinerer" Nationen dadurch erst ermöglicht wird. Unser strategisches Ziel muss es sein, bestehende multinationale Projekte wie das Framework Nations Concept der NATO oder Pooling & Sharing der EU weder als „add on" noch als Ersatz nationaler Planungen zu betrachten, sondern sie zum Treiber für eine mit NATO und EU abgestimmte nationale Planung weiterzuentwickeln.

All dies kann aber nur dann erreicht werden, wenn es uns gelingt, gemeinsam mit den politischen Verantwortungsträgern in Regierung und Parlament eine nachhaltige, also verstetigt steigende Finanzlinie als belastbare Planungsgrundlage zu etablieren.

Die Bundeswehr in der Mitte der Gesellschaft

Die materielle Anpassung ist aber nur ein Aspekt bei der zukünftigen Fähigkeitsentwicklung. Wesentlicher Kern der Bundeswehr als Instrument der Politik unseres Landes ist und bleibt jedoch unser Personal. Dabei kann sich die Bundeswehr im beginnenden siebten Jahrzehnt ihrer Existenz nicht nur auf ihre feste Verankerung in unserem Staat, sondern vor allem auch auf eine breite Zustimmung und Wertschätzung in unserer Bevölkerung abstützen.

Diese erfreuliche Resonanz spiegelt sich auch bei der Gewinnung unseres Nachwuchses wider. Entgegen mancher Unkenrufe nach der Aussetzung der Wehrpflicht gelingt es uns nicht nur, unseren Bedarf, von Verwendungen zum Beispiel bei IT-Spezialisten abgesehen, quantitativ zu decken, sondern auch qualitativ die von uns gewünschten Auswahlquoten zu erreichen, auch wenn der Anteil an weiblichem Personal mit seinem Potenzial und seinen besonderen Kompetenzen in allen Sparten des Dienstes weiter ausgebaut werden kann und muss.

Die in den vergangenen Jahren initiierten Maßnahmen zur Steigerung der Attraktivität des Dienstes greifen spürbar, dürfen die Bundeswehr aber nicht dazu verleiten, sich auf dem Erreichten auszuruhen. Denn wie alle anderen europäischen Gesellschaften unterliegen auch wir höchst dynamischen

Prozessen, die zu begleiten und mitzugestalten eine wesentliche Vorausset-zung für das Funktionieren, aber auch für die Akzeptanz von Streitkräften in offenen demokratischen Staaten ist. Die Bundeswehr verfügt hier mit dem Konzept der „Inneren Führung" über ein bewährtes Instrument, welches zu Recht zum Markenkern deutscher Streitkräfte geworden ist.

Die Innerer Führung und das Prinzip des „Staatsbürgers in Uniform" haben sich in der wechselhaften sechzigjährigen Geschichte unserer Bundes-wehr von der Wehrpflichtarmee im Kalten Krieg bis zur Einsatzarmee mit Gefallenen und Verwundeten als tragfähige Fundamente erwiesen, um auch in Extremsituationen die ethische Bindung unseres soldatischen Handelns an den Wertekanon unseres Grundgesetzes sicherzustellen und gleichzeitig das Spannungsverhältnis zwischen individueller Freiheit und soldatischen Pflich-ten aufzulösen. Daher bleiben sie der geeignete Rahmen, um uns im Dialog mit einer sich im Wandel befindlichen Gesellschaft überzeugende und vor allem tragfähige Antworten auf die Fragen zu geben, welche die Zukunft noch bereithalten wird.

Ausblick

In einer Welt, in der sich die demografischen und ökonomischen Gewichte immer schneller verschieben und sich die Aufgaben für die Streitkräfte in immer größerer Varianz zeigen, müssen auch wir als Bundeswehr, aber auch als Europäer, insgesamt wieder zu einer nachhaltigen Sicherheitspolitik in der Lage sein.

Dazu gehört, dass wir heute gemeinsam investieren, um auch künftige Generationen in die Lage zu versetzen, mit den erwartbaren, vor allem aber auch den unerwartbaren militärischen Herausforderungen fertig zu werden und Sicherheitspolitik auf unserem Kontinent und in seinen Nachbarregionen aktiv zu gestalten.

Auf diese Weise wird es gelingen, einsatzbereite und reaktionsfähige Streitkräfte in einem multinationalen Verbund flexibel und adaptiv bereitzu-stellen, um auch auf zukünftige Veränderungen unseres sicherheitspolitischen Umfeldes rasch reagieren zu können.

Staatsbürger in Uniform: Ein Bild von gestern?

Reinhold Janke

Vorbemerkungen

Das Leitbild vom ‚Staatsbürger in Uniform‘ stellt bekanntlich den Kerngedanken der Konzeption der Inneren Führung dar. Ist es mittlerweile tatsächlich – wie von manchen behauptet – ein von der Patina des Historischen angegilbtes Bild, ein angestaubtes Konstrukt von gestern oder ist dieses Leitbild immer noch bestimmend, prägend und wirkmächtig, um den Bedürfnissen und Anforderungen von heute und morgen gerecht zu werden? Was wird eigentlich unter dem Begriff ‚Staatsbürger in Uniform‘ verstanden oder genauer gefragt: versteht man heute noch dasselbe darunter, was man in den Anfangsjahren der Bundeswehr oder in der Folgezeit hauptsächlich damit verband? Was kennzeichnet diesen Begriff inhaltlich und wie werden diese Inhalte im soldatischen Alltag umgesetzt und tatsächlich auch gelebt? Bestanden und bestehen Unterschiede zwischen dem jeweiligen soldatischen Selbstverständnis und Selbstanspruch, dem vorgegebenen Leitbild und dem durch die Öffentlichkeit und Gesellschaft wahrgenommenen Bild des Soldaten als ‚Staatsbürger in Uniform‘?

Was leisten eigentlich Politik und Gesellschaft, um die Konzeption der Inneren Führung mit ihrem Leitbild glaubwürdig zu bestätigen? Brauchen wir heute nach all den tiefgreifenden Veränderungen, die die Bundeswehr in ihrer sechzigjährigen Geschichte erfahren und überdauert hat, noch ein derart dezidiertes Leitbild für den deutschen Soldaten? Denn andere Armeen scheinen doch auch ohne ein solches Leitbild selbst im Einsatz gut auszukommen. Macht nicht sogar die Einsatzrealität der Bundeswehr dieses Leitbild obsolet oder hinderlich, ja mit Blick auf asymmetrische Phänomene der Kriegsführung vielleicht sogar gefährlich? Dieser Fragenkatalog ist keineswegs vollzählig; er zeigt nur exemplarisch auf, welchen Herausforderungen sich dieses Leitbild heute stellen muss. Mein Beitrag kann all diese Fragen aufgrund des vorgegebenen Rahmens nur in wenigen fokussierten Ansätzen beantworten, will damit aber einen Impuls für eine weiterführende und tiefergehende Befassung mit dieser Thematik setzen.

Alles beginnt mit der Geschichte, die sich vor über sechzig Jahren in der weltpolitischen Konstellation der Nachkriegszeit ereignete. Geschichte findet immer auch in einem umfassenderen historischen Kontinuum statt.

Daher steht der Rückblick auf die Gründungszeit der Bundeswehr zwar im Fokus, reicht jedoch bei weitem nicht aus, um das Phänomen ‚Staatsbürger in Uniform' vollständig beschreiben und erklären zu können. Es ist geschichtlich tiefgreifender herzuleiten und begründbar, auf Gestaltung der Gegenwartsaufgaben angelegt und zugleich auf die Bewältigung der Zukunft ausgerichtet. Im ‚Handbuch Innere Führung' von 1957 wird diese historische, aber auch dialektische Dimension des Leitbildes mit seinem Begriffspaar Staatsbürger und Soldat betont: „Dieses Leitbild kann keine grundsätzliche Absage an alles Vergangene bedeuten: Der Staatsbürger in Uniform ist durchaus nicht geschichtslos. Er wird sich – im Gegenteil – bestimmte Gestalten und Situationen auch aus der soldatischen Vergangenheit zum Beispiel nehmen; sehr vieles, was Soldaten vorher trug, wird auch ihn weitertragen. Doch kann sich sein Leitbild weder auf Bedingungen noch auf Aufgaben vergangener Zeiten gründen. Es muss vielmehr durch die Voraussetzungen und den Auftrag der Gegenwart bestimmt werden, um als Weg in die Zukunft zu gelten."[1]

Zur historisch-politischen und gesellschaftlichen Dimension

Bürger und Soldat bilden ein klassisches Figurenpaar der Geschichte. Das Verhältnis zwischen Soldat und Bürger ist aus historischer Perspektive eher belastet, zumindest spannungsgeladen oder von wechselseitiger Reserviertheit, ja Fremdheit bestimmt. Wurden und werden doch Soldaten häufig als unmittelbare Verursacher und Nutznießer zivilen und bürgerlichen Leides erfahren. Das Bild des Soldaten als Beschützer des eigenen Gemeinwesens leidet insbesondere in Zeiten interner Konflikte und bei Bürgerkriegen.

Der alte Antagonismus zwischen Heerlager und Wohnstube, militärischer Mentalität und Bürgersinn hat das gesellschaftliche Bewusstsein nachhaltig geprägt. Bis in die Todesvorstellungen hinein wirkte dieses Klischee. Während der Soldat einen rühmlichen und verdienstvollen Tod fürs Vaterland auf dem Feld der Ehre sterben „darf", bleibt dem braven Bürger, als Philister abqualifiziert, der schmähliche „Strohtod" im häuslichen Bett vorbehalten. Daher war in bestimmten Phasen der deutschen Sozialgeschichte der Renommierstatus des Reserveoffiziers eine gesellschaftliche Obligation, um dieses Odium der Bedeutungslosigkeit und des Unheroischen abzuschütteln.

Heute sprechen wir im Gegenausschlag von der postheroischen Gesellschaft. Dies zeigt, dass es neben Phasen der Antipathie und Abstoßung immer wieder auch Phasen des Umdenkens, der Annäherung und Übereinstimmung zwischen Militär, Politik und Gesellschaft gegeben hat. Die systematische Diffamierung und Diskriminierung des Soldatenstandes als „unehrenhafte" Berufsgruppe kennen wir bereits aus der Antike. In frühchristlichen Gemeinden wurden Soldaten zwar zunächst ebenso wie die Hersteller heidnischer Kultgegenstände ausgegrenzt. Andererseits wurden gerade Soldaten oft wieder in die Gemeinschaft aufgenommen, ohne ihren Beruf dafür aufgeben zu müssen. Manche christliche Gemeinden bestanden sogar mehrheitlich aus Soldaten. Man hatte also bereits im Frühchristentum die praktische Vereinbarkeit von Militär und Christentum konzediert. Die Synode von Arles im Jahr 314 legt im dritten Kanon sogar fest, dass ein Soldat, der in Friedenszeiten desertiert, aus seiner Gemeinde auszuschließen ist.[2] Soviel zu der gerade in protestantisch-pazifistischen Kreisen kolportierten These einer a priori bestehenden Unvereinbarkeit von Soldatentum und Christentum!

Es sei auch daran erinnert, wie auf früheren Podien der Grünen Plakate mit der Aufschrift ‚Soldaten sind Mörder' geduldet, ja sogar beklatscht wurden. Dieselbe Partei beschloss gleichwohl als mitregierender Koalitionspartner mehrheitlich den de facto ersten – humanitär begründeten – Kriegseinsatz der Bundeswehr im Kosovo. Dies zeigt auch, wie ideologisiert, manipulierbar und volatil politisches und gesellschaftliches Bewusstsein und Handeln sein können. Kann und soll sich der Soldat unter diesen Umständen stets dem jeweiligen Zeitgeist und einer ständigen politischen Umorientierung unreflektiert und widerspruchslos anpassen, zumal ja von ihm mit einem Grundsatz der Inneren Führung die Beachtung des Primats der Politik gefordert wird? Denn oft sind es dieselben Kreise, die einerseits den aktiven und mündigen Staatsbürger, somit auch den mündigen Staatsbürger in Uniform fordern, um andererseits dann mit parteipolitischem Machtkalkül sowie mit rhetorischem und (pseudo)moralischem Rigorismus zu reagieren, wenn ein bestimmtes Wahlverhalten oder eine allzu kritische Positionierung nicht dem erwünschten Ergebnis oder den eigenen Vorstellungen entspricht. Doch wo sonst, wenn nicht in einer parlamentarischen Demokratie, gehört die Bereitschaft zum kritischen Diskurs, der auch ehrliche Selbstkritik zulässt, die Bereitschaft zur praktizierten Toleranz, zum beständigen Kompromiss und zur Konsequenz in der Umsetzung zum Kernbestand der politischen Kultur? Der dringend erforderliche sicherheitspolitische Diskurs findet in unserem Land jedoch nach wie vor weder ausreichend noch immer aufrichtig statt.

Zur Wehrhaftigkeit der Demokratie gehört aber auch Wahrhaftigkeit bei der Wahrnehmung und Thematisierung tatsächlicher und potenzieller

Bedrohung sowie bei der nachhaltigen Finanzierung einer daraus ableitbaren Sicherheitsvorsorge. Parteipolitisches Taktieren mit gegenseitigen Schuldzuweisungen und eine Sicherheitspolitik (nach innen und außen) nach Kassenlage gehören definitiv nicht dazu. Doch Verteidigungs- und Sicherheitspolitiker haben im politischen Establishment unserer Republik ohnehin keinen karrierefördernden Stand. Viele Soldatinnen und Soldaten nehmen als Staatsbürger in Uniform derartige Phänomene als zumindest mittelbar Mitbetroffene oft kritischer wahr als gemeinhin vermutet wird. Denn die Legitimation des militärischen Auftrages ist nicht primär eine soldatische Führungsaufgabe, sondern gehört vorrangig in den Kernbereich politischer Führungsverantwortung, da sich der militärische Auftrag generell aus dem Grundgesetz und für den Einsatzfall aus einer parlamentarischer Mandatierung ergibt.

Wer diesen verfassungsrechtlich prominent abgesicherten Gesamtauftrag mangels eigener Überzeugung und Verfassungstreue oder aufgrund unterentwickelten Verantwortungsbewusstseins ignoriert und diese notwendige Legitimationsaufgabe in den militärischen Bereich zurückdelegiert, demontiert damit auch die Innere Führung und ihr Leitbild. Er reduziert damit gleichzeitig den Grundsatz des Primats der Politik gegenüber dem militärischen Verantwortungsbereich auf eine möglichst kritiklose Wohlverhaltenserwartung und Selbstrechtfertigungsverpflichtung.

Bereits im römisch-antiken Kulturkreis bestand im Verhältnis von Staat und Gesellschaft zum Militär eine deutliche Dichotomie. So unterschied man in Rom zwischen ,domi' (zuhause/im Frieden) und ,militiae' (bei der Truppe/im Krieg).[3] Die Bundeswehr spricht heute analog von ,Grundbetrieb' und ,Einsatz'. Die Unterscheidung ist somit keine Frage der Zeit, sondern nur des Raumes. Die Soldaten dienen, kämpfen, leiden und sterben an fernen Orten, während in der Heimat meist tiefster Frieden herrscht. Diese Gleichzeitigkeit unterschiedlicher Erfahrungshorizonte wird im Regelfall nur von den nächsten Angehörigen der Soldaten reflektiert, von der übrigen Gesellschaft jedoch weitgehend ausgeblendet, solange die Zivilgesellschaft nicht wie neuerdings zunehmend durch global vernetzten Terror verunsichert wird.

Die für die Gesellschaft komfortable Konstellation der folgenlosen Distanzierung und des unsolidarischen Desinteresses bestand jedoch nicht immer. So war – nur mit Blick auf die jüngere deutsche Geschichte – eine klare Trennung zwischen Heimat und Front im Verlauf des Zweiten Weltkrieges schon bald aufgehoben. Die Nachkriegsgenerationen waren von diesen Traumatisierungen noch tief geprägt, als sie eine deutsche Wiederbewaffnung zunächst mehrheitlich und vehement ablehnten. Die Volksfront gegen eine ‚Remilitarisierung‘ wurde von Parteien, Gewerkschaften, Teilen der Kirchen, prominenten Persönlichkeiten und auch großen Teilen der Bevölkerung getragen. Doch die großpolitische Wetterlage mit der verfestigten Blockbildung und dem Koreakrieg führten allmählich zu einem Umdenken in Politik und Gesellschaft. Es war der damalige wehrpolitische Berater der SPD, Friedrich Behrmann, der nach bisherigen Erkenntnissen den Begriff ‚Staatsbürger in Uniform‘ als Charakteristikum für den neuen deutschen Soldaten geprägt hat. Behrmann avancierte später zum ersten ‚SPD-General‘ der Bundeswehr.

Zur Relevanz und Akzeptanz des Staatsbürgersbegriffs

Am Modell des klassischen Symbolbegriffs als einer Konstellation zweier kongruenter Halbmarken (vgl. Platons Mythos von der ‚Hälftenliebe‘ im ‚Symposion‘) kann der Staatsbürgerbegriff im Leitbild der Inneren Führung in seiner noch verbliebenen Relevanz geprüft werden. Die beiden aufeinander verweisenden Halbmarken stellen eine Begriffsseite und eine Inhaltsseite dar. Die Begriffsseite liefert die mit der Konzeption der Inneren Führung von Anfang an verbundene Bezeichnung des Staatsbürgers in Uniform. Auf der Inhaltsseite wird dieser Begriff als Dreiklang aus einer ‚freien Persönlichkeit‘, einem ‚verantwortungsvollen Staatsbürger‘ und einem ‚einsatzbereiten Soldaten‘ definiert und inhaltlich aufgeladen. Doch was geschieht, wenn Begriffs- und Inhaltsseite als nicht mehr zusammenfügbar, da angeblich nicht mehr passend erachtet werden?

Nun war dieses Konstrukt in seiner Gesamtkonnotation und Zielsetzung von Beginn an heftig hinterfragt. Exemplarisch sei auf zwei Texte aus dem Jahr 1967 verwiesen. Ein besonders vehementer Kritiker war der rechtskonservative Journalist Hans-Georg von Studnitz, der in einem Spiegel-Artikel die im ‚Handbuch Innere Führung‘ (von 1957) verschriftlichte Konzeption der Inneren Führung und ihr Leitbild massiv angriff: „Das ‚Handbuch Innere Führung‘ hat im ideologischen Denken der Deutschen die Nachfolge von Adolf Hitlers ‚Mein Kampf‘ angetreten. Alle haben davon gehört. Niemand hat es gelesen. Jeder will darüber sprechen. Was Hitler sagte, war tabu. Was Baudissin äußert, ist sakrosankt."[4] Von Studnitz, der, aus einer Soldatenfamilie stammend, im Dritten Reich als NSDAP-Mitglied eine beachtliche journalistische Karriere gemacht hatte, die er im Nachkriegsdeutschland bei renommierten Blättern fortsetzte, bewertet in seinem Artikel den Anspruch an den Staatsbürger in Uniform als wirklichkeitsfremd und illusionär: „Das ‚Handbuch Innere Führung' gründet sich auf den ‚Staatsbürger in Uniform', den es nicht gibt. Der junge Mensch, der zur Bundeswehr geht, ist noch kein Staatsbürger. Er ist so unfertig wie möglich, vor allem dann, wenn er einige Semester studiert hat. (…) Die Bundeswehr kann den einzigen Lehrmeister, der diese jungen Leute auf den Weg der Vernunft bringt – den materiellen Existenzkampf nicht ersetzen. Sie kann in achtzehn Monaten nicht nachholen, was Elternhaus und Primärschulen, Gymnasien und Universitäten schuldig geblieben sind. Sie muss sich damit abfinden, dass der Deutsche seine staatsbürgerliche Reife selten vor dem Eintritt in das vierte Lebensjahrzehnt gewinnt."[5]

Von Studnitz bohrt hier genüsslich in einer Wunde, die unter dem Schlagwort Bildungsmisere bis heute zu Recht beklagt wird. Denn das Leitbild setzt in der Tat eine gewisse staatsbürgerliche Reife voraus, die erst durch einen entsprechenden Bildungsstand und durch ein Mindestmaß an staatspolitischem Bewusstsein und demokratischem Grundverständnis erworben wird. Doch diese Voraussetzungen waren früher ebenso wenig wie heute in der gewünschten Ausprägung vorhanden. Bereits Generaloberst von Seeckt hatte in seinem brillanten Problemaufriss ‚Heer im Staat' Streitkräfte mit einem politischen Bewusstsein gefordert: „In dem Sinn, in dem ich es verstehe, soll das Heer politisch sein, in dem Erfassen des Staatsgedankens."[6] Seeckt, dem unterstellt wird, er habe die Reichswehr zum „Staat im Staate" gemacht, hat bei näherer Betrachtung das genaue Gegenteil postuliert: „Wie der Staat so ist auch das Heer nicht um seiner selbst willen da, sondern sie sind beide Formen, in denen sich der Wille eines Volkes zum Leben und Bestehen zeigt. Aus diesem Verhältnis des Heeres zum Staat ergeben sich für beide Rechte und Pflichten. (…) Das Heer hat die Pflicht, sich in das Gesamtgetriebe des Staates einzufügen und sich dem Staatsinteresse unterzuordnen. (…) Dieses wird, seiner Eigenart entsprechend, zum ersten Diener des Staates, von dem es ein Teil ist."[7] Seeckt formuliert hier eigentlich Grundsätze, wie sie auch für die Stellung der Bundeswehr mit ihrer Führungskultur im bundesrepublikanischen Staatsgefüge gelten oder gelten sollten. Das abgenutzte Schlagwort vom ‚Staat im Staate' wird der komplexen Situation und schwierigen Rolle der Reichswehr in der Weimarer Republik ohnehin nicht gerecht.

Die grundsätzliche Herausforderung, die sich aus einem integrativen Ausgleich soldatischer Existenz und militärischer Gewalt mit Staat und Gesellschaft ergibt, und die dabei auftretende Problematik des Gewaltmonopols wurde in den Anfangsjahren der Bundeswehr auch von vielen Soldaten weder erkannt noch akzeptiert. Diese Integration in Staat und Gesellschaft, die in der heutigen Fassung der Zentralen Dienstvorschrift ‚Innere Führung‘ als wesentliches Ziel und als erster Grundsatz der Inneren Führung postuliert wird, galt es erst bewusst zu machen und zu vermitteln. Ein Erfahrungsbericht von 1967 über Lehrgänge an der damaligen Schule der Bundeswehr für Innere Führung befindet: „Viele LT (= Lehrgangsteilnehmer) zeigten zu Beginn der Lehrgänge jedoch nur geringe Einsicht dafür, dass auch in einem gut funktionierenden demokratischen Verfassungsstaat das Problem ‚Verhältnis der militärischen Gewalt zur zivilen Gewalt‘ besteht.“[8]

Auch neuerdings häufen sich gerade im jüngeren Offizierkorps wieder Stimmen, die vorgeben, sie könnten bereits mit dem Begriff des ‚Staatsbürgers‘ nicht mehr viel anfangen; in der Junktur mit dem Leitbild vom ‚Staatsbürger in Uniform‘ sei dieses Konstrukt ohnehin obsolet. Denn wenn bereits der Staatsbürgerbegriff als solcher nicht mehr verstanden und akzeptiert werde, sei auch die damit verbundene Inhaltsseite substanzlos und inhaltsleer geworden. Dieses Argument wurde 2015 beispielsweise von etlichen Teilnehmern des Lehrgangs für Nationale Generalstabs- und Admiralstabsausbildung im Rahmen eines Workshops am Zentrum Innere Führung wiederholt vorgebracht. So werde die Komplexität der Existenz als Bürger der Bundesrepublik Deutschland mit der Bezeichnung als ‚Staatsbürger‘ nicht mehr ausreichend erfasst, weil insbesondere durch die zunehmende Abgabe nationaler Souveränität an supranationale Systeme und durch die aktuelle Flüchtlingspolitik das gewohnte deutsche Staatsbürgertum ad absurdum geführt werde.

Ein ernstzunehmender Kritiker der Konzeption der Inneren Führung und ihres Leitbilds ist Dr. Jochen Bohn vom Institut für Theologie und Ethik der Universität der Bundeswehr in München. Er hat als Dozent erkennbar einige junge Offiziere geprägt, die ihre eigenen Vorstellungen zum soldatischen Selbstverständnis teilweise auch in den beiden Publikationen ‚Soldatentum‘ (2013)[9] und ‚Armee im Aufbruch‘ (2014)[10] deutlich machen. Bohn hat bereits 2011 in einem Essay in ‚Campus. Zeitung des studentischen Konvents‘ den ‚Staatsbürger in Uniform‘ als „inhaltsleere Hülle“ disqualifiziert und den Bundeswehrsoldaten eine Identitätslosigkeit bescheinigt, die sich im Grunde aus einer räumlichen und ideologischen Entgrenzung durch die Auftrags- und Einsatzrealität nach der deutschen Wiedervereinigung entwickelt habe. Aufgrund dieser diffusen „Wirklichkeitsentwicklung“ habe sich die alte, klar definierte „Grenze des Guten“ quasi in ein „Grenzchaos der Pluralität“

aufgelöst. Aus dieser Entgrenzung sei ein Identitätsproblem entstanden, das durch den alten Leitbegriff des Staatsbürgers in Uniform nicht mehr bewältigt werden könne. Der deutsche Soldat bewege sich unter den vorherrschenden „pluralen Bedingungen" nolens volens in einer paradoxen „Identität der Identitätslosigkeit". Da soldatische Identität auf gesellschaftlicher Identität aufbaue, führe deren Erosion zwangsläufig auch zur Auflösung der Identität der Soldaten der Bundeswehr.[11]

Bohn konstatiert aus seiner Sicht illusionslos: „Selbst eine Anpassung des Leitbildes vom Staatsbürger in Uniform ändert kaum etwas. Allenfalls kann die Hülle des Begriffs neu gestaltet werden. Der Inhalt dagegen bleibt ungewiss. Denn die Frage nach der Identität des Soldaten, die sich gerade durch die ‚neuen Kriege' existenziell aufdrängt, ist die Frage nach der Identität der deutschen Gesellschaft."[12] Bohn sieht nur zwei Möglichkeiten des Handelns: Entweder den konsequenten Umbau der Bundeswehr zur weltweit beliebig einsetzbaren Söldnerarmee oder einen künftigen Verzicht auf globale Einsatzbeteiligung zugunsten traditioneller Landesverteidigung. Ansonsten bliebe nur die Möglichkeit einer grundlegend neuen Identitätsbildung des Soldaten auf einem neuen Fundament, das sich von der individualisierten deutschen Gesellschaftsordnung mit einer „gegenwärtig tendenziell destruktive(n) Pluralität"[13] bewusst absetzt. Einer wirkungsvollen Beteiligung der Streitkräfte an einer echten Neuorientierung und Neu(er)findung einer Führungsphilosophie stünden jedoch „das funktionalistische Berufsverständnis und die ideologische Bedeutungslosigkeit der militärischen Führungseliten im Weg".[14] Nach Aussetzung der Wehrpflicht müsse die Bundeswehr zur Erhaltung ihrer Attraktivität und der daraus resultierenden Regenerationsfähigkeit „mit der guten Sache der Bundeswehr"[15] selbst werben. Worin diese „gute Sache" konkret bestehen soll, darauf hat Bohn, wie er abschließend einräumt, keine eigene Antwort. Er erweist sich damit als Bilderstürmer, der die alten Ikonen mit rhetorischer Vehemenz von der Wand reißt, aber nichts Überzeugendes bereithält, was deren Platz einnehmen könnte.

Allerdings setzt sich Bohn in keiner erkennbaren Weise mit den Werten, Normen und Tugenden auseinander, wie sie als rechtlicher, ethischer, aretologischer und sozialer Maßstab für die Konzeption der Inneren Führung und ihr Leitbild, ja für das Soldatentum überhaupt weiterhin Gültigkeit beanspruchen dürfen. Doch genau dort fände er nämlich das „Gute", das er vermeintlich so schmerzlich vermisst. Als die angehenden Generalstabsoffiziere im Workshop ihr angebliches Verständnisproblem mit dem traditionellen

Staatsbürgerbegriff beklagten, forderte ich sie auf, doch einfach einmal ungeachtet des gefühlten Defizits im Brainstorming selbst zu erarbeiten, was nach ihrer Erwartung einen (deutschen) Staatsbürger kennzeichnen sollte. Als das Flipchart mit den von ihnen genannten Begriffen vollgeschrieben war, mussten die Offiziere erstaunt feststellen, dass sie genau jene Attribute angeführt hatten, die einen klassischen Staatsbürger schon bisher definierten. Oftmals ist ein diffus empfundenes und von interessierten Kreisen geschürtes Unbehagen noch lange kein Grund, Bewährtes vorschnell und ersatzlos über Bord zu werfen. Adenauer hatte dafür ein Sprichwort: „Man kann schmutziges Wasser nicht wegschütten, solange man kein sauberes hat."

Und vielleicht ist, um im Bild zu bleiben, das Wasser zum Wegschütten viel zu kostbar und in Wirklichkeit gar nicht so schmutzig, sondern nur leicht eingetrübt. Dann sollte man es stattdessen sorgfältig filtern und klären. Genau das nimmt die Konzeption der Inneren Führung als ein von Anfang an dynamisch angelegtes Konzept mit ihren vielfältigen Weiterentwicklungsmöglichkeiten immer noch in Anspruch. Doch das im Kontext des Symbolbegriffs dargelegte, vermeintliche Auseinanderklaffen von Bezeichnung und Inhalt am klassischen Staatsbürgerbegriff selbst verweist auf erhebliche Unklarheiten und Defizite im Verständnis dessen, was Staatsbürgertum überhaupt bedeutet. Dieses Defizit hat seine Wurzeln eindeutig in einer von Anfang an unzureichenden Akzeptanz und Vermittlung politischer, historischer und ethischer Bildung primär in den Sozialisationsinstanzen unseres Staates und sekundär in der Bundeswehr selbst. Doch das ist bereits ein neues Kapitel. Es kann daher auch nicht mehr Aufgabe dieses Beitrages sein, noch einmal den Begriff der Staatsbürgerschaft und ihrer wesentlichen Kriterien zu erläutern. Das sollte eigentlich demokratisches Basiswissen und Grundverständnis sein. Vielleicht trüge aber eine einfache Begriffsklärung bei einigen dazu bei, den Begriff des Staatsbürgers – auch in Uniform – wieder besser oder überhaupt zum ersten Mal richtig zu verstehen.

Zusammenfassung

Das Verhältnis zwischen Bürger und Soldat, Zivilleben und Militär ist naturgemäß und traditionell spannungsvoll. Der Soldat verkörpert in seiner Existenz, in seinem Auftrag und in seinem Berufsprofil genuine Elemente, die auf einen „Zivilisten" manchmal befremdlich, ja bedrohlich wirken können. Umgekehrt stößt der Soldat im „Zivilen" gelegentlich auf Phänomene, die seinem

Selbstverständnis eklatant widersprechen. Selbst in einer Armee wie der Bundeswehr, die konstitutiv das militärische mit dem zivilen Element verbindet, ist ein echtes bundeswehrgemeinsames Selbstverständnis immer noch ein Desiderat. Es bedarf daher immer wieder der Vermittlung und des Ausgleichs, sowohl nach innen als vor allem auch nach außen. Die Konzeption der Inneren Führung hat mit den historischen Erfahrungen, die ein totalitäres System mit einem totalitären Menschenbild verursachte, mit dem Leitbild vom ‚Staatsbürger in Uniform' ein Praxismodell entwickelt, um diesen integrativen Ausgleich herzustellen. Der Soldat bleibt mit seinen Rechten und Pflichten immer auch ein souveräner Staatsbürger, unabhängig von der jeweiligen Wehrform, von dem jeweiligen Auftrag oder von der jeweiligen Einsatzform. Deshalb beeinträchtigen die Aussetzung der Wehrpflicht oder die Einsatzrealität auch nicht den Inhalt, die Sinnhaftigkeit, die Zielsetzung und die Praktikabilität dieses Leitbildes.

Vielmehr ist es so, dass gerade dieses Leitbild mit seinen elementaren Inhalten stets dafür gesorgt hat, dass die Bundeswehr in ihrem sechzigjährigen Bestehen trotz aller Krisen, Anfeindungen und Herausforderungen erfolgreich ihren Auftrag erfüllen konnte. Dieser Erfolg ist all den Menschen zu verdanken, die sich trotz vieler Unzulänglichkeiten, Enttäuschungen und Rückschläge immer wieder aufs Neue als überzeugte Staatsbürger in Uniform dafür eingesetzt haben, dass diese Konzeption mit ihrem Leitbild mit Leben erfüllt, gemeinsam glaubwürdig ausgestaltet, vielen neuen Anforderungen angepasst wurde und als Garant für die militärische Auftragserfüllung entscheidend blieb. All dies schließt notwendige und berechtigte Kritik natürlich nicht aus. Denn wo Menschen handeln, geschehen Fehler. Man sollte sich jedoch stets fragen, ob diese Fehler tatsächlich der Konzeption selbst anzulasten sind oder ob nicht vielmehr einzelne Personen mit ihrem Fehlverhalten die Grundsätze der Inneren Führung missachteten und damit letztlich auch das Leitbild vom Staatsbürger in Uniform diskreditierten.

Eine letzte persönliche Anmerkung: Das Wertefundament der Inneren Führung beruht im Schwerpunkt auf unserer großartigen christlichen Tradition, auch wenn das heute viele nicht mehr erkennen können oder in einer persönlichen Weise bekennen wollen. Ich tue dies hiermit ausdrücklich. Man hat der Inneren Führung oft vorgeworfen, sie überfordere als Idealmodell die Menschen. Aber das tun die Zehn Gebote doch auch. Es gibt jedoch keinen vernünftigen Grund, nicht danach zu leben.

Anmerkungen

[1] Handbuch Innere Führung. Hilfen zur Klärung der Begriffe. Schriftenreihe Innere Führung. Hrsg. vom Bundesministerium für Verteidigung. Führungsstab der Bundeswehr – B. Bonn 1957. S. 44.

[2] Diese Skizzierung der Rolle des Soldaten im Frühchristentum folgt Christoph Markschies: Das antike Christentum. Frömmigkeit, Lebensformen, Institutionen. Verlag C. H. Beck München. 2. Auflage 2012, S. 136 f.

[3] Vgl. hierzu Jörg Rüpke: Domi militiae. Die religiöse Konstruktion des Krieges in Rom. Franz Steiner Verlag. Stuttgart 1990.

[4] Hans-Georg von Studnitz: Abschied vom Bürger in Uniform. In: Der Spiegel. 38/1967 vom 11.09.1967, S. 40.

[5] Ebenda, S. 41.

[6] Generaloberst Hans von Seeckt: Heer im Staat. In: Gedanken eines Soldaten. Verlag für Kulturpolitik. Berlin 1929, S. 116.

[7] Ebenda, S. 114 f.

[8] Bundesarchiv – Militärarchiv (BA-MA) BW 2/11.908 Führungsstab der Streitkräfte: Aufstellung und Gliederung Zentrum Innere Führung 1956–1970. Schule der Bundeswehr für Innere Führung – SpezStab ATV Az 33-07, Tgb. Nr. 384/67, an den Bundesminister der Verteidigung, Fü S I 4. Betr.: Erfahrungsberichte über durchgeführte Lehrgänge 1967, 1. Halbjahr, Koblenz, den 11. Juli 1967, Anlage 1, S. 3f.

[9] Martin Böcker / Lars Kempf / Felix Springer (Hrsg.): Soldatentum. Auf der Suche nach Identität und Berufung der Bundeswehr heute. Olzog Verlag. München 2013.

[10] Marcel Bohnert / Lukas J. Reitstetter (Hrsg.): Armee im Aufbruch. Zur Gedankenwelt junger Offiziere in den Kampftruppen der Bundeswehr. Carola Hartmann Miles-Verlag, Berlin 2014.

[11] Jochen Bohn: Deutsche Soldaten ohne Identität: Uns fehlt die Idee des „Guten". In: Campus. Zeitschrift des studentischen Konvents. Ausgabe 01/11. München Juni 2011, S. 18–21.

[12] Ebenda, S. 19.

[13] Ebenda, S. 20.

[14] Ebenda, S. 20.

[15] Ebenda, S. 21.

Anforderungen an militärische Führungskräfte

Jürgen Weigt

Führungskompetenz – Haltung oder Technik?

Sich gedanklich mit den Anforderungen an zukünftige militärische Führungskräfte zu beschäftigen, erscheint auf den ersten Blick anspruchsvoll, spannend und in besonderem Maße zeitlos.

Das hängt – nicht zuletzt – mit der großen Zahl an Veröffentlichungen zusammen, die sich diesem Thema widmen; selbst bei großem Interesse und Engagement ist es kaum möglich, einen differenzierten Überblick zu erlangen. Beim Versuch einer groben Sichtung fällt auf, dass viele Veröffentlichungen in nicht unerheblichem Maß Vor- oder Ratschläge bereithalten oder gar „Lösungsrezepte" präsentieren; Mängel, Defizite oder Fehlentwicklungen fest im Blick, wird den Führungskräften geraten, was konkret dagegen getan werden sollte. Klärungsversuche, warum dies so ist, stoßen unweigerlich auf die scheinbar speziellen Erfahrungen, Einstellungen und Sichtweisen von Soldaten bzw. die Art, wie sie ihre Welt wahrnehmen. Mit Blick auf ihre Umgebung stellen Soldaten – Führungskräfte und Geführte gleichermaßen – fest, dass in weiten Teilen Übereinstimmung darin herrscht, in welcher Art und Weise gedacht werden sollte; nicht zuletzt, weil gegenseitiges Erleben gemeinsame Ansichten fördert. Solange diese Denk- und Handlungsabläufe imstande sind, auf die Herausforderungen des soldatischen Alltags funktionierende Antworten zu finden, entstehen kaum Probleme. Erst wenn sich keine „befriedigenden Antworten" auf neue, veränderte Situationen finden lassen, entstehen Schwierigkeiten; Zwangslagen, bei denen erwartet wird, dass sie vor allem von Führungskräften überwunden werden. Daraus entsteht bei vielen, vor allem jungen Führungskräften der nachvollziehbare Wunsch, in Sachen Problemlösung über Tipps und Ratschläge an die Hand genommen zu werden. Ein Verlangen, das aus der Vorstellung geboren zu sein scheint, dass Führungskompetenz überwiegend Erfahrungssache sei. Aber auch die routiniertesten Führungskräfte räumen ein: Es gibt kein: Nur so ist es richtig! Führungskompetenz erscheint eher als Haltung, denn als Technik. Dennoch ist die Anzahl der Beschreibungen, wie militärische Führungskräfte in idealer Weise sein sollten, Legende.

> *„... must know how to get his men their rations and every other kind of stores needed for war. He must have imagination to originate plans, practical sense and energy to*

carry them through. He must be observant, untiring, shrewd, kindly and cruel; simple and crafty; a watchman and a robber; lavish and miserly; generous and stingy; rash and conservative. All these and many other qualities, natural and acquired, he must have".[1]

An Offiziersschulen und Militärakademien werden unverändert Versuche unternommen, Berufsbilder militärischer Führungskräfte in berufsethischen Pflicht- und Tugendkatalogen zu dokumentieren. Im Praxistest des soldatischen Alltags begegnen militärische Führungskräfte dann aber Beziehungsmustern, denen sie sich verständnislos gegenüber sehen und Kommunikations- und Handlungsmuster, auf die sie sich nicht vorbereitet fühlen.

„Bataillonskommandeur… Von wegen… schönste Zeit des Lebens… Bin ich überhaupt noch Führungskraft? Was bestimme ich eigentlich noch? Manchmal fühle ich mich trotz meiner Schulterklappen wie ein Ober im Restaurant; mit einer reichhaltigen Menükarte in der Hand. Meine Soldaten sitzen am Tisch und entscheiden, ob sie etwas aus meiner Karte bestellen wollen oder meine Vorstellungen lediglich dazu benutzen, um ihr eigenes Süppchen zu kochen"[2]. Ein Beispiel für militärische Führungskräfte, die sich im Spannungsfeld zwischen Verwendungsform und Lebensprinzip aufgerieben fühlen; hin- und hergerissen zwischen Beruf und Berufung.

Führer – Ausbilder – Erzieher – Manager werden gesucht. Die militärischen Führungskräfte sollen all das sein; im Wissen, dass die dafür notwendigen Fähigkeiten nicht in Lektionen studierbar, sondern meist nur in der Praxis erfahrbar sind. Im 21. Jahrhundert sollen militärische Führungskräfte in zunehmendem Maße ganzheitlich denken. Sie sollen bewusst unterschiedlichste Lösungsansätze und Sichtweisen in ihre klassischen Denk- und Handlungsmuster – mit Blick auf übergeordnete Interessen – einfließen lassen. So kann es nicht verwundern, dass gerade jüngere, noch in der Entwicklung befindliche Führungskräfte die bestehenden Strukturen ernsthaft in Frage stellen und gemeinsam reflektieren, ob die herrschenden Regeln oder die über sie definierten Handlungs- und Beziehungsmuster zukünftig noch Sinn machen oder ob sie unter den angenommenen Bedingungen radikal verändert werden müssen.

Comprehensive Approach – Verlagerung von Herausforderungen?

In den letzten Jahren ist der sogenannte „comprehensive approach" zum international anerkannten Leitbild für erfolgreiches Krisen- und Konfliktmanagement geworden. Durch Bündelung und/oder Arbeitsteilung sollen dabei vor allem die Ressourcen der Diplomatie, der Entwicklungszusammenarbeit, der zivilen Friedenskräfte sowie der militärischen und polizeilichen Sicherheitskräfte optimiert zum Einsatz gebracht werden. Ziel des Ansatzes ist es, überwiegend gewaltsam ausgetragene Konflikte wirksamer zu bearbeiten und damit aktiv zu Frieden und Sicherheit in der Welt beizutragen. Im Rahmen eines solchen Verständnisses wird sich keine zukünftige Führungskraft absehbar aussuchen können, ob, wie oder in welcher Rolle sie in diesem vernetzten Ansatz stattfinden oder wirken möchte. Durch die ständig wachsende Zahl der Interaktionspartner und die Dynamik der Beziehungen zwischen ihnen hat das traditionelle Verständnis von Sicherheitspolitik und strategischem Kontext seine Trennschärfe längst verloren. Der Handlungsrahmen einer militärischen Führungskraft entzieht sich dabei allzu oft rein militärischen Bewertungskriterien; an ihre Stelle treten politische, historische, soziale, wirtschaftliche oder technologische Regelmäßigkeiten, die einen „more balanced use of all instruments in support of other agencies"[3] erforderlich machen.

Aber auch unter den Bedingungen eines „comprehensive approach" prallen für militärische Führungskräfte unverändert normative Kategorien – wie z.B. Einsatzregeln, Mandatsobliegenheiten, Führungsphilosophie, Selbstverständnis, Glaubensbekenntnis – mit Wirksamkeitsüberlegungen militärischen Denkens und Handelns zusammen. Nicht ausnahmsweise; und nicht mehr auf den „strategos", den klassischen „Heerführer" beschränkt. Vorfälle an Checkpoints, Kampfhandlungen wie das „Karfreitagsgefecht" am 2. April 2010 oder die Bombardierung der Tanklastzüge am 4. September 2009 in Kundus haben längst Beispielcharakter angenommen; besonders für die Verlagerung bislang eher „strategischer Herausforderungen" bis auf unterste Führungsebenen.

Dennoch lassen sich – trotz einer insgesamt großen Anzahl von Soldaten der Bundeswehr, die an Auslandseinsätzen beteiligt waren – nur vergleichsweise wenige identifizieren, die in Gefechtshandlungen Aufschlüsse über tiefwirkende Reaktions- oder Verhaltensmuster in Extremsituationen erhalten haben. Ungeachtet dieser empirischen Tatsache wird die Bedeutung entsprechender Erlebnisse und Erfahrungen für die konzeptionelle, strukturelle, planerische, organisatorische und ausbildungstechnische Weiterentwicklung der deutschen Streitkräfte von jungen Führungskräften als extrem wichtig erachtet. So haben sich in Eigeninitiative u.a. 16 junge Offiziere und Offiziersanwärter der Bundeswehruniversität Hamburg in ihrem Buch „Armee im Aufbruch"[4] mit ihren Gedanken, Meinungen, Empfindungen und Vorstellungen zum Beruf des Offiziers zu Wort gemeldet. Couragiert fordern Einzelne in ihren Beiträgen vor allem eine stärkere thematische Verankerung von „Kampf" als Wesenskern deutscher Streitkräfte in das Konzept der Inneren Führung.

Können aber Gefechtserlebnisse Einzelner tatsächlich das Selbstverständnis von Soldaten, die diese Erfahrung nicht machen konnten, tiefgreifend und nachhaltig beeinflussen? Eine im Rahmen dieses Beitrages kaum zu beantwortende Frage. Dennoch: Vorstellungen von Kampf oder den daraus entstehenden Risiken im Anforderungsprofil künftiger militärischer Führungskräfte vermeiden zu wollen, erscheint auf den ersten Blick genauso zweifelhaft wie der Versuch, vorschnell den Kämpfer im Gefecht als Alleinstellungsmerkmal einer künftigen Führungskraft propagieren zu wollen. Trotzdem verdienen die Überlegungen der jungen Autoren Beachtung und Aufmerksamkeit. Vielleicht lässt sich einiges tatsächlich auf den Ebenen besser entwickeln, die es vor allem betrifft. Mit Blick auf die künftigen Anforderungen sollten möglichst viele Ideen aufgegriffen und diskutiert werden, um aus der geistigen Auseinandersetzung ein Bild entwickeln zu können, das zukünftigen Führungskräften Orientierung, Berufsstolz und Identifikation ermöglicht sowie den geistigen Zusammenhalt zwischen Führungskraft und Geführten fördert, aber auch in die Politik und die Gesellschaft wirkt.

Vom Einsatz her denken – Aber in welche Richtung?

Eine Armee bewährt sich in den Aufgaben, die ihr eine reale Welt stellt und lernt dabei, was sie lernen soll! Eine tiefgründige Feststellung, die mit Blick auf das gestellte Thema kaum ernsthaft bestritten werden dürfte. Aber was ist die reale Welt, die den Soldaten der Bundeswehr – Führungskräfte und Geführte – die Aufgaben stellt und sie dazu bringt, aus ihr zu lernen, was sie lernen sollen?

Vor wenigen Jahren schien die Bundeswehr darauf die Antwort gefunden zu haben – Vom Einsatz her denken. Gedacht wurde damals ausschließlich an den ISAF- Einsatz in Afghanistan. Unter dem Einfluss sich täglich neu ergebender Anforderungen am Fuße des Hindukusch – gerade auf den unteren taktischen Führungsebenen – wurden innerhalb kürzester Zeit grundlegende strukturelle und organisatorische Änderungen innerhalb der Bundeswehr vorgenommen. So wurden nicht zuletzt erhebliche Teile der Truppen- und Führerausbildung grundlegend überarbeitet. Die Einsatzrealität prägende Patrouillenfahrt entwickelte sich so aus den Niederungen allgemeiner Aufgaben im Gefecht zur Stilikone taktischen Denkens und Handelns im Rahmen von Landoperationen. Aber schon damals war diese Einsatzrealität von scheinbar unterschiedlichen Eindrücken geprägt; kreative Wortschöpfungen wie „DRINNIS" und „DRAUSSIS" gehören zu den bekanntesten Beispielen für solche Wahrnehmungsdifferenzen. Als sei die sachgerechte Bewertung eines Auslandseinsatzes nicht schon kompliziert genug, bereichern in neuester Zeit zusätzliche Verwendungsformen von Streitkräften wie das Bereithalten von Kräften im Inland („STANDBY-Modus"), einsatzgleiche Verpflichtungen, Dauereinsatzaufgaben oder Übungen im Ausland zur Unterstützung von NATO-Partnern den Fundus an Einsatzrealität prägendem Denken.

Bereits die wenigen Beispiele machen deutlich: Der Begriff EINSATZ ist vielfach belegt, mehrdeutig, mit speziellen Erwartungen verknüpft und mit Blick auf die aktuelle Lage kein hinreichendes Abbild der Bundeswehr-Realität, aus der gelernt werden kann, was für Führungskräfte und Geführte zu lernen ist. Weitergehende definitorische Streitigkeiten über den Einsatzbegriff sind in diesem Zusammenhang nicht zielführend; als „Rollenmodell" zur Bestimmung der Anforderungen an zukünftige militärische Führungskräfte ist der klassische Einsatzbegriff aus Sicht des Autors nicht mehr geeignet.

Von den Aufgaben her denken

Auch ohne Blick in die „Kristallkugel" zeichnet sich ab: Die Aufgabenfülle und ihre Vielfalt wird für die Angehörigen der Bundeswehr weiter anwachsen; ihre Führungskräfte müssen sich absehbar in deutlich mehr und anderen Aufgaben bewähren, als sie bislang unter dem Begriff EINSATZ erfasst werden konnten. Grund genug zu versuchen, auf der Grundlage eines umfassenden Aufgabenkatalogs Anforderungsprofile für künftige Führungskräfte in systematischer Art und Weise abzuleiten. Auf Basis einer solchen variablen Aufgabenskizze besteht – zumindest theoretisch – die Möglichkeit, die Lektionen zu bestimmen, die zur Aufgabenerfüllung gelernt werden sollten.

Im Rahmen dieses Beitrags soll dies auf Basis eines vereinfachten, im Bundesministerium der Verteidigung entwickelten „Missions-Modells"[5] geschehen, in dem künftige Aufgaben (oder Missionen) der Bundeswehr in plakativer Form skizziert werden. Trotz der Limitierungen solcher Modelle – und ohne Anspruch auf Vollzähligkeit oder Vollständigkeit der Darstellung – beschreibt das hier vorgestellte „Missions-Modell" künftige Aufgaben der

Bundeswehr in einer umfassenderen Betrachtungsweise als bisher. Einer gemeinsamen Logik folgend, werden mögliche Aufgaben im In- und Ausland aufgelistet und verfassungsrechtlich geordnet, ohne sie aber nach politischer Wichtigkeit zu bewerten.

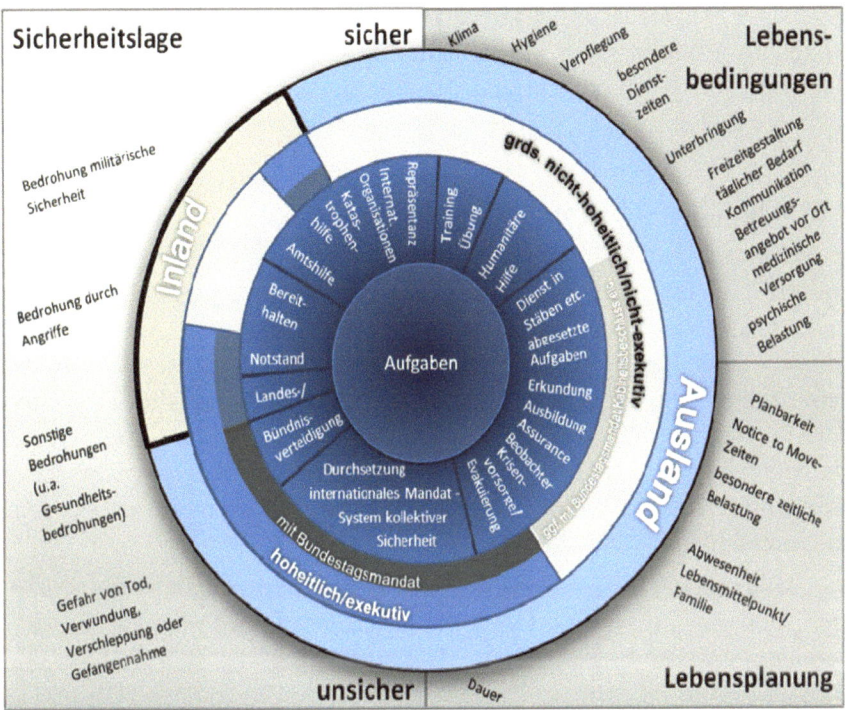

Abbildung: Missions-Modell

Die eigentliche Bedeutung erlangt das „Missions-Modell" aus der Tatsache, dass es neben den militärischen auch die zwischenmenschlichen Herausforderungen für die Lebensbedingungen und die Lebensplanungen deutscher Soldaten zu erfassen versucht; einschließlich ihrer künftigen Führungskräfte. Das reicht vom Routinedienstbetrieb am Standort über Truppen- bzw. Führerausbildung und dem obligatorischen „In Übung halten" zu den absehbaren „Missionen", mit denen sich die Bundeswehr in Zukunft vorstellbar konfrontiert sieht. Aus einem solchen Aufgabenkatalog können mit Hilfe geeigneter Analysetools sogar Gefährdungs- oder Bedrohungsgrade, physische oder psychische Belastungsfaktoren, Motivations- oder Demotivationsfaktoren und vieles mehr „quasi" abgeleitet werden.

Reicht das aber aus, um einen zukunftstauglichen Anforderungskatalog für künftige Führungskräfte entwerfen zu können; als „Blaupause" für „Fit für die Aufgaben-Pläne" oder als Richtliniendokument für die Neubearbeitung der Ausbildungscurricula der Offiziers- und Unteroffiziersschulen? Eine gewisse Skepsis ist angebracht. Trotzdem kann vieles im Verständnis des vorgestellten Modells getan werden; eher im Grundsätzlichen, aber mit gewisser Aussicht auf Wirksamkeit und Nachhaltigkeit für die Führungskultur innerhalb der Bundeswehr.

Womit schon heute begonnen werden kann

Viele wollen es und machen keinen Hehl daraus; sie wollen die Bundeswehr verändern. Gar manche wollen sie sogar retten. Aber jeder, der es versucht, bemerkt relativ rasch, dass nichts passiert, wenn nicht die Anderen die Notwendigkeit einer Veränderung ihrerseits für sinnvoll erachten und mittragen. Zudem ändern alle Erfahrungen aus Einsätzen nichts an der Tatsache, dass Soldaten – auch ihre zukünftigen Führungskräfte – durch „ihre" Armee gemacht werden und lediglich geboren werden müssen; also nicht schon als Führungskraft auf die Welt kommen müssen. Das ist mehr als ein semantischer Unterschied.

Militärische Führungskräfte, die, zusammen mit den von ihnen Geführten, den im „Missions-Modell" skizzierten Anforderungen gerecht werden sollen – bis zur Bewährung im Gefecht –, müssen sich deshalb von Beginn an und ohne erkennbare Brüche in einer „durchgängigen Führungskultur zu Hause fühlen"; einer Führungskultur, in der militärische Professionalität und Menschenbezogenheit sowie gegenseitiger Respekt nicht voneinander zu trennen sind. Vom ersten Augenblick an in dem Bewusstsein geprägt und erzogen, dass die Führungskultur einer Armee durch das Wissen, das Können, die Fähigkeiten und Fertigkeiten sowie die Erfahrung aller Soldaten bestimmt wird. Das ist und bleibt die Voraussetzung dafür, dass eine militärische Führungskraft von Anfang an begreift, dass persönliche Hinwendung an die Aufgabe, Urteils- und Entscheidungsvermögen, Fähigkeit zur Kommunikation und individuelle Lernbereitschaft erst eine lagebezogene Anpassung an die Komplexität unterschiedlichster Anforderungen möglich machen.

Dabei kann es keine „objektive Wirklichkeit" einer Führungskultur geben – die Wirklichkeit entsteht immer im Auge des jeweiligen Betrachters.

Mit dem Konzept der Inneren Führung wird in den Streitkräften zwar angenommen, es bestehe bereits automatisch eine zwischen den Soldaten abgesprochene Führungskultur, nach der sich Führungskräfte und Geführte gemeinsam richten müssten. Aber ein Konzept – und da macht Innere Führung keine Ausnahme – legt nur die Grundlagen und Prinzipien für die Gestaltung der Führungsbeziehungen fest. Deren Anwendung im soldatischen Alltag ist jedem Beteiligten – Führungskraft und Geführte – selbst überlassen. Es ist geradezu zwangsläufig, dass wahrgenommene Unterschiede in der Anwendung der Prinzipien innerhalb beider Gruppen immer wieder dazu führen, dass die „empfundene" und die „gewünschte Realität" nicht oder nicht restlos übereinstimmen. Daraus können Enttäuschungen entstehen; aus der Tatsache erklärbar, dass Führungskraft und Geführte häufig davon ausgehen, dass ihre eigene Vorstellung davon, „wie es sein soll", von allen anderen genauso gesehen wird. Erfolgreiche Führung in der Zukunft wird deshalb stärker als zuvor von gegenseitiger Verständigung abhängen; davon, dass Führungskraft und Geführte besser zu verstehen versuchen, was der jeweils andere mit dem meint, was er sagt.

Wie künftig gedacht werden könnte[6]

Sind wir in Sachen Verständigung eigentlich sicher, dass innerhalb der Bundeswehr exakt und für alle nachvollziehbar erklärt ist, was z.B. unter dem Begriff „einsatzbereit" verstanden wird? Bei einer streitkräftegemeinsamen Erhebung würden mit großer Wahrscheinlichkeit in Bezug auf Fragen nach „einsatzbereiten Streitkräften" oder „individueller Einsatzbereitschaft" viele unterschiedliche Antworten herauskommen. Das Fatale daran ist, dass jeder exakt, allerdings nicht klar abgesprochen, nach seinen persönlichen Vorstellungen von „Einsatzbereitschaft" handelt – und sich subjektiv völlig zu Recht schlecht behandelt fühlt, wenn sein Verhalten nicht gewürdigt, sondern – im „worst case" – sogar sanktioniert wird. Wer ist dabei im Recht, wer im Unrecht?

Viele Fragen; und häufig keine Antworten. Dabei braucht funktionierende Führungskultur in der Bundeswehr klare Antworten; in allen Bereichen. Wie muss sich denn eigentlich eine Führungskraft verhalten? Woran wird die Leistungsfähigkeit eines Teams tatsächlich gemessen? An ihren Prozessen? Am Erfolg? Was macht Erfolg aus? Wie viel Verantwortung wird an wen übertragen? Woran sollen sich alle im Team orientieren? Wie viel Kontrolle untereinander ist notwendig/gerechtfertigt? Führungskräfte sind gezwungen, Antworten auf Fragen dieser Art zu finden, denn sie tragen grundsätzlich die Verantwortung. Aber Führungskräfte müssen gleichzeitig akzeptieren, dass es nicht nur eine Antwort darauf gibt; etwa ihre. Jeder Einzelne im Team – Führungskraft wie Geführte – beantwortet Fragen dieser Art auf der Grundlage eigener Erfahrungen und Wertvorstellungen, Ziele und Erwartungen. Auf ganz persönliche Weise. Und verhält sich entsprechend. Führungskräfte tun gut daran, ihre Antworten dabei ständig dahingehend zu überprüfen, ob die Geführten alles darin verstehen, für sinnvoll befinden und annehmen können. Eine derartige gedankliche Überprüfung ist deshalb so wichtig, weil Menschen – Führungskraft wie Geführte – dazu neigen, das zu tun, was in der jeweiligen Situation für sie den meisten Sinn ergibt. Mit einer gewissen Hartnäckigkeit halten sich dennoch Vorstellungen, Geführte durch Einwirkung von Macht, Autorität oder Kontrolle in bestimmte Richtungen verändern zu können.

„Der Kommiß besteht nun darin, dass immer einer über den anderen Macht hat." Jede Macht von außen wird aber immer vor der endgültigen Entscheidung des Einzelnen, sich in einer bestimmten Art zu verhalten oder nicht, kapitulieren müssen. Führungskräfte, die Geführte dazu bringen wollen, so zu denken, zu fühlen oder zu handeln, wie sie selbst, werden diese Erfahrung machen. Früher oder später. Eine nachhaltige Veränderung bei Geführten auf diese Art herbeizuführen, ist – folgt man der vorangegangenen Denkungsweise – nicht möglich.

Diese vermeintlich gewagte Feststellung steht nicht im Widerspruch zu der Tatsache, dass Geführte – wie alle Menschen – selbstverständlich beeinflussbar sind – z.B. durch ihre Umgebung. Trotzdem bleibt die letztendliche Entscheidung über das eigene Verhalten exklusiv bei jedem selbst; unvorhersehbar in Richtung und Auswirkung. Eine Entscheidung fällt grundsätzlich leichter, wenn sich für den Einzelnen Sinn darin erkennen lässt – verbunden mit dem Willen, sich verändern oder handeln zu wollen.

Alle getroffenen Feststellungen sind übrigens keineswegs neu; die Konzeption Innere Führung mit dem Leitbild vom Staatsbürger in Uniform weist in Zielsetzung und Beschreibung der Anforderungen ausdrücklich auf den Umstand hin. Alles, was Führungskraft und Geführte tun oder nicht tun, hat letztlich Auswirkungen; es bleibt in vielen Fällen lediglich offen, welche. Führungskultur sollte immer die Möglichkeit zur Erweiterung bzw. Veränderung der Wahrnehmungsfähigkeit aller Beteiligten in sich tragen. Nicht allein durch Vorgaben, Reglements oder starre Regeln, sondern eher durch situativ angepasste Denk- und Handlungsmuster. Damit kann auch die Frage nach dem ultimativ richtigen Führungsstil eindeutig beantwortet werden; es gibt keinen „richtigen" Führungsstil. Es gibt nur solche, die zum Wesen der Führungskraft, zu den Bedürfnissen der Geführten und den Anforderungen der Lage passen; und solche, die nicht passen. Führungskräfte sind deshalb gut beraten, die Auswirkungen ihres Führungshandelns – insbesondere aus der Sicht der Geführten – sorgfältig zu überdenken, bevor sie Entscheidungen treffen. Denn mit ihrer Entscheidung wählen sie alle anderen Möglichkeiten – auch diejenigen, die von den Geführten präferiert werden könnten – bewusst ab.

Eine derartige Führungskultur kann weder angeordnet noch im klassischen Verständnis ausgebildet oder gelehrt werden. Eine solche Führungskultur kann nur erlebt, erfahren und weitergegeben werden. Dazu werden im Folgenden einige Gedanken und Ideen vorgestellt; in Thema und Ausrichtung weder revolutionär noch neu. Sie erheben lediglich den Anspruch, weiterführende Diskussionen anzuregen.

Was könnte künftig verändert werden?

Womit könnte Führungskultur – mit Blick auf die Anforderungen an künftige Führungskräfte – positiv beeinflusst werden?

1. Einstellung

Der Umgang miteinander ist der Schlüssel zu einer erfolgreichen Führungskultur. Soziale Kompetenz war schon immer wichtig; auch schon zu einer Zeit, als man diesen Begriff überhaupt noch nicht kannte. Das Wissen um menschliche Verhaltensweisen allein reicht aber nicht aus. Führungskräfte von Morgen müssen sich tatsächlich in die Lage versetzt fühlen, ein entsprechendes Klima des Miteinanders erzeugen bzw. beeinflussen zu können. Denn wenn der Grad der Wirksamkeit und die Zielerreichungsquote bei der künftigen Aufgabenerfüllung gesteigert werden sollen, sind Vorstellungsvermögen und Phantasie aller Beteiligten, ungeachtet von Status, Dienstalter oder Hierarchieebene, unverzichtbar, um wirksame Strategien zu entwickeln. Warum unverändert überlieferte Glaubenssätze verfolgen, dass Führungskräfte grundsätzlich „ahnen" müssen, was die von ihnen Geführten denken oder wie sie fühlen? Es besteht doch die Möglichkeit, sie im Rahmen ihrer Aus-

und Weiterbildung so zu erziehen, dass sie ihre Untergebenen aktiv ermuntern, Gedanken und Gefühle auf der Suche nach gemeinsamen Lösungen für Probleme selbst zu artikulieren. In einer Armee, die nur aus Freiwilligen besteht, dürfen sich aus Dienstgrad und Rang keine Privilegien innerhalb einer Diskussion ergeben; es gibt kein Copyright auf gute Ideen. Auch der Umkehr der Erfahrungs- und Kompetenzebenen, bei dem wichtige Teile der Berufserfahrung sich innerhalb der Altersstruktur nach „unten" verschieben, ist Rechnung zu tragen.

2. Führungskräfteauswahl

Eine der Schwierigkeiten bei der Identifizierung von Menschen mit Führungsbegabung liegt im Zeitpunkt der Auswahl. Die Bundeswehr – im Vergleich zu anderen Mitbewerbern - steht auch künftig vor der Herausforderung, ihren Führungskräftenachwuchs nicht nur nach besonderen Kriterien auszuwählen, sondern auch dafür zu sorgen, dass bei der Berufsentscheidung des Einzelnen die besonderen physischen, psychischen, intellektuellen, aber auch ethisch-moralischen Anforderungen des Soldatenberufs einbezogen worden sind. Gerade dem Teenageralter entwachsen, sollen vielen Bewerbern Bilder von der Dynamik eines Berufes vermittelt werden, der – anders als in den meisten anderen Broterwerben – mit starken Einschnitten in den persönlichen Lebensbereich verbunden ist (vergleiche dazu auch „Missions-Modell").

Führung von Menschen heißt immer auch Führung vor Menschen. In einer lebenstauglichen Wechselbeziehung müssen Führungskraft und Geführte „vergleichbare Bilder" von einer funktionierenden soldatischen Gemeinschaft gewinnen können, die auf Vertrauen, Ehrlichkeit, Solidarität und Kameradschaft basiert. Mit den derzeitigen Offizier- und Feldwebelanwärterbataillonen lassen sich Gefahren einer „systembasierten Entfremdung von Truppe und dem Führer- und Unterführernachwuchs" kaum vermeiden.

3. Ausbildungsanpassung

In der Führungskräfteausbildung der Bundeswehr bestimmt auch heute noch der „Wie geht etwas?"-Ansatz die Lehre, in dem zumeist Lösungen auf Basis von „funktionstüchtigen Patentrezepten" angeboten werden. Trotz flammender Plädoyers für die entscheidende Bedeutung der Auftragstaktik als dem Führungsprinzip der Bundeswehr wird erstaunlich selten die Klärung des

„Warum" und „Wofür" in die Formulierung der Ausbildungsziele einbezogen. Problemlösungsverfahren werden zwar ausgebildet, ihre praktische Anwendung bleibt aber meist auf spezielle Bereiche (z.B. taktische Führung von Landstreitkräften) beschränkt. Eine Anreicherung durch individuelle Logik und Phantasie der heranwachsenden Führungskräfte ist in den „gelben Seiten" der Leitungslösungen häufig nicht vorgesehen. Die Erprobung der erlernten Fähigkeiten und Fertigkeiten in alltäglichen Lebenssituationen mit Hilfe von praxisorientiertem Handlungstraining wird ebenfalls kaum gefordert. Dabei ist insbesondere die Stärkung von Vertrauen in die praktische Nutzbarkeit ausgebildeter Grundsätze wichtig. Auch eine stärkere Verzahnung unterschiedlicher Ausbildungsabschnitte auf der Grundlage gemeinsamer Zielvorstellungen kann sich positiv auf die Führungskultur innerhalb der Streitkräfte und das Selbstverständnis vieler junger Führungskräfte auswirken.

Was könnte künftig verlangt werden?

Künftige Führungskräfte stehen vor der Herausforderung, nicht nur führen, sondern gut führen zu müssen. Jeder Geführte – besonders, wenn er sich freiwillig für den Dienst in den Streitkräften entscheidet – hat nämlich ein Recht darauf, diese Leistung einzufordern. Das ist schon deshalb wichtig, weil Führungskräfte vor allem der Wirksamkeit derer dienen, die sie führen. Führungsbeziehungen bleiben auch zukünftig immer Beziehungen zwischen Menschen. Die Organisation ernennt innerhalb dieser Beziehungen Vorgesetzte; allein die Akzeptanz der Geführten macht aus ihnen Führungskräfte. Führung von Menschen setzt deshalb voraus, dass Führungskräfte sich selbst und andere verstehen können. In der Vergangenheit, in der Gegenwart und in der Zukunft. Vertrauen ist dabei das wichtigste Kapital, auf das sie zurückgreifen können. Ohne gesundes Selbstbewusstsein und Selbstbehauptung kann eine Führungskraft bewusste Zusammenarbeit nicht gestalten. Dies schließt Empathie und die Bereitschaft, die Interessen und Erwartungen der Geführten zu verstehen, ausdrücklich mit ein. Führen ist vor allem aktive Kommunikation. Nur durch sie entstehen gemeinsame Überzeugungen und Zuversicht; wenn Menschen sich auf Augenhöhe begegnen und sich ihr Zusammengehörigkeitsgefühl wechselseitig mitteilen. Führungsbeziehungen lassen sich aktiv und initiativ gestalten; Führen durch Vorbild ist dabei auch künftig alternativlos. Aber Führungskräfte der Zukunft stehen auch vor besonderen Herausforderungen. In einer Armee der Freiwilligkeit und im Rahmen ganzheitlichen Denkens – weit jenseits klassischer militärischer Denk- und Handlungsmuster – müssen sie Sinn und Zweck von Streitkräften mehr denn je rechtfertigen und gleichzeitig ihre Position als Führungskräfte und ihr beabsichtigtes Vorgehen legitimieren können.

Zukünftige Führungskräfte brauchen dazu vor allem Mut. Mut, Verhalten beizubehalten, wenn Führungssituationen nicht verändert, sondern nur anders betrachtet werden müssen. Mut, Denken und Handeln zu verändern, wenn andere Sichtweisen keine Lösung beinhalten. Mut zur Kombination aus Bewahren und Verändern, wenn daraus zusätzliche Handlungsalternativen entstehen. Und schließlich Mut zu ganz Neuem, wenn scheinbar bewährte Denkmuster nicht mehr weiterhelfen. In den dazu notwendigen Anpassungsprozessen werden sie auch künftig immer in vorderster Front stehen müssen – als Vordenker – Vormacher – Vorbilder.

Anmerkungen

[1] Siehe dazu: Owen, Connelly, On war and leadership, Princeton 2002, S. 90

[2] Siehe dazu: Gesprächsbemerkung eines Lehrgangsteilnehmers am Zentrum Innere Führung vom November 2015

[3] Siehe dazu: US Joint Publication 3-0, Joint Operations, Sept 2006, S. X

[4] Siehe dazu: Bohnert, M., Reitstetter, L.J., Armee im Aufbruch, Miles Verlag 2014

[5] Siehe dazu: BMVg – Arbeitsgruppe Einsatz, hier: Vortrag der Arbeitsergebnisse durch Oberstleutnant i. G. Biefang vor Beirat Innere Führung am 9. September 2015 in Berlin

[6] Gedanken in Anlehnung an: Radatz, Sonja, Beratung ohne Ratschlag, Wolkersdorf 2015

[7] Siehe dazu: Remarque, Erich Maria: Im Westen nichts Neues, Köln 1993, S. 44

Führungsbegleitung in militärischen Organisationen – Der freiwillige Weg zu höherer Führungskompetenz?

Walter Sauer

Menschenführung in den Streitkräften

Zeitgemäße Menschenführung ist in der Bundeswehr heute mehr denn je zentrale Herausforderung militärischer Führungsverantwortung und des sich daraus ergebenden Führungshandelns. Als moderne Streitkraft erwartet sie von ihrem Führungspersonal zunehmend flexible Anpassung an sich verändernde Strukturen und Organisationsformen. Weltweite Einsätze sind heute fester Bestandteil des Soldatenlebens. Unter diesen Bedingungen gewinnt auch die kontinuierliche Nachwuchsgewinnung nach Aussetzung der allgemeinen Wehrpflicht einen ganz besonderen Stellenwert. Deshalb erscheint es dringend geboten, dass Menschenführung als ein dynamischer Prozess verstanden wird, der ständig zielorientierter Überprüfung und individueller Anpassung bedarf, um Vertrauen zu schaffen und Berufszufriedenheit zu erlangen.

Ähnlich den Erfahrungen in Industrie und Wirtschaft, die der Investition in Aus- und Weiterbildung im Rahmen von Führungskräftetrainings (Coaching, Supervision u. ä.) eine hohe Bedeutung für den „Output" zuweisen, bedarf es auch in den Streitkräften ständiger und innovativer Investition in die Menschenführung, um militärisch zielführend, erfolgreich und in hohem Maße sozial verträglich zu sein. Für das Berufsbild Soldat darf der Zusammenhang zwischen Menschenführung und Berufszufriedenheit nicht aus dem Blickfeld verloren gehen. Deshalb hat das Zentrum Innere Führung schon vor mehr als zehn Jahren ein auf militärische Belange abgestimmtes, eigenes Coaching-Modell entwickelt, das unter dem Namen Führungsbegleitung in militärischen Organisationen (FMO) seither kontinuierlich auf allen Ebenen, vorwiegend auf Einheits- und Verbandsebene, zum Einsatz kommt.

„Coaching ist als Mittel zur Steigerung der Veränderungsfähigkeit und Veränderungsbereitschaft von Mitarbeitenden nicht nur in turbulenten Zeiten und in Phasen grundlegender sowie rascher Veränderungen wichtig. Es wird zunehmend auch in vorhersehbaren, kontinuierlichen Entwicklungsphasen von Unternehmen und öffentlichen Institutionen zur Betreuung und Förderung von Mitarbeitenden und Teams aller Stufen eingesetzt."[1]

Die Anfangsfrage war: Was in Industrie und Wirtschaft seit Jahren Gang und Gäbe ist, könnte das auch in den Streitkräften funktionieren? Wie würden Führungskräfte auf Coaching reagieren, die es gewohnt sind, Befehle zu geben und Gehorsam zu verlangen? Es funktionierte. Es funktioniert seit vielen Jahren. Die Akzeptanz nimmt stetig zu. Die Erfolge sind nachweisbar.

Die Aufgaben und Strukturen in den Streitkräften haben sich aber auch seit Jahren geändert und ändern sich fortlaufend. Es stellen sich neue, weiterführende Fragen:

Welche Rahmenbedingungen trifft die FMO in der Truppe an, in einer Armee, die zunehmend mit schwierigen Einsatzaufträgen im Ausland befasst wird? In der nicht nur die Betroffenen, sondern selbst der Wehrbeauftragte Hans-Peter Bartels beklagen, dass der Grundbetrieb deshalb vernachlässigt worden sei, was sich nach seiner Feststellung negativ auf die Berufszufriedenheit der großen Mehrzahl der Soldatinnen und Soldaten auswirken könne. In vielen Bereichen sei ein geregelter Ausbildungsbetrieb so nicht möglich, was „Unzufriedenheit, Frustration und das Gefühl mangelnder Wertschätzung und Resignation" zur Folge haben könnte,[2] während die Verteidigungsministerin Ursula von der Leyen fordert, „gut ausgebildete, verantwortungsbewusste und sozial kompetente Männer und Frauen für den Dienst in der Bundeswehr zu gewinnen und auch zu halten". Diese Aufgabe sei zuallererst eine Frage der Inneren Führung.[3] Dieser scheinbare Widerspruch schreit geradezu nach Auflösung. Das Zentrum Innere Führung hält hierfür seine Coaching-Teams[4] bereit – für den Grundbetrieb im Standort, den Ausbildungsbetrieb auf Truppenübungsplätzen oder für den Einsatz im Ausland.

Belastungen der Soldatinnen und Soldaten

„Keiner kommt aus dem Einsatz so zurück, wie er hingegangen ist." Diesen oder ähnliche Sätze habe ich in meiner langjährigen Lehrtätigkeit am Zentrum Innere Führung in Lehrgängen oder in Einsatznachbereitungsseminaren[5], am häufigsten aber in der FMO gehört. Der Satz stimmt immer wieder nachdenklich. Aber er ist zugleich auch Aufforderung an alle, die in den Streitkräften für Menschen Verantwortung tragen, diesen Befund ernst zu nehmen und in ihrem Führungsverhalten zu berücksichtigen.

Theoretische und praktische Ausbildung, mentale Vorbereitung und weitgehende psychische Stabilisierung des eingesetzten Personals sind nach meinen Erkenntnissen einander ergänzende und unerlässliche Komponenten einer wirksamen Einsatzvorbereitung, -begleitung und -nachbereitung. Dabei gilt der Grundsatz: Prävention geht vor Rehabilitation.

Nun gut, Rehabilitation ist manchmal ein öffentlichkeitswirksames Thema, wenn wieder einmal „Schlimmes" im Einsatz passiert ist, und dass dafür noch mehr getan werden müsse, ist meistens allen klar. Aber das war's auch schon. Die Öffentlichkeit scheint sich nachhaltig oder auf Dauer nicht dafür zu interessieren, wie es besonders dem jungen Menschen in kriegsähnlichen Auseinandersetzungen und unter den Strapazen heutiger Auslandseinsätze ergeht und wie er mit den psychischen Folgen umzugehen hat.

„Am 15. April 2010 gerät eine Patrouille in Afghanistan in einen Hinterhalt. Es gibt mehrere Tote und zahlreiche Verwundete. Ein, zwei Tage wird damals in den Medien über den Anschlag berichtet. Dann verschwindet das Thema wieder aus den Schlagzeilen. In der Heimat wird stattdessen weiter eifrig darüber diskutiert, ob Deutschland nun im Krieg ist oder eher nicht?"[6] Dieses Beispiel ist auf viele andere Vorfälle im Laufe der zurückliegenden Jahre übertragbar. Die Betroffenen bleiben allzu oft allein zurück, ihr Leid und ihre Sorgen können sie kaum teilen. Sie müssen sich in einem Umfeld zurechtfinden, das sie nicht immer akzeptiert, wie sie jetzt sind. Ihr Leid bleibt verborgen. Die FMO trägt mit ihren gezielten Maßnahmen dazu bei, dass die Betroffenen sich öffnen, ihre Probleme und Sorgen mitteilen können und nach Erarbeitung individueller Strategien ihren Lebensmut wiederfinden und stärken. Gleichzeitig wird das Umfeld sensibilisiert.

Junge Menschen entscheiden sich heute freiwillig für den Dienst in den Streitkräften und damit bewusst für alle Folgen, die sich daraus ergeben. Wir, der Staat und letztlich die Bundeswehr, schicken junge Menschen in eine Realität, die bei Weitem das übersteigt, was sie bisher an Erziehung und Ausbildung für ihr Leben erfahren haben. Deshalb haben sie einen Anspruch darauf, nicht nur nach höchsten technischen Standards ausgerüstet zu sein, sondern vor allem eine umfassende und optimale Ausbildung und Vorbereitung zu erfahren, beste Begleitung und Versorgung beanspruchen zu können und Führungspersonal zu haben, das kompetent und verantwortungsvoll entscheidet, vertrauensvoll und authentisch führt und zu seiner Verantwortung steht. Prävention geht halt eben vor Rehabilitation! Auch auf diesem Feld führt die FMO seit Jahren zu nachweislich messbaren Erfolgen.

Bei jeder noch so hohen fachlichen Kompetenz des Führungspersonals kommt es aber wesentlich auf das Führungskönnen und die Kunst der

Menschenführung an. Beides ist nicht in jedem militärischen Führer von vornherein vorhanden. Es muss hart erarbeitet, verdient und dauerhaft bewahrt werden. Hierbei unterstützt die FMO durch detaillierte Analyse, erarbeitet einvernehmliche Lösungen und berät bei der Umsetzung.

Führungsverantwortung

Die fortlaufenden Veränderungen in der Streitkräftestruktur und immer wieder neue, nie so genau abzuschätzende Herausforderungen bewirken bei der Auftragserfüllung zwangsläufig auch ohne FMO ein Überdenken der vorherrschenden Führungskultur in den Streitkräften. Bewährte Führungsprinzipien werden dabei durchaus auf den Prüfstand gestellt. „Der Führungskultur der Bundeswehr kommt auch mit Blick auf die Attraktivität als Arbeitgeber eine besondere Bedeutung zu", stellt die Bundesverteidigungsministerin in ihrem Vorwort zu diesem Buch fest. Die Konzeption Innere Führung und das Leitbild vom Staatsbürger in Uniform müssen dabei unverändert Grundlage aller Anforderungen an eine zeitgemäße Führung von Unterstellten bleiben.

In der praktischen Anwendung des Führungshandelns von Vorgesetzten verändern sich die individuellen Führungsprinzipien und praktizierten Führungsstile heute im Zeitalter moderner Medien und Kommunikationsmethoden häufig schleichend und weitgehend unbemerkt. Innerhalb der Strukturveränderungen und der modifizierten Anforderungsprofile tendieren Vorgesetzte sehr leicht hin zu wissenschaftlich unterfütterten, modernen, zivilwirtschaftlich erfolgreich angewandten Managementmethoden, zu denen sie in Stabsverwendungen durchaus bestärkt wurden. Die traditionell verstandene, eher steile militärische Hierarchie deutscher Streitkräfte mit klaren Kompetenzabgrenzungen und Zuständigkeitszuweisungen kann dabei sehr schnell und unbemerkt in eine rein funktionale, flache Hierarchie übergehen, welche u. U. unter den besonderen Bedingungen von Einsätzen in Krisengebieten nicht mehr uneingeschränkt handlungsfähig oder dauerhaft belastbar ist.[7]

Daher gilt es, in den deutschen Streitkräften auch künftig adäquate Führungsgrundsätze zu lehren und Führungsverhalten auszubilden und zu praktizieren, das in seiner Ausprägung diesen Gedanken Rechnung trägt. Hierbei unterstützt ebenfalls die FMO, in deren Verlauf die Umsetzung der Theorie in die Praxis beobachtet, analysiert und hinterfragt wird. Mit der freiwilligen Inanspruchnahme einer FMO setzt daher jede Führungskraft in den Streitkräften ein Zeichen, dass sie ihre Führungsverantwortung ernst nimmt.

Führungsbegleitung als Angebot

„Doch wie wirken sich eigentlich die jahrelangen Einsätze, insbesondere ein längerer Kampfeinsatz wie in Afghanistan, auf das innere Gefüge der Bundeswehr, auf die Organisation Bundeswehr, auf Identität, Selbstbild und Selbstverständnis des einzelnen Soldaten aus? Diese Fragen bedürfen sorgfältiger und intensiver(er) Betrachtung, denn sie bergen das Potenzial für streitkräfteinterne Verwerfungen und Beeinträchtigungen …"[8] Genau das ist ein entscheidender Punkt! Nicht alle Soldaten und Soldatinnen haben Einsatzerfahrung. Andere dagegen waren mehrfach im Einsatz und haben mehr oder weniger intensive Belastungen erlebt, die sie verarbeiten müssen. Sie haben durch lange Abwesenheit ihren gewohnten dienstlichen (und oft auch privaten) Bezugsrahmen verloren. Sie haben im Einsatz Erfahrungen gesammelt, die ihre Anforderungen im Grundbetrieb als Unterforderung erscheinen lassen und unter Umständen dauerhaften Stress erzeugen. Dieses kann zu Spannungen im alltäglichen Dienst führen, die dem Zusammenhalt schaden. Soldaten und Soldatinnen haben sich nach ihren Einsätzen oft verändert. Sie selber merken es meist weniger als ihre Kontaktpersonen im und außer Dienst. Dieses betrifft Vorgesetzte wie Untergebene gleichermaßen. Selbst- und Fremdbild klaffen oftmals weit auseinander.

„Die Führungsbegleitung setzt an der Erkenntnis an, dass eine Führungskraft für den Erfolg ihrer Tätigkeit nicht nur klare Zielsetzungen braucht, sondern auch Rückkopplung und Beratung hinsichtlich der eingesetzten Mittel, des Steuerungsverhaltens und vor allem der erreichten Effekte. Gerade hinsichtlich der Rückkopplung des Steuerverhaltens existieren generell im Bereich der Führungskräfte Defizite, ehrliches Feedback erhalten diese umso seltener, je höher sie in der Hierarchie angesiedelt sind."[9] Deshalb bietet das Zentrum Innere Führung seit Mitte vergangenen Jahres über die FMO hinaus auch ein Spitzenpersonalcoaching (SPC) an, das in diesem Buch im nachfolgenden Beitrag beschrieben ist. FMO und SPC ergänzen einander.

Leider gibt es auch heute noch viel zu viele Vorgesetzte, die sich einem Feedback zu ihrem Führungsverhalten nicht stellen wollen. Vielleicht einem Feedback von Vorgesetzten – aber einem Feedback von unten, von Untergebenen, schon gar nicht. Und auch nicht von Gleichgestellten, wie es FMO und SPC ja verlangen. Die Gründe hierfür mögen vielfältig sein, aber das Prinzip der Freiwilligkeit dieser Coachingmaßnahmen darf deswegen nicht aufgegeben werden.

Der Kerngedanke der Führungsbegleitung beschäftigt sich mit der Weiterentwicklung des Vorgesetzten im Hinblick auf sein kompetentes Führungshandeln in der jeweiligen Verwendung. Fast jeder Mensch, besonders, wenn er Vorgesetzter ist und in Führungsverantwortung steht, sucht in seiner Arbeit nach Selbstverwirklichung. Er möchte Verantwortung übernehmen und sich bestätigt fühlen. Er möchte aus eigenem Antrieb Ideen entwickeln können und sie in das System integrieren. Diese Forderungen kenne ich aus zahlreichen Führungsbegleitungen. Das Prinzip vom Führen mit Auftrag wird hier deutlich beschrieben. Zur individuellen Entwicklung braucht er dazu jedoch klare Ziele, Transparenz im Informationsfluss, Beratung, Hilfe und Förderung. Dadurch wird sein Denken in Zusammenhängen optimiert und die Flexibilität und Fähigkeit zur Übernahme weiterer Aufgaben entwickelt. Die Steuerung solcher Entwicklungsprozesse durch systeminternes Personal in Großgruppen, (z.B. Kompanie, Brigade, Division) stößt oft dann an ihre Grenzen, wenn es um die Verfolgung von Eigeninteressen geht und so eine subjektive Beeinflussung beim Coaching nicht auszuschließen ist.

In Industrie und Wirtschaft hat sich die Berater- und Mitarbeiterentwicklung durch externes Personal seit Jahren bewährt und ist in vielen Unternehmen etabliert. Ebenso befassen sich seit Jahren Militärexperten in befreundeten Nationen mit dieser Thematik, mit denen das Zentrum Innere Führung einen regelmäßigen und intensiven Informationsaustausch in der Entwicklung der FMO pflegte. Im Prinzip geht es also (auch in den meisten international vergleichbaren Verfahren) darum, für den individuellen Entwicklungsprozess von Einzelnen oder Gruppen eine externe Analyse und Beratung durch Teams (des Zentrums Innere Führung) auf eigene Initiative zuzulassen. Die Interventionen zur eigenverantwortlichen Optimierung der sozialen Kompetenz im individuellen Führungshandeln durch militärische Vorgesetzte oder durch Gruppen mit Führungsverantwortung werden dann vor Ort passgenau installiert.

Die Inanspruchnahme einer Führungsbegleitung ersetzt nicht die Dienstaufsicht. Sie entbindet den Vorgesetzten in keiner Weise von der Pflicht zur Wahrnehmung seiner Führungsverantwortung, erst recht nicht in schwierigen oder Konfliktsituationen. Führungsbegleitung ist kein Mittel oder Werkzeug für Vorgesetzte, Erkenntnisse aus dem unterstellten Bereich zu gewinnen oder wertende und beurteilungsrelevante Aussagen über Einzelpersonen oder Gruppen zu erhalten. Die Diskretion ist immer gewährleistet.

Angebotscharakter der Führungsbegleitung

Führungsbegleitung ist eine langfristig angelegte Investition in den Menschen, in den militärischen Vorgesetzten und Führer wie auch in den Untergebenen. Neu daran war und ist, dass sie keine befohlene Maßnahme im Sinne einer Überprüfung oder Kontrolle darstellt. Deshalb sind Freiwilligkeit, eine gewisse Distanz und vorbehaltlose gegenseitige Akzeptanz von Coach und Coachee unabdingbare Voraussetzungen in der Anwendung des Verfahrens FMO. Um die notwendige Neutralität und Anonymität zu gewährleisten, werden keinerlei Erkenntnisse an Dritte weitergegeben. Alle Ergebnisse verbleiben in dem Bereich, in dem sie erarbeitet wurden. Das FMO-Team muss auch nicht zwingend über umfassende fachspezifische militärische Kompetenzen im Einzelfall verfügen. Es befasst sich vorrangig mit der Optimierung der sozialen Kompetenzen zur Erreichung einer soliden gegenseitigen Vertrauensbasis und zur Herstellung oder Festigung der Berufszufriedenheit. Daher ist die Führungsbegleitung in allen Führungsebenen und Organisationsformen der Bundeswehr ohne lange Vorbereitung anwendbar.

Während der Begleitung werden z. B. Entscheidungsprozesse und Verhaltensweisen beobachtet und hinterfragt, Problemsituationen werden behoben (Defizitansatz). Für andere Lösungswege wird sensibilisiert, um künftig Störungen zu vermeiden (Präventivansatz). Die Alternativen werden gemeinsam mit dem Cochee entwickelt und in ihrer Umsetzung begleitet. Es werden neue Wege und Möglichkeiten aufgezeigt, verdeckte Ressourcen zu erschließen (Potenzialansatz). Somit stellt die Führungsbegleitung eine Hilfe zur Selbsthilfe bei der Optimierung der individuellen Führungskompetenz dar. Sie gibt Sicherheit in der Anwendung situativen Führungshandelns und bewirkt sowohl eine Steigerung des Führungskönnens als auch eine Optimierung des Führungsergebnisses. Die Führungsbegleitung kann Elemente des individuellen Einzel- und des Gruppencoachings enthalten.

Fazit

Führungsbegleitung beinhaltet den offenen, weitgehend neutralen Blick von außen, um die Zweckmäßigkeit oder Bestätigung des bisher eingeschlagenen Weges zu erfahren, aber auch, um verdeckte Ressourcen, Schwachstellen oder weniger zweckmäßiges Verhalten aufzuzeigen. Sie richtet sich damit neben der Stärkung der funktionalen Autorität besonders an die Entwicklung und Förderung personaler Autorität durch Anleitung zu sozial kompetentem und authentischem Führungsverhalten. In einem von sozialer Kompetenz geprägten Umfeld mit hoher Berufszufriedenheit ist regelmäßig die Motivation, sich auch anhaltend fordernden Aufgaben zu stellen, stärker ausgeprägt. Demotivationstendenzen wird vorgebeugt, die Durchhaltefähigkeit gestärkt. Mit dieser Identifikation nimmt die Führungsbegleitung in militärischen Organisationen auch erheblichen Einfluss auf die Attraktivität der Streitkräfte und somit auch auf die kontinuierliche Gewinnung von qualifiziertem Nachwuchs.

Anmerkungen

[1] Sulzberger, Markus: Geleitwort in Wilhelm Backhausen / Jean-Paul Thommen: Coaching – Durch systemisches Denken zu innovativer Personalentwicklung, 3. Auflage, Wiesbaden 2006, S. 5

[2] Siehe Geleitwort zu diesem Buch

[3] Siehe Vorwort zu diesem Buch

[4] Coaching des Spitzenpersonals der Bundeswehr (SPC), wurde aus der FMO hergeleitet und enthält auch die wesentlichen Elemente dieses vom Zentrum Innere Führung für die Bundeswehr entwickelten Coachingverfahrens. SPC wird seit Mai 2015 in der Bundeswehr für Spitzenkräfte angeboten.

[5] Seminare zur Aufarbeitung psychischer Belastung nach Auslandseinsätzen

[6] Dirk Eberz: *Die "112" der Bundeswehr* in der Rhein – Zeitung / Journal v. 27.02.2016

[7] Siehe hierzu auch: Sauer, Walter: Der stille Wandel. Anforderungen an militärische Führungskräfte heute in Hans-Christian Beck/Christian Singer (Hrsg.), Entscheiden – Führen – Verantworten. Soldatsein im 21. Jahrhundert, Berlin 2011, S. 65

[8] Ernst-Christoph Meier: Das Selbstverständnis der „Generation Einsatz" in if/Zeitschrift für Innere Führung Nr. 3/2012 S.4

[9] Martin Scherm/Stephan Scherer: Führungsbegleitung in den Streitkräften – Konzept und Wirkung in Hans-Chr. Beck/ Chr. Singer (Hrsg.): Entscheiden – Führen – Verantworten. Soldatsein im 21. Jahrhundert, Berlin 2011, S.111.Scherm wertet an der Universität der Bundeswehr in Hamburg seit Jahren die Befragungen der Betroffenen und der Referenzpersonen aus und kommt daher zu diesem detaillierten Urteil. Scherer und Scherm sind starke Protagonisten der FMO. Sie haben u.a. das Konzept der FMO, das Prozessmodell sowie Wirkeffekte in ihrem o.a. Beitrag beschrieben. Daher wird an dieser Stelle nicht weiter darauf eingegangen. Vergl. hierzu auch: S. Kaufel, S. Scherer, M. Scherm, W. Sauer: Führungsbegleitung in der Bundeswehr – Coaching für militärische Führungskräfte in Wilhelm Backhausen / Jean-Paul Thommen: Coaching – Durch systemisches Denken zu innovativer Personalentwicklung, 3. Auflage, Wiesbaden 2006, S. 420 ff.

Spitzenpersonalcoaching – Neugier auf das eigene ICH oder eine Notwendigkeit in komplexen Systemen?

Karsten Schönau

Das Gespräch

Stille. Ganz plötzlich ist es passiert. Mitten im Coachinggespräch entsteht eine lange Pause. Mit der letzten Frage hatte Brigadegeneral M. nicht gerechnet. Diese Frage hat er sich selbst so noch nie gestellt. Er denkt nach. Die Spannung steigt. Jetzt nicht zu früh nachhaken.

Der General nimmt am Spitzenpersonalcoaching (SPC) der Bundeswehr teil. Eben herrschte noch entspannte Stimmung. Es gab Kaffee, Kekse und eingangs eine kurze Vorstellungsrunde. Dabei begann schon der Job für die beiden Coaches. Zuhören. Die richtigen Fragen stellen. Die „Antennen" ausfahren. Dasein für den Coachee. Ihn kennenlernen. Hineinfühlen. Welches Thema schwingt in seinen Antworten mit?

Es ist immer noch still. Der General schaut auf das Bild mit seiner Familie. Dann bricht es aus ihm heraus. Es tut gut, darüber zu sprechen. Das Coaching wirkt.

Hinterher kommt es ihm immer noch vor wie ein kleines Wunder. Jetzt wird ihm einiges klar. So hat er das Thema – sein Thema – noch nie betrachtet. Das für ihn nicht erklärbare anhaltende ambivalente Verhalten seiner Mitarbeiter und Mitarbeiterinnen im Team ergibt plötzlich einen Sinn.

Die gewonnene Erkenntnis spornt ihn an, neue Wege zu gehen. Er will bestimmte Akzente seiner Persönlichkeit schärfen und dadurch spezifische Führungskompetenzen noch einmal nachhaltig steigern. Die benannten Ziele werden festgeschrieben und begleiten ihn in einem „Vertrag mit sich selbst" durch den Coachingprozess. An ihnen kann er später den eigenen Erfolg aus der Erweiterung seines Handlungsrepertoires messen. In der nächsten Phase wird der General auch noch das Angebot des Individualcoachings in Anspruch nehmen, um dort weitere gezielte Impulse zu erhalten.

Spontanaussage einer Spitzenkraft der Bundesbesoldungsgruppe B3: „Man hört ja die tollsten Sachen im Vorfeld, aber so hätte ich mir das nicht vorgestellt! Ich bin sehr positiv überrascht worden!"

Die Idee

Die Anfänge des Coachings liegen bereits Jahrzehnte zurück. Zunächst als spiritueller Hokuspokus verschrien, können moderne medizinische Verfahren die Funktionen unseres Unterbewusstseins in den entsprechenden Gehirnregionen jedoch konkret nachweisen. Systemisches Coaching nutzt die Kraft des Unterbewussten und „übersetzt" Empfindungen und Gefühle in Bedürfnisse, Anliegen und Ziele. Sämtliche namhaften nationalen und internationalen Unternehmen nutzen diese Möglichkeiten des Coachings.

Mit der Agenda: – Bundeswehr in Führung – Aktiv. Attraktiv. Anders. – wurde 2014 die Idee für das Spitzenpersonalcoaching der Bundeswehr (SPC) aus der Taufe gehoben. SPC setzt ganz oben in der Führungsriege der Bundeswehr an. Dieser Ansatz ist deshalb so schlüssig, weil Führung in erster Linie von oben nach unten wirkt und die positiven Effekte so sukzessive auch alle nachgeordneten Ebenen langfristig erreichen.

Im Zuge der Umsetzung der „Attraktivitätsagenda" der Bundeswehr bekommt das Zentrum Innere Führung Mitte 2014 vom Bundesministerium der Verteidigung den Auftrag, das Konzept für das „Coaching des Spitzenpersonals der Bundeswehr" zu entwickeln. Dieses tritt bereits am 13. Mai 2015 in Kraft. Ein enormer Kraftakt, galt es doch, ein für die Bundeswehr völlig neues, komplexes Aufgabenfeld zu beackern. Völlig neu? Nicht ganz.

Die Wurzeln

Bereits seit Ende der 1990er Jahre führt das Zentrum Innere Führung zwischenzeitlich mit bis zu drei Coachingteams die Führungsbegleitung in militärischen Organisationen, kurz FMO, durch. Mit dieser neuen und einzigartigen Art des Coachings in militärischen Bereichen wurden anfangs überwiegend Truppenteile und Dienststellen bis Verbandsebene abgedeckt, aber auch Teamcoaching in höheren Stäben und Individualcoaching auf der Generals- und Admiralsebene durchgeführt. Seit 2010 wird das gesamte Dienststellenspektrum der Bundeswehr, von der Einheitsebene über Stabsabteilungen in Kommandobehörden bis zu Ämtern des Bundes, erreicht. Dabei steht diese Dienstleistung, welche vor allem auf das Coaching von Führungsteams abzielt, allen Soldaten, Beamten und zivilen Angestellten in Führungsverantwortung zur Verfügung. Das Hauptbetätigungsfeld während der 14-tägigen Begleitphase vor Ort liegt im Zusammenwirken der Führungskräfte des Organisationselementes. Neben Übungen zum Teambuilding werden auch unverändert Individualcoachings zur Optimierung des individuellen Führungsverhaltens durchgeführt. Der jeweilige Ausgangspunkt wird mehrdimensional, durch Fragebögen, Interviews und Beobachtung im täglichen Dienst analysiert. Es geht darum, den Führungskräften das von den Geführten wahrgenommene Bild des jeweiligen Führungshandelns aufzuzeigen. Diese Form der Persönlichkeits- und Teamentwicklung erlebt gerade aktuell wieder einen enormen Aufschwung.

Die aus dem Bereich FMO seit Jahren gewonnenen Erfahrungen und die Auswertung und Begleitung der Coachings durch die wissenschaftliche Außenstelle des Zentrums Innere Führung an der Helmut-Schmidt-Universität Hamburg gelten zu Recht als wertvolle, richtungsweisende Basis für das Spitzenpersonalcoaching der Bundeswehr.

Das Personal

Doch Spitzenpersonalcoaching soll und muss noch anders sein. Schneller, tiefer, flexibler. Es muss sich noch mehr an den spezifischen Bedürfnissen der jeweiligen Spitzenkraft und der vorgegebenen Rahmenbedingungen ihres Dienstpostens orientieren. Spitzenkräfte sind keine Teams. Spitzenkräfte haben fast niemals Zeit. Spitzenkräfte verfügen über eine gewachsene Führungserfahrung und stehen nicht ohne Grund an der Spitze!

Also wie soll man das angehen? Wer soll es machen? Welcher Zeitansatz ist reell? Lange wird um die beste Strategie gerungen. Es geht um Ressourcen – Zeit, Kräfte und Geld. Und vor allem geht es um Vertrauen und Akzeptanz. Der Grundsatz des Coachings ist die Freiwilligkeit der Teilnehmer. Nur so lassen sich intrinsische Motive aufspüren und „echte" Ziele generieren.

Am Ende steht ein Prozessmodell in vier Phasen über einen Gesamtzeitraum von ca. 12 Monaten. Dazu der Einsatz von Zweier-Teams aus Bundeswehr-internen und externen Coaches. Ein Unikum im Coaching sowie ein signifikanter Vorteil für das Spitzenpersonalcoaching der Bundeswehr, welcher die Synergien aus zwei Welten geschickt nutzt. Ein Bundeswehr-externer Coach mit langjähriger Berufserfahrung und ein interner Coach aus der Bundeswehr mit Insider-Expertise und fundierter Ausbildung bilden jeweils ein erstklassiges Team. Die externen Coaches wurden im Frühsommer 2015 nach einem Ausschreibungsverfahren mit anschließender Auswahlveranstaltung durch das Bundesamt für Infrastruktur, Umwelt und Dienstleistungen unter

Vertrag genommen. Die sieben internen Coaches, Stabsoffiziere oder vergleichbare Beamte, haben sich in der Mehrzahl selbst auf den Dienstposten des SPC-Coaches beworben. Sie wurden in einer mehrmonatigen, modularen Ausbildung durch ein auf Erwachsenenbildung ausgerichtetes Managementzentrum in Koblenz sowie an der Helmut-Schmidt-Universität ausgebildet. Am Ende stand eine mündliche und schriftliche Prüfung mit Zertifizierung zum IHK-Leadership-Coach.

Der Prozess

Der Coachingprozess begann für Brigadegeneral M. mit einem dicken Briefumschlag auf seinem Schreibtisch. Dieser beinhaltete Fragebögen für eine Datenerhebung zur Erstellung eines sogenannten 360° Feedbacks. Dazu wird die Methode -- Leadership-Navigator 360° – genutzt. Diese wird so in der FMO oder so ähnlich auch in vielen zivilen Unternehmen eingesetzt. Dabei wird die Wahrnehmung des Führungshandelns der Spitzenkraft in der Selbsteinschätzung, aber vor allem durch Mitarbeiter, Gleichgestellte und Vorgesetzte in einem anonymen Verfahren erfasst. Der General erhält hier bereits die Möglichkeit zur Reflexion. Die Daten werden in der wissenschaftlichen Außenstelle des ZInFü an der Helmut-Schmidt-Universität Hamburg ausgewertet und auf einer Grafik in sechs Kompetenzdimensionen übersetzt.

Die Vorbereitung und Einweisung auf das Coaching erfolgte für den General in einer sogenannten Startup-Veranstaltung. Bei dieser Veranstaltung geht es hauptsächlich um den Ablauf und die Inhalte der verschiedenen Phasen des Coachings. Es wird die Lust auf Neues geweckt. Viele Teilnehmer sind überrascht. Für den General wird es nach 37 Dienstjahren die erste Maßnahme seiner Laufbahn sein, bei der man sich so ehrlich, intensiv und komplex für ihn interessiert. Das wird ihm hier klar. Die zweite Phase, auch Kernphase genannt, beinhaltet dann ein erstes persönliches Treffen der Spitzenkraft mit ihren zwei Coaches. Das Coaching-Team für den General hat sich vorab schriftlich bei ihm gemeldet. Mit dabei ist ein Vorschlag für den Ablauf der Kernphase, mit dem Angebot, diesen noch einmal auf seine ganz persönlichen Bedürfnisse und Rahmenbedingungen anzupassen.

Das freundliche Anschreiben klingt so gar nicht militärisch, sondern nach erstklassiger Dienstleistung im Premiumsegment. Zusätzlich erfolgt kurz vor dem Termin noch einmal die telefonische Anmeldung durch den Teamleiter des Coachingteams: Ob die Vorbereitung reibungslos verlaufen ist oder ob er vielleicht doch noch einen Wunsch für das Coaching hat?

Natürlich ist der General noch skeptisch, obwohl er schon von Coachings gehört hat. Aber ob das auch bei ihm funktionieren würde? Es funktioniert. Sein Coachingteam – eine Dame und ein Stabsoffizier – strahlt Ruhe, Vertrauen und Lebenserfahrung aus. Sie schaffen es in kürzester Zeit, auch seine letzten inneren Schranken und Vorbehalte aus dem Weg zu räumen. Sie sind für ihn da, ausschließlich. Verstehen ihn. Ermuntern ihn, den geschützten, vertraulichen Rahmen zu nutzen, um seine innersten Gedanken in Worte zu fassen. Alles darf, nichts muss. Es gibt kein Tabu. Nachdem er von sich und den Besonderheiten seiner Führungsaufgabe erzählt hat, ziehen sich die Coaches (zunächst) zurück, um den nächsten Schritt abzustimmen. Für ihn die Möglichkeit, schnell ein paar Emails zu checken. Aber die Gedanken kreisen immer noch um das soeben Erlebte.

Das Coachingteam nutzt die Zeit, um Umfeldinterviews zu führen. Mitarbeiter des Generals werden gebeten, ihre subjektiven Wahrnehmungen anonym zu äußern. So entsteht eine Sammlung von „O-Tönen" zum Führungsverhalten, welche später das 360°-Feedback abrunden wird. Eine Möglichkeit, den General in seinem dienstlichen Umfeld zu erleben, ist die optionale Begleitung durch das Coachingteam in einer Besprechung, die er heute durchführt. Dabei geht es für die Coaches nicht um Inhalte, sondern ausschließlich um sein soziales und sein Führungsverhalten und die direkten Reaktionen seiner Mitarbeiter. Später bekommt er auch dazu ein Feedback. Gespannt erwartet er die Coaches zurück.

Dann kommt die Stunde der Antwort – „Wie werde ich gesehen?". Brigadegeneral M. blickt gespannt auf seine Kompetenzrückmeldung. Erstmal durchatmen. Der Unterschied zwischen Fremd- und Selbstwahrnehmung ist gar nicht so groß und seine Mitarbeiter sehen ihn teilweise sogar positiver als er sich selber. Das bestätigen auch die Rückläufer aus den Umfeldinterviews. Trotzdem ist der General nicht ganz zufrieden. Sein eigener Anspruch ist viel höher, als er es momentan im täglichen Dienst umsetzen kann. Das will er ändern, aber wie? Nun liegt es an den Coaches herauszufinden, was ihn bremst und gezielte Impulse zur Lösungsfindung zu setzen.

Bis zum Coachingtag hatte er nach der Antwort hauptsächlich im dienstlichen Umfeld gesucht. Seine Coaches helfen durch gezieltes Fragen und Hinterfragen. Sie sind skeptisch bei Argumenten mit „Allgemeinheits-Charakter". So mancher Stein wird umgedreht. Der General kann hierbei jederzeit sein Veto einlegen. Tut er aber nicht. Er will es wissen. Die Coaches nutzen verschiedenste Methoden, welche dem Coachee immer neue Perspektiven auf sein Thema anbieten. Ihn innerlich stark bewegen. Über seine Gefühle findet er letztlich den Schlüssel zur Lösung. Kann seine eigene innere Unzufriedenheit erklären und erkennt ganz klar seine neuen persönlichen Ziele. Mit einer spezifischen und individuellen Zielformulierung beendet er die Kernphase. Brigadegeneral M. ist zwar „geschafft", aber innerlich von einem starken Glücksgefühl getragen. Sechs Stunden, die sich wirklich gelohnt haben.

Spontanaussage einer Spitzenkraft der Bundesbesoldungsgruppe B9: „Ich habe nun ein viel tieferes Verständnis darüber erhalten, was Coaching bewirken kann. Das ist sehr wertvoll. Sie haben mich überzeugt."

Die Veränderung

Die Kernphase hat für den General das Vertrauen in die Wirksamkeit des Coaching-Prozesses vollauf bestätigt. In der folgenden dritten Phase wird es für ihn nun darum gehen, seine persönliche Entwicklung selbst aktiv voranzutreiben und die anvisierten Änderungen einzuleiten. Dabei wird er gemäß Konzept vom Bundeswehr-externen Coach während insgesamt drei gemeinsamen Terminen unterstützt. Die bereits in der Kernphase formulierten Ansätze zur Veränderung werden nun vertieft und in konkrete Lösungswege übersetzt.

Mit oder ohne Coach bleibt die Verantwortung für das Gelingen der Veränderung stets bei der Führungskraft. Der General weiß, wie schwer das sein kann. Lieb gewonnene Gewohnheiten aufzubrechen und gegen Neues aus seinem erweiterten Verhaltensspektrum auszutauschen, verlangt während dieser Phase seine ganze Kraft. Am Ende aber steht für ihn der eigene, messbare Erfolg. Anderen muss er schon lange nichts mehr beweisen. Aber ihm selbst war es wichtig, seinem Anspruch zu genügen. Doch eine Frage bleibt: Wie wirkt sich seine, durch den Coaching-Prozess entwickelte Verhaltensänderung tatsächlich für sein Umfeld aus?

Die Antwort darauf liefert in der vierten Phase, nach ca. sechs bis neun Monaten, ein zweiter Fragebogen mit dem Leadership-Navigator 360°, analog zu Phase 1. Noch einmal wird dann das nähere Umfeld hinsichtlich seiner Wirksamkeit als Führungskraft befragt. Noch einmal gibt es ein wissenschaftlich valides Feedback. Darauf freut sich der General schon heute.

Die Weiterentwicklung

Brigadegeneral M. ist – unabhängig vom Ausgang der Befragung – davon überzeugt, dass er sich etwas Gutes getan hat. Ein Intensiv-Training der eigenen, neu entdeckten Fähigkeiten und eine Kurz-Kur für seine Seele. Seine innere Entspannung, fühlbar in spezifischen Situationen und genährt aus neuen Aspekten, spüren „seine Leute" bei ihm. Da ist sich der General ganz sicher. Dieses Projekt wird Früchte tragen. Nicht nur bei ihm. Bis Dezember 2015 wurden bereits rund 200 Coachings vornehmlich bei Dienststellen in den Ballungsräumen Köln – Bonn – Koblenz und Berlin – Rostock – Strausberg durchgeführt. Über 250 weitere werden bis Juni 2016 angeboten.

Das Konzept „Coaching des Spitzenpersonals der Bundeswehr" hat für Brigadegeneral M. bereits jetzt einen festen Platz in der Persönlichkeitsentwicklung verdient. Besonders hat ihn das Zusammenwirken des Coaching-Teams beeindruckt. Zwei Profis, die mit kombiniertem Erfahrungsschatz, viel praxisorientiertem Wissen und einer gehörigen Portion Herz nur für ihn da gewesen sind. Über den gesamten Coaching-Prozess hinweg konnte er deshalb förmlich spüren, dass er hier als Protagonist der Inneren Führung wichtige Schritte auf dem Weg einer zeitgemäßen Führungskultur gegangen ist.

Spontanaussage einer Spitzenkraft der Bundesbesoldungsgruppe B7: „Vielen Dank an die Coaches, die mir die Eigenreflexion mit ihrer professionellen Art erst ermöglicht haben."

Die Wirksamkeit des Spitzenpersonalcoachings wird noch einmal an Schwung gewinnen, wenn ab Sommer 2016 Coachees in ganz Deutschland daran teilnehmen und dann als Multiplikatoren in der Truppe wahrgenommen werden. Der General ist sich auch diesmal ganz sicher: Mit dem Spitzenpersonalcoaching, einer für eine Armee fast revolutionären Maßnahme, setzt die Bundeswehr Maßstäbe der Inneren Führung, die bereits jetzt für nationale und internationale Beachtung, nicht nur in Militärkreisen, sorgt.

Rechtliche Handlungssicherheit – Eine rechtsstaatliche Selbstverständlichkeit als einsatzbestimmende Größe?

Dr. Stephan Weber

Einsätze im Ausland aller Art sind seit vielen Jahren zu einem festen und bestimmenden Faktor im Berufsbild der Soldatinnen und Soldaten der Bundeswehr geworden. Die Entwicklung dorthin hat zum Teil gravierende Änderungen in allen Aspekten militärischen Lebens mit sich gebracht, wovon auch die Rolle des Rechts und seine subjektive Wahrnehmung durch die Soldatin und den Soldaten, insbesondere in Vorgesetztenfunktion, betroffen sind. Mit einem Teilaspekt dieses Paradigmenwechsels beschäftigt sich dieser Beitrag, nämlich mit der Frage nach der Bedeutung rechtlicher Handlungssicherheit im Einsatz – für den Einzelnen wie für die Erfüllung seines Auftrags.

Bei formeller Betrachtung ist die Forderung nach rechtlicher Handlungssicherheit bei Soldatinnen und Soldaten eine rechtsstaatliche Selbstverständlichkeit. So bindet das Grundgesetz in Artikel 20 Absatz 3 die deutschen Streitkräfte als Teil der vollziehenden Gewalt ausdrücklich an Gesetz und Recht. Mit der Wiederbewaffnung der Bundesrepublik Deutschland rückte daher „der Soldat im Rechtsstaat" ins Blickfeld. Dieser wird unabhängig vom Dienstgrad den Anforderungen des Rechtsstaates gerecht, er macht Recht und Gesetz zur Grundlage seines Handelns, er erkennt, würdigt und beachtet die Rechte seiner Untergebenen. Und: ein über die Rechtskenntnisse hinausgehendes Rechtsbewusstsein befähigt ihn, „das Spannungsverhältnis zwischen militärischer Notwendigkeit, Zweckmäßigkeit und Erforderlichkeit auf der einen Seite und den zu diesen Resultaten oftmals in einem gewissen Widerspruch stehenden Regeln der demokratischen Rechtsordnung auf der anderen Seite" aufzulösen.[1] Hierüber wachen im Rahmen der verfassungsrechtlich vorgegebenen Gewaltenteilung Parlament, Gerichte und die Exekutive selbst. Für die handelnde Soldatin oder den handelnden Soldaten bedeutet dies, dass rechtskonformes Handeln Lob und Anerkennung mit sich bringt, rechtswidriges Handeln hingegen die Gefahr disziplinarrechtlicher, dienstrechtlicher oder gar strafrechtlicher Konsequenzen nach sich zieht.

Dass diese leicht legalistisch anmutende Sichtweise sicherlich zu kurz greift, macht ein Blick auf typische Einsatzszenarien deutlich. Hier erst wird erkennbar, dass die sichere Beherrschung der Rechtsgrundlagen zu einem wesentlichen operativen Faktor werden kann.

Dazu eine typische Ausgangslage:[2] Im Auslandseinsatz X der Bundeswehr ist der Hauptgefreite A als MG-Schütze zur Sicherung eines eigenen Roadblocks an einer vom zivilen Straßenverkehr genutzten Straße eingesetzt. Mit Selbstmordattentaten ist zu rechnen. Nach Einsetzen der Dämmerung nähert sich mit erhöhter Geschwindigkeit ein Zivilfahrzeug dem Roadblock, der Fahrer macht keine Anstalten zu halten. Auf Sichtzeichen und Warnschüsse reagiert er nicht.

Wie in vielen unklaren Gefechtssituationen ergibt sich für A aus der unklaren und ad hoc nicht weiter aufklärbaren Lage bei gleichzeitiger Notwendigkeit, sofort zu handeln, folgendes Dilemma: Entweder, er setzt das MG mit Rücksicht auf eine möglicherweise harmlose Zivilperson nicht ein und riskiert, dass der Roadblock einem Anschlag zum Opfer fällt. Oder, er setzt das MG zur Bekämpfung eines möglichen Attentäters ein und riskiert, einen harmlosen Zivilisten zu töten.

Wenn sich A nun gegen den Schusswaffeneinsatz entscheidet, kann dies im Einzelfall viele tatsächliche oder taktische Gründe haben. Allerdings fällt in der Rechtsausbildung und in Gesprächen mit Soldatinnen und Soldaten auf, dass der Merkspruch „wer schießt, steht immer mit einem Bein im Gefängnis", in weiten Teilen der Streitkräfte völlig unreflektiert und nahezu unausrottbar zur Maxime des Einsatzes militärischer Gewalt gemacht wird. Die hinter diesem Satz stehenden lückenhaften Rechtskenntnisse und Zweifel am Rechtssystem insgesamt können dazu führen, dass auf den Einsatz militärischer Gewalt auch dort verzichtet wird, wo er in der konkreten Lage militärisch notwendig und erforderlich und zudem völlig rechtskonform wäre. Betrachtet man hier noch die drohende schwerwiegende Folge, nämlich ein erfolgreiches Attentat auf den Roadblock, wird deutlich, dass einsatzrechtliche Aspekte und die Fähigkeit von Soldatinnen und Soldaten, rechtliche Vorgaben sicher zu erkennen und mit Vertrauen in die Rechtsordnung praktisch umzusetzen, zu ganz wesentlichen operativen Faktoren werden. Anders ausgedrückt: rechtliche Handlungssicherheit bedingt die Fähigkeit, militärisch entschlossen zu handeln.

Um dies zu verdeutlichen, ist im Beispielsfall die Alternative zu betrachten, nämlich dass A schießt, der vermeintliche Attentäter jedoch ein harmloser Zivilist ist, der dabei zu Tode kommt. A wird nun für sich reklamieren, dass die Situation für ihn doch wie ein bevorstehender Sprengstoffanschlag ausgesehen und er darauf mit dem einzig möglichen Mittel des MG-Einsatzes reagiert habe. Rechtskenntnis und Vertrauen in die Rechtsordnung sind nun gefragt. Wünschenswert ist an dieser Stelle das Wissen und das Vertrauen von A, dass die Rechtsordnung, insbesondere das Strafrecht, so beschaffen ist, dass sie auch für Fälle des Irrtums (in einem solchen befand sich A) adäquate und gerechte Lösungen bereithält.[3]

Zwar kommt in der Ausgangslage der strafrechtliche Rechtfertigungsgrund der Notwehr nicht in Betracht, da von dem Zivilisten kein realer, tatsächlicher Angriff auf den Roadblock ausgegangen ist. Gleichwohl wird es nach den Irrtumsregeln des Strafrechts zu keiner Bestrafung des A kommen, wenn dieser irrtümlich Notwehr ausgeübt hat und diesen Irrtum nicht vermeiden konnte. Hierbei ist genau auf die Umstände des Einzelfalles abzustellen. Für die Unvermeidbarkeit des Irrtums ist im vorliegenden Fall von wesentlicher Bedeutung, dass in dieser Lage mit Attentaten zu rechnen war und dass sich der Zivilist so verhalten hat, dass kein vernünftiger Zweifel an der Annahme bestand, dass er ein Attentäter sei. Von (rechtlich) größter Wichtigkeit ist schließlich, dass A sich an die vorgegebenen Einsatzregeln gehalten hat, die für solche Fälle Warnverfahren etc. vorschreiben. Wer dann, wie der Zivilist im vorliegenden Fall, nicht auf Anrufe, Warnschüsse etc. reagiert, verhält sich so, dass er bei vernünftiger Betrachtung für einen Angreifer gehalten werden musste. Diese Fragen werden aus dem Blickwinkel von A und „unter Berücksichtigung des besonderen Drucks der Entscheidungssituation" bewertet.[4] Die Unvermeidbarkeit des Irrtums und damit die Straflosigkeit für A liegen damit auf der Hand.

Insgesamt macht diese kleine Fallstudie deutlich, dass ein unmittelbarer Zusammenhang zwischen rechtlicher und militärischer Handlungssicherheit besteht. Für die Rechtsausbildung ist daher zweierlei zu erwarten:

Zum einen müssen Soldatinnen und Soldaten (so schreibt es § 33 des Soldatengesetzes vor) so ausgebildet werden, dass sie ihre Rechte und Pflichten kennen und insbesondere beim Einsatz militärischer Gewalt rechtskonform handeln können, also im Rahmen der rechtlichen Befugnisse bleiben und diese bei Bedarf auch voll ausschöpfen. Diese Ausbildung muss quasi drillmäßig und nach dem Grundsatz von „Einheit von Operationsführung und Recht" erfolgen, so dass sie auch unter schwierigen Einsatzbedingungen und in unklaren Situationen trägt.

Zum anderen muss überdies ganz deutlich werden, dass bei regelkonformer Ausübung militärischer Gewalt keine Gefahr einer disziplinarrechtlichen oder strafrechtlichen Sanktion besteht. Daher sollten Soldatinnen und

Soldaten idealerweise auch über Grundkenntnisse aus dem Bereich der Strafverfolgung verfügen.

Ziel muss das Vertrauen in den Rechtsstaat und seine Verfahrensgrundsätze und -garantien sein, die ein faires Verfahren sicherstellen. Kenntnisse über Rechtfertigungsgründe, die Unschuldsvermutung, den Grundsatz „in dubio pro reo", das Prinzip, dass sich niemand selbst belasten muss, den Grundsatz des rechtlichen Gehörs oder das Recht auf eine effektive Verteidigung sind somit für den Erwerb der rechtlichen Handlungssicherheit unabdingbar.

Rechtliche Handlungssicherheit von Soldatinnen und Soldaten kann in einem Einsatz aber einen noch wesentlich höheren Stellenwert – bis hin zur strategischen oder politischen Bedeutung – erlangen.

Auch hierzu ein Beispielsfall: Die Hauptfeldwebel A und B sind Angehörige eines deutschen Kontingentes Spezialkräfte, das an einer vom Staat X geführten Operation im Staat Y teilnimmt. Dabei werden sie für eine Nacht als Wachverstärkung in einem von den Streitkräften des Staates X unterhaltenen Gefangenenlager eingesetzt. Jahre nach seiner Freilassung aus diesem Gefangenenlager behauptet der frühere Insasse Z, damals von A und B durch einen Fußtritt misshandelt worden zu sein.

Damit besteht der Anfangsverdacht einer Straftat und eines Dienstvergehens. Die zuständigen Stellen, hier die Strafverfolgungsbehörde, dort der Disziplinarvorgesetzte bzw. die Wehrdisziplinaranwaltschaft, werden nun die Ermittlungen nach der Strafprozessordnung bzw. der Wehrdisziplinarordnung aufnehmen und ggf. Verfahren einleiten. In einem realen Fall, dem dieses Beispiel nachgebildet ist,[5] wurden diese Ermittlungen eingestellt, da den A und B kein strafbares Verhalten nachgewiesen werden konnte, anderenfalls wäre es für A und B zu entsprechenden Sanktionen gekommen. Soweit der „normale" Gang der Dinge.

Die Besonderheit des Falles liegt jedoch darin, dass Z mit seinen Vorwürfen, die er in einem Zeitungsinterview erhoben hat, in Deutschland ein riesiges, über viele Monate gehendes mediales Echo und eine politisch hoch relevante Resonanz erzeugt hat. Insbesondere hat sich der Verteidigungsausschuss des Deutschen Bundestages als Untersuchungsausschuss konstituiert. Dabei wurde versucht, die damaligen Ereignisse über rund zwei Jahre hinweg, unter anderem durch die Vernehmung von rund 50 Zeugen in 24 Sitzungen, aufzuklären. Weit über den eigentlichen angeblichen Vorfall hinaus wurde der gesamte damalige Einsatz der Spezialkräfte in allen Einzelheiten bis hin zu operativen Details und den damals geltenden Einsatzregeln minutiös rekonstruiert und politisch wie rechtlich hinterfragt. Ein besonderes Augenmerk galt der Frage der militärischen und politischen Führbarkeit von Spezialkräften, dem Umgang mit Geheimvorgängen, der Zusammenarbeit verschiedener „Dienste" und der Verantwortung für all dies – und zwar bis zum Bundesminister der Verteidigung.

Der Fall macht den Bedeutungszuwachs bis hin zur höchsten politischen Ebene deutlich, den die Frage der Rechtmäßigkeit militärischen Handelns und insbesondere der Anwendung militärischer Gewalt einnehmen kann. Dieser Effekt ist natürlich nicht neu. In der Geschichte gibt es viele Beispiele dafür, dass (vermeintliche) Rechtsverstöße von Soldaten, insbesondere Verstöße gegen humanitäres Völkerrecht oder sonstiges Einsatzrecht, tiefgreifende Auswirkungen auf die Öffentlichkeit, auf die „Heimatfront" hatten, die sogar zu einem Kippen der öffentlichen Unterstützung für einen Einsatz als Ganzem führen konnten.

Der Effekt spielt jedoch heute eine zunehmend größere Rolle, bedingt durch eine durchgängige und dichte Medienpräsenz quasi in vorderster Linie, durch ein kritisches, zumindest in Deutschland oft pazifistisch geprägtes Interesse in der Bevölkerung, sowie durch die Informationsvernetzung in einer globalisierten Welt – um nur einige der bestimmenden Faktoren zu benennen.

Ende der 1990er Jahre wurde – zumindest begrifflich – der „Strategic Corporal" entdeckt, der vor allem in einem „Three Block War", also in einer zeitlich und örtlich eng beieinander liegenden Gemengelage von Kampf-, Friedens- und humanitären Elementen, eine erhebliche Rolle spielen kann. Obwohl nur auf einer nachgeordneten Führungsebene angesiedelt, trifft oft der „Strategic Corporal" die militärische Entscheidung, die nicht allein über die begrenzte aktuelle Situation vor Ort entscheidet, sondern auch über das Schicksal der gesamten Mission. US-General Charles C. Krulak, der 1999 in einem Aufsatz im Marines Magazine in dieser Terminologie auf das Phänomen aufmerksam machte, nennt als wesentliche zu fordernde Eigenschaften des „Strategic Corporal" ausdrücklich Reife, Urteilsvermögen und Charakterstärke[6] – Eigenschaften also, deren Schaffung und Stärkung nach deutschem Verständnis eine wichtige Herausforderung an die Innere Führung stellen.

Durch die juristische Brille betrachtet liegt aber auch auf der Hand, dass die Entscheidung des „Strategic Corporal", wenn sie in den Kategorien von „richtig" und „falsch" beurteilt wird, neben den strategischen, ethisch-moralischen und charakterlichen Aspekten, sehr oft im Kern von rechtlicher Natur ist. Bewertung und Bemessung seines Tuns münden in die Frage, ob seine Entscheidung mit dem geltenden Einsatzrecht im Einklang stand oder nicht. Auch aus diesem Grunde ist es wichtig, dass Soldatinnen und Soldaten aller Ebenen im Einsatzrecht handlungssicher ausgebildet sind und ihre Ausbilder und Vorgesetzten in der Kommandokette eine valide juristische Beratung erhalten.

An Rechtsberaterinnen und Rechtsberater stellt dies ebenfalls hohe Anforderungen. Zur Vermeidung folgenschwerer Fehler reicht es in der Regel nicht aus, dass der Rechtsrat juristisch korrekt gegeben wird, dies soll als selbstverständliche Anforderung an eine professionelle Rechtsberatung vorausgesetzt werden. Nicht weniger wichtig ist es, dass der Rat zugleich militärisch-operativ brauchbar und zielführend im Sinne der Absicht der militärischen Führung ist – und darüber hinaus auch noch unter Beachtung der übergeordneten politischen Ziele und Belange der Mission erfolgt. In diesem Sinne ist von der Rechtsberatung zu erwarten, dass sie – selbstverständlich im Zusammenwirken mit der letztverantwortlichen militärischen Führung und anderen fachlichen Beratern – auch das leistet, was heute im Zusammenhang mit der Gesetzgebung als „Rechtsfolgenabschätzung" diskutiert und gefordert wird.[7]

Dies lässt sich am Rechtsbegriff des Kollateralschadens gut illustrieren. Mit der Begründung, der Begriff „verharmlose die Tötung Unschuldiger als Nebensächlichkeit", hat der Begriff als besonders zynisch 1999 in Deutschland das Prädikat „Unwort des Jahres" erhalten. Er ist in der öffentlichen Meinung, wenn nicht gerade zum Kampfbegriff, so doch zu einem wesentlichen Gradmesser für die Bewertung militärischer Gewaltanwendung geworden. Das humanitäre Völkerrecht bleibt dagegen realistisch und erkennt, dass es kaum ein Kampfgeschehen gibt, bei dem ernsthaft von einer völligen Vermeidbarkeit von Kollateralschäden ausgegangen werden kann. Verboten sind nach dem Genfer Recht daher lediglich solche Kollateralschäden, die „in keinem Verhältnis zum erwarteten konkreten und unmittelbaren militärischen Vorteil stehen" (Art. 51 Abs. 5b ZP I) – aus völkerrechtlicher Sicht ein Meilenstein.

Die rechtlich korrekte Abwägung zwischen Kollateralschaden und militärischem Vorteil ist in diesem Zusammenhang die primäre Kernleistung der juristischen Beratung eines Kommandeurs. Gleichwohl würde sie zu kurz greifen, wenn nicht im konkreten Szenario auch die Konnotation des Begriffs in der öffentlichen Meinung in die Überlegungen einbezogen würde, um zu einer realistischen Rechtsfolgenabschätzung zu kommen. Dies kann unter Umständen bedeuten, dass der völkerrechtliche Maßstab für die Inkaufnahme von Kollateralschäden aus strategischen Gründen enger zu ziehen ist.

Ein weiterer Gedanke zur Bedeutung rechtskonformen Handelns in Einsätzen von Streitkräften führt in die Vereinigten Staaten von Amerika. Dort wird die Bedeutung der rechtlichen Bewertung und der justiziellen Aufarbeitung von militärischer Gewalt in der Öffentlichkeit seit längerer Zeit sogar als der entscheidende Faktor für den Erfolg der Beteiligung an einem Konflikt oder einem Einsatz diskutiert. Als Begriff hat sich dort das Wort „lawfare" eingebürgert, der zum jetzigen Zeitpunkt noch vielschichtig verwendet und kritisch betrachtet wird. Im Kern geht es darum, wirkliche, vermeintliche oder gar angebliche rechtliche Fehler militärischen Handelns aktiv als Mittel der Kriegführung einzusetzen und zwar durch eine gezielte öffentliche und politische Instrumentalisierung.[8]

So werden nach einer verbreiteten militärischen Bewertung in den USA die Straftaten amerikanischer Soldaten gegen Insassen des Gefangenenlagers von Abu Ghraib und die dadurch ausgelöste Medienwirksamkeit als „strategic military desaster" und – ganz ohne Einsatz von Waffengewalt – als schwerste Niederlage des US-Militärs seit „9/11" angesehen.[9] Auch wenn der neue schillernde Terminus in Deutschland erst noch diskutiert und untersucht werden muss, liegt es auf der Hand, dass Streitkräfte in einem solchen „lawfare" nur bestehen können, wenn rechtskonformes Handeln durch Soldatinnen und Soldaten nachweisbar sichergestellt werden kann.

Insgesamt mögen die genannten Praxisbeispiele und Überlegungen zur rechtlichen Handlungssicherheit von Soldatinnen und Soldaten im Einsatz verdeutlichen, dass eine umfassende und praxistaugliche Ausbildung und Bildung im Bereich des spezifischen Berufsrechts mehr denn je zum aktuellen Anforderungsprofil moderner Streitkräfte gehört. Dies wiederum kann nur erreicht werden, wenn die Beamtinnen und Beamten in der Rechtspflege der Bundeswehr – als Multiplikatoren wie als Berater – über die entsprechenden Kenntnisse und Kompetenzen verfügen. Diese sind jedoch (aus offensichtlichen Gründen) kaum Gegenstand der zivilen juristischen Ausbildung.

Daher hat das Bundesministerium der Verteidigung in den letzten Jahren mit einem ganzen Maßnahmenbündel aktiv auf die Optimierung der

Rechtsausbildung in den Streitkräften hingewirkt. Diese Maßnahmen setzen unter anderem bei der fachlichen Qualifizierung der Angehörigen der Rechtspflege, bei der Schaffung streitkräftegemeinsamer Vorgaben für eine an den Einsatzerfordernissen ausgerichtete Laufbahnausbildung der Soldatinnen und Soldaten und bei der verbesserten Rechtsunterrichtung in der Truppe an.

Die neu geschaffenen konzeptionellen Grundlagen[10] stellen sicher, dass die Beamtinnen und Beamten, die in Rechtsberatung und Rechtslehre in den Streitkräften eingesetzt sind, konsequent auf die aktuellen Aufgaben der Bundeswehr und deren Einsätze insbesondere zur Konfliktverhütung und Krisenbewältigung hin aus- und fortgebildet werden. Berufsbegleitend stehen neben der allgemeinmilitärischen Ausbildung und dem Erwerb von Fremdsprachenkompetenz eine dreijährige Phase der Basisausbildung und weiterführenden fachlichen Fortbildung, die sich in die einsatz- und verwendungsbezogene fachliche Ausbildung fortsetzt.

Mit der Organisation, Durchführung und Fortentwicklung der fachlichen Aus- und Fortbildung wurde die Zentrale Ausbildungseinrichtung für die Rechtspflege der Bundeswehr (ZAR) betraut, die am 4. September 2009 dem Zentrum Innere Führung angegliedert wurde. Diese sorgt nach dem Crewprinzip dafür, dass die jährlich neu eingestellten Angehörigen der Rechtspflege nach drei Jahren fachlich und praktisch fit für alle Funktionen in der Rechtspflege sind und vor allem als Rechtsberater-Stabsoffiziere im Auslandseinsatz Verwendung finden können.

Neben der ständigen wissenschaftlichen Fortentwicklung der Lehrinhalte und der Fachdidaktik werden durch die ZAR Informations- und Ausbildungsmedien zur Verfügung gestellt. In einer jährlichen Rechtslehrertagung werden aktuelle Inhalte zur Diskussion gestellt und einheitliche Lehraussagen konzipiert und ministeriell abgestimmt. Neben den Angehörigen der Rechtspflege bildet die ZAR auch Offiziere aus, die als militärisches Lehrpersonal Recht oder in einer vergleichbaren Lehr- oder Ausbildungsverwendung eingesetzt sind, sowie Disziplinarvorgesetzte in einem eigenen „Handlungstraining Wehrrecht". Die Weichen für eine an dem aktuellen Anforderungsprofil der Streitkräfte ausgerichteten Rechtsausbildung sind damit gestellt.

Anmerkungen

Der Autor stellt im Beitrag seine persönliche Auffassung dar.

[1] Reindl, Helmut; Der Rechtsunterricht in der Bundeswehr, Neue Zeitschrift für Wehrrecht 1976, S. 250.

[2] Vgl. Weber, Stephan; Die militärische Bedeutung rechtskonformen Handelns in Einsätzen der Streitkräfte, in: Bundesministerium der Verteidigung (Hrsg.): Reader Sicherheitspolitik, Ausgabe 12/2013.

[3] Ausführlich zur Rechtfertigungsproblematik Frister, Helmut; Korte, Marcus; Kreß, Claus; Die strafrechtliche Rechtfertigung militärischer Gewalt in Auslandseinsätzen auf der Grundlage eines Mandats der Vereinten Nationen, Juristenzeitung 2010, S. 10-18.

[4] So ausdrücklich in dem Einstellungsvermerk des Generalbundesanwaltes beim Bundesgerichtshof, Az 3 BJs 6/10-4 vom 16. April 2010 (offene Version der Entscheidung im Fall Kunduz-River),
http://www.generalbundesanwalt.de/docs/einstellungsvermerk20100416offen.pdf
(zuletzt besucht am 31. März 2016).

[5] Weber, Stephan; Die parlamentarische Untersuchung von Auslandseinsätzen der Bundeswehr: Der Fall Murat Kurnaz, in: *Weingärtner* (Hrsg.): Die Bundeswehr als Armee im Einsatz, S. 143-158.

[6] Krulak, Charles C.; The Strategic Corporal: Leadership in the Three Block War, in: Marines Magazine, Januar 1999
http://www.au.af.mil/au/awc/awcgate/usmc/strategic_corporal.htm (zuletzt besucht am 31.03.2016).

[7] Ausführlich zum Aufgabenzuwachs der Rechtsberatung im Auslandseinsatz Weber, Stephan; Die „Straf-Rechtspflege" in den Streitkräften – Die Unterstützung (völker-) strafrechtlicher Ermittlungen durch Rechtsberater der Bundeswehr, Neue Zeitschrift für Wehrrecht 2014, S. 221-235.

[8] Ziolkowski, Katharina; "Lawfare" – die Theorie von der Fortsetzung des Krieges mit "rechtlichen Mitteln", in: Humanitäres Völkerrecht – Informationsschriften 2010, S. 112-121.

[9] Dunlap, Charles J.; Lawfare: A Decisive Element of 21st-Century Conflicts, 54 Joint Force Quarterly 34-39 (2009), S. 34.

[10] „Konzept Fachliche Aus- und Fortbildung für die Angehörigen der Rechtspflege", BMVg AL R vom 18. August 2008, Bereichsdienstvorschrift C-2180/4.

Gibt es heute eine moralische Handlungssicherheit für den modernen Soldaten?

Thomas R. Elßner / Carl-Mathias Wilke

Kurze Hinführung

Nach allgemeinem Verständnis ist Ethik die Theorie bzw. die Reflexion bezüglich moralischen Strebens und Verhaltens. Sie bezieht im Sinne einer allgemeinen Ethik letztlich auch die Reflexion des Soldaten über sein sittlich verantwortbares Handeln ein, vor allem in schwierigen Situationen. Sie enthält von daher zudem Aspekte völkerrechtskonformen soldatischen Handelns und bedenkt ebenso Wertvorstellungen aufgrund von persönlicher Erziehung und gesellschaftlich geprägten Verständnisweisen und bezieht nicht zuletzt auch Verhaltensnormen ein, die sich an religiösen Verhaltensvorgaben orientieren.

Da ethische Reflexion keine statische Größe ist, ist es für das Ziel einer moralischen Handlungssicherheit unerlässlich, dass sich jeder Soldat beharrlich mit den zu erwartenden besonderen Anforderungen in Krisen- und Kriegsgebieten vertraut macht sowie mit den daraus resultierenden Verhaltensnormen auseinandersetzt. Diese Grundsätze gelten jedoch nicht nur für den Soldaten, sondern auch für diejenigen, die über die Einsätze letztlich entscheiden, sei es in der Regierung, sei es im Parlament.

Diese so scheinbar selbstverständlichen Aspekte stellen sich in ihrer Bedeutungsschwere noch einmal besonders in Bezug auf die Fragen: Was kennzeichnet heute einen Soldaten? Was ist ein moderner Krieg? Und was bedeutet in diesem Kontext „moralische Handlungssicherheit"?

Der moderne Soldat

Die Krisen und Konflikte der letzten Jahre haben deutlich gemacht, dass die Anforderungen und Herausforderungen an einen Soldaten der Gegenwart als viel komplexer gedacht und verstanden werden müssen, als es noch während der Zeit des Kalten Krieges der Fall gewesen ist. Als nicht unmaßgebliches Mitglied der Exekutive seines eigenen Staates sind seine Aufgaben nicht nur umfangreicher, sondern zudem auch vielschichtiger geworden. So kann und darf nicht nur das Kämpfen können und wollen sowie das Kämpfen müssen in realen Kampf- und Duellsituationen im Vordergrund stehen, was zweifelsohne ein nicht zu vernachlässigender Teil seines oft vielbeschworenen

Kerngeschäftes ist. Zu seinen Aufgaben kommen außerdem vor allem das Schützen und das Retten bedrohter unbeteiligter Zivilpersonen sowie das aktive Begleiten friedenserhaltender Maßnahmen hinzu. Dies alles hat zugleich unter Einhaltung rechtlicher Vorgaben und unter strikter Beachtung ethischer Gesichtspunkte zu erfolgen. Dieses fällt umso schwerer und bedarf der besonderen Aufarbeitung, als sich der Gegner nicht oder nur teilweise selbst daran orientiert oder ganz andere Maßstäbe setzt und dadurch den westeuropäisch sozialisierten Soldaten in einen vermeintlichen Nachteil zu bringen scheint.

Nun finden bekanntermaßen Aktivitäten eines Soldaten nicht im luftleeren Raum statt, sondern in verschiedenen konkreten Einsatzräumen, die ihrerseits ebenfalls verschiedene Rahmenbedingungen haben, wie z.B. politische, kulturelle und/oder religiöse Kontexte. Wenngleich die Befugnisse und Beschränkungen soldatischer Handlungen durch die jeweils vor Ort geltenden Rules of Engagement festgelegt und eingehegt sind, stellen dennoch die dem Soldaten nicht vertrauten und oft gar verworren zu verstehenden Kontexte ihn mitunter vor äußerst schwierige Herausforderungen. Dies vor allem deshalb, weil der Soldat nicht selten rasch, aber überlegt eine Entscheidung zu treffen hat, die mitunter irreversibel sein kann.

Soldaten der Bundeswehr sind Teil der Exekutive der Bundesrepublik Deutschland und somit Teil eines demokratischen Rechtsstaates. Folglich sind Soldatinnen und Soldaten der Bundeswehr auf die mit diesem demokratischen Rechtsstaat verbundenen Werte und Normen verpflichtet. Diese sind im Grundgesetz verankert und davon abgeleitet beispielsweise in der bis dato sogenannten Zentralen Dienstvorschrift 10/1 kodifiziert.[1] Dennoch lassen sich diese Grundschriften oft nur schwer mit den real existierenden gesellschaftspolitischen Kontexten in so manchen Einsatzräumen in Einklang bringen. Denn bei diesen Einsatzräumen handelt es sich vielfach um Regionen, die diktatorisch geführt werden, bis hin zu Einsatzgebieten, in denen Anarchie und Chaos herrschen (failed state). Dies hat zur unmittelbaren Folge, dass Soldaten der Bundeswehr, die freilich stets an das Humanitäre Völkerrecht sowie an die Rules of Engagement zwingend gebunden sind, in diesen Gebieten mit teilweise fundamental von den eigenen Kenntnissen und Vorstellungen abweichenden rechtlichen, religiösen und ethischen Vorstellungen konfrontiert werden, auf die sie sich erst einmal vorbereiten und einstellen müssen, z.B. mit Hilfe Interkulturellen Wissens. Dies kann zunächst grundlegende Auswirkungen auf die Art der Kampfführung haben. So sind bei-

spielsweise Hinterhalte, Verrat, Unzuverlässigkeit, Desinformation und unge-
hemmte Zerstörungswut nur einige der Probleme, mit denen Soldaten zu
rechnen haben.

All die hier stichwortartig genannten Problemlagen lassen sich mit
dem mittlerweile vielzitierten und allgegenwärtigen Oberbegriff „asymmetrische Kriegführung" nur unzureichend beschreiben. Obgleich die gegnerische
Seite viele Werte verneint und missachtet, auf die ein Bundeswehrsoldat allein
schon qua Amt verpflichtet ist, so ist und bleibt er dennoch an die Normen
des Grundgesetzes sowie des Humanitären Völkerrechts gebunden. In einem
Kontext der sogenannten asymmetrischen Kampfführung die eigenen
Grundsätze nicht aufzugeben, erfordert nicht zuletzt ein großes Maß an Cha-
rakterstärke. Die Frage, die sich hieraus ergibt, lautet somit: Was hilft einem
Soldaten im Einsatz, die Werte des Grundgesetzes sowie des Humanitären
Völkerrechts dauerhaft zu bewahren und einzuhalten?

Zunächst gehört hierzu das ständige reflektierte Wiederholen der eigenen Rechte und Pflichten vor dem Hintergrund des Humanitären Völkerrechts sowie der Rules of Engagement. Dazu gehören auch das ständige Gespräch seitens der Vorgesetzten mit den ihnen zugeordneten Soldaten über
persönliche Schwierigkeiten, emotionale Blockaden bzw. Verkürzungen, wie
sie in jedem Einsatz vorkommen können, wie z.B. Hass oder Wut nach einem
Anschlag, bei dem Kameraden zu Tode gekommen sind. Sprech- und/oder
Denkverbote darf es nicht geben. Eine Maxime könnte hier lauten: Das, was
in Worte gefasst worden ist, hat bereits sein erstes bitteres Gift verloren.

Darüber hinaus hat grundsätzlich in der Vorgesetzten-Funktion jeder
Soldat Vorbildfunktion. Seine ihm unterstellten Soldaten werden sich sehr
schnell – auch ohne ausdrücklichen Befehl – an seiner Denk- und Hand-
lungsweise orientieren. Dies ist der eigentliche Sinn des Paragraphen 10 des
Soldatengesetzes, der den Vorgesetzten zum beispielhaften Handeln verpflichtet. Soldaten suchen Handlungssicherheit und finden sie eben auch im
Verhalten des Vorgesetzten. Ein solcher Vorgesetzter hat von daher nicht nur
authentisch, sondern ebenso rechtlich und ethisch gebildet zu sein.

Die modernen Kriege

Nach dem Ende des Kalten Krieges Anfang und Mitte der 1990er Jahre ist
die Bundeswehr von der Politik vermehrt in Auslandseinsätze geschickt worden, auch in bewaffnete. Einen bisherigen Höhepunkt bildete sicher der über

ein Jahrzehnt andauernde Einsatz der Bundeswehr in Afghanistan. Nicht zuletzt war aus den vielen Berichten und Einsatzschilderungen, wie sie in den Lehrgesprächen am Zentrum Innere Führung immer wieder Gegenstand einer lebendigen Diskussion gewesen sind, stets deutlich, dass die soldatischen Herausforderungen allein in Afghanistan sich oft rasch wandeln konnten und je nach Einsatzort vielsichtiger und komplexer ausfielen. Neben Kampfeinsätzen mussten die Soldaten vielfach zeitgleich friedenserhaltende Stabilisierungsmaßnahmen durchführen und/oder befanden sich in einem humanitären Einsatz. General Charles Krulak von den US-Marines prägte dafür in den 1990er Jahren den Begriff „Three Block War". Diese Erfahrungen, die die Soldaten in Bezug darauf erworben haben, sind nicht nur von großem Wert, sondern sie haben dazu beigetragen – zumindest aus militärischer Sicht, was Planung, Durchführung und Ergebnis anbelangt –, dass die jeweils konkreten Einsätze erfolgreich durchgeführt werden konnten.

Auch gegenwärtig entwickelt sich die sicherheitspolitische Situation nicht zuletzt auch im Hinblick auf die Bundeswehr in einer sehr hohen Geschwindigkeit. So haben am 1. Dezember die Bundesregierung und am 4. Dezember 2015 der Deutsche Bundestag den Einsatz der Bundeswehr in Syrien beschlossen[2], der formell wie jeder Einsatz auf ein Jahr begrenzt ist, jedoch Bodentruppen davon (vorerst?) ausnimmt. Diese Entwicklung kam zwar nicht von ungefähr, aber durch die terroristischen Anschläge vom 13. November 2015 in Paris, die vom sogenannten Islamischen Staat verursacht worden sind, hat sie an Beschleunigung spürbar zugenommen, zumal Frankreich die EU-Partner, somit auch Deutschland, offiziell über den bis dahin kaum beachteten Artikel 42 Absatz 7 des EU-Vertrages um militärischen Beistand gebeten hat. Dieser Artikel beinhaltet, dass sich die EU-Länder bei einem bewaffneten Angriff entsprechende Hilfe und Unterstützung schulden.[3]

Schon seit längerer Zeit waren die Anzahl und die Interessenlage der Konfliktparteien in Syrien und im Irak nahezu undurchschaubar. Aufständische Gruppierungen kämpfen gegen die Regierungen, ethnische Gruppen kämpfen um ihre Unabhängigkeit bzw. waren massiven Gewaltakten ausgesetzt. Ebenso sind hierbei Nachbarstaaten Akteure im Hintergrund und sogenannte Großmächte verfolgen ebenfalls ihre eigenen Ziele und versuchen, die Instabilität in ihrem Sinne zu lenken. Die „Frontlinie" läuft quer durch alle Gruppen. Hinzu kommt das Agieren von unterschiedlichen religiösen Parteien mit politischen Zielsetzungen (Stichwort: Schiiten und Sunniten).[4] Die

Kampfführung wird hierbei vordergründig durch religiösen Fanatismus angeheizt, wobei die sogenannten Kriegsziele durch wirtschaftliche Interessen motiviert sind (Stichwort: Öl und Schwarzhandel mit Drogen und Kulturgütern). Unterm Strich geht es jedoch um Macht und Einfluss in dieser Region. Selbst das sogenannte Kriegsgebiet ist nicht mehr auf eine bestimmte Region beschränkt, wie die Anschläge in Paris vom 7. Januar und 13. November 2015, aber auch die früheren Anschläge in New York am 11. September 2001, Madrid am 11. März 2004 sowie London am 7. Juli 2005 gezeigt haben. Auch Deutschland war wiederholt Ziel von terroristischen Aktivitäten (z.B. Koblenz im Sommer 2006), die aber glücklicherweise nie zur Ausführung kamen.

Moralische Handlungssicherheit – Koblenzer Entscheidungscheck

Ein Hochschullehrer der Philosophie aus Süddeutschland definierte vor ein paar Jahren bei einer Tagung mit Vertretern des Zentrums Innere Führung in Koblenz den Begriff Ethik als „Lehre, die richtigen Fragen zu stellen." In der Tat kann man von Plato[5] über Augustinus[6] und Kant[7] einerseits lernen, dass Philosophie eher die richtigen Fragen zu stellen hat, als sich mit fertigen und vielleicht sogar voreiligen Antworten vorschnell zufrieden zu geben.

Im Gespräch jedoch mit vielen Soldaten – Lehrgangsteilnehmern am Zentrum Innere Führung, aber auch Soldaten in Einsatzverbänden – wird andererseits deutlich, dass diese nicht nach Fragen suchen, sondern Lösungen bzw. klare Vorgaben erwarten. Sie wünschen sich Handlungssicherheit bezüglich ihres Einsatzes. Dies muss insgesamt letztlich kein Widerspruch sein. Während Politik und Gesellschaft, aber auch Philosophie und Ethik durchaus auch im konstruktiven Streit um sicherheitspolitische und ethisch verantwortbare Lösungen zu ringen haben, indem diese auch entsprechende Fragen stellen, aber auch insuffiziente Antworten zurückweisen, haben dann Ausbildung, Übungen und Trainingsprogramme der Soldaten danach ausgerichtet zu sein, auf der Grundlage des geführten pluriformen gesellschaftlichen Diskurses deren Handlungssicherheit zu stärken und ethisch zu reflektieren.

Da aber die Handlungsoptionen in der Praxis dann immer noch vielfältig genug bleiben, ist es sinnvoll, einen Kriterienkatalog zu ermitteln, der sich als eine Art Handlungsrichtschnur versteht. Vor diesem Hintergrund ist nicht zuletzt auch am Zentrum Innere Führung der Koblenzer Entscheidungs-Check (KEC) entwickelt worden, der sich als ein Baustein bezüglich einer verantworteten Entscheidungsfindung versteht.[8]

Dieser Check besitzt fünf Prüfkriterien, die in jeder Situation Anwendung finden können. 1. Legalitätsprüfung, 2. Feuer der Öffentlichkeit, 3. Wahrhaftigkeitstest, 4. Goldene Regel und 5. Kategorischer Imperativ.

Ein Fragekatalog wie der KEC ist für einen Soldaten allerdings nichts Neues. Denn grundsätzlich hat sich jeder Soldat ständig an Fragen zu orientieren. Dies beginnt schon beim ersten Schritt im Führungsprozess: bei der Lagefeststellung. Hierzu zählen dann Fragen wie denen nach Personal, Material, den örtlichen und zeitlichen Parametern, aber ebenfalls Fragen bezüglich der rechtlichen Grundlagen. Hinzu kommen darüber hinaus Fragen in Bezug auf die bisweilen als „weiche Faktoren" bezeichneten Größen wie Interkulturelle Kompetenz, Sprachen und Ethnologie. Gerade Soldaten mit Erfahrungen im Auslandseinsatz wissen um diese Größen und können ihre Bedeutung für den soldatischen Alltag einordnen.

In Ergänzung zum KEC und als Einstieg in die Thematik der Militärethik hat Zetha bereits im Jahr 2012 ein Ethik-Trainingsboard entwickelt, welches bis zum heutigen Tag erfolgreich verwendet wird. Mit dessen ethischen Grundsatzfragen können sich Soldaten aller Dienstgrade in Kleingruppen bis fünf Personen dialogisch auseinandersetzen. Dieses moderne didaktische Medium Trainingsboard wird von den Lehrgangsteilnehmern am ZInFü und darüber hinaus sehr gut angenommen. Weitere Trainingsboards behandeln u.a. die Themen "Konflikte" und "Interkulturelle Kompetenz".

Die Pluralität aktueller Wertvorstellungen

Der Wertekonsens, wie er zwischen den Staaten vielleicht noch während der Friedenskonferenzen in den Jahren 1899 und 1907 in Den Haag bestand und in den Genfer Abkommen des Jahres 1949 bekräftigt und ergänzt worden ist, hat sicher dazu geführt, dass in den großen Weltkriegen und auch in den Stellvertreterkriegen während des Kalten Krieges zwischen den Soldaten der verschiedenen Konfliktparteien immer wieder ein Mindestmaß an menschlichem Verhalten präsent blieb, wenngleich Gräueltaten in diesen Kriegen ständige Begleiter waren.

Jenes Mindestmaß sucht man bezüglich der gegenwärtigen Kriegsführung in Syrien und Irak in unseren Tagen bisher immer wieder vergebens. Eine maßlose Enthemmung von Gewalt herrscht in jenen Gebieten. Obzwar es seit vielen Jahren immer wieder zu unsäglichem Leid in Bürgerkriegen und bei ethnischen Verfolgungen, z.B. in Afrika, gekommen ist, so lassen sich diese Vorkommnisse nur unzureichend vergleichen mit jenen, die der neue Terrorismus zeitigt. Die Bilder des Krieges in Syrien, die mit drei Klicks im Internet abrufbar sind, sind von einer derart unbeschreiblichen Grausamkeit und Menschenverachtung, die selbst einsatzerfahrene Soldaten nicht unberührt lassen, unberührt lassen können. Spontan aufkeimende Gefühle nach Rache, Vergeltung und von Wut sind vor diesem Hintergrund erst einmal nachvollziehbar. Nicht nur, aber auch vor diesem Hintergrund lässt sich die Vielfalt gegenwärtiger Wertvorstellungen längst nicht mehr mit dem Verweis auf die verschiedenen Religionen hinreichend beschrieben, wenn dies überhaupt jemals gelingen könnte.

Im Rahmen der Ausbildung „Interkultureller Kompetenz" am Zentrum Innere Führung werden eine Fülle von Aspekten – Gemeinsamkeiten wie Unterschiede – angesprochen, unterrichtet und diskutiert. Viele Merkmale wie Kleidung, Körpersprache, Verhalten usw. sind eher leicht identifizierbar. Um sie aber richtig verstehen und einordnen zu können, ist eine Kenntnis der Sitten und Gebräuche sowie der allgemeinen Lebensumstände erforderlich. Ebenso ist es wichtig, sich mit den psychologischen Hintergründen auseinanderzusetzen.

Immer wieder werden in den Einsatzgebieten manche Regeln und Gebräuche religiös begründet. Dies gibt es im christlichen Umfeld genauso wie in islamischen oder von anderen Religionen geprägten Gebieten. Das Problem besteht wie fast immer im Detail. Vielmehr haben viele Riten und Gebräuche oft ihren Ursprung in regionalen Traditionen, ethnischen Strukturen und geschichtlichen Erfahrungen, und zwar lange bevor eine ganz konkrete Religion die Bühne der Geschichte betrat. Manche Bräuche haben dann vielfach später eine religiöse Begründung insofern erfahren, als sie mit Bezug auf die jeweiligen historischen und ethnischen Hintergründe entsprechend religiös inkulturiert worden sind. Hier sind ethische Grund- und Detailkenntnisse für das Verständnis der Situationen vor Ort unverzichtbar.

Nicht zuletzt sind eigene Motivation und innerer Antrieb für das Agieren eines Menschen entscheidend. Dazu gehören die subjektive Wahrnehmung seiner Umwelt, sein privater und gesellschaftlicher Status sowie seine religiösen Überzeugungen. Ebenso beeinflussen das Verhalten eines Menschen Überlegenheitsgefühle, Imponiergehabe, Geltungssucht (libido dominandi, Augustinus), Minderwertigkeitsgefühle, Arroganz, Tollkühnheit und vieles mehr. Diese Faktoren sind mitunter oft stärker handlungsleitend als irgendein intellektuell ausgerichtetes Wertesystem, sei es religiös oder sonst wie begründet. Manch einer denkt zudem immer noch, dass sich Konflikte und Krisen in sogenannten fernen Regionen ohne Einfluss auf die Situation in Deutschland ereignen.

Aber jene räumliche und sicherheitspolitische Distanz gibt es heute nicht mehr. Das vielzitierte Diktum des Verteidigungsministers Peter Struck, dass die Freiheit Deutschlands auch am Hindukusch verteidigt werde, stellt heute niemand, wenngleich unter veränderten Vorzeichen, mehr in Frage. Vor diesem Hintergrund ist es daher unverzichtbar, dass Soldaten sich nicht nur technisches Wissen aneignen, sondern sich wiederholt ethischen Fragen argumentativ stellen, um vor allem in schwierigen Situationen richtig entscheiden zu können. Von daher ist es zudem erforderlich, dass ein Soldat ethisches Verhalten nicht nur inhaltlich und methodisch lernt, sondern die verhandelten Inhalte sich entsprechend selbst zu Eigen macht. Denn wer seinen eigenen Standpunkt reflektiert hat, kann auch fremde Standpunkte angemessen zur Kenntnis nehmen.

Wahrhafte Auseinandersetzung mit dem eigenen Wertesystem führt regelmäßig zu Zweifel und zu Fragen: „Liege ich noch richtig mit meiner Überzeugung, mit meinem Wissen, mit meinem Urteil?" Sich solchen Fragen bewusst zu stellen, ist kein Zeichen von Schwäche, ganz im Gegenteil. Aber es ist ebenso Aufgabe der Politik, den Soldaten Handlungssicherheit zu geben und Hintergrundwissen zu vermitteln, und Aufgabe der Gesellschaft ist es, sich der Verantwortung den Soldaten gegenüber bewusst zu sein; denn die Staatsbürger wählen jeweils die Regierung und das Parlament, welches die Soldaten in Auslandseinsätze schickt.

Pluralität der Werte bedeutet nicht Beliebigkeit. Die Werte, für die der Bundeswehrsoldat einsteht, sind die der Menschenwürde und die des Rechtsstaates. Diese beiden Werte sind der Kernbestand des Grundgesetzes. Alle weiteren Werte wie Freiheitsrechte, Glaubens- und Gewissensfreiheit usw. leiten sich aus diesen beiden Grundwerten ab. Sie sind Richtschnur für das Handeln der Soldaten. Daran hat sich in der Bundeswehr in den 60 Jahren ihres Bestehens nichts geändert.

Tugenden des Soldaten der Bundeswehr sind Loyalität, Glaubwürdigkeit und Zuverlässigkeit. Zuverlässigkeit kann als die Tugend bezeichnet werden, welche zwar die des Gehorsams einschließt, aber mehr als bloßer Gehorsam ist. Zuverlässigkeit bedeutet eben auch, selbständig und verantwortungsbewusst mit den Rechten und Pflichten als Soldat umzugehen. Und Glaubwürdigkeit ist insbesondere für Vorgesetzte von Bedeutung, da sie nur mit ihr überzeugen können.

Wie sinnvoll jedoch eine Liste mit Werten, Tugenden und Verhaltensnormen ist, die man womöglich auch noch auswendig lernen kann, kann jeder für sich selbst mit Blick auf Auslandseinsätze entscheiden. Die Erfahrung lehrt aber insgesamt, dass das, was man nicht regelmäßig trainiert, im Bedarfsfall selten gekonnt wird.

Ethik und Recht

Viele Vorurteile gegenüber Ethik im Allgemeinen und einer Militärethik im Besonderen kommen nicht selten daher, dass ethische Grundsätze zur Maßregelung von Fehlverhalten herangezogen wurden und werden. Kann man für ein ethisches Fehlverhalten bestraft werden? Denn bisweilen kann es zu Situationen kommen, bei denen ein Konflikt zwischen rechtmäßigem Verhalten einerseits und ethischer Handlungspflicht andererseits besteht. Solche Lagen („Wie muss oder darf ich mich verhalten, wenn ich Zeuge einer Steinigung oder Vergewaltigung werde?") wurden immer wieder in Lehrgängen am Zentrum Innere Führung thematisiert und lebhaft diskutiert.

In diesem Zusammenhang kann man nicht oft genug darauf verweisen, dass der vorgegebene rechtliche Rahmen strikt zu beachten ist. Nicht ohne Grund steht die Prüfung der Rechtmäßigkeit beim „Koblenzer Entscheidungs-Check" an erster Stelle. Macht dann jedoch diese eine, wenngleich wichtige Fragestellung das weitere ethische Reflektieren militärischen Handelns sinnlos oder womöglich überflüssig? Eine solche Frage zu stellen heißt, sie freilich zugleich zu verneinen. Rechtliche Rahmenbedingungen und Vorgaben können zwar nicht jede denkbare Situation vorwegnehmen, in die ein Soldat kommt, aber die Handlungsspielräume, die ein Soldat und ein Vorgesetzter dann immer noch hat, müssen mittels seines ethischen Kompasses mit Leben gefüllt werden.

Ist moralische Handlungssicherheit ein Muss? Diese Frage ist immer wieder nur mit einem klaren „Ja" zu beantworten. Moralische Handlungssicherheit ist überlebenswichtig. Sie muss daher trainiert werden, um im Ernstfalle bestehen zu können.

Anmerkungen

[1] Die ZDv 10/1 Innere Führung. Selbstverständnis und Führungskultur der Bundeswehr wird jetzt unter der Bezeichnung A-2600/1 geführt.

[2] Die deutsche Bundesregierung beruft sich dabei auf GG Art. 24 (System kollektiver Sicherheit); Resolution 2249 des UN-Sicherheitsrates vom 20.11.2015 und zudem auf UN-Charta Art. 51 (kollektives Selbstverteidigungsrecht), vgl. Frankfurter Allgemeine Zeitung, 02.12.2015, Seite 2.

[3] Artikel 42 Absatz 7 des EU-Vertrages lautet: „(7) Im Falle eines bewaffneten Angriffs auf das Hoheitsgebiet eines Mitgliedstaats schulden die anderen Mitgliedstaaten ihm alle in ihrer Macht stehende Hilfe und Unterstützung, im Einklang mit Artikel 51 der Charta der Vereinten Nationen. Dies lässt den besonderen Charakter der Sicherheits- und Verteidigungspolitik bestimmter Mitgliedstaaten unberührt.

Die Verpflichtungen und die Zusammenarbeit in diesem Bereich bleiben im Einklang mit den im Rahmen der Nordatlantikvertrags-Organisation eingegangenen Verpflichtungen, die für die ihr angehörenden Staaten weiterhin das Fundament ihrer kollektiven Verteidigung und das Instrument für deren Verwirklichung ist."

[4] Der Friedenspreisträger des deutschen Buchhandels 2015, Navid Kermani, sagte mit Bezug auf die Situation in Syrien und den angrenzenden Regionen: „Eher führt der Islam einen Krieg gegen sich selbst, will sagen: wird die islamische Welt von einer inneren Auseinandersetzung erschüttert, deren Auswirkungen auf die politische und ethnische Kartographie an die Verwerfungen des Ersten Weltkrieges heranreichen dürften", ders. Jacques Mourad und die Liebe in Syrien, in: Frankfurter Allgemeine Zeitung, 19. Oktober 2015, Seite 10.

[5] Besonders bemerkenswert bei Plato ist seine rhetorische Technik, zu seinen vorgetragenen Thesen nicht selbst Stellung zu beziehen, sondern die Urteilsbildung dem Leser seiner Schriften zu überlassen. Zudem bedient sich der platonisierte Sokrates hinsichtlich der Methode, Fragen zu stellen und mit ihnen Erkenntnis zu bewirken, der Hebammenkunst, der Maieutik.

[6] Neben vielen anderen Schriften sind von Augustinus auch seine bekannten 83 verschiedenen Fragen zu nennen, vgl. Rasche, Michael (Hrsg.), Augustinus, Opera-Werke, De diversis quaestionibus octoginta tribus. Die 83 verschiedenen Fragen, Paderborn 2007.

[7] Vgl. Kant, Immanuel, Logik, in: Immanuel Kant. Werke. 6 Bände, Band 3. Siebte Auflage. Darmstadt 2011, 417–582. Kants vier Fragen lauten: Was kann ich wissen? Was soll ich tun? Was darf ich hoffen? Was ist der Mensch?

[8] Vgl. Elßner, Thomas R., Praxisorientierte Ethikausbildung in den deutschen Streitkräften. In: Hans-Christian Beck/Christian Singer (Hrsg.), Entscheiden – Führen – Verantworten. Soldatsein im 21. Jahrhundert, Berlin 2011, 84–94.

(Inter-)kulturelle Kompetenz und Diversity Management – Beiträge zur Weiterentwicklung der Inneren Führung?

Dr. Uwe Ulrich

Die Frage nach den Umständen und Formen militärischer Gewalt steht naturgemäß im Zentrum aller Überlegungen zum Einsatz bewaffneter Streitkräfte – weltweit und zu allen Zeiten. Fragen und Antworten nach dem „WOZU", dem „WIE" militärischer Gewalt und auch dem Grad der gegenseitigen Bedingtheit sind stets auch Ausdruck des jeweiligen historischen und kulturellen Rahmens. Dieses Ziel-Mittel-Verhältnis ist heute vielfältiger, komplexer und dynamischer denn je. Im Falle Deutschlands und der Bundeswehr veränderte sich der sicherheitspolitische Rahmen ganz entscheidend nach Beendigung des Kalten Krieges, der Wiedervereinigung Deutschlands, der Beteiligung der Bundeswehr an weltweiten Einsätzen zur Eindämmung von Krisen, Konflikten oder Terror.

Gesellschaftliche Megatrends wie z.B. der demographische Wandel oder der Wandel von Geschlechterrollen in Verbindung mit der Aussetzung der Wehrpflicht und die sich dadurch verschärfende Konkurrenz der Bundeswehr zur Wirtschaft beeinflussen die gesellschaftliche Positionierung der Bundeswehr nachhaltig. Davon ist auch die Innere Führung betroffen. Mit Blick auf die Integration des in sich vielfältigen Personals, mit Blick auf die Zusammenarbeit mit anderen Ressorts, Organisationen und Nationen, mit Blick auf den Einsatz von Streitkräften im Ausland und nicht zuletzt mit Blick auf die aktuelle Flüchtlingsthematik rücken (sozio-)kulturelle Aspekte auf verschiedenen Ebenen und aus unterschiedlichen Perspektiven in den Fokus.

Begriffe wie Interkulturelle Kompetenz oder Diversity Management beeinflussen seit geraumer Zeit die Diskussion, auch im politischen Raum. Parteiübergreifend wird auf die querschnittliche Bedeutung der Themen im Rahmen der Inneren Führung hingewiesen. Fraglich ist, ob es sich hierbei um alten Wein in neuen Schläuchen handelt, oder diese Ansätze vor dem Hintergrund der skizzierten Veränderungen zur Weiterentwicklung der Inneren Führung beitragen. Es bleibt abzuwarten, ob und ggf. wie sie unter strategischem Blickwinkel Aufnahme in das neue Weißbuch und die nachgeordnete Konzeptlandschaft der Bundeswehr finden.

Innere Führung – Antworten auf „Wozu" und „Wie"?

Die Innere Führung, als „Selbstverständnis und Führungskultur" bezeichnet, ist eine Konzeption, die bewusst dynamisch und diskursiv angelegt ist. Daher gibt es keine allgemeine oder gar allzeit gültige Definition. Die „Grundsätze der Inneren Führung" sind im Gesetz über den Wehrbeauftragten des deutschen Bundestages gesetzlich fest verankert. Als Antwort auf die Frage nach dem „WOZU" sind sie konstitutiv an die Freiheitliche Demokratische Grundordnung und das Friedensgebot des Grundgesetzes gebunden. Daran wird sich auch im neuen Weißbuch grundsätzlich nichts ändern. Dynamisch an der Inneren Führung ist jedoch deren praktische Umsetzung als Antwort auf die Frage nach dem „WIE" militärischer Gewaltanwendung. Diese, immer wieder neu zu findende Antwort, ist abhängig von Ausrüstung und Auftrag der Streitkräfte. Diese Antwort wird neben den sicherheits- auch von gesellschaftspolitischen Entwicklungen und von Veränderungen der Werthaltungen der Bürger und Soldaten beeinflusst. So verstanden, sollte der Diskurs um die Innere Führung weder abgelehnt noch mit Scheuklappen geführt werden. In der ethischen Diskussion um das Wozu und das Wie militärischer Gewalt sollte weder eine intransparente Vermischung von Zielen und Mitteln erfolgen, noch sollten in der Anwendung der Mittel die Ziele aus dem Blickfeld geraten.

Das militärische Aufgabenspektrum ist breiter und die daraus abzuleitenden Fähigkeiten von Soldaten sind vielfältiger geworden. Die Reduktion des Soldatischen auf Kategorien wie Kampf, Tod, Verwundung, Freund und Feind ist unangebracht, sie auszublenden oder weichzuspülen ebenso. Dies völlig unabhängig davon, ob der sicherheitspolitische Grundsatz „Breite vor Tiefe" Bestand hat oder nicht. Die Bildung stabiler, eigenständiger, reflektierter Persönlichkeiten, eine flexible Organisation und das Bemühen um stabile Sozialbeziehungen sind wichtiger denn je. Dies ermöglicht es, den wechselnden und belastenden Anforderungen physisch und psychisch standzuhalten. Interkulturelle Kompetenz auf der Individualebene und Diversity Management auf der Organisationsebene können genau dazu wesentlich beitragen.

Kultur und Interkulturelle Kompetenz – Begriff und Verständnis

Auf die Vielzahl der Kultur-Modelle in den Human- und Sozialwissenschaften kann hier nicht eingegangen werden. Innerhalb der letzten 15 Jahren hat sich in Forschung und Lehre der Bundeswehr ein Verständnis durchgesetzt, das Kultur betrachtet als ein, für eine Gesellschaft, Organisation und Gruppe notwendiges, typisches aber auch dynamisches Orientierungssystem. Dieses umfasst Werte, Normen und Überzeugungen, die sich in Strukturen und Prozessen widerspiegeln und innerhalb der jeweiligen Gesellschaft tradiert werden.

Interkulturelle Kompetenz (IkK) wird als eine individuelle Fähigkeit des angemessenen Umgangs mit dem Anderssein verstanden. Diese Kompetenz ist vor allem als ein Bündel sozialer Grundkompetenzen in Bezug auf eine interkulturelle Situation aufzufassen. Die Begegnung unterschiedlicher Kulturen in Gesellschaften oder Organisationen führt auf der Ebene des Einzelnen zu einer Kombination von verschiedenen Lebensformen, Wertehaltungen und Weltanschauungen, was auch als „Transkulturalität" bezeichnet wird. Streng genommen müsste somit von transkultureller Kompetenz gesprochen werden, was aber aus pragmatischen Gründen vermieden wird. Dabei ist die Aneignung von Wissen relativ unproblematisch. Erfahrungsgewinn durch interkulturelle Begegnung bis hin zur Korrektur eigener Einstellungen hingegen ist ein ständiger, ggf. unbequemer Selbstbildungsprozess. Eine Übertragung dieses Verständnisses auf vielfältige Gegenstände und Phänomene (z.B. Geschlecht, Alter, Erfahrung, sexueller Orientierung, Religion etc.) wird im Sinne einer Interkulturellen Öffnung diskutiert. Analog zu Interkultureller Kompetenz hier von „Diversity-Competence" zu sprechen, erscheint nicht abwegig.

Diversity und Diversity Management – Begriff und Verständnis

Abgeleitet von dem lateinischen Wort „diversitas" (= Verschiedenheit) kann der Begriff „Diversity" im Deutschen am ehesten mit „Vielfalt" übersetzt werden. Damit ist nicht eine – im schlimmsten Falle defizitorientierte – Fokussierung auf Unterschiede oder Minderheiten gemeint. Vielfalt meint vielmehr die – im besten Falle potenzialorientierte – Wertschätzung von Unterschieden und Gemeinsamkeiten von Menschen, um ein gemeinsames Ziel zu erreichen.

„Diversity Management" bezeichnet in einem strategischen Verständnis ein ganzheitliches Konzept des gestalterischen Umgangs mit Vielfalt in der Organisation – zum Nutzen aller Beteiligten. Es geht um den wertschätzenden, gleichzeitig systematischen und auftragsorientierten Umgang mit Vielfalt. Es geht nicht in erster Linie um die Umsetzung von Antidiskriminierungsansätzen. Diversity Management meint nach Taylor Cox: „Planning and implementing organizational systems and practices to manage people so that the potential advantages of diversity are maximized while its potential disadvantages are minimized." Vielfalt wird aus strategischen Gründen aktiv und wertschätzend eingefordert und richtet sie konsequent auf das Unternehmensziel hin aus. Das bedeutet im Sinne eines Regelkreises insbesondere die Analyse und ggf. auch die zielgerichtete Änderung/Anpassung von Strukturen, Personalprozessen sowie der Organisationskultur.

Bedeutung: Interkulturelle Kompetenz und Diversity Management

Komplexität, Vielschichtigkeit und Kontingenz möglicher Bedeutungen Interkultureller Kompetenz und eines Diversity Managements für die Auftragserfüllung – letztlich den Bestand – der Bundeswehr, erfordern deren systematische Betrachtung. Funktions- und Bedeutungszusammenhänge werden hier in soziologischer Perspektive auf den Ebenen Individuum, Organisation und Gesellschaft betrachtet.

Mit Blick auf die Individualebene kann die Erfahrung kultureller Differenzen für die Einzelperson einen Stressfaktor darstellen. Interkulturelle Kompetenz kann hier helfen, Frustrationen zu minimieren, so Anpassungsprozesse erleichtern und letztlich die Einsatzbereitschaft unterstützen. Sie kann helfen, andere Sichtweisen teilweise zu integrieren, ohne die eigene Identität zu verleugnen. Interkulturelle Kompetenz kann so dazu beitragen, psychische Stabilität, notwendiges (Selbst-)Vertrauen, innere Balance, Mut und Offenheit zu entwickeln – Fähigkeiten, die insbesondere in einem soldatischen Persönlichkeitsprofil kaum zu entbehren sind. Diesem Kontext kommt umso mehr Bedeutung zu, je breiter das Aufgabenspektrum der Bundeswehr ist, je vielfältiger die Zusammensetzung des Personals hinsichtlich der Erfahrungen und anderer soziokultureller Faktoren ist und je größer die zu erwartenden kulturellen Unterschiede sind.

Interkulturelle Kompetenz ist auch auf der Organisationsebene relevant. Sie stellt eine Schlüsselqualifikation für das gesamte Personal der Bundeswehr dar – strategisch bedeutend bei der Frage der Zielsetzung eines Einsatzes, bedeutend bei der Operationsplanung und deren Umsetzung bis zur taktischen Ebene sowie individuell bedeutend, um möglichst psychisch unbeschadet einen Einsatz zu überstehen. Das Motto „Interkulturelle Kompetenz schont die Nerven, schweißt zusammen und spart Blut" unterstreicht dies.

Eine Reduktion der Thematik auf operative Aspekte im Sinne eines instrumentellen Verständnisses ist nicht angebracht.

Darüber hinaus führen verschiedene gesellschaftspolitische Entwicklungen (z.B. Demographische Entwicklung, Aussetzung der Wehrpflicht, Erfahrungsdiversifizierung) auf der Organisationsebene zu einer wachsenden soziokulturellen Vielfalt in der Bundeswehr – mit den ihr innewohnenden Chancen und Risiken. Im Sinne einer umfassenden Auftragserfüllung gilt es militärisches und ziviles Personal unterschiedlichster Biographien wirksam zu integrieren. Das Gebot der Stunde ist, Vielfalt nicht durch Anpassung der Einzelnen zu minimieren, sondern diese Vielfalt zu akzeptieren und gleichzeitig auf den gemeinsamen Auftrag hin auszurichten. Es geht darum, Potenziale zu erkennen und sie dann auftragsorientiert einzusetzen. Es geht aber auch darum, Menschen als Individuum an- und ernst zu nehmen. Bei aller Diversifizierung im Auftrag, beim Personal, das in die Bundeswehr eintritt, und schließlich bei den unterschiedlichen Erfahrungswelten in der Bundeswehr stellt sich auch immer die Frage nach einem gemeinsamen Selbstverständnis. Eine rein instrumentelle Betrachtung ist daher nicht angemessen.

Die Stärkung und Vermittlung Interkultureller Kompetenz oder im erweiterten Sinne Diversity-Kompetenz ist nicht nur Sache der Bundeswehr. Sie ist auf gesellschaftlicher Ebene als Bildungsziel mit strategischer, insbesondere innen- und sicherheitspolitischer Relevanz zu verstehen. Folgerichtig findet diese Thematik mittlerweile in allen relevanten Ressorts Berücksichtigung. Dies reicht von der Aufnahme der Thematik in den (Aus-) Bildungszielen sowohl im Schulsystem als auch des Personals im öffentlichen Sektor bis zur Berücksichtigung soziokultureller Vielfalt bei der Planung und Umsetzung von Einsätzen in verschiedenen Ressorts. Das Menschenbild im Grundgesetz und die Freiheitliche Demokratische Grundordnung im Allgemeinen sowie im Falle der Bundeswehr das Konzept der Inneren Führung bilden hierfür das ethisch-normative Fundament. In diesem Zusammenhang kann sich das Integrationspotential von Polizei, Feuerwehren oder der Bundeswehr durchaus positiv auf gesamtgesellschaftliche Integrationsprozesse auswirken.

Zusammenfassend ist der wertschätzende Umgang mit soziokultureller Vielfalt als normativ geboten und der auftragsorientierte, gestalterische Umgang damit als funktional notwendig zu betrachten. Zudem darf vor dem Hintergrund der einschlägigen parlamentarischen Debatten davon ausgegangen werden, dass die Umsetzung dieser Themen politisch gewollt ist.

Aktuelle Umsetzung

In vielen Gestaltungsfeldern der Inneren Führung konnten Maßnahmen und Projekte zur auftragsorientierten Gestaltung soziokultureller Vielfalt realisiert werden. Insbesondere auf die inhaltliche und organisationsstrukturelle Weiterentwicklung des Themas „Interkulturelle Kompetenz" sei hier besonders hingewiesen. Die Zentrale Koordinierungsstelle Interkulturelle Kompetenz am Zentrum Innere Führung konzertiert seit gut acht Jahren die Ausbildungslandschaft der Bundeswehr zu dieser Thematik. Sie stellt Informationen und Ausbildungsmittel zentral bereit, bildet Multiplikatoren aus und führt im Rahmen der Netzwerkarbeit nationale und internationale Akteure unterschiedlicher Ressorts zusammen – sei es in Fragen der Ausbildung oder der Einsatzberatung.

Die Unterzeichnung der Charta der Vielfalt im Februar 2012 war ein weiterer Schritt hin zu einem strategischen Verständnis von Vielfalt. In den politischen Debatten um die Frage der Umsetzung der Maßnahmen zur Stärkung und Vermittlung Interkultureller Kompetenz sowie zur Umsetzung der Charta der Vielfalt wurde parteiübergreifend festgestellt, dass in der Bundeswehr bereits sehr viel dazu getan wird. Insbesondere wurde hier die Bedeutung der Inneren Führung hervorgehoben.

Zwischenzeitlich konnten weitere Einzelmaßnahmen realisiert werden, wie z.B. die Aufnahme der Diversity-Thematik in die Teilkonzeption Personalmanagement, eine internationale Diversity&Inclusion-Tagung oder die Einrichtung der Stabsstelle „Chancengerechtigkeit". Ebenfalls richtungweisend für die Umsetzung der Charta der Vielfalt sind die Aufnahme der Thematik „Vielfalt" in eine Jahresweisung zu Politischer Bildung, in das Coaching von Führungskräften sowie insbesondere die Entwicklung eines Diversity-Trainingsboards *(Mit letzterem können in kurzer Zeit viele Personen standardisiert nachhaltig und methodisch zeitgemäß für die Thematik „Vielfalt" sensibilisiert und ausgebildet werden)*. Allerdings stehen diese Maßnahmen nach wie vor weitgehend unverbunden nebeneinander, so dass ein Konzept, eine zentrale Verantwortlichkeit und Koordinierung durchaus als berechtigte Forderungen erscheinen.

Schlussbetrachtungen und Fazit

Wenn ein Thema moderne Gesellschaften und ihre Subsysteme nachhaltig beschäftigt, dann ist es ganz sicher der stetige Wandel – ausgelöst durch insbesondere technologische, (sicherheits-)politische, gesellschaftliche und andere Megatrends. Immer wieder stellt sich die Frage, wie mit dem Wandel umzugehen ist. Es zeigt sich, dass Interkulturelle oder in einem erweiterten Verständnis Diversity Kompetenz sowie deren organisatorische Abbildung einen funktionalen Beitrag zum Erfolg des Systems Bundeswehr leisten. Sowohl die Bemühungen um die Stärkung und Vermittlung Interkultureller Kompetenz als auch um ein konzertiertes Diversity Management spielen eine zentrale Rolle für effektive, postmoderne Streitkräfte. Sie sind mehr als nur alter Wein in neuen Schläuchen.

Die Stärkung der Thematik Interkulturelle Kompetenz und deren Bindung an die normativen Kernvorgaben der Inneren Führung ist ein idealtypisches Beispiel für deren Weiterentwicklung und ein Beweis für ihre Flexibilität. Ohne den Wesenskern anzutasten ist es durch allmähliche Einbeziehung und zunehmende Umsetzung der Thematik Interkulturelle Kompetenz gelungen, die Konzeption Innere Führung den geänderten Rahmenbedingungen und Notwendigkeiten anzupassen. So verstanden ist Interkulturelle Kompetenz mehr als nur ein Instrument. Sie ist vielmehr Ausdruck gelebter Innerer Führung und deren Weiterentwicklung, die sich an den sicherheits- und gesellschaftspolitischen Rahmenbedingungen orientiert. Am Ende dieser Entwicklung steht idealtypisch die durchgehende Berücksichtigung der Thematik Interkultureller Kompetenz im Sinne eines „systemischen Bestandteils" – sowohl im Rahmen von Führungsphilosophie, Führungskultur, Persönlichkeitsentwicklung und Ausbildung als auch in der personellen, fachlichen, finanziellen und organisatorischen Ausgestaltung, einschließlich der Einbeziehung in den Führungsprozess auf allen Ebenen.

Dieses Verständnis gilt es auf alle Dimensionen soziokultureller Vielfalt anzuwenden, will man ein strategisches Diversity Management etablieren. Es gilt auf der Basis des Auftrages der Bundeswehr und den Rahmenbedingungen Vielfalt als Ursache und Wirkung mit ihren Chancen und Risiken darzustellen. Es gilt den Ist-Zustand mit Stärken und Schwächen zu erfassen und entsprechende Ziele zu formulieren. Ein solches Konzept umfasst selbstverständlich Forderungen nach Toleranz, Akzeptanz oder Chancengerechtigkeit. Es umfasst Forderungen nach Attraktivität der Bundeswehr. Es umfasst aber auch den gestalterischen Umgang mit Vielfalt im Sinne einer effektiven Erfüllung des Auftrages. Eine Aufgabe, die es gilt, sowohl „Top down", aber auch bottom up" anzugehen. Es wird auch darum gehen, liebgewonnene Muster, Denkweisen und Gewohnheiten aufzubrechen, Komfortzonen zu verlassen und aus Betroffenen Beteiligte zu machen. Eine eher emotionale, denn kognitive Führungsaufgabe!

Die inhaltliche Nähe und die Schnittmengen zu den Zielen und Gestaltungsfeldern der Inneren Führung sind einerseits nicht zu übersehen. Werden andererseits Konzepte zu Interkultureller Kompetenz oder Diversity Management an die Grundsätze der Inneren Führung gekoppelt, so bieten sich sehr gute Möglichkeiten, die Innere Führung zukunfts-, auftrags-, einsatz- und werteorientiert weiterzuentwickeln.

Literaturverzeichnis

Unter dem Dach der Inneren Führung wird mit dem vorliegenden Artikel an zwei bereits in den Jahrbüchern Innere Führung 2013 und 2014 veröffentlichte Diskussionsstränge angeknüpft: Aus pragmatischen Gründen wird daher der wissenschaftliche Apparat auf diese beiden Beiträge begrenzt.

Ulrich, Uwe (2013): Interkulturelle Kompetenz in der Bundeswehr – Entwurf einer funktionalen Analyse. In: Hartmann, Uwe & von Rosen, Claus: Jahrbuch Innere Führung 2013. Miles-Verlag, Berlin..

Ulrich, Uwe (2014): Quo vadis Bundeswehr – Strategisches „Diversity Management" oder operatives „Managing Diversity"? In: Hartmann, Uwe & von Rosen (Hrsg.): Jahrbuch Innere Führung 2014. Miles-Verlag, Berlin.

Kampfmoral und Führen mit Auftrag – Entscheidende Voraussetzungen für das Bestehen im Gefecht?

Jared Sembritzki

Der SPIEGEL schreibt im Oktober 2010 von den schwersten Gefechten, die deutsche Soldaten seit dem 2. Weltkrieg erlebt hätten. Gemeint sind Einsätze deutscher Soldaten nahe den beiden nordafghanischen Städten Pol-e Khomri und Baghlan. Während das ca. 60 km nördlich gelegene Kunduz bereits 2009 in Deutschland traurige Berühmtheit erlangt hatte und die Kameraden dort seit geraumer Zeit ebenfalls in schwere Gefechte verwickelt waren, machte die Quick Reaction Force 5 (schnelle Eingreiftruppe – QRF 5) ganz besondere Erfahrungen, da erstmals ein Gefechtsverband der Bundeswehr den Auftrag erhalten hatte, geschlossen über mehrere Monate und durchgehend außerhalb eines Feldlagers einen Kampfeinsatz durchzuführen. Das Gebirgsjägerbataillon 231 aus Bad Reichenhall bildete den Kern dieser Kräfte des Regionalkommandos Nord (RC NORTH) in Afghanistan von April bis Oktober 2010.

Neben der regulären Bataillonsführung und der Stabs- und Versorgungskompanie bestanden die beiden Gebirgsjägerkompanien aus jeweils drei Zügen, wobei der II. Zug (BRAVO-Zug) der 2. Kompanie ein Panzergrenadierzug des Panzergrenadierbataillons 122 aus Oberviechtach, u.a. ausgestattet mit dem Schützenpanzer MARDER, war. Neben der entsprechenden sanitätsdienstlichen Unterstützung unterstanden der QRF 5 eine Pionier- und eine Aufklärungskompanie sowie zeitlich begrenzte Fähigkeiten wie Elektronische Kampfführung.

Vorbereitung auf den Einsatz

Der letzte Einsatz des Bataillons im Kosovo lag bei meiner Kommandoübernahme im Herbst 2009 noch kein Jahr zurück und es war uns allen klar, dass sich diese beiden Aufträge erheblich voneinander unterscheiden würden. Der Kern der QRF bestand aus den Mannschaftssoldaten und Unteroffizieren, die bereits im Kosovo gemeinsam eingesetzt waren, während neben mir und meinem Stellvertreter auch die Kompaniechefs erst zuversetzt worden waren. Insgesamt bestand die zentrale Herausforderung in den verbleibenden fünf Monaten bis zum Einsatzbeginn vor allem darin, den Verband – für Stabilisierungsoperationen ausgebildet – nun unter neuer Führung für einen anderen Einsatz gefechtstauglich zu machen. Die notwendige Ausbildung der Führer auf Teileinheits- wie Einheitsebene konnte erst auf mehreren Truppen-übungsplätzen und in den hervorragenden Ausbildungsszenarien im Übungs-zentrum Infanterie und dem Gefechtsübungszentrum des Heeres abgeschlossen werden.

Diese hohe zeitliche Beanspruchung in der Vorbereitung führte zu an-fänglichen Diskussionen, insbesondere mit meinen Kompaniefeldwebeln, die – völlig zu Recht – auf die bekannte und nachvollziehbare Argumentation vom „Einsatz vor dem Einsatz" hinauslief und nur in zahlreichen Gesprä-chen einigermaßen zur benötigten Akzeptanz führte. Im Nachhinein waren alle Betroffenen, im Übrigen auch die Familien, überzeugt, dass nur die ex-trem fordernde und zeitintensive Ausbildung den Zusammenhalt des Ver-bandes und die soldatisch-handwerklichen Fähigkeiten optimieren konnten. Das Vertrauen in die eigene Leistungsfähigkeit, in die Kameraden, die Vorge-setzten, in Waffen, Material und Fahrzeuge war und ist ein wesentlicher Schlüssel für die eigene Einsatzfähigkeit, extremen Entbehrungen des Einsat-zes und letztlich für das Bestehen im Gefecht. Stellvertretend dafür kann die Aussage eines Maschinengewehrschützen stehen, der nach einem TIC (Troops In Contact - Gefecht) feststellte, er habe sich automatisch so verhal-ten wie in der Ausbildung und das habe bestens geklappt! Jede Diskussion, ob Drill noch zeitgemäß sei, verbietet sich daher von selbst.

Dennoch blieben auch Lücken, die erst im Einsatz geschlossen wer-den konnten. So wurde uns ein amerikanischer Oberleutnant für einige Wo-chen unterstellt, um uns in der Anwendung der NATO-Kommunikations-syteme zu unterstützen. Bei einem der späteren, schwereren Gefechte zum Wiedereinnehmen des COP in Shahabuddin war eben jener Offizier der Pilot eines Apache-Kampfhubschraubers, der uns direkt im Kampf unterstützte. Gemeinsames Erleben und das Wissen um solche Unterstützung im selben militärischen Bewusstsein sind ein Pfeiler auch internationaler Kameradschaft.

In der Ausbildung wie auch im Einsatz darf vor personellen Konse-quenzen, die immer die Gefahr in sich bergen, Beschwerden, Eingaben und Klagen aushalten zu müssen, nicht zurückgeschreckt werden. In der abschlie-ßenden Übung im Gefechtsübungszentrum, sah sich einer meiner Kompanie-chefs gezwungen, die Ablösung seines Stellvertreters bei mir beantragen zu müssen, da dieser sich wiederholt nicht ausreichend seiner Verantwortung gestellt hatte. Im Einsatz bat ein Stabsfeldwebel und Kompanietruppführer noch vor dem ersten Verlassen des Feldlagers in Mazar-e-Sharif um seine Repatriierung, da er zu große Angst habe. Trotz anfänglich erfolgreicher Überzeugung, konnte er seine Angst in letzter Konsequenz nicht überwinden, erbrachte nicht die notwendige Leistungsfähigkeit und wurde nach drei Monaten aus dem Einsatz abgelöst. Es bleibt die unteilbare Verantwortung aller Führer und Vorgesetzten, eigenes Führungspersonal bestmöglich kennenzulernen und ihnen auch die Möglichkeit zum Führen und Lernen zu geben. Ungeachtet dessen sind dann Konsequenzen zu ziehen, wenn vorher durchaus bewährte Soldaten im Kampfeinsatz nicht bestehen oder massive Zweifel daran angebracht sind.

Im Einsatz

Die QRF 5 übernahm im April 2010 zwei Einsatzräume: Die 3. Kompanie war zunächst vor dem Hintergrund der Lageentwicklung weiter im Provincial Reconstruction Team (PRT) in Kunduz eingesetzt, meine 2. Kompanie übernahm den Auftrag der Kräfte des RC NORTH im Raum Pol-e- Khomri/ Baghlan, in der im Rahmen der Operation TAOHID II wenige Tage zuvor mehrere deutsche Kameraden gefallen waren. Während die Lage in Baghlan zunächst aufgrund der Gefechtserfolge und der hohen Präsenz von ISAF wie afghanischer Kräfte vergleichsweise ruhig blieb, sahen sich die Kräfte in Kunduz unverändert unter Druck. Als ich das erste Mal in Kunduz eintraf, um meine Truppe letztlich formal ja nur besuchen zu können und aus dem Transportflugzeug Transall stieg, stand die Kompanie erstmals seit einigen Stunden im Gefecht. Ich konnte somit nur passiv am Funk verfolgen, wie sich meine Gebirgsjäger gemeinsam mit den Fallschirmjägern des PRT gegen den Feind durchsetzten und alle im Wesentlichen unversehrt später ins Lager zurückkehrten. Neben der Erleichterung war den Männern und Frauen der berechtigte Stolz anzumerken, sich erstmals im Gefecht bewährt zu haben. Die in der zeitintensiven und harten Ausbildung zusammengeschweißte Truppe hatte ihre Feuertaufe – im wahrsten Sinne des Wortes – bestanden! Ganz sicher trug dieser erfolgreiche Start dazu bei, dass spätere Gefechte in genau solchen – sowie auf ganz andere Art und Weise – belastenden Situationen im gegenseitigen Vertrauen aufeinander erfolgreich bestanden wurden.

Ein weiteres Element für das Bestehen im Einsatz wie im Gefecht waren die frühzeitig mit uns gemeinsam ausgebildeten Kameradinnen und Kameraden des Sanitätsdienstes. Bereits während des ersten gemeinsamen

Übungsplatzaufenthaltes war ich erstaunt, als ich sah, wie professionell, auch im Hinblick auf persönliche Ausrüstung und taktisches Verhalten, agiert wurde. Sie teilten alle Belastungen und Aufgaben mit der Truppe und sorgten dafür, dass alle Soldaten in dem sicheren Bewusstsein in die Gefechte gingen, dass eine bestmögliche Erstversorgung unmittelbar sichergestellt werde. Insbesondere die weiblichen Soldaten gingen mit den im Grunde nicht vorhandenen getrennten Bereichen für Unterkunft und Hygiene genauso professionell um wie alle anderen. Dies klingt selbstverständlich, ist es aber nicht. Temporäres weibliches Unterstützungspersonal war eher irritiert, wenn der S3-Feldwebel auf die Frage nach der Unterkunft für Frauen antwortete, diese gäbe es nur, wenn sie ein eigenes Zelt mitgebracht hätten.

Der zum Kontingent in Masar-e Sharif gehörende Militärpfarrer war bereits frühzeitig und recht lange in der Observation Post (OP NORTH – Beobachtungspunkt) und aus verschiedenen Gründen eine große Hilfe. Improvisierte Feldgottesdienste, Einzelgespräche, aber auch seine frühere Ausbildung zum Fernsehtechniker unterstützte uns. Auch dank ihm war es möglich, auf dem Basar erstandene Satellitenschüsseln pakistanischer Herkunft zur Fußball-WM in Betrieb nehmen zu können.

Auftragstaktik und Führen von vorn

„Der militärische Führer unterrichtet über seine Absicht, setzt klare und erreichbare Ziele. Unterstellten Führern gewährt er Freiheit bei der Durchführung des Auftrags. Führen mit Auftrag verlangt … neben gewissenhafter Pflichterfüllung und dem Willen, befohlene Ziele zu erreichen, die Bereitschaft zur Übernahme von Verantwortung und zu selbständigem, schöpferischem Handeln." (Grundsätze der Truppenführung).

„Die Führungsverantwortung des militärischen Führers ist unteilbar. Soldaten wollen ihren militärischen Führer sehen, hören und erleben … Die Truppe muss davon überzeugt sein, dass er bereit und in der Lage ist, Gefahren mit ihr zu teilen." (Grundsätze der Truppenführung).

Ein Auftrag war es, den Raum Baghlan – Pol-e Khomri einschließlich der zentralen Flussübergänge und der beiden beherrschenden Lines of Communication (LOC – Hauptverbindungsmöglichkeiten) zu halten. Im Rahmen der Operation TAOHID III sollten nunmehr weitere Geländeabschnitte genommen und gehalten werden. Letztlich war das geplante Einsatzgebiet fast 500 Quadratkilometer groß, in weiten Bereichen unter feindlicher Kontrolle, schwer zugänglich und zusätzliche Kräfte standen nicht zur Verfügung. Soweit der durch den Stab des RC NORTH erstellte Operationplan. Ich erhielt daraufhin einen Anruf des damaligen Kommandeurs, Generalmajor Fritz, der mich fragte, ob ich diesen Plan gesehen hätte und was ich davon hielte. Es war schlicht abwegig, mit den vorhandenen Kräften einen derartigen Plan umzusetzen und offensichtlich hatte auch Generalmajor Fritz entsprechende Bedenken. Der dem Machbaren angepasste Operationsplan sah dann vor, nunmehr kurzgesteckt das nur wenige hundert Meter vom OP NORTH beginnende Highway-Triangel zu nehmen. Aus diesem Bereich war mehrfach Raketen- und Mörserbeschuss erfolgt und die elektronische Aufklärung verzeichnete regen und monatelang anhaltenden gegnerischen Funkverkehr im Raum. Afghanische Sicherheitskräfte mieden diesen Bereich, was immer ein klares Indiz für die brisante Lage vor Ort war.

Dazu wurden entsprechende Vorbereitungen und Planungen befohlen, da es meine Absicht war, den Feind im Osten mit einer Kompanie zu binden, um von Norden mit einer Kompanie schnell ins Angriffsziel vorstoßen zu können. Während einer durch einen Kompaniechef geführten Erkundung blieb ein Gefechtsfahrzeug DINGO im Fluss stecken und es kam zu einem schweren, stundenlangen Gefecht. Letztlich wurde der DINGO zur Zerstörung freigegeben, um Propaganda-Bilder des Feindes zu verhindern. Verhindert wurde damit allerdings auch der für diesen Tag geplante erstmalige Besuch des damaligen Verteidigungsministers zu Gutenberg, der, obwohl bereits im Anflug auf den OP NORTH, aufgrund der Gefechtssituation wieder umdrehen musste. Drei der dort kämpfenden Soldaten wurden später mit dem Ehrenkreuz der Bundeswehr für Tapferkeit ausgezeichnet.

Die eigentliche Operation sollte nach 72 Stunden beendet sein und die genommenen Bereiche sollten an Angehörige des Afghanistan Peace and Reintegration Programme (APRP) übergeben werden. Dabei handelte es sich zumeist um Afghanen, die einige Monate zuvor noch gegen Regierung und ISAF gekämpft hatten. Die Truppe war zu diesem Zeitpunkt nicht einmal mehr in der Lage, in den OP NORTH zurückzukehren, da in diesem Fall der gesamte Angriff erneut hätte durchgeführt werden müssen. Selbst wenn es zu diesem Zeitpunkt kaum Gefechte gab, war die Belastung, mit noch weniger Kräften als ohnehin schon auskommen zu müssen und fast ausschließlich Sicherung oder durchgehende Patrouillen zum Offenhalten der Anschlusswege durchführen zu müssen, extrem hoch. Aufgrund unterschiedlicher afghanischer Vorbehalte und Regulierungen trafen Teile dieser afghanischen Kräfte erst fast zwei Wochen später im Raum ein. Trotz durchgehender massiver und persönlicher Unterstützung durch die gesamte Generalität des RC NORTH war eine frühere Ablösung durch diese Kräfte nicht möglich. Hier hatte ich das erste und einzige Mal das Gefühl, dass Teile der Truppe vor dem Aufgeben waren, ohne dass es dazu kam.

Führen mit Auftrag bleibt der zentrale Führungsgrundsatz, auch oder gerade in Gefechts- und Krisensituationen. Grenzen sind festzulegen und zu überwachen, aber der Freiraum für den Führer ist der wesentliche Faktor; Risiken in der Auftragsdurchführung sind in Kauf zu nehmen. Der gelegentlich bereits im Ausbildungs- und Grundbetrieb zu bemerkenden Tendenz der Verantwortungsdiffusion und Absicherung sowie einer falschen Prioritätensetzung in der Auftragserfüllung muss bereits hier entgegengetreten werden. Alle Soldaten und Vorgesetzten müssen darauf vertrauen, dass gerade in Gefechtssituationen und Konflikten dieses Prinzip unverändert Gültigkeit hat. Eine Auflagenerfüllung kann nicht den Vorrang vor der Auftragserfüllung haben. Die Verantwortung für mögliche Fehlschläge ist danach allerdings ebenfalls zu tragen.

Alle Vorgesetzten und Führer der QRF waren, wann immer möglich, an der Spitze und in den Gefechten dabei. Dies hat nicht nur äußere Wirkung, sondern ist auch für den Führer selbst wichtig. Das gemeinsame Erleben dessen, was die eigene Truppe zu bestehen und zu ertragen hat, ermöglicht das notwendige Gespür für Machbarkeit des Befohlenen. Von vorne zu führen ist eine wesentliche Maxime des Erfolges.

Die Grundsätze unserer Truppenführung haben sich im Gefecht, aber auch darüber hinaus, bewährt. Die Technisierung des Lebens wie der Einsatzrealität darf nicht dazu führen, dass beim persönlichen Handeln und der Übernahme von Verantwortung Abstriche gemacht werden. Der mündliche Befehl ist nicht ersetzbar und überzeugtes, durchgehendes Führen von Vorn ist unverzichtbare Grundlage erfolgreicher Durchsetzung im Gefecht und adäquater Auftragserfüllung.

Aus der empirischen Feldforschung – Wofür riskieren Soldaten ihr Leben?

Dr. Anja Seiffert

Als Einstieg in meinen Beitrag zu den Fragen, was Soldaten für einen riskanten Einsatz motiviert, ob sie sich dafür gerüstet sehen, und wie sie mit ihren Erfahrungen nach der Rückkehr umgehen, möchte ich einige Anmerkungen zum wissenschaftlichen Vorgehen, zur eigenen Motivation und Rolle der zivilen Sozialwissenschaftlerin voranstellen, die sich wiederholt in die Alltagswelt eines Einsatzes der Bundeswehr begeben hat, um herauszufinden, wie Soldaten ihre Einsätze selber sehen und gestalten.

Oft sieht sich soziologische Feldforschung[1] in Einsätzen – dann auch noch beauftragt vom Bundesministerium der Verteidigung (BMVg) – der Kritik ausgesetzt, sie sei parteiisch, zu wenig objektiv oder mache sich gar "die Interessen und Angelegenheiten von Einsatzsoldaten zu eigen"[2]. Vorbehalte dieser oder ähnlicher Art sind bekannt, sie gehören zum Forschungsprozess dazu. Dahinter stehen grundlegendere und methodisch-praktischere Fragen wie etwa jene nach den eigenen Beweggründen, der Angemessenheit der Methoden, der Ergebnisoffenheit und ethischen Vertretbarkeit der eigenen Forschung. Transparenz im Forschungsprozess ist also gefordert.

Motive einer Feldforscherin im Afghanistaneinsatz

"Warum tust Du Dir das eigentlich an, ist das nicht gefährlich?" wurde ich im Vorfeld oft ungläubig gefragt, als ich mich Ende April 2010 gemeinsam mit meinen Forscherkollegen auf den Weg nach Afghanistan machte, um Soldaten in dem bislang wohl riskantesten Einsatz der Bundeswehr über mehrere Wochen hinweg zu begleiten und zu befragen.

Die Einsätze beschäftigten mich schon lange. Bereits Ende der 90er Jahre hatte ich im Rahmen des SFOR-Einsatzes Bundeswehrsoldaten in Bosnien sozialwissenschaftlich begleitet.[3] Auch später in meiner Zeit als Büroleiterin des Bundestagsabgeordneten Winfried Nachtwei waren die Auslandseinsätze, zumal der immer kriegerischer werdende Afghanistaneinsatz ein bestimmendes und intensives Thema für mich. Reichte das als Vorbereitung? Es musste; die Vorbefragung des 22. deutschen ISAF-Kontingents, das überwiegend von Anfang März bis Oktober 2010 im Einsatz in Afghanistan war, stand an.

Dieser Beitrag ist nun nicht der Rahmen, um die Entwicklung des Afghanistaneinsatzes kritisch nachzuzeichnen.[4] Wenige Hinweise müssen genügen, um das eigene Erkenntnisinteresse transparent zu machen: Zu meiner Zeit als Büroleiterin war von Seiten der Bundesregierung noch nicht von kriegsähnlichen Zuständen im deutschen Verantwortungsbereich die Rede. Öffentlich wurde dies erst im Frühjahr 2010 nach den sogenannten „Karfreitagsgefechten" in der Nähe von Kunduz ausgesprochen.

Ich wollte wissen, wie die Realität „am Boden" tatsächlich aussah, wie Soldaten ihren Einsatz in Afghanistan selber wahrnahmen, welche Erfahrungen sie tatsächlich machten und was der politische Auftrag für sie in der konkreten Realität bedeutete. Das eigene Forschungsinteresse war demnach auch davon angetrieben, die gängigen Bilder, Weichzeichnungen und Verzerrungen des Afghanistaneinsatzes auf ihren realen Gehalt hin kritisch zu untersuchen. Für Feldforschung in Einsätzen spricht aber auch ein phänomenologisches „von der Sache" her starkes Argument. Die Einsatzwelten von Soldaten sind in der Realität vor Ort oft hochkomplex und dynamisch.[5] Eine erfahrungsbezogene Feldforschung bietet gerade durch die ihr eigene Offenheit für Veränderungen des Untersuchungsgegenstandes die Chance, den realen Wirklichkeiten auf der Spur zu bleiben und dadurch gegebenenfalls auch neue, den bisherigen Diskussionstand erweiternde Erkenntnisse über Auslandseinsätze zu generieren. Dies setzt freilich eine methodisch angeleitete Praxis voraus.

Die Studie „ISAF 2010"

Der über ein Jahrzehnt währende ISAF-Einsatz endete im Dezember 2014. Die tiefgreifenden Erfahrungen, die der Einsatz in Bezug auf Kampfhandlungen, multinationale Zusammenarbeit und interkulturellem Wissen für die Bundeswehr mit sich brachten, haben die Gesamtorganisation sowohl strukturell als auch kulturell verändert.[6] Die Neuausrichtung der Bundeswehr, die geänderte Ausbildung oder die Entwicklung einer neuen Gedenk- und Symbolkultur mit sowohl offiziellem als auch inoffiziellem Charakter – die Gefechtsmedaille, das Ehrenkreuz für Tapferkeit, das zentrale Mahnmal der Bundeswehr im Bendlerblock, der Wald der Erinnerung in Potsdam oder der unter Afghanistanveteranen verbreitete Coin-Check – stehen beispielhaft dafür.

Die Studie „ISAF 2010" als bisher umfangreichste soziologische Untersuchung des Einsatzes ging auf Initiative des damaligen Sozialwissenschaftlichen Instituts (SOWI) zurück und wurde vom BMVg im September 2009 beauftragt. Zielsetzung der Studie war die sozialwissenschaftliche Analyse der Einsatzrealität aus Sicht der Soldaten des 22. Kontingents ISAF. Die Durchführung der Feldforschung stieß anfänglich auf Vorbehalte von Seiten der Bundeswehr, man fürchtete zusätzliche Aufgaben für das Kontingent durch die Anwesenheit der Forscher im Einsatz. Ohne Unterstützung des damaligen Befehlshabers des Einsatzführungskommandos, Generalleutnant Glatz, wäre die Durchführung wohl auch gescheitert.

Die Studie basiert auf einem komplexen Mixed-Methods-Design, das quantitative Fragebogenerhebung zu mehreren Zeitpunkten sowie qualitative Methoden, vor allem Interviews, Gruppendiskussionen sowie teilnehmende Beobachtung beinhaltet. Die Feldforschung im Einsatz wurde von einem interdisziplinären Forscherteam von Ende April bis Anfang Juni 2010 in Kunduz und Mazar-e-Sharif durchgeführt und als sozialwissenschaftliche Langzeitbegleitung des Kontingents über einen Zeitraum von fast vier Jahren ausgebaut. Dadurch sollen zusätzliche Erkenntnisse über die längerfristigen Auswirkungen des Einsatzes auf das weitere Leben von Afghanistanrückkehrern gewonnen werden. Anknüpfend an die vorangegangenen Befragungen wurden fast drei Jahre nach Rückkehr die noch aktiven ebenso wie die bereits aus der Bundeswehr ausgeschiedenen Soldaten des Kontingents nochmals nach ihren Erfahrungen gefragt. Die erhobenen Daten wurden und werden im Hinblick auf unterschiedliche inhaltliche Fragestellungen mit entsprechend gegenstandsangemessenen Methoden ausgewertet. Bisherige Ergebnisse liegen in Forschungsberichten vor und sind teilweise auch veröffentlicht.[7] Die Zusammenführung der Befunde steht noch aus. Der vorliegende Beitrag bezieht sich auf Teile der Studienergebnisse.

Für einen Kampfeinsatz gerüstet?

Als Anfang März 2010 ein Großteil der Soldaten des 22. Kontingents ISAF seinen Einsatz am Hindukusch begann, wurden im politischen Berlin noch die möglichen Auswirkungen der Ende 2009 beschlossenen Neuausrichtung der ISAF-Strategie hin zur Aufstandsbekämpfung und die massive Aufstockung der US-Truppen im deutschen Verantwortungsbereich von ISAF diskutiert. Derweil befasste sich gerade der Verteidigungsausschuss als parlamentarischer Untersuchungsausschuss mit den Vorgängen um den Luftangriff auf die Tanklaster. Auch das von der Bundesanwaltschaft wegen des Bombardements eingeleitete strafrechtliche Ermittlungsverfahren war noch nicht abgeschlossen. Mit zunehmender Gewalteskalation verlor der ISAF-Einsatz indes rasant an Unterstützung in der deutschen Bevölkerung.

Zur selben Zeit noch in Deutschland stellten sich die Soldaten der Quick Reaction Force (QRF) des Kontingents auf ihre Aufgaben in den später im Einsatz neu aufzustellenden Ausbildungs- und Schutzkompanien (Task Forces) ein. Sie verlegten erst Anfang April in den Einsatz und sollten dann gemeinsam mit afghanischen Sicherheitskräften erstmals militärisch offensiv gegen Aufständische vorgehen, um Gebiete im Norden des Landes freizukämpfen und auch zu halten.

Viele im Gesamtkontingent zählten bereits vor ihrem Einsatz in Afghanistan zu den Einsatzerfahrenen in der Bundeswehr.[8] Die Mehrzahl (69%) der Befragten hatte bereits an einem Einsatz teilgenommen; nicht wenige auch schon mehrfach in Afghanistan.[9] Die Feldwebel stellten die größte Gruppe (43%) unter den Befragten und bildeten gewissermaßen das Rückgrat des damaligen Einsatzes. Sie waren zudem ebenso wie Offiziere relativ gleichmäßig über die verschiedenen Aufgabenbereiche (Planung/Führung, Ausbildung/Schutz und Unterstützung) im Kontingent verteilt. Die Stabsoffiziere des Kontingents hatten dagegen wesentlich häufiger Planungs- und Führungsaufgaben im Einsatz wahrgenommen. In den Kampfeinheiten des Kontingents befanden sich überdurchschnittlich viele Mannschaften.[10] Trotz der umfangreichen Einsatzerfahrung im 22. Kontingent verfügten aber nur die wenigsten über Kampferfahrungen.[11] Schließlich hatte die Bundeswehr bis dahin kaum kämpfen müssen.

Die besonderen Gefahren des bevorstehenden Einsatzes waren vielen aber bereits vor der Abreise bewusst. Vor allem die Schutzkräfte stellten sich auf „worst case"-Szenarien mit Anschlägen, Hinterhalten und Gefechten ein. „Wir müssen mit Gefallenen und Verwundeten rechnen. Darauf muss ich meine Männer bestmöglich vorbereiten. (…) Deshalb sind wir auch so im Hamsterrad", so ein Kompaniechef in der Vorausbildung im Interview. Angesichts der zu erwartenden Risiken hatte die Ausbildung neben der Ausrüstung im Einsatz einen wesentlichen Stellenwert, auch wenn dies manchen, vor allem der Jüngeren, wohl erst so richtig in der konkreten Realität des Einsatzes bewusst wurde. Als Ankerbeispiel hierfür kann eine kurze Interviewpassage mit einem Mannschaftssoldaten der QRF im Einsatz in Kunduz angeführt werden: „Heute bin ich dankbar über die Stunden, Tage und Wochen, die wir da auf dem Übungsplatz waren. Dass ich nicht so wie andere hier einfach reingeworfen wurde. (…) Da laufen (…) so Routinen. Das ist wichtig."

Wie aber fühlte sich das Gesamtkontingent auf ihre längst lebensgefährlich gewordene Aufgabe im Einsatz vorbereitet? Die meisten der befragten Soldaten schätzten ihre vorbereitende Ausbildung insgesamt als ausreichend ein. Lediglich eine kleine Gruppe (5% in der Befragung vor dem Einsatz und 7% in der Einsatzbefragung) fühlte sich nicht hinreichend auf ihre Aufgaben vorbereitet. Im Einsatz wurde die Ausbildung jedoch wesentlich differenzierter als noch vor dem Einsatz bewertet. Die Mehrzahl (59%), die im Laufe des Einsatzes in Gefechte geriet, fühlte sich jedoch überwiegend gut darauf vorbereitet. Kampferfahrene bewerteten zudem die erhaltene Gefechtsausbildung signifikant besser als Befragte ohne diese Erfahrung.

Vergleichsweise skeptisch hingegen wurde die Vorbereitung auf den Umgang mit einheimischer Bevölkerung und afghanischen Sicherheitskräften eingeschätzt.[12] Angesichts der Gefährdungslage standen für viele jedoch die militärischen Ausbildungsinhalte im Vordergrund. Die handwerklich-militärische Ausbildung hatte ebenso wie eine angemessene Ausrüstung zentrale Bedeutung nicht nur dafür, ob man sich in der Lage sah, die riskanten Herausforderungen zu bestehen, sondern auch ob Vertrauen in die eigenen wie in die Fähigkeiten der eigenen Einheit entwickelt werden konnte.

Die Aufgaben vor Ort waren jedoch komplexer. Sie changierten zwischen Kampfaufgaben, Stabilisierungs- und Ausbildungsaufgaben. Das war mit großen Herausforderungen gerade für militärische Führer in den Ausbildungs- und Schutzkompanien verbunden, die mit ihren Einheiten meist außerhalb der militärischen Lager in der Fläche operierten und von daher signifikant häufiger als andere des Kontingents im Laufe des Einsatzes nicht nur mit Kampfsituationen konfrontiert waren, sondern gleichzeitig auch wesentlich häufiger Kontakt zur Bevölkerung und zu afghanischen Sicherheitskräften hatten. Sie mussten interkulturelles Verhandlungsgeschick ebenso wie klassische Gefechtsfähigkeiten beherrschen. Das setzte ein breites multifunktionales Profil voraus und verlangte den Soldaten enorme soziale, intellektuelle und psychische Leistungen ab.[13]

Während jedoch Soldaten mit Ausbildungs- und Schutzaufgaben sich überwiegend gut (52% von ihnen) auf Gefechte, Anschläge und Hinterhalte vorbereitet sahen, galt dies für weit weniger der Planungs- und Führungskräfte (35%) sowie der Unterstützungskräfte (30%). Besonders Befragte mit Unterstützungsaufgaben wünschten sich überdurchschnittlich oft eine verbesserte Gefechtsausbildung. Angesichts des Aufgabenspektrums von Teilen des Unterstützungsbereiches, etwa der Versorgungskräfte, die außerhalb der Lager nicht selten die eigene Force Protection stellten, erscheint dies verständlich. Dies führe, so etwa ein Logistikfeldwebel in Camp Marmal in der Nähe von Mazar-e-Sharif im Interview, zu einem hochriskanten „learning by doing" im Einsatz.

In zahlreichen Interviews, die wir im Einsatz geführt haben, wurden die Angemessenheit der Ausbildung und die Leistungsfähigkeit der Ausrüstung breit thematisiert und kritisch reflektiert. Hinter dieser breiten Thematisierung steht aber noch eine andere, tieferliegende Dimension. Die Soldaten verhandelten implizit die Frage mit, inwiefern die Bundeswehr nicht nur von den Strukturen und der Ausrüstung, sondern auch von der Identität her bereits zu einer Armee im Einsatz geworden sei. Die bereits erlebten bzw. noch zu erwartenden Gefechtssituationen bildeten dafür oft einen Kristallisationspunkt. Auf meine im Interview im Einsatz mit einem Soldaten, der bereits in Gefechten mit Gefallenen und Verwundeten gestanden hatte, gestellte Frage, ob er dafür auch gewappnet gewesen sei, antwortete dieser: „Es geht ja nicht nur um die Ausbildung und Ausrüstung, sondern auch, ob wir das annehmen und wie wir damit umgehen. Nicht, dass ich falsch verstanden werde, wir werden von den Kameraden bestens unterstützt. (…) Aber wer unterstützt das denn? Die Politik, die Gesellschaft? (…) oder so von manchen Vorgesetzten. Die Jungs stehen da draußen, aber es gibt doch keine, ich weiß nicht, wie ich es sagen soll, keine Entscheider, die das irgendwie, ja, tragen."

Wofür riskieren Soldaten ihr eigenes und das Leben anderer?

Die meisten Befragten des Kontingents waren hochmotiviert als sie ihren Einsatz in Afghanistan begannen. Etwa acht von zehn Kontingentangehörigen schätzten ihre persönliche Motivation (82%) und die eigene Einsatzbereitschaft (87%) als hoch ein. Im Einsatzland selber hatte es das 22. Kontingent dann mit einer hochkomplexen Sicherheitslage zu tun, die nach offizieller Einschätzung je nach Provinz zwischen „niedrig" bis „erheblich" variierte. Bereits in den ersten Einsatzwochen fielen in schwersten Feuergefechten, die der Truppe später als „schwarzer Karfreitag" in Erinnerung bleiben sollten, drei Soldaten des Kontingents, acht weitere wurden teilweise schwer verwundet. Nur zwei Wochen später kamen vier weitere deutsche Soldaten ums Leben und fünf Soldaten wurden verwundet. Am Ende seines Einsatzes blickte das 22. Kontingent auf schwerwiegende Erfahrungen mit direkter und indirekter Gewalt zurück. Fast die Hälfte des Kontingents (46%) berichtet in der Befragung wenige Wochen nach Rückkehr feindlichen Beschuss erlebt zu haben. Mehr als ein Drittel (37%) gibt an, mit dem Tod von Kameraden konfrontiert gewesen zu sein, und etwa ein Fünftel (21%) hat nach eigenen Angaben in Gefechten gegen Aufständische gestanden.

Was aber motiviert Soldaten für einen so riskanten Einsatz? Vieles in den Befunden unserer Studie spricht dafür, dass es für die meisten des Kontingents nicht primär Abenteuerlust ist, was sie antreibt. Die für wichtig befundene „gute Kameradschaft" im Einsatz als Wunsch nach „social cohesion" und der ebenso als wichtig eingeschätzte „sinnvolle Auftrag" als task-cohesion-Orientierung haben für die Mehrzahl gleichermaßen große Bedeutung.[14] Mehrheitlich stand das Kontingent im Einsatz hinter der politischen Entscheidung (55% der Befragten), die Bundeswehr nach Afghanistan zu schicken. Allerdings stehen Akzeptanz des Auftrags und Performanz im Einsatz in einem engen Zusammenhang. Sowohl die Erfolgsaussichten als auch die strategische Ausrichtung eines Einsatzes war für viele keine Nebensache. Die Wirksamkeit des eigenen Handelns berührte vielmehr den Motivationskern.[15] Wer etwa zustimmte, dass den Menschen in Afghanistan mit dem Engagement von ISAF geholfen werde, der war im Einsatz auch signifikant motivierter. Besonders aber Soldaten, die im Einsatz hohe Risiken für Leib und Leben in Gefechten getragen hatten, erwarteten positive Effekte ihres Engagements etwa in Form von Aufbauerfolgen und einer verbesserten Sicherheit. Sie wollten, dass ihr Einsatz nicht umsonst gewesen ist. Sonst, so die Befürchtungen, sind die Risiken des Einsatzes nicht zu rechtfertigen.[16] In der konkreten Gefahrensituation stand jedoch weit mehr die Verantwortung für die Kameraden im Fokus.

Das war in der Realität vor Ort mit enormen Anforderungen gerade an militärische Führer verbunden. Vor allem in unübersichtlichen Einsatzsituationen wurden von ihnen in hohem Maße Führungsqualitäten der Verantwortungs- und Risikobereitschaft gefordert. Beispielhaft kann eine Interviewpassage mit einem Kompaniechef angeführt werden: "Draußen kann ich nicht warten, bis mir einer sagt, was ich zu tun habe. Ich muss entscheiden, schnell und wenn ich falsch entscheide, dann trifft das meine Soldaten. (…) Ich muss das abwägen und notfalls auch tragen." Korrekte Lagebeurteilung auch unter Zeitdruck sowie Urteilsfähigkeit und Handlungssicherheit in komplexen und riskanten Einsatzsituationen sind aber keine leichte Angelegenheit. Das setzt Werte der Selbständigkeit und Verantwortung sowie die Fähigkeit voraus, auch in ethisch schwierigen Entscheidungssituationen, die Folgen militärischen Handelns angemessen beurteilen zu können.[17]

Nicht immer fanden diese Werte offenbar aber entsprechende Resonanz in der Führungskultur. Wenige Wochen nach Rückkehr nannten weit mehr als die Hälfte (59%) der Befragten "zu viel Bürokratie" im Einsatz als wesentlichen Grund, der gegen eine neuerliche Einsatzteilnahme sprechen würde. Dennoch war die überwiegende Mehrzahl mit ihrem unmittelbaren Vorgesetzten im Einsatz überwiegend zufrieden (66%). In besonderer Weise galt dies für Kampferfahrene (74%). Verwunderlich ist das nicht, denn die gemeinsam geteilten Erfahrungen in Gefechten, mit Beschuss und Hinterhalten schweißten die Einheiten zusammen. In riskanten Einsatzsituationen wird die eigene Gruppe nicht nur zur „bloßen Handlungsgemeinschaft im üblichen Sinne, sondern zu einer zeitlich befristeten Überlebensgemeinschaft, die dabei hilft, die Gefahren, Risiken und Belastungen gemeinsam zu überstehen."[18] Die Verantwortung für den anderen wog dabei oft sogar schwerer. Diese enge Bindung aufgrund einschneidender Erfahrungen ist in vielen Interviewnarrationen wesentliches Moment der wahrgenommenen Einsatzrealität. In einem Interview fast zwei Jahre nach Rückkehr formulierte ein Hauptfeldwebel einer Einsatzkompanie des Kontingents diese gemeinschaftliche Erfahrung mit folgenden Worten: „Wie heißt es so schön, man geht nicht für sich selbst, sondern für den Kameraden links und rechts von sich. Und wenn das jeder sagt, dann geht jeder für jeden, (…) das verbindet. Ja, das verbindet, heute noch." Diese Verbundenheit wiederum kann sich positiv nicht nur auf die Bereitschaft einer erneuten Einsatzteilnahme, sondern auch auf grundlegende Einstellungen des Berufsverständnisses und des Commitments auswirken.

Nicht jeder in der Bundeswehr verfügt über Einsatzerfahrung. Für viele des 22. Kontingents aber sind die internationalen Missionen zur Krisenbewältigung längst Normalität geworden. Sie waren im Durchschnitt etwa dreimal in einem Auslandseinsatz. Es sind offenbar häufig dieselben Gruppen, die immer wieder gehen.[19] Viele von ihnen leben mit den Einsätzen und den Anforderungen, Belastungen und Härten, die damit einhergehen. "Ich bin Soldat, das gehört dazu", so oder ähnlich lauteten oft die Antworten im Interview auf die Frage, warum man an diesem Einsatz eigentlich teilnehme. Das schließt Kritik an einem militärischen Einsatz oder am konkreten Vorgehen nicht aus, die Einsätze sind aber für viele längst wesentlicher Bestandteil ihres Selbst- und Berufsverständnisses geworden. Das erklärt teilweise die hohe Einsatzbereitschaft. Auch fast drei Jahre nach Rückkehr sind mehr als zwei Drittel (68%) der noch aktiven Soldaten des Kontingents bereit, sich freiwillig erneut für einen Auslandseinsatz wie in Afghanistan zu melden – trotz schwerwiegender Kampferfahrungen.

Ein nicht unerheblicher Teil von ihnen (38%) würde sogar gegen den Willen der eigenen Familie nochmals gehen. Dies spricht aber nicht gegen eine enge familiäre Bindung; im Gegenteil, die Familie hat für die Lebenswelt von Einsatzsoldaten eine herausgehobene Bedeutung. Das zeigt sich in der Befragung fast drei Jahre nach Einsatzende nicht nur in einer ausgeprägten Familienorientierung, sondern auch darin, dass für 59 Prozent der Befragten der mit Abstand am häufigsten genannte Grund, der gegen eine neuerliche Einsatzteilnahme spricht, die Abwesenheit von Partner und Familie ist.[20] Ungewöhnlich sind diese Befunde aber nicht. Sie korrespondieren weitgehend mit Befragungsergebnissen aus Vorgängerstudien, allen voran den Befragungen von deutschen Einsatzkontingenten auf dem Balkan, in denen empirisch gut belegt ist, dass sowohl die im Einsatz erlebte soziale Kohäsion als auch die Sinnhaftigkeit des Auftrages ebenso wie die nicht so lange Trennung von Partner und Familie wesentlich für die Einsatzmotivation sind.[21] Und doch prägen die einschneidenden Erfahrungen des Einsatzes langfristig. Das „Wiederankommen" soll abschließend noch angerissen werden.

„Das Wiederankommen war das Schwierigste"

Die unmittelbare Zeit nach Rückkehr aus dem Einsatz stellte für viele Soldaten und deren Angehörige eine große Herausforderung dar.[22] Im Einsatz waren sie über mehrere Monate in die täglichen Einsatzroutinen und in ihre dortige soziale Gruppe eingebunden, wieder zu Hause sehen sie sich nahezu gleichzeitig mit einer Vielzahl ganz unterschiedlicher privater und dienstlicher Anforderungen konfrontiert. Auch die Rollen- und Verhaltensmuster in den Familien zu Hause oder im Umfeld können sich verändert haben. Das kann alle Seiten auf eine große Belastungsprobe stellen. Um die Zeit nach der Rückkehr besser meistern zu können, wünschten sich viele mehr Unterstützung von Vorgesetzten, vor allem mehr Hilfen für ihre Familien und Partner.

In der Zeit nach der Rückkehr müssen zudem die oft einschneidenden Einsatzerlebnisse erst verarbeitet und in das alltägliche Leben zu Hause integriert werden. Es kann zu Eingewöhnungsschwierigkeiten und Fremdheitsgefühlen, aber auch noch lange nach dem Einsatz zu psychischen Folgestörungen kommen, die nicht nur die Betroffenen persönlich, sondern auch deren familiäres und soziales Umfeld schwer belasten können. „Mein Leben kam mir nach dem Einsatz irgendwie anders vor. Ich hätte nicht gedacht, dass es so schwer sein würde, wieder hier in das Getriebe rein zu kommen. Das ist einfach 'ne andere Welt." So bringt ein Hauptmann im Interview die Erfahrung vieler seiner Kameraden auf den Punkt: wie sich wieder in den Alltag einfinden?

Der Mehrzahl des Kontingents gelingt die Rückkehr in das „alte" Leben über die Zeit hin trotzdem ohne bleibende Schwierigkeiten. Fast drei Jahre nach dem Einsatz berichten die meisten der noch aktiven Soldaten mit den im Einsatz erfahrenen Beanspruchungen überwiegend gut zu Recht zu kommen. Weit mehr als die Belastungen des zurückliegenden Einsatzes beschäftigte viele schon bald nach Rückkehr, wie sie mit den hohen Anforderungen des Dienstalltages zurechtkommen sollten. Die allgemeine Bürokratie des Dienstbetriebes, hohes Arbeitsaufkommen, erneute Abwesenheiten von zu Hause und damit verbunden die wenige Zeit, die für Familie und Freunde blieb, belasteten die Mehrheit am stärksten.[23] Das häufige Pendeln vom Wohn- zum Dienstort, besonders unter den befragten Mannschaften und Offizieren, kam da nur noch erschwerend hinzu. Viele vermissten Planungssicherheit für sich und ihre Angehörigen. Wie ein roter Faden durchzieht die Ergebnisse unserer Langzeitstudie der Wunsch nach größerer Planbarkeit des Dienstes, um die verschiedenen Anforderungen von Privatleben, Familie, Einsatz und Dienst besser miteinander abstimmen zu können.

Das galt jedoch längst nicht für alle. Etwa einer von zehn der befragten noch aktiven Soldaten fühlte sich auch noch drei Jahre nach dem Einsatz fremd im eigenen Leben oder litt noch immer an den im Einsatz erlebten seelischen oder körperlichen Verwundungen (8% bzw. 7%). Besonders den Kampferfahrenen ist die Rückkehr nicht leicht gefallen. Sie berichteten auch noch drei Jahre später signifikant häufiger von noch andauernden psychischen oder physischen Belastungsfolgen (10% gegenüber 4% Befragten ohne diese Erfahrung). Auch die Kommunikation ihrer Erlebnisse fällt ihnen ungleich schwerer. Etwa ein Viertel (26%) der Gefechtserfahrenen findet es auch noch drei Jahre später schwer, überhaupt mit jemandem über das Erlebte zu sprechen. Fast jeder Zweite (44%) von ihnen hatte noch nicht mit dem Partner/Partnerin darüber gesprochen. Offen erzählen viele (42%) nur im

Kameradenkreis über ihre Erfahrung. Demgegenüber sind es in der Gruppe der Befragten ohne Gefechtserfahrung weit weniger (13%), denen es schwer fällt, über die Einsatzerlebnisse zu sprechen. Hohe dienstliche Anforderungen können da übrigens noch hinzukommen und sich mit den seelischen Verwundungen des Einsatzes addieren.

Beunruhigend ist hierbei weniger die Häufigkeit psychischer oder physischer Spätfolgen, rein zahlenmäßig sind es vergleichsweise wenige im Kontingent, die auch noch drei Jahre später von entsprechend anhaltenden Beeinträchtigungen berichten, gravierender jedoch ist, dass die davon Betroffenen oft noch weitere erhebliche Einschränkungen ihrer Lebensqualität, wie den Verlust eines Liebespartners oder von partnerschaftlicher Geborgenheit, hinnehmen mussten. Dieser Verlust wiegt umso schwerer, da soziale Ressourcen zur erfolgreichen Bewältigung der im Einsatz erlebten, zum Teil erheblichen psychischen Beanspruchungen eine wesentliche Rolle spielen.

Die meisten Partnerschaften und Familien jedoch hatten die Entbehrungen der Einsatzzeit in der Selbsteinschätzung der Befragten erstaunlich gut überstanden. In den fast drei Jahren nach dem Einsatz kam es nicht zu vermehrten partnerschaftlichen Trennungen. Nicht wenige Partnerschaften (39%) gingen nach eigener Aussage aus dieser Zeit sogar gestärkt hervor. Dahinter stand oft auch eine höhere Wertschätzung des Familienlebens nach dem Einsatz. Vielen (73%) war nach der Rückkehr die Zeit mit Partner und Familie wichtiger geworden.

Die Erfahrungen des Einsatzes prägen und verändern

Dennoch lassen sich die einschneidenden Erlebnisse für die meisten auch noch drei Jahre nach Einsatzende nicht einfach abhaken. Die tiefgreifenden Erfahrungen prägen und sie veränderten auch. Persönliche Veränderungen stellten für die befragten noch aktiven Soldaten nicht eine Ausnahme, sondern die Regel dar. Nur für 39 Prozent der Befragten ist der Einsatz im 22. Kontingent in der Selbsteinschätzung überhaupt persönlich folgenlos geblieben. Die wahrgenommenen Veränderungen fielen jedoch hinsichtlich des Ausmaßes und der Bewertung individuell höchst unterschiedlich aus und betrafen verschiedene Lebensbereiche, wie die eigene Person, die Paarbeziehung oder das Verhältnis zu den Kindern, berufsbezogene Fähigkeiten und Kompetenzen ebenso wie Wertvorstellungen. Drei Jahre später überwiegen jedoch die als positiv wahrgenommenen Veränderungen bei weitem die negativen.

Die Veränderungen auf negative Folgen perspektivisch verengen zu wollen, trifft daher auch nicht die Lebensrealität von vielen. Mit dem Einsatz wird im Gegenteil auch Positives verbunden. Besonders die erfahrungsbezogenen Entwicklungen der eigenen Person werden von einer Mehrzahl der Befragten als positiv empfunden. Viele berichten von einem gestärkten Selbstbewusstsein (68%) und einer höheren Wertschätzung des Lebens (56%). Etwa vier von zehn (41%) fühlten sich seit dem Einsatz auch psychisch belastbarer. Für die Jüngeren und die Gefechtserfahrenen ist dieser Trend in den Befragungsergebnissen sogar noch deutlicher ausgebildet.

Besonders die im Einsatz gemachten Kampferfahrungen waren jedoch nicht nur mit positiv wahrgenommen Veränderungen der eigenen Person verbunden, daneben machen die Ergebnisse unserer Studie auch darauf aufmerksam, dass sich die Erlebnisse für eine Teilgruppe des Kontingents tief in das eigene Leben eingegraben haben. Etwa einer von zehn der noch aktiven Soldaten berichtet seit der Rückkehr aggressiver geworden (15%) zu sein. Fast ebenso viele (10%) haben sich immer mehr von ihrem privaten Umfeld zurückgezogen und eine kleine Gruppe von vier Prozent fühlt sich auch noch fast drei Jahre nach dem Einsatz fremd im eigenen Leben. Fremdheitsgefühle signalisieren dabei ebenso wie der Rückzug vom bisherigen privaten Umfeld eine mögliche psychische Spätfolge der erfahrenen Beanspruchungen.

Vielen jedoch bleibt haften, dass sie sich in Erfüllung ihrer Aufgaben selbst gefährlichsten Situationen gestellt und diese auch überwiegend gut überstanden haben, gemeinschaftliche Verbundenheit mit Kameraden erlebt und die oft schwierige Heimkehr in den Alltag zu Hause mit der Familie gemeistert zu haben. Nicht zuletzt zeigen sich die positiven Aspekte des Einsatzes in einer hohen Einsatzbereitschaft auch noch drei Jahre später. Für das Selbstbild, besonders häufig für die Jüngeren und Gefechtserfahrenen im Kontingent, bleiben die Erfahrungen des Einsatzes prägend.

Anmerkungen

---

[1] Das Charakteristische an Feldforschung ist, dass sich die Forscher zwecks Datensammlung über einen längeren Zeitraum in die Alltagswelt der zu Untersuchenden begeben. Teilnehmende Beobachtung im Feld setzt ein Ausbalancieren der Rolle des Forschenden als empathischer Teilnehmer und als reflektierender Beobachter voraus. Beides ist wesentlich.
Siehe Klaus Leggewie (1995), Feldforschung und teilnehmende Beobachtung. In: Uwe Flick et al (Hrsg.): Handbuch Qualitative Sozialforschung, Weinheim, 190ff.

[2] So Heiko Biehl und Jörg Keller (2016), Ein anderer Blick auf den Einsatz. Die Forschung des SOWI zu Auslandseinsätzen. In: Angelika Dörfler-Diercken/Gerhard Kümmel (Hrsg.): Am Puls der Bundeswehr. Militärsoziologie in Deutschland zwischen Wissenschaft, Politik, Bundeswehr und Gesellschaft, 189-206; 198.

[3] Vgl. Anja Seiffert (2005), Soldat der Zukunft. Folgen und Wirkungen von Auslandseinsätzen auf das soldatische Selbstverständnis, Berlin.

[4] Siehe hierzu den von Rainer Glatz/Rolf Tophoven hrsg. Bd. „Am Hindukusch und weiter? Die Bundeswehr im Auslandseinsatz: Erfahrungen, Bilanzen, Ausblicke, Bonn 2015.

[5] Vgl. Anja Seiffert (2013), Generation Einsatz. In: Aus Politik und Zeitgeschichte, Nr.44/2013, 11-17.

[6] Vgl. Anja Seiffert (2012), Generation Einsatz – Einsatzrealitäten, Selbstverständnis und Organisation. In: Anja Seiffert/Phil Langer/Carsten Pietsch (Hrsg.): Der Einsatz der Bw in Afghanistan. Sozial- und politikwissenschaftliche Perspektiven, Wiesbaden, 79-100.

[7] Z.B. Anja Seiffert (2015) „Willkommen in meiner Welt – Einsatzsoldaten und Heimatgesellschaft. In: Glatz/Tophoven (Hrsg.): 235-247; Anja Seiffert/Julius Heß (2014), Afghanistanrückkehrer – Der Einsatz, die Liebe, der Dienst und die Familie, Potsdam; Seiffert et al (Hrsg.) (2012); Carsten Pietsch (2012), Zur Motivation deutscher Soldaten für den Afghanistaneinsatz, in: Seiffert et al (Hrsg.) (2012): 101-122.

[8] Die Angehörigen dieses Kontingents wurden per Fragebogen zu vier Zeitpunkten befragt: vor, im und sechs Wochen nach dem Einsatz sowie drei Jahre später. Die Grundgesamtheiten variierten zwischen etwa 4.000 und 4.500 Soldaten. Die Befragungen sind als Vollerhebung konzipiert. Sämtliche genannten Angaben sind repräsentativ für das Kontingent. Vgl. Anja Seiffert/Julius Heß (2016), Leben nach Afghanistan, i.E. Potsdam.

[9] Vgl. Seiffert/Heß (2014): 24.

[10] Der Studie liegt ein enger Gefechtsbegriff zugrunde. In die Kategorie der Kampferfahrenen sind ausschließlich Befragte subsumiert, die nach eigenen Angaben aktiv an einem Schusswechsel im Einsatz beteiligt gewesen waren.

[11] Vgl. Seiffert/Heß (2016).

[12] Vgl. Anja Seiffert/Phil Langer/Carsten Pietsch/Bastian Krause (2010), ISAF 2010 – Ausgewählte Ergebnisse der sozialwissenschaftlichen Begleitung des 22. Kontingents ISAF im Einsatz, Strausberg, Oktober 2010.

[13] Vgl. Seiffert (2012): 81.

[14] Vgl. Pietsch (2012): 109.

[15] Vgl. Seiffert (2012): 94.

[16] Vgl. Seiffert (2012): 90.

[17] Vgl. Seiffert (2012): 96.

[18] Vgl. Seiffert (2015): 239.

[19] Vgl. Seiffert/Heß (2014): 24 sowie Seiffert/Heß (2016).

[20] Vgl. Seiffert/Heß (2014): 50.

[21] Z.B. Pietsch (2012).

[22] Die Familienangehörigen wurden nicht befragt. Hierfür ist eine eigene Untersuchung notwendig. Vgl. Seiffert/Heß (2014): 30ff.

[23] Hier und im Folgenden Seiffert/Heß (2014): 28-37.

„Einsatz prägt" – Erfahrungen eines Infanteriefeldwebels

Stefan Schultze

„Wir glauben Erfahrungen zu machen, aber die Erfahrungen machen uns."
Diese Worte beschreiben wohl am ehesten das, was ich mit diesem Beitrag vermitteln möchte. Nach nunmehr 23 Dienstjahren bei der Panzergrenadier- und Jägertruppe, sowie verschiedenen Einsätzen im Kosovo und in Afghanistan will ich den Blick zurück wagen. Was hat sich für mich verändert? Wie habe ich mich verändert?

Seit meinem Diensteintritt in die Bundeswehr 1993 durfte ich an bisher vier Einsätzen im Kosovo und in Afghanistan teilnehmen:

- 2001   2./Task Force ZUR, Orahovac, Kosovo, KFOR

- 2005/2006   Stabs- und Versorgungskompanie Deutscher Einsatzverband, Kabul, Afghanistan, ISAF

- 2007   4./Task Force PRIZREN, Prizren, Kosovo, KFOR

- 2009   2./Quick Reaction Force 3, Mazar-E-Sharif/Kunduz, Afghanistan, ISAF

Die letzten zwei angeführten Einsätze leistete ich in der für mich herausragenden Verwendung als Zugführer eines Infanteriezuges ab. Das Spektrum militärischen Handelns reicht hierbei von Friedenssicherung, verbunden mit humanitären Maßnahmen, bis hin zu friedensschaffenden Maßnahmen unter Anwendung militärischer Gewalt im Rahmen offensiver Operationen.

Die oben dargestellte Reihenfolge meiner Einsätze war wohl für meine militärische und persönliche Entwicklung idealtypisch, denn rückblickend führte sie mich vom Leichten zum Schweren.

Höhepunkt stellte dabei sicherlich der Einsatz als Teil der Quick Reaction Force im Jahr 2009 dar. Denn hier führte ich meine unterstellten Soldaten in Gefechten. Nie waren mir Tod und Verwundung näher, als in diesem Einsatz. Doch dazu später mehr.

Ich möchte nun, begründet durch meine Erlebnisse aus den oben genannten Einsätzen, meine Erfahrungen beleuchten und erklären. Ich möchte wagen, Ihnen durch ausgewählte Ereignisse nahe zu bringen, was mein persönliches Denken und Handeln beeinflusst hat. Wie ich mich selbst als militärischer Führer aber auch als Mensch während der Einsätze und durch die Einsätze entwickelt habe. Es ist also der Versuch einer Selbstreflexion, denn ich kann nur mein eigenes, persönliches Empfinden betrachten. Keinesfalls soll der Eindruck entstehen, dass ich für die Soldaten meines Zuges, oder gar die Gesamtheit der Soldaten der Bundeswehr spreche. Das liegt mir fern. Inwiefern hier also relevante Aspekte zu finden sind, die auf eigenes Denken und Handeln übertragbar sind, muss jeder Leser für sich selbst bewerten.

Im Umgang mit Soldaten

Befehl und Gehorsam sind Grundbegriffe unseres militärischen Lebens und Fundament unseres Handelns. Das gilt heute, genau wie vor zwanzig Jahren. Allein die Art der Anwendung hat sich doch deutlich gewandelt. Nicht zuletzt durch die Erfahrungen aus den Einsätzen der Gegenwart.

Durch die Einsätze weiß ich heute, dass es kleingeistig und überheblich wäre, über den unterstellten Bereich hinweg zu hören. Unsere Mannschaftssoldaten sind prächtige junge Männer und Frauen. Leistungsbereitschaft, Tapferkeit, Mut, Sensibilität und Frohsinn zeichnen sie aus. Unsere Unterführer sind gute militärische Führer, verfügen über entsprechend militärisches Geschick und bilden nach wie vor das Rückgrat einer jeden Kompanie. In meinen Einsätzen war ich stets auf meine unterstellten Soldaten, ihre Aufklärungsergebnisse, ihre Beobachtungen und Hinweise während laufender Operationen und ihre selbständige Mitarbeit, ihr selbständiges Handeln angewiesen. Es hat sich zu jeder Zeit bewährt.

Besonders im Einsatz ist eine strikte und rigorose Trennung zwischen Mannschaftssoldaten, Unteroffizieren und Offizieren nicht immer möglich und auch nicht sinnvoll oder zielführend. Die Einsätze werden gemeinsam erlebt, Gefechte gemeinsam geführt, schwere Momente gemeinsam ertragen. Wir sind durch unser Soldatengesetz zur Fürsorge verpflichtet. Dieser Pflicht kommt im Einsatz eine besondere Bedeutung zu, denn ihr muss auf allen Führungsebenen unbedingt Rechnung getragen werden. Wir haben nach schwierigen Situationen viele Gespräche in kleinen Kreisen oder unter vier Augen geführt. Bei diesen Gesprächen waren die Dienstgradgrenzen nicht spürbar. Ganz im Gegenteil: auch ich war froh, einfach einmal reden zu können. Nicht selten waren dabei Mannschaftssoldaten meine Gesprächspartner. Wir unterhielten uns auf Augenhöhe.

Dieses Selbstverständnis erkannte ich auch bei meinen eigenen Vorgesetzten. Während eines Gefechtes am 7. Juni 2009 wurden zwei Soldaten des Nachbarzuges verwundet, einer davon lebensgefährlich. Nach Rückkehr in das Lager standen wir alle staubig, verschwitzt und wegen unserer verwundeten Kameraden sehr niedergeschlagen bei unseren Fahrzeugen und bereiteten diese nach, als plötzlich der damalige Kommandeur des Provincial Reconstruction Teams (PRT) Kunduz zu uns auf die Abstellfläche kam. Er ging reihum, reichte jedem Soldaten meines Zuges die Hand und dankte ihnen für das Geleistete. Ganz zum Schluss kam er zu mir, klopfte mir väterlich auf die Schulter mit den Worten „Gut gemacht, Hauptfeldwebel!". Der Name des damaligen PRT Kommandeurs lautete übrigens Herr Oberst Georg Klein.

Trotz aller Kameradschaft habe ich grundsätzlich auch weiterhin eine gewisse Distanz gewahrt. Das oftmals viel zu schnell angebotene „Du" ist für die eben beschriebene Art von Gesprächen gar nicht notwendig. Um auch unangenehme Aufträge in schwierigen Situationen durchsetzen zu können, ist es wichtig, die eigene Autorität unbedingt zu wahren. Jeder meiner Einsatzsoldaten durfte mich „duzen"…, am letzten Tag ihrer Dienstzeit und keinen Tag früher. Ich bin mir sicher, keiner von ihnen nahm mir dies übel.

Die persönliche Sichtweise

Mein erster Einsatz verlief ruhig und ohne lebensbedrohliche Zwischenfälle. Nach Einsatzende wurde mit strahlenden Augen von dem Erlebten berichtet. Negative Erfahrungen, wie etwa Angriffe unter Zivilisten mit Handgranaten, oder die Gefahr durch die vielen Minenfelder im Kosovo wurden ausgeblendet. Habe ich eigentlich meine Frau gefragt, wie es ihr in dieser Zeit ging? Ich glaube nicht.

Bereits während des zweiten Einsatzes im Jahr 2005 in Afghanistan war die Situation eine andere. Mittlerweile war ich erstmals Vater und betrachtete dadurch vieles aus einem anderen Blickwinkel. Der Abschied fiel dieses Mal schwerer und ich ertappte mich dabei zu hinterfragen, ob meine Familie das ohne mich schafft. Die Worte meiner Frau „Pass gut auf dich auf!" hallten noch in meinem Kopf nach.

Nur wenige Tage nach Ankunft in Afghanistan verstand ich ihre Sorge. Das erste Mal in meinem Leben stand ich „angetreten" vor dem Sarg eines gefallenen Kameraden. Wenige Tage zuvor verloren bei einem Sprengstoffanschlag zwei Kameraden ihre Beine, ein Kamerad verlor sein Leben. Nie werde ich die herrschende Stille vergessen. Vermutlich war es nicht wirklich so ruhig, vielmehr habe ich wohl meine Umgebung und deren Geräusche ausgeblendet. Jetzt hatte der gefallene Kamerad ein Gesicht für mich. Ich selbst kannte ihn nicht, doch sein Foto in Verbindung mit dem Sarg machte es gleich sehr viel persönlicher. Noch am Tag vor dem Anschlag habe ich in einem ungepanzerten VW-Bus diese Anschlagsstelle passiert. Es hätte also ebenso mich selbst treffen können. So ändert sich dann wohl meine eigene Sichtweise. Es war keine plötzliche Angst selbst getötet zu werden, wohl eher ein gewachsenes Bewusstsein über die tatsächlichen Gefahren dieses Einsatzes.

Als junger Vater nahm ich insbesondere die Situation der Kinder in dem Einsatzland plötzlich sehr viel intensiver wahr. Während einer Hilfsaktion verteilten wir Kleiderspenden. Einem kleinen Mädchen überreichte ich dabei ein paar Handschuhe und nahm dabei ihre Hand. Ich erschrak, denn ihre Hände waren sehr rau und fühlten sich an wie die Hände einer alten Frau. Sofort dachte ich an meinen Sohn. Wie fühlten sich seine Hände an? Anders, da war ich mir sicher!

Im Laufe der anderen Einsätze, ich war zwischenzeitlich zum zweiten Mal Vater geworden, fiel mir immer wieder die Situation der Kinder in den Einsatzländern auf. Viele Soldaten blieben davon unberührt – ich nicht mehr. Mitleid mit den Kindern im Einsatzland mischte sich mit dem glücklichen Gefühl, die eigenen Kinder in Sicherheit zu wissen. Was bleibt, sind Erinnerungen. Lachende Kinder, hungrige Kinder, spielende Kinder, von Sprengsätzen zerfetzte Kinder.

Im Jahr 2007 kehrte ich in den Kosovo zurück. Bei dem Besuch in unserm alten Verantwortungsbereich aus dem ersten Einsatz, erkannte ich in einem Jugendlichen einen kleinen Jungen aus dem Jahr 2001 wieder. Er kannte sogar noch seinen Spitznamen, den wir ihm gegeben hatten. Ich war glücklich, denn wenigstens ihm ging es gut. Vielleicht habe ja auch ich mit meinem Einsatz ihn ein Stück weit retten können, ihm eine Zukunft geben können.

Menschlichkeit siegt

2009 mussten wir in Afghanistan viele Gefechte führen und gewannen immer mehr an Kampferfahrung. Doch bei allem Kampfesmut und Willen zur Auftragserfüllung der Soldaten muss man sich doch stets bemühen, dass das Gefecht nicht zur Selbstverständlichkeit oder gar gewöhnlich wird – weder für die unterstellten Soldaten noch für einen selbst. Wir haben verwundet und wir haben getötet. Dies ist wohl die bittere Wahrheit. Gleichgültig war es keinem von uns.

Während einer Gefechtspause bekamen wir die Information, dass ein Fahrzeug der feindlichen Kräfte unsere eigenen Reihen passieren sollte. Es sollte mitten durch den Bereich unserer Stellungen fahren. Das besagte Fahrzeug war beladen mit schwer verwundeten Feindkräften. Für sie gab es aber keine Alternative. Sie mussten uns passieren, denn wir hatten den einzigen Weg in Richtung Kunduz und somit auch den einzigen Weg in Richtung ärztlicher Versorgung unter Kontrolle. Misstrauisch und argwöhnisch, aber trotzdem verständnisvoll, ließen wir das Fahrzeug, kontrolliert und begleitet durch die afghanische Armee, schließlich durch. Der Anblick war schlimm. Doch niemand zeigte Häme oder machte sich über den Feind lustig, gleichwohl wir uns alle in diesem Moment ihm überlegen fühlten. Ich glaube, die Achtung vor menschlichem Leben ließ uns Mensch bleiben.

Getroffen

Am 7. August 2009 gerieten wir im Verlaufe einer Operation westlich von Kunduz erneut in ein Gefecht. Abgesessen griffen wir die feindlichen Stellungen an und setzten dem ausweichenden Feind nach. Ich klärte eine Bewegung im Schatten eines Busches auf: Feindlicher Schütze in Stellung. Er eröffnete unmittelbar das Feuer. Ich wurde am rechten Arm getroffen. Mein Sicherer bekämpfte selbständig den Feind. Zusammen wichen wir aus, wurden durch meine anderen Soldaten aufgenommen. Die Verwundung war „mittelschwer", aber der Blutverlust hoch.

Ich selbst war eigentlich sehr ruhig und versuchte auch meine Soldaten zu beruhigen, ihnen die Nervosität zu nehmen. So gut es geht unterstützte ich die Wundversorgung, sagte meinen Soldaten, wo sie zudrücken müssen und wo die Infusion gesetzt werden soll. Als mein Sanitätstrupp mich erreichte, war ich bereits versorgt. Die Blutung war gestillt, Schmerzmittel verabreicht, die Infusion lief. Interessanterweise verspürte ich zu keinem Zeitpunkt Angst.

Erst auf der Rückfahrt in das PRT wurde mir die gesamte Tragweite dieser Verwundung bewusst: „Ich kann doch jetzt meinen Zug nicht alleine lassen! Der Einsatz geht doch noch mindestens 2 Monate! Wie soll das ohne mich funktionieren?". Doch schließlich war ich mir sicher: „Meine Soldaten schaffen das! Meine Gruppenführer schaffen das! Auch ohne mich!". Meine Soldaten erzählten mir später, dass nachdem der erste Schreck sich gelegt hatte, alle der Meinung waren: „Jetzt erst recht! Für den Hauptfeldwebel…!".

Nach zwei Operationen in Kunduz, folgte am nächsten Tag die Rückverlegung nach Deutschland. Tief bewegt wurde ich durch das Spalier meiner Soldaten geschoben. Die Stimme versagte mir als sie mir ein sehr persönliches Abschiedsgeschenk überreichten. „Verdammt, ich werde diesen Haufen vermissen. Schiebt mich hier bitte schnell durch, ich will nicht noch anfangen zu heulen!" waren meine Gedanken. Nun, ich habe es nicht geschafft!

Familie – wichtiger Rückhalt

Während ich selbst verwundet in Afghanistan auf dem OP-Tisch lag, wurde in der Heimat das Überbringen der Nachricht an meine Ehefrau vorbereitet. Mein Regimentsführer wählte meinen ehemaligen Kompaniefeldwebel, mit dem ich viele gemeinsame Jahre gedient hatte, als Begleiter aus. Auch meine Ehefrau kannte ihn persönlich. Beim eigentlichen Überbringen der Nachricht wurde schließlich hervorragend reagiert. Das „Kommando Nachricht" traf meine Frau an ihrer Arbeitsstelle an, wo sie sich zu diesem Zeitpunkt alleine im Büro aufhielt. In der ersten Sekunde wunderte sie sich noch, doch dann erkannte sie, um was es ging. Es musste etwas mit mir passiert sein. Mein alter Spieß reagierte mit nur zwei Worten „Er lebt…!".

Mehr brauchte in diesem ersten Moment nicht gesagt werden. Meine Frau brach wohl in Tränen aus, konnte sich jedoch relativ schnell wieder fangen. Jetzt wurden ihr alle Fragen beantwortet. In Erinnerung blieben ihr aber vor allem, so hat sie es mir berichtet, die Worte „Er lebt!". Meinen Eltern hat sie die Nachricht dann selbst überbracht und etwa eine Stunde später haben wir bereits telefoniert.

Erst sehr viel später wurde mir wirklich bewusst, welche Leistung meine Ehefrau gezeigt hat. Sorgenvolle Abende alleine im Haus; das Aufnehmen der Nachricht über meine Verwundung; selbst meine Eltern informieren; es unseren Kindern erklären und ihre Fragen beantworten; mich in meinem Zustand sehen. Sie hat mich auch während meines Genesungsprozesses stets bedingungslos unterstützt. Heute bin ich wieder vollständig gesundheitlich rehabilitiert. Ich hatte nicht eine einzige schlaflose Nacht. Hätte ich dies ohne meine Familie, ohne meine Ehefrau geschafft?

Nachbetrachtung

In meinen Einsätzen habe ich viele schöne Erfahrungen gemacht und wohl ebenso viele schlimme Momente erlebt. Erinnerungen an lachende, staubige und entschlossene Gesichter meiner Soldaten oder die dankbarer Zivilisten mischen sich mit den weinenden Gesichtern deutscher Soldaten vor aufgebahrten Särgen mit der deutschen Flagge, sowie den zornigen Augen feindlicher Kämpfer, bereit uns zu töten. Manche Soldaten sind über sich hinaus gewachsen, andere sah ich zusammenbrechen. Ich habe Blut vergossen und Schmerzen erlebt.

Letztendlich sind dies alles nur eines: Erfahrungen! Sie haben mich geprägt, zum Nachdenken gezwungen und letztendlich zu der Person geformt, die ich heute bin. Doch sie definieren nicht meine Zukunft.

„Die Erfahrung ist wie eine Laterne im Rücken: sie beleuchtet stets nur das Stück Weg, das wir bereits hinter uns haben."[2]

Für mich selbst kann ich festhalten: ich blicke mit einem Lächeln zurück und mit Freude nach vorn. Mein Weg ist noch nicht zu Ende und ich bin gespannt auf das, was noch kommen möge.

Anmerkungen

---

[1] Eugène Ionesco, 1909-1994, rumänisch-französischer Dramatiker.
[2] Konfuzius, 551-479 v. Chr., chinesischer Philosoph.

III. Deutsche Streitkräfte im Spannungsbogen von Staat und Gesellschaft

Staatsbürger in Uniform während einer Bundestagsdebatte

Viel erlebt – hoch dekoriert – und am Ende doch verloren?

"Ich habe im Einsatz wieder gelernt, Briefe zu schreiben."

Einführung der Herausgeber – Sicherheit geht alle an!

Alois Bach und Walter Sauer

Trotz mancher Versuche von Verteidigungsministern – so anlässlich der Präsentation des Weißbuches 2006 – und mancher guten Debatten im deutschen Bundestag ist es seit der deutschen Einheit leider nicht gelungen, eine breite öffentliche Diskussion sowohl über Ziele und Interessen deutscher Sicherheits- und Verteidigungspolitik als auch über Auftrag, Personalumfang und Ausstattung der Bundeswehr zu führen. Die Diskussion beschränkte sich vielmehr auf Teilbereiche, Einsatzmandate oder die Aufarbeitung von sogenannten Vorfällen. Selbst sicherheitspolitische Experten ließen sich allenfalls über Teilaspekte aus. Journalisten bevorzugten oftmals die schnelle Nachricht, anstatt dieses Thema umfassender zu behandeln. Scheinbar ist unsere Gesellschaft zu einer tiefer gehenden Debatte und Analyse nicht willens und/oder fähig. Daher verfolgt die Mehrheit unserer Bürger und Bürgerinnen Sicherheitspolitik und auch Einsätze nicht sonderlich aufmerksam, auch wenn die Institution Bundeswehr seit langem einen hohen Stellenwert in Meinungsumfragen genießt.

Wie erreichen wir eine verantwortungsvolle Teilhabe unserer Bürger und Bürgerinnen? Wie fördern wir Kenntnis und Verständnis über ein Thema, von dem die meisten glauben, dass es sie nicht betrifft – auf jeden Fall weniger als Arbeitsplatz, Ausbildung, Einkommen oder Gesundheit?

Wesentliche Ziele der Inneren Führung sind es, zum einen die Integration der Bundeswehr in Staat und Gesellschaft zu erhalten und zu fördern und zum anderen das Verständnis für den Auftrag der Bundeswehr – also auch für Einsatzmandate – zu gewinnen. Kurz gesagt: Hier stehen in erster Linie die Auftraggeber, also Parlament und Regierung, in der Pflicht, die Öffentlichkeit argumentativ zu überzeugen. Aber auch Staatsbürger in Uniform sind wie alle Bürger und Bürgerinnen aufgefordert, sich mit ihren Erfahrungen und Argumenten in die öffentliche Debatte einzubringen. Kenntnis, Verständnis, Vertrauen und Zustimmung für Sicherheitsinstitutionen, Krisenvorsorge oder Konfliktbewältigung (auch mit militärischen Kräften und Mitteln) entwickeln sich nur begrenzt durch Anzeigen, Broschüren, Video-/Fernsehspots, etc., sondern vielmehr über menschliche Begegnungen, Erfahrungsaustausch, Dialog und auch durch kritische Debatten. Heute und zukünftig werden Soldaten und Soldatinnen daher – auch aus eigenem Interesse heraus –

aufgefordert sein, beispielsweise den Beitrag der Bundeswehr zu vernetzter Sicherheitspolitik „verstehbar" zu erklären, auch an Schulen.

Im dritten Kapitel „Deutsche Streitkräfte im Spannungsbogen von Staat und Gesellschaft" werden Fragestellungen untersucht, die gleichermaßen durch Politiker, Militärs, Wissenschaftler oder andere zivile Mitglieder unserer Gesellschaft zu beantworten sind. Uns als Herausgeber war es wichtig, dass hier nicht nur allseits bekannte sicherheitspolitische Experten Beiträge zu diesen wichtigen Themen liefern, sondern auch Soldaten und Soldatinnen aller Ebenen wie auch Ehefrauen von Soldaten. Wir haben dieses Kapitel bewusst breit angelegt, da es zu diesem Themenkreis viele Facetten gibt, vom Meinungsbild der Bürger zur Bundeswehr über die politische Verantwortung für Einsätze und die Ausgestaltung der Inneren Führung bis hin zur Medienberichterstattung über Sicherheitspolitik, Streitkräfte und deren Einsätze.

Darüber hinaus waren wir gespannt auf die Reaktion eines Vaters zur Berufswahl seiner Tochter, die in seine Fußstapfen als Soldat getreten ist – dies insbesondere vor dem Hintergrund, dass gemäß einer Umfrage des Deutschen BundeswehrVerbandes im Jahre 2013 militärische Führungskräfte jungen Menschen aus ihrem Umfeld mehrheitlich nicht zum Soldatenberuf raten würden. Von besonderem Interesse sind für uns – und wir glauben, das gilt auch für alle Leser und Leserinnen – die Ausführungen von Soldatenfamilien und Ehefrauen von Soldaten, wie sie an der „Heimatfront" mit den vielfältigen Belastungen durch Einsätze umgehen. Von nicht minder großem Interesse erschienen uns auch die persönlichen Erfahrungen von (verwundeten) Einsatzrückkehrern unter nachfolgenden Themen- bzw. Fragestellungen: „Einsatzerfahrung trifft Friedensgesellschaft!" oder „Leben mit Verwundungen!" und „Sind öffentliche Wertschätzung, soziale Absicherung oder das Leben danach das Risiko wert?"

Gerade Tod und Verwundung im Dienst für unser Land sind – in jeder Hinsicht auch politisch – ein hoch brisantes gesellschaftliches Thema, wie wir im letzten Jahrzehnt leider mehrfach erleben konnten. So ist der Umgang mit gefallenen, verwundeten und traumatisierten Einsatzveteranen und ihren Angehörigen eine Nagelprobe für ein funktionierendes Miteinander von Staat, Gesellschaft und Streitkräften. Letztlich hängen vom angemessenen Umgang miteinander, von der Wertschätzung und dem Rückhalt für die Soldaten und Soldatinnen im Kern nichts Geringeres ab als deren Motivation und damit die Einsatzbereitschaft unserer Streitkräfte.

Bundeswehr im Urteil der Bürger – Das Integrationsgebot der Inneren Führung auf dem Prüfstand

Dr. Heiko Biehl

Gesellschaftliche Integration als Anspruch und Maßstab der Inneren Führung

Die Innere Führung ist das grundlegende Prinzip für den Dienst in der Bundeswehr. Mit ihren Zielprozessen benennt sie konkrete Vorgaben, an denen ihr Erfüllungsgrad zu bemessen ist. Dabei bedingen die vier Zielprozesse, Legitimation, Integration, Motivation und innere Ordnung, einander. In legitimatorischer Perspektive verfolgt die Innere Führung den Anspruch, die Sinnhaftigkeit soldatischen Dienens zu vermitteln und ethische, rechtliche, politische und gesellschaftliche Begründungen anzubieten. Aus dem Gehalt ihres Auftrages ziehen die Angehörigen der Bundeswehr wiederum die Motivation für ihr Handeln. Verstärkt wird dieser Zusammenhang durch die gesellschaftliche Einbindung der Bundeswehr. Integration ist dabei als zentraler und umfassender Anspruch für die Bundeswehr zu begreifen, wie Jürgen Franke (2012) in seiner differenzierten Untersuchung nachgewiesen hat.

Die Vorschrift selbst setzt als wesentliches Ziel der Integration, „Verständnis für den Auftrag der Bundeswehr im Rahmen der deutschen Sicherheits- und Verteidigungspolitik bei den Bürgerinnen und Bürgern zu gewinnen" (A-2600/1 [zuvor ZDv 10/1] 2008: Zi. 401). Die Innere Führung gründet folglich darauf, dass die öffentliche Meinung wesentlich für die deutschen Streitkräfte und Soldaten ist – was spricht für diese Festlegung? Vorstellbar wäre ebenso eine gegenläufige Konzeption, wie sie Samuel Huntington (1957) paradigmatisch ausformuliert hat. Dabei orientieren sich Armeen am Staatswesen und erhalten Aufträge, Ressourcen und Aufgaben von staatlichen Organen. Eine feste Einbindung in die Gesellschaft ist bei diesem Ansatz nachrangig. Die Innere Führung will aber das Gegenteil: eine sozial verwurzelte Armee, deren Soldatinnen und Soldaten sich als Teil der Gesellschaft begreifen, mit ihr identifizieren und ihre berufliche Identität aus dieser Einbindung schöpfen. Kurz gesagt: Die Innere Führung versteht die Soldatinnen und Soldaten als Staatsbürger in Uniform.

Für dieses Integrationsgebot spricht zunächst einmal die historische Erfahrung. Nur durch die feste Einbindung in das Gemeinwesen gewinnen

Streitkräfte hierzulande ihre Legitimation. Eine Armee, die sich als Staat im Staate aufführt, hätte die bundesdeutsche Gesellschaft bei der Wiederbewaffnung in den 1950er Jahren wohl nicht akzeptiert. Und auch heutzutage stehen entsprechende Tendenzen im kritischen Licht der Öffentlichkeit. Zugleich gilt die Einbindung in die Gesellschaft als Garant für Demokratiekompatibilität der Bundeswehr. Sozial integrierte Streitkräfte spiegeln stärker gesellschaftliche Tendenzen und Werte wider und sind politisch zuverlässiger und besser zu kontrollieren. Militärsoziologisch lässt sich ein funktionales Argument ergänzen: Wie aus sozialempirischen Studien bekannt ist, beeinflusst der gesellschaftliche Rückhalt wesentlich die soldatische Motivation. Untersuchungen bei deutschen Einsatzkontingenten haben wiederholt belegt, dass Soldatinnen und Soldaten besser motiviert und stärker von ihrem Auftrag überzeugt sind, wenn sie die Öffentlichkeit hinter sich wissen (Pietsch 2012).

Umgekehrt bleiben sie nicht unberührt von Bedenken und Kritik in der Heimat an ihrer Mission. Solche Zweifel, die in den letzten Jahren immer wieder geäußert worden sind, sind in einem offenen und demokratischen Gemeinwesen mehr als legitim. Es liegt jedoch ebenso im berechtigten Eigeninteresse der Streitkräfte, die Öffentlichkeit für sich und ihre Aufgaben zu gewinnen – wie dies der Zielprozess Integration mit seinem Gebot, Verständnis bei den Bürgerinnen und Bürgern zu generieren, vorgibt. Dieser Anspruch ist in den Augen einiger Beobachter und vieler Soldatinnen und Soldaten in den letzten Jahren nur unzureichend erfüllt. Anlässlich der Kommandeurtagung zu 50 Jahren Bundeswehr hat der damalige Bundespräsident Horst Köhler (2005) das Schlagwort vom freundlichen Desinteresse der Deutschen an den Streitkräften und der Sicherheitspolitik geprägt. Damit spitzte er den Eindruck zu, den viele außerhalb und innerhalb der Streitkräfte hatten und weiterhin haben: Die Deutschen zeigten weder ein Interesse an ihren Streitkräften noch unterstützen sie diese ausreichend. Das Ende der Wehrpflicht hat entsprechende Befürchtungen erneut genährt.

Im Folgenden wird die Diagnose eines unzureichenden gesellschaftlichen Rückhalts für die Bundeswehr einer Prüfung unterzogen. Dabei wird zunächst die Haltung der Bevölkerung zu den Streitkräften betrachtet. Dem schließt sich die Analyse des Meinungsbildes zu den Aufgaben und Einsätzen an. Im Ergebnis zeigt sich eine erhebliche Diskrepanz zwischen beiden Dimensionen: die Streitkräfte und Soldaten erfahren weitgehende Anerkennung, einige der Aufgaben der Bundeswehr – insbesondere Kampfeinsätze – stoßen hingegen auf Ablehnung. Wie gezeigt wird, ist diese Ambivalenz zum einen historisch bedingt, zum anderen Ausdruck eines funktionalen Kalküls sicherheitspolitischer Mittel. Abschließend werden die Auswirkungen der aktuellen sicherheitspolitischen Veränderungen diskutiert. Zwar zeigt sich eine gestiegene Bereitschaft zum internationalen Engagement, die Vorbehalte gegen den offensiven Einsatz militärischer Mittel bestehen aber unverändert fort.

Das sicherheitspolitische Meinungsbild: Ja zur Bundeswehr, nein zu Kampfeinsätzen

Die nachstehenden Ausführungen beruhen auf Befunden der sicherheitspolitischen Meinungs- und Einstellungsforschung, sie stellen aber keinen Datenbericht im engeren Sinne dar. Vielmehr geht es darum, den Forschungsstand auf die gesellschaftliche Integration der Streitkräfte hin zu befragen. Die empirischen Befunde werden deshalb zwar berichtet, jedoch weder mit ihren statistischen Details vorgestellt noch tabellarisch oder graphisch abgebildet. Wer sich eingehender mit den Ergebnissen auseinandersetzen möchte, sei auf die Bevölkerungsbefragungen des Zentrums für Militärgeschichte und Sozialwissenschaften der Bundeswehr (ZMSBw) verwiesen, die die Basis der anschließenden Ausführungen bilden. Diese Umfragen sind in Forschungsergebnissen aufbereitet, die auf der Homepage öffentlich verfügbar sind (zmsbw.de) (zuletzt: Biehl u.a. 2015; s.a. Fiebig/Pietsch 2009).

Das ZMSBw (bis 2012: das Sozialwissenschaftliche Institut der Bundeswehr – SOWI) führt seit 20 Jahren eine jährliche Bevölkerungsbefragung durch, die das sicherheitspolitische Meinungsbild auf repräsentativer Grundlage erfasst. In Zusammenarbeit mit namhaften Meinungsforschungsinstituten (in 2015: TNS Emnid, zuvor u.a. Infratest, IPSOS) wurden über einen Zeitraum von zwei Jahrzehnten wissenschaftlich gesicherte Erkenntnisse zur Haltung der Deutschen zur Bundeswehr, ihren Aufgaben und Einsätzen erhoben. Die nachstehend berichteten Ergebnisse sind im sozialwissenschaftlichen Diskurs weitgehend Konsens, und bestätigen sich in anderen wissenschaftlichen Studien – selbst im internationalen Kontext. In der wissenschaftlichen Literatur gibt es durchaus Diskussionen über Operationalisierungen, Zusammenhänge und Folgerungen. Die Befunde, auf denen die Argumentation basiert, – die hohe Zustimmung zur Bundeswehr und den meisten ihrer Aufgaben, bei gleichzeitigen Vorbehalten gegen bewaffnete Auslandseinsätze – sind in der Forschung jedoch Konsens.

Die Bundeswehr: Gesellschaftlich anerkannt und breit unterstützt

Wie stehen die Deutschen zu ihrer Armee? Haben sie eine positive Haltung zur Bundeswehr oder überwiegen Distanz, Skepsis und Kritik? Legt man Bevölkerungsbefragungen als Maßstab an, dann fällt die Antwort eindeutig aus: Die Deutschen haben eine positive Einstellung zur Bundeswehr, sie vertrauen ihr und unterstützen sie. Gefragt nach ihrer grundlegenden Haltung zu den Streitkräften äußert sich eine deutliche Mehrheit der Bundesbürger positiv. In der Bevölkerungsbefragung des ZMSBw aus dem Jahre 2015 äußerten fast vier von fünf Befragten ihre positive Haltung zu den Streitkräften. Ablehnende Einstellungen sind weit weniger verbreitet, ein Fünftel der Befragten bekundet seine negative Sicht auf die Bundeswehr. 3 Prozent wollten sich nicht festlegen oder äußern. Damit setzt sich der Trend der letzten Jahre fort. Seit Beginn des vergangenen Jahrzehnts stehen stets zwischen drei Viertel und fünf Sechstel der Befragten positiv zur Bundeswehr. Negative Einstellungen sind bei einem kleineren Bevölkerungsanteil, der sich zwischen einem Sechstel und einem Viertel bewegt, zu verzeichnen. Zwar zeigen sich über die Jahre hinweg gewisse Veränderungen. Diese folgen jedoch keinem einheitlichen Muster. Ebenso wenig sind spezifische Trends in Reaktion auf relevante Ereignisse oder Entwicklungen zu erkennen. Das gute Ansehen der Bundeswehr kann mithin als robust gelten.

Dieses Urteil bestätigen diverse Indikatoren, die über die Jahre hinweg Verwendung fanden, um die Haltung der Deutschen zur Bundeswehr zu erfassen. Allein in der Umfrage des Jahres 2015 wurden die generelle Einstellung zur Bundeswehr, das Vertrauen in sie, ihr Ansehen bei den Befragten, die wahrgenommene Wichtigkeit sowie das Ansehen des soldatischen Dienstes erhoben. Alle diese Indikatoren weisen in dieselbe Richtung: Die Bundeswehr ist anerkannt, gilt als wichtig, erfährt Ansehen und die Deutschen vertrauen ihr. Dieser Befund gewinnt nochmals an Wert, da der Zuspruch nicht auf gewisse Trägergruppen konzentriert ist, sondern sich quer durch alle Bevölkerungsschichten zeigt. Sicherlich: Männer stehen der Bundeswehr wohlwollender gegenüber als Frauen, aber auch die Mehrheit der weiblichen Befragten hat eine positive Sicht auf die Streitkräfte. Junge Bürgerinnen und Bürger sind militärkritischer als ältere, aber in der Mehrheit nicht militärkritisch. Die Bundeswehr erfährt Unterstützung aus allen Bildungs- und Einkommensgruppen sowie aus allen Landesteilen. Letzteres ist keine Selbstverständlichkeit, wie die niedrigen Vertrauens- und Akzeptanzwerte für Kirchen, Gewerkschaften und politische Parteien in den neuen Bundesländern belegen.

Die Bundeswehr trägt das Etikett „Armee der Einheit" mithin zu Recht. Für einige Beobachter wohl etwas überraschend, sind die Anhängerschaften aller Parteien der Bundeswehr mehrheitlich positiv zugewandt. Von den Wählern der Union, der SPD und der FDP weisen in 2015 mehr als 80 Prozent eine positive Haltung zu den Streitkräften auf, bei den Nichtwählern sind es drei Viertel. Selbst Mehrheiten der Anhänger von Grünen und Linken haben eine wohlwollende Einstellung zur Bundeswehr, auf jeweils ein Drittel der beiden Anhängerschaften trifft dies nicht zu.

Wie international vergleichende Untersuchungen belegen, steht der Zuspruch zur Bundeswehr nicht hinter dem zurück, den Partnerarmeen erfahren. So zeigt das Eurobarometer 2014 anhand von Bevölkerungsbefragungen in 30 Staaten, dass die Streitkräfte länderübergreifend ein hohes Ansehen genießen. In 24 von ihnen ist die Armee die öffentliche Einrichtung, der das höchste bzw. das zweithöchste Vertrauen geschenkt wird. Der Zuspruch zur Armee ist in einigen Ländern, wie Großbritannien oder Frankreich, nochmals ausgeprägter als hierzulande. In anderen Staaten ist er hingegen geringer, bei den meisten Partnern wie Österreich, Polen, Italien und Spanien entspricht er dem Niveau, das die Bundeswehr erfährt. Von daher kann die gesellschaftliche Haltung zu den deutschen Streitkräften als substantiell und dem kontinentaleuropäischen Standard entsprechend gelten. Legt man die Maßstäbe der Vorschrift an, dann besteht mit Blick auf die Bundeswehr als Organisation das geforderte gesellschaftliche Verständnis.

Dennoch hält sich in der Öffentlichkeit, aber auch in der wissenschaftlichen Literatur und nicht zuletzt bei vielen Soldatinnen und Soldaten ein anderer Eindruck, wonach es der Bundeswehr an gesellschaftlichem Rückhalt fehle. Worauf ist diese Fehlwahrnehmung zurückzuführen? Es kommen sicherlich mehrere Faktoren und Entwicklungen zusammen, die einen anderen Eindruck des öffentlichen Ansehens der Bundeswehr vermitteln, als ihn die sozialempirischen Untersuchungen stets aufs Neue belegen. Zunächst einmal ist zwischen Gegenden, in denen die Bundeswehr kaum präsent ist und Standorten, an denen sie einen festen Bestandteil des öffentlichen Lebens bildet, zu unterscheiden. Während die Streitkräfte insbesondere in Metropolen und urbanen Regionen angesichts einer Vielzahl an Akteuren und Angeboten oftmals nur marginale Aufmerksamkeit erfahren, sieht dies in vielen ländlichen Räumen, erst recht in der Nähe von Truppenstandorten, anders aus. Entsprechend ist die Berichterstattung der lokalen Presse oftmals der Bundeswehr zugewandter – etwa wenn über die Entsendung der eigenen

Soldatinnen und Soldaten in den Einsatz berichtet wird – als dies in den über-regionalen Medien üblich ist. Ein Fokus auf Metropolen und Leitmedien trägt jedenfalls zur Unterschätzung des vorhandenen gesellschaftlichen Rückhalts bei.

Dabei existiert eine Vielzahl von Initiativen, die Unterstützung für die Truppe organisieren. Diese Aktivitäten mögen nicht immer so lautstark und spektakulär sein wie die militärkritischen Stimmen und womöglich nicht das gleiche Medienecho erfahren. Dennoch sollte das Ausmaß an Unterstützung nicht unterschätzt werden. Die von Studierenden der Helmut-Schmidt-Universität der Bundeswehr in Hamburg organisierte Ausstellung „Bürger und Soldaten – Wir stehen hinter Euch!" porträtiert die ganze Bandbreite an Vereinen, Organisationen und Zusammenschlüssen, die es sich zur Aufgabe gemacht haben, die Bundeswehr in der einen oder anderen Form zur Seite zu stehen. Das entsprechende Engagement reicht von Veteranenverbänden, Hilfsangeboten, sozialen Aktivitäten bis hin zu sicherheitspolitischen Zirkeln. Anzahl und Vielfalt dieser Initiativen sind selbst für Insider beeindruckend.

Einen ebenso imponierenden Zuspruch erfährt die Bundeswehr, wenn sie sich zur Gesellschaft hin öffnet: Der 2015 erstmals durchgeführte Tag der Bundeswehr hat dies eindrücklich dokumentiert. Die Resonanz war gewaltig. An den 15 Standorten wurden insgesamt über 235.000 Besucherin-nen und Besucher gezählt. Bei Fritzlar musste gar eine Autobahn gesperrt und als Parkplatz genutzt werden, um den Ansturm der Besucherinnen und Besucher zu bewältigen. Angesichts dieses Interesses der Öffentlichkeit und der breiten Unterstützung ist die vom damaligen Verteidigungsminister de Maizière (2013) vorgebrachte Diagnose, die Angehörigen der Bundeswehr hätten zuweilen überzogene Ansprüche an den öffentlichen Zuspruch, nicht von der Hand zu weisen. Die Soldatinnen und Soldaten täten jedenfalls gut daran, die gesellschaftliche Wertschätzung anzuerkennen und anzunehmen statt mit immer neuem Wehklagen und überzogenen Forderungen zu riskie-ren. Zumal die Unterstützung bei den Partnern keineswegs höher ausfällt. Zwar mögen in anderen Staaten expressivere Ausdrucksformen der Wert-schätzung üblich sein – aber diese müssen im jeweiligen historisch-kulturellen Kontext bewertet und dürfen nicht mit echter, substantieller Unterstützung verwechselt werden. Schließlich gibt es selbst in den USA eine große und an-haltende Debatte um die gesellschaftliche Unterstützung und einen vermeint-lichen oder tatsächlichen *civil-military gap* (Feaver/Kohn 2001; Bacevich 2013).

Der entscheidende Faktor für das Unbehagen vieler Bundeswehrangehöriger mit der gesellschaftlichen Zustimmung speist sich jedoch aus einer anderen Quelle: Die Bevölkerung steht einem Teil der Aufgaben der Streitkräfte kritisch bis ablehnend gegenüber. Es ist zuweilen zu hören und zu lesen, die deutsche Bevölkerung sei gegen jedwede Einsätze oder gar pazifistisch gesinnt. Dies ist falsch. Vielmehr ist die öffentliche Meinung differenziert, die Aufgaben der Bundeswehr finden teils hohe Zustimmung, teils werden sie abgelehnt. Auch bei den Einsätzen zeigt sich ein aufgefächertes Bild, das einem nachvollziehbaren Muster folgt und seit Jahren konstant ist: Die Deutschen lehnen Missionen mit offensivem Charakter und Kampfeinsätze ab.

Aufgaben und Einsätze der Bundeswehr: In Teilen selbstverständlich, in Teilen strittig

Seit Jahrzehnten stellen die Auslandseinsätze eine zentrale Aufgabe der Bundeswehr dar – sie sind jedoch nicht deren einziger Auftrag. Die Bundeswehr schützt die Bundesrepublik Deutschland und deren Bürgerinnen und Bürger. Falls notwendig verteidigt sie Staat und Gesellschaft und trägt im Bündnis zur Verteidigung der Partner bei. Bei Gefahr evakuiert sie deutsche Staatsbürger aus unsicheren Regionen und Konfliktgebieten. Die Bundeswehr organisiert humanitäre Hilfe – nicht zuletzt in Katastrophenfällen – und koordiniert ihr Engagement mit anderen Organisationen. Sie trägt in den Auslandsmissionen zur Stabilisierung von Konfliktgebieten bei, bildet lokale Sicherheitskräfte aus und betreibt Konfliktmanagement. Zuweilen beteiligt sich die Bundeswehr an Kampfeinsätzen, wie die Engagements im Kosovo, in Afghanistan und seit 2015 in Syrien belegen.

Fragt man die Bevölkerung nach den Aufgaben, die der Bundeswehr zukommen sollen, dann fallen die Antworten unterschiedlich aus. Unstrittig ist, dass die deutschen Streitkräfte zur Landesverteidigung, zur Evakuierung von Bundesbürgern und zur Katastrophenhilfe im In- und Ausland eingesetzt werden sollen. Zwischen 73 und 82 Prozent der Befragten stimmen in der ZMSBw-Bevölkerungsbefragung 2015 diesen Aufgaben zu. Auch die Bündnisverteidigung, die infolge der Annexion der Krim durch Russland und des Ukrainekonflikts an Dringlichkeit gewonnen hat, gilt 60 Prozent der Befragten als Aufgabe der Bundeswehr. Nur 14 Prozent lehnen dies ab.

Stabilisierungsmissionen gehören mittlerweile aus Sicht der Bevölke rung ebenfalls zum Aufgabenkanon der Streitkräfte. 60 Prozent unterstützen diese generell. Kritischer wird hingegen der offensive Einsatz militärischer Gewalt bewertet. Ein Vorgehen gegen feindliche Kräfte heißt nur die Hälfte der Befragten gut. Wobei die Zustimmung erfahrungsgemäß geringer ist, wenn nicht die Zuschreibung einer Aufgabe, sondern die Haltung zu einer konkreten Mission erhoben wird. Befragt man die Deutschen nach ihrer Einstellung zu den laufenden Missionen, dann zeigt sich ein stabiles Muster. Einsätze, die erkennbar humanitären Zwecken dienen, weitgehend ohne Anwendung militärischer Gewalt auskommen und einen zivilen Charakter aufweisen, erfahren die höchste Zustimmung. Einsätze, die mit Kampf, Gefechten und Gefallenen einhergehen, werden mehrheitlich abgelehnt. Dieser Präferenzhierarchie entsprechend erfährt in der ZMSBw-Bevölkerungsbefragung 2015 der Einsatz der Marine im Mittelmeer zur Rettung von in Seenot geratenen Flüchtlingen mit 56 Prozent die höchste Unterstützung. Die restlichen Missionen befürworten jeweils zwischen einem Drittel und 40 Prozent der Befragten, jeweils rund ein Viertel lehnt sie ab. Der Rest ist unentschieden oder hat keine Meinung.

Zum Syrieneinsatz liegen aus der ZMSBw-Erhebung keine Angaben vor, da er erst nach Abschluss der Untersuchung begonnen hat. Befragungen anderer Institute bestätigen jedoch das bekannte Muster. So unterstützen in einer Forsa-Erhebung Ende November 2015 42 Prozent den Einsatz der Bundeswehr. Die Nachfrage, welche Aufgaben die deutschen Streitkräfte im Syrienkonflikt übernehmen sollten, erbringt eine abgestufte Zustimmung. Den laufenden Einsatz von Überwachungsflügen befürworten 35 Prozent, etwaige Luftangriffe 28 Prozent und ein möglicher Einsatz von Bodentruppen trifft nur bei 24 Prozent der Befragten auf Zustimmung. Eine solche Rangfolge zeigte sich bereits im Jahr 2010 beim Afghanistaneinsatz – hier hießen über drei Viertel humanitäre Maßnahmen gut, mehr als die Hälfte der Bundesbürger unterstützte Ausbildungsmissionen für die afghanischen Sicherheitskräfte und nur ein Fünftel stimmte Kampfeinsätzen gegen die Taliban zu (Biehl et al. 2011: 79). Dieses Meinungsbild ist für die Streitkräfte problematisch, da die Qualität der Einsätze Veränderungen unterliegt. Insbesondere die Entwicklung in Afghanistan hat vor Augen geführt, dass eine als Stabilisierungseinsatz mit humanitären Elementen geplante Mission aufgrund der Konfliktdynamiken zu einem Kampfeinsatz werden kann – es liegt jedenfalls nicht alleine in der Hand der Bundeswehr den Charakter ihrer Engagements zu bestimmen.

Bei der Suche nach den Ursachen für die Vorbehalte gegen offensive Einsätze fehlt nie der Verweis auf die Geschichte. Die Erfahrungen des Zweiten Weltkrieges lehrten die Deutschen, dass militärische Gewalt letztlich in militärischer Niederlage, politischem Untergang und humanitären Abgründen ende. Eine solche Katastrophe dürfe sich nicht wiederholen, weshalb es gelte, militärische Mittel behutsam, selten und begrenzt einzusetzen. Mit dieser Überzeugung steht die deutsche Bevölkerung in Europa übrigens nicht alleine. Die Bürgerinnen und Bürger der meisten europäischen Nachbarn und Partner stehen dem offensiven Einsatz militärischer Mittel ähnlich kritisch gegenüber wie die deutsche Gesellschaft, was hierzulande häufig übersehen wird (Biehl 2015). Zwar sind einige westliche Nationen (voran die angelsächsischen) eher bereit, Militär einzusetzen, für die meisten der skandinavischen, ost- süd- und auch westeuropäischen Nachbarn gilt dies aber nicht. Damit entspricht die Haltung der hiesigen Bevölkerung bereits weitaus stärker einem europäischen Standard, als dies die Protagonisten einer vermeintlichen Normalisierung der Öffentlichkeit gerne weismachen wollen.

Der Verweis auf die geschichtlichen Erfahrungen ist sicherlich richtig, um das hiesige sicherheitspolitische Meinungsbild zu erklären – er reicht jedoch nicht aus. Schließlich wären Einstellungsänderungen und Mentalitätswandel über die Jahrzehnte durchaus vorstellbar. Als zweites wesentliches Motiv für die Distanz der Deutschen zur militärischen Gewalt müssen deshalb die fehlenden Anstöße, Anlässe und Anreize zur Umorientierung betrachtet werden. Weder die laufenden Bundeswehreinsätze noch andere internationale Missionen verlaufen derzeit so erfolgreich, als dass sie einen ausreichenden Impuls böten, die Haltung zur militärischen Gewalt zu ändern. So gelten die diversen Engagements der Bundeswehr auf dem Balkan, sofern sie überhaupt noch politische, mediale und militärische Aufmerksamkeit erfahren, im öffentlichen Bewusstsein allenfalls als begrenzt erfolgreich. Zwar ist es unter erheblichen Anstrengungen gelungen, die Region einigermaßen zu befrieden. Inwiefern selbsttragende und lebensfähige politische, gesellschaftliche und wirtschaftliche Strukturen in Bosnien und im Kosovo vorhanden sind, ist jedoch – ungeachtet eines jahrzehntelangen Engagements der internationalen Gemeinschaft, der Bundeswehr und vieler anderer Streitkräfte – mehr als ungewiss. Mit Blick auf die wichtigste Mission der Bundeswehr in den vergangenen anderthalb Jahrzehnten, fällt die Bilanz noch schlechter aus. In Afghanistan sind weder politische noch wirtschaftliche Fortschritte von Substanz zu erkennen. Zugleich verschlechtert sich die Sicherheitslage sukzessive und fallen Landesteile an die Taliban zurück. Diese Entwicklungen bleiben den Bundesbürgern nicht verborgen, was zu einer kritischen Sicht auf die Einsätze führt. Wie die Befragungen des ZMSBw zeigen, bewerteten im Jahr 2008 noch 36 Prozent der Befragten das Afghanistanengagement als Erfolg und 17 als Misserfolg. Sechs Jahre später hatte sich das Blatt gewendet: Jetzt bewerteten 38 Prozent die ISAF-Mission als Fehlschlag. Nur noch 18 Prozent konnten einen Erfolg erkennen. Angesichts dieser Entwicklung kann es nicht überraschen, dass die Bevölkerung Vorsicht bei der Zustimmung zu weiteren Einsätzen walten lässt.

Verstärkend kommt hinzu, dass die Missionen, an denen sich Deutschland nicht beteiligt hat, ebenfalls keine militärischen und politischen Erfolgsgeschichten sind. Die Lehren aus dem Irakkrieg 2003 und der Libyenintervention 2011 lauten – angesichts des vorherrschenden Chaos und der Ausbreitung fundamentalistischer Kräfte – aus Sicht der Öffentlichkeit: Gut, dass sich Deutschland aus diesen Kriegen herausgehalten hat. Die Bürgerinnen und Bürger stehen folglich nicht alleine aus historischen Erfahrungen dem Einsatz militärischer Gewalt distanziert gegenüber. Sie sind hinsichtlich der Funktionalität militärischer Mittel skeptisch. Ein verstärkter Einsatz militärischer Gewalt – erst recht in kriegerischen Auseinandersetzungen – führt nach ihrem Urteil, wie aus der Sicht vieler in der politischen sowie einiger in der militärischen Elite – keineswegs zu verbesserten Bedingungen vor Ort. Vielmehr werden die Risiken und Gefahren gesehen und eine Verschärfung der Konflikte erwartet.

Diese Vorsicht darf jedoch nicht als generelle Absage der Deutschen an ein internationales Engagement verstanden werden. Seit Anfang 2014 zeigt sich ein bemerkenswerter Umschwung im öffentlichen Meinungsbild. Im Nachgang der Stellungnahmen von Bundespräsident Gauck, Außenminister Steinmeier und Verteidigungsministerin von der Leyen auf der Münchener Sicherheitskonferenz sowie parallel zur zentralen deutschen Rolle in der Euro- und Flüchtlingskrise steigt die Bereitschaft der Bundesbürger, sich international einzubringen. Vor die Alternative gestellt, ob sich Deutschland eher aus internationalen Konflikten und Problemen heraushalten oder in diesen engagieren sollte, sprachen sich über anderthalb Jahrzehnte stets in etwa gleich große Anteile für die zurückhaltende und für die engagierte Position aus. Im Jahre 2014 veränderte sich dieses Meinungsbild zugunsten eines internationalen Engagements, das in 2015 sogar von mehr als zwei Dritteln der Befragten gutgeheißen wird, während nur ein gutes Viertel eine isolationistische Position vertritt. Damit ist der Boden bereitet für ein ausgreifendes Engagement. Allerdings ist die Präferenz für die eingesetzten Mittel unverändert: politische, diplomatische, finanzielle und wirtschaftliche Instrumente werden akzeptiert, Streitkräfte nur, solange diese nicht aktiv in kriegerische Handlungen involviert sind.

Fazit und Ausblick: Sicherheitspolitischer Dissens statt zivil-militärischer Distanz

Was bedeuten die Einstellungen der Deutschen zur Bundeswehr und ihre Aufgaben mit Blick auf die weitere sicherheitspolitische Entwicklung und die Vorgaben der Inneren Führung? Dem Einsatz der Bundeswehr in Kampfeinsätzen stehen die Bundesbürger weiterhin ablehnend gegenüber. Auslandsmissionen finden Zuspruch, solange sie einen humanitären und stabilisierenden Charakter aufweisen. Die Politik wird daher weiterhin versucht sein, die Bundeswehrengagements auf unterstützende und flankierende Fähigkeiten zu begrenzen, wie dies gegenwärtig beim Syrieneinsatz geschieht. Zugleich ist mit dem Ukrainekonflikt die Bündnisverteidigung wieder zurück auf der Agenda. Dabei zeigt sich eine bemerkenswerte Bereitschaft der deutschen Sicherheits- und Verteidigungspolitik, den künftigen Schwerpunkt militärischen Engagement auf diesen Auftrag zu verlagern. Bislang fehlt es jedoch an einer entsprechenden argumentativen Unterfütterung dieser Schwerpunktsetzung. Die Bedrohungswahrnehmungen der osteuropäischen Verbündeten und die sicherheitspolitischen Logiken und Risiken dieser Region sind der breiten Öffentlichkeit kaum präsent. Die Diskussionen über künftige Verteidigungsaufgaben im Bündnis werden bislang alleine in einem kleinen Zirkel von Experten geführt. Will man künftig eine Diskrepanz zwischen sicherheitspolitischem Engagement und gesellschaftlichem Rückhalt vermeiden, wie dies für die Auslandsmissionen der letzten Jahrzehnte charakteristisch war, dann müsste die Öffentlichkeit argumentativ stärker mitgenommen werden als bisher. Die Chancen, eine breite gesellschaftliche Unterstützung für die Bündnisverteidigung zu gewinnen, stehen jedenfalls weitaus besser, als dies bei den Auslandseinsätzen der Fall gewesen ist.

Ungeachtet der Kontroversen um eine angemessene Ausrichtung deutscher Sicherheitspolitik steht die Bundeswehr außerhalb der öffentlichen Diskussion. Sie ist anerkannt und selbstverständlicher Bestandteil des bundesdeutschen Gemeinwesens. Diesen breiten Zuspruch sollten die deutschen

Streitkräfte und ihre Soldatinnen und Soldaten wertschätzen und pflegen. Dennoch bleibt die Bundeswehr von den Zweifeln an ihrem Auftrag, ihren Aufgaben und Einsätzen nicht unberührt. Mit Blick auf die Vorgaben der Inneren Führung ist mithin eine gemischte Bilanz zu ziehen.

Literaturverzeichnis

Bacevich, Andrew (2013): Breach of Trust: How Americans Failed Their Soldiers and Their Country. New York: Metropolitan Books.

Biehl, Heiko/Rüdiger Fiebig/Bastian Giegerich/Jörg Jacobs/ Alexandra Jonas (2011): Strategische Kulturen in Europa. Die Bürger Europas und ihre Streitkräfte. Forschungsbericht 96. Strausberg: Sozialwissenschaftliches Institut der Bundeswehr.

Biehl, Heiko/Chariklia Höfig/Markus Steinbrecher/Meike Wanner (2015): Sicherheits- und verteidigungspolitisches Meinungsklima in der Bundesrepublik Deutschland. Ergebnisse der Bevölkerungsumfrage 2015. Potsdam: Zentrum für Militärgeschichte und Sozialwissenschaften der Bundeswehr.

Biehl, Heiko (2015): Deutscher Sonderweg oder europäische Normalität? Gesellschaftliche Legitimation militärischer Gewalt im internationalen Vergleich. In: Leonhard, Nina/Jürgen Franke (Hrsg.): Militär und Gewalt. Sozialwissenschaftliche und ethische Perspektiven. Berlin: Duncker & Humblot, 93-114.

Bundesministerium der Verteidigung (Hrsg.)(2015): Zentrale Dienstvorschrift A-2600/1 [zuvor ZDv 10/1 (2008)] Innere Führung. Selbstverständnis und Führungskultur, Berlin.

de Maizière, Thomas (2013): Giert nicht nach Anerkennung – Interview. In: Frankfurter Allgemeine Sonntagszeitung, 24. Februar 2013.

Feaver, Peter D./Richard H. Kohn (Hrsg.) (2001): Soldiers and Civilians. The Civil-Military Gap and American National Security. Cambridge: MIT Press.

Fiebig, Rüdiger/Carsten Pietsch (2009): Die Deutschen und ihre Streitkräfte. In: Aus Politik und Zeitgeschichte, B 48, 36-41.

Franke, Jürgen (2012): Wie integriert ist die Bundeswehr? Eine Untersuchung zur Integrationssituation der Bundeswehr als Verteidigungs- und Einsatzarmee. Baden-Baden: Nomos.

Huntington, Samuel P. (1957): The Soldier and the State: The Theory and Politics of Civil-Military Relations. Cambridge: Belknap Press.

Köhler, Horst (2005): Einsatz für Freiheit und Sicherheit. Rede von Bundespräsident Horst Köhler bei der Kommandeurtagung der Bundeswehr am 10. Oktober 2005 in Bonn. Berlin: Bundespräsidialamt.

Pietsch, Carsten (2012): Zur Motivation deutscher Soldatinnen und Soldaten für den Afghanistaneinsatz. In: Seiffert, Anja/Phil C. Langer/Carsten Pietsch (Hrsg.): Der Einsatz der Bundeswehr in Afghanistan. Sozial- und politikwissenschaftliche Perspektiven. Wiesbaden: VS Verlag für Sozialwissenschaften, 101-121.

Die Verantwortung des Parlaments für die Bundeswehr

Wolfgang Hellmich

Das Konzept der Inneren Führung und das Leitbild des Staatsbürgers in Uniform als zentraler Bestandteil der Bundeswehrkultur stehen für mich als Vorsitzenden des Verteidigungsausschusses im Zentrum meiner Arbeit. Politik und Gesellschaft sind gefordert, die Weiterentwicklung der Inneren Führung konstruktiv zu begleiten, um damit die Integration der Streitkräfte in Staat und Gesellschaft und die Legitimation des soldatischen Dienstes auch unter veränderten politischen und gesellschaftlichen Rahmenbedingungen langfristig sicherzustellen. Deshalb begrüße ich, dass der Freundeskreis des Zentrums Innere Führung e.V. ein Buch herausgibt, in dem weitestgehend die Innere Führung im Mittelpunkt stehen wird.

Die sicherheitspolitische Lage

Ein Schwerpunkt der Arbeit des Parlaments besteht in der Analyse der sicherheitspolitischen Lage. Europa steht zurzeit vor großen Problemen und Herausforderungen auf dem Gebiet der Friedens-, der Außen- und der Sicherheitspolitik – der Bürgerkrieg in Syrien und im Jemen, der Islamische Staat im Irak und Syrien, der Ukraine-Russland-Konflikt, die fortdauernde Auseinandersetzung zwischen Israel und der Hamas, Krisen und Kriege in Afrika bis hin zu der Destabilisierung ganzer Regionen durch „Failed States". Auch der internationale Terrorismus hat sich durch die brutalen menschenverachtenden Anschläge in Paris erneut gemeldet und die Verletzlichkeit unserer Sicherheit deutlich gemacht. Derzeit zählen wir weltweit vierzig kriegerische Konflikte, ca.1, 5 Milliarden Menschen leben in fragilen Staaten. Gleichzeitig muss die Politik Antworten finden für Herausforderungen und Bedrohungen, die jenseits der geografischen Nähe direkte Auswirkungen auf unsere Sicherheit haben. Dieses sind u.a. die Folgen des Klimawandels, Wassermangel und die Ressourcenverknappung. Mit der hybriden Kriegsführung und Angriffen im Cyber-Raum treten neue große Herausforderungen für die Sicherheitspolitik auf. Weltweit haben wir die größte Flüchtlingskrise, mehr als 60 Millionen Menschen sind auf der Flucht, mehr als eine Million Menschen suchten 2015 Schutz in Europa, die Mehrheit davon in Deutschland.

Als Reaktion auf die Entwicklung in der Ukraine haben die Staats-

und Regierungschefs der NATO während des Gipfels in Wales 2014 die Erhöhung der Verteidigungsausgaben und Maßnahmen zur Steigerung der Reaktionsfähigkeiten beschlossen. Die EU hat mit einer Überarbeitung der Europäischen Sicherheitsstrategie begonnen und auch mehrere unserer Partner überarbeiten ihre strategischen Grundlagendokumente. Niemand kann heute sicher voraussagen, welche neuen Herausforderungen und Krisen die Zukunft bringt.

Welche Folgerungen ziehen wir aus dieser Lage?

Wenn wir die Welt von heute betrachten, stellen wir fest, die Krise ist zum Normalfall geworden. Der Spannungsbogen der Herausforderungen ist so weitreichend, dass kein Staat ihnen heute alleine begegnen kann. Deshalb müssen wir Vorsorge treffen, wie wir auch in Zukunft unsere Gesellschaftsordnung sichern können. Unser zentrales Interesse ist und bleibt deshalb die Einbettung unserer Außen- und Sicherheitspolitik in multilaterale, kooperative und supranationale Strukturen. Deshalb werden wir weiter ein verlässlicher Partner in der NATO, der EU, der OSZE, aber auch in den Vereinten Nationen sein. Da europäische und transatlantische Sicherheit untrennbar verbunden sind, stellt die Weiterentwicklung der Europäischen Union unter gleichzeitiger Förderung der strategischen Partnerschaft zwischen NATO und EU einen entscheidenden Faktor für die weitere sicherheitspolitische Entwicklung dar.

In Europa müssen wir unsere Kräfte auf dem Gebiet der Sicherheits- und Verteidigungspolitik bündeln. Ich bekenne mich uneingeschränkt zu dem Fernziel einer europäischen Armee. Unser Ziel ist, dass von der nationalen Ausrichtung der Sicherheits- und Verteidigungspolitik der Weg über die verstärkte Zusammenarbeit hin zur Integration der Instrumente der Verteidigungspolitik und schließlich zu einer europäischen Verteidigungsunion führen muss. Mit der Intensivierung einer gemeinsamen Ausbildung der Streitkräfte, dem Ausbau von Pooling & Sharing sowie der Anlehnungspartnerschaft können wir schon heute weitere wichtige Schritte auf dem Weg zu europäischen Streitkräften einleiten.

Ein großer Schritt hin zur gemeinsamen Verteidigungsfähigkeit ist, die Interoperabilität der Streitkräfte aller Mitgliedstaaten so zu entwickeln, dass diese wirksam zum Einsatz gebracht werden können. Als neue Impulse für die Integration haben wir die Bildung eines eigenständigen Ministerrats für

Militärfragen in der EU und einen Verteidigungsausschuss im Europäischen Parlament vorgeschlagen. Auch der Aufbau eines europäischen Hauptquartieres sowie die Einrichtung ständiger stehender Verbände als Kern von EU-Battlegroup's bleiben auf der Agenda. Die Chancen, die uns der Vertrag von Lissabon mit der „Ständigen Strukturierten Zusammenarbeit" bietet, müssen wir für die Vertiefung der verteidigungspolitischen Zusammenarbeit in der EU nutzen.

Konzept der Vernetzten Sicherheit (Comprehensive Approach)

Als Begriff und Konzept wird Vernetzte Sicherheit erstmals 2006 im Weißbuch des Bundesministeriums der Verteidigung offiziell eingeführt. Es beschreibt das enge umfassende Zusammenwirken ziviler und militärischer Komponenten im Rahmen der globalen Sicherheitspolitik in Krisenregionen. Damit betrifft es auch friedenserhaltende Einsätze internationaler Missionen, an denen Deutschland teilnimmt. Vernetzte Sicherheit galt viele Jahre als Leerformel, da es bei der praktischen Umsetzung haperte. Erst das Afghanistan-Engagement wird in Fachkreisen als die „Geburtsstunde" des Verständnisses von „vernetzter Sicherheit" oder des „Comprehensive Approach", wie es im NATO Jargon genannt wird, bezeichnet.

Mit dem Ende des ISAF-Einsatzes haben viele Organisationen einen „Lessons Learned" Prozess begonnen und untersucht, warum das Konzept der vernetzten Sicherheit nicht zur Stabilisierung des Landes und zu Sicherheit und Entwicklung geführt hat. Als Ursache wird das Ungleichgewicht zwischen militärischem und zivilem Engagement angeführt. Schon früh hat die militärische Führung darauf hingewiesen, dass zum Gesamterfolg der Mission Streitkräfte nur zu ca. 25 Prozent beitragen können. Streitkräfte können „Zeit kaufen", in denen andere Akteure den Aufbau der Polizei, der Justiz, der Verwaltung, der Wirtschaft und insbesondere die Korruptions- und Drogenbekämpfung leisten müssen. Doch in Afghanistan sind für die zivilen Komponenten weder die personellen noch die finanziellen Ressourcen bereitgestellt worden. Der Schwerpunkt des Ressourceneinsatzes lag zwischen 2001-2014 auf dem militärischen Sektor.

Die Wahrung unserer nationalen Interessen ist nur ressortübergreifend möglich. Deshalb ist ein gesamtstaatliches, umfassendes und abgestimmtes Sicherheitskonzept erforderlich, das politische und diplomatische Initiativen genauso umfasst wie wirtschaftliche, entwicklungspolitische, polizeiliche, humanitäre und militärische Maßnahmen. Ich erwarte, dass wir im Rahmen des Weißbuchprozesses diese Erkenntnisse in tragfähige Strukturen umsetzen können.

Herausforderungen für Deutschland

Deutsche Außen- und Sicherheitspolitik dient dem Frieden in der Welt. Sie gewährleistet den Bürgern Deutschlands ein Leben in Würde, Frieden, Freiheit, Gerechtigkeit, Solidarität und Sicherheit und schützt die Souveränität Deutschlands und unser Wertesystem. Deutschland hat Interesse an einer stabilen und verlässlichen internationalen Ordnung. Als eine der wirtschaftlich stärksten Industrienationen sind wir über vielfältige Ströme von Daten, Waren und Menschen mit der ganzen Welt verflochten. Wir sind auf eine stabile, regelbasierte, verlässliche internationale Ordnung angewiesen. Unser Wohlstand und unsere Sicherheit hängen entscheidend von einer stabilen Nachbarschaft ab, im Osten wie im Süden. Die Krisen und Instabilitäten, die sich in unserer Nachbarschaft in den letzten Jahren und Monaten entwickelt haben, gefährden die internationale Ordnung und stellen unser gesamtes politisches System vor neue Herausforderungen.

Für Deutschland und unsere Partner in der NATO und in der Europäischen Union heißt das: Wir müssen den umfassenden Instrumentenkasten aus Handel, Diplomatie, Sicherheitskooperation, Entwicklungshilfe und robustem Krisenmanagement aktiver, effizienter und besser abgestimmt einsetzen. Das heißt, Sicherheits-, Außen-, Verteidigungs- und Entwicklungspolitik müssen vom Anfang bis zum Ende ineinandergreifen.

Das Auswärtige Amt hat im Februar 2015 einen Review-Prozess über die deutsche Außenpolitik abgeschlossen. Außenminister Steinmeier stellte bei der Abschlussveranstaltung folgendes Ziel vor: „Gerade die Aspekte vorsorgender Außenpolitik – Krisenprävention, die Stärkung fragiler Staaten, Friedensmediation und Konfliktnachsorge – will ich stärken." Da ist es nur folgerichtig, dass die Bundesregierung unter Federführung des Bundesministeriums der Verteidigung aufgrund der veränderten sicherheitspolitischen Rahmenbedingungen mit dem aktuellen Weißbuchprozess die Ziele und Inhalte deutscher Sicherheitspolitik neu justieren möchte. Dazu ist es notwendig, die Lage der Bundeswehr und ihr Fähigkeitsprofil zu analysieren und zu klären, wo Nachsteuerungsbedarf besteht.

Herausforderungen für die Bundeswehr als Instrument der Sicherheitspolitik

Welche Rolle die Bundeswehr als Instrument der Sicherheitspolitik in der Zukunft wahrnehmen kann, hängt unter anderem vom Auftrag, vom Personal, der Ausrüstung und den zur Verfügung gestellten Ressourcen ab. Die Bundeswehr hat in den letzten 25 Jahren fünf Reformen erlebt, wobei die Struktur der Neuausrichtung noch nicht vollständig eingenommen wurde. Ich erwarte nicht, dass wir mittelfristig erneut in eine Reform einsteigen, wohl aber bei der bestehenden Struktur, sofern Handlungsbedarf besteht, nachsteuern werden.

Das Strategische Konzept der Nato von 2010 sieht die drei Aufgaben: Kollektive Verteidigung, Krisenmanagement und Kooperative Sicherheit vor. Beschlossen wurde von den Staats- und Regierungschefs 2014 die Schaffung einer besonders schnell verlegbaren Einsatztruppe (Very High Readiness Joint Task Force/VJTF) von ca. 5.000 Soldaten, die innerhalb weniger Tage in ein Einsatzgebiet verlegt werden kann. Geplant ist weiter, dass für die Bündnisverteidigung im östlichen Bündnisgebiet Kräfte in der Größenordnung von Division-/Korps-Stärke kurzfristig verlegt werden können. Ich erwarte, dass auf absehbare Zeit die Landes- und Bündnisverteidigung an Bedeutung gewinnen wird. Als Konsequenz hieraus wird die Materialausstattung schrittweise wieder an die 100 Prozent heranzuführen sein.

Die Kommission zur Überprüfung und Sicherung der Parlamentsrechte bei der Mandatierung von Auslandseinsätzen der Bundeswehr hat vorgeschlagen, dass der Bundestag in einem geeigneten Verfahren über eine mögliche Reform des verfassungsrechtlichen Rahmens für Auslandseinsätze der Bundeswehr berät. Hierzu könnte gegebenenfalls eine Enquetekommission einberufen werden.

Attraktivität des Dienstes in der Bundeswehr

Die Leistungsfähigkeit der Bundeswehr hängt ganz wesentlich von den Menschen ab, die in ihr dienen. Nur mit hochmotiviertem und gut qualifiziertem Personal kann die Bundeswehr ihre umfangreichen Aufgaben zur Sicherung des Friedens erfüllen. Umso wichtiger ist es, dass der Dienst in der Bundeswehr attraktiv bleibt. Die Attraktivität für den Dienst in den Streitkräften wird von einer Vielzahl unterschiedlicher Faktoren bestimmt. Sie reichen von einer modernen, bedarfsgerechten Ausrüstung und einer guten Ausbildung über eine angemessene Bezahlung bis hin zu einer guten Betreuung der Soldaten und ihrer Familien, einem positiven Betriebsklima und nicht zuletzt einer zukunftsorientierten Ausstattung und Unterbringung in den Kasernen.

Die Frage, ob ihr Dienst für ihr Land auch anerkannt wird, spielt für die Soldatinnen und Soldaten eine große Rolle. Bundestag und Bundesregierung haben die Attraktivität des Dienens ins Zentrum ihrer Politik gestellt. Obwohl bereits in der Vergangenheit viele Maßnahmen zur Verbesserung der Attraktivität getroffen wurden, ist im Koalitionsvertrag 2013 eine Attraktivitätsoffensive für die Bundeswehr vereinbart worden. Bereits heute kann die Bundeswehr ihren Bedarf an qualifizierten Fachkräften in wichtigen technischen Bereichen, wie etwa bei der Marine, im Sanitätsdienst und im IT-Bereich nicht mehr ausreichend decken. Mit dem fortschreitenden demografischen Wandel wird sich der Wettbewerb um Fachkräfte mit weiten Teilen der Wirtschaft absehbar verschärfen. Die künftige Einsatzbereitschaft der Streitkräfte hängt daher auch davon ab, ob es der Bundeswehr gelingt, geeignetes Personal langfristig an den Arbeitgeber Bundeswehr zu binden und neue qualifizierte Kräfte für eine Karriere in den Streitkräften oder den zivilen Bereichen zu gewinnen.

Die Koalition hat sich zur Schaffung von Regelungen verpflichtet, die die Besonderheiten des Soldatenberufes und die Sicherstellung der Einsatzbereitschaft mit der Vereinbarkeit von Familie und Beruf in Einklang bringen. Dazu haben wir u.a. im Koalitionsvertrag als Ziele aufgenommen, ein modernes Arbeitsumfeld und verbesserte Aufstiegschancen zu schaffen und die Vereinbarkeit von Familie und Beruf (z.B. durch den Ausbau der Kinderbetreuung) zu realisieren. Weitere Vorgaben für die Arbeit der Regierung sind die Stärkung der Aus-, Fort- und Weiterbildung, die Verbesserung des Soldatenbeteiligungsgesetzes sowie der sozialen Absicherung von Zeitsoldaten bis hin zur Aufhebung der Beschränkungen des Hinzuverdienstes für ausgeschiedene Soldaten. Die im Koalitionsvertrag vorgegebenen Ziele wurden bzw. werden durch das Verteidigungsministerium in mehreren Schritten umgesetzt.

Wesentlich ist das in gemeinsamer Federführung mit dem Bundesministerium des Inneren erarbeitete „Gesetz zur Steigerung der Attraktivität des Dienstes in der Bundeswehr". Das Gesetz sieht mehr als 20 Maßnahmen in den Bereichen Verbesserung der Arbeitsbedingungen und der Dienstgestaltung, der Attraktivität der Vergütung sowie der besseren sozialen Absicherung vor. Festgelegt sind u.a. eine gesetzliche Arbeitszeitregelung für Soldatinnen und Soldaten (41 Wochenstunden), die Erhöhung von Zulagen, Prämien und Zuschlägen zur Gewinnung von Fachpersonal bis hin zur Hilfe bei familiären Notfällen während der Einsatzzeiten. Grundsätzlich ist festzustellen, dass viele der Forderungen aus dem Koalitionsvertrag mit diesem Gesetzesentwurf umgesetzt wurden. Damit ist ein großer Schritt zur Attraktivitätssteigerung und zur Sicherstellung der personellen Einsatzbereitschaft geleistet.

Allerdings müssen wir noch erhebliche Anstrengungen aufwenden, um die häufig maroden Kasernenunterkünfte zu sanieren. Wir Abgeordnete setzen uns dafür ein, dass hierfür ausreichend Mittel bereitgestellt werden, um schrittweise den Standard der Unterkünfte zu verbessern. In Zukunft werden wir unser Augenmerk auch verstärkt auf die Situation der Zivilbeschäftigten legen müssen. Ohne ihr Wirken ist der Dienst der Bundeswehr für unser Land nicht möglich. Somit muss auch der Dienst der zivilen Beschäftigten noch attraktiver werden!

Allerdings haben wir sehr sorgfältig zu prüfen, ob mit dem vorhandenen Personal die übertragenen Aufgaben durchgeführt werden können oder ob wir nicht weiter beim Personal nachsteuern müssen. Deshalb war es richtig, dass im letzten Jahr der Anteil der zivilen Mitarbeiter um 1.000 und die Anzahl der Berufssoldaten um 5.000 erhöht wurde.

Zukunftsrobuste Streitkräfte planen

Im Kalten Krieg stand die kollektive Verteidigung mit schweren Waffensystemen im Mittelpunkt. Nach der Wiedervereinigung und der zunehmenden Einsätze im Krisenmanagement reifte die Einsicht, dass die meisten deutschen Streitkräfte hierfür zu unbeweglich und zu schwer ausgestattet waren. In der Folge wurden die schweren Waffen abgebaut (z.B. Reduzierung der Leopard Panzer von über 2.000 auf nur noch 250 Stück) und für die Krisenintervention besonders geeignete leichte, gut geschützte und hochmobile Systeme beschafft.

Doch seit der Ukraine-Krise von 2014 rückt die kollektive Verteidigung wieder in den Mittelpunkt. Auf einmal ist die Bundeswehr wieder zu leicht gerüstet, hat u.a. zu wenig schwere Panzer. Doch für die richtige Ausrüstung für die kollektive Verteidigung und für Kriseninterventionen, also leicht und mobil einerseits und schwere gepanzerte Kräfte anderseits, fehlen die Haushaltsmittel. Mit Hilfe einer strategischen Vorausschau ist nun der richtige Streitkräftemix für die ungewisse Zukunft zu finden. Bereits im Koalitionsvertrag von 2013 war das Ziel formuliert, die „Strategische Vorausschau" in den Ministerien auszubauen „um Chancen, Risiken und Gefahren mittel- und langfristiger Entwicklungen besser erkennen zu können". Die Bundeswehr ist nun gefordert, die Ausrüstung und Struktur für eine zukunftsrobuste Bundeswehr zu planen, die in Zeiten des raschen Wandels der Politik flexible Streitkräfte zur Sicherung der sicherheitspolitischen Handlungsfähigkeit zur Verfügung stellt.

Ausrüstung der Streitkräfte und Finanzbedarf

Für die erfolgreiche Durchführung der Aufträge der Streitkräfte benötigen wir eine leistungsfähige Ausstattung, die gleichermaßen die Überlebensfähigkeit der Soldatinnen und Soldaten sowie die effektive Wirksamkeit der militärischen Mittel sicherstellt. Seit Jahren wird in der Öffentlichkeit die Materiallage der Bundeswehr kritisch diskutiert. Ein geringer Klarstand insbesondere bei Flugzeugen und Hubschraubern, fehlende Ersatzteile und Verzögerungen bei der Auslieferung neuer Systeme ließen Zweifel über die Einsatzbereitschaft der Truppe aufkommen. Durch die ins Leben gerufene „Agenda Rüstung" des BMVg erwarten wir im Parlament nun einen klaren Fahrplan für die Abstellung der weitreichenden Mängel in der Ausrüstung. Eine bessere Datenlage ist dabei die Voraussetzung für das zügige Abarbeiten der Probleme. Die Bundeswehr hat bewiesen, dass sie in den Auslandseinsätzen hervorragend ihre Aufgaben erfüllen kann. Dabei hat sich das Gros der eingesetzten Ausrüstung im Einsatz als verlässlich bewährt.

Zu kurz kam die Ausstattung für den Ausbildungs- und den Grundbetrieb. Für die Einsatzfähigkeit der Streitkräfte und damit auch für unsere Zuverlässigkeit in den Bündnissen ist es aber notwendig, dass die Soldatinnen und Soldaten auch im Inland gut an ihren Systemen und Geräten ausgebildet sind und über entsprechendes Material verfügen. Deshalb halte ich es für notwendig, das teilweise veraltete Großgerät zu modernisieren und die Ausstattung unserer Verbände schrittweise in Richtung 100 Prozent zu erhöhen. Zur Ausrüstung unserer Streitkräfte mit leistungsfähigen Systemen und Geräten sowie für die termingerechte Lieferung ist aber insbesondere unsere sicherheits- und wehrtechnische Industrie gefordert. Denn innovative, leistungs- und wettbewerbsfähige Unternehmen im Inland leisten einen wichtigen Beitrag zur technologischen Ausrüstung unserer Streitkräfte und damit zur Erfüllung der Aufträge und Aufgaben der Bundeswehr. Sie sichern die materielle Versorgung der Streitkräfte und vermeiden Abhängigkeiten dort, wo wesentliche Sicherheitsinteressen der Bundesrepublik Deutschland betroffen sind. Zudem sichern sie Kooperationsfähigkeit mit Partnern.

Betrachten wir die aktuelle Lage, so stellen wir fest, dass wir einen großen Finanzbedarf bei der Sanierung unserer Kasernen, der Finanzierung unseres Attraktivitätsprogramms, bei der Materialerhaltung und bei der Bezahlung der bestellten Ausrüstung haben. Sind seit dem Beginn der Neuausrichtung der Bundeswehr die Investitionen für die Rüstung von 21 Prozent auf 15 Prozent des Verteidigungshaushaltes gesunken, so kann die Quote nur durch die Anhebung des Haushaltes wieder erhöht werden. Nur so ist eine Modernisierung sicher zu stellen. Richtig ist, dass auch mittels des Verteidigungsetats auf die sicherheitspolitische Entwicklung in der Welt reagiert werden muss.

Der Etat für die Bundeswehr wird 2016 im Vergleich zum Vorjahr um 1,4 Milliarden steigen, was zweifelsohne positiv zu bewerten ist. Jedoch wird hiervon nur der kleinere Teil für Investitionen in den Streitkräften zur Verfügung stehen. Diese Mittel reichen nicht aus, um den bestehenden Investitionsstau zu beheben und um über steigende Mittel für die Materialerhaltung zu verfügen. Der Vorschlag der Verteidigungsministerin, für Investitionen in den nächsten 15 Jahren 130 Milliarden einzuplanen, ist ein wichtiges Signal. Doch wir müssen abwarten, welche Erhöhungen im Verteidigungsetat tatsächlich in den Haushalt eingebracht werden, welches Ausrüstungskonzept uns vorgelegt wird und welches Material die wehrtechnische Wirtschaft zeitgerecht liefern kann. Wir Abgeordnete werden uns dafür einsetzen, dass schrittweise ausreichend Mittel für Investitionen und für die Sanierung der Unterkünfte zur Verfügung gestellt werden. Im Haushaltsrecht müssen wir uns an die Aufgabe machen, überjährige Finanzierungen von Projekten zu ermöglichen, wie das z.B. im Verkehrsbereich schon möglich ist.

Debatte über Einsätze der Bundeswehr und Weißbuchprozess

Die Gesellschaft hat weiter große Vorbehalte bezüglich des Einsatzes der Bundeswehr im Ausland. Deutschland übt bisher große Zurückhaltung beim Einsatz militärischer Mittel, doch darf es deshalb in Europa politisch nicht ins Abseits geraten. Es gibt Situationen, wo der Einsatz militärischer Gewalt notwendig und zweckmäßig ist, um größeres Unheil zu verhindern. Menschen fliehen aus ihrer Heimat, wenn dort Bürgerkrieg, Not und Terror herrschen, wenn die staatliche Ordnung zusammengebrochen ist. Streitkräfte können einen Beitrag leisten, dass die Menschen in ihrer Heimat bleiben. Sie können Friedensvereinbarungen überwachen, Sicherheitskräfte ausbilden, Piraterie verhindern, aber auch humanitäre Hilfe leisten. Sie können ein sicheres Umfeld schaffen, damit zivile Kräfte einen Staatsaufbau realisieren. Im Jahr 2015 waren allein mehr als 100.000 Soldaten aus vielen verschiedenen Ländern unter dem Kommando der Vereinten Nationen weltweit in friedenssichernden Missionen im Einsatz. Schwere Menschenrechtsverletzungen wie der Tod von 800.000 Menschen in Ruanda haben ein Konzept der Internationalen Schutzverantwortung (Responsibility to protect) angeschoben. Wenn eine Regierung nicht der Schutzverantwortung gegenüber ihrer eigenen Bevölkerung nachkommt, kann diesem Konzept zu Folge auch der Einsatz von Zwangsmaßnahmen durch die Vereinten Nationen in eben diesem Land erforderlich sein.

Militärische Intervention kann unerlässlich sein, um die Voraussetzungen für eine politische Konfliktlösung zu schaffen. Aber sie muss stets Teil einer politischen Strategie sein, die sich um nachhaltige Stabilität und Entwicklung bemüht.

Ich betrachte die Erstellung eines neuen Weißbuches als einen wichtigen Beitrag, um unsere Ziele in der Sicherheits- und Verteidigungspolitik und damit auch die Rolle der Streitkräfte stärker in unserer Gesellschaft zu verankern. Das Weißbuch analysiert das sicherheitspolitische Umfeld der Bundesrepublik und beschreibt den Status und die Fortentwicklung der Streitkräfte als außenpolitisches Instrument.

Mit der grundsätzlichen Darlegung der Interessen, Ziele und Herausforderungen für die deutsche Sicherheitspolitik, gibt das Weißbuch auch eine Orientierung für die deutsche Bevölkerung. Als sehr wichtig bewerte ich, dass sich die interessierte Zivilgesellschaft, Experten aus Wissenschaft, den Parteien, Unternehmen und den Kirchen in den Erstellungsprozess des Weißbuchs einbringen konnten. Ich erwarte, dass durch den Weißbuchprozess und mit der Herausgabe des Weißbuchs auch eine Belebung der öffentlichen sicherheitspolitischen Diskussion eingeleitet wird. Doch es muss klar sein, dass nicht allein die Mitglieder des Deutschen Bundestages die Bedeutung der Streitkräfte als Element der Politik vermitteln können. Hier ist die gesamte Gesellschaft gefordert, sich aktiv mit den Fragen der Sicherheitspolitik auseinander zu setzen.

Verantwortung für die Innere Führung in Zeiten der Umbrüche – Eine gemeinsame Aufgabe der politischen Leitung und der militärischen Führung

Wolfgang Schneiderhan

Die Politik zuerst

Die politische Forderung aus der Gründerzeit unserer Bundeswehr, wie sie in der Sitzung des Deutschen Bundestages am 28. Juni 1955 zum Ausdruck kam, nämlich in Deutschland gleichzeitig eine gute Demokratie und eine gute Armee zu garantieren und beide in ein ausgewogenes Verhältnis zu bringen, ist erfüllt worden. Primat der Politik, Kontrolle der Streitkräfte durch das Parlament, Leitbild vom Staatsbürger in Uniform und die Innere Führung in den Streitkräften belegen das und gelten dafür immer noch als Garanten.

Niemand zweifelt heute ernsthaft daran, dass unser Parlament einen rechtserheblichen Einfluss auf Aufbau und Verwendung unserer Streitkräfte hat. Niemand zweifelt heute ernsthaft am Begriff Parlamentsarmee. Trotzdem ist die Frage erlaubt, ob Einfluss auf Aufbau und Verwendung die nötige Einflussnahme schon erschöpfend beschreiben, oder ob es ergänzend dazu nicht über den Begriff des Staatsbürgers in Uniform Felder der weiteren parlamentarischen und politischen Verantwortung gibt.

Das Weißbuch von 2006 beschreibt auf Seite 80 treffend die Aufgabe: „Innere Führung muss nach innen wie außen zeitgemäße Antworten zu Legitimation des soldatischen Dienstes, der Identität des Soldaten und zur Integration der Bundeswehr in die Gesellschaft geben."

Vor den Antworten aber stehen die Fragen. Wie unsere ganze Gesellschaft, so sind auch die Streitkräfte in eine neue Epoche eingetreten. Vorbei sind die Zeiten der glaubhaften Abschreckung im Kalten Krieg in solidarischen Sicherheitsstrukturen, die sogar unseren Nationalpazifismus ertragen haben. Unsere Sicherheitsstrukturen haben sich auf den Weg von der kollektiven Verteidigung zur kollektiven Sicherheit gemacht, begleitet von unerwarteten, unglaublichen Eruptionen von Gewalt alter und neuer Ausprägung – global und regional.

Unsere 1990 gewonnene Souveränität schickte uns auf den Weg verantwortungsvollen Handelns, regional und global, und dies als Pflicht in einer Solidarität einer Wertegemeinschaft und in Kooperationsverpflichtung im

Rahmen supranationaler Staatengemeinschaften. Der Wunsch, in Frieden gelassen zu werden, konnte nicht mehr als Friedenspolitik verkauft werden.

Was in sicheren Zeiten beispielloser Wohlstandsmehrung als einzig große politische Erzählung in den Hintergrund geraten ist, fordert nun die Politik mit ungeahnter, vor allem unerwarteter Wucht heraus: die Zerbrechlichkeit bürgerlich nationalen Selbstverständnisses, die nachlassende Strahlkraft unserer demokratischen Einrichtungen und Institutionen, das Sicherheitsbedürfnis verunsicherter Staatsbürger, ein Sicherheitsbedürfnis erst einmal jenseits von sozialer Sicherheit, Sicherheit von Rente und Wohlfahrt, nämlich Sicherheit vor Gewalt von innen und außen.

Da sind zuerst viele Antworten an die Staatsbürger fällig, Antworten, die von Bürgergesellschaft und nicht Kundenrepublik handeln, von Gemeinwohl und Verantwortung aller für eben dieses. Keine gesinnungsethischen Allgemeinverbindlichkeiten, sondern Konkretes auch von den Zumutungen, die da auf alle warten. Dazu gehört auch, die sicherheitspolitische Rhetorik – in unserem Thema zur äußeren Sicherheit – wieder in Einklang zu bringen mit den notwendigen Mitteln und Fähigkeiten, national und in den Bündnissystemen, klassische Fähigkeiten wie auch solche zur Beherrschung neuer Bedrohungen jenseits von oder im Verbund mit Streitkräften.

Jetzt das Militär

Nach diesem ersten Schritt im Verantwortungsverbund kann nun der zweite folgen; der Staatsbürger in Uniform leitet jetzt seinen Auftrag ab. Er sucht die Antworten auf die Frage, was das Politische nun für das Soldatische im Denken, Handeln und Fühlen bedeutet, für die eigene Identität und sein Verhältnis zu diesem Staat und seiner Gesellschaft. Dazu wird und muss die militärische Führung – genauer will ich das nicht eingrenzen – dann die Orientierungspunkte liefern, die zweierlei leisten: Halt geben und auch halt sagen.

Wie damals in der längst vergessenen Kontroverse um das Soldatsein allgemein und um Traditionsfrage und Stellung zur Wehrmacht, geht es wieder und zuerst um strategisch grundsätzliche Fragen des Wofür und Wogegen und um das Wie und dann erst um das Wohlfühlen, die Motivation und den Nachwuchs. Es geht um mehr als Umformungen oder Anpassungen soldatischer Anforderungen und Kompetenzen. Es geht um das neue Selbstverständnis des Soldaten, nicht mehr, aber auch nicht weniger.

Die Vergewisserung über die Herausforderungen

Inzwischen sind es mehr als zwanzig Jahre gesammelter Erfahrungen deutscher Soldaten auf fast allen hierarchischen Ebenen, die helfen können, die Rolle von Streitkräften als multifunktionaler Garant für Sicherheit und Stabilität zu definieren, zu gestalten und davor vor allem zu vermitteln. Die Regale sind voller Bücher und Zeitschriften über die neuen Herausforderungen in den „neuen Kriegen", deren asymmetrische Bedingungen, zerfallende Staaten, den Gründen für globale Gewaltausbrüche und explosive Turbulenzen, dem Ende der zwischenstaatlichen klassischen Kriege, den Soft-Kategorien von Sicherheit, von Klimawandel bis zu demografischen Verwerfungen. Von der Rückkehr militärischer Machtanwendung in Europa, begleitet von dem, was hybride Kriegsführung genannt wird, bis hin zum Cyber-Krieg: es geht um den Staatsbürger in Uniform wie den in Zivil. Er ist fast erschlagen von der Hyperkomplexität dessen, was ihm in ständig wechselnder Schwerpunktbildung von außen, innen, oben und unten zugemutet wird. Das Risiko eines Orientierungsvakuums ist evident. Der Wettlauf der Meister der Komplexitätsreduktion zum Füllen des Vakuums ist längst gestartet.

Hier droht Gefahr für die Innere Führung durch selbsttätige Sinnschöpfungen und individuelle eigenwillige Umdeutungen im vertrauten Kreis und im Stillen. Gefahr besteht aber auch durch Flucht der Führungsverantwortlichen in das Management von Planungs- und Organisationsaufgaben. Reorganisation und Strukturänderungen alleine sind in Zeiten von fundamentalen globalen wie regionalen Umbrüchen aber kaum geeignet, Komplexität zu reduzieren. Das Gegenteil ist eher wahr.

Vernetzung der Sicherheitsvorsorge heute – Eine politische und militärische Gemeinschaftsaufgabe

Kollektive Sicherheitsvorsorge ist nur in der Vernetzung von Politik, Gesellschaft und Militär zu erreichen. Die Risiken und Bedrohungen zielen längst auf unsere politische Grundordnung und Lebensweise. Vorsorge dient also dem Schutz offener, global vernetzter Gesellschaften, die sich an Recht, Ordnung, Menschenwürde, sozialer Wohlfahrt und einer größtmöglichen Freiheit des Einzelnen orientieren wollen. Die Vernetzung der Instrumentarien der Sicherheitsvorsorge aus politischen, diplomatischen, wirtschaftlichen, militärischen und polizeilichen Fähigkeiten ist der Schlüssel zum Erfolg, aber nur, wenn ökologische, soziale, entwicklungspolitische und kulturelle Aspekte mit einbezogen sind. Auch dazu ist längst alles geschrieben, aber ist es auch getan worden? Ich sehe durchaus noch Erklärungsbedarf zur Rolle des Soldaten und der Streitkräfte in diesem Netzwerk auf allen Ebenen.

Integration auf Gegenseitigkeit, eine Schlüsselforderung des Konzepts der Inneren Führung, verlangt sichtbare Mitwirkungskompetenz der Soldaten in der politischen Entscheidungsphase und auch der Implementierung sicherheitspolitischer Entscheidungen in allen Aufgabenkategorien: Prävention, Intervention und Postvention. Entscheidend ist dabei, dass diese Mitwirkungskompetenz des Militärischen nicht national begrenzt definiert werden darf, sondern international im politischen wie im militärischen Verbund angelegt sein muss. Sie zu bilden, zu entwickeln mag vorrangig ein militärischer Bildungs-, Ausbildungs- und Führungsauftrag sein. Sie zuzulassen und abzurufen, ist Verantwortung des Politischen, denn dessen Primat verlangt mehr, als Mandate zu erteilen und deren gehorsame und loyale Umsetzung zu verlangen und zu kontrollieren. Politisch-militärische Kommunikation vor und nach dem Einsatz und im Einsatz nur bei Fehlhandlungen reicht nicht aus.

Die neue Aufgabe des Militärs in der Intervention

Zur Rolle des Militärs als funktionaler Garant für Sicherheit und Stabilität habe ich schon etwas angedeutet. Mehr Reflexion verlangt diese Rolle und ihre Ausgestaltung aber im Einsatz. Dies zu erläutern und nachvollziehbar zu machen, ist eine der schwierigsten Aufgaben der militärischen Führung in der Weiterentwicklung der Inneren Führung, gerade wenn es um Orientierung gegen Umdeutungen geht.

In den „neuen Kriegen", also den nicht-staatlichen, geht es um langwierige Prozesse der Wiedergewinnung von Stabilität und Frieden in UN-mandatierten internationalen Einsätzen nach Staatszerfall oder revolutionären Umbrüchen. Damit tritt das Niederringen gegnerischer Truppenkontingente in den Hintergrund. Das Absichern langer Friedensprozesse ist die beherrschende Herausforderung geworden. Daraus entwickelt sich die Einbindung unserer Streitkräfte in eine Verantwortungspartnerschaft zwischen politischen, zivilgesellschaftlichen und militärischen Einsatzkräften. Die Politik mit ihrem Primat muss militärische Sicherheitsleistungen in nachhaltige politische Beiträge zum Frieden ummünzen. Das ist der Kern der Vernetzung.

In dem Zusammenhang über die Grenzen der herkömmlichen militärischen Entscheidungslogik nachzudenken und das Resultat in alle Führungsebenen zu kommunizieren, ist die Verantwortung für die militärische Führung. Kräfte, Raum, Zeit, Information anders, ja abstrakter zu denken als in herkömmlichen Planungshorizonten, Einteilung eines Kriegsschauplatzes, Waffensystemen etc., da liegt die Aufgabe.

Scharmützel, Hinterhalt, Terroranschlag oder Massaker und zeitgleich oder gelegentlich Duelle mit militärischen Formationen bis vielleicht Kompanie- oder gar auf Bataillonsebene, das fordert die Fähigkeit zum Kampf, zum Duell als taktische Aufgabe.

Die operativen Aufgaben der mittleren Führung bleiben im Verbund der Wirkmittel. Strategisch aber ist die nachhaltige Gestaltung und Absicherung der finalen Machtkonstellation im geopolitischen Raum die Aufgabe. Ebenengerechte Beratung, Entscheidung und Führung sind gefragter denn je. Sie auszudeklinieren ist eine Seite der militärischen Führungsaufgabe. Sie im Verbund auf das politische und strategische Ziel hin zu vernetzen und zur wirksamen Entfaltung zu bringen, ist die andere Seite.

Die Erkenntnis, dass taktische Erfolge nicht zwangsläufig zu operativer Überlegenheit oder gar zum strategischen Ziel beitragen, mag schwer verdaulich sein; sie ist trotzdem richtig und muss – wieder eine Führungsaufgabe – ganz oben unter dem Dach der Inneren Führung kommuniziert werden. Manches, was uns Soldaten an Afghanistan nach dem Ende des ISAF-Mandats schmerzt, mag mit dieser bitteren Erkenntnis zu tun haben. Der Reiz des übersichtlichen Taktischen hat viel Aufmerksamkeit und Kraft gebunden. Das ist Schnee von gestern, über den ich oft gesprochen und geschrieben habe; deshalb lasse ich das so stehen.

Was aber sind die Lehren? Eine scheint mir einfach: was in der Nachsorge nach Abzug aus bestimmten Regionen und was in laufenden Einsätzen oder neuen Vorhaben zu leisten ist, verlangt, ebenengerecht das Richtige zu tun. Immer aber gehört dazu, die Mitwirkungskompetenz des Militärischen im Verbund zu ertüchtigen.

Was hat das alles nun mit Innerer Führung zu tun? In meinem Verständnis sehr viel. Wandel zur Einsatzarmee, das Bild vom Einsatz, das Selbstverständnis der Streitkräfte und das Bild oder Leitbild von Einsatzsoldaten, das alles sind Markierungen in der Selbstwahrnehmung der Streitkräfte und ihrem Verhältnis zur Gesellschaft.

Verantwortung, der Schlüsselbegriff, für die Innere Führung an oberster Führungsebene heißt in allen Elementarbereichen – Einsatz, Funktion des

Militärs, Soldatenbild, Führungskultur, Verhältnis zu Staat und Gesellschaft – Orientierung und Sicherheit zu geben. Vor allem heißt es, keine Leerräume zuzulassen. Die Verführungsmacht der großen Vereinfacher ist zu groß, die Gefahr zu deutlich, dass besonnene ethische Bodenhaftung, abgeklärtes Urteil und Werteorientierung im Strudel der Unsicherheiten mitgerissen werden.

Die Kombination von Rückgriff auf hergebrachte soldatische Tugenden wie Mut, Tapferkeit, Disziplin, Wahrhaftigkeit mit Fähigkeiten auf den Gebieten Politik, Diplomatie, Wissenschaften wird den richtigen Weg weisen und die hinlänglich bekannten Kompetenzen entwickeln, von der interkulturellen über die ethische und rechtliche bis zum ganzheitlichen Urteils-, Beratungs- und Entscheidungsvermögen.

Es ist das Integrationspostulat in unserem Konzept der Inneren Führung, das mich besonders umtreibt. Da geht es ja nicht nur um das Primat des Politischen als komplexes System ziviler und militärischer Interaktion, Führungs- und Handlungsverantwortung und das Austarieren von Kontrolle und Verantwortung. Es geht auch um die weitest mögliche Beachtung demokratischer Werte und Kooperationsformen bei der Gestaltung der Organisation und im zwischenmenschlichen Umgang. Die Innere Führung verpflichtet die Soldaten auf ein Ethos des Respekts vor den Menschenrechten und der Loyalität gegenüber demokratischen Entscheidungen. Das Bild des modernen Soldaten als freier Mensch, guter Staatsbürger und vollwertiger, kampftüchtiger Soldat gilt, und es gilt für alle Soldaten und Soldatinnen.

Damit haben wir eine demokratisch verträgliche und zivilgesellschaftlich offene Führungs- und Unternehmensphilosophie, die uns gesellschaftliches Vertrauen einbringt und im Prinzip des Staatsbürgers in Uniform glaubhaft wird. Diese Feststellung hat immer wieder Kontroversen ausgelöst, deshalb dazu einige Anmerkungen:

Dass Einsatzerlebnisse vor allem bei jungen Soldaten Fragen auslösen, ist nicht überraschend. Dass diese Fragen gestellt werden, ist gut, dass sie gestellt werden dürfen, ist sogar großartig. In einer hierarchischen Unternehmensstruktur mit Befehl und Gehorsam als Grundprinzip solche offene, ja öffentliche Auseinandersetzungen unbehelligt führen zu dürfen, schon das müsste Kritiker der Inneren Führung zum Nachdenken bringen. Wer Prinzipien unseres Leitbildes samt Staatsbürger in Uniform in die Tonne stampft, schickt das Recht auf freie Meinungsäußerung gleich mit in die Tonne.

Extreme Reduktion von Komplexität einer differenzierten Einsatzwirklichkeit muss deutlichen Widerspruch der politischen Leitung (!) und der militärischen Führung finden. Es ist ja richtig, dass wir die „Leutnante 70" und die „Hauptleute von Unna" überlebt haben. Aber es gab dazu eine Führung durch Überzeugung. Dem sich erneut zu stellen, macht die innere Führungsaufgabe im Verbund Politik und Militär deutlich. Alles, was durch ein zum Teil leichtfertiges Räsonieren über eine Qualität sui generis der Streitkräfte an Unsicherheit stiftet, wird die Streitkräfte isolieren. Sie werden keinen politischen und gesellschaftlichen Resonanzboden mehr finden. Über Rückhalt in der Bevölkerung muss man dann nicht mehr reden. Ob das wünschenswert ist nach „Aussetzung" der Wehrpflicht, angesichts der demographischen Entwicklungen und wachsender Verantwortung unseres Landes in der Welt in Zeiten der Orientierungslosigkeit, Beliebigkeit und Solidaritätsverlust? – Aus meiner Sicht nicht.

Die Instrumente – Bildung als Erstes

Das soldatische Berufsbild, das aus der Einsatzwirklichkeit abgeleitet im Leitgedanken der Inneren Führung verankert werden muss, reicht von zivilen, präventiven, polizeiähnlichen Aufgaben bis hin zum klassischen Kampf. In diesem erweiterten Aufgaben- und Rollenprofil wird der Soldat, vor allem der mit Führungsaufgaben, Spannungen ausgesetzt, die von den unterschiedlichen Rollen herrühren. Das mutet dem Soldaten einiges an Integrationsleistung zu. Schon die Verbindung Soldat und Staatsbürger in Uniform bewirkt gelegentlich Spannungen, nun kommt noch die Verbindung von „Gewaltprofi" und Retter, Helfer, Schützer dazu. Zur Erträglichkeit dieser Spannungen ist Bildung das Instrument.

Damit sind wir bei einer Traditionslinie der Bundeswehr angekommen, auf die sich zu besinnen, es lohnend und hilfreich ist: Scharnhorst. Bildung war für ihn das Medium für den militärischen Fortschritt nach der Niederlage von 1806. Bildung nicht als Privatsache des gut ausgebildeten Soldaten, vor allem des Offiziers, zu sehen, war sein Credo. Er wusste, dass es bei der Entwicklung der preußischen Armee vor allem um die geistige Auseinandersetzung mit den Zeitströmungen ging, um die gesellschaftlichen Entwicklungen, um die Tendenzen der Politik und um die ethisch-moralischen Fundamente militärischen Handelns. Bildung gibt in diesem Verständnis der Ausbildung Richtung und Motivation. Sie unterstellt alle durch Ausbildung erworbenen Fähigkeiten der Verantwortung des Einzelnen. Bildung verbunden mit festem ethischen Fundament und moralischer Festigkeit, das sind die Voraussetzungen für die Entwicklung des soldatischen Selbstverständnisses von morgen und übermorgen.

Weiterentwicklung als nächste Aufgabe

Mit diesem Ansatz lassen sich dann die Felder der Weiterentwicklung der Inneren Führung im globalen Alltag und in den Dokumenten erschließen. Dazu gehört die Aufgabe, gesellschaftliche Entwicklungsprozesse wie Individualisierung, konkurrierende Werteüberzeugungen, alternative Lebensformen, steigende Partizipationsansprüche und Konsumorientierung, um nur wenige zu nennen, mit dem konsensualen Wertekatalog auszutarieren auch unter Rückgriff auf die tradierten soldatischen Tugenden. So kann Platz gefunden werden für die neuen Qualitäten der erweiterten Aufgaben, handwerklich, politisch, rechtlich. So wird Platz zu finden sein für das abverlangte höhere Maß an Flexibilität, das notwendig ist, weil sich die Realität der Einsätze meist der einfachen Freund-Feind-Logik entzieht.

Dazu muss Verhaltenssicherheit aus der Sicherheit im Umgang mit den Grundsätzen der Inneren Führung gewonnen werden. Das gilt auch für die notwendige Festigkeit angesichts der Herausforderung durch die hybride Kriegsführung, die auf beide Seiten zielt: die des Staatsbürgers und die des Soldaten. Eingeschlossen in die Thematik werden die Veränderungen in den Bereichen der Kommunikation im weitesten Sinne und die zunehmende arbeitsteilige Spezialisierung des hoch technisierten Industriezeitalters und deren Spiegelung in den Streitkräften zu reflektieren sein. Die für die Innere Führung Verantwortlichen werden sich unter dem Aspekt der Weiterentwicklung auch den Konsequenzen aus den Fragmentierungsprozessen der Organisation, der Einsätze, der Aufgaben und Arbeitsprozesse stellen müssen.

War die Einteilung in Grundgliederung, Truppeneinteilung und Gefechtsgliederung noch übersichtlich, so sind „modulare" Bausteine, zusammengestellt nach Auftrag und Einsatz, immer unübersichtlicher geworden. Geschlossene Aufgabenerfüllung von gewachsenen Verbänden oder Großverbänden ist Ausnahme geworden, das Denken in Teilstreitkräften von den Alltagsrealitäten längst überholt worden. Und die Einsätze selbst sind auch fragmentiert: immer mehr, immer mehr kleinere an ganz verschiedenen Orten weltweit, nahezu keiner vergleichbar mit den anderen, jeder unter völlig verschiedenen Bedingungen bis hin zu Klima und Kultur.

Da die Konstanten herauszufiltern, aus denen sich dann die Konstanten der Verhaltenssicherheit in fast nicht mehr prognostizierbaren Situationen ableiten lassen, das sind die Felder, die auf Bearbeitung mit strategischem Ansatz warten.

Gedanken zum Schluss

Es ist eine Erfolgsstory, wie es gelungen ist, in Deutschland eine gute Demokratie, eine gute Armee und ein angemessenes Verhältnis der beiden zueinander zu entwickeln.

Nach mehr als zwanzig Jahren Wandel der Streitkräfte zu solchen im Einsatz ist die Bilanz positiv. Die politische, gesellschaftliche und rechtliche Einhegung des Militärischen ist in historisch einmaliger Stringenz gelungen. Wir haben gehorsame Staatsbürger in Uniform, die sich ohne kriegerisches Geschrei sachlich und politisch überlegt den Aufgaben, die der Souverän abverlangt, stellen – und dies mit hoher Akzeptanz und Anerkennung im multinationalen Rahmen. Soldaten, die da sind, wann und wo sie gebraucht werden als Helfer, Retter, Schützer und als Kämpfer; Streitkräfte, die ihre veränderten Aufgaben in den asymmetrischen Szenarien der Einsätze verstanden haben, auch als Teil des Verbundes in der Sicherheitsvorsorge, der Intervention und der Nachsorge – das ist unser Markenzeichen geworden.

Dies öffentlich deutlich immer wieder herauszustellen, ist ein Beitrag der obersten politischen Leitung und militärischen Führung zur Inneren Führung. Die Truppe kann davon mehr vertragen, die Gesellschaft muss davon mehr hören, mehr als von Mängeln, Organisationsänderungen und Management vermeintlicher interner Krisen. Die Fortsetzung der Erfolgsstory im schweren Fahrwasser einer gesellschaftspolitischen Entwicklung, wie wir sie derzeit erleben, die Menschen gegeneinander aufbringt, Unsicherheiten, Ängste, Orientierungslosigkeit hervorruft, ist alles andere als Selbstverständlichkeit. Wer beansprucht, Innere Führung verstanden zu haben und sie zu leben, der muss jetzt die Konsequenzen aus der gelungenen Integration ziehen. Im soldatischen Selbstverständnis kann sich nur ansiedeln, was an ethischer und staatsbürgerlicher Orientierung und Grundierung in unserer Gesellschaft angelegt ist. Was da ins Rutschen gerät, kann gefährlich werden. Die Warnlampen müssen längst blinken.

Die Verantwortung für das Handeln unter diesen Vorzeichen darf nicht hin und her geschoben werden. Beide Seiten, die politische mit dem

Anspruch des Primats und die militärische mit der Verantwortung zur Führung durch Vorbild und Überzeugung, sind herausgefordert. Die Verantwortung kann auch nicht in all die Institutionen geschoben werden, die wir im Kontext der Inneren Führung haben – vom bewährten Zentrum Innere Führung bis zum noch immer zu wenig bekannten Zentrum für Ethische Bildung in den Streitkräften (ZEBIS), von der Führungsakademie über die Universitäten zu den Offizier- und Unteroffizierschulen. Führung dieser Einrichtungen mit eindeutigen Ansprüchen und Aufträgen, das ist der Anspruch mehr denn je. Was zur Inneren Führung „von oben" kommuniziert wird, muss bis „ganz unten" mit dem in Einklang sein, was gewünscht wird.

Die Vorschrift „Innere Führung – Selbstverständnis und Führungskultur der Bundeswehr" von 2008 ist ein gutes Hilfsmittel dazu und öffnet die Tore für schöpferische Gedanken zur Weiterentwicklung der Inneren Führung in allen Facetten von Bildung, Ausbildung und Führung. Ein geistiges Vakuum in unserer Führungsphilosophie darf es nicht geben. Dazu gehört, dass der theoretische Überbau durch eindeutiges Führen Bodenhaftung gewinnt, um Nischen für individuelle Ausdeutungen unter vorgehaltener Hand und mit augenzwinkerndem Einverständnis gar nicht erst entstehen. Entscheidend dabei wird die Verantwortung der obersten politischen Leitung und militärischen Führung für die Personalauswahl für Schlüsselpositionen der Führer sein. Dabei geht es um Positionen, die alle durch potenzielle Konflikthaftigkeit gekennzeichnet sind, was sich durch Entscheidungen unter hohem Risiko und unter häufig großer Unsicherheit manifestiert. Da wird der Gedanke von hoher Bildung verbunden mit festem ethischen Fundament und moralischer Festigkeit relevant. Dazu kommt als Voraussetzung für die Fähigkeit und Legitimation für den Anspruch zu führen, eine ganz persönliche und intensive Auseinandersetzung mit dem Verhältnis zur verliehenen eigenen Macht. Respekt vor der eigenen Macht und Respekt vor den anvertrauten Persönlichkeiten machen den normativen Imperativ aus.

Innere Sicherheit und Innere Führung haben viel mit dem Grundvertrauen in das Führungspersonal zu tun. Deren Haltung gibt den Anvertrauten Halt und lässt Halt machen, wo die Dinge aus dem Ruder zu laufen drohen. Das ist dann der Zeitpunkt für den Einsatz der anvertrauten Macht. An der Stelle sei zum Schluss angemerkt, dass die Frage der Entwicklung des Verhältnisses zwischen Staat und Streitkräften und innerhalb der Streitkräfte gerade in schweren Fahrwassern alles andere als eine militärische Frage ist. Es ist eine zutiefst politische Aufgabe.

Auf Leben und Tod – Die Gewissensentscheidung eines MdB über Kampfeinsätze

Roderich Kiesewetter

Die Bundeswehr wurde als Verteidigungsarmee im Bündnis gegründet, die sich während des Kalten Krieges ausschließlich mit dem Verteidigungsfall beschäftigt hat. Während im Kalten Krieg die Territorialsicherheit im Vordergrund stand, rückt heute die globale Interessenvertretung Deutschlands und seiner Partner in den Mittelpunkt außenpolitischen Handelns. Der Weg zum Einsatz bewaffneter deutscher Streitkräfte nach Ende des Kalten Krieges ist nicht nur der Bereitschaft zur internationalen Verantwortungsübernahme, sondern auch der veränderten Bedrohungslage der Bundesrepublik und ihrer Verbündeten geschuldet. Das internationale Engagement der Bundeswehr stellt gleichzeitig neue Herausforderungen an die Strategiefähigkeit und die innen- und außenpolitische Anpassungsfähigkeit der Exekutive, Legislative und Judikative. Gewissensentscheidungen von Parlamentariern zur Entsendung deutscher Soldaten bedürfen neben der innenpolitischen Legitimation durch eine Anpassung des Parlamentsbeteiligungsgesetzes und Rückkopplung im Dialog mit der Bevölkerung der strategischen Weitsicht nach außen. Im 21. Jahrhundert werden Entscheidungen zu Auslandseinsätzen von der Strategiefähigkeit der deutschen Außenpolitik abhängen.

Gesetzlicher und fraktioneller Rahmen

Trotz der auf den ersten Blick weitreichenden Parlamentsrechte ist die Entscheidungskompetenz eines Mitgliedes des Deutschen Bundestags (MdB) bei der Entsendung deutscher Streitkräfte konstitutionell eingegrenzt. Erstens geht die Initiative zu Auslandseinsätzen von der Exekutive aus, nur sie kann Anträge zur Entsendung deutscher Soldaten ins Ausland einbringen. Zweitens schreibt die Bundesregierung die wichtigsten Parameter – wie beispielsweise das Einsatzgebiet und die Kontingentstärke – bereits fest. Und drittens kann das Parlament den Anträgen nur in ihrer Gesamtheit zustimmen und ablehnen.[1] Legt man zudem zugrunde, dass der Deutsche Bundestag seit 1994 über 250 Mal den Mandaten der Bundesregierung zur Entsendung deutscher Streitkräfte zugestimmt hat (und noch keinen Antrag abgelehnt hat), so ergibt sich eine bereits grundgesetzlich eingebettete Entscheidungsgrundlage.

Gleichzeitig wirkt der Parlamentsvorbehalt bereits präventiv in den Entscheidungsprozess der Bundesregierung hinein, so dass potentielle Vorbehalte der Parlamentarier Einfluss auf die Ausgestaltung der Mandate seitens der Bundesregierung haben. Regierung und Parlament stehen zudem über die Ausschussarbeit in einem ständigen Austausch.

Für die Unterstützung der Bundesregierung durch die vom Volk gewählten Parlamentarier bedeutet der grundgesetzliche Rahmen gleichzeitig, dass mehrere Faktoren gegeneinander gewichtet werden müssen. Auf der einen Seite ist nach dem Demokratiegebot des Grundgesetzes der Parlamentsvorbehalt ausschlaggebend. Das Gesetzgebungsverfahren zu Auslandseinsätzen gewährleistet parlamentarische Öffentlichkeit und begründet demokratische Legitimation. Gleichzeitig ergibt sich jedoch aus dem verfassungsrechtlichen Auftrag an die Exekutive, politische Handlungsfähigkeit herzustellen. Die Herausforderung für die Parlamentarier ist dabei, den Fraktionszusammenhalt, die eigenen Kenntnisse und das eigene Gewissen, die Gewährleistung der Unterstützung breiter Bevölkerungsschichten sowie die Handlungsfähigkeit der Bundesregierung im Blick haben zu müssen. Aufgrund der Vielschichtigkeit parlamentarischer Aufgaben kann dabei insbesondere von MdBs ohne außenpolitischen Bezug nicht erwartet werden, über detaillierte Kenntnisse der einzelnen Konfliktregionen zu verfügen. Insofern müssen sich die MdBs der jeweiligen Fraktionen auch auf die Expertise ihrer Parlamentskollegen in den entsprechenden Ausschüssen verlassen.

Persönliche Erwägungen und internationaler Rahmen

Für die Entscheidung zum Einsatz deutscher Soldaten ist das Prinzip der innenpolitischen Verantwortungsteilung richtig, weil die gesonderte Verantwortung für das Leben der Soldaten eine leichtfertige Entsendung verhindert. Gleichzeitig müssen jedoch auch außenpolitisch-strategische Überlegungen in den Entscheidungsprozess miteinbezogen werden. Im letzten Jahrzehnt ist die Komplexität internationaler Beziehungen und Konflikte gestiegen.[2] Neben hybriden Kriegen mitsamt außenpolitischer Propaganda werden Finanzmärkte, Handelsabkommen und Migrationsströme gezielt als internationales Druckmittel eingesetzt, um Konkurrenten zu schwächen. Durch die Destabilisierung der Ukraine seitens Russlands und die Radikalisierung ethnischer und religiöser Konflikte im Nahen und Mittleren Osten hat sich die Bedrohungslage für Europa – verstärkt durch die von Staatszerfall ausgelöster

Flüchtlings- und Migrationskrise sowie durch das Einsickern der Ideologie des sogenannten Islamischen Staates (IS) innerhalb Europas – verschärft. Der Aufbau zerfallender Staaten bedarf zudem einer innovativen, multilateralen Kooperation militärischer und entwicklungspolitischer Akteure im Rahmen der Konfliktprävention und Krisennachsorge. Gleichzeitig stagnieren die Militärhaushalte unserer Partnerstaaten oder decken, wie im Falle Deutschlands, zunächst die gestiegenen personellen Kosten im Rahmen der Professionalisierung der Bundeswehr ab.

Um der Komplexität internationaler Konflikte und den finanziellen Herausforderungen langfristig zu begegnen, ist die Einbettung Deutschlands in kollektive Sicherheitssysteme entscheidend. Für Deutschland bedeutet die Integration in die Europäische Union und NATO einen Sicherheitsgewinn, der jedoch mit gleichzeitigen Erwartungen unserer Partnerstaaten verknüpft ist. Neben der zentralen Frage nach der Verantwortung gegenüber dem Leben deutscher Soldaten muss ich mir daher gleichzeitig der Bedeutung Deutschlands als das Land mit der größten Volkswirtschaft Europas und als der bevölkerungsreichste Staat westlich von Russland für das Funktionieren kollektiver Sicherheitssysteme – primär der NATO und der Europäischen Union, aber auch den Vereinten Nationen und der OSZE – bewusst sein.[3] Wenn das System kollektiver Sicherheit wegen einer nationalstaatlichen Entscheidung Deutschlands im konkreten Einzelfall scheitert, sinkt das Vertrauen unserer Partner. Zugleich werden die kollektiven Systeme, von denen Deutschlands eigene Sicherheit abhängt, geschwächt und unterhöhlt.[4] Würde sich jeder Staat eines kollektiven Sicherheitssystems nur dann militärisch einbringen, wenn die Interessen des jeweiligen Staates betroffen sind, wären die Bündnisse selbst kaum überlebensfähig. Ein erhöhtes kurzfristiges Risiko für Deutschland bei multilateralen Auslandseinsätzen muss mit dem langfristigen Funktionieren alliierter Sicherheitssysteme abgewogen werden.

Beispiel Syrieneinsatz

Beim Abwägen kurzfristiger und langfristiger Risiken bei Auslandseinsätzen sind Max Webers ethische Kategorisierungen hilfreich. Weber trennt zwischen „gesinnungsethischem" und „verantwortungsethischem" Handeln. Während sich die Gesinnungsethik darauf bezieht, dass einzelne Handlungen ethischen Prinzipien unterliegen müssen, versucht der verantwortungsethische Politiker, die Gesamtheit der Handlungen zu betrachten und einen befriedeten Endzustand herzustellen. Im Vordergrund steht dabei nicht die Ablehnung einzelner Handlungen aus gesinnungsethischen Maximen („militärische Einsätze sind von Grund auf auszuschließen"), sondern die Betrachtung des gesamten Kontexts einer Auslandsmission, die Deutschlands kollektive Sicherheitssysteme stärkt, der betroffenen Region Entwicklungsperspektiven aufzeigt und die Sicherheit Europas erhöht.

Anhand der Entscheidung zum Syrien-Einsatz der Bundeswehr werden die einzelnen Faktoren, die zu meiner Zustimmung zum Antrag der Bundesregierung beigetragen haben, deutlich.[5] Für mich waren zunächst die Bedrohungslage sowie die Möglichkeit, den Islamischen Staat (IS) territorial und ideologisch zurückzudrängen, ausschlaggebend für die Zustimmung zum Antrag der Bundesregierung. Aus meiner Sicht stand der Aufruf des IS, europäische Gesellschaften durch Terroranschläge anzugreifen, in direkter Verbindung mit den Attentaten in Paris. Gleichzeitig bin ich der Auffassung, dass der Erfolg des sogenannten Islamischen Staates die Rekrutierung von Terroristen in Europa deutlich beschleunigt hat. Nach meinen Informationen befinden sich mehrere tausend Europäer in Syrien und im Irak, um für den sogenannten IS zu kämpfen. Einige der Rückkehrer stellen ein großes Sicherheitsrisiko für unsere Gesellschaften dar.

Schließlich habe ich bei meiner Entscheidung auch die Gefahr einer Destabilisierung der gesamten Region des Nahen und Mittleren Ostens gesehen. Staaten wie der Libanon und Jordanien sind durch die vom IS mit zu verantwortende Fluchtwelle in ihrer Stabilität gefährdet. Wenn diese Staaten nicht mehr in der Lage sind, die hohen Flüchtlingszahlen zu absorbieren, ist das auch für die Stabilität der europäischen Gesellschaften eine Gefahr. Schließlich habe ich unser Engagement im Mittleren Osten ohne die Beteiligung an einer breiten Koalition bei der Bekämpfung des IS in Syrien als logische Konsequenz unserer Hilfe gegenüber den irakischen Kurden empfunden. Ein Engagement, das den Irak bei der Stabilisierung des Landes unterstützt und die Augen vor der Ausbreitung der Terroristen in Syrien die Augen verschließt, wäre aus meiner Sicht nicht zielführend gewesen. Ein weiterer Legitimationsgrund meiner Entscheidung war die Sicherheitsresolution 2249 der Vereinten Nationen. Darin heißt es, dass die internationale Staatengemeinschaft „in dem unter der Kontrolle des ISIL [...] stehenden Gebiet in Syrien und Iran alle notwendigen Maßnahmen zu ergreifen [habe] und ihre Anstrengungen [...] verstärken und [...] koordinieren [muss], um terroristische Handlungen zu verhüten und zu unterbinden."[6] Der Dreiklang – das Vorhandensein einer großen internationalen Koalition, der Aufruf der Vereinten Nationen, den Terror des IS entschieden zu bekämpfen, und die Solidarität gegenüber unserem engen Verbündeten Frankreich – war zusammen mit den Erfolgsaussichten, den Islamischen Staat sowohl im Irak als auch in Syrien zurückzudrängen, ausschlaggebend für meine Entscheidung. Nur die Zurückdrängung des IS kann den Staatszerfall im Mittleren Osten aufhalten. Zugleich ist mir klar, dass sich unser Engagement gegen IS nicht auf Syrien und Irak begrenzen lässt. Konsequenterweise setze ich mich auch für eine weitergehende Bekämpfung des IS beispielsweise auch in Libyen bei entsprechender Mandatierung ein.

Gleichzeitig ist mir bewusst, dass Interventionen ein Maß an Unvorhersehbarkeit bergen. Niklas Luhmann hat einmal kritisiert, dass die Politik versuche, ein Gefühl „als ob die Zukunft sicher wäre" zu propagieren, während Vorhersagen durch die Komplexität der Wirklichkeit nur bedingt möglich sind. Den Zusammenbruch der Sowjetunion haben nur kühne Optimisten vorhergesehen. Aufgrund der existierenden Unsicherheiten bei Auslandseinsätzen ist es dennoch unabdingbar, die notwendigen innenpolitischen Voraussetzungen für eine bestmögliche Entscheidungsfindung zu schaffen, um die Unwägbarkeiten bei Auslandseinsätzen zumindest zu minimieren. Christopher Clarks Buch zum Ausbruch des Ersten Weltkriegs hat gezeigt, dass die Entscheidungsprozesse der politischen „Schlafwandler" nicht nur an der Unübersichtlichkeit der internationalen Situation fehlgeleitet wurden, sondern auch aufgrund des innenpolitischen Chaos im Rahmen der Entscheidungsfindungen.[7] Auch heute sind Ansätze einer Fragmentierung der Außenpolitik zu beobachten, bei der innenpolitische Partikularinteressen mit den Interessen kollektiver Prioritäten kollidieren.

Informationsgewinnung

Durch die derzeitige Komplexität internationaler Beziehungen und die Zentralität einer berechenbaren Außenpolitik im Rahmen kollektiver Sicherheitssysteme ist es daher wichtig, die strategischen Erörterungen bezüglich eines deutschen oder europäischen Engagements in ein funktionales innenpolitisches System einzubetten. Die Ermöglichung von Räumen der strategischen Beratung und strategischer Führungszentren ist letztlich auch für die Gewissensentscheidung eines Bundestagsabgeordneten von Bedeutung. Denn verantwortungsethisches Handeln, das sich nicht an der unmittelbaren Frage nach militärischem Engagement, sondern nach langfristigen Kriterien bemisst, setzt das Wissen um strategische Optionen und etwaige Entwicklungen, die Auslandseinsätze nach sich ziehen können, voraus. Eine umfassende Informationslage der Regierung und des Parlaments ist auch aus diesem Grund essentiell.

Zum einen liegt es somit in der Verantwortung der Bundesregierung, die notwendigen Informationen möglichst ungefiltert an die Mitglieder des Auswärtigen Ausschusses weiterzuleiten. Hierbei sind sowohl informelle Treffen mit Vertretern des Bundeskanzleramts und der Nachrichtendienste als auch Fraktionstreffen, an denen die Kabinettsmitglieder der Bundesregierung teilnehmen, förderlich, um Herausforderungen im gegenseitigen Austausch zu erörtern. Die Fraktionstreffen dienen nicht nur dem informativen Austausch, sie befördern auch die Einflussnahme des Parlaments auf die Regierungsvertreter, die wiederum Ideen und Vorbehalte der MdBs aufgreifen. In den jeweiligen Arbeitsgruppen der Fraktionen und im Auswärtigen Ausschuss werden zudem Optionen deutscher Außenpolitik analysiert. Gleichzeitig helfen Recherchen des Wissenschaftlichen Dienstes des Deutschen Bundestages, der Bundesakademie für Sicherheitspolitik (BAKS) der Konrad-Adenauer-Stiftung und der Stiftung Wissenschaft und Politik (SWP), den gesamten Kontext internationaler Konflikte detailliert nachzuverfolgen. Die Aufbereitung dieser Informationen obliegt dabei meist den Mitarbeitern der Fraktion und den fleißigen Wissenschaftlichen Mitarbeitern der einzelnen Bundestagsbüros.

Die steigende Komplexität internationaler Entwicklungen bedeutet zum anderen, dass nachrichtendienstlichen Erkenntnissen künftig eine noch größere Bedeutung zukommt. Die geschichtsbedingten Vorbehalte gegenüber nachrichtendienstlichen Einrichtungen sollten deshalb nicht dazu führen, deutschen Geheimdiensten die Möglichkeit einer Mittelausweitung – bei gleichzeitiger innenpolitischer Kontrolle – zu verwehren; im Gegenteil, unsere Nachrichtendienste sind erheblich auszubauen. Des Weiteren sind ausführliche Berichte zur Situation in den Staaten, in denen sich Deutschland engagiert, ein wichtiges Instrument zur Lageanalyse und Zustimmung zur Verlängerung von Auslandseinsätzen. Seit 2010 hat das Auswärtige Amt in Zusammenarbeit mit den beteiligten Ressorts für die Abgeordneten des Deutschen Bundestages Fortschrittsberichte zur Lage in Afghanistan erstellt. Dabei wurden jeweils 27 Einzelbereiche aus den Themen Sicherheit, Regierungsführung und Entwicklung beschrieben. Diese sorgfältig erstellten halbjährigen und ganzjährigen Fortschrittsberichte sind ein Gradmesser für die Ergebnisse und damit für die Sinnhaftigkeit deutscher Auslandseinsätze. Für mich waren die Erkenntnisse aus den Entwicklungen in Afghanistan eine zentrale Hilfe bei der Verlängerung, Ausweitung oder Änderung der jährlichen Mandatierungen der ISAF- und Resolute Support-Missionen.

Änderungen im Parlamentsbeteiligungsgesetz

Neben den erwähnten Möglichkeiten zur Informationsaufbereitung sehen die Änderungen des Parlamentsbeteiligungsgesetzes vor, den Bundestag künftig noch detaillierter über Auslandseinsätze zu informieren. Demnach muss die Bundesregierung dem Bundestag bei der Begründung von Anträgen auf Verlängerung von Zustimmungsbeschlüssen bilanzierte Bewertungen über die jeweiligen Einsätze vorlegen. Dazu gehört insbesondere, dass die Bundesregierung jährlich die Berichte zu den multilateralen militärischen Verbundfähigkeiten dem Bundestag vorlegen und dass die Unterrichtung über KSK-Einsätze verpflichtend werden soll. Die Berichte erörtern sowohl die politische als auch die humanitäre Situation im Land. Sowohl die Bewertungen als auch die Evaluierungsberichte und die Unterrichtung der zuständigen Ausschüsse am Ende einer Mission werden die Transparenz zwischen Exekutive und Legislative stärken. Die Monitoring- und Evaluationsstandards basieren dabei auf Indikatoren, die von unseren Partnern Kanada und den Niederlanden bereits erprobt wurden und dienen somit der künftigen Bündnisfähigkeit und der Harmonisierung der Einsatzziele. Gleichzeitig wird die Regelung zu den Stäben und Hauptquartieren und die Klarstellung des Einsatzbegriffs die Handlungsfähigkeit der Bundesregierung stärken. Die jährlichen Berichte der Bundesregierung zu den gegenseitigen Abhängigkeiten bei multilateralen militärischen Verbundfähigkeiten wie AWACS, Battle Groups, Schneller Eingriffstruppe der NATO oder dem Rahmennationenkonzept werden eine politische Bindungswirkung für die Einsatzbereitschaft Deutschlands entfalten. Diese wird mehr Berechenbarkeit und damit bei den Bündnispartnern mehr Vertrauen bewirken. Das stärkt die Bündnisfähigkeit Deutschlands. Das gilt umso mehr, wenn die Berichte vom Deutschen Bundestag debattiert und zustimmend zur Kenntnis genommen werden.

Die Änderung des Parlamentsbeteiligungsgesetzes ist auch deshalb wichtig, weil es den Parlamentariern hilft, den Fokus auf tatsächliche Gewissensentscheidungen „auf Leben und Tod" zu treffen. Die Beteiligung des

Parlaments bei der Entscheidung zur Entsendung deutscher Soldaten sollte sich folglich auf Missionen mit erheblichen Risiken für das Leben deutscher Soldaten beschränken. Des Weiteren muss endlich eine überfällige Verfassungsänderung der Einbettung Deutschlands in kollektive Sicherheitssysteme Rechnung tragen, auch weil Synergieeffekte im Rahmen von Rüstungsbeschaffung und Auslandseinsätzen durch die Stagnation der Militärbudgets eines Teils unserer Partnerstaaten konsequent genutzt werden müssen.

Die Rolle der Öffentlichkeit bei Auslandseinsätzen

Neben grundgesetzlichen, institutionellen und außenpolitischen Abwägungen kommt der deutschen Bevölkerung eine zentrale Rolle bei der Gestaltung der Außenpolitik und Auslandseinsätzen zu. Auch hier besteht aus der Sicht eines MdB die Erfordernis einer Abwägung der Interessen. Einerseits benötigt man für die Entscheidung eines Auslandseinsatzes den Abstand zum politischen „Tagesgeschäft". Auf der anderen Seite ist das „Tagesgeschäft" ausschlaggebend für die demokratische Wiederwahl. Es stellt sich daher grundsätzlich die Frage, inwiefern kurzfristige innenpolitische Erwägungen – beispielsweise vor Landtagswahlen – Auswirkungen auf die Entscheidungsfindung bezüglich eines etwaigen Auslandseinsatzes haben sollten, zumal es keine genauen Messungen der „öffentlichen Meinung" gibt oder diese Schwankungen unterliegen können und teils medial induziert sind. Die zahlreichen Bürgerbriefe und Telefonate mit Wahlkreisbürgern lassen mich zudem vermuten, dass es „die" öffentliche Meinung in der oftmals unterstellten Form gar nicht gibt. Eher kann in außenpolitischen Meinungen von einer Diversität gesprochen werden, die den Pluralismus unserer Gesellschaft widerspiegelt. Aus diesem Grund ist der Review-Prozess des Auswärtigen Amtes mitsamt der Schaffung von Foren und intermediären Institutionen der richtige Ansatz, wenn er als langfristiger Monitoring-Prozess ohne konkreten Endzeitpunkt verstanden wird.[8]

Die Einflussnahme der breiten Öffentlichkeit, also die mehrheitliche Meinungsäußerungen zu außenpolitischen Themenaspekten, ist zwar richtig, um die innenpolitische Legitimität der Bundesregierung und des Bundestags zu garantieren. Kurzfristige Erwägungen haben aber gleichzeitig den Nachteil, dass medialer und öffentlicher Druck bei einer Mandatsverlängerung ausschlaggebend sein könnte, während strategischen Abwägungen eine sekundäre Bedeutung zufällt. Nach einer repräsentativen Umfrage des Sozialwissenschaftlichen Instituts der Bundeswehr im Jahr 2010 sprach sich die Mehrheit der Befragten für einen umgehenden Abzug der Bundeswehr aus Afghanistan aus. Müsste die mehrheitliche Opposition gegenüber dem deutschen Auslandseinsatz dazu führen, unser Engagement in Afghanistan zu beenden? Würden wir damit unserer Verantwortung gegenüber der afghanischen Zivilbevölkerung gerecht werden? Wie würden unsere Bündnispartner reagieren, die ähnliche Verluste zu beklagen haben?

Biehl und Jacobs haben 2009 festgestellt, dass eine „Lücke zwischen den politischen Vorgaben, den militärischen Maßnahmen und dem Mehrheitswillen der Bürger [klafft]".[9] Nach meinem Dafürhalten ist diese „Lücke" jedoch nicht nur durch den Auslandseinsatz in Afghanistan entstanden, sondern durch mangelhafte politische Kommunikation. Es hat sich gezeigt, dass die Infantilisierung der Politik gegenüber der Bevölkerung (Schaffung von „Schulen und Kindergärten") nicht funktioniert. Im Gegenteil: in den Debatten der vergangenen Jahre hat sich immer wieder gezeigt, dass sich die deutsche Bevölkerung nicht mit oberflächlichen Interpretationen und Erklärungen zur deutschen Außenpolitik abfindet.

Den Erkenntnissen des Politikwissenschaftlers Herfried Münkler, nachdem Demokratien zur Generierung öffentlicher Zustimmung zu Auslandseinsätzen immer auch zum Mittel der starken Vereinfachung oder Manipulation greifen müssen, um die Entsendung von Soldaten zu rechtfertigen, ist daher zu widersprechen.[10] Das Gegenteil ist der Fall: ist bei einer Bevölkerung ein gewisses Maß an Verständnis für globale Zusammenhänge erreicht, konterkarieren einfache Lösungen und Schwarz-Weiß-Denken den Selbstanspruch mündiger Bürger und unterminieren die Autorität der Politik. Hierbei kommt Medien und Denkfabriken die Aufgabe zu, zwischen Politik und der Bevölkerung zu vermitteln. Mit Sorge habe ich deshalb Tuschhoffs Bewertungen, nach dem Medien und Denkfabriken dem Auftrag der unvoreingenommenen Information der Bevölkerung nur teilweise nachkommen, aufgenommen.[11] So schlussfolgert der Autor, dass „BürgerInnen keine orientierende Struktur [...] ohne erheblichen eigenen Aufwand [...] angeboten [wird]".[12] Die Gründe dafür sind vielschichtig, basieren jedoch auch auf ökonomischen Zwängen der medialen Vermittler und sich ändernden Konsumentengewohnheiten. So ist die Anzahl der Auslandskorrespondenten in den vergangenen Jahren reduziert worden. Gleichzeitig haben qualitativ unzureichende Berichte aus dem ukrainischen Bürgerkrieg zu einer Kritik des ARD-Sendebeirats geführt.[13] Einzelne Dokumentationen des ZDF stehen ebenfalls in der Kritik.[14] Die teilweise problematische Informationsweitergabe hat in den ersten Wochen der Krise zu einer breiten Kritik an der Berichterstattung geführt. Gleichzeitig hat die balanciertere Berichterstattung in der Folge gezeigt, dass die berechtigten Einwände von den Öffentlich-Rechtlichen Sendern aufgenommen wurden.

Risiken der öffentlichen Meinung

Trotz der Wichtigkeit der öffentlichen Meinungsformung birgt die Einflussnahme der medialen Öffentlichkeit auch Risiken. Der ehemalige amerikanische Sicherheitsberater, Zbigniew Brzezinski, hat festgestellt, dass die Bedeutung der öffentlichen Meinung im Zeitalter der Globalisierung und des Internets ansteigt („global awakening of the masses").[15] Die positive Auswirkung dieser Entwicklung ist die zumindest theoretische Einbeziehung breiter Bevölkerungskreise in innen- und außenpolitische Entscheidungsfindungen. Der potentiell negative Effekt ist die Versuchung, die öffentliche Meinung in stärkerem Maß zu manipulieren. Im Zuge der hybriden Kriegsführung Russlands kam der Lenkung der öffentlichen Meinung – insbesondere in Staaten mit russischen Minderheiten – eine zentrale Rolle zu.[16] Auch historisch hat die Einbeziehung der öffentlichen Meinung immer wieder eine ambivalente Rolle gespielt. So war die Mehrheit der Franzosen und Briten 1938 noch streng gegen einen Krieg gegen Deutschland, während sich die Stimmungslage 1939 wandelte.[17] War es seitens der britischen Politik und Neville Chamberlains richtig, auf die ablehnende Haltung der Briten Rücksicht zu nehmen oder wären Maßnahmen, die sich von der Appeasement-Politik abgewandt hätten, zu diesem Zeitpunkt bereits besser gewesen, weil sie den späteren Weltkrieg hätten verhindern können?

Aus diesen Beobachtungen ergibt sich, dass die Kommunikation mit der Öffentlichkeit offen und explizit sein sollte, dass kurzfristige Stimmungen aber gleichzeitig kein Ersatz für ein strategisches außenpolitisches Gesamtkonzept sein können. Auch aus diesem Grund kommt es heute auf die Strategiefähigkeit der politischen Entscheidungsträger und der damit verbundenen Ausgestaltung politischer Institutionen an: erstens, um sicherheitspolitische Antworten auf die genannte außenpolitische Entwicklung nach dem Ende des Kalten Krieges zu finden. Und zweitens, um der politischen Verpflichtung, für die Sicherheit Europas und Deutschlands zu sorgen, gerecht zu werden.

Im Rahmen des Syrien-Einsatzes der Bundeswehr habe ich für eine offene Kommunikationsstrategie plädiert und die Fehlentwicklungen im Zuge des Arabischen Frühlings thematisiert, um die Bedrohungen der Entwicklungen im Nahen und Mittleren Osten für die Sicherheit Europas aufzuzeigen. Die Bekämpfung der Symptome – akute Terrorgefahr in Europa – ist allein durch militärische Mittel nicht hinreichend, sondern muss im vernetzten Ansatz, also unter Einschluss diplomatischer, wirtschaftlicher und entwicklungspolitischer Maßnahmen erfolgen. Die Solidarität mit Frankreich zum Schutz der inneren Sicherheit muss deshalb durch eine außenpolitische Strategie der EU komplementiert werden, die zu einer glaubwürdigen Lastenteilung zwischen den USA und der Europäischen Union führt. Durch die Ertüchtigung regionaler Staaten und Akteure kann auf zivilgesellschaftlicher Ebene der Nährboden des Terrorismus entzogen werden. Dazu ist die Schaffung von Wohlstands- und Friedensperspektiven das zentrale Anliegen jeder externen Einflussnahme in den Gesellschaften Nordafrikas sowie denen des Nahen und Mittleren Ostens. Gleichzeitig habe ich in meinen öffentlichen Statements versucht deutlich zu machen, dass Deutschland zunächst immer Lösungen im Rahmen der Vereinten Nationen anstrebt. Sollte sich der Sicherheitsrat dem versperren, kann eine multilaterale Lösung mit regionalen Partnerstaaten und EU-Mitgliedsstaaten wie Frankreich und Großbritannien angestrebt werden. Frankreichs Berufung auf die europäische Beistandsklausel nach Art. 42 (7) EUV bedeutet demnach keine Abkehr vom diplomatischen Engagement.

Schlussfolgerungen

Für die Gewissensentscheidung bei der Entsendung deutscher Soldaten wird die Strategiefähigkeit Deutschlands künftig entscheidend sein. Dabei sollte der gesetzliche wie auch der institutionelle Rahmen auf die komplexen internationalen Entwicklungen und auf die Bündnisfähigkeit Deutschlands Rücksicht nehmen. Die Gewissensentscheidung bei Auslandseinsätzen ist dabei mit dem Gesamtansatz der Gestaltung deutscher Außenpolitik insgesamt zu vergleichen: kohärentes Handeln ist nur dann möglich, wenn konsistente Strategieprozesse, verständliche Außenkommunikation, eindeutige Führungsstrukturen sowie substantielle Leitideen einander komplementieren.[18]

Anmerkungen

[1] Gesetz über die parlamentarische Beteiligung bei der Entscheidung über den Einsatz bewaffneter Streitkräfte im Ausland (Parlamentsbeteiligungsgesetz), 18. März 2005.

[2] http://www.ecfr.eu/publications/summary/connectivity_wars_5064

[3] Lothar Rühl, „Die Bundeswehrreform aus bündnispolitischer Sicht", Aus Politik und Zeitgeschehen, 43/2000.

[4] Michael Rühle, „Begrenzt bündnisfähig", Internationale Politik 7/8, Juli/August 2009, S. 76-82.

[5] http://dip21.bundestag.de/dip21/btd/18/068/1806866.pdf

[6] http://www.un.org/depts/german/sr/sr_15/sr2249.pdf

[7] Christopher Clark, Die Schlafwandler: wie Europa in den Ersten Weltkrieg zog, München 2013.

[8] Daniel Jacobi, „Außenpolitik machen": Über die Erreichbarkeit der Gesellschaft, Zeitschrift für Außen- und Sicherheitspolitik (ZFAS), 2015, 8, S. 67-87.

[9] Heiko Biehl & Jörg Jacobs, 2009, „Öffentliche Meinung und Sicherheitspolitik." In: Böckenförde, Gareis: Deutsche Sicherheitspolitik. Herausforderung, Akteure, Prozesse, S. 233-252. Hier: S. 237.

[10] Herfried Münkler, Imperien: die Logik der Weltherrschaft, Berlin: Rowohlt 2005.

[11] Christian Tuschhoff, „Distanzverbreiterung vs. Gemeinschaftsbildung: Die Rolle der Medien und Denkfabriken bei der Verarbeitung der Rede von Bundespräsident Gauck", Zeitschrift für Außen- und Sicherheitspolitik (ZFAS), 2015, 8:99, S. 99-122.

[12] Tuschhoff, S. 115

[13] Dietmar Neuerer, „Berichtet die ARD zu russlandkritisch?", Handelsblatt, 18. September 2014.

[14] Ivo Mijnssen, „Verheddert im Gestrüpp der Propaganda", Neue Zürcher Zeitung, 2. Februar 2016.

[15] Zbigniew Brzezinski, Strategic Vision: America and the Crisis of Global Power, New York 2012: Basic Books.

[16] Roderich Kiesewetter & Ingmar Zielke „From Russia with Love", Berlin Policy Journal, November/December 2015.

[17] Richard Overy & Andrew Wheatcroft, The Road to War: The Origins of World War II, London 2009: Vintage Books.

[18] Ulrich Schlie, „Der Weg zum Weißbuch 2006 und Folgerungen für die sicherheitspolitische Diskussion", Zeitschrift für Außen- und Sicherheitspolitik (ZFAS), 2015, 8:99, S. 139-156; Mark Hauptmann, „Neuordnung in einer neuen Ordnung – Zur Notwendigkeit und Schwierigkeit einer Aufwertung des Bundessicherheitsrates", Sicherheit & Politik, Januar 2015, S. 16-18.

Was lässt sich aus dem Afghanistaneinsatz für künftige politische Entscheidungen lernen?

Winfried Nachtwei

Als wir Abgeordnete am 22. Dezember 2001 im Bundestag erstmalig über die deutsche Beteiligung an der Sicherheitsunterstützungstruppe ISAF (International Security Assistance Force) für Afghanistan abstimmten, war das wenig kontrovers und friedenspolitisch nahezu selbstverständlich – ganz im Gegensatz zur Abstimmung über die deutsche Beteiligung an der Operation Enduring Freedom (OEF) fünf Wochen zuvor: Im UN-Auftrag sollte das kriegszerstörte und von der Taliban-Herrschaft befreite Afghanistan beim Übergang zum Frieden unterstützt werden.

2014 ging der bisher komplizierteste, teuerste und opferreichste Großeinsatz der Bundeswehr mit ISAF zu Ende.[1] Die neuen Kriegsbrände in der europäischen Nachbarschaft verdeutlichen, wie sehr Deutschland gefordert ist, bei der internationalen Krisenbewältigung mehr und wirksamer Verantwortung zu übernehmen – im Interesse kollektiver und eigener Sicherheit und zum Schutz der Menschenrechte. Um dies „früher, entschiedener und substanzieller" (Bundespräsident Gauck) tun zu können, ist es unabdingbar, aus bisherigen Erfahrungen zu lernen – gerade aus dem Afghanistaneinsatz. Das gilt umso mehr angesichts der aktuellen Flüchtlingswelle aus Afghanistan, die die Wirksamkeit, ja den Sinn des internationalen Afghanistanengagements infrage stellt.

Zwischenbilanz

Das erste Hauptziel des Afghanistaneinsatzes war, dem internationalen Terrornetzwerk Al Qaida sein Hinterland zu nehmen. Das gelang zunächst, allerdings weder gründlich noch nachhaltig. Der US-geführte, entgrenzte „war on terror" war auf der taktischen Ebene überaus wirksam, konnte aber die Ausbreitung terroristischer Netzwerke keineswegs schwächen, im Gegenteil. Vor allem über den Krieg im Irak wirkte er als regelrechter Brandbeschleuniger.

Das zweite militärische Hauptziel war, die vorläufigen Staatsorgane Afghanistans bei der Aufrechterhaltung der Sicherheit in Kabul und Umgebung so zu unterstützen, dass sie und das Personal der UN in einem sicheren Umfeld arbeiten könnten. Nach der ISAF-Ausweitung ab 2003 und den Fortschritten der ersten Jahre kehrte ab 2006 erkennbar Krieg nach Afghanistan zurück – erst im Süden und Osten, ab 2008 auch in Teilen des Nordens. Taliban und andere bewaffnete Gruppen konnten sich reorganisieren und binnen weniger Jahre zu einer Aufstandsbewegung aufwachsen, deren Angriffen Abertausende afghanischer Sicherheitskräfte, Zivilpersonen und alliierte Soldaten zum Opfer fielen. Die Verstärkung vor allem der US-Kräfte und die Counterinsurgency-Offensive ab 2010 konnten wohl 2012 den Trend der sich ständig verschlechternden Sicherheitslage stoppen. Parallel zum Rückzug der ISAF-Kampftruppen erst aus der Fläche und dann aus dem Land verschlechterte sich die Sicherheitslage aber wieder. Im ISAF-Abzugsjahr 2014 stieg die Zahl der Zivilopfer um 22% auf 10.548 Tote und Verletzte, in 2015 auf 11.000 – die höchste Zahl an Zivilopfern seit 2002.

Im Klartext: ISAF wurde zurückbeordert, ohne dass sein militärischer Auftrag, ein sicheres Umfeld zu befördern, erfüllt gewesen wäre. Die seit 2006 forciert aufgebauten afghanischen Sicherheitskräfte operieren inzwischen selbständig, sind aber vielfach überfordert und erleiden extreme Verluste. Das ehemalige deutsche Hauptverantwortungsgebiet im Nordosten erlebte inzwischen einen regelrechten Sicherheitsabsturz.

Beim dritten Hauptziel, der Förderung von Aufbau und Entwicklung, gab es unbestreitbar Teilfortschritte, allerdings mit erheblichen regionalen Unterschieden: deutlich gesunkene Kindersterblichkeit, verbesserte Zugänge zu Trinkwasser, Energie, vor allem Bildung, Kommunikation, Medien, Verkehrsinfrastruktur. Trotzdem: Afghanistan bleibt eines der ärmsten Länder der Welt. Staatliche Institutionen wurden aufgebaut, sind oft aber eher Fassaden und geschwächt durch enorme Kapazitätsmängel, schlechte Regierungsführung und exzessive Korruption – eine Hauptquelle der Aufstandsbewegung.

Früh vertane Chancen

Wer 2002 nach Kabul kam, sah die krassen Zerstörungen, erlebte viel Hoffnung und hohe Erwartungen. Dass viele Hoffnungen enttäuscht und Ziele nicht erreicht wurden, dass der anfängliche Stabilisierungseinsatz zur Aufstandsbekämpfung eskalierte und Krieg zurückkehrte, wurde durch mehrere strategische Fehler begünstigt:

- Die internationale „Gemeinschaft" agierte jahrelang auf der Basis allgemeiner UN-Mandate ohne gemeinsame Strategie, ja mit konträren strategischen Ansätzen und mit nur geringem Verständnis der komplexen, fragmentierten afghanischen Gesellschaft.

- Staaten, die primär den Aufbau unterstützen wollten, unterschätzten die Herausforderung von Staatsaufbau unter solchen widrigen Voraussetzungen („Billig-State-Building"). Exemplarisch zeigte sich das in der personellen Unterausstattung der deutschen Führungsrolle beim Polizeiaufbau oder der lange Zeit äußerst mageren operativen Komponente des Auswärtigen Amtes im Norden.

- Wo die militärische Terrorbekämpfung im Mittelpunkt stand, agierten alliierte Kräfte vielfach wie Besatzer, verletzten und verloren „hearts and minds" der Bevölkerung, die zu gewinnen später der Dreh- und Angelpunkt der Counterinsurgency-Strategie sein sollte.

- Fixiert auf Zentralstaatlichkeit vernachlässigte die internationale Gemeinschaft lange die in Afghanistan so wichtige regionale und lokale Ebene. Kurzfristige Stabilisierungsinteressen beförderten Bündnisse mit Kriegsherren und Repräsentanten schlechter Regierungsführung – auf Kosten der Förderung legitimer Staatlichkeit und internationaler Glaubwürdigkeit.

- Viele Jahre blieben die zivilen Aufbauanstrengungen weit hinter dem militärischen Kräfte- und Ressourceneinsatz zurück. Als die internationale Aufbauunterstützung ab 2008 forciert wurde, waren viele Chancen verpasst, war schon sehr viel Vertrauen verloren gegangen.

- Die grundsätzlich notwendige Vernetzung staatlicher Akteure („vernetzte Sicherheit", comprehensive approach) litt in der Praxis unter einem Mangel an Zielkohärenz, ausgewogenen Kapazitäten und ressortübergreifender Planung, Vorbereitung, Führung und Auswertung des Gesamtengagements.

- Die Suche nach einer politischen Lösung des Gewaltkonflikts begann erst, als die Taliban wiedererstarkt waren und auf ihre strategischen Stärken (Nähe zu Teilen der Bevölkerung, Rückzugsraum Pakistan, strategische Geduld) setzen konnten.

- Ausgeblendet blieb lange Zeit die pakistanische Seite des Gewaltkonflikts.

Diese Großfehler konnten sich so lange halten, weil sich Deutschland und die meisten anderen Staaten im Multilateralismus „versteckten". Jeder leistete seinen Beitrag und kümmerte sich in nationaler Nabelschau fast nur um diesen. Kaum jemand nahm die Erfahrungen der anderen wahr (z.B. der Niederländer in Uruzgan) und machte sich Gedanken um eine tragfähige gemeinsame Strategie. Hinzu kamen Mechanismen und Mentalitäten von Schönrednerei, die zusammen mit dem Primat innenpolitischer Interessen und dem Motiv der Selbstrechtfertigung in vielen Hauptstädten eine unheilige Allianz bildeten. Das Ergebnis waren strukturelle Unehrlichkeit, Selbsttäuschung und Realitätsverlust. Vielfach einhergehend mit unzureichender interkultureller Kompetenz und einem Mangel an institutionalisiertem Lernen erschwerte das eine Politik mit Bodenhaftung und Erfolgsaussichten. Vor diesem Hintergrund war es geradezu zwangsläufig, dass in den ISAF-Ländern die anfängliche gesellschaftliche Akzeptanz des Afghanistaneinsatzes im Laufe der Jahre umkippte in mehrheitliche Skepsis, ja Ablehnung.

Vielen Hunderten deutscher Soldaten, aber auch Polizisten, Zivilexperten und Diplomaten bin ich in Afghanistan und nach ihrer Rückkehr begegnet. Ich habe sie als sehr professionell, motiviert, umsichtig, als tatsächliche Unterstützer mit Respekt gegenüber den Einheimischen erlebt – nicht als Besatzer die einen oder als Missionare die anderen. Sie haben sich um den Aufbau des Landes und Friedenssicherung verdient gemacht.

Der Knackpunkt des mit der Zeit abdriftenden Einsatzes war ein kollektives politisches Führungsversagen in den Hauptstädten, auch in Berlin. Es ging einher mit einem wachsenden Vertrauensverlust der politischen Führung unter den Soldaten. Wo zunehmend mehr Soldaten am Einsatzerfolg zweifelten und zurückgeworfen waren auf ihre Professionalität und die Kameradschaft der Kampfgemeinschaft, wurde dem Staatsbürger in Uniform eine wesentliche Lebensbedingung entzogen. Als Mitauftraggeber der Einsätze trugen der Bundestag und besonders wir Außen- und Verteidigungspolitiker hierfür erhebliche Mitverantwortung.

Verlässliche Aufbaupartnerschaft

Im Dezember 2014 beschloss der Bundestag die deutsche Beteiligung an der ISAF-Nachfolgemission Resolute Support (RSM). Diese Beratungsmission vor Ort ist, zusammen mit Polizeiberatern, unverzichtbar, damit die afghanischen Sicherheitskräfte sich festigen können und nicht schnell zerbröseln.

Zweifelhaft war von Anfang an, ob mit dem sehr begrenzten Kräfteansatz und dem engen Zeitplan (Rückzug auf Kabul in 2016 und Vollabzug Ende 2016) der Auftrag überhaupt seriös erfüllbar ist. Der Eindruck drängte sich auf, dass nach den Aufbauillusionen der ersten Jahre nun Abzugsillusionen dominierten. Der Fall von Kunduz im Oktober 2015 verstärkte diese Zweifel und trug zu einer – zumindest graduellen – Korrektur des Zeit- und Kräfteansatzes von RSM bei.

Die Internationale Gemeinschaft hat der afghanischen Regierung und Bevölkerung eine Aufbaupartnerschaft zugesichert. Für Deutschland bleibt Afghanistan das Schwerpunktland der Entwicklungszusammenarbeit. Ob die zugesagte Aufbaupartnerschaft aber auch verlässlich durchgehalten wird, ist keineswegs sicher. Die verschärfte Sicherheitslage schränkt die Handlungsmöglichkeiten der Entwicklungszusammenarbeit immer mehr ein. Zugleich gerät der politische Wille mehrfach unter Druck durch die unübersehbare, auch plausible Afghanistan-Müdigkeit nach 14 Jahren, die Konkurrenz und Bedrohlichkeit der neuen, näheren Krisen und Kriege.

Trotzdem: An Afghanistan verlässlich „dranzubleiben", ist ein Gebot friedens- und sicherheitspolitischer Klugheit und Weitsicht. Es ist ein Beitrag zur Fluchtursachenbekämpfung in einem Land, wo Deutschland relativ viele Wirkungsmöglichkeiten hat. Es ist nicht zuletzt eine Verpflichtung gegenüber den Zehntausenden Frauen und Männern in Uniform und Zivil, die demokratisch legitimiert nach Afghanistan entsandt wurden und deren Einsatz nicht umsonst gewesen sein darf.

Schlussfolgerungen für deutsche Außen- und Sicherheitspolitik

Zeitweilig gab es in der öffentlichen Debatte Tendenzen, den Afghanistan-Kampfeinsatz der letzten Jahre als Blaupause zu nehmen: einerseits als Muster künftiger Auslandseinsätze mit intensiver Aufstandsbekämpfung; andererseits als angeblichen Beleg für die Pauschalbehauptung, Auslandseinsätze seien gleichzusetzen mit Krieg und deshalb generell abzulehnen.[2] Beide Schlussfolgerungen sind falsch. Vergessen gemacht wird dabei das breite Handlungsspektrum der realen Stabilisierungseinsätze, die sich keineswegs reduzieren lassen auf Gefechte einerseits und Brunnenbohren andererseits und die mit SFOR und KFOR auch erfolgreich den Ausbruch neuer Kriegsgewalt verhüteten.

Strategiebildung:

Der von Außenminister Steinmeier angestoßene „Review-2014"-Prozess förderte die überfällige außen-, friedens- und sicherheitspolitische Kursbestimmung und Verständigung. Der Weißbuch-Prozess des Verteidigungsressorts hat mit seiner erstmaligen Einbeziehung von Fachöffentlichkeit das Potenzial, in dieselbe Richtung zu wirken.

Die Bundesregierung sollte dem Bundestag jährlich einen Bericht zur sicherheitspolitischen Lage Deutschlands vorlegen. Über die Grundlagendokumente der Ressorts hinaus braucht es aber eine friedens- und sicherheitspolitische Strategie, auch wenn Spitzen der Bundesregierung eine Strategieentwicklung sehr skeptisch sehen. In Zeiten sprunghafter und unübersichtlicher sicherheitspolitischer Herausforderungen ist ein solcher strategischer Kompass notwendiger denn je – für die wachsende Zahl der Akteure und Durchführenden deutscher Außen- und Sicherheitspolitik, für die deutsche Öffentlichkeit sowie für internationale Partner.

Der Krieg in der Ukraine und der Klimasturz zwischen EU/NATO und Russland haben unerwartet die Bündnisverteidigung wieder hochaktuell gemacht. Ernüchtert wird festgestellt, wie ausgedünnt die entsprechenden Fähigkeiten sind, wie komplex die Bedrohungen durch hybride „Kriegführung" sind. Eine Kurzschlussreaktion wäre es, über diese unabweisbaren Herausforderungen die deutschen Beiträge zu internationaler Krisenbewältigung hintanzustellen und zu vernachlässigen. Fragilität und zerfallende Staaten sind weiterhin eine Primärbedrohung menschlicher wie internationaler staatlicher Sicherheit. Der historische Zerfall regionaler Ordnungen an der Süd- und Südostflanke der EU und die gegenwärtigen und absehbaren Flüchtlingsströme zeigen das mehr als deutlich.

Die Wirkungsmöglichkeiten „des Westens" sind massiv geschrumpft. Angesichts des relativen Rückzuges der USA aus Europa und dem Nahen Osten sind die Europäer bei ihrer Sicherheitspolitik vermehrt sich selbst überlassen. Als Mitglied von UN, EU, NATO und OSZE und wirtschaftlich stärkstes Land Europas steht Deutschland nun verstärkt in der Pflicht, zur Eindämmung und Lösung internationaler Krisen und Gewaltkonflikte beizutragen – und zwar im ganzen Spektrum der in der UN-Charta aufgeführten Mittel. Eindeutig Vorrang haben dabei diplomatische und zivile Mittel. Aber militärische Mittel und Zwangsmaßnahmen bis zum Einsatz bewaffneter Streitkräfte gehören auch dazu. Diese können schneller gefordert sein, als die verbreitete Interventionsmüdigkeit vermuten lässt: Der ausgeweitete Mali-Einsatz, angestrebte Waffenstillstände in Syrien und Libyen, die ohne militärische Absicherung schnell verpuffen würden, verdeutlichen das.

UN-Orientierung:

In der Frage, ob für Deutschland Krieg wieder ein Mittel der Politik sei, herrscht viel Durcheinander. Als sei die Präambel des Grundgesetzes und die UN-Charta für deutsche Politik nicht verbindlich. Deutsche Außen- und Sicherheitspolitik, die Friedenspolitik sein soll und will, braucht eine klare und stärkere UN-Orientierung, ein glaubwürdiges, nicht instrumentelles Verhältnis zu den UN-Normen. Das ist für die Legitimität und Akzeptanz deutscher Außen- und Sicherheitspolitik in Deutschland wie in der Staatengemeinschaft von zentraler Bedeutung.

Dass deutsche Streitkräfte außerhalb der Landes- und Bündnisverteidigung nur zur internationalen Friedenssicherung und Rechtsdurchsetzung im Auftrag bzw. im Dienst der UN zum Einsatz kommen dürfen, sollte endlich auch im Grundgesetz klargestellt werden. Die UN-geführte, multidimensionale Friedenssicherung braucht Deutschland nicht nur als verlässlichen Beitragszahler, sondern auch mit mehr Personal – vor allem Polizisten, Soldaten mit besonderen militärischen Fähigkeiten und Zivilexperten. Wo die UN in einer zunehmend aus den Fugen geratenen Welt ein Ort gemeinsamen globalen Handelns sind, ist die bisherige Vernachlässigung UN-geführter Missionen (Januar 2016 auf Platz 61 der Personalsteller) besonders kurzsichtig.

Aus der Not, in Afghanistan von der Stabilisierung in die Aufstandsbekämpfung mit Gefechten gerutscht zu sein, darf keine politische Tugend gemacht werden. Ein Irrweg wäre die Verabsolutierung kinetischer Operationen. Die Hauptperspektive deutscher Beteiligung an internationalen Kriseneinsätzen sollte weiterhin Friedenssicherung und -unterstützung, Stabilisierung und Schutz der Zivilbevölkerung sein. Hier gibt es weiterhin den größten Bedarf und relativ große Erfolgsaussichten. Gefordert ist dafür das gesamte Fähigkeitsspektrum mit der Kampffähigkeit als Grundlage. Zum völkerrechtlichen Gebot der Schutzverantwortung (responsibility to protect) gehören im äußersten Fall auch Operationen zur Verhütung und Eindämmung von Massengewalt.

Zielklarheit und Kohärenz:

In Deutschland und bei vielen Verbündeten ist nicht der Glaube an militärische „Lösungen" das Problem, sondern eine politische Strategie- und Führungsschwäche, die einhergeht mit einer strukturellen Militärlastigkeit und mageren zivilen Kapazitäten. Grundpflicht der Träger des Primats der Politik ist es, eingebettet in politische Konfliktlösungsbemühungen klare und glaubwürdige Mandate zu formulieren und alles dafür zu tun, dass die Aufträge auch erfüllbar und verantwortbar sind.

Beim ISAF-Einsatz erwies sich im Laufe der Jahre die herkömmliche Art der Mandatsformulierung als zunehmend problematisch. Die Einsatzziele blieben allgemein und wurden nicht operationalisiert. Das behinderte von Anfang an eine seriöse Bewertung, wieweit der Auftrag umgesetzt wurde. Losgelöst von der konkreten Lageentwicklung verschwiegen die Mandatsziele den einschneidenden Wandel von der Friedenssicherung der ersten Jahre zur „Friedenserzwingung", wo Frieden offenkundig verloren gegangen war – im Klartext Aufstandsbekämpfung. Die mangelnde Auftragsklarheit des Bundeswehrmandats fand seine Entsprechung auf der politisch-zivilen und polizeilichen Seite, wo es noch mehr an klaren und überprüfbaren Zielen mangelte.

Unterhalb der hehren UN-Mandatsziele beginnt oft die Zerklüftung der Ziele und Interessen – zwischen Verbündeten, Ressorts, staatlichen und nichtstaatlichen Akteuren. Die Inkohärenz von Kriseneinsätzen verschärft sich, wo im selben Einsatzgebiet neben UN-mandatieren auch unilaterale, gar Geheimeinsätze in völkerrechtlichen Grauzonen stattfinden und Legitimität zersetzen. Beim Afghanistaneinsatz kam es deshalb immer wieder zu erheblichen Kollisionen, zu menschlichen und politischen „Kollateralschäden".

Aussichtsreiche Friedenssicherung ist angewiesen auf bestmögliches Zusammenwirken, Kohärenz und kompatible Ziele auch auf der operativen Ebene. Ressortgemeinsame Strukturen, Akteur übergreifendes Erfahrungslernen, Ausbilden und Üben sind dafür unverzichtbar. Das gilt vermehrt angesichts der transnationalen, hoch dynamischen und langwierigen Krisen und Kriege der Gegenwart, wo das Krisen-Multitasking die Internationale „Gemeinschaft" strukturell überfordert. Die Tatsache, dass Deutschland nur immer Beiträge zu multilateralen Einsätzen leistet, entbindet nicht von der Mitverantwortung für die Sinnhaftigkeit des Gesamteinsatzes.

Angemessene und ausgewogene Fähigkeiten:

Der Kräfteansatz eines Bundeswehreinsatzes muss aus dem für die Auftragserfüllung Notwendigen abgeleitet werden und Spielraum für plötzliche Lageveränderung beinhalten. Obergrenzen primär nach innenpolitischen Opportunitätsvermutungen – wie „gebrochene Preise" nach dem Muster 9,99 Euro – sind verantwortungslos.

Zwischen den verschiedenen staatlichen Instrumenten der Krisenbewältigung besteht ein Gefälle der Kapazitäten, Verfügbarkeiten und Wahrnehmung, das immer wieder zu einer Falle wird. Relativ schnell verfügbar sind Streitkräfte mit ihrem besonders breiten Fähigkeitsspektrum. Nicht schnell verfügbar sind Polizisten, Kräfte für Sicherheitssektorreform, Rechtsstaatsförderung sowie Verwaltungsaufbau. Doch gerade diese werden in Post-Konflikt-Situationen besonders dringend gebraucht. Um den Auftrag bestmöglich erfüllen zu können, sind schnelle und durchhaltefähige zivile und polizeiliche Kräfte unabdingbar.

Bei Mandatsentscheidungen zu Schwerpunkteinsätzen sollten deshalb parallel zu den militärischen Aufgaben und Fähigkeiten auch zivile und polizeiliche Aufgaben und Fähigkeiten sowie die dafür bereit zu stellenden Ressourcen benannt werden.[3] Die Absicht dabei ist, die nichtmilitärische Dimension eines Kriseneinsatzes regelmäßig und angemessen in den Blick zu nehmen und entsprechende Handlungsfähigkeit zu verbessern. Keineswegs sollen damit die nichtmilitärischen Komponenten eines Einsatzes einer konstitutiven Zustimmungspflicht unterworfen werden. Das würde die Handlungsfreiheit der Exekutive erheblich einschränken und eine engagierte Krisenbewältigung eher behindern.

Wirkungsorientierung:

Ausschlaggebend für deutsche Beteiligungen an internationalen Kriseneinsätzen waren oftmals bündnispolitische Loyalitäten oder symbolpolitische Erwägungen, weniger der Wille, eine bestimmte politische Wirkung auch tatsächlich zu erzielen. Das kann in Einzelfällen legitim sein, war im Fall des Afghanistaneinsatzes aber ein fundamentales Handicap – und verantwortungslos gegenüber den dort eingesetzten Frauen und Männern.

Generell muss sich deutsche Außen- und Sicherheitspolitik ehrlicher machen und die verbreiteten Mechanismen und Mentalitäten von Schönrednerei, Realitätsverleugnung und Selbstzufriedenheit überwinden. Diese gefährden Einsatzerfolge und gehen letztendlich auf Kosten der in hohe Risiken Entsandten.

Wirksame Unterstützung von Krisenbewältigung, Stabilisierung und Friedenssicherung braucht:

- genaues Hinsehen: sorgfältige Konfliktanalysen, hohe interkulturelle und Lokalkompetenz, Bodenhaftung, darauf aufbauend erfüllbare und überprüfbare Ziele (endstate, benchmarks) und einen realitätstüchtigen Erwartungshorizont;

- Klarheit über die sehr unterschiedlichen Reichweiten, Wirkungschancen, Stärken und Schwächen der verschiedenen Akteure, Instrumente und Maßnahmen (keiner schafft es allein);

- unabhängige und systematische Wirkungsbeobachtungen, -analysen und Evaluierungen;

- konstruktive Kooperationspartner nicht nur in der internationalen Gemeinschaft, sondern vor allem auch in den Krisenregionen; ohne lokale Partner und local ownership ist extern gestützte Krisenbewältigung und Stabilisierung aussichtslos;

- Bereitschaft und Fähigkeit zu Selbstreflexion und Selbstkritik und einen konstruktiven Umgang mit Fehlern. Der do-no-harm-Grundsatz (Vermeidung eigener kontraproduktiver Wirkungen) muss für alle Handlungsfelder gelten, nicht nur für die Entwicklungszusammenarbeit. Zur Entwicklung einer Fehlerkultur könnten auch die Fraktionen des Bundestages beitragen, wenn die Aufklärung und Überwindung von Fehlern den Vorrang bekäme vor der parteipolitisch motivierten, reflexhaften Suche nach „Schuldigen".

Sicherheitspolitik ist fokussiert auf die Wahrnehmung und Abwehr von Risiken und Bedrohungen für die eigene und kollektive Sicherheit, also eher reaktiv. Zu kurz kommen dabei die Wahrnehmung und das Nutzen von Chancen. Der Afghanistaneinsatz steht exemplarisch für viele vertane und vergessene Chancen. Regelmäßige Chancenanalysen können die Voraussetzungen schaffen für ein mehr proaktives Handeln bei Stabilisierung, Aufbauunterstützung und Friedensförderung. Unabdingbar sind Nüchternheit und Ehrlichkeit, Konsequenz und langer Atem. Das im oft kurzatmigen Politik- und Medienalltag durchzuhalten, ist möglich, aber eine besondere Herausforderung.

Parlamentsbeteiligung:

Der Deutsche Bundestag hat bei Auslandseinsätzen der Bundeswehr eine so starke Stellung wie nur wenige andere Parlamente. Die Parlamentsbeteiligung geschieht im Informationszugang, im Budgetrecht, in unterschiedlichen Graden an Mitsprache und Mitentscheidung. Grundvoraussetzung einer verantwortlichen Mitwirkung des Bundestages ist ein früher, verlässlicher und qualifizierter Informationszugang. Zu oft beschränkten sich Unterrichtungen auf Einzelereignisse und Maßnahmen, mangelte es an Informationen zu Trends und Schwerpunkten.

Auch wenn der Bundestag einen Mandatsantrag der Bundesregierung nur billigen oder ablehnen kann, hätte er sehr wohl Einfluss nehmen können auf die Klarheit, Glaubwürdigkeit und Erfüllbarkeit von Mandaten, die Angemessenheit und Flexibilität des Kräfteansatzes sowie eine verlässliche Wirksamkeitskontrolle. Die dafür notwendige souveräne Loyalität gegenüber der eigenen Regierung brachten aber die sie tragenden Koalitionsfraktionen meist nicht auf. Stattdessen stand oft die Mikrokontrolle im Vordergrund – auch auf Seiten der Opposition.

Die wichtigste und dringendste Konsequenz aus dem Afghanistaneinsatz für das Parlament ist, dass es seine politische Kernaufgabe bei Mandatierung, Ausstattung und Wirkungskontrolle sorgfältiger wahrnimmt und die zivilen Komponenten gleichermaßen in den Blick nimmt. So könnte auch in den letzten Jahren bei Soldaten verlorenes Vertrauen wieder zurückgewonnen werden. Dass der Entwurf zu einem neuen Parlamentsbeteiligungsgesetz Evaluierungsberichte vorschreibt, ist ein wichtiger, sehr lange überfälliger Fortschritt.

Im Laufe des ISAF-Einsatzes bestand ein Spannungsverhältnis zwischen dem Prinzip „Führen mit Auftrag" und der Notwendigkeit einer konstruktiven Fehlerkultur einerseits und der parlamentarischen Kontrollpraxis andererseits. Die parlamentarische Kontrolle konnte zur schnelleren Behebung von Mängeln im Einsatz beitragen, als Mikrokontrolle mit vorschnellen Schuldvorwürfen aber auch ein Absicherungsdenken befördern und Fehlerkultur behindern. Wenn sich das in den letzten Jahren gebessert haben sollte, wäre das sehr zu begrüßen.

Kommunikation und Einsatzrückkehrer:

Im Unterschied zu grundsätzlich unstrittiger Landesverteidigung muss jeder Kriseneinsatz für sich konkret und fortlaufend begründet und legitimiert werden. Ohne gesellschaftliche Akzeptanz hierzulande sind Kriseneinsätze bewaffneter Streitkräfte auf Dauer nicht durchhaltbar. Sie kann nur durch anschauliche, glaubwürdige, öffentliche Kommunikation erworben werden, die Fortschritte, Schwierigkeiten und Fehlschläge offen benennt. Sie braucht Gesicht und einen ressortgemeinsamen Ansatz. An beidem hat es in der Vergangenheit elementar gefehlt. Wo inzwischen Zweifel an Sinn, Wirksamkeit und Verantwortbarkeit von Auslandseinsätzen verbreitet sind, ist die systematische, (selbst)kritische und öffentliche Auswertung der Auslandseinsätze nach mehr als 20 (!) Jahren Erfahrung damit mehr als überfällig.

In Deutschland gibt es abertausende Rückkehrer aus Kriseneinsätzen – Soldaten, Entwicklungshelfer, Polizisten, Diplomaten. Statt des verbreiteten Desinteresses verdienen sie seitens der Politik, der Arbeitgeber und der Gesellschaft Aufmerksamkeit und verlässliche Unterstützung. In der – zum Glück – friedensgewohnten deutschen Gesellschaft leben jetzt Tausende Menschen, die Anschläge, Gefechte, Krieg erlebt haben, die verwundet wurden, Kameraden und Angehörige verloren, die selbst verwundet und getötet haben. Sie brauchen ganz besonders Interesse, Gesprächsoffenheit, Fürsorge. Die Erfahrungen und Kompetenz der Rückkehrer insgesamt sind ein Potenzial, das ganz anders zur Förderung der friedens- und sicherheitspolitischen Bildung und Debatte genutzt werden sollte. Der seit 2013 vom Auswärtigen Amt, Verteidigungs- und Innenministerium veranstaltete „Tag des Peacekeepers" ist ein wichtiger Fortschritt zur besseren Wahrnehmung derjenigen Frauen und Männer, die Tag für Tag unter hohen Belastungen und Risiken internationale Verantwortung praktizieren.

Anmerkungen

¹ Zu Afghanistan verfasste der Autor bisher 17 Reiseberichte und 30 Beratungspapiere zu verschiedenen Aspekten des Engagements, meistens veröffentlicht unter www.nachtwei.de. Zusammenfassend: Winfried Nachtwei, Der Afghanistaneinsatz der Bundeswehr – Von der Friedenssicherung zur Aufstandsbekämpfung, in: Anja Seiffert/Phil C. Langer/Carsten Pietsch (Hrsg.), Der Einsatz der Bundeswehr in Afghanistan – Sozial- und politikwissenschaftliche Perspektiven, Wiesbaden 2012, S. 33-48.

² Bei den Auslandseinsätzen der Bundeswehr kam es in höchst unterschiedlichem Maße zu Schusswaffeneinsätzen: In Bosnien-Herzegowina keine Feuergefechte, nur vereinzelte Warnschüsse; im Kosovo nur wenige Schusswaffeneinsätze; in Afghanistan (ISAF) von 2001 bis 2005 nur ein gemeldeter Schusswechsel, von 2006 bis 2014 mindestens 150 Schusswechsel und Gefechte. Bericht der Kommission zur Untersuchung des Einsatzes des G36-Sturmgewehres in Gefechtssituationen, Berlin 2016, S. 24 f.

³ Winfried Nachtwei, Stellungnahme bei der öffentlichen Sitzung der Bundestags-Kommission Parlamentsrechte und Auslandseinsätze am 11. September 2014 im Deutschen Bundestag, www.bundestag.de/bundestag/gremien/18/auslandseinsaetze

Hilfe, meine Tochter wird Soldatin

Stephan Bestehorn

Mein Name ist Oberstabsfeldwebel Stephan Bestehorn. In meiner Familie bin ich in der dritten Generation Soldat. Mein Vater war Berufsoffizier und als Oberst der letzte Inspizient der Artillerie. Zuvor war sein Vater schon als Offizier in der Wehrmacht und später in der Bundeswehr. Und auch mein Bruder ist Berufsoffizier geworden und dient zurzeit als Oberst im Kommando Streitkräftebasis.

Ich selbst habe als Unteroffizier und Feldwebel verschiedene Tätigkeiten auf unterschiedlichen Ebenen in der Bundeswehr ausgeübt; von der Waffeninstandsetzung, der militärischen Absicherung auf Kompanie-/ Bataillonsebene über Planung von Ausbildung/Übungen im ehemaligen Heeresführungskommando sowie Fuhrparkbeauftragter und Controller bis zu meiner aktuellen Aufgabe als Organisationsfeldwebel im Bereich Coaching Führungspersonal am Zentrum Innere Führung.

Im März 2014, ich war zu dieser Zeit im 28. Dienstjahr, bekam ich eine überraschende SMS meiner ältesten Tochter Maren: „Papa, würdest du die zukünftige Offiziersanwärterin und Studentin der Politikwissenschaften um 15:00 Uhr vom Bahnhof abholen?". Ziemlich überrascht antwortete ich mit „Ja". Sofort schossen mir Gedanken durch den Kopf: Hatte ich in der Erziehung versagt? Hatte ich nicht immer erzählt, wie schlimm so manches läuft? Hatte ich nicht genug aus den Einsätzen berichtet? Mir fehlte einfach die Vorstellung, meine Tochter will Soldat werden – genauer noch, Offizier in der Bundeswehr.

Berufsentscheidung

Ich holte sie nun vom Bahnhof ab und fragte sie: „Wieso willst Du um Gottes Willen ausgerechnet zur Bundeswehr? Hat dir mein Berufsleben nicht gereicht? Die Zeiten, die du mit Mama und deiner Schwester alleine verbracht hast? Ich war doch sehr oft unterwegs, z.B. während des Pendelns zwischen Koblenz und Aachen, als wir uns fast vier Jahre lang nur am Wochenende sahen. Oder beim fünfmonatigen Einsatz im Kosovo oder als Angehöriger der Nato Response Forces, als der Dienst mehrfach im Jahr aus Vorbereitung, Durchführung und Nachbereitung von Übungen bestand und ich oft von zu Hause weg war. Als Offizier wird es dir genauso ergehen".

„Papa!!!" - Wie oft hatte ich diese vorwurfsvolle Anrede von ihr schon gehört. „Zuerst einmal", so trägt sie mir vor, „trägt mich der Gedanke, dass es zu wenige junge Menschen in Deutschland gibt, die für Ihr Land auch einmal Verantwortung übernehmen wollen. Zudem werde ich mit Sicherheit eine adäquate Ausbildung erhalten. Von der finanziellen Unabhängigkeit, die mich erwartet, will ich gar nicht erst reden. Klar weiß ich, dass ich mit Sicherheit nach dem Studium auch im Ausland eingesetzt werde. Aber ist dies nicht auch gerade eine Herausforderung für mich als Frau?".

Nun, was sollte ich dazu sagen? Als ich Soldat geworden bin, galt es, die Bundesrepublik Deutschland im Rahmen der Bündnisverteidigung an der (ehemaligen) innerdeutschen Grenze zu verteidigen. Das war früher Herausforderung genug. Als nächstes drängte sich für mich der Gedanke auf, wie ich das meiner Frau beibringen soll. Schließlich hat sie in meinem Berufsleben die gesamte häusliche Last getragen. Aber auch da zeigte sich wieder – als Mann in einem Frauenhaushalt erfährt man die wichtigen Dinge immer als letzter. Wieder einmal ist da wohl in den letzten Wochen und Monaten so manches Mutter-Tochter-Gespräch an mir vorbei gegangen!

Das Thema „Soldat werden" war von nun an ein sehr wichtiger Gesprächsinhalt zwischen meiner Tochter und mir. Ich erzählte aus meiner Anfangszeit in der Bundeswehr. Auch der Großvater und ihr Onkel führten intensive Gespräche mit ihr. Denn schließlich war sie bereits die vierte Familiengeneration, die diesen Beruf ausüben wollte. Immer wieder überlegte ich, ob ich nicht doch unbewusst dazu beigetragen hatte, dass sich meine Älteste für diesen Beruf entschieden hat. Meine Frau bremste mich dann irgendwann ein, indem sie mir klar und deutlich mitteilte, dass das Kind seine eigenen Erfahrungen machen muss und wir lernen müssen, mit unseren Ängsten umzugehen, ohne uns in ihre Entscheidungen einzumischen.

Grundausbildung

Am 1. Juli 2014 war dann ihr Dienstantritt im Offizieranwärterbataillon in Hammelburg. In der Vorbereitung (meiner Vorbereitung wohlgemerkt) versuchte ich alles daranzusetzen, damit es meiner Tochter in den ersten Tagen bei der Bundeswehr gut geht. Gemeint ist: Papa geht Schlösser kaufen, das Kind braucht einen Reibert (das Handbuch für die Soldatinnen und Soldaten der Bundeswehr) und diverses Anderes. Eben das ganze fürsorgliche Programm, was Väter so drauf haben; einschließlich meiner „Weisheiten". Wie sie ihre Füße für einen Marsch vorbereitet oder was so alles „im Kopf entschieden wird" - frei nach dem Motto: „Wer noch sprechen kann, kann auch noch marschieren".

Ich löste auch das Versprechen ein, mit ihr vor dem Dienstantritt Schießen zu gehen. Für mich als Jäger war das kein Problem – eigene Waffen sind vorhanden und Schießstände in der näheren Umgebung. Mit dem Gewehr kam sie sofort gut zurecht. Das Schießen mit der Pistole fiel ihr zunächst schwerer, hat aber schließlich ebenfalls funktioniert. Ist ja meine Tochter!

Ich dachte mir, so kannst du sie auf den Weg schicken. Als sie am 1. Juli 2014 nach Hammelburg fuhr, fiel mir der Abschied aber dann doch recht schwer. Schließlich war es ja meine Tochter, die sich jetzt mit Männern messen musste. Ich gebe aber auch zu, dass ich sehr stolz war und bin, weil sie diese Herausforderung angenommen hat.

Das erste Wochenende blieb sie in Hammelburg. Auch als alter Soldat macht man sich dann so seine Gedanken, ob mit dem eigenen Kind auch anständig umgegangen wird. Im weiteren Verlauf der Grundausbildung kam sie an so manchem Wochenende nach Hause. Dieses Heimkommen verwunderte mich immer mehr. Sie wurde erwachsen!

Der Nagellack ist von Pulverschmauch und Waffenöl abgelöst und Diskussionen bei (familiären) Lageänderungen wurden doch recht schnell umgesetzt. Auch so manche Blessuren wie Hämatome an den Unterarmen wurden nur knapp kommentiert: „Papa, gleiten mit dem Maschinengewehr, da passiert das dann schon mal". Gut, als Vater fühlt man da schon ein bisschen Stolz, trotzdem bleibt ein komisches Rest-Gefühl bei der Sache.

Zur Vereidigung verlegte die ganze Familie einschließlich der Großeltern nach Hammelburg. Es war schon erstaunlich, wie selbstbewusst und diszipliniert diese jungen Menschen, die vor kurzem noch die Schulbank gedrückt hatten, dort auftraten. Und dass man auch in kurzer Zeit den Formaldienst erlernen kann!

Die folgende Zeit verging für mich wie im Flug. Plötzlich war sie Gefreiter OA (Offiziersanwärter), dann Obergefreiter OA und zur Jahreswende stand meine Tochter mit ihrer gesamten „persönlichen Ausrüstung" vor der Haustür. Ich konnte mich gar nicht mehr erinnern dass ich auch so viel Ausrüstung hatte. Wohlgemerkt, ich schleppte alles gemeinsam mit ihr ein Stockwerk hoch und hörte nur immer wieder hinter mir: „Papa, das habe ich auch schon schneller gesehen!" War das sonst nicht mein Spruch?

Offiziersausbildung

Die Grund- und Ergänzungsausbildung hatte sie bestanden und die Kommandierung zur Offiziersschule des Heeres in Dresden in der Tasche. Immer wenn Sie von dort nach Hause kam, wollte ich jedes Detail und was alles geschehen war genau wissen. Es hätte ja sein können, dass etwas nicht richtig gelaufen ist. Hier hätte ich mit Lebenserfahrung und dem Wissen, welche Rechte und Pflichten Soldaten haben, helfen können.

Irgendwann saßen wir dann abends beim Abendessen zusammen als sie zu mir sagte: "Papa, ich bin jetzt 20 Jahre alt, meinst du nicht auch, dass ich mal anfangen kann, meine Entscheidungen selbst zu treffen. Du weißt doch, wenn es brennt, ruf ich doch einen von euch als erstes an". Damit war für mich, uns alle klar – sie schafft das auch allein.

Es war eine Selbstverständlichkeit, das ich (leider konnte der Rest der Familie nicht teilnehmen) zur Verleihung des Offiziersbriefes nach Dresden fuhr. Dieser Tag war mit einer der schönsten, den ich mit meiner Tochter erleben durfte. Bei schönem Wetter waren sehr viele Angehörige bei der Verleihung anwesend. Man spürte den Stolz der Verwanden und Angehörigen der angetretenen Soldatinnen und Soldaten.

Im Vorfeld führte ich interessante Gespräche mit Kameradinnen und Kameraden meiner Tochter und war erneut erstaunt, wie gefestigt diese jungen Menschen bereits im Leben stehen. Auch wenn die Gesprächsinhalte unter anderem die Einsätze betrafen, spürte ich vor allem das Vertrauen in die gute Ausbildung. Ich kam mir vor wie zu meiner Anfangszeit – die jungen Leute sind alle motiviert und stolz darauf, was sie bis dato geschafft haben. Spätestens jetzt merkte man, dass man „alt" geworden ist.

Nun, meine Tochter ist jetzt ein Teil dieser sich ändernden Streitkräfte, hat mittlerweile ihr eigenes Profil entwickelt und steht mit Überzeugung für diesen Beruf ein.

Studium

Seit dem 1. Oktober 2015 befindet sich meine Tochter an der Helmut-Schmidt-Universität in Hamburg zum Studium der Politikwissenschaften. Es war ihr Wunschstudiengang, der wohl auch für ihren zukünftigen Stammtruppenteil, das „Zentrum für Operative Kommunikation" in der Streitkräftebasis, passend erscheint. Hier ist natürlich ihr Onkel der erste Ansprechpartner, schließlich hat er einen Hochschulabschluss. Ich kann als Meister da nicht mehr so viel helfen.

Resümee

Die Ängste, die mir noch vor Wochen und Monaten durch den Kopf gegangen sind, werden weniger, sind aber immer noch präsent. Natürlich sind die beruflichen Risiken im Studium überschaubar. Aber diese Zeit wird vorüber gehen und dann wird der Eid eingelöst werden müssen. Und genau davor – wenn es in Einsätzen, wo auch immer auf der Welt, möglicherweise um Leib und Leben meines Kindes geht – habe ich als Vater Angst!

Es ist mit Sicherheit für die meisten Eltern schwer, ihre Kinder ziehen zu lassen. Aber mit einem solchen Beruf im Hintergrund und mit Blick auf die politische Weltlage wird es noch ein ganzes Stück schwerer. Trotzdem muss man meiner Ansicht nach vor allen jungen Menschen großen Respekt haben, die sich für diesen Beruf entscheiden. Sie stehen künftig mit ihrem Leben dafür ein, uns hier in Deutschland zu schützen und unsere Werteordnung zu verteidigen.

Davon ist meine Tochter jetzt ein Teil, und sie weiß, dass sie jegliche Unterstützung von der gesamten Familie erhalten wird. Denn jeder von uns weiß auch, dass diese Berufswahl in unserer Gesellschaft nur bedingt anerkannt ist. Es wird sicherlich auch in dieser Hinsicht für uns spannend werden. Was sie uns in der Zukunft hierzu wohl erzählen wird?

Das meine Tochter den Soldatenberuf ergriffen hat, dafür werden die Gründe auch bei mir zu suchen sein. Es ist nicht nur der Dienst, sondern auch die körperlichen und geistigen Herausforderungen, die diesen Beruf so reizvoll machen. Flexibilität, die man in den verschiedenen Verwendungen beweisen muss, Kameradschaft, Vertrauen und vor allem die stets zu tragende eigene Verantwortung sind und bleiben prägend für einen Soldaten. Das hat sie (wohl ungewollt) vorgelebt bekommen. Dennoch bleibt das Gefühl, „nun ist sie weg".

Nach dem Einsatz ist vor dem Einsatz – Unser Leben in einer Soldatenfamilie

Robert Breutner mit Ehefrau Susanne

Erster Einsatz: März – Juli 1999, KVM/KFOR, Kosovo

Mein erster Einsatz unterschied sich von den Nachfolgenden: ledig, keine „feste Freundin", kein eigenes Handy (Smartphone), kein Internet, kein Skype, kein WhatsApp. Sechs Monate im Zelt, ein Handy für die ganze Einsatzkompanie.

Zweiter Einsatz: November 2002 – Juni 2003, KFOR, Kosovo

Seit Anfang 2002 bin ich mit Susanne, der Frau meines Lebens, in einer Beziehung. Sie steht meinem Beruf offen gegenüber. Bald sollte unsere junge Beziehung auf eine erste Probe gestellt werden. Ich soll ein halbes Jahr über Weihnachten, Ostern und Pfingsten in den KFOR-Einsatz nach Prizren ins südliche Kosovo, um den deutschen Kommandeur der multinationalen Brigade Süd zu schützen. Damit konfrontiert, hat Susanne die Aufgabe positiv angenommen und mich in jeder Art und Weise unterstützt. Sie gab mir nie das Gefühl, dass ich sie alleine lasse. Es war von vorne herein das Grundvertrauen vorhanden, dass diese lange Trennung unserer Beziehung nicht schaden wird. Trotzdem herrschte ein paar Tage vor dem Abflug eine gedrückte Stimmung.

Im Einsatz angekommen hat man als Soldat zwei Zwänge: erstens eine zügige, saubere Übernahme durchzuführen, um den Auftrag so schnell wie möglich zu beginnen. Zweitens will man sich „privat" schnellstmöglich einrichten, mit Schwerpunkt die Verbindung nach Hause sichern. In diesem Einsatz wurde von der Bundeswehr ein Dienstleister zur Verfügung gestellt, welcher Handyverträge für die Dauer des Einsatzes anbot. Eigentlich eine gute Sache; man erhält eine SIM-Karte und kann zu bestimmten Konditionen jederzeit telefonieren. Das Endgerät muss sich der Soldat selber organisieren. Leider waren die Gespräche sehr teuer im Gegensatz zu den meisten anderen Nationen; zum Teil konnten die kostenlos in die Heimat telefonieren. Internet gab es auch nur wenig, aber mit der Zeit fand man heraus, wo man die eigenen Emails abrufen konnte – meistens in Büros anderer Nationen unseres multinationalen Stabes.

Zu diesem Zeitpunkt war es privat für mich das Wichtigste, zu meiner Freundin Kontakt halten zu können. Die Zeit verging für mich sehr schnell, da wir auch eine sehr hohe Auftragsdichte hatten. Weihnachten, Geburtstag, Ostern alles verging wie im Fluge, stets flankiert von der Fürsorge meiner Freundin und Familie in Form von Paketen, Briefen, Emails und langen Telefonaten.

Nach über sechs Monaten Einsatz war der Tag da, an dem ich wieder die Heimreise antreten konnte. Ich freute mich unheimlich darauf, Susanne wieder in den Arm nehmen zu können. In Penzing am Militärflughafen war es dann soweit – ein Moment, den ich nie vergessen werde. Anfangs mussten wir uns wieder aneinander gewöhnen, dies ging aber recht schnell, auch aufgrund der steten Kommunikation während des Einsatzes. Im Nachhinein und während der kommenden Einsätze stellte ich für mich fest, dass nicht nur die Kommunikation wichtig war, damit eine Beziehung solche Belastungen übersteht, sondern dass der/die Daheimgebliebene ein gutes soziales Netz hat. Außerdem können der Beruf oder fordernde Aufgaben dazu beitragen, dass die Zeit an der „Heimatfront" schnell vorübergeht.

Dritter Einsatz: März – Juli 2004, ISAF, Kabul

Neuer Einsatz, neues Einsatzland, gleiche Aufgabe. Wir hatten den Auftrag, einen Brigadegenaral zu schützen, welcher im ISAF-Hauptquartier in Kabul eingesetzt war. Nach einer intensiven Vorausbildung und mit diversen Bildern im Kopf (Busanschlag, etc...) ging es nach Afghanistan, wohlwissend dass diese Mission eine andere (Bedrohungs-)Qualität hatte. Entgegen der offiziellen Sprechweise war dies kein Brunnenbohrer- und Schulbaueinsatz. Nur wurde das von sehr wenigen in Deutschland so gesehen. Dies wurde mir ziemlich schnell deutlich. Ein paar Tage nach meiner Ankunft im Einsatzland flogen die ersten Raketen auf das Hauptquartier. Solche Angriffe wiederholten sich ständig und irgendwie gewöhnte man sich sehr schnell an solch extreme Situationen.

Was kommuniziert man darüber in die Heimat? Mittlerweile waren unsere Möglichkeiten besser, um mit der Heimat in Kontakt zu bleiben. Internet, Skype und ein Dienstapparat, auf welchem im Notfall die Angehörigen anrufen konnten. Jeder von uns im Team hatte auch ein afghanisches Prepaid-Handy, auf dem man immer erreichbar war. Ich hatte mir angewöhnt, nur über das zu berichten, was auch in Deutschland in den Medien gezeigt wurde. Die anderen Situationen erzählte ich erst nach meiner Rückkehr aus dem Einsatz und manche gar nicht. Nach meiner Rückkehr war ich mir einer gefestigten Beziehung bewusst, welcher auch größere Distanzen und extremere Einsatzbedingungen nichts anhaben konnten.

Vierter Einsatz: November 2005 – März 2006, ISAF, Mazar-e-Sharif

Mittlerweile wohnte ich mit Susanne im Süden von München zusammen und wieder ging es für mich nach Afghanistan. In Mazar-e-Sharif lautete unser Auftrag, VIP-Besucher der Bundeswehr während ihres Aufenthalts im Einsatzland zu beschützen. Kurz vor dem Einsatz erfuhr ich, dass am 14. November mir persönlich bekannte Personenschützer in Kabul Opfer eines Anschlages wurden. Es herrschte eine seltsame Stimmung vor dem Abflug, aber man macht einfach weiter. Susanne und ich versuchten, uns im Vorfeld nicht verrückt machen zu lassen und uns wie bisher auch auf die anstehende Trennung vorzubereiten.

Der Einsatz selbst war eher ruhig. Wir waren in Zelten untergebracht ausgestattet mit Heizung und Feldbett. Es gab sogar ein Betreuungszelt mit Internetterminals, um Emails abzurufen. Telefonische Verbindung in die Heimat habe ich wieder mit einem afghanischen Prepaid-Handy gehalten.

Eines Abends befand ich mich vor meinem Zelt und telefonierte mit meiner Freundin, als auf dem Wachturm ein Soldat eine Person außerhalb des Lagers anrief, stehen zu bleiben und sich nicht weiter zu nähern. Auf die Person wurden Suchscheinwerfer und Waffen gerichtet, da man davon ausgehen musste, dass es sich um einen Selbstmordattentäter handeln könnte. Eine sehr surreale Situation: in der einen Hand halte ich das Telefon und in der anderen meine Pistole – der mit Stacheldraht verstärkte Schutzwall war nicht sehr hoch. Ich habe das Gespräch sehr schnell mit irgendeiner Ausrede abgewürgt und sie erst nach meiner Rückkehr über diesen Abend in Kenntnis gesetzt.

Fünfter Einsatz: November/Dezember 2006, KFOR, Kosovo

Bereits am Ende meines Afghanistaneinsatzes hatte mich mein Chef aus Deutschland angerufen, ob ich mir vorstellen könnte, kurzfristig für ca. fünf Wochen im Kosovo einzuspringen. Ich besprach dies mit Susanne und wir kamen überein, dass es für uns mittlerweile kein Problem war, einen solch kurzen Zeitraum zu meistern. Im Nachhinein denke ich mir oft, wie unglaublich es ist, was wir unseren Angehörigen zumuten müssen, egal wie sehr sie hinter einem stehen.

Sechster Einsatz: Oktober 2007 – Februar 2008, ISAF, Kunduz

Wie selbstverständlich spulte ich privat und dienstlich die Vorbereitungen für den nächsten Einsatz ab. Auch Susanne hatte sich gewisse Automatismen angeeignet, um sich auf die erneute Trennung einzustellen. Nach wie vor war ihre positive Einstellung gegenüber meinem Beruf vorhanden. Das ist auch bis zum heutigen Tage mit gewissen Abstrichen so geblieben.

In Kunduz hatten wir feste Unterkünfte, die auch einen gewissen Schutz gegen Raketenbeschuss boten. Darüber hinaus wurde vor Ort für die Betreuung gesorgt, wie das „Lummerland", eine Art Soldatenbar mit angeschlossenem Internetcafé, Fitnessraum, Kicker, Tischtennis usw.

Die Gefahrenintensität des Einsatzes steigerte sich zusehends. Angriffe von Selbstmordattentätern in unserem Verantwortungsraum häuften sich. Jeden dritten bis vierten Abend wurde unser Feldlager mit Raketen beschossen. So saß ich eines Abends in unserem Lagezimmer und telefonierte mit Susanne. Ich bemerkte das markante Zischen einer vorbeifliegenden Rakete und ein paar Sekunden später stand ein Kamerad will gestikulierend vor mir. Er wusste, dass ich mit der Heimat telefonierte und unterließ es, sich verbal auszudrücken. Das war auch nicht notwendig! Ich wusste sofort, was zu tun war – Weste und Helm anziehen, Ausrüstung und Waffe greifen und mich zu dem befohlenen Schutzraum begeben. Vorher beendete ich mein Gespräch mit Susanne mit dem Hinweis, dass einer meiner Kameraden ganz dringend zu Hause anrufen müsse. Verständnisvoll willigte Susanne ein und ich hoffte, dass sie nichts vom andauernden Beschuss mitbekommen hatte. Hatte sie nicht, wie sich im Nachhinein herausstellte! Im März 2008 hielt ich um ihre Hand an und steckte ihr den Verlobungsring an, welchen ich während des Einsatzes über das Internet ausgesucht und gekauft hatte.

Siebter Einsatz: Oktober 2009 – März 2010, ISAF, Kunduz

Ein Jahr nach unserer Hochzeit verschlug es mich wieder für gut fünf Monate nach Kunduz mit derselben Aufgabe wie zuvor. Der Raketenbeschuss war weniger geworden, ein Erfolg unserer Infanterie, die inzwischen den Feind aktiv bekämpfte. Wenn ich mich mit meiner Frau austauschte, vertieften wir die Situation in Kunduz nicht zu sehr – von beiden Seiten ein Schutzmechanismus. Wir hatten trotzdem genügend zu bereden, und ich kann mich nur an positive Telefonate erinnern.

Auch nach vielen Einsätzen freut man sich über regelmäßige Pakete und Nachrichten aus der Heimat. Eines Tages hieß es, dass die Postsendung für das Feldlager beschädigt worden sei. Der Hubschrauber, der die Post anlieferte, war während des Fluges mit Handfeuerwaffen beschossen worden. Ein Projektil hatte eine Hydraulikleitung getroffen, und die Flüssigkeit hatte sich über einen großen Teil der Postsendungen verteilt. Mein Paket war glücklicherweise nicht betroffen, aber einige erlebten eine böse Weihnachtsüberraschung.

Nach beiden Einsätzen in Kunduz gewöhnten wir uns sehr rasch wieder aneinander. Mit dem Kopf blieb ich aber noch eine ganze Weile in Kunduz, da diese Einsätze für mich sehr beeindruckend waren und ich die eine oder andere Situation noch zu verarbeiten hatte.

Achter Einsatz: Februar – Mai 2012, KFOR, Pristina

Im August 2011 erblickte unsere Tochter das Licht der Welt. Für uns beide eine neue Erfahrung und eine sehr intensive Zeit. Auf einmal verschieben sich sämtliche Prioritäten und andere Dinge werden wichtig. Nebenbei muss man noch den Alltag bewältigen. Irgendwie haben wir beide das Gefühl, dass 24 Stunden wesentlich schneller vorbei gehen als sonst.

Mit diesen Eindrücken verlegte ich in meinen achten Einsatz von knapp vier Monaten. Diesmal sollte ich Personenschutz für den deutschen Befehlshaber der KFOR-Truppe im Kosovo leisten. Unser Arbeits- und Wohnbereich im NATO-Lager in Pristina war sehr großzügig ausgestattet. Jedes Teammitglied hatte einen Wohncontainer für sich mit Fernseher und Internet. Über Skype konnte ich mich mit Susanne regelmäßig austauschen. Meine Tochter war erst ein halbes Jahr alt und nahm deshalb meine Abwesenheit noch nicht wahr. In der Heimat angekommen brauchte es nur eine kurze Zeit, bis sich meine Tochter wieder an den Papa gewöhnt hatte. Dieser Einsatz stellte vor allem für meine Frau eine neue Herausforderung dar, alles alleine mit dem Kind zu meistern.

Neunter Einsatz: Februar – September 2013, KFOR, Pristina

Ein Jahr danach ging es in meinen bis dahin letzten Einsatz mit gleichem Auftrag. Wir waren mittlerweile eine eingespielte Familie mit allem, was dazu gehört: Teilzeitjob meiner Frau, Kinderkrippe, gemeinsame Unternehmungen wie Urlaub und Ausflüge etc. Jedoch sollte dieser Einsatz erheblich länger dauern und ich hatte im Vorfeld große Bauchschmerzen, Susanne mit Kind für über sechs Monate alleine zu lassen. Die lange Dauer war auch das, was Susanne am meisten zu schaffen machte. Ein kleiner Lichtblick war, dass ich nur zwei Flugstunden von Deutschland entfernt und dass die akute Gefährdungslage im Kosovo eher gering war.

Bei über sechs Monaten Einsatz hatte ich die Möglichkeit, zwei Wochen Heimaturlaub zu nehmen. Diese Gelegenheit nahm ich natürlich wahr und meine Tochter dankte es mir insofern, dass sie in meinem Urlaub die ersten Gehversuche machte. Trotzdem zeigte sich nach meiner Rückkehr, dass meine Tochter ein halbes Jahr lang „nur" meine Frau als Bezugsperson hatte. Sie beäugte mich sehr interessiert, aber auch etwas misstrauisch. Sachen, die ich vorher mit ihr gemacht hatte, wie trösten, ins Bett bringen etc. waren für mich erstmal tabu. Ich hatte das vorher von anderen Kameraden gehört und mich darauf eingestellt. Aber wenn dein Kind dir sagt, „Mama macht das", ist das schwer zu verdauen. Nach ca. sechs Wochen verbesserte sich die Lage bedeutend, und ich durfte wieder ihr volles Vertrauen genießen. So eine Situation werde ich wahrscheinlich noch öfters erleben, zumal wir im November 2014 weiteren Nachwuchs bekommen haben, einen Sohn.

Rückblickend kann ich für mich sagen, dass der Auslandseinsatz eine hohe Belastung nicht nur für den Soldaten, sondern auch für seine Familie bzw. seine Angehörigen ist. Das, was in der Heimat im Stillen geleistet wird, ist bemerkenswert und so wichtig für uns Soldaten im Einsatz. Bei unseren Partnern schwebt neben der alltäglichen Belastung stets die Angst mit, dass jederzeit ein Anruf oder ein Besuch kommt, den man nie erleben möchte.

Anmerkungen und Eindrücke der Ehefrau

Gerne möchte ich den Beitrag meines Mannes um einige persönliche Erfahrungen ergänzen. Neben meiner Rolle als Ehefrau und Mutter bin ich zurzeit im Personalbereich einer Unternehmensberatung halbtags beschäftigt. Wie Robert schon beschrieben hat, haben wir im Laufe unserer Beziehung eine gewisse Routine im Umgang mit Einsätzen entwickelt. Das Wichtigste vom ersten Einsatz an war und ist das gegenseitige Vertrauen und Wissen, dass man sich auf seinen Partner zu 100 Prozent verlassen kann.

Der erste lange Einsatz von sechs Monaten hat unsere Beziehung auf eine harte Probe gestellt, da dies eine komplett neue Situation für mich war. Danach liefen die Trennungen meist schon recht eingespielt ab. Im Vorfeld und auch während des Einsatzes darf man sich auf keinen Fall verrückt machen lassen. Natürlich spielt das Wissen um die Gefahrenlage eine Rolle, aber sie darf nicht entscheidend sein. Den Gedanken an Tod oder schwere Verwundungen haben wir als eine Art Selbstschutz wohl immer verdrängt. Während der Trennung war und ist eine regelmäßige Kommunikation mit festen Terminen für Telefonate, Skypen etc. das A und O, um den anderen weiterhin an seinem Leben teilhaben zu lassen. Trotzdem dauert es nach der Rückkehr des Partners immer einige Zeit, bis man sich wieder aneinander gewöhnt hat. Uns haben hierbei gemeinsame Urlaube geholfen.

Während des Auslandseinsatzes ist man sehr stark auf sein soziales Netzwerk angewiesen. Ohne die Familie und Freunde hätten wir die bisherigen 1161 Trennungstage wohl nicht so gut überstanden. Nicht zu vergessen, die zahlreichen Trennungen durch Lehrgänge und Übungen, die sich zusätzlich auf einige Wochen pro Jahr belaufen. Natürlich gibt es immer wieder Situationen, auf die man gerne verzichten möchte, wie z.B. für alles plötzlich alleine die Verantwortung zu übernehmen oder immer alleine an Ereignissen wie Geburtstage, Hochzeiten etc. teilnehmen zu müssen. Auch die gut gemeinten Kommentare von Freunden mit unterschwellig mitleidigem Ton wie „Und, wie geht es dir?" kann man in diesen Momenten nicht gebrauchen. Ich bin einfach nicht der Typ für Mitleidstouren, sondern ein sehr positiver Mensch mit starker Persönlichkeit.

Von Seiten der Bundeswehr war es für mich immer sehr wichtig, einen Kameraden aus Roberts Einheit als Ansprechpartner zu haben, an den ich mich wenden konnte, sollte ich Hilfe brauchen. Ich wusste, dass diese Vertrauensperson meine Situation verstehen und entsprechend handeln würde. So werde ich beispielsweise nie die Unterstützung von Roberts Kameraden vergessen, die mir geholfen haben, eine riesige Lieferung an Brennholz zu stapeln. Ohne sie hätte ich alleine mit kleinem Kind wohl sehr lange dafür gebraucht. Darüber hinaus wurde ich immer frühzeitig vom Familienbetreuungszentrum angeschrieben und zu Veranstaltungen eingeladen; an einigen habe ich auch teilgenommen. Es ist einfach beruhigend zu wissen, dass diese Kontaktpersonen einem rund um die Uhr zur Verfügung stehen und unterstützen würden, auch wenn mein gutes soziales Netzwerk dies bisher nicht erforderte.

Die wohl größte Herausforderung waren die Einsätze meines Mannes seit der Geburt unserer Tochter. Der Stressfaktor steigt enorm an; den Alltag plötzlich als Alleinerziehende zu meistern, empfand ich als extrem anstrengend. Zeit für einen selbst gibt es überhaupt nicht mehr. Die Einsatzdauer spielt hierbei eine entscheidende Rolle. Sind drei bis vier Monate noch einigermaßen überschaubar, scheinen sich sechs Monate bis ins Unendliche zu ziehen. Ich hoffe sehr, dass eine so lange Trennung, auch der Kinder wegen, nicht mehr vorkommt. Dem nächsten Einsatz sehe ich deshalb mit gemischten Gefühlen entgegen. Nicht nur ist die Gefährdungslage in den meisten Einsatzgebieten gestiegen, sondern durch zwei kleine Kinder wird das Stresspotential nochmals steigen und ich weiß nicht, wie die Kinder nun auf die Trennung reagieren werden.

Zum Schluss ein scheinbar kleines, aber sicherlich lösbares Problem für das Einsatzführungskommando. Bei fast jedem Einsatz hatten wir im Vorfeld immer Ungewissheit über das genaue Abflugdatum. Und hier spreche ich nicht nur von ein, zwei Tagen, sondern eher von Wochen. Das macht es nicht einfacher, sich als Familie und das Umfeld auf die anstehende Trennung vorzubereiten. Und wenn es auch sehr schön ist, wenn der Partner am Abend des Abflugs plötzlich wieder vor der Tür steht, so ist der Abschiedsschmerz am nächsten Tag noch größer.

"Wenn Papas Stiefel fehlen, ist Mama immer ganz traurig – und ich auch."

Leben mit Wunden

Stefan Schultze

„Keiner kommt von einer Reise so zurück, wie er gefahren ist."

Doch für einige unserer Soldaten sind diese Veränderungen wohl sehr viel größer, als für manch andere. Manchmal treten sie schlagartig ein, aber oftmals sind sie nicht sofort spür- oder wahrnehmbar. Sie können positiv sein, nicht selten jedoch sind sie ausgesprochen negativ oder gar fatal.

Auch ich zähle mich zu den Soldaten, die verändert von ihrer „Reise", dem Einsatz im erweiterten Aufgabenspektrum der Bundeswehr, zurückgekommen sind. Am 7. August 2009 wurde ich während Gefechtshandlungen angeschossen und verwundet. Aufbauend auf den Erfahrungen durch meine eigene Verwundung erhielt ich nach meiner Genesung die Gelegenheit, mich als „Lotse für einsatzgeschädigte Soldatinnen und Soldaten" um die Belange anderer an Körper und/oder Seele verwundeter Kameradinnen und Kameraden zu kümmern. Ich habe dabei auch ihre Geschichten gehört, ihre ganz eigenen Schwierigkeiten und Probleme kennen gelernt, ihr Denken und Fühlen verfolgt. Einen einzigen Wunsch haben alle gemeinsam: „Ich möchte einfach nur wieder gesund sein!".

Physische Verwundung

Eines muss der körperlich verwundete Soldat nicht tun: sich begründen. Nachgezogene Beine, unbeweglich herunter hängende Arme, verlorene Gliedmaßen, großflächige Verbrennungsmale oder deutlich sichtbare Narben auf dem Körper sprechen einfach für sich. Niemals wird in Frage gestellt, ob die Ereignisse wirklich so gravierend für ihn sind, wie durch den Soldaten geschildert. Man sieht es ja schließlich.

Wenn Sie so wollen, könnte man also durchaus von einem „Vorteil" sprechen. Doch jeder einzelne Soldat würde diesen „Vorteil" nur zu gerne für seine verlorene Gesundheit eintauschen. Der Wunsch nach Normalität und alter Lebensqualität dominiert. Unsere Bundeswehrärzte haben glücklicherweise (oder leider?) mittlerweile große Erfahrungen gesammelt, wenn es um die Versorgung von Schuss-, Spreng- oder Brandverletzungen geht. Sie schaffen es, die Verwundeten gesundheitlich – so optimal wie machbar – zu rehabilitieren. Bis zu einem gewissen Punkt, denn Wunder können auch sie nicht bewirken. So bleibt also der Wunsch, einfach wieder gesund zu werden, für Einige unerfüllt. Verlorenes Augenlicht oder verlorene Körperglieder kann auch der beste Chirurg nicht wiedergeben. Somit gibt es nur eine Möglichkeit: man muss sich mit der neuen Situation arrangieren.

Die Bundeswehr lässt den Soldaten, gleich welcher Dienstgradgruppe er angehört, meines Erachtens hierbei nicht hängen oder allein. Es werden Dienstposten gefunden, die der verwundete Soldat mit seinen Einschränkungen erfüllen kann. Es werden Arbeitsplätze umgebaut und ausgestattet, die den Soldaten in seiner Auftragserfüllung unterstützen sollen.

Viele Kameradinnen und Kameraden erlangen dadurch ihre alte Motivation. Sie haben eine neue Perspektive und definieren für sich Ziele. Manche wachsen sogar daran und finden neue Herausforderungen. Doch trotz aller Bemühungen, aller Unterstützungsleistungen stellt sich nicht immer die alte Berufszufriedenheit beim Betroffenen ein. Warum ist das so? Sind sie vielleicht sogar undankbar? Nein! Denn was bleibt, sind die Erinnerungen an die Zeit vor den Narben.

Psychische Verwundung

Der Wunsch nach Normalität und alter Lebensqualität ist beim psychisch Verwundeten der Gleiche. Vielleicht ist er sogar noch stärker ausgeprägt. Doch anders als beim körperlich verwundeten Soldaten ist seine Verwundung unsichtbar, nicht greifbar.

Bei so gut wie jedem psychisch verwundeten Soldaten stehen am Anfang Rechtfertigungen dem kritischen Hinterfragen gegenüber. Ständiges Erzählen des Erlebten, bei immer wechselndem Gegenüber, paaren sich mit dem Gefühl des „Mir glaubt ja niemand!". Besonders wenn der unmittelbare zeitliche Zusammenhang nicht mehr gegeben ist, sondern die Veränderungen erst Jahre nach dem Erlebten auftreten, ringt der psychisch Belastete um seine Glaubwürdigkeit. Dieser Umstand belastet den Zustand des Betroffenen noch zusätzlich.

Ich habe viele Soldaten erlebt, die erst nach Erhalt des positiven Bescheides über ihre anerkannte Wehrdienstbeschädigung (WDB) mit Tränen in den Augen sagten: „Endlich glaubt man mir…!". Diese Kameradinnen und Kameraden können erst jetzt beginnen, sich auf das eigentlich Wesentliche zu fokussieren: Ihre gesundheitliche Rehabilitation. Bis zu diesem Punkt (und ich glaube, hier kann ich verallgemeinern) traten sie gefühlt nur auf der Stelle.

Doch nun sehen Sie sich oftmals vor einem Problem, das eben noch andere mit ihnen selbst hatten: Die Verwundung ist auch für sie selbst „nicht sichtbar". Der Wunsch nach alter, gewohnter Normalität erfüllt sich nicht mit dem Erhalt eines Schriftstückes. Auch für sie gilt es nun, mit den Narben (auf ihrer Seele) umgehen zu lernen, die damit verbundenen Schmerzen einzuordnen und sie als festen und dauerhaften Bestandteil ihres zukünftigen Lebens zu betrachten. Ärzte und Therapeuten leisten auch hier Herausragendes. Sie können, ähnlich wie bei den physisch Verwundeten, bis zu einem gewissen Punkt Abhilfe leisten und eine spürbare Verbesserung herbeiführen. Doch ungeschehen können sie es auch hier nicht machen.

Der körperlich verwundete Soldat muss motorische Abläufe neu erlernen bzw. anpassen, der psychisch verwundete Soldat muss unter professioneller Anleitung lernen, seine mentalen Abläufe wieder in den Griff zu bekommen. Die Tatsache, dass nicht wenige Einsatzversehrte physisch UND psychisch verwundet wurden, macht deutlich, dass der Begriff „Herausforderung" nicht ausreichend für das ist, was die Betroffenen zu bewältigen haben.

Bürokratie belastet

Neben der gesundheitlichen Rehabilitation ist die bürokratische Abwicklung der Einsatzschädigung ein zweiter wichtiger Verfahrensstrang. Immer wieder ist von einzelnen Verfahren zu hören, welche unglaublich lange dauern. Doch woran liegt das? Nach meinen Erfahrungen sind die Gründe und Ursachen hierfür sehr unterschiedlich. Von Unwissenheit über Gleichgültigkeit, von Resignation bis hin zu Scham bei den Betroffenen erstreckt sich die Bandbreite. Viele Kameradinnen und Kameraden können oder wollen sich nicht mit diesen Dingen auseinander setzen. Oftmals treffen sie bereits beim ersten Telefonat auf Widerstand, wodurch ihre Unsicherheit weiter wächst und sie sämtlichen Mut verlieren, ihre Interessen weiter zu verfolgen.

Für bürokratische Vorgänge, wie z.B. das Verfassen von Anträgen, Einhalten von Fristen, Aufnehmen und Halten von Verbindungen oder Weitergabe von Informationen zum Bearbeitungsstand, hat die oder der Geschädigte keinen Gedanken frei. Oftmals fällt es schwer, selbst mit vertrauten Personen über den Sachverhalt zu sprechen. Mit fremden und oft zivilen Personen darüber zu sprechen, ganz gleich wie kompetent sie sein mögen, stellt für viele ein unüberwindbares Hindernis dar. Selbst wenn eine Beratung zustande gekommen ist, kann die oder der Geschädigte oftmals nur sehr schwer oder gar nicht dem Gespräch vollständig folgen, bzw. dessen Inhalt in Gänze verstehen, um so auch entscheidende Schritte zeitgerecht einleiten zu können. Diese Wirren sind schon für gesunde und klar denkende Personen schwer zu begreifen. Ein belasteter, verwundeter Soldat wird hier schnell an die eigenen Grenzen stoßen. Hier konnte ich in meiner Funktion als Lotse für einsatzgeschädigte Soldatinnen und Soldaten Unterstützung bieten und Entlastung erreichen.

Als Lotse war ich ständiger Ansprechpartner für betroffene Soldatinnen und Soldaten. Ich war somit „Spinne im Netz" und „vertrautes Gesicht" zugleich und durch meine spezielle Ausbildung befähigt, den Gang durch die jeweiligen Instanzen doch deutlich zu erleichtern. Die Lotsen verhindern also, dass Betroffene im bürokratischen Dschungel unterzugehen drohen. Der Lotse wird nicht die Person sein, die den Geschädigten aus seiner tiefen Verzweiflung bzw. seiner aussichtslos erscheinenden Situation herausholt oder ihn gar wieder gesund macht. Er kann aber durch seine Unterstützung dazu beitragen, dass der richtige Weg eingeschlagen wird, um eben diese Ziele zu erreichen.

Jedes vollständig und korrekt ausgeführte Verfahren bedarf einiger Bearbeitungszeit. Der Gesunde versteht diesen Umstand. Der Kranke dagegen möchte eine präzise und ausführliche Begutachtung in allerkürzester Zeit. Auch während meines eigenen Einsatzschädigungsverfahrens ertappte ich mich dabei, wie ich über die lange Bearbeitungszeit klagte, vergaß aber meinerseits, entsprechend notwendige Informationen rechtzeitig an beteiligte Stellen weiter zu geben. Heute, mit einigen Jahren Abstand, kann ich über diese Ungeduld lächeln, weiß ich doch, dass mein gesamtes Verfahren für damalige Verhältnisse ausgesprochen schnell abgeschlossen wurde.

Seit 2011 haben sich meiner Ansicht nach die Verfahrensabläufe deutlich verbessert. Kürzere Bearbeitungszeiten, wo immer sie möglich sind, niedrigere Hürden, um als einsatzgeschädigter Soldat behandelt zu werden, hervorragende rechtliche Ansprüche für den verwundeten Soldaten nach einer Einsatzschädigung aufgrund unseres Einsatzweiterverwendungsgesetzes, wie sie in kaum einer Armee zu finden sind, zeigen mir, dass man sich seiner Verantwortung um die eigenen Soldaten bewusst geworden ist. Diese Feststellung reicht sicherlich nicht, um alle Einsatzgeschädigten glücklich und restlos zufrieden zu machen, schon gar nicht um ihren Wunsch nach Normalität zu erfüllen. Das wird es wohl nie. Doch scheint es mir der richtige Weg zu sein.

Im Umgang mit Verwundeten

So individuell die Sorgen, Ängste, Nöte und Beschwerden eines jeden einzelnen verwundeten Soldaten sind, so unterschiedlich und sensibel ist auch der Umgang mit ihnen. Einige wenige Dinge gelten aus meiner Sicht jedoch für jeden einzelnen geschädigten Soldaten.

Wahrnehmung! Nichts ist kränkender als abwertendes Verhalten gegenüber dem Verwundeten. Besonders bei psychisch verwundeten Soldaten spielt Scham aufgrund der gefühlten Schwäche eine große Rolle. Wenden sich die Kameradinnen und Kameraden deswegen von ihnen ab, grenzen sie aus und isolieren sie von den gewohnten militärischen Strukturen, wird dies die Verwundeten noch tiefer in ihre Verzweiflung führen.

Beständigkeit! Die eben erwähnten gewohnten militärischen Strukturen sind es, die dem/der Geschädigten ein Mindestmaß an Sicherheit geben. Bekannte Kameraden, ein bekanntes Umfeld und Vorgesetzte, die (hoffentlich) wissen, was ihm/ihr widerfahren ist, führen dazu, dass er/sie sich nicht mehr als unbedingt notwendig erklären muss. Alte, geübte Abläufe des täglichen Lebens sind verinnerlicht und können leichter abgerufen werden. Sich in der ohnehin schwierigen Situation noch an ein neues Umfeld gewöhnen zu müssen, würde zusätzlich belasten.

Unterstützung! Den Weg der Genesung müssen alle Versehrten selber gehen, aber man kann sie unterstützen. Zu zeigen, dass an sie gedacht wird, man weiter da ist für sie, ist oft schon ausreichend. In ständiger Erinnerung bleibt mir ein junger Oberleutnant eines anderen Verbandes, mit welchem ich im Bundeswehrzentralkrankenhaus in Koblenz zufällig ins Gespräch kam. Unter Tränen schilderte er mir, dass sich seit über zwei (!) Jahren kein Soldat seiner Einheit mehr bei ihm gemeldet habe.

Verständnis! Die eigene Verwundbarkeit noch dicht vor Augen, ist das Selbstvertrauen bei vielen verwundeten Soldaten verschwindend gering. Viele Vorgesetzte sind sich dieser Tatsache bewusst und versuchen, Ängste zu nehmen und dieses mangelnde Selbstvertrauen langsam wieder aufzubauen. Doch nicht alle Vorgesetzte handeln so. Allzu oft fallen unbedachte, flapsige Sätze, wie „Mit Ihnen kann ich ja überhaupt nichts anfangen…!". Bitte nicht missverstehen: Betroffene erwarten kein Mitleid, aber sie möchten sich auch nicht herabgesetzt fühlen. Sie möchten als das behandelt werden, was sie sind: als ein vollwertiger Mensch.

Nachbetrachtung

Unsere Einsatzsoldaten wünschen sich, für ihren Dienst an unserem Land respektiert zu werden. Mehr nicht. Dies gilt für die große Zahl derer, die gesund an Leib und Leben zurückkehren, als auch für die, die einen Teil ihres Blutes oder ihres Seelenfriedens im Einsatz verloren haben und erst recht für jene, die den höchsten Preis gezahlt haben. Öffentliche, aber auch Bundeswehr-interne Wertschätzung sollen und müssen wieder zur Selbstverständlichkeit werden.

„Der Krieg hat einen langen Arm. Noch lange, nachdem er vorbei ist, holt er sich seine Opfer!"[2] Lassen Sie uns die Zahl dieser Opfer so gering wie möglich halten.

Anmerkungen

[1] Graham Greene, 1904-1991, britischer Schriftsteller.
[2] Martin Kessel, 1901-1990, deutscher Schriftsteller.

Verwundung – Sind öffentliche Wertschätzung, soziale Absicherung und das Leben danach das Risiko wert?

Felix Rauer

Mein 3. Afghanistan-Einsatz

Als Stabsgefreiter war ich im Juni 2010 während meines dritten Afghanistaneinsatzes in Feyzabad als Kraftfahrer der OMLT-Kompanie (Operational Mentoring Liason Team) eingesetzt. Ich war bereits von Juli 2009 bis Januar 2010 mit dieser Kompanie hauptsächlich im Raum Kunduz im Einsatz und hatte nach einem kurzfristigen Anruf meines Senior Mentors (zugleich mein Kompaniechef) wegen meiner Freunde und Kameraden wieder zugesagt.

19. Juni 2010

An diesem 19. Juni waren wir bereits seit vier Tagen auf einer LTP (Long Term Patrol) im Nordosten Afghanistans. Wir befanden uns an diesem Tag auf dem Rückweg nach Feyzabad. Unser Zwischenziel sollte Baharak sein, etwa 40 km ostwärts von Feyzabad, aber mindestens vier Stunden Fahrt über teils abenteuerliche Wege. Wie immer war ich mit meinem Fahrzeug, Typ Dingo 2, als Spitzenfahrzeug eingesetzt, zusammen mit einem weiteren Fahrzeug als Vorhut circa 10-15 min vor den Hauptkräften unserer Patrouille. Wir waren bereits den ganzen Tag unterwegs, was bei den Straßenverhältnissen, wenn man diese Schotterpiste mit jeder Menge von Schlaglöchern überhaupt als Straße bezeichnen kann, nach einer gewissen Zeit als Kraftfahrer durchaus anstrengend werden kann. Ich freute mich nur noch auf unser Zwischenziel und mein Feldbett.

Auf einmal war alles dunkel! Als ich wieder zu mir kam, stellte ich fest, dass entweder die Scheibe kaputt war oder mir irgendetwas anderes die Sicht nahm. Mir war klar, hier stimmt etwas nicht. So versuchte ich, unser Fahrzeug – und mit ihm meine Kameraden – aus der Gefahrenzone herauszubringen, welche Gefahr das auch immer war. Ich trat immer wieder aufs Gas, versuchte, einen Gang einzulegen, aber nichts funktionierte. Plötzlich merkte ich, dass meine Tür fehlte und wie sich mein Bart mit Blut aus meiner Nase vollsog. In diesem Moment war mir sofort klar: IED – HINTERHALT!

Mein ganzes Denken war: Du musst hier sofort raus und in Stellung gehen, denn so wie du hier ohne Tür sitzt, bist du einfach nur ein gutes Ziel.

Mein „Aussteigen" war mehr ein Herausfallen. Als ich am Boden in einem Loch neben dem Fahrzeug lag und nicht mehr alleine aufstehen konnte, ergriff mich zum ersten Mal ein leichter Anflug von Panik und Hilflosigkeit. Was sollte ich jetzt tun? Was, wenn der Feind nur ein paar Meter im Graben gegenüber in Stellung liegt und ich, nur bewaffnet mit meiner Pistole P8 und 15 Patronen, hier mehr oder weniger ziemlich unbeweglich und wehrlos in einem Krater liege? (Später stellte sich heraus, dass ich genau auf dem Rand des Sprengkraters lag, verursacht durch 30kg Homemade-Explosive, etwa 8kg TNT.)

Doch plötzlich kamen zwei meiner Teamkameraden und halfen mir hoch. Links und rechts gestützt, den Bart voller Blut und mit einsetzenden Rückenschmerzen, brachten sie mich hinter unserem zweiten Fahrzeug in Deckung. Zum Glück hatten wir im Team einen Rettungsassistenten, der sich sogleich an die Arbeit machte. Leider wurden meine Rückenschmerzen immer schlimmer, wodurch ich immer wieder versuchte, meine Position zu ändern, um besser liegen zu können. Nachdem die Hauptkräfte mit dem BAT (Beweglicher Arzt-Trupp) vor Ort waren, wurde ich direkt mit Schmerzmitteln aus dem Leben geschossen. Zwischendurch hatte ich immer wieder die Augen offen und nahm noch verschwommen meine Umgebung wahr, aber aufgrund der Schmerzmittel kann ich mich nur noch an Ausschnitte erinnern. Ich weiß noch, dass ich auf eine Vakuummatratze geschnallt wurde. Ich begann, den Ernst der Lage wahrzunehmen. Irgendwas musste mit meinem Rücken sein. Also bewegte ich immer wieder kurz meine Füße, um sicher zu gehen, dass ich nicht gelähmt war, und um mich so wieder zu beruhigen.

In dieser Phase hatte ich längst jedes Zeitgefühl verloren, ich wusste noch, dass es irgendwann am Nachmittag sein musste – ich kann mich an den hellblauen Himmel erinnern. Irgendwann hörte ich Hubschrauber über mir, und dann war da auf einmal ein US-Soldat mit Crewhelm. (Ich hatte Glück, zwei amerikanische Blackhawk-Helikopter waren nach 45 Minuten vor Ort und bargen mich per Winde, denn landen konnten sie nicht.)

Mir war mittlerweile alles egal. Ich hatte mich mit meinem Schicksal abgefunden, dass ich nach Feyzabad zur Rettungsstation ausgeflogen werden musste. Noch in der Nacht wurde ich mit einer schwedischen C-130 Transportmaschine nach Mazar-e-Sharif (MES) geflogen, wo mir ein Neurochirurg sogleich die Diagnose eröffnete: Bruch des ersten Lendenwirbels, Knochensplitter drücken bereits aufs Rückenmark. Für mich war das unverständlich, konnte ich doch immer noch meine Füße bewegen. Der Arzt erklärte mir, was genau mit meiner Wirbelsäule passiert war, und dass ich noch in der Nacht operiert würde, bevor ich nach Deutschland ausgeflogen werde.

In diesem Moment hatte ich nur noch einen Wunsch, ich wollte zuhause anrufen, einfach eine vertraute Stimme hören. Ich bekam ein Handy und rief meine Eltern an. In Deutschland war es bereits ca. 22.00 Uhr, als meine Mutter ans Telefon ging. Ich erzählte ihr teils gefasst, teils den Tränen nahe, dass ich früher als geplant nach Hause komme: „Mama, bin schon wieder in Mazar … komme früher nach Hause". Für den Moment war ich etwas beruhigter und fasste neuen Mut, dass alles wieder gut werden würde, irgendwie jedenfalls. Das Letzte, woran ich mich noch von Afghanistan erinnere, ist die Lampe im OP-Saal, bevor mir von der Narkose die Augen zufielen.

Behandlung in Deutschland

Als ich wieder in Deutschland im Bundeswehrzentralkrankenhaus Koblenz aufwachte, wusste ich weder, wo ich war, noch was das alles für vermummte Gestalten um mich herum waren. Die einzige Gestalt, die ich auf Anhieb erkannte, war meine Mutter. Trotz aller Schmerzmittel tat mir alles weh. Während ich noch auf der Intensivstation lag, kam ein Team aus Psychiatern und Psychologen, um mit mir zu reden. Nach dem Austausch von Begrüßungsfloskeln fragten sie direkt, ob man sich Sorgen machen müsse, dass ich mir eventuell etwas antun wolle. Ohne Umschweife war für mich das Gespräch beendet und alles, was irgendwie mit Psyche zu tun hatte, hatte sich aus meiner Sicht erstmal erledigt. Als ich wieder alleine im Zimmer war, dachte ich darüber nach, wie ich mir überhaupt etwas antun könnte, wo ich mich ja sowieso kaum bewegen konnte. Ich kam zu dem Ergebnis, dass ich überhaupt erst wieder einigermaßen gesund werden müsste, um mir letztendlich erfolgreich selbst etwas antun zu können. Mit Feststellung dieses Paradoxons hatte sich das Thema für mich erledigt. Ich konzentrierte mich auf meine Genesung und mein Ziel: ich wollte wieder Snowboarden. Und tatsächlich war ich neun Monate nach dem Anschlag zum Snowboarden in den französischen Alpen.

Bereits im Krankenhaus musste ich allerdings feststellen, dass etwas mit meiner Blase nicht stimmte. Es wurde aufgrund der Rückenmarksschädigungen eine Blasenentleerungsstörung festgestellt. Ich konnte weder richtig Wasser lassen noch merkte ich gar nicht richtig, dass ich überhaupt zur Toilette muss. Der Urologe empfahl mir, einen Bauchdeckenkatheter einzusetzen, quasi einen Schlauch in der Bauchdecke, an dessen Ende ein Ventil angebracht ist. Ein Rückschlag für meine Psyche! Aber ich war mittlerweile an dem Punkt: wenn ich mich nicht von Sprengladungen aufhalten lasse, was ist da schon ein kleines Ventil? Aufgeben kam und kommt nicht in Frage! Kurz bevor ich zu meiner Snowboardtour im März 2011 aufbrach, gab es ein erstes Erfolgserlebnis – der Bauchdeckenkatheter wurde durch Einmalkatheter ersetzt, so dass ich nicht permanent einen Fremdkörper in mir trage.

Der Weg zurück in ein „normales" Leben

Im Spätsommer 2011 versuchte ich, wieder im zivilen Berufsleben Fuß zu fassen. Ich entschied mich, ein von mir bereits vorher angestrebtes Studium als Bauingenieur an der Fachhochschule Mainz zu beginnen. Da ich mittlerweile im Wehrdienstverhältnis besonderer Art und somit in der Schutzzeit nach dem Einsatzweiterverwendungsgesetz war, wurden die Kosten von der Bundeswehr getragen, um mich nicht nur medizinisch, sondern auch beruflich rehabilitieren zu können. Leider musste ich feststellen, dass mich diese Situation in der zivilen Welt vor gänzlich neue Herausforderungen stellte. Es gab nicht wenige Mitstudenten, die doch etwas schockiert waren, dass deutsche Soldaten kämpfen müssen, verwundet und getötet werden und nicht nur Brunnen bohren und dafür eine Menge Geld bekommen. Aufgrund meiner vorangegangenen Erfahrungen mit den Psychologen und Psychiatern kostete es mich einige Überwindung, mir überhaupt Hilfe zu suchen bzw. mir einzugestehen, dass ich zwar körperlich auf einem guten Weg war, aber der Kopf nicht so wollte, wie ich das gerne hätte.

Auch fehlte mir in dieser Zeit so etwas wie ein Mentor oder Lotse von Seiten der Bundeswehr. Meine ersten Ansprechpartner bei Problemen waren immer meine Eltern, aber auf militärischer Ebene gab es für sie Grenzen. Nachdem zwei zivile Psychologen bei mir keine Probleme diagnostizierten, fand ich im Frühjahr 2012 letztendlich die richtige Psychologin. Obwohl auch Zivilistin, hatte sie zuvor mit britischen Soldaten gearbeitet und war somit die erste Fachperson, der ich von meinen Problemen – resultierend aus meinen Verletzungen – erzählen konnte. Zu diesem Zeitpunkt hatte ich bereits mein Studium eingestellt, da es wenig Sinn für mich machte. Ich wollte erst wieder eine erfolgversprechende Basis aufbauen. Zeitgleich, mit Beendigung des Studiums im Februar 2012, erhielt ich endlich den ersehnten Bescheid der Wehrbereichsverwaltung über meine WDB (Wehrdienstbeschädigung), welche mit

60% angegeben wurde. In den folgenden Monaten und Wochen setzte ich mich alleine und mit meiner Familie, aber auch mit meiner Therapeutin intensiv mit dem Thema „Berufssoldat" auseinander. Schließlich entschloss ich mich im Juni desselben Jahres, einen Antrag zur Übernahme als Berufssoldat zu stellen, worauf erstmal das lange Warten begann.

In der Zwischenzeit stieg ich langsam wieder in den Dienstalltag ein, auch wenn anfangs niemand so recht wusste, wie man mich dienstlich einsetzen sollte. So war ich die ersten Wochen einfach nur anwesend. Da ich seit der Entlassung aus der Reha bis zu dieser Phase im Mai 2012 durchgehend krankgeschrieben gewesen war, war ich froh, endlich wieder einen geregelten Alltag zu haben, wenn auch noch ohne großen Inhalt und Auftrag. Dies änderte sich, als ein Stabsfeldwebel unseres Bataillons, Uwe Simolka, mich ansprach, ob ich mir vorstellen könnte, mit ihm zusammen ein Lotsenteam für das Panzergrenadierbataillon 212 in Augustdorf aufzubauen. Da das Bataillon 2011 erneut in Afghanistan eingesetzt war, war ich nicht mehr der einzige Verwundete und nicht nur ich, sondern auch andere, ob körperlich oder psychisch Geschädigte, brauchten Unterstützung.

Lotsen für Einsatzgeschädigte waren damals was Neues. Meine Betreuung bzw. die Betreuung meiner Eltern gerade während meines Krankenhausaufenthaltes beruhte auf dem improvisierten Engagement einzelner Angehöriger meines Bataillons. Für mich bot sich die Möglichkeit, endlich wieder etwas Sinnvolles zu tun und Anderen mit meinen positiven wie negativen Erfahrungen helfen zu können. In dieser Funktion absolvierte ich im Jahr 2013 meine 6-monatige Probezeit zum Berufssoldaten, bevor ich dann im September 2013 als frisch ausgebildeter Lotse vom 2-wöchigen Lehrgang vom Zentrum Innere Führung aus Koblenz zurückkam und zum Berufssoldaten ernannt wurde.

Positive/Negative Erfahrungen

Ich habe in den vergangenen sechs Jahren einiges an positiven, aber leider nicht wenige negative Erfahrungen in Zusammenhang mit meiner Verwundung machen müssen, so z. B. mit der Versorgung von Einmalkathetern über die bundeswehreigene Apotheke. Im Herbst 2013 wurde meine Bestellung einfach gestoppt mit der Aussage, mein Verbrauch an Kathetern wäre zu hoch. Als ich kurz darauf ein neues Katheter-Modell von meinem Urologen empfohlen bekam, schien man Bestellnummern nicht richtig lesen zu können und ich bekam falsche Artikel geliefert. Daraufhin erfolgte Eingabe Nr. 1 an den Wehrbeauftragten, welche abgeschlossen wurde mit den Worten: „Es sind geeignete Maßnahmen getroffen worden, um in Zukunft solche Probleme zu vermeiden". Leider musste ich im Herbst 2014 feststellen, dass dies nicht der Fall war, denn da fing der „ganze Spaß" von vorne an mit noch abwegigeren Begründungen, worauf erst Eingabe Nr. 2 Abhilfe schaffen konnte. Ich sollte vielleicht erwähnen, dass die neuen Einmalkatheter für mich mehr Lebensqualität bedeuten, da diese unauffälliger sind. Ich bin auf die stete Versorgung angewiesen, denn ohne den Gebrauch dieser Katheter würde ich in ein paar Jahren einen Nierenschaden haben und wäre Dialysepatient!

Aber ich kann auch viele positive Beispiele von Kameraden anführen, die mich unterstützt und mir auch in schweren Zeiten mit ihrem Rat zur Seite gestanden haben. Stellvertretend für alle anderen möchte ich da meinen Lotsen Uwe Simolka nennen, der immer ein offenes Ohr für mich hatte und hat und dem ich manchen guten Rat und Hilfe zu verdanken habe. Außerdem möchte ich die Sportschule der Bundeswehr und das Sportmedizinische Institut der Bundeswehr in Warendorf nennen, die innerhalb der Streitkräfte mich und andere geschädigte Kameraden unterstützen, um wieder in ein aktives und normales Leben zurückzufinden.

Fazit und Ausblick

Der 19. Juni 2010 war der Tiefpunkt meines Lebens, aber gleichzeitig bin ich aus dieser Verwundung auch stärker als zuvor herausgegangen. Ich weiß das Leben mehr zu schätzen als früher – jeder Schritt ist für mich ein Geschenk. Natürlich habe ich mir in den letzten sechs Jahren immer wieder die Frage nach einem Sinn gestellt. Man beginnt gerade in einer schlechten Phase an Vielem zu zweifeln, aber dennoch würde ich es wieder so machen und für meine Kameraden und Freunde einstehen, wenn nötig auch zu diesem hohen Preis.

Vor sechs Jahren stand ich am Tiefpunkt meines Lebens. Wenn ich damals schon gewusst hätte, dass ich heute kurz vor dem Einstieg in die Laufbahn zum Personalfeldwebel stehe, hätte ich nur ungläubig den Kopf geschüttelt. Aber jetzt zeigt es mir wieder umso mehr: niemals aufzugeben und nachhaltig die eigenen Ziele zu verfolgen. Trotz Einschränkungen kann man dann fast alles irgendwie erreichen. „Etiam in Pugna" – frei übersetzt: noch immer im Kampf, nur eben auf einem anderen Gefechtsfeld.

Die „Heimatfront" – Betrachtung eines Einsatzes aus Sicht der Daheimgebliebenen

Sabine Kwasny und Janine Rücker

Mein Name ist Sabine Kwasny – mein Soldat und ich kennen uns seit elf Jahren. Wir sind beinahe vier davon verheiratet und haben zwei Kinder zusammen. Diese Zeilen sind rückblickend auf drei ISAF-Einsätze (2006, 2010 und 2012) entstanden, während derer wir noch kinderlos waren.

Ich heiße Janine Rücker, bin 33 Jahre alt, seit 18 Jahren mit meinem Soldaten liiert und seit zehn Jahren verheiratet. Wir haben drei Kinder zusammen. Den soldatischen Weg meines Mannes sind wir von Anfang an gemeinsam gegangen. Bislang haben wir zwei Einsätze in Afghanistan (2010 und 2014) bewältigt.

Vor dem Einsatz

Ich wünsche mir, dass der nächste Einsatz niemals kommt. Und steht er vor der Türe, so wünsche ich mir, dass er schon rum ist. Und obgleich ich ihn herauszögern möchte bis zur letzten Sekunde, sind die letzten Tage die schlimmsten. Dieser Countdown, bis es endlich losgeht, unerträglich. Die Stille ist schon vor der Abreise da.

Auf unseren ersten Einsatz in Afghanistan konnten wir uns fast ein halbes Jahr vorbereiten, beim zweiten Mal lief meiner Ansicht nach schief, was nur schief laufen kann.

2010 hat mein Mann mir drei Monate vor Abreise gesagt, dass er gehen muss. Er hat es für sich allerdings schon sechs Monate im Voraus gewusst. Da genau zu dem Zeitpunkt unser drittes Kind geboren worden war, wollte er mich „schonen" und schob es immer weiter vor sich her, musste sich eine Deadline setzen, um es mir Ende Februar dann doch zu sagen.

Meine erste Reaktion waren Tränen, weil ich absolut überhaupt keine Ahnung hatte, was da auf mich zukommen würde. Dann stellte ich Fragen, und wir haben alle rechtlich nötigen Dinge erledigt, Stück für Stück, Vollmachten wurden erteilt, Versicherungen informiert.

Ich habe Angst, dass ihm im Einsatzland etwas passiert. Dass er verwundet oder getötet wird, dass er Dinge erlebt, die ihn verändern werden. Ich sorge mich, wie unsere Partnerschaft sechs Monate Abwesenheit verträgt, ohne uns voneinander zu entfernen. Werde ich alles alleine schaffen? Kann ich allem und jedem gerecht werden? Wer nimmt mich in den Arm, wenn es mir schlecht geht? Wie sollen nur die Feiertage ohne ihn werden?

Die letzten zwei Wochen vor dem Einsatz waren ungeheuer quälend, mein Mann packte und sein Gepäck wurde verschickt – das machte den Einsatz plötzlich greifbar. Wir füllten zwei Bonbongläser mit Süßigkeiten für jeden geschafften Tag. Verstanden haben die Mädchen das nicht. Was dreieinhalb Monate sind, konnte auch unsere älteste Tochter, die da noch nicht einmal vier war, nicht erfassen.

Der Tag der Abreise mit seinen vielen „letzten Momenten" war entsetzlich, ständig flossen Tränen sowohl bei mir als auch bei meinem Mann. Dieses Warten auf den Wagen, der ihn holen sollte, die ernst dreinblickenden Kameraden, das sind für mich rückblickend die schlimmsten Momente dieses Einsatzes geblieben.

Es kommt ein Paket an, nur für mich. Meine Freundin hat mir für jede geschaffte Woche ein Päckchen gepackt. Sie weiß, wie es mir geht, denn sie hat das gleiche erlebt. Das verbindet. Manchmal glaube ich, nur Soldatenfamilien wissen, was man in einem Einsatz erlebt. Selbst von engen Freunden fühle ich mich teilweise unverstanden. Aber, und das gebe ich unumwunden zu, man kann es mir in diesen Momenten vermutlich auch nicht Recht machen.

Beim zweiten Einsatz blieb uns vieles davon gewissermaßen erspart, denn mein Mann erfuhr von seinem Einsatz knapp drei Wochen vor Abreise. Wir waren seinerzeit eine Pendler-Familie und ich erfuhr am Telefon davon. Quasi zeitgleich ging das Gepäck auf die Reise, für viele Dinge blieb keine Zeit mehr, Vollmachten wurden in einem hastigen Rutsch erneuert.

Unsere Kinder konnten sich überhaupt nicht vorbereiten, allerdings verstanden sie viel mehr von der Zeitspanne als vier Jahre zuvor. Die Süßigkeiten, die wir gemeinsam in Gläser stopften, waren in ihren Augen unendlich viele, denn sie mussten ja für fünf Monate reichen.

Die Fragen kreisten in unseren Köpfen, viele davon brauchten Zeit, um gestellt zu werden – Zeit, die wir nicht mehr hatten.

Rückblickend hatte ich, gerade wegen der fast überhasteten Abreise, im zweiten Einsatz entsetzlich oft das Gefühl, im Stich gelassen worden zu sein – als wäre er einfach gegangen, ohne uns eine Chance auf Widerspruch zu geben.

Das hat während des Einsatzes für unglaublich viele Reibungspunkte gesorgt, denn man kann nicht einfach einen dreifachen Familienvater für fünf

Monate wegschicken. Drei Wochen Vorlaufzeit reichen niemals aus, um alle Angelegenheiten einer großen Familie zu klären.

Während des Einsatzes

Es ist so leise, seit er weg ist. Meine Angst ist leise. Die Wohnung ist still. Beim Aufwachen niemand da, das einzige Geräusch der Wecker. Frühstück alleine, Mittagessen und Abendbrot. Freie Wochenenden sind so lang, die Zeit scheint zu stehen. Manchmal rede ich mit mir selbst, nur damit ich ein bisschen Leben in die Wohnung bekomme. Musik läuft ununterbrochen, an freien Abenden der Fernseher, ohne dass ich überhaupt gucke.

In wirklich ernsthafte Gefahrensituationen sind wir nie geraten, ein merkwürdiges Bauchgefühl war natürlich gerade beim zweiten Mal aufgrund der Nähe zur afghanischen Bevölkerung da.

Am 15. April 2010 war ich gerade auf dem Heimweg von meiner Arbeitsstelle, als im Radio die Meldung kam, dass mehrere deutsche Soldaten gefallen und verwundet sind. Provinz Baghlan. Afghanistan. Sofort setzte sich mein Kopf in Bewegung. Ist er heute draußen? Ja. Ist er dort unterwegs? Ja. Operationsbeteiligung? Ja. Der nächste Parkplatz wurde mein Standort für die nächsten zwei Stunden, so sehr zitterte ich, überkam mich die Angst. Meine Beine, mein Kopf, keine zehn Pferde brachten mich nach Hause, ging ich doch davon aus, dass heute, ganz bestimmt heute, schon ein tarnfarbenes Auto auf dem Hof auf mich warten würde, um mir mitzuteilen, dass mein Mann nicht mehr nach Hause kommen würde.

Letztlich fuhr ich doch. Es wartete kein Wagen und Stunden später gab es eine SMS „Wir sind ok". Die Gedanken an die Familien, denen es anders erging, sie bringen mich auch heute noch zum Weinen.

Während des ersten Einsatzes waren unsere drei Kinder alle unter vier Jahre alt, unser Junior war gerade einmal fünf Monate alt. Unser Sohn musste nach dreieinhalb Monaten Abwesenheit seinen Papa komplett neu kennenlernen. Unsere Töchter waren insgesamt weinerlich und ständig quengelig.

Ich bin müde. Es ist anstrengend zu Hause zu sein, alleine mit den Gedanken, ich wünschte, ich könnte mal tauschen. Ich arbeite zu viel. Überstunden hier, Einspringen für kranke Kollegen dort. 45 Stunden, 50, 60. Hauptsache, es gibt keinen Leerlauf. Aufräumen, aussortieren, bügeln. Ja, wann habe ich eigentlich außerhalb eines Einsatzes mal gebügelt? Durchatmen, ich müsste durchatmen. Aber nein, dann kommen die Gedanken. Lieber weitermachen.

Meine im Laufe der Zeit zunehmende Erschöpfung und Müdigkeit, dadurch bedingte Anspannung und zum Zerreißen gespannte Nerven haben die Mädchen wahrgenommen, unbewusst auf sich selbst bezogen und sie mit gleichem Verhalten gespiegelt. Das brachte eine Spirale in Gang, aus der ich bis zum letzten Einsatztag keinen Weg fand. Durchhalten war dann das Motto.

Und manchmal ärgere ich mich über meinen Partner. Dass er sich nicht meldet, obwohl er es versprochen hat. Sofort mache ich mir Sorgen – er hat es nur vergessen, weil er ein interessantes Gespräch hatte. Ich bin so wütend, dass er in den Einsatz gegangen ist. Wie kann er das nur machen. Er weiß doch, dass mein Staatsexamen in der Zeit ist, dass seine Mutter 65 Jahre alt wird, dass ich schwanger bin, dass ... er kennt doch all die 1000 Gründe, nicht zu gehen (und ich kenne den einen, der für ihn zählt).

Beim zweiten Mal waren unsere Kinder dann sieben, sechs und vier Jahre alt. Besser machte das die Situation aber nicht, da alle drei Kinder die lange Zeit und die fehlende Präsenz ihres Papas und meine immer mehr zunehmende Erschöpfung ganz anders wahrgenommen haben.

Ich habe viel Zeit und treffe mich öfter als sonst mit Freunden und Bekannten. Ich genieße es, mit einem Bier auf dem Boden zu sitzen und meine Lieblingsmusik zu hören. Ich esse das Eis direkt aus der Packung. Manchmal trinke ich Kaffee im Bett und Rotwein in der Badewanne. Mein Bücherpensum steigt exponentiell.

Die Leistungen der großen Tochter in der Schule wurden schlechter, vor allem aber ihre soziale Kompetenz hat zeitweise doch sehr darunter gelitten, dass Papa fehlte. Sie weinte viel, auch im Unterricht, wurde rasch ungeduldig und war gerade zum Ende der Zeit ohne Papa oft gedanklich abwesend. Unsere jüngeren Kinder hatten im Kindergarten immerhin die gegenseitige Stütze, was ihnen die Zeit etwas weniger schwer gemacht hat. Insgesamt waren alle Kinder lieber und öfter zuhause, hatten weniger Lust, sich mit Freunden zu treffen und so hockten wir uns gewaltig oft auf der Pelle.

Ich fühle mich, als würde ich manchmal verrückt werden können. So viele Rituale, die sich einschleichen. Am Kopfkissen riechen, ihn riechen. Das Haargel aufschrauben, ihn riechen. Die letzte Kaffeetasse vor der Abreise nicht abwaschen bis er wieder da ist. Hier ein Abreißkalender aus Zetteln, dort ein Maßband. Briefe, Briefe, Briefe. Und Postkarten. Jeden Tag etwas schreiben, machen, tun. Nur nicht wirklich daran denken, wie viele Tage noch kommen. Niemals aus dem Aktionismus raus kommen.

Beide Male hatten wir die Option, via Handy und Skype Kontakt zu halten. Das Skypen haben wir beim zweiten Mal sehr zügig eingestellt, weil unsere Kinder jedes Mal nach einem Skype-Telefonat schier zusammengebrochen sind. Sie weinten und schrien und schlugen teilweise sogar um sich. Das hat mich und auch die Kinderseelen wohl mehr belastet als es genützt hat.

Ich ärgere mich. Es gibt so vieles, was mich wütend macht. Der Kontakt ist stark einge-schränkt, kein Empfang, so teuer, Nachrichtensperre. Feldpost dauert teilweise Wochen. Ich lese, dass bei anderen Nationen jegliche Kommunikation kostenfrei ist und muss gleich-zeitig bei unserer Steuererklärung um jeden Cent und jede Minute Telefonzeit kämpfen. Es ärgert mich, dass die Familienbetreuung manchmal nicht existent ist, obgleich ich angegeben habe, betreut werden zu wollen.

Ein (in der Zeit von fünf Monaten) vom Familienbetreuungszentrum angebotener Ausflug wurde von mir abgelehnt, weil im Vorfeld ein Vortrag vorgesehen war, an dem ich kein Interesse hatte. Es wäre schlauer gewesen, erst den Ausflug zu organisieren und für Interessierte im Nachhinein den Vortrag zu halten. Ich wäre mit drei Kindern angereist, die schon beim An-blick von Tarnfleck nervös wurden und hätte sie dann dort in der Kaserne in Fremdbetreuung geben müssen. Hier besteht definitiv Nachbesserungsbedarf, allein schon bei der kindgerechten Planung solcher Ausflüge.

Ich schaffe so vieles, bin stärker als ich vorher glaubte. Ich versuche beides zu sein, er und ich. Halte den Haushalt in Ordnung, erledige Reparaturen, verliere mein Chaos und setze Struktur. Struktur und Routine – sie helfen mir dabei, meinen Alltag zu gestalten.

Als Mutter war ich während der Zeit der Einsätze immer darauf be-dacht, sie meinen Kindern so kurz wie möglich zu machen und meinen Mann, so gut es eben ging zu ersetzen. Das führte bei mir dazu, dass ich mei-ne eigenen Bedürfnisse komplett vernachlässigt habe. Die Erschöpfung, die aus dem Einsatz 2014 übrig geblieben ist, hängt mir bis heute nach. Danach gefragt hat von Seiten der Bundeswehr bis heute niemand.

Und manchmal zerspringe ich vor Glück, wenn ich 12 Feldpostbriefe auf einmal im Brief-kasten habe. Und mein Herz stolpert, weil ich glücklich bin zu wissen, dass 4.829 km entfernt ein Mensch sitzt, der mich unfassbar liebt.

Nach dem Einsatz

Es ist so laut in meinem Kopf. Die große Angst weicht und die Musik fängt an. Das Out-Datum ist so nah. Es geht los, positive Energie, ohne Stress, ohne Hast. Ich freue mich, habe eine To-Do-Liste, was ich noch alles erledigen möchte und hake fröhlich ab. Fenster-putzen, Lieblingsessen, noch mal zum Friseur. Einen Ebay-Countdown eröffnen – 3, 2, 1 – MEINS. Ich fahre zum Flughafen, immer Köln. Schließlich hänge ich an meinen Ritua-len. Zwei Stunden zu früh, das Herz schlägt so schnell. Die CD für das Autoradio seit

Wochen vorbereitet. Endorphin, hallo! Endlich landet der Flieger – mit ihm der Stein, der von meinem Herzen fällt. Aufgeregt sein und Herzklopfen haben – endlich sehe ich ihn hinter der Glasscheibe. Lange Haare, langer Bart, doch gleich vertraut. Gleich geht die Tür auf und wir liegen uns in den Armen und es ist geschafft.

Nach der Rückkehr meines Mannes 2014 hat uns binnen Stunden der Alltag eingeholt. Es stand das Wohl unserer Kinder im Vordergrund, liegen gebliebene Arbeiten mussten erledigt werden und wir hatten so nicht die Gelegenheit, gewisse Dinge, die uns belasteten, zu besprechen und so offene Wunden zu schließen. Das hat unserer Beziehung nicht gut getan.

Die Euphorie hält an, die Heimfahrt, Zuhause sein, alles wieder gemeinsam erleben. Die Angst, sich auseinandergelebt zu haben, ist wie weggewischt. Vorsichtiges Beobachten, ob es dem Partner auch so geht. Und viele Fragen, die geblieben sind, stellen – und manche lieber nicht stellen. Festhalten und einfach mal heulen. Die Last fällt ab.

Von der Daueraktivität in die Pause, das Entspannen zu kommen, fällt mir schwer. Ich möchte sofort los, alles erleben und alles zeigen; er möchte zu Hause bleiben und sich langsam an alles gewöhnen.

Auch bei unseren Kindern sind Sorgen geblieben, als Beispiel sei hier meine große Tochter genannt, die noch heute bei den Textzeilen von „Tage wie diese" von den Toten Hosen in Tränen ausbricht und lange, lange braucht, um sich wieder ins Lot zu bringen. Das Lied hörten wir im Radio auf dem Weg zum Flughafen, um Papa wieder abzuholen und die Emotionen, die seinerzeit bei Zeilen wie: „Ich wart' seit Wochen auf diesen Tag und tanz' vor Freude über den Asphalt, komm' Dir entgegen, Dich abzuholen, wie ausgemacht" hochkochten, übermannen sie noch immer.

Ich beobachte, dass das Gefühl zwischen uns gleich geblieben ist, dass der Partner sich aber auf Grund seiner Erlebnisse verändert hat. Es sind Kleinigkeiten, die mir auffallen. Doch an niemanden kann ich mich wenden. Eine reguläre Nachbereitung für Paare und deren Kinder, das würde ich mir wünschen.

Eine Einsatznachbereitung sollte unbedingt die ganze Familie mit einschließen. Das wieder Aneinandergewöhnen innerhalb der Familie und Aufarbeiten von Problemen, die während langer Einsatzzeiten ihren Ursprung haben, muss mit bedacht werden. Hier wäre ein Gesprächsangebot für beide gemeinsam, und wenn gewünscht, auch als Individuum eine wichtige Maßnahme. Während einer Nachbereitung sollte zudem die Möglichkeit geschaffen werden, die Kinderbetreuung durch psychisch geschultes Personal übernehmen zu lassen und so auch den kleinen Menschen die Möglichkeit und den Raum zu geben, sich zu öffnen. Das geschah Zuhause während des Einsatzes oft nicht, gerade unsere älteste Tochter hat das aus falscher Rücksicht auf mich nicht getan und trug ihr Päckchen lieber allein.

Ich hoffe, der nächste Einsatz lässt auf sich warten. Wie viel Einsätze passen wohl in die restliche Dienstzeit? Nachrichten schauen wir als Soldatenfamilien wohl anders: Wir haben immer im Hinterkopf, dass die Nachrichten das nächste Einsatzgebiet unseres Ehemannes, Vaters, Sohnes, Bruders, Enkels zeigen können.

Die Begegnung zweier Welten – Einsatzerfahrung trifft Zivilgesellschaft

Karsten Wächter

Vorweg eine Anmerkung zu meiner Biographie: Ich habe mit 18 Jahren den Wehrdienst verweigert und Zivildienst in einem Krankenhaus geleistet. 2002 bewarb ich mich trotzdem auf eine Stelle in der Militärseelsorge, weil ich lernte, dass ein Pfarrer bei der Bundeswehr Zivilist bleibt und auch keine Waffe trägt. Ich konnte diesen Schritt gehen, der scheinbar im Widerspruch zu meiner Überzeugung steht, weil ich erfuhr, dass die Bundeswehr nur im Rahmen eines UN-Mandates im Rahmen der Wiederherstellung des Friedens eingesetzt werden darf. Ich lernte das Konzept des Staatsbürgers in Uniform kennen, die Einbindung des militärischen Handelns in rechtsstaatliche Prinzipien, den hohen Reflexionsgrad in ethischen Fragestellungen, und nicht zuletzt, dass es zumindest in der Militärseelsorge immer in erster Linie um den Menschen geht. Als Pfarrer bin ich vor allem dazu da, Menschen in sehr schwierigen moralischen, physischen, seelischen, sozialen und auch geistlichen Situationen zu begleiten. Und das ist für mich ein lohnendes Ziel.

Wenn man etwas Besonderes erlebt hat, ist es schwer, dies denen zu vermitteln, zu denen man zurückkehrt. Die, die nicht dabei waren, können nicht wirklich mitfühlen, wie es war. Das ist so bei einer Urlaubsreise, aber auch bei der Geburt der Kinder oder dem Durchleben einer Krankheit. Diese Erfahrung machen auch Menschen mit besonderen Berufen: Mitarbeitende auf Intensivstationen, Rettungs- und Einsatzkräfte und eben auch Soldatinnen und Soldaten.

Wenn man etwas Besonderes erlebt, verändert einen das. Man ist hinterher nicht mehr derselbe. Und irgendwie fühlt man sich im ersten Moment fremd in der Welt, die einem vorher ganz vertraut war. Die gemachten Erfahrungen trennen einen zunächst von den anderen. Diese Spannung muss man aushalten und dann irgendwie versuchen, aufzulösen. Das ist ein sensibler Prozess, der von jedem anders gestaltet und erlebt wird. Er ist nicht nur abhängig von der eigenen Art, mit sich und den Menschen umzugehen, Erlebnisse zu verarbeiten und sich mitzuteilen, sondern auch von der Umwelt und ihren Fähigkeiten, mit Veränderungen, veränderten, ja fremdgewordenen Menschen umzugehen und sie zu integrieren.

Soldatinnen und Soldaten, die aus einem Einsatz zurückkehren, durchleben diese Fremdheit und die Versuche, diese zu überwinden nicht nur in der Zivilgesellschaft – also in ihrer Familie, ihrem Freundeskreis, bei Institutionen wie Schule oder Kirche. Sie erleben es sogar innerhalb der Bundeswehr, gegenüber ihren Kameraden und ihren Vorgesetzten, die nicht oder noch nicht im Einsatz waren. Manchmal ist es sogar so, dass man sich selbst fremd ist und das Bedürfnis hat, wieder der oder die Alte zu werden. Ich stellte bei mir eine abgrundtiefe Müdigkeit fest und mied plötzlich Feste. Selbst die runden Geburtstage zwei meiner besten Freunde wollte ich nicht besuchen. – Wie sich später herausstellte, waren dies Anzeichen eines Burn-out.

Das einzige, was in diesem Prozess wirklich hilft, ist reden. Aber genau das ist nicht immer einfach, und nicht jeder kann es gleich gut. Ich brauche dazu Menschen, die mir zuhören, die interessiert sind an dem, was ich zu erzählen habe. Ich brauche Vertrauen, denn ich weiß ja nicht, wie die Zuhörer mit dem umgehen, was ich zu erzählen habe. Ich möchte gerne nicht nur Floskeln und Allgemeinplätze von mir geben – aber dann muss ich immer auch über mich und meine Emotionen reden. Etwas von sich preiszugeben, das ist aber nicht nur in der Bundeswehr (sprich einer unverändert weitgehenden Männergesellschaft) nicht einfach und nicht eingeübt.

Militärpfarrer versuchen, an diesen Schnittstellen zu unterstützen. Sie können das in besonderer Weise, denn sie bringen etwas ganz Eigenes mit: Sie sind ein Teil der Bundeswehr, stehen aber außerhalb der Befehlsstruktur und sind frei in ihrem Reden, Handeln und Entscheiden. Sie gehen mit in den Einsatz, und teilen die Erfahrungen der Soldaten – bis auf die des Gebrauchs der Schusswaffe. Aber sie kommen aus einer anderen Kultur, in der die Überwindung von Fremdheit und Gräben, das Zuhören und die Wertschätzung der Person geübte Praxis sind. Zuhören und der behutsame Umgang auch mit inneren Dingen wie Emotionen sind ein wesentlicher Teil ihrer Profession.

Sie sind aber nicht nur als verschwiegene Zuhörer geschätzt, denen man alles, wirklich alles sagen kann (selbst bei Dienstvergehen sind sie nicht „meldepflichtig"). Auch in der Einsatzvor- und Nachbereitung sind sie beteiligt, indem sie z.B. Unterrichte über den Umgang mit Stress, Tod und Verwundung durchführen – durchaus an der Nahtstelle und idealerweise in Zusammenarbeit mit den Klinikern, Psychologen und Mitarbeitern des Sozialdienstes.

Sie führen sogar eigene Freizeiten im Rahmen der Militärseelsorge durch, um diesen Dingen abseits des Dienstes in geschütztem Rahmen Raum zu geben. Ein besonderes Augenmerk gilt dabei der Einbeziehung der Familien in die Vorbereitung, die Begleitung und auch die Nachbereitung der Einsätze. Dabei müssen allerdings gerade bei den betroffenen Soldaten immer wieder große Hürden überwunden werden. In meinem Seelsorgebereich hätte ich das ohne das Einwirken von Kompaniechef und Spieß nicht alleine zu Stande gebracht. Paradoxerweise „managen" viele, gerade jüngere Soldaten den Einsatz an ihrer Familie bzw. ihrer Partnerin vorbei.

In meiner Einsatzvorbereitung für Kunduz 2009 (Stichwort: kriegsähnliche Zustände – viele Gefechte) kam häufig das Gespräch mit den Mannschaften der künftigen Einsatzkompanie auf, dass das Thema Einsatz in der Familie tabu sei. Die Familien seien so in Sorge, dass etwas passieren könne, dass sie den Einsatz am liebsten verbieten würden.

Besonders in Erinnerung blieb mir eine Szene in einem Einsatzvorbereitungsseminar: Ein junger Unteroffizier nahm mit seiner schwangeren Freundin teil und sagte bei der Vorstellungsrunde: „Wir haben ja alles besprochen, nicht wahr, Schatz." Wie sich herausstellte, hatte er nur sehr wenig wirklich mit ihr besprochen. Auch seinem Spieß und Chef hatte er nichts davon mitgeteilt, dass seine Freundin während des Einsatzes ein Kind bekommen würde. Sie war voller Ängste, wie sie die Zeit alleine überstehen sollte, und dann noch in ständiger Angst um ihn. Doch sie traute sich nicht, ihm die Wahrheit über ihre Nöte zu sagen. Der Chef nahm ihn dann erst mal von der Besetzungsliste – nicht gerade zur Freude des Soldaten.

Der Einsatz ist eine Belastungsprobe für die Familien und die – manchmal noch sehr zarten – Beziehungen. Viele meistern sie sehr gut und gehen auch gestärkt daraus hervor. Aber der Dienstherr kann gerade in der Vorbereitung viel „Ärger" vermeiden, wenn dafür gesorgt ist, dass die Angehörigen gut informiert und im wahrsten Sinne des Wortes aufgeklärt werden. Ich habe immer wieder erlebt, wie entlastend und befreiend es für Eltern, Partner und Kinder war, nicht nur Informationen über den Auftrag, mögliche Gefahren, Folgen von traumatischen Erlebnissen und Verwundungen oder auch über mögliche Lücken in der Versorgung zu erhalten (diese Dinge zu verschweigen oder schön zu reden ist mehr als kontraproduktiv), sondern auch die eigenen Gefühle äußern zu können.

Ich habe erlebt, wie es zu einer Stärkung der Soldaten, der Familien und der ganzen militärischen Einheit geführt hat, wenn die Angehörigen den Zusammenhalt und die Unterstützung der Kompanie erleben, wenn Namen Gesichter bekommen – nicht nur in Bezug auf die Kameraden, sondern auch auf den familiären Hintergrund. Ich bin der Überzeugung, dass neben dem flächendeckenden Konzept der Familienbetreuungsorganisation unbedingt diese standortgebundene Betreuung gefördert werden muss.

Während die Männer fort sind, erleben die Partnerinnen ihren eigenen Einsatz: Sie müssen alle Familienaufgaben alleine meistern und dazu oft noch Isolation oder sogar Abwertung ertragen. Sprüche wie „Jammere nicht rum, dein Mann verdient doch genug Geld da unten" oder „Du hast doch gewusst, worauf du dich einlässt, wenn du einen Soldaten heiratest" sind ganz normale Realität. Auch die diffuse Ablehnung der (Kampf-)Einsätze in der deutschen Bevölkerung bekommen die Familien ab – doch manchmal nicht nur von entfernten Bekannten, sondern sogar von eigenen Familienangehörigen!

Die schwierigste Phase ist in meinen Augen aber nicht der Einsatz selbst, sondern die der Rückkehr. Das klingt etwas paradox, denn das Ende des Einsatzes wird von Soldatinnen und Soldaten, aber auch von den Familien ja herbeigesehnt. Ein befreundeter Psychologe sprach immer davon, dass Soldaten ihre Seele quasi in den Einsatzmodus schalten. Sie stellen sich innerlich auf die massiven körperlichen und seelischen Belastungen ein, die sie erwartet: Trennung von zu Hause und allem Gewohntem, Verlust jeglicher Privatsphäre, hohe Dienstbelastung, Gefahr, Kampf, Attentate, Monotonie, Angst um das eigene Leben, Verlust des Sinns des Einsatzes usw. Gefühle werden ausgeblendet oder unterdrückt – sie müssen sich in hohem Maße disziplinieren. Dieses Umschalten geschieht allmählich während der Vorausbildung. Während des Einsatzes kann der Soldat so „funktionieren".

Bei der Rückkehr müssen die Soldatinnen und Soldaten wieder in den „Friedensmodus" zurückschalten – und auch das braucht seine Zeit. Diese Phase ist heikel, weil alle denken: Ich bin zurück und mache da weiter, wo ich aufgehört habe.

Das Ankommen ist aber ein Prozess und von vielen Faktoren abhängig: von der individuellen Struktur eines Menschen, von der Intensität des Einsatzes und den Erlebnissen, die gemacht wurden, vom Verständnis, auf das er zu Hause trifft. Es dauert unter Umständen umso länger, je öfter man im Einsatz war. Eine Ehefrau hat mir geschildert, dass ihr Mann bei den ersten Einsätzen etwa ein bis zwei Monate gebraucht habe, um „anzukommen".

Mittlerweile, nach dem neunten Einsatz, habe er fast ein Jahr gebraucht. Zur äußerlichen Abwesenheit kommt quasi noch die innere Abwesenheit dazu. „Es ist, als ob ich einen Fremden am Tisch sitzen hätte." Und das kollidiert mit den Erwartungen der Familie, dass der Vater/Ehemann nun endlich wieder seine Aufgaben wahrnimmt.

Die Rückkehrer müssen sich auf vielen verschiedenen Ebenen wieder „einfädeln":

- Der eigene seelische Haushalt muss ins Gleichgewicht gebracht und die Erfahrungen aus der Fremde in der Seele integriert werden. Die starken Kontraste zwischen Einsatzland und Deutschland müssen ausgehalten und verarbeitet werden. Ein Gang durch einen Supermarkt ist für manche am Anfang fast unerträglich. Und man ist schlicht und einfach furchtbar erschöpft.

- Man erlebt Fremdheitsgefühle und Erwartungsdruck in der Familie und ist einfach nur irritiert.

- Alle fragen: Wie war's? Aber man weiß gar nicht, was man dazu sagen soll – und hat vielleicht auch keine Lust. Oder umgekehrt: Keiner fragt. Ich hatte ein dreiviertel Jahr nach meiner Rückkehr ein Nachbereitungsseminar mit drei Kollegen und wir waren uns einig: Abgesehen von den Vorträgen, die wir über den Einsatz und friedensethische Fragen gehalten haben, haben wir insgesamt nicht mehr als 15 Minuten persönlich über den Einsatz erzählt. Als ich meinen Nachbarn traf, freute er sich sehr, mich wieder zu sehen: „Mensch, du hast bestimmt viel erlebt... – ich habe gehört...", und dann fing er an, über all das zu reden, was er über Afghanistan gehört hatte und erschlug mich mit all den Bewertungen und Einschätzungen, die er aus den Medien aufgenommen hatte. Mein Versuch zu schildern, dass die Bombardierung des Tanklastzuges im September 2009 vor Ort völlig anders wahrgenommen wurde als in Deutschland, verhallte ohne Interesse. Das ging etwa eine dreiviertel Stunde so, dann rief mich meine Frau zum Abendessen.

- Neben dem mangelnden persönlichen Interesse habe ich auch eine starke Ablehnung des Afghanistan-Einsatzes gespürt. Bei mir waren es die Äußerungen der damaligen EKD-Ratspräsidentin Margot Käßmann. Berührt hat mich aber auch die Geschichte eines Soldaten, der auf dem Heimweg vom Flughafen einem Obdachlosen seine letzten zwei Euro in den Papp-Becher warf und als Kommentar zu hören bekam: „Ah, Blutgeld von einem Mörder!"

- Selbst innerhalb der Bundeswehr kommt es zu irritierenden Erlebnissen. Ein schwer traumatisierter Soldat, der lange an PTBS behandelt wurde, musste erleben, wie er sogar von Kameraden und Vorgesetzten gemieden und verleugnet wurde.

Ich fürchte, dass durch die Aussetzung der Wehrpflicht die zivilgesellschaftliche Teilnahme an der Wirklichkeit der Bundeswehr noch weiter zurückgeht. Die Realität der Menschen, die in den Einsatz gehen, gerät immer mehr aus dem Blick. Das Einzige, was scheinbar in der Wahrnehmung bleibt, sind die Skandale um Rüstungsprojekte.

Ich war sehr dankbar, an dem Ausstellungsprojekt „Operation Heimkehr" mitwirken zu dürfen, welches in vielen Städten und Kasernen gezeigt wurde. Diese Ausstellung der Fotografin Sabine Würich und der Journalistin Ulrike Scheffer schildert die vielen Aspekte der Rückkehr aus dem Einsatz sehr differenziert und feinfühlig. Ich hoffe, die Resonanz war in anderen Städten nicht so dünn wie bei uns in Koblenz.

Ich habe nach meiner Zeit in Kunduz jede Gelegenheit genutzt, durch Vorträge einfach nur den Einsatzalltag in der Öffentlichkeit zu schildern und zu sensibilisieren für die Komplexität der friedensethischen und politischen Aspekte der Auslandseinsätze. Das hat oft zu großem Erstaunen geführt: „So habe ich mir das überhaupt nicht vorgestellt." Und daher habe ich dafür geworben: Fragt nach, interessiert euch, hört zu!

Umgekehrt war es mein Anliegen, in der Einsatzvorbereitung besonders mit den jungen Soldaten, für die oft das Geld ein wesentlicher Anreiz war, in den Einsatz zu gehen, einen kritischen Blick auf ihre Motivation zu werfen: Wofür bin ich eigentlich bereit zu kämpfen? Wofür bin ich bereit, meine Beziehung, die Gesundheit, mein Gewissen, mein Leben aufs Spiel zu setzen? Als Pfarrer kann ich diese kritische Reflexion ganz anders durchführen als ein Kompaniechef, der seine Einsatzbesetzungslisten befüllen muss.

Außerdem setzte ich mich verstärkt dafür ein, die Familien und Angehörigen bei der Einsatzbegleitung, der Vor- und Nachbereitung ins Boot zu holen, damit wenigstens in diesem kleinen Bereich die Kluft zwischen Zivilgesellschaft und Einsatzwelt verringert wird, zum Wohl für beide Seiten.

Der Krieg und die Wahrheit – Die Rolle medialer Berichterstattung bei künftigen Einsatzszenarien

Christian Thiels

Informationsauftrag versus Militärischer Auftrag – Eine Einführung

Das Verhältnis von Medien und Militär ist geprägt von einem grundsätzlichen Interessenkonflikt. Medien wollen Öffentlichkeit schaffen, ihr Ziel ist es, Dinge ans Licht zu holen und ihrem Publikum möglichst viele Fakten zu präsentieren, damit es sich selbst eine Meinung bilden kann. Militär dagegen legt großen Wert auf Geheimhaltung – sowohl bezüglich Strategie und Taktik bei Übung und Einsatz als auch bezüglich technischer Details – etwa von Waffensystemen. In diesem Spannungsfeld treffen Journalisten und Soldaten täglich aufeinander. Für den Chefreporter von Spiegel online, Matthias Gebauer, besteht das Hauptproblem darin, dass „die Bundeswehr die Presse immer noch fast als Feind ansieht, sozusagen jegliche Art von Berichterstattung sehr stark kontrollieren will. Das liegt sicher auch an der Hierarchiestruktur der Bundeswehr, die sehr stark darauf ausgelegt ist, jegliche Art von negativer oder auch nur scheinbar negativer Berichterstattung verhindern zu wollen."[1]

Doch eine Wagenburgmentalität ist genauso wenig erfolgversprechend oder nachhaltig wie der Versuch der vollständigen Abschottung. In einer pluralistischen Demokratie müssen sich auch die Streitkräfte einem offenen Diskurs stellen. Sie können sich nicht hinter hohen Kasernenmauern verstecken, sondern brauchen den Dialog mit der Gesellschaft. Das ist auch in ihrem ureigenen Interesse, denn Transparenz führt zu Akzeptanz – in der Bevölkerung, aber auch bei potenziellen künftigen Mitarbeitern. Gerade angesichts der Entscheidung zur Aussetzung der Einberufung zum Grundwehrdienst kann eine offene Kommunikationskultur im Wettbewerb mit der Industrie um geeignetes Personal ein wichtiger Vorteil sein. Doch natürlich hat diese Offenheit auch ihre militärischen Grenzen.

Wann ist die operative Sicherheit gewichtiger als die Freiheit der Berichterstattung? Wann also steht der militärische Auftrag über dem Informationsauftrag? Fragen, die gerade mit Blick auf die Auslandseinsätze von wesentlicher Bedeutung sind und die ganz grundsätzlich von den handelnden Personen, deren Kenntnissen und Einstellung abhängen.

Von Presseschweigern und Häppchenjournalismus – Akteure im Spannungsfeld von Militär und Medien

„Es gibt nichts, was ein deutscher Offizier nicht kann!" – Zugegeben, dieser Satz stammt nicht von einem Bundeswehrangehörigen, sondern von einem fiktionalen Charakter, nämlich dem Oberst Manfred von Holstein, gespielt von Gert Fröbe im Filmklassiker „Die tollkühnen Männer in ihren fliegenden Kisten". Doch er könnte auch ein Leitgedanke bei der Medienarbeit der Bundeswehr sein. Aufgaben im Bereich der Presse- und Öffentlichkeitsarbeit werden nach wie vor nicht im Rahmen einer eigenen Laufbahn übernommen, sondern eher nach dem Zufallsprinzip. Es gibt zwar Lehrgänge für angehende Presseoffiziere, aber sie sind in Qualität und Dauer nicht vergleichbar mit einer profunden journalistischen Ausbildung im Zivilleben. Es stehen sich also häufig vergleichsweise eilig angelernte Soldaten und erfahrene Medienprofis gegenüber. Daran hat sich wenig geändert, obwohl die Streitkräfte seit einigen Jahren in diesem Punkt um Wandel bemüht sind, wie der Fachjournalist und Militärblogger Thomas Wiegold beobachtet hat: „Ich merke, dass es trotz allen Aufwands, den die Bundeswehr treibt, bei der Ausbildung und auch bei der Quantität des Personals im Medienbereich, dass es leider immer noch zu viele Leute gibt, die nicht so richtig wissen, wie Medien ticken. Die also nicht so richtig nachvollziehen können, warum Journalisten etwas wissen wollen und was Journalisten wollen."[3]

Kaum verwunderlich, dass etliche Pressesprecher der Bundeswehr als „Presseschweiger" gelten, die Medienvertretern meist nur äußerst schmallippig gegenüber treten und oft nur gestanzte Formulierungen im Stile von Dienstvorschriften oder Sprechzetteln verwenden. Meist geschieht dies aus Angst, etwas Falsches zu sagen und dadurch womöglich auch eigene Karriereoptionen zu torpedieren. „Es gibt sicherlich Presseoffiziere, die ihre Rolle als Presseabwehroffiziere wahrnehmen", beschreibt Wiegold das zuweilen angespannte Verhältnis. Und Spiegel-Online-Chefreporter Gebauer resümiert, die Streitkräfte versuchten häufig den Zugang zu Informationen und auch zu Personen und Entscheidungsträgern einzuschränken: „Ich will nicht sagen, es wird zensiert, aber es wird so stark kontrolliert, dass es schon einer Zensur nahe kommt."

Dazu kommt erschwerend, dass sich die Leiter der Pressestelle des Verteidigungsministeriums in den vergangenen Jahren bis auf wenige Ausnahmen vor allem als Sprecher ihrer jeweiligen Minister oder eben der Ministerin verstanden und nicht als Sprecher der Institution Bundeswehr. Das mag daran liegen, dass diese Personen ihr berufliches Schicksal häufig schon jahrelang weitgehend an Erfolg oder Misserfolg eben jenes Politikers geknüpft haben – mit allen Folgen, auch für das persönliche Fortkommen. Doch wo das kommunikative Ziel vorrangig auf die möglichst positive Vermarktung des politischen Führungskopfes im Wehrressort zugeschnitten ist, droht die Gefahr, dass die gesamte Medienarbeit diesem Ziel untergeordnet wird. Wenn aber die Bundeswehr nur als Kulisse für PR-Auftritte einer mehr oder minder ambitionierten Führungsfigur wahrgenommen wird, dann schadet dies der Glaubwürdigkeit der Institution insgesamt. Ein Bundeswehr-Pressesprecher formulierte es im Gespräch mit dem Autor so: „Wir machen nur noch PR für die Ministerin, es geht nur noch um ihr Image. Informationsarbeit findet eigentlich nicht mehr statt."

Zuweilen reagiert das Verteidigungsministerium auch reichlich empfindlich, wenn eben jenes Image Gefahr läuft, angekratzt zu werden. Missliebige Berichterstattung wird – wo sie nicht verhindert werden kann – immer wieder sanktioniert. Journalisten werden nicht mehr zu Reisen der Ministerin oder zu Hintergrundgesprächen eingeladen, ihnen werden Interviews oder Drehtermine verweigert oder eine Antwort so lange hinausgezögert, bis das Thema an Aktualität verloren hat. In Einzelfällen ist es auch schon vorgekommen, dass ein Chefredakteur angerufen und versucht wird, einen vermeintlich zu kritischen Reporter oder Kommentator unter Druck setzen zu lassen. Dieses Verhalten ist immer als unprofessionell und kontraproduktiv zu werten. Kein seriöses Medium wird sich auf diese Weise von der Politik beeindrucken oder beeinflussen lassen. Der Fall des früheren Pressesprechers von Bayerns Ministerpräsident Seehofer zeigt, welche Folgen solche Ereignisse haben können: Nachdem dessen vermeintlicher Versuch der Einflussnahme auf die Programmgestaltung des ZDF öffentlich geworden war, musste er von seinem Posten zurücktreten.[4]

Auch unterhalb dieser Schwelle versuchen Bundeswehr und Ministerium ihre Interpretation von Ereignissen zu verbreiten. Doch das hält Blogger Wiegold für unproblematisch: „Es gibt manchmal so Sprüche wie 'ich möchte sie noch darauf hinweisen' oder so. Aber das gehört zum Geschäft. Das sehe ich nicht als versuchte Einflussnahme. Das ist nicht anders als bei jedem Unternehmen oder bei jedem anderen Ministerium, das natürlich seine Sichtweise mit einbringen will. Das halte ich nicht für verwerflich. Es ist durchaus üblich."

Eine weitere Kategorie ist die gezielte Indiskretion – ebenfalls gängige Praxis bei allen Parteien, Lobbyverbänden, Unternehmen und Ministerien, um Berichterstattung in ihrem Sinne zu beeinflussen. Auch das Verteidigungsministerium tut dies und gibt eigentlich vertrauliche Informationen immer wieder an bestimmte Journalisten weiter, um dadurch im Sinne der politischen Führung des Wehrressorts auf Medien einzuwirken. So veröffentlichten am 22. April 2015 sowohl die Süddeutsche Zeitung als auch Spiegel-Online[5] Artikel, die den früheren Verteidigungsminister Thomas de Maizière über angebliche Probleme beim G36 als früh informiert, aber reichlich untätig erscheinen ließen. Beide Artikel zitierten aus dem gleichen internen Dokument des Ministeriums. Pikant dabei: Am gleichen Tag verkündete die amtierende Ministerin Ursula von der Leyen medienwirksam vor dem Verteidigungsausschuss des Deutschen Bundestages das Ende für das Standard-Sturmgewehr. Woher Süddeutsche und Spiegel zu genau diesem Zeitpunkt Einblick in das Dokument bekommen hatten, das von der Leyens Vorgänger belastete, muss wohl Spekulation bleiben – an einen Zufall zu glauben, fällt jedoch sehr schwer.

Für das Verhältnis von Militär und Medien ist eine weitere Konstante wesentlich, nämlich die weit verbreitete sicherheitspolitische Ahnungslosigkeit vieler Berichterstatter. Die Zahl derjenigen, die eigene Erfahrungen mit den Streitkräften haben – etwa als Wehrdienstleistende – ist sehr überschaubar. In Journalistenkreisen gilt alles, was mit Militär, Waffen oder auch der Bundeswehr zu tun hat, immer noch als mindestens skurril, wenn nicht suspekt. Deshalb beschäftigen sich nur sehr wenige Journalisten intensiv mit diesen Fragen. Das birgt die Gefahr, dass sich die Berichterstatter sehr schnell mit einer Auskunft abspeisen oder sich gar vom Ministerium für ein bestimmtes politisch gewolltes Narrativ einspannen lassen, weil ihnen schlicht die Kenntnisse fehlen, eine geschönte oder gefärbte Information zu erkennen.

Im täglichen, oft sehr hektischen Mediengeschäft dominiert der „Häppchenjournalismus" nach dem Motto: Politiker A sagt dies, Politiker B sagt jenes. Eine Analyse, Überprüfung oder Einordnung findet nur selten statt. Diese Form der oberflächlich-deskriptiven Berichterstattung erleichtert es auch der Bundeswehr und dem Verteidigungsministerium, mit unscharfen und oberflächlichen Aussagen davonzukommen und nur so viel preiszugeben, wie unbedingt nötig. Auch hier gilt der journalistische Leitsatz: Wer nichts weiß, kann auch nicht die richtigen Fragen stellen.

Als etwa Verteidigungsministerin von der Leyen nach den Anschlägen von Paris im November 2015 erklärte, man verstärke nun das Engagement Deutschlands in Mali, wurde das als direkte Reaktion auf die Anschläge und als „starkes politisches Signal"[6] verkauft. Große Teile der deutschen Medien schluckten diese Aussage kritiklos und verbreiteten sie weiter. Tatsächlich aber hatte sich der Verteidigungsausschuss des Bundestags schon im Sommer 2015 mit diesem Thema beschäftigt, die Planungen für die Ausweitung der Bundeswehr-Mission waren längst angelaufen – Monate vor den Ereignissen in der französischen Hauptstadt.

Ein weiteres Beispiel: Im Oktober 2014 berichteten mehrere Medien über die Ausrüstungsmisere der Streitkräfte, vor allem mit Blick auf die Helikopter der Marine und die damit verbundenen Risiken für die Seenotrettung an Nord- und Ostsee[7]. Der Sprecher des Verteidigungsministeriums spielte die Beiträge als Missverständnisse herunter und erweckte den Eindruck, die berichtenden Journalisten hätten nur etwas falsch verstanden. Ein großer Teil der Hauptstadtpresse folgte dieser Darstellung – möglicherweise aus eigener Unkenntnis, vielleicht aber auch aus Eitelkeit, weil man dieses Thema nicht selbst recherchiert hatte.

Auch im Falle des Sturmgewehrs G36 machten sich etliche Journalisten die Darstellung der Verteidigungsministerin zu eigen, ohne kritisch zu hinterfragen, ob die Standard-Waffe der Bundeswehr tatsächlich so unbrauchbar war, wie es die Aussagen von Ursula von der Leyen nahe legten. Selbst nachdem eine vom Ministerium selbst eingesetzte Kommission unter dem Vorsitz des Grünen-Politikers Winfried Nachtwei die Waffe als einsatztauglich rehabilitierte, blieben viele Journalisten bei der Darstellung des „Pannengewehrs". Journalisten folgen also durch aktive Beeinflussung, gezielte Indiskretion oder eigene Unkenntnis der Darstellung der Bundeswehr und ihrer politischen Führung. Doch auch die Medien selbst können durch ihre Berichterstattung einen nicht geringen Einfluss auf Entscheidungen der Politik ausüben.

Die Macht der Bilder: Wie Medien sicherheitspolitisches Handeln beeinflussen

Die Bedeutung von Medien bei politischen Entscheidungen zur Entsendung von Truppen in Auslandseinsätze ist nicht zu unterschätzen. Mag sie in Deutschland traditionell und wegen der grundsätzlichen Skepsis der Bevölkerung gegenüber globalen Militärinterventionen noch vergleichsweise überschaubar sein, so spielt sie in klassischen Mediendemokratien wie den USA eine gewichtige Rolle. So beschreibt John Shattuck, Assistant Secretary of State im US-Außenministerium während der Clinton-Administration, Medien sowohl als Ursache als auch als Wirkung bei den Herausforderungen moderner Außenpolitik. Sie erzeugten mit grenzüberschreitender Berichterstattung und Bildern ein wachsendes Gefühl von globaler Gemeinschaft und brächten zu jeder Tageszeit das Leiden der Menschen in unsere Wohnzimmer. Dadurch seien sie bestimmend für die öffentliche Meinung: „Die Medien haben uns nach Somalia gebracht und sie haben uns dazu bewogen, wieder abzuziehen", schreibt Shattuck[8]. Der Kommunikationsforscher Martin Löffelholz kommt zu einer ganz ähnlichen Einschätzung: „Tatsächlich entsandte die US-Regierung Anfang der 1990er Jahre im Rahmen einer UN-Mission Truppen nach Somalia – aufgerüttelt durch dramatische Bilder verhungernder Flüchtlinge. Ein Jahr später bewegten grausame Bilder einer verstümmelten, durch die Straßen von Mogadischu geschleiften Leiche eines US-Soldaten die amerikanische Öffentlichkeit – die USA zogen sich aus Somalia zurück."[9]

Mediale Berichterstattung – und in diesem Fall vor allem Fernsehberichterstattung – kann also als Katalysator auch für außen- und sicherheitspolitische Entscheidungen wirken. Die dramatischen Bilder von ertrunkenen Flüchtlingen an den Stränden des Mittelmeers hatten eine solche Wirkung. Sie ließen die öffentliche Forderung nach Hilfe für diese Menschen immer lauter werden. Schließlich entschied sich die Europäische Union, die Operation EUNAVOR MED aus der Taufe zu heben – offiziell, um Schleusern das Handwerk zu legen. Allerdings hat die Mission, die zwischenzeitlich den Zusatztitel „Operation Sophia" bekommen hat (nach dem Flüchtlingskind Sophia, das an Bord der deutschen Fregatte Schleswig-Holstein geboren wurde), bislang vor allem Menschen aus Seenot gerettet und kaum Menschenschmuggler dingfest gemacht. Die EU-Marinemission kann also auch als direkte Folge der öffentlichen Aufmerksamkeit für das Schicksal der Migranten gewertet werden.

Politiker kalkulieren auch und gerade mit der hohen medialen Präsenz bestimmter Themen. Es verschafft ihnen Öffentlichkeit und lässt sie als führungsstark und im Fall der Flüchtlinge auf dem Mittelmeer auch als mitfühlend erscheinen, wenn sie sich dem Thema annehmen. Ein Mechanismus, den auch Fachjournalist Thomas Wiegold immer wieder beobachtet hat: „Das gilt für alle Bereiche staatlichen Handelns, dass politische Verantwortungsträger natürlich auch die öffentliche Wahrnehmung, die öffentliche Reaktion bei ihren Entscheidungen berücksichtigen und sagen: Bei dem Thema gibt es eine bestimmte öffentliche Wahrnehmung, auf das Thema sattle ich auf. Ein anderes Thema fällt dann aber hinten runter, weil es für Politiker nicht diesen Stellenwert hat."

So haben Konflikte, die es nicht täglich mit dramatischen, auch emotionalen Bildern in die Fernsehnachrichten schaffen, weniger Aussicht darauf, dass eine internationale Militärallianz eingreift, um die Situation zu entspannen. Im Südsudan etwa wütet ein grausamer Bürgerkrieg. Doch weil es davon wenig Bildmaterial gibt und das Ereignis auch nicht unmittelbar an den Badestränden Europas spürbar ist, findet es in den Fernsehnachrichten und in der journalistischen Berichterstattung viel weniger Beachtung. Es fehlt die Nähe zum Zuschauer, die wenigstens mittelbar gefühlte Betroffenheit. Kai Gniffke, Chefredakteur der Tagesschau, beschreibt das Dilemma so: „Jeden Tag passieren viel schlimmere Dinge als das, was wir in unseren Sendungen haben. Jeden Tag verhungern Menschen und das ist tausendmal schlimmer als Dinge, die wir hier innenpolitisch diskutieren. Geradezu zynisch ist es, über den Gesundheitsfonds zu berichten, während im Sudan oder wo auch immer Menschen zu Tode kommen. Aber das ist das Wesen von Nachrichten, dass auch das Kriterium Nähe immer eine Rolle spielt."[10]

Diese Nähe muss nicht geographisch, sie kann auch emotionaler Natur sein. Der Einsatz der Bundeswehr in Afghanistan etwa erfüllt das Kriterium der Nähe wegen der eingesetzten deutschen Soldaten. Die Berichterstattung über die Mission am Hindukusch folgte anfangs weitgehend dem offiziellen Narrativ von der eher harmlosen Stabilisierungs- und Wiederaufbaumission. Doch das änderte sich. Spiegel-Online-Chefreporter Gebauer: „In Afghanistan hat es im Prinzip nie einen wirklichen Kampfauftrag für die Bundeswehr gegeben, sondern es ging maximal darum, bestimmte Gebiete freizuhalten oder die Afghanen zu unterstützen." Viele Medien hätten die Mission dann aber zum Kampfeinsatz stilisiert und sie deutlich gefährlicher dargestellt: „Da muss man selbstkritisch sagen: um eine gute Geschichte zu machen, hat man da manchmal vielleicht auch selbst ein bisschen dick aufgetragen." Das blieb in der öffentlichen Wirkung nicht ohne Folgen. Die ohnehin geringe Zustimmung zum deutschen Engagement am Hindukusch sank mit jedem Beitrag über gefallene Soldaten und die vermeintliche Aussichtslosigkeit des Unterfangens.

Sollten Journalisten also im Sinne der sensiblen öffentlichen Meinung eher die positiven Seiten einer Auslandsmission hervorheben und die Probleme weniger stark in den Fokus nehmen? Tagesschau-Chef Gniffke lehnt das ab: „Es gehört zu den Tragödien unseres Berufsstandes, dass Nachrichten über Dinge berichten, die abweichen von der Norm, über Dinge, die nicht gut laufen. Das gehört zum Kern von Journalismus, und insofern ist es für uns keine Meldung, wenn wir sagen: Der Auslandseinsatz klappt hervorragend.“[11] Unabhängige Medien als Korrektiv und Kontrollorgan in der Demokratie dürfen sich gerade nicht als verlängerter Arm der Außen- und Sicherheitspolitik der Bundesrepublik instrumentalisieren lassen. Trotzdem, sagt Gniffke, können und sollen sie bei bestimmten Meilensteinen eines Auslandseinsatzes auch immer wieder hinsehen, Bilanz ziehen und fragen: „Wo stehen die deutschen Soldaten jetzt, oder wie weit ist der Einsatz und was läuft gut, was läuft schlecht. Da darf man sehr gerne auch mal sagen, was gut läuft.“[12]

An der Informationsfront – Medien in den Einsätzen der Zukunft

Plötzlich waren sie da: in Uniform, aber ohne Rangabzeichen und Nationalitäten-Emblem, mit Sturmgewehren, Schützenpanzern und Transportfahrzeugen – die „kleinen grünen Männchen“. Im März 2014 übernahmen sie auf der Halbinsel Krim im Handumdrehen die Kontrolle. Der Westen schaute verdutzt, während Moskau Fakten schuf. Und das nicht nur mit nicht eindeutig zuzuordnender Militärpräsenz auf der Straße. Die Militäraktion war begleitet von massiver Propaganda im Internet und den russischen Medien.

„Hybride Kriegsführung“ nennt sich dieses Prinzip, das neben den klassischen Mitteln militärischer Auseinandersetzung wie Waffen und Soldaten auf wirtschaftlichen Druck und auch sehr stark auf den Informationskrieg setzt. Die Bedeutung der medialen Lufthoheit wird nicht nur bei den Militärplanern in Moskau oder Kiew wahrgenommen, sondern auch in Brüssel bei der NATO oder bei den Terrormilizen des sogenannten „Islamischen Staates“.

Die klassischen Medien wie Radio, Fernsehen und Print hatten schon im vordigitalen Zeitalter eine wesentliche Bedeutung in Planung und Durchführung militärischer Operationen. Seit jeher versuchen alle Konfliktparteien – Politiker, Militärs und auch irreguläre Kräfte –, die Medien auf ihre Seite zu ziehen, um neben Gelände auch Herzen und Köpfe der Menschen zu gewinnen, ob mit Flugblättern, Radiosendungen in der Sprache des Gegners oder Fernsehübertragungen. Ein Phänomen, das keineswegs nur auf Despoten und

Diktatoren beschränkt ist: „Dass sicherheitspolitische Akteure – auch in Demokratien – bemüht sind, ihre Handlungen in einem positiven Licht erscheinen zu lassen und dafür (selten, gelegentlich, oft?) unredliche Mittel einsetzen, kann als gesichert gelten. Darauf verweist die große Zahl lancierter und nachträglich entlarvter Falschinformationen, die in bestimmten historischen Konstellationen gravierende Konsequenzen für Entscheidungen über Krieg und Frieden hatten"[13], merkt Kommunikationsforscher Löffelholz an und verweist unter anderem auf die Mär von den angeblichen Massenvernichtungswaffen im Irak, die die USA als Begründung für ihren Angriff 2003 vorbrachten.

Durch den Siegeszug des Internets und die große Bedeutung Sozialer Medien für den täglichen Informationskonsum der Menschen erstreckt sich die Informationsfront längst in den virtuellen Raum. Das stellt Medien und Militär vor neue Herausforderungen. In künftigen Einsatzszenarien müssen auf beiden Seiten immer auch diese hybriden Elemente und ihre Wirkung mit einkalkuliert werden. Für Journalisten bedeutet dies, dass etwa die Inhalte sozialer Medien, also beispielsweise Tweets, Facebook-Einträge, Webvideos oder Posts bei Instagram aus Konfliktgebieten immer erst auf ihren Wahrheitsgehalt überprüft werden müssen, bevor sie verwendet werden können. Diese Verifizierung ist zwingend erforderlich, um nicht unbeabsichtigt die Propaganda einer Konfliktpartei zu verbreiten. Große Medienhäuser arbeiten deshalb schon jetzt mit Unternehmen wie der irischen Firma storyful zusammen, die sich auf die Überprüfung der Echtheit solchen Materials spezialisiert hat. Darüber hinaus beschäftigen manche Verlage und Sender auch selbst Personal für diese Kontrollaufgaben.

Die Echtzeit-Verfügbarkeit globaler Informationen in Wort, Bild und Ton erfordert nicht nur von Journalisten, die über Konflikte berichten, sondern auch von Militärs, die Teil dieser Konflikte sind, eine besondere Sorgfalt. Wenn Streitkräfte auf die Idee kommen, gefälschte oder manipulierte Bilder oder Videos in Umlauf zu bringen, um so die Medien für ihre Zwecke einzuspannen und die öffentliche Meinung zu beeinflussen, dann gilt auch hier die journalistische Erkenntnis: „Es kommt immer alles raus, es ist nur die Frage, wann". Eine akribische Verifikation kann etwa darüber Aufschluss geben, wo sich welches Militärgerät zu welchem Zeitpunkt tatsächlich befunden hat. Eine bewusste Täuschung der Öffentlichkeit ist damit im Grunde zum Scheitern verurteilt. Jede Konfliktpartei muss davon ausgehen, dass es von ihrem Handeln im Zweifel immer umfassendes Bildmaterial geben wird, dessen Entstehung und Verbreitung nicht kontrolliert werden kann. Dabei spielen nicht nur Augenzeugen eine Rolle, sondern auch Soldaten selbst. Sie versenden schon jetzt in großer Zahl Fotos und Videos über soziale Netzwerke in die Heimat. Mit dem Smartphone ist solches Material innerhalb von Sekunden erstellt, in ebenso kurzer Zeit global verbreitet und dann auch auf Echtheit überprüfbar. Das macht jetzige und künftige Einsätze transparenter als jemals zuvor. Militärisches Handeln findet mithin nahezu in Echtzeit im Scheinwerferlicht einer globalen Öffentlichkeit statt. In künftigen Einsatzszenarien wird die Fülle von Informationskanälen und das Tempo der Verbreitung auch das Verhältnis von Medien und Militär neu justieren.

Die Führung der Streitkräfte hat das Informationsmonopol über das Geschehen auf dem Gefechtsfeld längst verloren. Schon jetzt mutet es absurd an, wenn etwa eine Attacke auf eine Patrouille in Afghanistan, bei der auch Gefallene zu beklagen sind, vom Verteidigungsministerium nicht bestätigt wird, obwohl Bilder vom Ereignis seit Stunden weltweit im Internet abrufbar sind. Künftig ist damit zu rechnen, dass die Verbreitung solcher Informationen noch schneller und in noch größerem Umfang zur Regel wird. Wenn es also keine faktischen Grenzen mehr für das gibt, was Journalisten über Einsätze publizieren können, weil die Fülle des verfügbaren Materials so groß ist, welche Folgen hat das dann für die operative Sicherheit von Soldaten? Matthias Gebauer, Chefreporter von Spiegel-Online, sieht das Berufsethos von Korrespondenten gefordert: „Ich glaube, dass es selbstverständlich ist, dass man den Schutz von Soldaten wie auch den Schutz von jedem anderen, über den man schreibt, gewährleisten muss. Ich sehe beispielsweise keinen Sinn darin, das Hotel, in dem die Soldaten in Erbil wohnen, namentlich zu benennen, damit man das nachher mit GPS-Koordinaten raussuchen und als mögliches Ziel identifizieren kann."

Medien müssen sich gerade angesichts der anscheinend grenzenlosen Möglichkeiten zur Beschaffung von Informationen immer auch ihrer Verantwortung bewusst sein. Im Einzelfall müssen sich Journalisten fragen, ob die Publizierung einer militärisch relevanten Detailinformation für die Öffentlichkeit wirklich unabdingbar ist oder sie nur der persönlichen Eitelkeit dient und belegen soll, dass man besser informiert ist als alle anderen. „Das schließt aber nicht aus, dass man über Lücken in Waffensystemen schreibt oder über die immer noch sehr schlechte Ausrüstungslage der Bundeswehr", schränkt Gebauer ein: „Da wird ja auch immer wieder gesagt, dass jeder, der so am Ruf der Bundeswehr kratzt, auch Sicherheitsinteressen der Bundesrepublik verletzt. Das halte ich für übertrieben."

Die neue informationelle Grenzenlosigkeit ist aber für das Militär auch eine Chance. Für ein umfassendes Lagebild bietet es sich an, gezielt auch Social-Media-Inhalte auszuwerten. Die Streitkräfte der USA beispielsweise tun dies bereits[14]. Doch auch hier greift natürlich die Verifikationsproblematik. „Information lebt davon, dass irgendwo Leute sind, die Information aufnehmen und weitergeben, möglichst zuverlässige und vertrauenswürdige Leute", sagt Blogger Thomas Wiegold: „Einfach zu sagen, weil es von irgendwo Drohnenbilder gibt, muss man das nicht auf anderem Wege beschaffen, ist ein gefährlicher Irrtum. Es kommt nicht nur darauf an, irgendwelche Informationen zu haben, sondern es kommt darauf an, verifizierte Informationen zu haben." Denn Militär kann es sich natürlich weder heute noch in künftigen Einsätzen leisten, Entscheidungen auch auf der Basis von nicht verifiziertem Videomaterial zu fällen. Einen Ersatz für verlässliche eigene Erkenntnisse, etwa durch militärische Aufklärungsmittel und nachrichtendienstliche Tätigkeit, wird es auch in den Konflikten der Zukunft nicht geben.

Anmerkungen

[1] Matthias Gebauer im Gespräch mit dem Autor, im Folgenden nicht mehr gesondert kenntlich gemacht.
[2] Those Magnificent Men in Their Flying Machines or How I Flew from London to Paris in 25 hours 11 minutes, Twentieth Century Fox 1965.
[3] Thomas Wiegold im Gespräch mit dem Autor, im Folgenden nicht mehr gesondert kenntlich gemacht.
[4] Strepp spricht nicht mehr für die CSU. Zeit.de 25.10.2012
(http://www.zeit.de/politik/deutschland/2012-10/strepp-csu-einflussnahme-entlassung).
[5] Christoph Hickmann: De Maizière wusste seit Jahren über G36-Probleme Bescheid. Sueddeutsche.de 22.4.2015
(http://www.sueddeutsche.de/politik/bundeswehr-verschusssache-1.2445581) sowie
Matthias Gebauer: Probleme bei G36-Gewehr: Verteidigungsministerium wurde bereits 2012 gewarnt. Spiegel-Online 22.04.2015
(http://www.spiegel.de/politik/deutschland/g36-gewehr-ministerium-schon-2012-gewarnt-a-1029852.html).
[6] Markus Becker, Matthias Gebauer: Nach Anschlägen in Paris: Bundeswehr soll Frankreich in Mali entlasten. Spiegel Online 17.11.2015
(http://www.spiegel.de/politik/ausland/terror-anschlaege-bundeswehr-soll-franzosen-in-mali-entlasten-a-1063248.html).
[7] Arne Meyer: Bundeswehr leistet wegen fehlender Hubschrauber keine flächendeckende Seenotrettung. NDR.de 10.10.2014
(http://www.ndr.de/der_ndr/presse/mitteilungen/Bundeswehr-leistet-wegen-fehlender-Hubschrauber-keine-flaechendeckende-Seenotrettung,pressemeldungndr14858.html) sowie

Wolfram Hammer: Defekte Hubschrauber: Seenotrettung in Gefahr? Lübecker Nachrichten 11.10.2014
(http://www.ln-online.de/Nachrichten/Norddeutschland/Defekte-Hubschrauber-Seenotrettung-in-Gefahr).

[8] John Shattuck: Human Rights and Humanitarian Crises: Policymaking and the Media. In: Robert I. Rotberg, Thomas G. Weiss (Hrsg.): From Massacres to Genocide: The Media, Public Policy and Humanitarian Crises, Cambridge (MA) 1996, S. 174.

[9] Martin Löffelholz: Kriegsberichterstattung in der Mediengesellschaft. In: Aus Politik und Zeitgeschichte 16-17/2007, S. 30.

[10] Christian Thiels: In weiter Ferne so nah - Auslandseinsätze der Bundeswehr in Tagesschau, Tagesthemen und bei tagesschau.de. In: Rainer L.Glatz, Rolf Tophoven (Hrsg.), Am Hindukusch - und weiter? Die Bundeswehr im Auslandseinsatz: Erfahrungen, Bilanzen, Ausblicke. Bonn 2015, S. 288.

[11] Ebd.

[12] Ebd.

[13] Martin Löffelholz: Kriegsberichterstattung in der Mediengesellschaft. In: Aus Politik und Zeitgeschichte 16-17/2007, S. 29.

[14] Douglas Yeung, Olga Oliker: Loose Clicks Sink Ships, U.S. News 14.08.2015
http://www.usnews.com/opinion/blogs/world-report/2015/08/14/when-social-media-meets-military-intelligence.

IV. Arbeitsplatz Bundeswehr – Wie attraktiv müssen Streitkräfte heute sein?

Rekruten in der Grundausbildung

Die Vereinbarkeit von Familie und Dienst wird
oft auf eine harte Probe gestellt.

Die schöne Kulisse trügt – der Einsatz ist lebensgefährlich.

Einführung der Herausgeber – Attraktivität verlangt Investitionen und Pflege unserer Führungskultur

Alois Bach und Walter Sauer

Die Bundeswehr ist in ihrem Personalumfang und ihrer materiellen Ausstattung über 25 Jahre geschrumpft, sie hat zum Teil hohle Strukturen und war seit der Wiedervereinigung finanzieller Steinbruch für Einsparungen im Bundeshaushalt. Dagegen sind Vielfalt und Intensität der Aufträge der Streitkräfte ständig gewachsen wie auch die persönlichen Anforderungen an die Soldaten und Soldatinnen und ihre Familien. Zahlreiche Strukturreformen und letztlich die Neuausrichtung der Bundeswehr haben darüber hinaus enorm an Substanz gekostet. Das viel gerühmte Dreieck – Auftrag, Kräfte, Mittel – ist nicht mehr im Lot. Für ihre fordernden Auslandseinsätze, die wieder zunehmende Bedeutung der Bündnis- und Landesverteidigung, die unveränderten nationalen territorialen Aufgaben, die internationalen Verpflichtungen, die Amtshilfe (wie jetzt bei der Flüchtlingshilfe) und insbesondere für attraktive Rahmenbedingungen des soldatischen Dienstes – einschließlich einer zeitgemäßen Vereinbarkeit von Familie und Dienst – braucht die Bundeswehr Investitionen jeglicher Art. Es gibt viel nachzuholen.

Seit einigen Jahren unternimmt das Bundesministerium der Verteidigung bzw. die gesamte Bundeswehr erhebliche Anstrengungen, um die Rahmenbedingungen des Dienstes in den Streitkräften zu verbessern und sie insbesondere vor dem Hintergrund der geringer werdenden Jahrgangsstärken von Bewerbern und Bewerberinnen attraktiver zu machen. Mit der Agenda „Bundeswehr in Führung – Aktiv. Attraktiv. Anders.", mit der Kampagne „Mach, was wirklich zählt." und dem „Artikelgesetz" zur Steigerung der Attraktivität der Bundeswehr sind erste Schritte gemacht. Aber die reichen nicht, so sehen es viele politisch Verantwortliche, Experten und auch die Mehrheit der Soldaten und Soldatinnen. Insbesondere der Deutsche BundeswehrVerband fordert in seiner Kampagne „Schlagkräftige Bundeswehr 2020" weitere Nachbesserungen und Investitionen, um die Zukunftsfähigkeit der Streitkräfte sicherzustellen. Handlungsbedarf wird vor allem in den Bereichen Haushaltmittel, Personal (einschließlich einem höheren Frauenanteil), Ausstattung, Familie und Dienst, Soziales, Arbeitszeit, Infrastruktur und in einer besseren Verankerung der Freiwilligenarmee in Staat und Gesellschaft – aufgrund der Aussetzung der Wehrpflicht – gesehen. Auch hier sieht man die

Notwendigkeit einer breiten öffentlichen sicherheitspolitischen Diskussion auf der Grundlage eines gesamtpolitischen Konzeptes.

Trotz aller notwendigen Verbesserungen und erforderlichen Investitionen darf der Blick nicht verloren gehen für die vielen attraktiven Elemente und Faktoren, die auch schon bisher viele Frauen und Männer motiviert haben, ihrem Land treu zu dienen, obwohl das heutzutage in vielen Ohren altmodisch klingen mag. Zum einen sind dies sicherlich die guten Aufstiegschancen, die der Soldatenberuf bietet, die attraktiven Ausbildungs- und Berufsförderungsmöglichkeiten, die vergleichsweise gute Alterssicherung von Berufssoldaten und die professionelle sanitätsdienstliche Versorgung sowohl im Grundbetrieb zu Hause als auch im Einsatz. Zum anderen tragen insbesondere die vielfältigen Gestaltungsmöglichkeiten, die unsere Führungskultur bietet, ein abwechslungsreicher, fordernder Dienstbetrieb, ein überwiegend gutes Betriebsklima gerade in den Einheiten und gelebte Kameradschaft sowohl zu hoher Berufszufriedenheit als auch zu einem motivierenden Gefühl emotionaler Geborgenheit der Soldaten und der Soldatinnen bei. Gerade das Anwenden und (Vor-)Leben bewährter Grundsätze der Inneren Führung sind unverändert eine Trumpfkarte für Attraktivität.

Das 2011 neu formulierte Selbstverständnis der Angehörigen der Bundeswehr – „Wir.Dienen.Deutschland." – drückt aus, dass sie alle gemeinsam bereit sind, Verantwortung zu übernehmen für den Schutz unseres Landes und seiner Bürger und Bürgerinnen, auch unter Einsatz ihres Lebens. Es muss gelingen, dies unserer Gesellschaft noch deutlicher zu vermitteln und damit die gesellschaftliche Anerkennung des Soldaten – gleich welcher Laufbahngruppe – zumindest auf das Niveau des Stellenwerts der Institution Bundeswehr zu heben.

Im vierten Kapitel ist es unsere Absicht, die Attraktivität der Bundeswehr, speziell der Streitkräfte, anhand von einigen Gestaltungsfeldern der Inneren Führung – wie Sanitätsdienstliche Versorgung, Dienstgestaltung und Ausbildung, Organisationsgestaltung und Personalführung, sowie Vereinbarkeit von Familie und Dienst – und von Erfahrungsberichten von Berufs- und Zeitsoldaten aus allen Laufbahngruppen zu hinterfragen. Uns ist es wichtig, dass zum einen die Rahmenbedingungen des soldatischen Dienstes kritisch beleuchtet und wenn erforderlich Handlungsvorschläge aufgezeigt werden. Zum anderen baten wir die Autoren der Erfahrungsberichte, auch Stellung zur Frage zu beziehen, ob sie sich auch heute wieder für den Soldatenberuf entscheiden bzw. jungen Menschen dazu raten würden.

Soldatinnen in den Streitkräften

Almut Nolte

Der Auftrag der Bundeswehr mit seinen vielfältigen Herausforderungen im Kontext der sicherheitspolitischen Veränderungen wäre ohne den Beitrag von Frauen längst nicht mehr erfüllbar.

Wurden die ersten Ärztinnen, deren Einstellung ab 1975 vereinzelt als sogenannte Seiteneinsteigerinnen erfolgte, noch als Ausnahmen betrachtet, änderte sich das Bild mit der regelmäßigen Einstellung von Frauen in die Laufbahn der Sanitätsoffiziere seit dem Jahr 1989 sowie in die Laufbahnen der Unteroffiziere und Mannschaften des Sanitäts- und Militärmusikdienstes seit dem Jahr 1991. Ausgelöst durch ein Urteil des Europäischen Gerichtshofes des Jahres 2000[1] haben Frauen seit dem 1. Januar 2001 unbeschränkten Zugang zu allen militärischen Laufbahnen. Soldatinnen sind mittlerweile zu rund 43% des sanitätsdienstlichen Personals vertreten und haben bald die gesetzlich festgelegte Grenze zur Unterrepräsentanz von 50% überschritten. In absoluten Zahlen leisteten mit Stichtag 31. Dezember 2015 ca. 7.900 Soldatinnen im Sanitätsdienst der Bundeswehr einen unverzichtbaren Beitrag zur Gesundheitsversorgung der Streitkräfte im In- und Ausland.

Schon frühzeitig waren die sanitätsdienstlichen Vorgesetzten mit Fragen der Weiterentwicklung der Führungskultur oder zum Umgang mit Schwangerschaft und Familienengagement gefordert und haben oftmals truppendienstliche Lösungen entwickeln müssen, die erst später Eingang in Vorschriften und Ausbildungsinhalte fanden. Der Sanitätsdienst der Bundeswehr hatte insofern die Rolle des „Türöffners" für Frauen in den Streitkräften und ist aktuell erneut Vorreiter bei der Personalentwicklung von Soldatinnen für höhere Führungspositionen.

Im Truppendienst beträgt der Frauenanteil derzeit rund 7%[2] – eine Größenordnung, die einerseits sicher der späten Öffnung der dortigen Laufbahnen geschuldet ist, andererseits aber auch durch truppendienst-spezifische Rahmenbedingungen und die Fokussierung von Bewerberinnen auf einen Teil der Ausbildungsberufe und Studienrichtungen bedingt sein könnte. Dies ist Gegenstand aktueller Untersuchungen und kann noch nicht abschließend bewertet werden.

Insgesamt verzeichnete die Bundeswehr mit Stichtag 31. Dezember

2015 rund 19.300 Soldatinnen in allen Laufbahnen, darunter befanden sich auch rund 1.200 weibliche Freiwillig Wehrdienstleistende.

Impulse zur Weiterentwicklung der Bundeswehr

Parallel zur gesellschaftlichen Entwicklung rückten mit dem Personalaufwuchs an Soldatinnen neue Themenfelder in das Blickfeld der Verantwortlichen im Bundesministerium der Verteidigung. Diente die bundeswehrspezifische Umsetzung der rechtlichen Vorgaben zum Mutterschutz naturgemäß ausschließlich Frauen, zeigt sich zunehmend, dass Regelungen z.B. hinsichtlich familienbedingter Abwesenheiten, Teilzeitmodellen, Telearbeit und neuerdings des mobilen Arbeitens auch das Interesse männlicher Soldaten wecken und diesen zu Gute kommen. Der Prozess der Weiterentwicklung organisatorischer Rahmenbedingungen zugunsten einer besseren Vereinbarkeit von Familie und Dienst weist unverändert eine hohe Dynamik auf. Die hieraus resultierenden Errungenschaften werden nunmehr im Kontext der demografischen Veränderungen und deren Implikationen für die zukünftige Personalgewinnung von Frauen und Männern zu einem wesentlichen Attraktivitätskriterium der Bundeswehr. Die Agenda Attraktivität der Bundeswehr, die seit dem Jahr 2014 verfolgt wird, sowie die aktuellen Überlegungen zur zukünftigen Personalstrategie weisen genau in diese Richtung.

So wurden im Rahmen der Attraktivitätsoffensive z.B. an vielen Standorten Kinderbetreuungsmöglichkeiten geschaffen, Laptops zum ortsunabhängigen Arbeiten bereitgestellt, gesetzliche Grundlagen zur Teilzeitbeschäftigung während der Elternzeit erwirkt, feste Versetzungstermine zur besseren Planbarkeit eingeführt, ein Dienstposteninformationsportal geschaffen und vieles mehr.

Neben den dargestellten Impulsen zur Verbesserung der Vereinbarkeit von Familie und Dienst für beide Geschlechter hat der stetig wachsende Anteil an Soldatinnen im Kontext der Unterrepräsentanz insbesondere in Führungspositionen[3] (soweit diese auf der Zeitachse bereits erreichbar sind) eine kritische Auseinandersetzung mit Anforderungen, Rahmenbedingungen und Instrumenten der Personalführung sowie den Auswahlkriterien und dem Beurteilungsverhalten von Vorgesetzten ausgelöst.

Auf Weisung von Staatssekretär Gerd Hoofe wurde am 21. April 2015 ein Stabselement „Chancengerechtigkeit im Geschäftsbereich des Bundesministeriums der Verteidigung" beim Abteilungsleiter Personal eingerichtet.

Geschlechtsspezifische, systematische Ungerechtigkeiten sollen analysiert und schnellstmöglich durch die Entwicklung und Umsetzung wirksamer Maßnahmen abgebaut werden. Das Stabselement bündelt und koordiniert dabei alle Anstrengungen der Bundeswehr zur Erhöhung der Chancengerechtigkeit. Die daraus entstehenden, zusätzlichen Initiativen zur Weiterentwicklung des Personalmanagements und des Beurteilungsprozesses werden mittelfristig allen Beschäftigten zu Gute kommen.

Herausforderungen für die Vorgesetzten

Eine vollständige Integration von Frauen in die Streitkräfte kann nur mit einer hinreichend großen Anzahl an Soldatinnen gelingen, die als sichtbares Zeichen ihrer Selbstverständlichkeit bei der Auftragserfüllung durch beide Geschlechter wahrgenommen werden können. Glaubwürdig nach innen für alle Beschäftigten und nach außen für potenzielle Bewerberinnen und Bewerber wird die Normalität von Soldatinnen nur dann, wenn diese bis in die höchsten Führungsebenen anerkannt und mit allen Rechten und Pflichten selbstverständlich ihren Dienst leisten.

Personalentwicklung benötigt jedoch Zeit. Frauen sind bei gleicher Eignung, Befähigung und Leistung bevorzugt zu berücksichtigen.[4] Das Herausstellen von Soldatinnen im militärischen Alltag hingegen wird oftmals als unrechtmäßige Bevorzugung, gelegentlich sogar als Stigmatisierung empfunden. Das Spannungsfeld zwischen der Sichtbarkeit von Frauen in Führungspositionen nicht zuletzt als Rollenvorbilder für jüngere Soldatinnen, der Pflicht der Führungskräfte, Frauen im Sinne der Chancengerechtigkeit weder zu benachteiligen noch zu Gunsten einer „visibility" zu bevorzugen, sowie der Notwendigkeit einer zuverlässigen Auftragserfüllung bei gleichzeitiger Wertschätzung von Familienengagement beiderlei Geschlechts verlangt neben systemseitigen Maßnahmen von allen Vorgesetzten eine ausgeprägte Genderkompetenz, einen verlässlichen Wertekanon sowie die stetige Bereitschaft zur selbstkritischen Reflexion des persönlichen Führungsverhaltens.

Der Anteil der Soldatinnen im Truppendienst ist mit gut 7 % noch zu gering, um eine vollständige Integration von Frauen erwarten zu können. Erkenntnisse einer sozialwissenschaftlichen Untersuchung im Jahr 2011 zum Stand der Integration von Frauen in die Bundeswehr[5], die auf eine Eintrübung des Integrationsklimas auf Seiten der Männer sowie auf eine Strategie der Anpassung von Soldatinnen an die männliche Organisationskultur – anstelle der angestrebten Integration – hinweist, wurden seitens des Bundesministeriums der Verteidigung unmittelbar zum Anlass genommen, die Erarbeitung eines Maßnahmenkatalogs zur Verbesserung des Integrationsklimas zu veranlassen. Das Zentrum Innere Führung ist schwerpunktmäßig daran beteiligt. Erste Empfehlungen werden derzeit im Bundesministerium der Verteidigung geprüft.

Die Rolle der Vorgesetzten bei der Abwehr von Polarisierungs- und Assimilationsphänomenen einerseits, als Vorbilder für einen wertschätzenden Umgang mit Diversität und Heterogenität sowie als Vermittler einer allgemeinverbindlichen und wertebasierten Führungskultur andererseits kann nicht hoch genug eingeschätzt werden.

Dass unbewusste Stereotype im Kontext eigener biografischer Erfahrungen das Handeln von männlichen und weiblichen Vorgesetzten beeinflussen, ist darüber hinaus Ergebnis zahlreicher aktueller „unconscious bias"-Untersuchungen. Diese befassen sich mit unbewussten kognitiven Wahrnehmungsverzerrungen, wie z.B. Vorurteilen und Stereotypen. Inwieweit diese Mechanismen Auswirkungen auf das Beurteilungsverhalten von Vorgesetzten haben, wurde in der Bundeswehr noch nicht analysiert. Erste Hinweise auf geschlechtsspezifische Beurteilungsunterschiede in einzelnen Bereichen können nicht pauschal auf Diskriminierungen zurückgeführt werden und haben deshalb zur Einleitung umfangreicher Untersuchungen geführt, die auch einen Dialog mit den beurteilenden Vorgesetzten zum Ziel haben. Die Analysen dauern derzeit noch an. Die Integration der so gewonnenen Erkenntnisse in die Ausbildung zukünftiger Führungskräfte der Bundeswehr stellt ein weiteres Handlungsfeld zur Verbesserung der Integration von Soldatinnen in die Bundeswehr und damit zur Erhöhung der Attraktivität des Dienstes dar.

Veränderungsmanagement muss die Perspektive der Soldatinnen integrieren

Aufgrund des derzeit noch sehr hohen Männeranteils insbesondere in militärischen Führungspositionen spiegeln Bewertungen zum Sachstand der Integration von Soldatinnen in die Bundeswehr sowie zur Chancengerechtigkeit zwischen den Geschlechtern zwangsläufig eher die männliche Perspektive wider. Auch die konzeptionellen Dokumente und Regelungen zur Weiterentwicklung der Führungskultur, zu den Anforderungen in den Streitkräften sowie die strategischen Vorgaben für die militärische Ausbildung werden (abgesehen von wenigen weiblichen Sanitätsoffizieren) fast ausschließlich von Männern erarbeitet. Dies lässt sich kurzfristig nicht ändern, da Soldatinnen aufgrund der späten Öffnung der Laufbahnen des Truppendienstes noch nicht in ausreichender Anzahl zur Verfügung stehen können.

Ersten Erfahrungen aus der Arbeit des Stabselementes „Chancengerechtigkeit im Geschäftsbereich des Bundesministeriums der Verteidigung" zufolge können sich die Perspektiven von Soldatinnen auf die konzeptionelle Weiterentwicklung der Bundeswehr sowie die Bewertungen von Verbesserungsmaßnahmen durchaus deutlich von denen der Soldaten unterscheiden. Insofern stellt die vermehrte Nutzung des intellektuellen und kreativen Potenzials von Soldatinnen, ihre größere Präsenz in Ausbildungseinrichtungen sowie ihre konzeptionelle Teilhabe an der Weiterentwicklung ein wichtiges Zwischenziel der Integration von Soldatinnen in die Bundeswehr dar.

Intermittierend könnten neuartige Ansätze der Einbindung, wie z. B. Dialoge mit Vertreterinnen der jeweiligen Zielgruppen oder der Einrichtung eines Pools an „Reviewerinnen" – also an Soldatinnen, die sich zur kritischen Auseinandersetzung mit konzeptionellen Dokumenten bereit erklären, – zur Anwendung kommen. Auch Vergleiche mit den Streitkräften anderer Nationen, der Erfahrungsaustausch mit zivilen Institutionen sowie die Nutzung wissenschaftlicher Expertise können diesem Prozess nachhaltige Impulse geben. Im Verständnis eines modernen *diversity managements* (konstruktive Nutzung der sozialen Vielfalt eines Unternehmens) trägt darüber hinaus die größere Vielfalt von Perspektiven, Kompetenzen und Problemlösungsstrategien zu verbesserten Arbeitsergebnissen bei.

Fazit

Zusammenfassend ist festzustellen, dass die Bundeswehr ein breites Spektrum an interessanten Karrieremöglichkeiten für Männer und Frauen bietet. Die Bundeswehr unternimmt intensive Anstrengungen, die Rahmenbedingungen für unterschiedliche Lebensmodelle und Lebensphasen noch attraktiver zu gestalten. Die Chancen für Soldatinnen werden vor dem Hintergrund der aktuellen Aktivitäten des Ressorts immer besser, auch wenn die individuellen Rahmenbedingungen im militärischen Alltag, z.B. in einigen Bereichen mit nur sehr wenigen Frauen, noch schwierig zu sein scheinen.

Nur mit einem Klima der Offenheit und der Wertschätzung (auch) von weiblichem Potenzial kann es gelingen, mehr Frauen langfristig als Berufssoldatinnen an die Bundeswehr zu binden und für Führungspositionen auf allen Ebenen aufzubauen. Schlüsselfaktor für die weitere Integration von Soldatinnen in den Streitkräften und damit für die zukünftige Auftragserfüllung der Bundeswehr werden deshalb immer die Vorgesetzten bleiben.

Anmerkungen

[1] EuGH, AZ: C-285/98 vom 11. Januar 2000

[2] Die gesetzlich festgelegte Grenze zur Unterrepräsentanz von Frauen im Truppendienst liegt bei 15%

[3] Z.B. verzeichnete der Sanitätsdienst der Bundeswehr in den Besoldungsgruppen A 15 und A 16 zum Stichtag 31.12.2015 nur rund 22% weibliche Sanitätsoffiziere

[4] Soldatinnen- und Soldatengleichstellungsgesetz vom 27. Dezember 2004, zuletzt geändert durch Artikel 21 des Gesetzes vom 24. April 2015

[5] „Truppenbild ohne Dame? Eine sozialwissenschaftliche Begleituntersuchung zum aktuellen Stand der Integration von Frauen in die Bundeswehr", Gutachten I/2014, Gerhard Kümmel, Potsdam im Januar 2014, Zentrum für Militärgeschichte und Sozialwissenschaften der Bundeswehr

Attraktivität und Nachwuchsgewinnung – Schlagkräftiger Arbeitgeber Bundeswehr

André Wüstner

Die Bundeswehr steht auf dem Arbeitsmarkt für junge Menschen nach ihrer Schul- oder Berufsausbildung in Konkurrenz zu anderen Arbeitgebern. Das zum einen gegenüber anderen Akteuren des öffentlichen Dienstes inklusive anderer Uniformträgerberufe, aber zum anderen gegenüber der Wirtschaft und Industrie. Dies ist mittlerweile überall in der Bundeswehr angekommen, auch wenn gerade Soldatsein kein Beruf wie jeder andere ist. Vor dem Hintergrund des demografischen Wandels, der mit Geburtsjahrgängen auf dem Arbeitsmarkt einhergeht, steht die Bundeswehr vor der großen Herausforderung, auch in Zukunft ihren Bedarf an qualifiziertem Nachwuchs zu decken - und das in allen Verwendungen und Statusgruppen.

Weiterhin steigen die Anforderungen in den verschiedensten Auslandsmissionen. Diese reichen von hoch intensiven Kampfeinsätzen über Beobachtermissionen bis hin zu Ausbildungsmissionen. Dazu kommen noch die Aufgaben im Grundbetrieb und auch alle Aufträge unter dem Aspekt Bündnisverpflichtung. In all diesen Verwendungen sind mehr und mehr Spezialisten gefragt. Die Bundeswehr hat einen enormen Bedarf zum Beispiel an IT-Fachleuten, medizinischem Personal oder technischen Berufen. Deshalb kann eine rein quantitative Deckung des Personalbedarfs nicht im Interesse der Bundeswehr sein, da die Erfüllung des Auftrages dann nicht mehr gewährleistet werden kann. Die Bundeswehr muss aus eigenem Interesse von den guten Bewerberinnen und Bewerbern als attraktiver Arbeitgeber wahrgenommen werden. Leider, und das bestätigen sowohl die Bewerberzahlen als auch wissenschaftliche Untersuchungen, ist dies nicht unbedingt der Fall. Ganz im Gegenteil finden viele junge Frauen und Männer die Bundeswehr eher unattraktiv als zukünftigen Arbeitgeber.[1] Dies hat zur Folge, dass sich nicht immer die bewerben, die die Streitkräfte gerne hätten.

Weiterhin, und das ist nicht minder wichtig, muss die Bundeswehr genauso attraktiv für diejenigen sein, die bereits in einem Dienst- oder Arbeitsverhältnis stehen. Nur zufriedenes Personal lässt sich langfristig binden und empfiehlt den eigenen Arbeitgeber weiter. Eine Umfrage des Deutschen BundeswehrVerbandes unter Vorgesetzten aus 2013 hat ergeben, dass 74 Prozent der militärischen Führungskräfte jungen Menschen aus dem eigenen

Umfeld nicht zum Soldatenberuf raten würden.[2] Das ist ein alarmierendes Zeichen! Grundsätzlich hat das Verteidigungsministerium dies erkannt und einerseits mit der Attraktivitätsagenda: „Bundeswehr in Führung – Aktiv. Attraktiv. Anders." sowie der Kampagne „Mach, was wirklich zählt" die Werbetrommel gerührt und andererseits mit dem Gesetz zur Steigerung der Attraktivität des Dienstes in der Bundeswehr erste Schritte zur Verbesserung der Bundeswehr als Arbeitgeber vollzogen. Dies reicht jedoch nicht!

Nachbesserungsbedarf ganz allgemein

Grundsätzlich darf die gesamte Diskussion um die Arbeitgebermarke Bundeswehr nicht zu eng geführt werden. Nicht allein die unmittelbare Gestaltung von Arbeitsplätzen macht einen Arbeitgeber attraktiv. Ein klar definierter Auftrag der Bundeswehr spielt dabei ebenso eine entscheidende Rolle. Wichtig ist dabei, dass der Auftrag für die Menschen der Bundeswehr verständlich ist und dass sie ihn ihren Familien und Freunden vermitteln können.

Wie schon in der Vergangenheit unterliegt die sicherheitspolitische Lage in der Welt einer großen Dynamik. Deshalb brauchen wir eine aktuelle und klare Definition der sicherheitspolitischen Interessen Deutschlands. Das „Weißbuch 2016" wird dabei eine zentrale Rolle spielen. Die Bundeswehr muss einen eindeutig definierten Auftrag bekommen, zu dem sich die Politik bekennt und daran festhalten lässt. Auch bleibt eine verstärkte europäische Zusammenarbeit auf militärischer Ebene alternativlos. In Zeiten der heruntergefahrenen Verteidigungsetats und militärischen Personalstärken kann kein EU-Mitgliedsstaat allein agieren. Deutschland kann sich hier seiner Vorreiter-Rolle als „Mittelmacht" in EU und NATO nicht entziehen. Die Bundeswehr ist schon Partner von diversen militärischen Kooperationen in Europa und ist bereit für eine noch engere Zusammenarbeit.

Aus der Definition der sicherheitspolitischen Interessen muss ein zeitgemäßer und zukunftsfähiger Aufgabenzuschnitt für die Bundeswehr festgeschrieben werden. Wenn zum Beispiel der Hauptauftrag Landes- und Bündnisverteidigung ist, dann muss diese glaubhaft sein. Wenn internationale Missionen eine vorrangige Aufgabe sind, dann muss die notwendige Ausrüstung dafür verfügbar sein. Nur ein Beispiel: Wenn kaum noch Munition vorhanden ist und diese auch nicht in der notwendigen Zeit und Menge beschafft werden kann, dann ist der Auftrag schon wegen des Mangels an den einfachsten Grundlagen nicht zu leisten und der Dienst wird – wohl zu Recht – als sinnlos betrachtet.

Die Bundeswehr bleibt auch in Zukunft eine Parlamentsarmee. Der Parlamentsvorbehalt gehört zu unserer Demokratie und war nie ein Hindernis für die sicherheitspolitische Handlungsfähigkeit Deutschlands. Die Beschlussfassung des Bundestages für bewaffnete Einsätze der Bundeswehr beruht auf einer verfassungsrechtlichen Grundlage. Gleichzeitig berechtigt und verpflichtet sie das Parlament zu einer Debatte über außen- und sicherheitspolitische Ziele der Bundesregierung sowie Auftrag und Zweck des Bundeswehreinsatzes im Ausland. Dies ist Ausgangspunkt für eine Berichterstattung und darauf folgend für eine Debatte in der Öffentlichkeit über sicherheitspolitische Themen. Es handelt sich also um einen Grundpfeiler für die Verankerung der Bundeswehr in der deutschen Gesellschaft und damit auch im Bewusstsein von potenziellen Bewerbern und schon aktivem Personal, etwas Sinnvolles für die Gesellschaft zu machen. Der Parlamentsvorbehalt ist, will der Arbeitgeber Bundeswehr gesellschaftlich verankert bleiben, nicht zu relativieren, sondern zu stärken.

Außerdem stand am Beginn der Neuausrichtung der Bundeswehr keine Aufgabenkritik in Gänze. Und auch im Jahr 2017 wird die Neuausrichtung nicht abgeschlossen sein, was wiederum Auswirkungen auf die Attraktivität hat. Aber die Bundeswehr braucht eine schonungslose Aufgabenkritik im zivilen wie im soldatischen Bereich. Das Verhältnis zwischen Auftrag und zur Verfügung stehenden Mitteln an Personal und Zeit muss offen gelegt werden, um die klaffenden Lücken dabei gezielt zu schließen. Dass selbst das Bundesministerium der Verteidigung, Kommandobehörden und Ämter sich seit 2012 immer wieder verändert haben und noch in den nächsten Jahren verändern werden, zeigt, dass nicht einmal das unmittelbare und weitere Umfeld des damaligen Ministers aufgabengerecht ausgeplant wurden. Erst recht trifft dies auf die Bereiche zu, welche vom Leitungsbereich der Bundeswehr noch weiter entfernt waren: die Basis, also Einheiten und Verbände. Selbst dort, wo es angeblich nur um einen Fähigkeitstransfer ging, stand zu großen Teilen der Fähigkeitsverlust als Ergebnis der Bemühungen am Ende. Das Versprechen vom damaligen Verteidigungsminister Thomas de Maizière, dass kein Stein auf dem anderen bleiben wird, hat er fast eingelöst. Das Versprechen, dass jeder Angehörige der Bundeswehr Weihnachten 2012 wissen sollte, wo er in Zukunft seinen Dienst leistet, nicht. Nicht unbedingt die beste Werbung für den Arbeitgeber Bundeswehr!

Ferner müssen sowohl die politisch Verantwortlichen als auch die militärischen Führer – und hier gerade die lebensälteren – die veränderten gesellschaftlichen Rahmenbedingungen zur Kenntnis nehmen und sich bewusst machen. Nicht an jeden Soldaten werden die gleichen Anforderungen gestellt, noch haben alle die gleichen Bedürfnisse. Und schon gar nicht gibt es nur ein Motiv, sich für den Soldatenberuf zu entscheiden. Die Möglichkeiten für den Einzelnen müssen noch flexibler werden und zwar, ohne den Auftrag im Einsatz zu gefährden. Die Bundeswehr muss in der Gestaltung der Laufbahnen, Werdegänge und Dienstzeiten flexibler werden und mehr auf Potenzial, Fähigkeiten, Können, Fertigkeiten und Wünsche eingehen. Dazu gehören flexible Dienstverhältnisse, bei denen nicht nur die Einstellung, sondern auch das Ausscheiden aus dem aktiven Dienst im Einvernehmen mit dem Berufs- oder Zeitsoldaten geschieht. Das starre Korsett von Eintritt in den Ruhestand und Dienstzeitende ist nicht mehr zeitgemäß.

Auch einen Soldaten nach der Schulbildung zum Diensteintritt zu kategorisieren, ist nicht mehr zeitgemäß. Die Bundeswehr muss nicht nur für Neu- und Seiteneinsteiger attraktiv werden. Menschen entwickeln sich über die Lebenszeit und dies muss stärker Berücksichtigung finden. Essenziell für eine gute Personalbindung sind auch attraktive Perspektiven durch eine hohe Laufbahndurchlässigkeit nicht nur für einen kleinen Teil der guten Leute. Zudem muss die Bundeswehr konsequent in einzelnen Zielgruppen unserer Gesellschaft um Nachwuchs werben und Diversity auch konsequent in den Streitkräften leben. Sie kann es sich schlichtweg nicht leisten, auch nur einen potenziell geeigneten Bewerber oder eine Bewerberin nicht anzusprechen.

Nachbesserungsbedarf ganz konkret

Deutschlands Sicherheit ist ein teures Gut, also müssen auch die Menschen der Bundeswehr und die Ausrüstung, die sie verwenden, der Gesellschaft etwas wert sein. Der Verteidigungshaushalt muss deutlich und nachhaltig höher werden, damit die Bundeswehr die zahlreichen Aufträge erfüllen kann. Langfristiges Ziel müssen zwei Prozent des Bruttoinlandsprodukts für die Verteidigung sein. Hier stünden rund 60 Milliarden Euro im Raum. Bis 2021 müssen wir einen Haushalt von wenigstens 45 Milliarden Euro erreicht haben, um ein Mindestmaß an finanzieller Sicherheit zu haben. Ein Teil des Geldes muss schnellstmöglich in die Infrastruktur der Bundeswehr investiert werden. Sie muss den Anforderungen der Zeit entsprechen. Unterkünfte, Dienstgebäude und Betreuungseinrichtungen an jedem Standort müssen zeitgemäß sein, um ansprechende Lebens- und Arbeitsumfelder zu bieten.

Die Bundeswehr ist gegenüber den eigenen Menschen, der Gesellschaft und den Partnern von EU und NATO in der Pflicht, für eine moderne und umfassende Ausrüstung zu sorgen. Nur so kann sie ihren Auftrag in der gebotenen Sorgfalt erfüllen und den daraus resultierenden Gefahren angemessen begegnen. Dies schafft Vertrauen und die Bereitschaft, sich in der Bundeswehr einzubringen. Andernfalls sinken dieses Vertrauen und diese Bereitschaft deutlich.

Letztendlich wird auch die Frage nach der Bezahlung für den Dienst in Uniform gestellt. Der Soldatenberuf ist ein eigenständiges Berufsbild mit vielen Spezifika. Dies muss sich auch in einer eigenständigen Besoldung, berufsgerechten Dienstbezügen und einem verständlichen Zulagensystem widerspiegeln, um den Dienst auch finanziell gerecht und damit attraktiv zu machen. Damit einher geht auch die Veränderung der Altersvorsorge. Die unterschiedliche Alterssicherung von Zeit- und Berufssoldaten ist nicht mehr zeitgemäß. Soldaten auf Zeit müssen eine anteilige Pension mitnehmen, Berufssoldaten in einem neuen flexiblen Dienstverhältnis eine attraktive Altersversorgung erhalten. Aber auch der finanzielle Ausgleich für die Mobilität der Menschen der Bundeswehr muss an die Wirklichkeit einer Pendlerarmee angepasst werden. Der versetzte Soldat oder der zivile Beschäftigte müssen zum Beispiel selbst entscheiden können, ob sie an den neuen Standort umziehen oder pendeln und für beides eine finanzielle Abfederung erhalten.

Nicht zuletzt spielt die konsequente Anwendung und Weiterentwicklung der Inneren Führung eine zentrale Rolle bei der Entwicklung der positiven Arbeitgebermarke Bundeswehr. Denn sie ist eine Stärke der Bundeswehr und ihr Alleinstellungsmerkmal. Die Innere Führung kann Antworten auf die Fragen von jungen Soldaten nach dem Sinn des Dienstes geben. Die Beweggründe junger Menschen, sich für oder gegen einen Beruf zu entscheiden, sind vielschichtig. Sie wollen etwas erleben, sich weiterbilden und spannenden Aufgaben nachgehen sowie Feedback dazu bekommen. Gleichzeitig wollen sie ein Privatleben haben und individuellen Interessen nachgehen – nicht abseits der Gesellschaft, sondern als Teil davon. Sie wollen für die Familie da sein und aktiv die Elternrolle gestalten, unabhängig vom Geschlecht. Dies alles muss mit den Anforderungen der Einsatzarmee in Einklang gebracht werden. Aber dazu braucht es die Innere Führung – und damit vor allem gute Führung.

Umso wichtiger ist: Vorgesetze müssen sich um die ihnen unterstellten Menschen kümmern können und nicht nur Projekte verwalten oder Formulare ausfüllen. Dazu brauchen die Vorgesetzten auf allen Ebenen ausreichend zur Verfügung stehende Ressourcen. Und eine dieser Ressourcen ist Zeit.

Mit der Soldatenarbeitszeitverordnung geht die Bundeswehr damit in die richtige Richtung, auch wenn es im Moment noch Start- und Anpassungsschwierigkeiten in der Truppe gibt. Die wöchentliche Regelarbeitszeit von 41 Stunden, wie bei Beamten, gilt seit dem 1. Januar 2016 und bietet damit erstmals ein wirksames Mittel, dass Politik und Vorgesetzte nicht unbegrenzt über die Zeit des unterstellten Personals verfügen können. Die Defizite, die sich aus der Praxis ergeben, sind schnell aufzunehmen und zu beseitigen. Aber die Entwicklung kann nicht stehen bleiben. So können beispielsweise Langzeitarbeitskonten für die Menschen der Bundeswehr intensive Familienphasen mit sehr zeit- und arbeitsintensiven Dienstposten im Karriereaufbau miteinander in Einklang bringen.

Fazit

Die Bundeswehr hat sich in den 60 Jahren ihres Bestehens enorm gewandelt. Ich trat im Jahr 1994 in eine Wehrpflicht- und Landesverteidigungsarmee ein. Inzwischen hat die Bundeswehr den Wandel zur Freiwilligenarmee und zur Einsatzarmee vollzogen. Die Entwicklung zur Einsatzarmee begann ungefähr im Jahr 1995, die Freiwilligenarmee Bundeswehr wird dieses Jahr gerade fünf Jahre alt.

Und allein in dieser kurzen Zeitspanne hat sich aufgrund der sicherheitspolitischen Lage in der Welt herausgestellt, dass so mancher Reform-, Transformations- oder Neuausrichtungsschritt vielleicht übereilt war. Allein die Zahl der Soldatinnen und Soldaten ist ein Gradmesser. Aus zirka 350.000 im Jahr 1994 sind maximal 185.000 geworden – gut die Hälfte. Die notwendige Korrektur dieser Zahl findet sich inzwischen in vielen politischen Papieren der Fachpolitiker und in einem Prüfauftrag des Bundesverteidigungsministeriums wieder.

So manche Stimme beschwört schon die Rückkehr zur Wehrpflichtarmee. Dies wäre der falsche Schritt. Erstens weil es gesellschaftspolitisch nicht durchsetzbar wäre. Zweitens weil es schon wieder eine Reform für die Bundeswehr bedeuten würde und der Wiederaufbau einer Ausbildungsorganisation für eine größere Zahl von Rekruten wiederum Personal, Zeit und Material binden würde – letztere drei werden in der Auftragserfüllung in Einsätzen, Bündnisverpflichtungen und Grundbetrieb benötigt.

Der Weg zu einer modernen Freiwilligenarmee des 21. Jahrhunderts muss konsequent weiter beschritten werden. Hier hat die Bundeswehr noch einigen Nachholbedarf. Neben all den zuvor skizzierten Maßnahmen muss es eine Flexibilisierung der Personalobergrenze und einen Personalaufwuchs mit Augenmaß geben.

Der Deutsche BundeswehrVerband hat Anfang 2014 den ersten Teil seiner Kampagne „Schlagkräftige Bundeswehr 2020" vorgestellt. Ein zweiter Teil folgt in 2016 und enthält viele der vorgestellten Handlungsempfehlungen. Denn am Ende gilt: Nur eine schlagkräftige Bundeswehr ist auch ein schlagkräftiger Arbeitgeber!

Anmerkungen

[1] Vgl. Hentschel, Katrin: Ergebnisse der Jugendstudie 2011. Berufswahl Jugendlicher und Einstellung zum Arbeitgeber Bundeswehr. Forschungsbericht Potsdam: ZMSBw, 2014.
[2] Strohmeier, Gerd: Militärische und zivile Führungskräfte bewerten die aktuelle Situation der Bundeswehr. Zielgruppenbefragung der TU Chemnitz im Auftrag des Deutschen BundeswehrVerbandes. Technische Universität Chemnitz, 2013.

Leistungsfähiger Sanitätsdienst – Ein entscheidendes Attraktivitätsmerkmal einer modernen Bundeswehr!

Bruno Most

Prolog

Bei den ersten Überlegungen zu einem Artikel kamen mir unmittelbar zwei Gedanken für einen Einstieg in die Thematik.

Wenige Wochen zuvor hatte meine Abteilung im Auftrag des BMVg die Feierstunde „Wiege der Bundeswehr" in Andernach organisiert und durchgeführt. Am 20. Januar 1956 wurde in Andernach durch den damaligen Bundeskanzler Konrad Adenauer der erste Appell der Bundeswehr durchgeführt. Es galt jetzt, der Erinnerung an diesen Anlass einen würdigen Rahmen zu geben, in dem die Rekruten der ersten Stunde im Mittelpunkt der Veranstaltung standen. In der gleichzeitig eröffneten Dauerausstellung kommen diese Kameraden als Zeitzeugen in Form von interaktiven Videospots zu Wort und schildern ihre Eindrücke dieses Anfangs der Bundeswehr.

Mein zweiter Gedanke führte mich vier Jahre zurück in meine Zeit als Kommandeur Sanitätseinsatzverband im Regional Command North, an einen Tag im Januar 2012. Das Patient Evacuation Coordination Centre (PECC) hatte mir gemeldet, dass nach einem schweren Anschlag auf eine US Basis im Norden unseres Verantwortungsbereiches acht Schwerverletzte auf dem Weg in unser Lazarett in Masar-e-Sharif waren. Im nächsten Augenblick lief die erprobte und bewährte Organisation für die Bewältigung eines derartigen Mehrfachanfalls von Verletzten an. Der klinische Direktor der Einrichtung brachte die verschiedenen Bereiche in Aufnahmeposition, informierte zum bekannten Sachstand der Verletzungen und führte eine erste Planung zur Reihenfolge der Patientenversorgung durch. Das Aufnahmezelt vor dem Haupteingang des Lazaretts wurde für die Erstsichtung vorbereitet. Es folgte die Meldung, dass das Flugzeug, mit dem die Verletzten transportiert wurden, gelandet war. Wenige Minuten später fuhren die ersten Rettungstrupps mit Verletzten vor. Danach lief alles wie ein Schweizer Uhrwerk: Sichten, Transport in die Notaufnahme, erster Verletzter in den Computertomograph, zwei Schwerverletzte parallel in die Operationssäle, später die ersten Verletzten auf die Intensivstation. Am nächsten Morgen konnten bereits die ersten Verletzten den Transport über Bagram in das amerikanische Militärkrankenhaus nach Landstuhl in Deutschland antreten. Alle überlebten, alle waren auf gutem Weg zur kompletten Wiederherstellung.

Führung Sanitätsdienstliche Versorgung – Ein Gestaltungsfeld der Inneren

Warum hole ich in meinen Gedanken zu einem modernen, attraktiven Sanitätsdienst 60 Jahre aus? Was verbindet die Rekruten der ersten Stunde und die „Wiege der Bundeswehr" mit den geschilderten Erlebnissen einer leistungsfähigen Medizin im Auslandseinsatz des Jahres 2012? Die Geschichte der Bundeswehr ist untrennbar mit der Inneren Führung verbunden. Dieses Konzept war und ist so gut, dass es immer noch trägt. Dies ist umso bemerkenswerter vor dem Hintergrund, dass sich die Gesellschaft und die sicherheitspolitischen Rahmenbedingungen seit den 50-er Jahren erheblich gewandelt haben und weiterhin verändern werden. Und genau an dieser Stelle sind wir bei der Entwicklung des Sanitätsdienstes, die untrennbar mit der Inneren Führung und dem Wandel der Bundeswehr zur Einsatzarmee verbunden ist. 1956 und bis weit in die 80er Jahre hätte niemand damit gerechnet, dass das Bundesverfassungsgericht Auslandseinsätze abseits des Bündnisgebietes unter Parlamentsvorbehalt zulässt.

Mit den Erfahrungen aus den ersten Einsätzen in Kambodscha, Somalia und Bosnien und dem späteren wegweisenden Zitat des früheren Bundesministers der Verteidigung Dr. Struck, dass Deutschland auch am Hindukusch verteidigt wird, stellte sich eine elementare Frage: Wie können und wie wollen wir die Gesundheit und das Leben unserer Soldatinnen und Soldaten an den entlegensten Winkeln dieser Welt schützen und erhalten? Eines der zentralen Merkmale der Inneren Führung ist, dass sich der Soldat mit seinem durch sein Parlament mandatierten Auftrag als Staatsbürger identifiziert und daraus seine wesentliche Motivation zieht. Diese Motivation lebt wesentlich davon, dass derselbe Staat alles tut, um seine Soldaten im Einsatz bestmöglich medizinisch zu versorgen. Eine starke und leistungsfähige sanitätsdienstliche Versorgung ist damit unmittelbarer und fühlbarer Ausdruck der Fürsorgepflicht des Dienstherrn.

Dementsprechend nachvollziehbar ist, dass Sanitätsdienstliche Versorgung nicht nur selbst eines der zehn Gestaltungsfelder der Inneren Führung ist, sondern andere Gestaltungsfelder, insbesondere „Betreuung und Fürsorge" und „Vereinbarkeit von Familie und Dienst", entscheidend mit beeinflusst. Dazu passt auch, dass das Bewusstsein um die Bedeutung von Gesundheit einer der Megatrends unserer Gesellschaft ist und in Zukunft weiter an Bedeutung gewinnen wird. Umfragen zeigen, dass Gesundheit in Fragestellungen der Lebensqualität höchste Priorität hat. Streitkräfte, die Gesundheit zu einem Gestaltungspfeiler ihrer Entwicklung machen, agieren damit zeitgemäß als Spiegelbild der Gesellschaft.

Kennzeichen eines modernen, leistungsfähigen Sanitätsdienstes

Das Ergebnis der oben genannten Überlegungen mündete in der Maxime des Sanitätsdienstes, die seit dem Jahre 1993 steht und Struktur, Material, Personalumfänge, Einsatzgrundsätze und Ausbildung des Sanitätsdienstes entscheidend bestimmt. Dort heißt es: „Die Maxime der sanitätsdienstlichen Versorgung von Soldaten der Bundeswehr im Auslandseinsatz ist es, dass ihnen im Falle einer Verwundung, eines Unfalls oder einer Erkrankung eine Behandlung zuteil wir, die im Ergebnis dem fachlichen Standard in Deutschland entspricht". Dieser recht sperrige Satz bedeutet nichts anderes, dass die Bundeswehr und der Sanitätsdienst sich der Herausforderung stellt, in Szenarien unterschiedlichster Intensität und Ausprägung, in schwierigem Gelände, unter widrigen klimatischen Bedingungen und über große Distanz zur Heimat hochwertige medizinische Qualitätsstandards zu halten. Dies bedeutet nicht, unsere zivilen deutschen Verfahren beispielsweise nach Afghanistan zu kopieren, aber den hohen Anspruch, ein Leben oder die Gesundheit in gleichem Ergebnis wie bei einer vergleichbaren Verletzung oder Erkrankung in Deutschland zu erhalten.

Dies markiert eindrucksvoll den Paradigmenwechsel von der Massenversorgung der Kriegsmedizin in beiden Weltkriegen oder den Indochina-Kriegen der 60er und 70er Jahre zu einer modernen Individualmedizin im Einsatz. Ich spreche hier nicht von einem theoretischen Konstrukt, sondern von einer Herausforderung, der ich mich – wie viele andere sanitätsdienstliche Führer vor und nach mir – in drei Einsätzen auf dem Balkan und insbesondere in Afghanistan stellen musste.

Als Kommandeur des Sanitätseinsatzverbandes des Regional Headquarters Nord in Masar-e-Sharif war 2012 meine tägliche Frage: Wie stelle ich mit drei Sanitätseinrichtungen sowie meinen boden- und luftgebundenen Transportmitteln diese Qualität sicher? Reichen die verfügbaren Hubschrauberkapazitäten? Welche Landtransportmöglichkeiten habe ich, wenn das regelmäßig schlechte Wetter im Winter den Start von Hubschraubern nicht zulässt? Ist mein Personal einsatzgerecht vorbereitet und ausgebildet, um die hohe geforderte Qualität auch im laufenden Gefecht zu erbringen?

Wir wissen aus unseren Erfahrungen und den Erfahrungen unserer Verbündeten, dass für das Überleben nach schwerer Verletzung auf dem Gefechtsfeld die erste Selbst- und Kameradenhilfe, das Bergen, das Stillen der Blutung, das Freihalten der Atemwege innerhalb der ersten 10 Minuten erfolgen muss, wo immer möglich eine qualifizierte Stabilisierung durch sanitätsdienstliches Personal und anschließend der Transport in die nächste chirurgische Einrichtung innerhalb einer Stunde. Werden diese Zeiten nicht gehalten, sinkt die Überlebenswahrscheinlichkeit erheblich. Das sanitätsdienstliche Versorgungssystem im Einsatz ist vergleichbar mit einer Leiter: Die Sprossen stellen die Behandlungseinrichtungen auf den verschiedenen Ebenen dar. Das System des Verwundetentransportes zwischen diesen Einrichtungen entspricht den Holmen. Eine Leiter ist nur dann stabil und kann ihre Funktion erfüllen, wenn alle Elemente in abgestimmter und erforderlicher Stärke, Umfang und Abstand miteinander verbunden sind. Und wenn der Grund, auf dem sie steht, belastbar und stabil ist.

Entscheidend für die optimale medizinische Versorgung ist die frühestmögliche Durchführung von ersten Behandlungsmaßnahmen, insbesondere einer effizienten Blutstillung. Ich erinnere mich noch gut bei meinem Diensteintritt als Offizieranwärter der Pioniertruppe an wenige Stunden erster Hilfe mit Dreieckstuch und zwei verschiedenen Verbandspäckchen. Diese Ausbildung und Ausstattung würde heute den Anforderungen der Selbst- und Kameradenhilfe moderner Einsatzkräfte in keiner Weise genügen. Daher haben wir die Ersthelferausbildung und -ausstattung aller Soldatinnen und Soldaten den Anforderungen angepasst. Diese frühe und umfangreiche Qualität der Erstversorgung durch die Truppe wird durch den Sanitätsdienst ausgebildet und durch regelmäßige Auffrischungen aktuell gehalten. Es ist jedoch die Truppe selbst, jeder einzelne Soldat, der hier einen Teil der Verantwortung für die Funktionsfähigkeit des Gesamtsystems übernimmt.

Ein weiterer Meilenstein war die Berufsausbildung unserer eigenen Feldwebel in den verschiedensten Gesundheitsfachberufen, insbesondere zu Rettungsassistenten. Erinnern Sie sich noch an die alten Ambulanzen und Sanitätspanzer Hotchkiss und später M 113? Ausstattung und Ausbildung des Personals waren weit vom damaligen Standard ziviler Rettung entfernt. Unsere heutigen Verwundetentransportfahrzeuge im Einsatz entsprechen von der

Ausstattung als auch von der Besatzung modernen Rettungsfahrzeugen. Wir haben in der Versorgung Verwundeter zunächst viel von unseren amerikanischen, britischen und französischen Kameraden aus den Erfahrungen etlicher Kriegseinsätze gelernt und diese Erfahrungen weiterentwickelt. Meine eigenen Erfahrungen bei der Versorgung von Verletzten und Verwundeten beim Einsatz in Afghanistan haben mir gezeigt, dass unsere Maßnahmen greifen und die hohen Standards erfüllt werden können

Aber – von nichts kommt nichts – die Konsequenz für die Bundeswehr bedeutete die Schaffung eines leistungsfähigen Sanitätsdienstes, der nicht nur über die geforderte Quantität und Qualität, sondern auch über die notwendigen Führungsstrukturen verfügt. Dies alles führte 2000 zu der Zentralisierung des Sanitätsdienstes zu einem eigenständigen Organisationsbereich auf Augenhöhe neben Heer, Luftwaffe, Marine und Streitkräftebasis. Bei den Entscheidungen zur Neustrukturierung der Bundeswehr im Jahre 2011 wurde diese Eigenständigkeit als zielführend bestätigt. Wir haben jetzt seit Beginn 2013 unsere Fähigkeiten in sogenannten Fähigkeitskommandos neu gegliedert. Darüber hinaus wurden die Bundeswehrkrankenhäuser direkt dem Kommando Sanitätsdienst der Bundeswehr in Koblenz unterstellt.

Ich möchte gerade an letzteren diesen Qualitätsumbruch und Paradigmenwechsel des Sanitätsdienstes deutlich machen. Bevor ich 1995 meine erste Organisations- und Führungsaufgabe im Sanitätsdienst übernahm und anschließend die Generalstabsausbildung durchlief, hatte ich eine knapp zweijährige Verwendung im damals noch existierenden Bundeswehrkrankenhaus Gießen als Assistenzarzt. Ich erinnere mich noch gut an ein kleines, verträumtes Haus, dass wenige Zivilpatienten, dafür viele soldatische Patienten mit überwiegend kleineren Beschwerden oder sogar Vorsorgeuntersuchungen für gesunde Patienten vorzuweisen hatte. Für die Behandlung von Schwerstverletzten oder hochinfektiösen Patienten war man in keiner Weise aufgestellt oder vorbereitet. Wir brauchen aber heute in unseren weltweiten Einsatzgebieten Ärzte und Assistenzpersonal, die genau über diese Fähigkeiten verfügen. Es war daher nur konsequent, dass wir uns von der Masse dieser kleinen Krankenhäuser getrennt haben und die verbliebenen fünf Bundeswehrkrankenhäuser in Koblenz, Ulm, Hamburg, Berlin und Westerstede als leistungsfähige Krankenhäuser mit notfallmedizinischem Schwerpunkt auf dem zivilen Gesundheitsmarkt etabliert haben. Wir behandeln heute überwiegend Zivilpatienten mit komplexen Erkrankungen und sind mit unseren Krankenhäusern in die zivile Notfallrettung eingebunden. Der Kernauftrag der Bundeswehrkrankenhäuser, die Aus-, Fort- und Weiterbildung sowie Vorhaltung einsatz-fähiger klinischer Ärzte und Assistenzpersonal auf hohem qualitativem Niveau kann somit durchgängig sichergestellt werden.

Neben der Qualität der Einsatzversorgung ist die unentgeltliche truppenärztliche Versorgung ein weiterer wesentlicher Attraktivitätsfaktor des Sanitätsdienstes für den Dienst in der Bundeswehr. Dieser Bereich ist gleichzeitig auch eines unserer wesentlichen Gestaltungsfelder. Patientenzufriedenheit ist hier das entscheidende Stichwort. Regelmäßige Befragungen und Evaluation geben Hinweise auf Verbesserungspotentiale. So ergab eine Studie der Firma PROGNOS AG aus dem Jahr 2015, bei der fast 6000 Soldatinnen und Soldaten befragt wurden, dass rund 70 % der Befragten der Aussage zustimmten, dass sie ihre truppenärztliche Einrichtung sehr weiterempfehlen würden. Bei den fachärztlichen Einrichtungen lag diese Zustimmung sogar bei 80 %. Schwachpunkte und damit Verbesserungsfelder liegen vor allem im Bereich der Praxisorganisation und Patienteninformation.

Quo vadis Sanitätsdienst der Bundeswehr?

Das letzte Jahr hat dem Sanitätsdienst der Bundeswehr nach Kambodscha, Somalia, Balkan, Afghanistan und zuletzt Mali weitere neue Herausforderungen und Einsätze gebracht, die auch einen Blick in die Zukunft erlauben. Der EBOLA Einsatz gemeinsam mit dem Roten Kreuz war ein absolutes Novum für uns, verlangte aber eine Fähigkeit, die in Zukunft wohl häufiger auf uns zukommt. Die länderübergreifende und globalisierende Wirkung von Epidemien, aber auch Naturkatastrophen als Folge des weltweiten Klimawechsels bringt moderne, weltweit verlegefähige Sanitätsdienste immer häufiger in die Rolle eines wichtigen politischen Instrumentes. Wir müssen uns vermehrt darauf einstellen, als Sanitätsdienst nicht den Unterstützer und Versorger kämpfender Truppen, sondern in einem Hilfseinsatz den Kernauftrag zu leisten, der durch andere Truppenteile beispielsweise logistisch oder als Sicherungstruppe unterstützt wird. In diesem Aufgabenbereich geht es für den Sanitätsdienst darum, auf eine große Bandbreite teilweise nur schwer definierbarer künftiger Herausforderungen mit größtmöglicher militärischer wie fachlicher Flexibilität antworten und der Politik wirkungsvolle Handlungsoptionen anbieten zu können.

Gleichzeitig sieht sich der Sanitätsdienst, wie alle Bereiche der Bundeswehr, mit einer sicherheitspolitischen Entwicklung konfrontiert, die die

Befähigung zu Landes- und Bündnisverteidigung deutlicher betont. Die Entscheidungen der NATO zur Aufstellung schneller Reaktionskräfte binden auch Personal und Material des Sanitätsdienstes zunehmend. Der Bedarf an bodengestützten mechanisiertem Verwundetentransport und Kräften für die notfallmedizinische Versorgung wird sich durch diese Herausforderung in den nächsten Jahren deutlich erhöhen.

Weiterhin ist festzuhalten, dass Deutschland international zunehmend zu einer sanitätsdienstlichen Leit- oder Anlehnnation wird, die andere Nationen in seine Sanitätseinrichtungen integriert. Unsere zentrale Aufgabe als Anlehnpartner für militärische wie zivile Partner ist es, das oben angesprochene hohe Gut der Verlässlichkeit und des Vertrauens auf eine qualitativ hochwertige medizinische Versorgung nicht zu verwässern, sondern unter Nutzung von Synergieeffekten weiterzuentwickeln. Die Rolle eines Gralshüters dieser hohen Qualität ist in der multinationalen Zusammenarbeit meist zäh und langwierig, aber sie dient unseren Soldatinnen und Soldaten. Sie ist klarer Auftrag an uns. Dabei ist es wenig hilfreich, aus anderen Bereichen der Bundeswehr Äußerungen zu erhalten, dass der Sanitätsdienst nicht haltbare Goldstandards fordert. Ja, wir fordern an einer Stelle einen goldenen Standard, nämlich dann, wenn es um die „Golden Hour" zum Überleben auf dem Gefechtsfeld geht und wir alles tun, um einen Schwerstverletzten schnellstmöglich auf den Tisch eines Chirurgen zu bringen. Der Sanitätsdienst ist sich aber neben der Verantwortung für die ihm anvertrauten Soldatinnen und Soldaten in gleicher Weise der Verantwortung für die Aufgaben bewusst, die ihm durch Regierung und Parlament gegeben werden. Dabei wird immer deutlicher, dass ein funktionierender und leistungsfähiger Sanitätsdienst zunehmender Faktor politischer Entsende-Entscheidungen ist.

Unser Leitbild als Attraktivitätsmerkmal einer modernen Bundeswehr

Der Sanitätsdienst hat sich 2015 ein Leitbild „Der Menschlichkeit verpflichtet" gegeben, das sowohl die Common Identity des eigenen Bereiches stärken als auch eine hochwertige sanitätsdienstliche Versorgung als Attraktivitätsmerkmal des Dienens in der Bundeswehr herausstellen soll. Unser Leitbild beginnt mit dem Satz „Unser Kernauftrag ist es, die Gesundheit unserer Soldaten zu schützen, zu erhalten und wiederherzustellen." Dieser Ansatz geht weit über die reine Behandlung von Verletzten und Erkrankten hinaus. Die sanitätsdienstliche Versorgung umfasst Prävention, das heißt die Vermeidung und Verhinderung von Erkrankungen, im Bedarfsfall die Behandlung und letztendlich auch die Rehabilitation. Das alles müssen wir als Gesamtverbund sehen, auf allen Feldern müssen wir gut aufgestellt sein. Der Sanitätsdienst hat sich seit der Wiedervereinigung zu einem modernen medizinischen, aber auch militärisch belastbaren Leistungsträger entwickelt. Die uns anvertrauten Soldatinnen und Soldaten bewerten unsere Leistungen im Einsatz durchweg sehr positiv und dürfen auch zukünftig darauf vertrauen, dass der Sanitätsdienst der Bundeswehr all seine Kraft und Anstrengungen darauf konzentrieren wird, ihnen unverändert die bestmögliche sanitätsdienstliche Versorgung zukommen zu lassen.

Epilog

Bei einem Resümee am Schluss dieses Artikels gilt es auch, kritische Aspekte dieser Thematik zu beleuchten. Kritisch ist vor allem der unveränderte Tenor weniger Gestriger, die mit diesem modernen Sanitätsdienst nichts anzufangen wissen und sich in die Erinnerung vergangener Tage flüchten. Wer ein qualitativ hochwertiges Orchester bestellt, braucht auch einen Dirigenten, der das notwendige Verständnis für die Musik besitzt. Professionelle Musiker müssen gemeinsam proben können, bevor das Konzert beginnt und der Dirigent gibt klare Weisungen für das Gesamtwerk.

Übertragen bedeutet dies, dass Sanitätsdienst ohne Führung aus einer Hand die oben beschriebenen Leistungen nicht erbringen kann, da gerade im Einsatz ein extrem hoher fachlicher Steuerungs- und Koordinationsbedarf besteht. Aber auch in der Ausbildung und Vorbereitung unserer Kräfte bewährt sich das gleiche Prinzip eines Gesamtverbundes von truppendienstlicher und fachlicher Führung. Wenn wir den Dienst in unseren Streitkräften attraktiv machen wollen und eine sanitätsdienstliche Versorgung als Attraktivitätsmerkmal herausstellen, müssen alle in dieser Frage am gleichen Strang ziehen.

Gleichzeitig gilt es selbstkritisch für den Sanitätsdienst immer wieder seine Versorgungsleistung im Inland zu evaluieren und mit der zivilen Seite zu vergleichen. Wir stehen heute im Blick auf die Qualität der erbrachten Leistung sehr gut im Vergleich zum zivilen Gesundheitssystem dar. Aber – das Bessere ist stets der Feind des Guten. Wir werden kontinuierlich daran arbeiten, Optimierungspotentiale zu identifizieren und auszuschöpfen.

Ausbildung mit Leidenschaft – Basis für Auftragserfüllung und vielversprechende Karrieren

Walter Spindler

Rahmenbedingungen für die Ausbildung

Die deutschen Streitkräfte sind die vornehmste Einrichtung unserer Nation zum Schutz der höchsten Werte. Sie sind durch unser Grundgesetz berufen, diese Werte mit rechtsstaatlich legitimierter militärischer Gewalt weltweit zu verteidigen. Damit ist der übergeordnete Bestimmungszweck von Streitkräften eindeutig, nämlich die ausgeprägte Fähigkeit zur glaubwürdigen Androhung und effektiven Anwendung militärischer Gewalt. Dieses erfordert aber auch von jedem Soldaten den unbedingten Willen und die uneingeschränkte Befähigung zum Kampf. Dieses unterscheidet systemgemäß den Beruf des Soldaten von allen anderen Berufsgruppen.

Die Ausbildung und Erziehung des Soldaten, egal ob er für eine begrenzte Zeit in den Streitkräften dient oder Berufssoldat ist, hat sich in all ihren Facetten an diesem Bestimmungszweck vorrangig auszurichten. Nur so kann die erforderliche Einsatzfähigkeit und die Einsatzbereitschaft der Streitkräfte, die sich derzeit in 16 Einsätzen weltweit befinden, aufrechterhalten werden.

Gleichwohl haben die Streitkräfte in zweiter Linie den Zielvorgaben zu ihrer personellen Ausrichtung und ihrer Adaptionsfähigkeit an die zivile Berufs- und Arbeitswelt Rechnung zu tragen, zumal diese nicht nur durch die aktuelle Attraktivitätsoffensive einen hohen Stellenwert erfahren haben. Vielmehr war es schon immer ein nicht zu unterschätzendes Argument für die Attraktivität des Arbeitgebers Bundeswehr, inwieweit Ausbildung, Erziehung und die Tätigkeit in den Streitkräften auch zivil verwertbar waren und einen reibungslosen, erfolgreichen Übergang in die zivile Arbeitswelt ermöglichten. Ein Blick auf den militärischen Personalkörper unterstreicht diese Forderung. Nur ein wenig mehr als ein Viertel aller Soldaten sind Berufssoldaten (derzeit 50.000 von den 185.000). Die überwiegende Mehrheit dient nur eine begrenzte Zeit in den Streitkräften, was zum einen eine ungesunde Überalterung des Personalkörpers verhindert, zugleich aber andererseits eine höhere Regenerationsrate und einen höheren Ausbildungsumfang erforderlich macht.

Zweck, Ziel und Systematik der Ausbildung im Heer

Das Heer ist der Träger von Landoperationen aller Art, ob in der Landes- und Bündnisverteidigung oder in Stabilisierungsoperationen, im hochintensiven Gefecht oder in der Ausbildungsunterstützung, in der Amtshilfe oder in humanitären Einsätzen bei Katastrophenfällen. Das Selbstverständnis des Heeres findet seinen Ausdruck in seinen strategischen Botschaften:

„Wir dienen Deutschland professionell – weltweit, können kämpfen, führen am Boden die Entscheidung herbei, leben Kameradschaft, sind vielseitig, modern und attraktiv! Wir sind das Heer!"

Dort, wo also Einheiten und Verbände des Heeres mit Verbündeten und Partnern zum Einsatz kommen, leben in der Regel anderssprachige Menschen, treffen sie meist auf erkennbare Gegner und viele andere Akteure, die ihnen gegenüber wohl-, aber auch übelgesonnen sein können, herrschen manchmal widrigste Klimabedingungen. Komplexe Lagen sind nahezu eine tägliche Herausforderung. Und wo Menschen etwas gemeinsam erreichen sollen und wollen, wird Führung damit zu einem unverzichtbaren Bestandteil des Miteinanders. Führungsmaßnahmen koordinieren dabei die Tätigkeiten vieler, eventuell auch ins Ungewisse hinein, mit dem unbedingten Willen zum Erfolg, was wiederum einen unbeirrbaren Führungswillen voraussetzt.

Diesen Anforderungen hat das Heer mit einer modernen und attraktiven kompetenz- und handlungsorientierten Ausbildung für die verschiedenen Laufbahnen und auch in ihrer Systematik Rechnung zu tragen. Allen gemeinsam ist dabei, dass die Individual- vor der Teamausbildung, die allgemeinmilitärische vor der militärfachlichen steht und dem Prinzip vom Einfachen zum Schweren wie auch der logischen Folge „Vormachen, Erklären, Nachmachen, Üben" gefolgt wird; ganz im Sinne des Prinzips von Konfuzius (*551 v. Chr., † 479 v. Chr.) „Was du mir sagst, das vergesse ich. Was du mir zeigst, daran erinnere ich mich. Was du mich tun lässt, das verstehe ich." Eine zu frühzeitige Überforderung demotiviert nur den Auszubildenden.

Ziel der militärischen Ausbildung ist das Erlangen der jeweils zur erfolgreichen Erfüllung des an den Dienstposten gebundenen Auftrages erforderlichen Qualifikationen und Kompetenzen. Sie stellt sicher, dass diejenigen Kenntnisse, Fertigkeiten und Fähigkeiten vermittelt werden, die zur qualifizierten Aufgabenwahrnehmung erforderlich sind. Dazu gehört auch die im Rahmen von Bildungs- und Erziehungsprozessen stattfindende Einwirkung auf Einstellungen und Verhaltensweisen, also eine beabsichtigte Persönlichkeitsentwicklung und -festigung, vor allem bei Führungskräften. Militärische Ausbildung im Heer verbindet in diesem ganzheitlichen Verständnis also stets den klassischen Bereich der Vermittlung von „Handwerklichem" mit Aspekten der Bildung und Erziehung. Eine gute Ausbildung, Bildung und Erziehung sind folglich der Schlüssel, die conditio sine qua non zum erfolgreichen Bestehen in jedwedem Einsatz, bei jedwedem Auftrag. Und dieses ist umso wichtiger, weil – dem soldatischen Selbstverständnis folgend – „wir bereit sind, unser Leben einzusetzen, wenn der Auftrag es erfordert".

Allgemeines zur Ausbildung des Führernachwuchses des Heeres

Während die Individualausbildung des Mannschaftsdienstgrades in aller Regel nach sechs Monaten abgeschlossen ist, nehmen wir uns im Heer erheblich mehr Zeit für diese im Regelausbildungsgang zum Feldwebel und zum Offizier. Das Ziel ist, Menschenführer wertegebunden, einsatzorientiert, attraktiv und professionell so auszubilden, dass sie Ebenen gerecht im gesamten Aufgabenspektrum des Heeres mit Umsicht führen, durch Vorbild erziehen und mit Leidenschaft ausbilden können. Dabei stehen die Befähigung zur zeitgemäßen Menschenführung und das Prinzip „Führen mit Auftrag" im Vordergrund; also insbesondere die Erziehung zum respektvollen Umgang miteinander, des gegenseitigen Vertrauens, der unbedingten Achtung der Menschenwürde bei aller erforderlichen Härte in der Ausbildung, der Förderung der Selbständigkeit, Eigenverantwortung und Eigeninitiative. Ein hehrer Anspruch, dem sich aber alle Ausbildungseinrichtungen mit Verve verschrieben haben.

Die militärische Ausbildung unseres Führungsnachwuchses enthält zu diesem Zweck einen hohen Anteil an Bildung von Gesinnung, Charakter und Ethik sowie der politischen und historischen Bildung zur Ausprägung eines aufgeklärten Menschen und Bürgers, um auch dem Leitbild des Staatsbürgers in Uniform vollumfänglich gerecht zu werden. Weiterhin gehören Taktik, Recht, Methodik der Ausbildung und Didaktik, physische und psychische Ertüchtigung zur Robustheit und Werdegang bezogene allgemeinmilitärische Kenntnisse, Fertigkeiten und Fähigkeiten mit dem Schwerpunkt auf der Gefechts- und Schießausbildung zu den grundlegenden Ausbildungsgebieten. Die Fremdsprachenausbildung in Englisch rundet die allgemeinmilitärische Ausbildung ab.

Maßstab dieser Ausbildung und Erziehung ist immer die Bewährung auf dem ersten Dienstposten in der Truppe. Sie ist das Fundament für die Folgeausbildung, da Ausbildung im Heer nie aufhört, sondern einen fortwährenden Prozess darstellt, der den Soldaten „ein Leben lang" begleitet.

Die seit dem 1. Januar 2016 in Kraft getretene Soldatenarbeitszeitverordnung hat selbstverständlich Auswirkungen auf die Länge des Regelausbildungsgangs, da sie zur Zeit grundsätzlich keine finanzielle Vergütung für mehrgeleisteten Dienst im Grundbetrieb vorsieht, wozu diese Führerausbildung zählt. Alle Lehrgänge (Trainings) im Heer sind deshalb so angepasst worden, dass die wöchentliche Dienstzeit von 41 Stunden nicht überschritten wird. Zu diesem Zweck wurden entweder Ausbildungsinhalte gestrichen, die für das Erreichen des Ausbildungsziels nicht zwingend erforderlich sind, oder der Lehrgang wurde verlängert.

Augenfälligstes Beispiel ist der Einzelkämpferlehrgang, der unverändert vier Wochen dauert, da keinerlei Ausbildungsinhalte bei gleichem Ausbildungsziel gestrichen werden konnten. Im Anschluss an diese vier Wochen stehen dem Trainingsteilnehmer drei Wochen Dienstzeitausgleich zu, so dass dieses Training auf sieben Wochen insgesamt verlängert werden musste. Eine Flexibilisierung der jetzigen Verordnung, die finanzielle Vergütung und Dienstzeitausgleich in einem ausgewogenen Maße im Grundbetrieb zulassen würde, wäre zielführender und attraktiver für Ausbilder und Auszubildende.

Ein anderer Grund für die Verlängerung eines Regelausbildungsganges kann neu eingeführtes, immer komplexer werdendes Gerät sein. Das beste Beispiel hierfür ist die zurzeit gleichzeitige Einführung des neuen Schützenpanzers PUMA und des Systems Infanterist der Zukunft – erweitertes System (IdZ-ES). Für die Panzergrenadiertruppe ist dieses ein Quantensprung, beherrscht wird diese neue Ausstattung aber nicht im Vorbeigehen.

Ausbildung zum Offizier

Jedes Jahr treten etwa 1.150 Offizieranwärter ihren Dienst im Heer in den beiden Offizieranwärterbataillonen in Munster und Hammelburg an. Ihre Verpflichtungszeit beträgt 13 Jahre.

In der Abbildung „Regelausbildungsgang" werden drei große Ausbildungsabschnitte ersichtlich: erstens erfolgt eine 15 Monate dauernde militärische Ausbildung und Erziehung vor dem Studium einschließlich der Offizierprüfung, so dass die Offizieranwärter während des Studiums nach 36 Monaten Dienstzeit auch zum Leutnant befördert werden können.

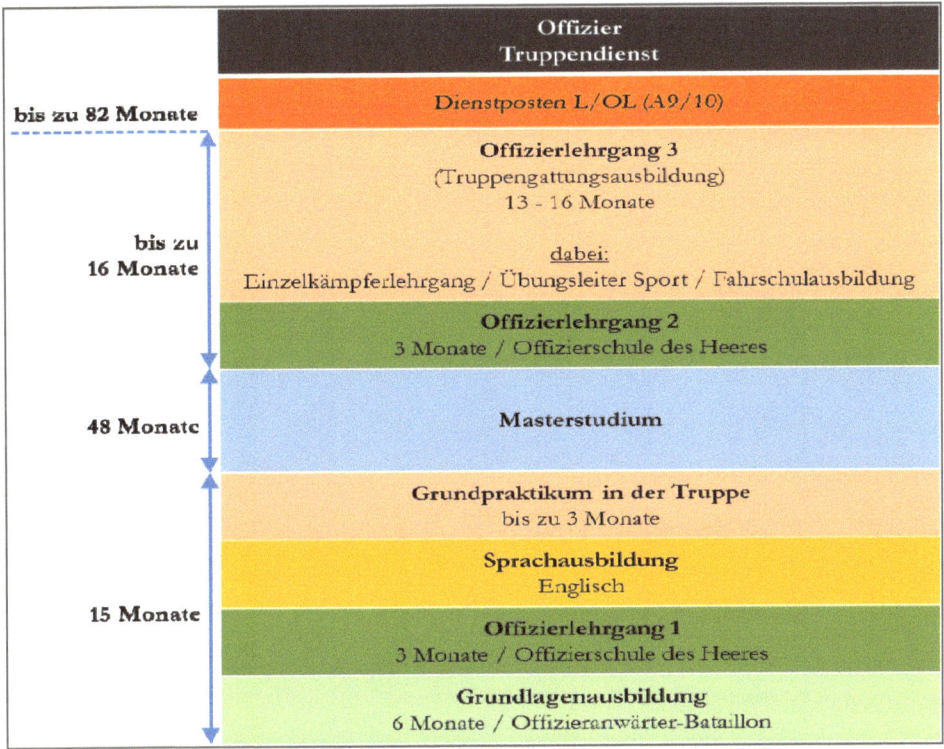

Zweitens folgen grundsätzlich vier Jahre Studium an einer der beiden Universitäten der Bundeswehr in Hamburg oder München. Der Auftrag an die Offizieranwärter lautet, ihr Studium mit einem Master in einem der 21 Studienrichtungen, von Bildungs- bis zu Politikwissenschaften, vom Maschinenbau bis zur Luft- und Raumfahrttechnik, erfolgreich abzuschließen.

Drittens erfolgt nach dem Studium in den letzten etwa ein dreiviertel Jahren die militärische Ausbildung und Erziehung zum Zugführer, zur Wahrnehmung eines ersten Dienstpostens in der Truppe. Seinen ersten Dienstposten tritt der Offizier künftig nunmehr nach ca. sieben Jahren Ausbildung an.

Wenn seine bisherige Ausbildung nach sechseinhalb Jahren bei einer Verpflichtungszeit von dreizehn Jahren abgeschlossen war, so ist künftig über eine grundsätzliche Verpflichtungszeit von 14 Jahren nachzudenken, um ein ausgewogenes Verhältnis zwischen Ausbildung und „return on investment" wiederherzustellen.

Ausbildung zum Unteroffizier

Jedes Jahr treten etwa 2.880 Unteroffizier- und Feldwebelanwärter ihren Dienst im Heer in den drei Feldwebel-/Unteroffizierbataillonen in Sondershausen, Celle und Altenstadt an. Drei grundsätzlich unterschiedliche Laufbahnen werden dabei unterschieden: der Unteroffizier- und der Feldwebelanwärter Fachdienst sowie der Feldwebelanwärter Truppendienst. Die drei Regelausbildungsgänge sind im nachfolgenden Schaubild dargestellt.

Zeit	Unteroffizier Fachdienst	Feldwebel Fachdienst	Feldwebel Truppendienst	Dienstgrad
36 Monate		Einzelkämpfer-lehrgang	Sprachausbildung	Feldwebel
		Methodikausbildung	Truppenpraktikum 2	
	Verwendung auf Dienstposten	Sprachausbildung		
		Feldwebelausbildung Fachausbildung	Einzelkämpfer-lehrgang	
24 Monate				Stabsunteroffizier
	Berufsausbildung 21 Monate	Berufsausbildung 21 Monate	Feldwebelausbildung Fachausbildung	
			Truppenpraktikum 1	
12 Monate	Unteroffizier			
			Methodikausbildung	Unteroffizier
	Prognose	Feldwebellehrgang allgemein-militärisch	Feldwebellehrgang allgemein-militärisch	
6 Monate				
Diensteintritt	Anwärterlehrgang	Anwärterlehrgang	Anwärterlehrgang	Rekrut

Voraussetzung für die Laufbahn der Fachunteroffiziere ist u.a. eine berufliche Qualifikation. Diese bringen sie entweder mit, da sie eine Berufsausbildung in einem anerkannten Ausbildungsberuf abgeschlossen haben, oder sie erhalten während ihrer Dienstzeit eine berufliche Ausbildung bei der Bundeswehr im Rahmen der zivilberuflichen Aus- und Weiterbildung (ZAW), z.B. in Zusammenarbeit mit der örtlichen Handwerkskammer. Das Tätigkeitsprofil ist mit dem einer Gesellin oder eines Gesellen in zivilen Berufen absolut vergleichbar. Derzeit werden 52 verschiedene Berufsabschlüsse angeboten, z.B. Betonstahlbauer, Mechatroniker, Fluggeräteelektroniker, Koch und Industriekaufmann. Diese Unteroffiziere sind Spezialisten für bestimmte Fachtätigkeiten, aber in der Regel nicht mit militärischen Führungsaufgaben betraut.

Der Feldwebel des allgemeinen Fachdienstes erhält eine Ausbildung zum Meister seines Faches und übernimmt die Verantwortung in komplexen Sachgebieten. Bestimmend sind technische, betriebliche oder administrative Aufgaben mit Führungsverantwortung. Dabei spielt nicht nur Fachwissen eine Rolle, sondern auch die Führungsaufgabe als militärischer Vorgesetzter. Derzeit werden 42 mögliche Qualifikationen zum Meister bzw. Fachwirt angeboten: z.B. Kraftfahrzeugtechniker- oder Logistikmeister, Wirtschaftsfachwirt oder Wirtschaftsinformatiker.

Der Schwerpunkt beim Feldwebelanwärter Truppendienst liegt auf der Ausbildung und Erziehung zum Menschenführer und zum militärfachlichen „Meister" in seiner Truppengattung. Sie sind die klassischen militärischen Führer und Vorgesetzten, das Rückgrat des deutschen Heeres, die die ihnen anvertrauten Soldaten führen, erziehen und ausbilden, auch im Gefecht. Ihre Tätigkeitsfelder reichen je nach gewählter Truppengattung vom Fallschirmsprungeinsatz bis zum Bedienen hochkomplexer Führungs- und Waffeneinsatzsysteme. Mit Unterstützung des Berufsförderungsdienstes können sich diese Feldwebel bereits während der Dienstzeit, in der Regel aber zum Ende ihrer Dienstzeit, sofern sie nicht Berufssoldaten werden, einen höheren Bildungsabschluss erwerben oder sich zivilberuflich fortbilden. Übergangsgebührnisse, je nach Verpflichtungszeit bis zu 60 Monate, erleichtern dabei die Wiedereingliederung in das zivile Berufsleben.

Moderne Ausbildungstechnologie – ein Beitrag zur Attraktivität

Die technologiegestützte Ausbildung ist ein unverzichtbarer integraler Bestandteil der Ausbildung im Heer, da sie nicht nur den Ausbildungserfolg effektiver und effizienter ermöglicht. Sie entspricht auch der Erwartungshaltung der zu uns kommenden, jungen Menschen. Unsere Auszubildenden sind durch Trends unseres gesellschaftlichen Bildungssystems geprägt. Sie sind an moderne Lernumgebungen in der Schule sowie zu Hause mit Smartboards, W-LAN, Smartphones, Computer und Tablets gewöhnt und betrachten sie als überall verfügbar. Sie wachsen auf unter einer Vielzahl von medialen Einflüssen und Angeboten wie Social Media, Facebook, Twitter, Wikipedia, Media „on demand" und Information „on demand". Sie können als „Digital Natives" bezeichnet werden. Es kommt nun darauf an, ihre vorhandene Selbstlernfähigkeit und Medienkompetenz gewinnbringend einzubinden und zu nutzen. Durch die Förderung des individuellen Wissenserwerbs, durch die Schaffung der Möglichkeit zum orts- und zeitunabhängigen Lernen, durch die Nutzung von beispielsweise Lernprogrammen, Ausbildungsfilmen, Apps etc. erfolgt attraktiveres Lernen und eine effizientere Ausbildung mit höherer Nachhaltigkeit des Wissens. Die Entwicklung von Apps im Rahmen der Lernbegleitung liegt voll im Trend; hier beispielhaft genannt sei die App Wehrrecht, die im 2. Halbjahr 2015 bereits erfolgreich eingeführt wurde. Die App Wehrgeschichte folgt und eine App Entscheidungsfindungsprozess wird angedacht. Die Möglichkeit der Verknüpfung der Präsenzausbildung mit dem moderierten Lernen in der Distanz – der Fernausbildung – ist eine weitere moderne, implementierte Ausbildungsform im Heer.

Das moderne Berufsbild in der Ausbildung kommt zudem in einer Vielzahl von Handlungstrainern, Fahr- und Flugsimulatoren, Schieß- und Gefechtssimulatoren zum Ausdruck. Die gesamte Palette an virtueller, konstruktiver und live Simulation wird in der Individual- und Teamausbildung intensiv genutzt. Die Einführung mobiler Endgeräte und e-Book-Reader als Datenträger für Ausbildungsunterlagen und Vorschriften im Gelände steht kurz vor der Einführung. Die Entwicklung und Nutzung kleiner modulartiger Lernprogramme – sogen. Lern-Nuggets, 10 Minuten lang, für zwischendurch, bspw. der Ablauf einer Geländeorientierung – sind auf dem Vormarsch.

Die Einführung moderner Ausbildungstechnik war auch im letzten Quartal 2015 an der Offizierschule des Heeres ein weiterer logischer Schritt hin zur modernen Ausbildung. 1.000 Laptops, 55 Smartboards und ein Lernmanagementsystem werden seitdem erfolgreich genutzt. 2017 werden weitere Ausbildungseinrichtungen hiermit ausgestattet werden. Im Fazit ist und bleibt die Moderne Ausbildungstechnologie jedoch immer nur ein Mittel zum Zweck, die der Ausbilder zusätzlich zur effizienteren Erreichung der Ausbildungsziele methodisch geschickt und professionell nutzt und für den Auszubildenden die Lernmotivation und den Lernerfolg erhöht.

Professionelle Ausbildung im Heer – Der kategorische Imperativ

In einer immer stärker globalisierten Welt wird der militärische Alltag zunehmend durch verstärkte Integration und multinationale Einsätze geprägt. Sprachfertigkeiten und interkulturelle Kompetenz, die auch bei Ausbildungen im Ausland erworben werden, sind zwingend. Die seit vielen Jahren praktizierte, wechselseitige Offizierausbildung mit Frankreich erfährt ab dem Jahr 2017 eine Ergänzung durch die beabsichtigten, wechselseitigen Offizierausbildungen mit den Niederlanden und Polen. Seit 2015 entsendet das Heer obendrein jährlich zwei Offizieranwärter in die britische Offizierausbildung. Darüber hinaus finden Ausbildungen in vierstelligen Größenordnungen im deutschen Heer lehrgangsgebunden und in Form von Praktika für ausländische Soldaten statt. Das gleiche gilt umgekehrt, so dass von einer zunehmenden Internationalisierung der Führerausbildung gesprochen werden kann.

Eine Optimierung der Ausbildung im Heer steht im Fokus aller Verantwortlichen. Die Leitfrage hierfür lautet: „Bilden wir das Richtige richtig zum richtigen Zeitpunkt aus?" Nur so lassen sich realistische Ausbildungsziele unter effizienter Nutzung aller Ressourcen auf allen Ebenen setzen, nur so vermeiden wir eine unnötige Vorratsausbildung, nur so stellen sich Erfolgserlebnisse für die Auszubildenden ein, die zugleich ihr Selbstbewusstsein stärken.

Das Heer bildet stets und ständig aus. Jeden Tag befindet sich mindestens jeder Siebte (rd. 9.000 Soldaten/innen) in einer lehrgangsgebundenen Aus-, Fort- oder Weiterbildung zum Erwerb von allgemeinmilitärischen, militärfachlichen oder zivilberuflichen Qualifikationen. Obendrein erwirbt jeder Soldat querschnittliche Qualifikationen wie z.B. Tapferkeit, Disziplin, Teambefähigung, Planung und Organisation, Verantwortungsbewusstsein, Kommunikation und Menschenführung. In einer erlebnisorientierten Ausbildung werden selbständig handelnde Führungspersönlichkeiten herangebildet. Selbst die niedrigsten Dienstgrade erfahren eine derartige Ausbildung, um im Rahmen des Führens mit Auftrag selbständig zu entscheiden und gegebenenfalls zu führen. Jede nachgeordnete Ebene ist dazu ausgebildet, die nächsthöhere bei Ausfall temporär zu ersetzen.

Sicherlich müssen die derzeitigen Initiativen zur zivilberuflichen Anerkennung militärischer Ausbildung als Attraktivitätsfaktor forciert werden. Folgt man dem Begriff der zivilen Anerkennung militärischer Ausbildung, geht es jedoch hier nicht darum, militärische Ausbildung zu verändern – sondern darum, sie schlicht anerkennen zu lassen.

Die an den sich immer wieder ändernden Herausforderungen angepasste und anzupassende Ausbildung im Heer erfolgt mit Leidenschaft – mit
Herz und Härte. Sie ist wertegebunden, einsatzorientiert, attraktiv und professionell. Sie ist das feste Fundament für eine erfolgreiche Auftragserfüllung
und vielversprechende Karrieren, innerhalb und außerhalb der Streitkräfte.
Und dieses ganz im Sinne des preußischen Heeresreformers Gerhard Johann
David von Scharnhorst (*12.11.1755, †28.06.1813), der da feststellte: „Tradition für das Heer heißt, an der Spitze des Fortschritts zu marschieren."

Gestaltungsmöglichkeiten eines Einheitsführers

Andreas Nichting

Menschenführung – die vornehmste Aufgabe?

Einheitsführer, Kompaniechef, der CHEF: Es ist die Traumverwendung, auf die viele Offiziere hinarbeiten, in der man sich die größten Herausforderungen ausmalt, die interessantesten Aufträge, die größten Gestaltungsmöglichkeiten, den vielfältigsten Umgang mit Menschen. Die Traumverwendung eines jeden Kampftruppenoffiziers. So war es einmal, doch die Zeiten wandeln sich. Die Verwendung als Kompaniechef ist äußerst anspruchsvoll, mit vielen Stressfaktoren verbunden und die eigenen Entfaltungsmöglichkeiten werden für eine Dauer von rund drei Jahren den Entwicklungen der Einheit untergeordnet. Immer häufiger trifft man auf junge Offiziere im Dienstgrad Oberleutnant oder Hauptmann, die sich klar gegen eine Verwendung als Kompaniechef aussprechen, die zwar Eignung, Leistung und Befähigung zur Übernahme als Berufsoffizier mit bringen, sich aber den Einschränkungen, bürokratischen Hürden und insbesondere der wachsenden Verantwortung für Material, aber vor allem für den Menschen, nicht stellen wollen.

Der Soldat, der Untergebene, der MENSCH: Wohin hat sich die Bundeswehr als mit nun 60 Jahren älteste Armee Deutschlands entwickelt? Anders als in den Zeiten ihrer Vorgänger steht der Mensch im absoluten Mittelpunkt ihres Daseins. Die Operationen sind komplexer, die Auftragslage dichter, die Operationsgebiete deutlich weiter disloziert. Verluste an Menschen, egal ob durch Tod oder Verwundung, werden nicht mehr akzeptiert. Dies ist eine absolut positive Entwicklung und spiegelt vollends den Führergeist der Streitkräfte wider, in den jungen Tagen der Bundeswehr wie heute. Man stelle sich den Kompaniechef vor, der vor seine Einsatzkompanie tritt und nicht die Parole ausgibt: „Egal wo es hingeht, ich versuche Sie alle heile wieder zurück zu bringen!".

Doch so sehr der militärische Führer den unterstellten Soldaten, den Menschen, in den Fokus seines Wirkens rückt, ein sich wandelndes, militärisches Umfeld konfrontiert ihn mit stets neuen Herausforderungen. Auf dieses gewandelte Umfeld mit steigenden Anforderungen an Mensch und Material als auch in puncto Auftragsdichte reagieren die politisch Verantwortlichen damit, dass sie die Armee als Instrument außenpolitischen Handelns eben nicht zu einer Stärke ausbauen, die den Millionenheeren aus Erstem und

Zweitem Weltkrieg gleicht. Vielmehr reduzieren sie die Stärke ihrer Armee und erhöhen gleichzeitig die Effektivität und Effizienz ihrer Streitkräfte. Insbesondere in Zeiten knapper Ressourcen ist dies eine absolut nachvollziehbare Strategie. Dies geht jedoch nicht, ohne den Menschen nicht weiterhin unumstößlich in den Mittelpunkt zu rücken. Insbesondere die Steigerung der Effizienz, also die bessere Erfüllung von mehr Aufträgen in weniger Zeit mit weniger Mitteln, stellt die Streitkräfte Deutschlands zunehmend vor Herausforderungen, die nur mit Leistungsbereitschaft, Können und Stressresistenz jedes Einzelnen gemeistert werden können.

Die Erfüllung von Aufträgen und das Erreichen strategischer und operativer Ziele werden unmissverständlich an Personen geknüpft. Es kommt auf Menschen an, die sich bewusst diesen Herausforderungen stellen, die aus ihrem tiefstem Inneren bereit sind, diese Verantwortung zu übernehmen. Was auf strategischer und operativer Ebene funktioniert, lässt sich auf die taktische Ebene der Einheit herunterbrechen. Vielfach wird von der „modernen Menschenführung" berichtet, in weiten Teilen sogar gelehrt und angewandt.

Führung im Sinne der Streitkräfte lässt sich als das steuernde Einwirken auf das Tun und Nichtstun von Menschen im Sinne der gemeinschaftlichen Zielerreichung definieren. Wenn durch Führung auf das Tun von Menschen eingewirkt wird, was ist dann Menschenführung? Hierbei handelt es sich wohl eher um eine begriffliche Betonung, als um eine Abgrenzung der Menschenführung gegenüber anderen Führungsarten. Gleichzeitig zeigt jedoch sowohl der Begriff Menschenführung als auch die Definition der Führung, dass der Mensch und dessen Führung, Ausbildung und Erziehung als vornehmste Aufgabe des Einheitsführers verstanden werden will.

Chancen und Grenzen der Dienstgestaltung

Der Kompaniechef als Führer, Ausbilder und Erzieher verfügt über eine immense Bandbreite an Gestaltungsmöglichkeiten des täglichen Dienstes. Eine Verteilung von 46 Wochenstunden im Regeldienst bis Ende 2015 und eine Ausplanung von 41 Wochenstunden seit Beginn 2016 bieten dem Chef viele Möglichkeiten, den Dienst zu gestalten, natürlich auch unter Berücksichtigung der Bestimmungen der Soldatenarbeitszeitverordnung. Genau hier zeigt sich die Krux in den vielfältigen Möglichkeiten des Einheitsführers, denn das Spiel auf der großen Klaviatur der Gestaltungsoptionen erfordert die Beachtung vieler Details, die sich zum Teil konträr gegenüber stehen.

Allein die Planung einer Gefechtsausbildung im bewaldeten Gelände bedarf vieler Detailbetrachtungen. Der Zugführer benötigt Zeit zur Vorbereitung, welche am Tag der Durchführung mit dem Empfang von Waffen, Gerät und Munition beginnt, sich über eine Befehlsausgabe fortsetzt und mit dem Marsch zum Ausbildungsort endet.

Der Schwerpunkt ist die Zeit, die dem Zug- und Gruppenführer zur Ausbildung seiner Soldaten bleibt. Sie muss großzügig genug sein, um das Ausbildungsziel zu erreichen. Hier gilt das Prinzip „Mehr ist Mehr", denn nur gute und fordernde Ausbildung bereitet den Soldaten auf seine Aufgaben im Einsatz zufriedenstellend vor. Damit ist anzustreben, die erlaubten 13 Stunden zusammenhängenden Dienstes pro Tag, inklusive Pausen, auszuschöpfen und den mehrgeleisteten Dienst zu einem späteren Zeitpunkt abzubauen.

Folgt auf diesen Gefechtsausbildungstag ein weiterer Tag Gefechtsausbildung, muss man sich nun verschiedene Fragen stellen: Sollte der Zug in den Standort zurückkehren oder zur Reduzierung des organisatorischen Aufwandes im Übungsraum verbleiben? Wie ist die notwendige Ruhephase „im Gelände" zu gewähren, in der er trotz allem für sein sicherheitsempfindliches Gerät verantwortlich bleibt? Ist der Einsatz von Streifen und Alarmposten unter diesen Voraussetzungen noch zu verantworten? Oder ist ein solcher Einsatz gar unverzichtbar aus Gründen der militärischen Sicherheit? Darf der Soldat nach „Dienstschluss im Gelände" den Übungsraum verlassen und erst am nächsten Morgen zur Fortsetzung der Ausbildung zurückkehren? Muss aus Gründen der Fürsorge eine Betreuung vor Ort als eine Art „Lagerfeuerromantik" installiert werden?

Beim Reflektieren über diese berechtigten Fragen der Dienstgestaltung kehrt man immer wieder zu dem Faktor zurück, der bei aller dienstlichen Notwendigkeit, allen Auflagen und allen Einflussfaktoren im Mittelpunkt steht – der Mensch. Ihn gilt es zu führen, ihn gilt es auszubilden und ihn gilt es letztendlich auch zu erziehen. Im Dialog mit den Untergebenen, egal ob direkt oder über ihre gewählten Vertreter, sind Lösungen schnell gefunden, welche sowohl den sozialen als auch den kameradschaftlichen und den dienstlichen Aspekten gerecht werden.

Führen mit Auftrag – Das wichtigste Führungsprinzip

Wie schon mehrfach beleuchtet, ist die Führung von Menschen nach wie vor die vornehmste Aufgabe eines jeden militärischen Führers. Im Mittelpunkt steht hier der Soldat, der Untergebene, der Mensch. Seine Führung ist aus meiner Sicht untrennbar mit unserem Führungsprinzip des „Führens mit Auftrag" verbunden. Doch was definiert den Auftrag? Was grenzt ihn vom Befehl ab? Welche Gemeinsamkeiten bestehen?

Zunächst einmal gilt es, festzuhalten, dass sowohl Befehl als auch Auftrag ein Ziel verfolgen und es durch auferlegte Maßnahmen des Individuums zu erreichen versuchen. Auch die Ausgangslage, aus der Befehl und Auftrag ihrerseits entstehen, ist in aller Regel bekannt. Soweit zu ihren Gemeinsamkeiten, doch gerade bei der Ausgangslage beginnen bereits die Unterschiede. Liefert der Auftrag im Idealfall ein gutes bis sehr gutes Lagebild gleich mit, ist dies beim einzelnen Befehl nicht zwingend gegeben. Dies hat jedoch nicht nur Vorteile, denn das Kreieren eines umfassenden Lagebildes und die Erläuterung einer Ausgangssituation benötigt zwangsläufig mehr Zeit als der Verzicht darauf. Weiterhin zeichnet sich der Befehl durch klare Einzelmaßnahmen aus, die den geführten Soldaten in verschiedenen Einzelschritten zum verfolgten Ziel hinführen. Anders der Auftrag: dieser gibt das Ziel vor, nennt einschränkende Merkmale, also eine „linke und rechte Grenze", und lässt den Weg zur Zielerreichung innerhalb dieser Grenzen frei.

Aus meiner Sicht – und hier werde ich immer wieder in Gesprächen mit Kameraden anderer Nationen bestätigt – überwiegen die vielen Vorteile der Auftragstaktik: Sie setzt ein klares Ziel und nennt klare Auflagen, der die Auftragserfüllung unterliegt. Hierbei gilt: So viele Auflagen wie nötig, so wenige wie möglich. Die so aufgezeigte „linke und rechte Grenze" schafft, gemeinsam mit der Ausgangslage und dem Ziel, einen großzügigen Raum, in dem der Untergebene sich in der Auftragserfüllung frei entfalten kann; in dem er seine Ideen und Kreativität einbringen kann. So wird der militärische Führer entlastet, denn er muss nicht jedes Detail befehlen, sondern macht sich den Geist, die Intelligenz und das Fachwissen des unterstellten Bereiches in vollem Umfang zunutze. Dies schafft Motivation und Freude am Wirken, was generell immer zu besseren Arbeitsergebnissen führt.

Letztendlich stellt auch das Prinzip des „Führens mit Auftrag" den Menschen in den Mittelpunkt des Handelns. Es ist der Mensch als Führer, der die Kunst des Führens mit Auftrag beherrschen muss: Klare Formulierungen, Vertrauen in den unterstellten Bereich und Mut, sich beim Eingrenzen der Handlungsmöglichkeiten zurückzuhalten, sind wichtige Merkmale dieses Führungsprinzips. Es ist der Mensch als Auftragsdurchführender, der intelligentes Durchdringen des Auftrags, kreative Ideen zur Umsetzung und ebenfalls Mut zum Handeln sowie Verantwortungsbewusstsein einbringen muss. Das Prinzip des Führens mit Auftrag stellt das Individuum unmissverständlich in den Vordergrund.

Einheitsführer – Die Traumverwendung

Aus meiner Sicht ist die Verwendung als Kompaniechef die Traumverwendung: Nähe zu den unterstellten Soldaten und die Auseinandersetzung mit den „Alltagsproblemen" treffen auf fordernde Aufträge, komplexe Problemstellungen und planerische Kreativität mit Weitblick und Gestaltungswillen. Mitunter die größte Motivation ziehe ich dabei aus den Gestaltungsmöglichkeiten der Ausbildung und der Karriere eines jeden unterstellten Soldaten. Die Personalentwicklung des unterstellten Bereiches, insbesondere der jungen Unteroffiziere, bereitet mir sehr viel Freude: Potenziale erkennen und benennen, Entwicklungsprognosen ableiten und aufzeigen sowie den Wünschen der Soldaten versuchen, gerecht zu werden. Der wohl größte Motivationsfaktor gerade im Einsatz ist die Operationsführung, in der die entwickelten Fähigkeiten eines jeden Soldaten so ineinander greifen, dass das gemeinsame Ziel bestmöglich erreicht wird, und das unter meiner Führung.

Die meisten Soldatinnen und Soldaten sind nicht einfach nur Arbeitnehmer oder Arbeitnehmerinnen, als die sie von Gesetz wegen her häufig betrachtet werden. Sie entscheiden sich ganz bewusst für die Uniform der deutschen Streitkräfte, sie tragen das deutsche Hoheitsabzeichen mit Stolz und Ehre auf ihren Schultern. Sie wollen die vielen Nachteile und Entbehrungen bis hin zur Gefahr für Leib und Leben auf sich nehmen, weil sie fest an diese Nation glauben und den enormen Lebenswert unseres Landes bewahren wollen. Die vielen Vorteile, die sich ihnen dadurch eröffnen, z.B. unentgeltliche truppenärztliche Versorgung, gutes und sicheres Einkommen und die Pensionsansprüche bei Berufssoldaten, sollen an dieser Stelle als Ausgleich für die Entbehrungen nicht unerwähnt bleiben, doch an vorderster Stelle steht die Liebe zu diesem Beruf. Oder muss man für viele schon von Berufung sprechen?!

Diese Menschen kennen lernen zu dürfen, für sie und ihre Karriere Verantwortung übernehmen zu dürfen, zu erkennen, wer sich über die Verpflichtung eines Soldaten auf Zeit hinaus als Berufssoldat engagieren möchte, diesen Wunsch nach besten Kräften zu unterstützen (die Eignung des Soldaten natürlich vorausgesetzt), dies alles ist in höchstem Maße motivierend und zugleich ein besonderes Momentum in der Frage der Attraktivität meines militärischen Seins.

Ich hoffe sehr, dass ich diese fordernde, interessante und gestalterische Traumverwendung noch lange innehaben darf.

Prägungsmöglichkeiten eines „Chefs"

Die Prägung einer Gruppe von Menschen ist maßgeblich von der Haltung ihres Führers in Können, Pflichterfüllung und Menschlichkeit abhängig. Im militärischen Alltag ist es hierbei unerheblich, ob man sich auf die Ebene der Gruppen, des Zuges oder der Einheit bezieht. Auch auf die Ebenen oberhalb der Einheit lässt sich diese These klar übertragen und ist durch tausendfache Beispiele der militärischen Geschichte belegt. Besonders im Einsatz gibt der militärische Führer seinem unterstellten Bereich Halt, Richtung und Zuversicht. Dabei gibt es in jeder Truppengattung und in jeder Teilstreitkraft Betätigungen des täglichen Dienstes, die herausfordernd und identitätsstiftend zugleich sind. So ist es ein besonderes Ereignis, wenn die junge Besatzung eines Unterseebootes zum ersten Mal auf Tauchfahrt geht, sich gemeinsam der Gefahr unter Wasser stellt und auf die Zuverlässigkeit der Technik vertraut. Genauso ist es ein besonderes Ereignis, wenn sich der junge Gebirgsjägerzug zum ersten Mal in die Seilschaft begibt und sich im Fels voll aufeinander verlassen muss.

So könnte ich noch eine lange Liste von identitätsstiftenden Ereignissen der Streitkräfte aufzählen, doch als Fallschirmjäger möchte ich natürlich noch auf das eingehen, was in meiner Truppengattung das prägendste Ereignis darstellt: der gemeinsame Fallschirmsprung. In der Maschine ist es egal, ob der Gefreite oder der General das Gewicht des Schirmpaketes auf den Schultern spüren. Am Schirm ist es unerheblich, ob ein Mann oder eine Frau sich auf den Landefall vorbereiten, stets den letzten, nie ausschließbaren Funken Verletzungsgefahr im Hinterkopf behaltend. Der gemeinsame Sprung, die Erfüllung einer anschließenden, taktischen Aufgabe, die Nächte im Freien mitunter bei Kälte, Nässe und manchmal Hunger – ein Einheitsführer, der sich nicht zu schade ist, diese Erfahrungen mit seinen Soldaten zu teilen, prägt durch sein persönliches Vorbild.

Ein weiterer prägender Faktor ist die ständige Präsenz des Einheitsführers in Sachen „offenes Ohr". Der unterstellte Bereich will spüren, dass „die Tür des Chefs" auch für persönliche Belange und Probleme stets und ständig offen steht. Hiermit ist eine besondere Verantwortung verbunden, der man sich als Einheitsführer bewusst stellen muss.

Aufwertung der Kompaniechefverwendung

Eine Aufwertung würde die Kompaniechefverwendung durch eine höhere und flexiblere Verfügbarkeit von fachkundigem Ausbildungspersonal erfahren. Der Kompaniechef als höchster Ausbilder seiner Kompanie ist stets bestrebt, sich so viel Fachexpertise anzueignen, wie nur möglich. Er verfolgt damit das Ziel, sich in das Denken und Handeln seines unterstellten Bereiches hineinversetzen zu können und den ihm unterstellten bestmöglich auszubilden.

Dies fällt dem Kompaniechef zunehmend schwerer. In der heutigen Zeit werden die einzelnen Teilbereiche stetig komplexer, sind mit immer mehr Details und fachlichen Feinheiten behaftet, so dass es dem Kompaniechef unmöglich ist, sich alle Dinge anzueignen, um sie im täglichen Ausbildungsbetrieb für seine Kompanie umzusetzen.

Hier würden Experten, die den Einheitsführer am Standort der Einheit mit einer zeitlich begrenzten Ausbildertätigkeit unterstützen, deutlich weiterhelfen, zumal das Verhältnis zwischen der aufgewendeten Zeit für Ausbildung und der für Administration immer mehr zu Ungunsten der Ausbildertätigkeit ausfällt.

Als Beispiele hierfür können unter anderem Ausbilderteams des Zentrums Innere Führung genannt werden, die den Kompaniechef bei der Durchführung der Politischen Bildung am Standort unterstützen. Weiterhin wären beispielsweise Ausbilderteams der Pioniertruppe denkbar, die die Pionierausbildung der Kompanie fachkundig unterstützen; insbesondere dann, wenn das Fachpersonal von Brigade- oder Divisionseinheiten nicht zur Verfügung steht.

Es hat sich gelohnt, Soldat zu sein – Als Aktiver und als Reservist!

Bodo Henze

Handlungsfelder und Gestaltungschancen eines „Spießes"

„Die Bundeswehr ist mein Leben" – Ich habe diesen Satz als Einstieg gewählt, um Ihnen bereits zu Beginn meines Beitrags deutlich zu machen, wo die Reise hin geht. Es ist mir eine besondere Ehre, meine Lebensgeschichte in diesem Buch veröffentlichen zu dürfen. Dabei steht mein Leben als Soldat klar im Fokus. Letztendlich ist es diese Zeit als Soldat, die mich wie nichts anderes geprägt und mir meinen Lebensweg aufgezeigt hat. Und noch heute leiten mich diese jahrzehntelangen Erfahrungen und Erlebnisse. Noch heute denke ich an Vorgesetzte, Kameraden und Weggefährten, die mich positiv beeinflusst, ja zum Teil geprägt haben.

Nach über 30 Jahren als aktiver Soldat habe ich die Lust an der Bundeswehr noch immer nicht verloren. Im Gegenteil: die Truppe, meine Kameradinnen und Kameraden gehören für mich nach wie vor zu meinem Alltag dazu. Auch nach meiner Pensionierung im Januar 2007 bin und bleibe ich mit Leib und Seele Soldat. Das Selbstverständnis der Bundeswehr „Wir.Dienen. Deutschland" hat sich zu meinem persönlichen Selbstverständnis entwickelt. Meine Kameradinnen und Kameraden sind für mich in all den Jahren zu einer zweiten Familie geworden, auf die ich mich zu einhundert Prozent verlassen kann. Von einer solchen Gemeinschaft konnte ich mich nicht so einfach trennen.

Ich habe das große Glück, heute als Kompaniefeldwebel der Regionalen Sicherungs- und Unterstützungskompanie (RSU-Kompanie) Sachsen-Anhalt auch als Reservist eine verantwortungsvolle Aufgabe wahrnehmen zu dürfen. Eine Aufgabe, die ich bereits in meiner aktiven Dienstzeit als Spieß mit viel Freude und Begeisterung ausgeübt habe. Seit ihrem Aufstellungsappell am 12. September 2013, unter Anwesenheit des Ministerpräsidenten des Landes Sachsen-Anhalt, Dr. Reiner Haseloff, hat sich die RSU-Kompanie zu einer echten Einheit entwickelt. Ich bin stolz, Teil dieser Gemeinschaft sein zu dürfen und mich auf diese Weise als Reservist für meine Heimat, mein Bundesland engagieren zu können. Dabei habe ich es mit jungen, tatkräftigen und hoch motivierten Menschen zu tun, von denen selbst ich als alter Hase noch vieles lernen kann.

Als RSU-Kompanie leisten wir einen wichtigen Beitrag zur Territorialen Reserve und werden zur Unterstützung aktiver Verbände bei Wach- und Sicherungsaufgaben für militärische Anlagen und Infrastruktur eingesetzt. Die Reservisten der RSU-Kompanie Sachsen-Anhalt sind mit ihrem Bundesland tief verwurzelt und fungieren als wichtiges Bindeglied zwischen Bundeswehr, Gesellschaft und Landespolitik. Dieses Selbstverständnis teile ich uneingeschränkt. Aus ihm ziehe ich die Motivation und die Handlungsgrundlage meines Engagements.

Um heute, im Jahr 2016, an diesem Punkt angekommen zu sein, habe ich bereits eine lange Reise als aktiver Soldat und Reservist hinter mir. Es würde zu weit führen, jede einzelne Station meines Werdegangs aufzuführen oder jede Anekdote zu erzählen. Ich möchte mich auf die wichtigsten Stationen beschränken.

Meine Karriere bei der Bundeswehr begann am 1. Juli 1974. Wobei für mich damals natürlich noch nicht klar war, dass ich 33 Jahre lang der Truppe die Treue halten sollte. Zu dieser Zeit habe ich meinen Grundwehrdienst beim Panzeraufklärungsbataillon 2 in Hessisch-Lichtenau absolviert. Seit diesen 15 Monaten hat mich die Bundeswehr und das Soldatsein nicht mehr los gelassen. Die Zeit der Grundausbildung werde ich nie vergessen. Nach der Schulzeit und meiner Ausbildung zum Elektromaschinenbauer war die Bundeswehr eine völlig neue Welt für mich. Disziplin, Kameradschaft, Pflichtbewusstsein, Treue und Tatkraft waren mir dennoch nicht fremd. Ich habe mich rasch in die neue Wirklichkeit eingefunden. Mir ist es nicht schwer gefallen, meinen Platz zu finden.

Militärische Tugenden waren mir aus meiner Familie nicht unbekannt. Mein Großvater väterlicherseits war für mich ein Vorbild. Aufgrund seiner Erfahrungen aus zwei Weltkriegen sagte er einmal zu mir: „Junge, denke immer daran. Mensch sein und Mensch bleiben." Dieser Satz hat mich mein Leben lang begleitet und mir gerade bei schweren Entscheidungen als Vorgesetzter oft geholfen. Auch zu meinem Vater habe ich stets aufgeschaut und ihn sehr bewundert. Neben seiner Tätigkeit als Maurerpolier war er jahrelang bei der Freiwilligen Feuerwehr aktiv. Seine Offenheit, Ehrlichkeit, Pünktlichkeit und seine Zuverlässigkeit waren für mich prägende Wertvorstellungen. Schon als kleiner Junge hat er mir einen klaren Auftrag erteilt: „Du tust etwas für unser Land." Zunächst wusste ich mit diesem Auftrag nicht viel anzufangen. Vergessen habe ich ihn aber nie. Später als Soldat wurde mir klar, was mein Vater damit gemeint hatte.

Nach der Grundausbildung in Hessisch-Lichtenau folgten die Ausbildung zum Unteroffizier, zum Feldwebel sowie die Beförderungen bis zum Hauptfeldwebel. Ich habe mich mit viel Energie und Motivation in die neuen Aufgaben gestürzt und habe in dieser Zeit Kompaniefeldwebel kennen gelernt, die sich für mich, genau wie mein Vater, zu echten Vorbildern entwickelt haben. Mir ist klar geworden, dass der Spieß immer ein offenes Ohr für seine Frauen und Männer haben muss und ihnen mit gutem Beispiel voran gehen sollte. „Wer Menschen führt, muss Menschen lieben". Ich wollte meinen Soldatinnen und Soldaten stets ein guter Berater und gerechtes Vorbild sein. Schließlich habe ich während meiner unterschiedlichen Stationen bei der Bundeswehr diese Tugenden von meinen Vorgesetzten erfahren. Ich denke, überall tut ein Chef gut daran, sich diese Maßstäbe als Ziel zu setzen.

Ein wichtiger sowohl militärischer als auch biographischer Einschnitt waren die Jahre 1989/1990. Die Wiedervereinigung Deutschlands bedeutete für mich scheinbar das Ende meiner Karriere, zumindest sah alles danach aus. In Zeiten des politischen Umbruchs wusste niemand so genau, wo die Reise hingeht – auch ich nicht. Letztendlich hat sich für mich aber alles zum Guten gewandt. Stationiert war ich zum damaligen Zeitpunkt in Göttingen. Hier begann auch meine Laufbahn als Kompaniefeldwebel. Fertig ausgebildet übernahm ich am 1. April 1992 die Dienstgeschäfte des Kompaniefeldwebels einer Stabs- und Versorgungskompanie. Nach der Wiedervereinigung sollte der Standort zunächst verkleinert werden. Letztendlich wurde er im September 1993 aufgelöst. Ich habe mit dem damaligen Brigadeführer die Zietenkaserne in Göttingen am 24. September 1993 entwidmet und die Tore am 30. September 1993 als Kompaniefeldwebel der Stabs- und Versorgungskompanie der Panzergrenadierbrigade 4 geschlossen. Ich kann heute also behaupten, in meinem Geburtsort Göttingen in der Zietenkaserne der „letzte Kompaniefeldwebel" gewesen zu sein. Auch nach all den Jahren denke ich mit gewisser Wehmut an die Standortschließung zurück. In meiner damaligen Verwendung habe ich das so genannte „Laufen lernen" als Spieß erlebt. Das hat mich sehr geprägt. Aus der Panzertruppe kommend musste ich fortan mit Soldaten der Stabs- und Versorgungskompanie meinen Dienst verrichten. Es war für mich eine spannende Aufgabe, denn ich musste gleich „mehreren Herren" gerecht werden.

Ich möchte an dieser Stelle die Gelegenheit nutzen, um ein wenig aus meinem Alltag als Spieß zu berichten. Der Kompaniechef, die Soldatinnen und Soldaten der Kompanie und die Stabsabteilungsleiter im Brigadekommando hielten mich stets auf Trab. Mein damaliger Schwerpunkt war, das Personal der aufzulösenden Brigade über die zuständigen Steuerlisten „unfallfrei" und sozialverträglich auf neue Dienstposten zu bringen. Im Nachhinein eine schwierige, aber doch lösbare Aufgabe, die zugleich meine Freude und Hingabe an der Aufgabe als Spieß förderte.

In Erinnerung ist mir aber auch die Vorbereitung eines Großen Zapfenstreiches geblieben. Ich musste dafür das geeignete Personal auswählen, getreu dem Motto: 180 bis 183 cm, keinen Bart, keine Brille. Resümierend kann ich sagen, dass für einen Kompaniefeldwebel kein Tag wie der andere ist. Denn für mich erfüllt der Kompaniefeldwebel an der Spitze des Unteroffizierkorps eine anspruchsvolle Aufgabe wie kaum ein zweiter in den Streitkräften.

Der Kompaniefeldwebel ist Berater seines Chefs in Fragen des Innendienstes. Gleichzeitig ist er Erzieher, Ausbilder und Vorgesetzter gegenüber den Unteroffizieren und Mannschaften zur Durchsetzung der militärischen Ordnung und Disziplin. Hinzu kommt seine Funktion als fürsorglicher Berater aller Angehörigen seiner Einheit. Ich hatte die Möglichkeit, das Unteroffizierkorps zu einem echten Team auszubilden. Ich habe mich selbst als Trainer gesehen und war direkt an der „Spielerauswahl" und an ihrer Entwicklung maßgeblich beteiligt. Nach meinen Erfahrungen werden heute die Mitarbeiterinnen und Mitarbeiter mehr oder weniger fertig ausgebildet auf den „Hof" gestellt.

Menschen führen, erziehen und ausbilden ist das Leitbild, welches sich durch das Leben eines jeden Vorgesetzten zieht. Als Spieß war ich für die persönlichen Belange der Soldatinnen und Soldaten verantwortlich – für mich meine größte persönliche Herausforderung. Es erforderte vor allem viel Kraft, Sachverstand, Fürsorge, Verständnis, Urteilsvermögen und Menschenkenntnis. Dabei war für mich immer der persönliche Kontakt, das direkte Gespräch mit meinen Kameradinnen und Kameraden der Schlüssel zum Erfolg. Zugute ist mir dabei auch meine durch die Bundeswehr geförderte Ausbildung zum staatlich anerkannten Erzieher gekommen. Das Wissen und die Erfahrungen jener Zeit möchte ich nicht missen.

Nach der Schließung des Standortes Göttingen führte mich meine nächste Verwendung nach Bad Frankenhausen in Nordthüringen. Vom

1. Oktober 1993 bis zu meiner Pensionierung 2007 war ich hier stationiert. Insgesamt 14 Jahre an ein und demselben Standort. Für viele junge Soldatinnen und Soldaten heute kaum vorstellbar. Ich möchte behaupten, in all den Jahren alles erlebt zu haben, was man als Kompaniefeldwebel erleben kann.

In der 2. Kompanie des Panzerbataillons 383 war ich einer von drei Soldaten, die aus Westdeutschland stammten. Für mich war diese Konstellation überhaupt kein Problem. Nach kleinen anfänglichen Kommunikationsproblemen und langen Gesprächen zwischen „Wessi" und „Ossi" haben wir uns schnell als Einheit zusammengefunden. Das Mitwirken bei der Armee der Einheit war zweifelsohne nichts Alltägliches. Die Zusammenarbeit mit den neuen Kameraden, das Einbringen meiner Göttinger Erfahrungen und das Organisieren gemeinsamer Veranstaltungen hat mir viel Freude und Berufszufriedenheit gegeben.

Ich möchte an dieser Stelle einige Gedanken zur Frage der Autorität aufgreifen. Aufgrund meiner langjährigen Erfahrungen als Spieß vertrete ich folgende Überzeugung: Es gibt keine schlechten und keine guten Soldatinnen und Soldaten, es gibt nur schlecht oder gut ausgebildete Soldatinnen und Soldaten. Dies setzt voraus, dass ich selbst als Vorgesetzter mit gutem Beispiel vorangehe.

Eine besondere Herausforderung stellte für mich immer die kompanieweise Auffüllung mit Grundwehrdienstleistenden sowie das Werben um den Nachwuchs dar. Allerdings habe ich auch Trauriges erlebt. Als Spieß musste ich zwei Kameraden zu Grabe tragen, die auf dem Weg zum Dienst bzw. vom Dienst nach Hause tödlich verunglückt sind. Zu einem dieser Kameraden und seinen Angehörigen hatte ich eine besonders enge persönliche Verbindung. Die Todesnachricht hat mich in diesem Fall sehr betroffen gemacht. Der Kontakt zu seiner Familie bestand noch viele Jahre weiter.

Das Jahr 1998 hielt für mich indessen eine freudige Botschaft bereit. Meine Beförderung zum Oberstabsfeldwebel stand an. Jetzt galt es, einige Angebote zu prüfen. Ich hatte aber „Gott sei Dank" keine Möglichkeit, die verschiedenen Varianten gegeneinander abzuwägen, denn mein Kommandeur hatte bereits eine Entscheidung in meinem Sinne getroffen: „Sie werden Spieß erste Kompanie in meinem Bataillon." Damit war meine Zukunft gesichert und alles war in bester Ordnung.

Ich trat also meinen Dienst am 1. Oktober 1998 in der Stabs- und Versorgungskompanie des Panzerbataillons 383 an. Der „Gemischtwarenladen" hat mich zunächst an meine Zeit in Göttingen erinnert. Dennoch musste ich schnell feststellen, dass die „Familie" in Bad Frankenhausen eine andere, noch kameradschaftlichere, war. Von großem Vorteil war für mich, dass ich bereits seit fünf Jahren im Bataillon tätig war. Wir kannten uns untereinander und ich konnte mich als Spieß frei entfalten. Wie heißt es doch so schön: „Spieß geh mal, mach mal, bring mal und hol mal." Ich denke, dass ich diesen Anforderungen gerecht geworden bin und den Leitgedanken „Führen mit Auftrag" als Spieß erfüllt habe. Fünf Bataillonskommandeure haben meine Ideen und meine Arbeitsweise stets unterstützt. Auch in dieser Zeit stand für mich der Mensch, der Soldat immer im Vordergrund. Dazu gehörten für mich selbstverständlich die Bereiche Betreuung und Fürsorge.

In den Jahren 2002 bis 2004 habe ich den absoluten Höhepunkt meiner Zeit als Kompaniefeldwebel erlebt. Unsere Kompanie funktionierte wie am „Schnürchen". Das ist für mich der Beweis, dass ein hohes Maß an Erfahrung und ausreichende Stehzeiten auf dem jeweiligen Dienstposten fruchtbar sein können – mehr noch, zwingend erforderlich sind. Insbesondere das „SICH KÜMMERN" um „JEDEN" in der Kompanie oder im Bataillon war und ist unerlässlich für einen guten Kompaniefeldwebel. In diesen Bereichen dürfen nach meinem Verständnis keine Abstriche gemacht werden. Dabei geht es auch darum, Ideen anderer anzunehmen und sich darauf einzulassen, auch wenn diese von Untergebenen stammen.

Insgesamt ist das Gestaltungsfeld eines Kompaniefeldwebels groß und vielfältig. Darum hat es mir in all den Jahren auch so enorm viel Spaß gemacht. Diesen Acker zu bestellen und immer wieder die Ernte einzufahren, ist das umgangssprachliche Salz in der Suppe. Der Spieß wird auch heute noch als Mutter der Kompanie bezeichnet. Diesem Namen sollte er dadurch gerecht werden, indem er seinen Soldaten ein vertrauenswürdiger Ansprechpartner und Berater, zugleich aber auch Mahner und Zurechtweiser sein sollte. Noch heute tritt der Kompaniefeldwebel deshalb symbolhaft als letzter Soldat in seiner Kompanie an und marschiert auch als letzter Soldat.

In meiner über 33-jährigen Dienstzeit bin ich wahrlich viel marschiert und habe viel von der Bundeswehr-Welt gesehen. Allgemein sind es Soldaten ja gewohnt, des Öfteren Kisten und Umzugskartons ein- und auszupacken. Wenn jedoch die Pensionierung ansteht, dann bekommt dieses Kisten-Packen noch einmal eine ganz andere Bedeutung. Jedenfalls war es bei mir so. Nach all den Jahren konnte ich mir mein Leben ohne die Bundeswehr nur schwer vorstellen. So habe ich mir in den vergangenen Jahren viele Gedanken zum

Thema „Pensionierung" der Unteroffiziere gemacht. Stichwort hier: „ich entlasse Sie mit Überschreiten der besonderen Altersgrenze". Sicherlich braucht die Bundeswehr einen jungen Personalkörper. Es muss dennoch überprüft und eine Möglichkeit gefunden werden, gesundheitlich fitte und motivierte Menschen, vor allem Unteroffiziere, an die Bundeswehr länger zu binden. Die Altersgrenzen entsprechen nicht der Fitness heutiger Unteroffiziere, sie gehören angepasst. So kann die Lebens- und Berufserfahrung Älterer besser für die Entwicklung der Jüngeren genutzt werden.

Nach meinem Ausscheiden als aktiver Soldat hatte ich persönlich großes Glück. Für mich stand ziemlich schnell fest, dass ich mich auch nach meinem aktiven Dienst bei der Bundeswehr weiterhin als Reservist engagieren wollte. Die Chance, mich auch auf diesem Gebiet zu beweisen, erhielt ich im Zentrum Innere Führung in Koblenz, speziell in der Zentralen Ausbildungseinrichtung für die Rechtspflege der Bundeswehr. Sie wurde im Jahr 2008 aufgebaut und im Februar 2009 in Dienst gestellt. Vom 1. Februar 2008 bis zum 30. November 2013 habe ich hier als Bereichsfeldwebel geübt, es war mir möglich, mein Talent als Spieß und meine langjährigen Erfahrungen als aktiver Soldat mit einzubringen. Aufgrund der großen Entfernung zwischen meinem Wohnort Tangermünde/Sachsen-Anhalt und Koblenz (rd. 550 km) konnte ich nur maximal 90 Tage im Jahr üben, sonst hätte ich Ärger mit meiner Frau bekommen. Aber Spaß beiseite – ohne die Unterstützung und das Verständnis meiner Familie wäre vieles nicht möglich gewesen. An dieser Stelle vielen Dank dafür.

Zum Abschluss meines Beitrags möchte ich noch auf die Gegebenheit eingehen, die mich schlussendlich auf den Posten des Kompaniefeldwebels der Regionalen Sicherungs- und Unterstützungskompanie Sachsen-Anhalt gebracht hat. Dabei spielte meine zweite große Leidenschaft eine nicht unerhebliche Rolle. Seit 1984 engagiere ich mich ehrenamtlich für den Volksbund Deutsche Kriegsgräberfürsorge e. V. und leite heute internationale Jugendbegegnungen in ganz Europa. Mittlerweile wohnhaft in Sachsen-Anhalt hatte ich nach meiner Pensionierung in diesem Zusammenhang viel mit dem Landeskommando Sachsen-Anhalt und dem für den Volksbund Beauftragen Stabsoffizier zu tun, der auch für die Aufstellung der RSU-Kompanie zuständig war. Er bot mir den Posten des Kompaniefeldwebels an.

Dieses Angebot war für mich natürlich mehr als verlockend. Nach kurzer Bedenkzeit sagte ich zu, denn als Spieß der RSU-Kompanie hatte ich die Chance, wieder in meinem alten Metier tätig zu sein. Außerdem reizte mich die Zusammenarbeit mit den Wehrübenden mit ihren unterschiedlichen Charakteren und ihren verschiedenen Berufsbildern innerhalb der Kompanie – vom Friseur über Kfz-Meister bis hin zum Bauingenieur, also vielseitige Fähigkeiten und Fertigkeiten. Diese Mischung an Persönlichkeiten und die Herausforderung, das Zusammenspiel orchestrieren zu können, waren für mich äußerst spannend und herausfordernd zugleich.

Die RSU-Kompanie Sachsen-Anhalt pflegt eine sehr enge Kooperation zu zivilen Behörden und Institutionen. Im Rahmen der Zivil-Militärischen Zusammenarbeit üben wir regelmäßig mit Technischem Hilfswerk, Feuerwehr und Polizei. Außerdem haben wir während eines antimilitaristischen Protestcamps gegen das Gefechtsübungszentrum des Heeres in der Colbitz-Letzlinger Heide im Norden Sachsen-Anhalts die Bewachung militärischer Liegenschaften übernommen. Meine bisherigen Wehrübungen haben meine Entscheidung für die RSU-Kompanie bestätigt, zumal ich weiterhin die Möglichkeit habe, mich für die Bundeswehr zu engagieren und mein Wissen an andere Kameradinnen und Kameraden weiterzugeben.

Auf diese Weise hat mich mein Dienst bei der Bundeswehr nicht nur persönlich erfüllt, sondern ich kann ein Stück von dem zurückgegeben, was ich all die Jahre selbst erfahren habe und das ist für mich ein großes Glück. Auf die Frage, ob es sich gelohnt hat, Soldat zu sein, gibt es für mich nur eine Antwort: JA! Ich würde mich jeder Zeit wieder so entscheiden.

Portepeeunteroffizier in den Streitkräften – Ein erstrebenswerter Beruf?

Guido Schumacher

Erfahrungen in der Grundausbildung

Nach einer abgeschlossenen kaufmännischen Ausbildung wurde ich im April 1990 als Wehrpflichtiger (W15) zum Grundwehrdienst eingezogen. Rund 450.000 Soldaten verrichteten damals ihren Dienst in der Bundeswehr, davon 180.000 Grundwehrdienstleistende.

Weg vom Schreibtisch, viel an der Luft. Das Zimmer im Haus der Eltern getauscht gegen eine Stube, die ich mit sieben weiteren Kameraden teilte. Viele von uns waren zum ersten Mal von zu Hause weg und so wurden sämtliche Alltagsaufgaben gemeinsam erledigt. Privatsphäre existierte kaum. Wir lernten schnell, uns untereinander zu arrangieren, wussten um die Stärken und Schwächen der anderen und meisterten gemeinsam die Aufgaben, die an uns gestellt wurden. Die Vorgesetzten, mit denen wir in Kontakt kamen, waren allesamt Unteroffiziere. Den einzigen Offizier der Kompanie, den Chef, sahen wir während der Grundausbildung dreimal: Eine Rede bei der Begrüßung, eine Rede beim Gelöbnis und eine Rede bei der Verabschiedung.

Die Unteroffiziere hingegen waren stets gegenwärtig, standen nachts mit uns auf der Schießbahn und schliefen während der Übungslager, genau wie wir, in Zelten. Trotz des ungewohnt rauen Umgangstons und einer fordernden Härte bewunderte ich meine Vorgesetzten. Stundenlange Märsche schienen ihnen nichts auszumachen, das Gewehr konnten sie mit verbundenen Augen zerlegen und auswendig ganze Kapitel aus Vorschriften zitieren. Selbst unser Zugführer, ein „alter Mann" von über 30, lief die 3000m schneller als jeder von uns Rekruten. Noch heute, nach 25 Jahren, erinnere ich mich an die Namen und Gesichter meiner Vorgesetzten und Kameraden und an zahlreiche Anekdoten.

Ich fand Gefallen am „Soldat sein", interessierte mich für Waffen und Fahrzeuge. Aufgrund der vielen positiven Erfahrungen – und der Aussicht auf ein Gehalt, das das Vielfache des Wehrsolds ausmachte, entschloss ich mich, Zeitsoldat zu werden.

Als Versorgungsunteroffizier in der Fernmeldetruppe

In der darauffolgenden Verwendung als Versorgungsunteroffizier einer Ausbildungskompanie wurden mir zwei Soldaten unterstellt. Zudem hatte ich die
Verantwortung für die Waffenkammer und mehrere Fahrzeuge. Die Stelle des
Kompaniechefs der Ausbildungskompanie war immer wieder unbesetzt –
ähnlich die zweite Offiziersstelle, die des Zugführers I. In regelmäßigen Ab-
ständen erschienen zwar Offiziere, um diese Aufgaben wahrzunehmen, wurden dann aber entweder zu Lehrgängen beordert, mussten langfristige Vertre-
tungen im Stab des benachbarten Bataillons oder des Korps übernehmen
oder wurden, in zwei Fällen, aufgrund ihrer NVA-Vergangenheit aus der
Bundeswehr entlassen.

Zur Ausbildungskompanie wurden vor allem Offiziere beordert, von
denen man glaubte, sie müssten „Führungserfahrung sammeln". Auch die
Gruppenführer, Unteroffiziere ohne Portepee, wurden ständig ausgetauscht.
Der Personalbedarf wurde größtenteils durch Abstellungen anderer Einheiten
gedeckt – auch hier schickte man meist junge Unteroffiziersanwärter zum
„Führen üben". Irgendwie sollten also in dieser Einheit zugleich Rekruten
und deren Führer ausgebildet werden.

Dass dieser scheinbare Widerspruch dennoch gelang, lag an den Por-
tepeeunteroffizieren der Kompanie. Kompaniefeldwebel, Kompanietruppführer und die Zugführer bildeten ein eingespieltes Team mit hoher Fach-
kompetenz und langjähriger Erfahrung. Diese Feldwebel waren loyal zu ihren
Vorgesetzten, standen ihnen beratend zur Seite und brachten konstruktive
Kritik an. Ihren Unterführern ließen sie genügend Spielraum, führten wenn
immer möglich Dienstaufsicht und gaben Anleitungen und Hilfestellungen.
Im Rahmen der Amtshilfe wurden Teile der Kompanie während der großen
Hochwasser von 1993 und 1995 an Rhein und Mosel eingesetzt. Diese Aufgabe gingen die Zugführer mit hohem persönlichem Engagement an. Impro-
visationstalent und die Fähigkeit, ihre Untergebenen zu begeistern, trugen
maßgeblich zum Erfolg dieser Unterstützungsleistungen bei.

Das Bild dieser Portepeeunteroffiziere war es, das mich bewog Berufsunteroffizier zu werden. Bei meinen anschließenden Verwendungen in
der Stabs- und Versorgungskompanie des Bataillons fand ich mein Bild des
Feldwebels bestätigt: Die Truppenoffiziere hatten nur kurze Stehzeiten und
brachten meist wenig praktische Erfahrung mit. De facto wurden die Teilein-
heiten von langgedienten und erfahrenen Feldwebeldienstgraden „geführt".

Diese waren nicht nur fachlich versiert, sondern nahmen sich auch der Menschenführung und Dienstaufsicht an.

Feldwebel des allgemeinen Fachdienstes

Ich wurde anschließend zum Zentrum Innere Führung versetzt und zum „Medienproduktionsfeldwebel" ausgebildet. Dazu durchlief ich zahlreiche Lehrgänge zur Mediengestaltung und durfte im Rahmen von Truppenversuchen und Erprobungen bei der Einführung erster digitaler Foto- und Videoausstattungen mitwirken. Privat hatte ich mittlerweile eine eigene Familie und war froh, geregelte Dienstzeiten zu haben – im Gegensatz zu meiner Zeit „in der Truppe", wo ich eine hohe Arbeitsbelastung auch an Wochenenden und Feiertagen erlebt hatte. Im Zuge der fortschreitenden Digitalisierung eignete ich mir Kenntnisse im Bereich der Informationstechnologie (IT) an, unterstützte den verantwortlichen Offizier beim Aufbau eines Hausnetzwerks und wurde IT-Feldwebel und damit „Feldwebel des allgemeinen Fachdienstes".

Die Fachausbildung zum IT-Feldwebel war in dieser Zeit sehr breit ausgelegt. Serveradministration, Netzwerke und deren Komponenten, Übertragungswege, Hardware, Software und das Erlernen von Programmiersprachen. Ich verbrachte über ein Jahr mit Lehrgängen, aber oftmals hatte der Unterrichtsstoff keinerlei Bezug zu den Aufgaben meines Dienstpostens, und ein Teil des Erlernten war einige Monate später schon wieder überholt.

In den Führungsgrundgebieten 1 bis 4 (Personalverwaltung, militärische Sicherheit, Ausbildung und Organisation sowie Versorgung) ist mit dem Feldwebellehrgang die Fachausbildung weitgehend abgeschlossen. Eine Verwendung im IT-Bereich hingegen bedeutet gerade heute ständiges „lebenslanges Lernen". Im Gegensatz zur zivilen Berufsausübung wird dieses Lernen, selbst wenn es sich um zusätzliche Qualifikationen handelt, nicht belohnt. Im Gegenteil: je höher die Spezialisierung, umso geringer wird auf die Belange der Soldaten Rücksicht genommen. Dies betrifft vor allem Versetzungen und Einsatzkommandierungen, aber auch Regelungen zur vorzeitigen Versetzung in den Ruhestand. Hier sehe ich einen der Gründe, warum der Bundeswehr in Bereichen hoher Spezialisierung der Nachwuchs fehlt. Eine sinnvolle Maßnahme wäre z.B. die Einführung von „Credit Points" – ähnlich der Punktevergabe an Universitäten – für zusätzliche Qualifikationen (evtl. auch für Zweitfunktionen, Auslandseinsatz oder auch für außerdienstliche Ehrenamtstätigkeit). Solche „Credit Points" könnten dann zur Festsetzung der Erfahrungsstufen oder bei Feststellung der Förderungswürdigkeit herangezogen werden. Spezialisierung muss sich lohnen.

Als ich einige Jahre später auf einen Dienstposten „Programmierfeldwebel" in ein Team für computerunterstützte Ausbildungstechnologien versetzt wurde, stand erneut eine mehrmonatige Ausbildung an. Hierbei profitierte ich von den umfassenden Kenntnissen, die mir in der Fachausbildung zum IT-Feldwebel vermittelt worden waren und aus den Erfahrungen als Medienproduktionsfeldwebel. Mein Auftrag war nun das Entwickeln von Software zur Ausbildungsunterstützung. Im Rahmen von „Vereinbarkeit von Familie, Dienst und Beruf" erledigte ich diese Aufgabe über drei Jahre hinweg in Telearbeit. Diese Möglichkeit des Arbeitens von zu Hause war damals gerade eingeführt worden, und ich war froh und dankbar, dieses Angebot in Anspruch nehmen zu können.

Der Unteroffizier mit Portepee – Der Verlierer der Strukturreform

Im Laufe der Jahre hatte sich mein Bild des Portepeeunteroffiziers geändert. Die Bundeswehr war in der Zwischenzeit mehrfach umstrukturiert worden. Ausbildungsgänge und Verwendungsreihen wurden neu geordnet, Einstellungsvoraussetzungen angepasst, die Dotierung vieler Dienstposten inflationär geändert, Kommandos und Behörden neu erfunden und wieder verworfen, um irgendwo neu aufzuerstehen. Die allgemeine Wehrpflicht wurde ausgesetzt, die Gesamtpersonalstärke der Streitkräfte herabgesetzt. Der Feldwebel, einst als Zugführer ausgebildet und auf „Meisterebene" verortet, wurde erst zum Gruppenführer, dann zum „Kraftfahrer und Torposten". Zwar werden für fachliche Tätigkeiten weiterhin Spezialisten benötigt, aber „Führungsaufgaben" werden dieser/meiner Dienstgradgruppe kaum noch zugetraut.

Nach nun mehr 26 Jahren Dienstzeit stelle ich fest, dass ich im täglichen Dienstbetrieb nur noch einen Bruchteil meiner Qualifikationen benötige, meine Führungsfähigkeiten und Erfahrungen nur selten einbringen kann. Stattdessen muss ich immer mehr Aufgaben erledigen, die vorher durch die Mannschaftsebene wahrgenommen wurden. Ich kann lebensältere Kameraden verstehen, die sich permanent unterfordert fühlen und sich beklagen, dass ihnen zu wenig Handlungsspielraum eingeräumt wird.

Das Prinzip „Führen mit Auftrag" wird kaum noch praktiziert. Vielfach fühlen sich Vorgesetze dazu berufen, sämtliche Aufgaben selbst ausführen. Das Potenzial der Untergebenen wird oftmals weder erkannt noch genutzt. Dabei hat gerade die Auftragstaktik in Deutschland eine lange und erfolgreiche Tradition. Immer da, wo mit „langer Leine" geführt wird, wo neue Aufgaben und Lageänderungen Improvisation und Eigeninitiative erfordern, wachsen Soldaten über sich hinaus. Das zeigte sich für mich vor allem im Einsatz. Dass „Führen mit Auftrag" im Grundbetrieb nur selten gelingt, mag an der hohen Führungsdichte liegen, mit der eine systematische Abwertung der Unteroffiziere einhergeht. Die Problematik setzt sich jedoch nach oben fort: Vielfach erlebe ich Offiziere und Stabsoffiziere, die nur noch „atomare" Aufgaben erledigen. Führungsverantwortung wird nicht mehr wahrgenommen, sondern großflächig über Billigung und Mitzeichnung verteilt.

Veränderte öffentliche Wahrnehmung

„Die Bundeswehr hat den Auftrag, den Feind solange aufzuhalten, bis richtige Soldaten eintreffen.", wurde noch Anfang der 90er Jahre gespottet. Bedingt durch die vielen weltweiten Einsätze und die Hilfeleistungen im Inland hat sich dieses Bild inzwischen grundlegend geändert. Interessant ist dabei die Unterscheidung zwischen „den Soldaten" und der „Organisation Bundeswehr". Überteuerte Rüstungsprojekte oder Ausstattungsdefizite werden ausschließlich der „Organisation" angelastet, genauso wie die Kritik an Auslandseinsätzen. Das Berufsbild des Soldaten – und auch des Unteroffiziers mit Portepee – hat jedoch eine enorme Aufwertung erfahren. Vielfach entsteht der Eindruck, Soldaten können ALLES ÜBERALL. „Du bist doch Soldat!", heißt es bei uns zu Hause, wenn der „Universalspezialist" gefordert wird.

Fazit und Ausblick

Die Bundeswehr hatte in den letzten 20 Jahren einen Lernprozess zu durchlaufen, der nicht immer geradlinig verlief. Schilderungen von Kameraden aus dem Einsatz wie: „Man hat uns zum Ball geschickt, aber vergessen, die Tanzschuhe mitzugeben", gehören hoffentlich der Vergangenheit an. Ich selbst habe Einsatzausbildung auf höchstem Niveau erlebt. Ausrüstung und Ausstattung im Einsatz entsprachen den Anforderungen und waren vielfach besser und zweckmäßiger als die anderer Streitkräfte oder ziviler Organisationen. Ich durfte auch erfahren, wie akribisch Erkenntnisse aus dem Einsatz ausgewertet werden, um daraus Lehren zu ziehen. Bemerkenswert fand ich die „psychologische" Vor- und Nachbereitung sowie das Vorhandensein eines Militärseelsorgers im Einsatz. Darin zeigt sich die Fürsorge des Dienstherrn weit über das reine „Funktionieren des Soldaten" hinaus und eine gefühlte Wertschätzung des Soldaten als Individuum und Mensch.

Abzuwarten bleibt, ob diese Wertschätzung und Fürsorge auch in andere Bereiche der Bundeswehr Einzug hält. Im Rahmen von Umstrukturierungen wurden zahlreiche meiner Kameraden über hunderte Kilometer hinweg versetzt. So wurden beispielsweise Dienststellen von Koblenz nach Straußberg verlegt oder von München nach Koblenz. Und das ohne jegliche nachvollziehbare Gründe und unter Inkaufnahme, dass Familien zerbrachen, Ehepartner arbeitslos wurden, Lebensentwürfe platzten. In der Streitkräftebasis wurden Soldaten in „Uniformträgerbereiche (UTB)" einsortiert, was dazu führte, dass zahlreiche gewachsene Verbände neu durchmischt wurden und gut ausgebildete, erfahrene Soldaten wegversetzt wurden, weil sie dem „falschen" UTB angehörten. Diese scheinbar leichtfertig getroffenen Entscheidungen haben das Vertrauen in die politisch Verantwortlichen, aber auch in die militärische Führung nachhaltig geschädigt.

Eine der Kernfragen der Inneren Führung „Wie gehen wir mit unseren Soldaten um?" rückt zunehmend in den Mittelpunkt der Personalstrategie. Dabei ist es schade, dass überfällige Neuerungen erst auf äußeren Druck zustande kommen. So wurde beispielsweise eine neue Arbeitszeitverordnung erst nach einem Urteil des Bundesverwaltungsgerichts umgesetzt und die sogenannte „Agenda Attraktivität" ist aus der Not entstanden, den zukünftigen Personalbedarf zu decken. Ein echtes (dringend benötigtes) Umdenken ist dabei nicht erkennbar. Ich habe z.B. die Erfahrung gemacht, dass auf Fähigkeiten und Interessen der Soldaten seitens der Personalführung kaum Rücksicht genommen wird. Primär sieht man sich als „Bedarfsdecker" und setzt auf die Prinzipien des Nürnberger Trichters. Von der Zukunft erhoffe ich mir den Abbau des Wasserkopfes und damit einhergehend eine gründliche Entbürokratisierung. Ich hoffe, dass die bislang guten Ansätze einer „zeitgemäßen Menschen-/und Personalführung" überall ankommen und konsequent zu Ende gedacht werden.

Ich habe meine Entscheidung, Berufsunteroffizier zu werden, nicht bereut. Meine Aufgabenfelder waren stets vielschichtig und spannend, der tägliche Dienst abwechslungsreich und ich hatte meist gute Vorgesetzte, die mir nötige Freiheiten ließen und eigenständiges Arbeiten förderten. Zu Recht – und mehr denn je – bin ich stolz darauf, Soldat zu sein. Meiner Tochter habe ich übrigens geraten, zur Bundeswehr zu gehen: in die Offizierslaufbahn!

Meine Dienstzeit als Sprungbrett ins Berufsleben – Erfahrungen eines Zeitsoldaten in der Bundeswehr

Martin Frantzen

Entscheidung für den Beruf eines Soldaten

Mein Interesse für die Bundeswehr wurde schon im Kindesalter aufgrund des Freundeskreises meiner Eltern, zu dem mehrere Soldaten gehörten, geweckt. Ich war fasziniert von den Erzählungen und Geschichten, die man auf Feiern bzw. Treffen jeglicher Art mitbekommen hat.

Der Entschluss, den Beruf eines Soldaten auszuüben, fiel schließlich im Alter von 15 Jahren. Ich wollte mein Hobby, das Trompete spielen, zum Beruf machen und Militärmusiker werden. Durch meinen Stiefvater, der 1. Trompeter, Satzführer und stellvertretender Orchesterleiter der BigBand der Bundeswehr war, und meine Schwester, die im Ausbildungsmusikkorps ihren Dienst leistete, bekam ich reichlich Einblick in den Militärmusikdienst.

Also bewarb ich mich 2005 im Alter von 17 Jahren für den Militärmusikdienst und wurde zu Vorspiel und Musterung eingeladen. Leider waren meine Fähigkeiten zu diesem Zeitpunkt nicht ausreichend, und ich habe die Aufnahmeprüfung nicht bestanden. Aus diesem Grund brach ich die Bewerbung bei der Bundeswehr ab und ging weiter zur Schule. 2006 bewarb ich mich schließlich noch einmal für den Militärmusikdienst. Leider wieder ohne Erfolg, aber diesmal habe ich nicht das komplette Bewerbungsverfahren abgebrochen, sondern habe es weiter durchlaufen. Nach absolviertem Computertest, Sporttest, ärztlicher und psychologischer Untersuchung sowie einem Abschlussgespräch wurde ich als Feldwebelanwärter im Nachschubbataillon 462 in Diez eingestellt. Meine Dienstzeit wurde auf zwölf Jahre festgesetzt.

Grundausbildung und Erste Eindrücke

Am 2. Juli 2007 war es soweit, der erste Tag der Grundausbildung und der erste Tag als Soldat. Viele Fragen schwirrten mir im Kopf herum: „Werden meine Erwartungen an die Bundeswehr erfüllt? Werden die Vorstellungen, die ich bis dahin durch Erzählungen und eigene Einblicke von der Bundeswehr bekommen habe, bestätigt oder habe ich mich täuschen lassen? War es die richtige Entscheidung?". Aber vor allem stand die Frage „Was wird auf mich zukommen?" im Vordergrund.

Diese Fragen wurden im Laufe der nächsten drei Monate gründlich beantwortet. Von der ersten Minute an wurde jedem klar gemacht, wie der Umgangston in den nächsten Wochen und Monaten sein wird und vor allem, welches Verhalten verlangt wird. Da war es nicht selten, dass man Sprüche wie z.B. „die Wand steht auch von alleine" oder „da ist Ruhe drin" zu hören bekam. Ein gepflegtes akkurates Auftreten, Sauberkeit und Ordnung waren es, was verlangt wurde. Die tägliche Rasur- und Anzugskontrolle, Stuben- und Spindkontrolle sowie der Formaldienst trugen dazu bei, uns das zu verinnerlichen. Da war es gerade am Anfang der Grundausbildung nicht selten, dass der Ton der Ausbilder schärfer wurde und man z.B. beim Schuhputz oder der Rasur nachbessern musste.

Der Tag begann um 05:30 Uhr mit dem Wecken, gefolgt von Körperpflege, Stuben- und Revierreinigen und Frühstücken, bevor es schließlich zu den einzelnen Ausbildungsstationen ging. Nach der Ausbildung wurden erst das Material und die Ausrüstung nachbereitet, bevor man sich um sich selbst kümmern konnte und meist gegen 18:30 Uhr Dienstschluss hatte. Der Zeitplan war sehr straff, da kam es auch vor, dass nach dem Sport nur 30 Minuten Zeit zum Nachbereiten waren, bevor die nächste Ausbildung anstand. Aber wie straff der Zeitplan auch war, die Zeit hat immer gereicht.

Die Ausbildung umfasste theoretische Unterrichte, von Rechtslehre über Grundlagen des Allgemeinen Gefechtsdienstes bis hin zum Verhalten in der Öffentlichkeit, sowie ebenso reichlich praktische Ausbildung in Form von Sport, Orientierungsmärschen, Allgemeinem Gefechtsdienst, Leben im Felde, Formaldienst, Fernmeldedienst, Wachausbildung sowie sehr viele und immer wiederholende Waffenausbildungen. Sehr viel neues Wissen, das in sehr kurzer Zeit vermittelt und gelernt werden musste.

Während der Grundausbildung kamen mir öfters die Gedanken „Was soll das alles?" und „Ich bin froh, wenn es rum ist", aber nach der Grundausbildung habe ich festgestellt, dass alles nur halb so schlimm und es eine der besten Erfahrungen in meiner Laufbahn als Soldat war.

Ausbildung

Nach der Grundausbildung wurde ich in meine Stammeinheit, die 2. Kompanie des Nachschubbataillons 462, am gleichen Standort versetzt. Als Feldwebelanwärter verbrachte ich jedoch in den ersten fünf Jahren meiner Dienstzeit drei Jahre auf Lehrgängen, unter anderem auf dem Feldwebelanwärterlehrgang in Pöcking am Starnberger See, dem Führerscheinlehrgang der Klasse BCE in Aachen, der Zivilen Aus- und Weiterbildung in Idar-Oberstein, dem Feldwebellehrgang in Münster (allgemeinmilitärischer Teil) und in Osterholz-Scharmbeck bei Bremen (militärfachlicher Teil).

In dieser Zeit habe ich sehr viel von Deutschland gesehen, viele neue Menschen kennen gelernt, viele Freundschaften geschlossen und trotz der teilweise schwierigen Themen und des vielen Lernstoffs sehr viel Spaß gehabt. Es war aber auch eine Zeit, in der für Freunde, Familie und mein Hobby nur am Wochenende Zeit blieb.

Mein erster Laufbahnlehrgang war der Feldwebelanwärterlehrgang an der Führungsunterstützungsschule der Bundeswehr in Pöcking. Er hatte das Ziel uns Teilnehmer zu schulen, wie man Ausbildungen vorbereitet, durchführt und nachbereitet, uns körperlich fit zu machen und uns in der Menschenführung zu unterrichten. Es waren zwei sehr prägende Monate, die anstrengend und fordernd, aber nicht überfordernd waren. Einer unserer Ausbilder sagte uns ständig beim Sport, wir sollten lächeln, dann fiele uns die Anstrengung leichter. Und er hatte Recht. Spätestens nach der dritten Runde auf der Tartanbahn beim 3000m Lauf musste er es mir nicht mehr sagen, weil ich wusste, was kommt, und ich habe gelächelt. Als ich die 3000m grinsend hinter mich gebracht hatte und meine bis dahin schnellste Zeit von 12:24 min gelaufen war, habe ich erst gemerkt, dass ich vor lauter Nachdenken und daran erinnern, dass ich lächeln solle, vergessen hatte, an die „Schmerzen" bzw. Anstrengung zu denken. Dieses Lächeln habe ich mir bis heute bewahrt und zu Nutze gemacht.

Die Erfahrungen, die ich auf all den absolvierten Lehrgängen gemacht habe, waren überwiegend positiv. Ich wurde auf den Lehrgängen sehr gut fachlich und auch militärisch auf meinen weiteren Werdegang bei der Bundeswehr vorbereitet. Die Ausbilder haben sich immer für die Lehrgangsteilnehmer eingesetzt, ob in der Ausbildungsplanung oder in der Vorbereitung auf die Prüfungen. Dabei kam es aber auch auf die Lehrgangsteilnehmer an. Denn wenn Probleme auftraten, die durch die Lehrgangsteilnehmer ausgelöst wurden, dann haben die Ausbilder auch angemessen durchgegriffen.

Natürlich war nicht immer alles so wie man sich das vorgestellt hat. Es hat einem nicht jede Entscheidung gefallen, und es gab gewisse Dinge, auf die man keinen Einfluss hatte. So fiel die Anreise zum Lehrgang überwiegend auf einen Sonntag und die Abreise konnte, auf Grund von vorgeschriebener

Lehrgangsdauer, mal auf die Mitte der Woche fallen.

Gelerntes anwenden

Während meiner Ausbildung wurde ich 2011 in die 3. Kompanie des Nachschubbataillons versetzt, da ich um Feldwebel zu werden, einen entsprechenden Dienstposten brauchte. Als Nachschubfeldwebel wurde ich in der neuen Einheit erst als Gruppenführer und anschließend als stellvertretender Zugführer des Nichtverbrauchsgüter-Zuges eingesetzt. Zu meinen Aufgaben gehörten die Organisation und Personalplanung für anstehende Aufträge, Planung und Vorbereitung von Ausbildungen, Vorbereiten von Übungsplätzen und die Durchführung und Kontrolle der Materialbewirtschaftung.

Als Gruppen- und stellvertretender Zugführer habe ich gelernt, was es bedeutet, die Verantwortung für über 50 Soldaten zu übernehmen, mich für sie zu verwenden, aber auch bei Konflikten durchzusetzen, wenn es erforderlich war. Auf den Lehrgängen war ich vorbereitet worden, Menschen zu führen; jedoch ist Ausbildung und Führen einer Gruppe bzw. eines Zuges in eigener Verantwortung ein großer Unterschied. Mein damaliger Zugführer und ehemaliger Ausbilder in meiner Grundausbildung, Hauptfeldwebel Mike Meffert, hat mich in der Zeit sehr unterstützt und gefördert. Ich habe viel von ihm gelernt sowohl im regulären Dienst in der Einheit als auch auf den zahlreichen Übungsplatzaufenthalten im Zeitraum 2011 bis 2014. Davon profitiere ich heute noch.

Bei Übungsplatzaufenthalten gab es für mich zwei Möglichkeiten, entweder ich war Übungsteilnehmer oder ich habe als Ausbilder fungiert. Meistens war ich jedoch Übungsteilnehmer. Den Ausbildungszug bzw. die -gruppe zu führen hat mich stets motiviert, es war für mich jedes Mal ein sehr gutes Training. Mit zunehmender Häufigkeit stellte ich mir aber die Frage, warum ich oftmals den Zug führen musste und nicht die jüngeren Feldwebel die Chance bekamen, sich weiter zu entwickeln. Die Frage wurde mir auf Umwegen und durch Beobachtungen beantwortet. Es kommt nicht immer nur auf das Training und die Ausbildung, sondern auch darauf an, wie sich ein Ausbildungszug und mit ihm eine Einheit und ihr Chef vor den Vorgesetzten präsentieren können. Da wird natürlich das Fehlerpotential auf das Mögliche reduziert. Darunter fällt dann auch ein unerfahrener Feldwebel, der noch keine Möglichkeit hatte, Fehler zu machen und daraus zu lernen.

Nachdem ich zum Schießausbilder nach neuem Schießausbildungskonzept (nSAK) sowie zum Schießlehrer Handwaffen/ Panzerabwehrhand-waffen ausgebildet worden war, wurde es meine Schwerpunktaufgabe, Solda-ten der Kompanie und des Bataillons, aber auch des ehemaligen Wehrbe-reichskommandos IV nach nSAK zu schulen. So konnte ich Schießvorhaben planen und leiten. Das war genau das, was mir lag und was ich machen wollte. Wir waren ein kleines, sehr gut funktionierendes Team, angeleitet von zwei erfahrenen Hauptfeldwebeln der Fallschirmjägertruppe. Aufgrund dessen, dass wir auch von diesen beiden Hauptfeldwebeln im nSAK ausgebildet wur-den, hatten wir alle den gleichen Ausbildungsstand und alle konnten sich auf-einander verlassen.

Einsatz im Kosovo

2012 habe ich mich entschieden, mit großen Teilen des Bataillons in den KFOR-Einsatz zu gehen. Ich besetzte den Dienstposten des Passagier-Feldwebels (PAX-Feldwebel) und war Teil der Flugplatzgruppe. Zur Vorbe-reitung habe ich neben der notwendigen allgemeinmilitärischen Ausbildung in Form der Einsatzvorbereitenden Ausbildung zur Krisenbewältigung und Konfliktverhütung und Übungsplatzaufenthalten zwei Lehrgänge zur fachli-chen Vorbereitung an der Luftlande-/Lufttransportschule in Altenstadt im Januar 2013 und im Zeitraum Juni-August 2013 absolviert. Somit war ich für den Einsatz bestens gerüstet.

Nach anfänglicher Unklarheit, ob die Flugplatzgruppe in der ersten oder in der zweiten Dezemberwoche 2013 verlegen sollte, bekamen wir dann noch zwei Wochen vor Abflug den 6. Dezember als Abreisedatum genannt.

Am 6. Dezember 2013 verlegten wir, die Flugplatzgruppe, als die Ers-ten des 37. Kontingents in den Einsatz. Nach ca. vier Stunden Flug in der C-160 Transall stiegen wir am militärischen Teil des Pristina Airport aus und verlegten schließlich ins deutsche Feldlager in Prizren. Wir wurden von dem amtierenden Kontingent freundlich empfangen, gut aufgenommen und sehr gut integriert. Dies ging mir leicht von der Hand, da ich Soldaten aus dem Vorgängerkontingent kannte. Nach anfänglicher Bürokratie, Begrüßungs- und Einweisungsunterrichten konnten wir unsere Stuben beziehen und uns im Lager umschauen bzw. orientieren.

In den folgenden Tagen wurden wir von der amtierenden Flugplatz-gruppe in Arbeitsplatz, Abläufe und die örtlichen Gegebenheiten des Flug-platzes, der umliegenden Region und Infrastruktur eingewiesen. Über Weihnachten war es um den Flugplatz recht ruhig, so dass wir über die Feiertage Zeit hatten, uns einzugewöhnen. Im Januar folgte dann die Wechselphase der Kontingente, die für uns arbeitsintensivste Phase. Unsere Arbeit und Arbeitszeit wurde durch die ankommenden Flugzeuge bestimmt. Es kam natürlich auch zu Verspätungen oder Ausfällen von Flügen, aber auch zu früheren Ankunftszeiten als geplant, und die zur Verfügung stehende Zeit wurde schon mal knapp.

Die Arbeit war sehr interessant und fordernd. Die beste Erfahrung war dabei die internationale Zusammenarbeit mit Amerikanern, Briten, Schweizern, Österreichern, Franzosen, Belgiern, Italienern und Einheimischen.

Nach der Wechselphase wurde es ruhiger um den Flughafen, und ich habe mich an unseren Heeresbergführer gehalten. Er hat mich mit auf die Zitadelle, einen ehemaligen Beobachtungsposten an der Grenze zu Mazedonien, genommen. Dort habe ich ihn und einen schweizerischen Kameraden bei der „Renovierung dieser Berghütte" unterstützt. Die ersten Male war der Aufstieg anstrengend, wurde aber von Mal zu Mal leichter. Der Spaß blieb auch nicht aus. Wir mussten nur zum Bergkamm aufsteigen, um anschließend mit Mülltüten die wohl lustigste Abfahrt zurück zur Berghütte zu nehmen.

Weiterhin unterstütze ich ihn auch bei Ausbildungen, wie dem Überwinden von Geländeeinschnitten und der Rettung im Gebirge für die Sanitäter und die amerikanischen Hubschrauberbesatzungen (zum Verwundetentransport – Medical Evacuation – MedEvac).

Aufgrund der guten Atmosphäre, der interessanten Aufträge, der zur Verfügung stehenden Zeit und der sehr guten Kontaktmöglichkeiten ins Heimatland habe ich die Trennung von meiner Familie, Freunden und damaliger Freundin gut verkraftet. Gerade die guten Kommunikationsmöglichkeiten machten es mir und meiner Familie einfacher. Nichtsdestotrotz hat der Einsatz mit dazu beigetragen, dass meine damalige Freundin und ich uns kurz nach dem Einsatz trennten. Denn die Auswirkung langer räumlicher Trennung ist trotz guter Kontaktmöglichkeiten nicht zu unterschätzen.

Rückblick

Wenn ich nunmehr auf meine bisherigen neun Jahre Dienstzeit zurückblicke, dann sehe ich eine Zeit, in der meiner Meinung nach nicht alles gut gewesen ist. Es sind Entscheidungen getroffen worden, ob von mir oder von Vorgesetzten, die mir und anderen missfallen haben. Es gab den einen oder anderen Lehrgang, der nicht so vielversprechend war, wie ich ihn mir vorgestellt habe. Übungen, die am Freitag begonnen und an einem Freitagabend oder Samstagnachmittag endeten, begeisterten mich nicht immer. Die Freizeit und die Zeit für Familie, Freunde und Hobbys kamen oftmals zu kurz. Aber ob man bei der Bundeswehr, im Öffentlichen Dienst oder in der freien Wirtschaft arbeitet, Probleme und Dinge, die einem nicht passen, gibt es überall.

Für mich war es genau die richtige Entscheidung, nach der Schule zur Bundeswehr zu gehen. Hätte ich es damals nicht gemacht, wäre ich bei weitem nicht derselbe, der ich heute bin und mein Leben wäre nach heutiger Bewertung nicht so schön wie es nun ist. Jochen Schweizer, ein deutscher Unternehmer, wurde einmal in einem Interview nach seinen Fehlern gefragt und was er anders machen würde. Er antwortete: „[...] jeder Mensch befindet sich in seinem Leben auf einer bestimmten Position. Diese Position ist das Ergebnis der Summe aller Entscheidungen, die er in der Vergangenheit gefällt hat [...]"[1]. Und dieser Meinung kann ich mich nur anschließen.

Ich habe viel gelernt und viele Erfahrungen gesammelt, als Gruppen- und Zugführer in der Menschenführung, im Bereich Planung und Organisation von Aufgaben, aber auch über meine psychischen und physischen Grenzen. Ich habe viele interessante und nette Menschen kennen gelernt, Freundschaften geschlossen und habe viel von Deutschland gesehen. Doch trotzdem habe ich mich dazu entschlossen, kein Berufssoldat zu werden und nach Abschluss meiner Dienstzeit das Medizinstudium zu absolvieren. Diesen Wiedereinstieg in das zivile Berufsleben macht die Bundeswehr mithilfe des Berufsförderungsdienstes (BFD) und den mir zustehenden geldlichen Leistungen möglich. Kurzum: es hat sich für mich gelohnt, diesen Weg zu gehen.

Anmerkung

[1] Jochen Schweizer - Der perfekte Augenblick. Leben mit mehr Glück, Erfolg und Stärke. München 2015, S. 48f.

Mannschaftssoldat in der Bundeswehr – Chancen und Risiken

David Aust

Berufswahl – Welche Laufbahn?

Mein Name ist David Aust, ich bin 26 Jahre alt, ledig, habe die Fachhochschulreife und diene als Soldat auf Zeit (SaZ) mit einer Verpflichtungsdauer von 12 Jahren. Meine Dienstzeit endet im Jahr 2020.

Am Anfang stand die Berufswahl. Jeder, der sich für ein Leben als Soldat, egal ob Mann oder Frau, interessiert, sich damit beschäftigt und somit versucht, seine Möglichkeiten und Karrierechancen auszuloten, steht am Anfang vor der Herausforderung, die für ihn geeignete Laufbahn herauszufiltern. Dem Einen oder Anderen fällt diese Aufgabe recht leicht, da er oder auch sie durch gewisse Vorausbildungen wie Schulabschluss, Berufsausbildung oder auch Studium nur begrenzte Auswahlmöglichkeiten zur Verfügung hat. Andere, wie ich auch, wiederum entscheiden sich bewusst für eine „niedere Laufbahn".

Trifft ein junger Mensch die Entscheidung, Soldat der deutschen Streitkräfte zu werden, so muss er sich bewusst darüber sein, in welcher Laufbahn er seinen Dienst verrichten möchte. Hierbei gilt selbstverständlich der Grundsatz: „Eignung, Leistung und Befähigung", jedoch auch die persönliche Einstellung und die Kenntnis über das Aufgabenspektrum der jeweiligen Laufbahn. Soll heißen, er muss sich im Vorfeld ein paar elementare Fragen stellen:

- Will ich führen oder geführt werden?

- Wieviel Verantwortung bin ich bereit zu tragen?

- Bin ich in der Lage, schnell Entscheidungen zu treffen und bin ich bereit für diese, auch wenn sie falsch waren, Verantwortung zu übernehmen?

- Bringe ich die notwendige, soziale Kompetenz mit, um erfolgreich Menschen zu führen?

- Bin ich bereit, mich acht oder mehr Jahre zu verpflichten?

Ich kann aus eigener Erfahrung sagen, dass es für einen jungen Menschen, im Alter zwischen 18 und 21 Jahren, nicht immer einfach ist, sich diese Fragen zu beantworten. Somit kommt es vor, dass sich auch immer wieder junge Menschen dazu entscheiden, trotz einer Eignung zum Feldwebel oder gar zum Offizier die Laufbahn der Mannschaften einzuschlagen.

Meine Entscheidung zur Mannschaftslaufbahn

Ich für meinen Teil konnte die Masse der Fragen zwar beantworten, habe mich aber in Anbetracht meines Alters, ich war 18, dazu entschlossen, die Laufbahn der Mannschaften zu wählen, obwohl ich die Eignung zum Feldwebel hatte und auch die nötigen Qualifikationen (Fachhochschulreife) mitbrachte, um Offizier zu werden. In Anbetracht der Tatsache jedoch, dass ich soeben erst die Schule verlassen habe und eine Laufbahn zum Offizier meinerseits nicht gewünscht war, stellten sich mir also zusätzliche Fragen beziehungsweise stellte ich weitere Überlegungen an.

Ich hatte von Anfang an den Wunsch, Fallschirmjäger zu werden und, wenn man ehrlich ist, ist diese Verwendung nicht unbedingt die geeignetste für ein späteres Arbeitsleben in der freien Wirtschaft. Hinzu kommt das Problem, dass die mögliche Ernennung zum Berufssoldaten auch als sehr ungewiss einzustufen ist und man somit – unter Umständen – nach seiner Dienstzeit von zwölf Jahren als Hauptfeldwebel die Streitkräfte als ungelernter 30jähriger verlassen müsste.

Zwar gibt es natürlich diverse Hilfeleistungen und Unterstützung durch den Berufsförderungsdienst, jedoch allein das erreichte Lebensalter erschwert den Wiedereinstieg ins Berufsleben oder – wie in meinem Fall – sogar den absoluten beruflichen Neustart. Weiterhin bin ich der Meinung, dass es für einen jungen Heranwachsenden auch nicht die leichteste Aufgabe darstellt, sich unmittelbar nach seiner Schulzeit dafür entscheiden zu müssen, für die nächsten zwölf Jahre Soldat zu sein.

Diesen Überlegungen entgegen stand jedoch mein unbedingter Wille und ausgeprägter Wunsch, Soldat zu werden. Ich wollte Verantwortung tragen und dennoch aktiv am Kampfgeschehen in Afghanistan teilnehmen, was auch der Grund dafür war, die Offizierslaufbahn grundsätzlich auszuschließen. Die Verpflichtungszeit von zwölf Jahren für die Laufbahn der Unteroffiziere mit Portepee schreckte mich zu diesem Zeitpunkt jedoch so sehr ab, dass ich zur Verwirklichung meines Traums nur die eine Möglichkeit als Mannschaftssoldat gesehen habe.

Ich dachte mir, ich werde die Dauer von vier Jahren nutzen, um mir klar zu werden, ob ich dieser Tätigkeit gewachsen bin und sie weiter ausüben möchte. So habe ich mich also dazu entschlossen, meine Dienstzeit schrittweise zu verlängern – also von vier auf acht und letztendlich auf zwölf Jahre.

Positive Erfahrungen und Erkenntnisse

Im Laufe meiner Dienstzeit fielen mir dann weitere positive Aspekte der Laufbahn der Mannschaften auf. Ich erkannte beispielsweise, dass es durchaus von Nutzen ist, eine gewisse Zeit als „Landser" (Mannschaftssoldat) Dienst zu tun, um bei einem eventuellen Laufbahnwechsel bereits mit einer gewissen Erfahrung in eine Verwendung als militärischer Führer zu wechseln. Aus meiner persönlichen Erfahrung heraus kann ich behaupten, dass ein Vorgesetzter in den meisten Fällen „besser" ist, wenn er eine gewisse Vordienstzeit mitbringt. Schließlich führt er dann genau die Menschengruppe, zu der er selbst einige Zeit gehörte. Er kann somit die Belange seiner Untergebenen durchaus besser verstehen und weiß auch, was in dem Soldaten vorgeht, wenn er ihm einen Befehl erteilt, der unter Umständen unangenehm sein kann.

Weiterhin bin ich der Meinung, dass die Kameradschaft innerhalb dieser Laufbahngruppe seinesgleichen sucht. Dies rührt daher, dass wir als „Mannschafter" mit Masse „24/5" (24 Stunden täglich/5 Tage in der Woche) zusammen sind, sei es während der Ausbildung oder auch nach Dienst in den Gemeinschaftsräumen. Man lernt sich wesentlich intensiver kennen, als es in anderen Laufbahnen oder Berufen überhaupt möglich ist.

Insbesondere während der Ausbildung ist mir aufgefallen, wie stark man zusammenwächst, wenn man gemeinsam friert oder es nass ist, man schwitzt oder sich gegenseitig beim Tragen schwerer Lasten unterstützt. Diese Erfahrungen, so schmerzlich sie auch teilweise sind, will kein Mensch, der gerne Soldat ist, jemals wieder missen, behaupte ich.

Jedoch bringt diese Laufbahn auch Probleme mit sich. So fielen mir während meiner Dienstzeit immer mehr Soldaten auf, die diese Laufbahn nur wählten, um zum Beispiel im Rahmen des freiwilligen Wehrdienstes Zeit bis zu einem Studium oder einer Berufsausbildung zu überbrücken. Diese Kameraden bringen jedoch meiner Meinung nach den gesamten Apparat ins

Stocken, da ihre geringe Verpflichtungsdauer dazu führt, dass im Ausbildungsbetrieb fast immer von der Picke auf gestartet werden muss. Schließlich kommt es vor, dass einige dieser Soldaten nach bereits sechs Monaten die Streitkräfte wieder verlassen. Das hat häufig zur Folge, dass die Motivation der länger Dienenden stark leidet, denn das ständige Wiederholen von Ausbildungsabschnitten und die damit verbundene Stagnation lassen viele Kameraden die Dienstfreude verlieren und schaffen somit Unmut innerhalb der Truppe.

Ein anderes Problem ist das zu schnelle Erreichen des Höhepunktes der Karriere des Mannschaftssoldaten. Der Enddienstgrad Oberstabsgefreiter kann nach bereits vier Jahren erreicht werden. Dieser Fakt bringt zwei Probleme mit sich: zum einen kann es passieren, dass sich Soldaten zurücklehnen und plötzlich nicht mehr die von ihnen geforderte Leistung erbringen. Zum anderen kommt es häufig vor, dass auch Soldaten, die grundsätzlich nicht die gewünschte Leistungsbereitschaft an den Tag legen, lediglich auf Grund ihrer Dienstzeit zum Oberstabsgefreiten befördert werden. Ich persönlich sehe darin das Problem, dass bei längeren Verpflichtungszeiten kein erkennbarer Unterschied zwischen einem „guten" und einem „schlechten" „Landser" vorliegt.

Daraus resultiert, dass einige Vorgesetzte nicht oder nur wenig differenzieren und somit grundsätzlich nur vom „dummen Landser" geredet wird, obwohl es genug verantwortungsbewusste und leistungsstarke Soldaten unter ihnen gibt. Vielleicht sollte das Beförderungssystem diesbezüglich ein wenig überdacht werden. Beispielsweise könnte man die Stehzeiten in den vorangehenden Dienstgraden verlängern oder die Beförderung zum OSG zu einer Leistungs- oder Dienstposten bezogenen Beförderung machen, denn sonst ist es nahezu unmöglich, eine sichtbare Differenzierung zu schaffen.

Es ist also umso wichtiger für den jungen „Mannschafter", von Anfang an mit vollem Einsatz seinen Dienst zu verrichten und dabei auch über das geforderte Maß hinaus zu gehen, denn so kann sich ein Vorgesetzter von einem Mann überzeugen und ihm auch Aufträge überlassen, die über die eigentlichen Aufgaben dieser Laufbahn hinaus reichen. Dadurch wird im Endeffekt eine Zufriedenheit erzeugt, die mit keinem Orden oder anderen Ehrungen zu erreichen ist, denn auch der „Landser" möchte nicht auf der Stelle treten, sondern sich weiterentwickeln, Verantwortung übernehmen und im Rahmen seiner Möglichkeiten Entscheidungen treffen.

Der „Gemeine Landser" will also über sich hinauswachsen und eigenverantwortlich handeln, denn die Zeiten, in denen der Gefreite einfach nur stumpf Befehle befolgen sollte, sind längst vorbei: "Selbstständiges Mitdenken und Handeln" ist gefordert und wird auch immer wieder gepredigt. Leider jedoch ist zu erkennen, dass diese Meinung noch längst nicht in den Köpfen von allen Vorgesetzten angekommen ist.

Öffentliche Wahrnehmung

Schnell wurde man als junger „Landser" immer wieder darauf hingewiesen, dass man ja zivil betrachtet nichts anderes als eine sehr gut bezahlte, jedoch ungelernte Hilfskraft darstelle. Natürlich muss in diesem Zusammenhang auch differenziert werden. Es ist ein himmelweiter Unterschied, ob ich von einem „Mannschafter des Fachdienstes" oder von einem „Mannschafter des Truppendienstes" spreche. Die Anforderungen an den jeweiligen Soldaten sind schließlich völlig unterschiedlicher Natur, sei es in körperlicher Form, im geistigen Bereich oder auch in der Intensität der Entbehrungen, die er in Kauf nehmen muss.

So kann ich nur für die Mannschaften meiner Truppengattung, der Fallschirmjägertruppe, feststellen, dass es sich um weit mehr handelt als um Hilfsarbeiten, die wir am Standort, in Übungen oder im Einsatz leisten, wobei auch hier intern, in Bezug auf unterschiedlichste Verwendungsbereiche, differenziert werden muss.

In einigen Bereichen der Bundeswehr ist der Soldat zum Beispiel nur „Arbeitnehmer in Uniform", während er sich in anderen Bereichen voll und ganz dem militärischen Leben hingeben muss. Ich möchte hierbei betonen, dass dies in keiner Weise eine Wertung darstellt, sondern lediglich die Wahrnehmung vieler Soldaten widerspiegelt.

Daraus ergeben sich natürlich auch große Unterschiede in der Wahrnehmung der Soldaten durch unsere Gesellschaft, insbesondere in Bezug auf die Laufbahn der Mannschaften. So kommt es meines Erachtens nach oft vor, dass man von „richtigen" und „Freizeit"-Soldaten spricht, was vermutlich mit Masse auf die extremen Unterschiede in den jeweiligen Verwendungen zurückzuführen ist.

Insgesamt ist mein Eindruck, dass die Wahrnehmung des „Mannschafters" in der Zivilbevölkerung eher als negativ einzustufen ist. Mit Masse ist das zu erkennen bei Menschen, in deren familiärem Umfeld oder auch im

Kreise ihrer Freunde eher wenige oder gar keine Berührungspunkte mit Soldaten bestehen. Oft wird man dann als „Zivilversager" oder „Steuerverschwendung" betrachtet und benannt. Dabei fehlt meiner Meinung nach das Verständnis für diese Laufbahn und die damit verbundenen Tätigkeiten: Schließlich ist man nicht nur der „ungelernte Vollidiot", der es in der zivilen Wirtschaft zu nichts gebracht hat, sondern ein Staatsbürger in Uniform, der versucht, im Rahmen seiner Möglichkeiten seinen Beitrag zur Sicherheit der Bundesrepublik Deutschland zu leisten.

Auch in Bezug auf bevorstehende Einsätze ist eine relativ klare Meinung zu erkennen. Ich selbst habe oft Sätze gehört wie: „Du bist doch nur der Dumme, der von seinen Vorgesetzten verheizt wird!" oder „Wie blöd muss man eigentlich sein, dass eigene Leben zu riskieren, nur weil es jemand befiehlt?" Diese Erfahrungen haben mich zu dem Schluss kommen lassen, dass vom „Landser", dem „Fußvolk", dem „Ende der Nahrungskette" ein völlig veraltetes Bild in unserer Gesellschaft besteht.

Selbst in der eigenen Familie gab es teilweise solche engstirnigen Ansichten. So musste ich mir Dinge anhören wie: „Das, was du da machst, ist ja gar keine richtige Arbeit!!!" Mein Großvater beispielsweise hatte in der Feuerwehr einen mit dem eines Oberstleutnants vergleichbaren Dienstgrad und hat mir auch immer wieder zu verstehen gegeben, dass ich ja nur einen niederen Rang habe und dass ich doch wesentlich mehr aus mir machen könne. Er hat leider nie verstanden, dass wir mittlerweile in einer Armee Dienst tun, in der vom „Landser" wesentlich mehr erwartet und gefordert wird, als es vielleicht noch vor einigen Jahren oder Jahrzehnten der Fall war.

Jedoch sollte nicht vergessen werden, dass es auch positive Resonanz aus der Bevölkerung gibt. Eine junge Frau sagte beispielsweise zu mir: „Alles, was ihr dort tut, macht ihr ja schließlich für uns, für Frieden und Freiheit."- Eine Aussage, die man als Soldat aber nicht oft hört.

Meine Eltern und meine Schwester sind von Anfang an stolz auf mich gewesen und gaben mir den nötigen Rückhalt, trotz meiner Entscheidung die unterste Laufbahn der Bundeswehr einzuschlagen. Zwar hatten sie auch Bedenken, als ich 2010 nach Afghanistan verlegte, jedoch hatte ich immer ihre volle Unterstützung. Leider stellen diese Beispiele wirklich nur den geringeren Anteil dar.

Im Großen und Ganzen ist zu sagen, dass der Rückhalt aus der Bevölkerung leider sehr zu wünschen übrig lässt, vermutlich, weil sich die Masse der Menschen zu sicher fühlt und uns, die Streitkräfte, als überflüssig erachtet. Das ist zwar sehr schade, aber leider wohl nicht oder nur schwer – und dann nur langfristig – zu ändern.

Fazit

Die Entscheidung für die Laufbahn der Mannschaften ist von vielen Faktoren abhängig. Es gibt sowohl Punkte, die dafür, aber auch einige, die dagegen sprechen. Die Akzeptanz in unserer Gesellschaft zum Beispiel ist definitiv verbesserungswürdig, wobei dieser Punkt die Streitkräfte im Allgemeinen betrifft und nicht zwangsweise an einer Laufbahn fest zu machen ist.

Der wichtigste Punkt ist die Angst vor dem „DANACH". Ich sehe hier sehr viel Handlungsbedarf, denn ich glaube, diese Angst ist dafür ausschlaggebend, sich gegen diese Laufbahn zu entscheiden. Zwar gibt es viele gute Hilfen durch den Berufsförderungsdienst, jedoch keine Sicherheit. Viele Angehörige meiner Laufbahn trauen sich zum Beispiel nicht, während ihrer Dienstzeit eine Familie zu gründen, einfach aus Angst vor einem „sozialen Absturz" nach dem Dienstzeitende.

Ich denke, es wäre ratsam, dem länger dienenden „Landser" ab einer gewissen Verpflichtungsdauer mehr Perspektiven zu bieten – wie z. B. durch Zivilberufliche Aus- und Weiterbildungen (ZAW) während der Dienstzeit, durch finanzielle Sicherheit nach Dienstzeitende in Form einer kleinen Pension, durch die Option der Übernahme in den öffentlichen Dienst oder sogar die Möglichkeit, Berufssoldat zu werden. Zwar kann jeder Soldat jederzeit einen Laufbahnwechsel beantragen und somit einige dieser Punkte möglich machen, aber das würde das Problem nicht lösen, sondern nur verlagern. Schließlich gibt es genug Soldaten, die mit ihrer Tätigkeit zufrieden sind, jedoch unglaubliche Angst vor der Zukunft haben.

Sehe ich den Dienst für mein Land gewürdigt? Intern: JA – innerhalb meiner Kompanie sehe ich meinen geleisteten Dienst sehr wohl gewürdigt und kann behaupten, dass ich in allen Dienstgradgruppen „Anerkennung" finde. Im Hinblick auf unsere Gesellschaft muss ich diese Frage leider verneinen.

Trotzdem bereue ich es nicht, diesen Weg gegangen zu sein, denn eins ist sicher: Durch den Dienst beim Militär, egal in welcher Laufbahn, lernt man sich selbst kennen.

Ich diene Deutschland – Mein Weg in ein Soldatenleben

Adriano Steyer

„3-2-1-Feuer", funke ich und das 120 mm Mehrzweckgeschoss verlässt mit einem unheimlichen Knall und einem enormen Rückstoß den Kampfpanzer Leopard 2 A6M. „Trefferblitz, ein feindlicher Schützenpanzer am Südrand Reussendorf in Stellung vernichtet", funke ich weiter. Das Geschoß ist mit einem hellen Blitz in das Hartziel eingeschlagen. Die Leuchtspur des Geschosses konnte ich über den Kommandantenlukenring sehr gut beobachten. 22:30 Uhr – ich befinde mich an einem wolkenlosen Frühsommertag im Jahr 2015 auf dem Truppenübungsplatz in Hammelburg. Mein Teil der Lehrvorführung für den militärischen Führernachwuchs ist erst einmal beendet.

Der Einstieg

Meine Gesellenprüfung zum Industriekaufmann ist mittlerweile ein knappes halbes Jahr seit Frühsommer 2009 vorüber. Die Immatrikulation an einer Fernhochschule zum Bachelor ist nur einen knappen Monat weniger vorüber. Seit einer halben Ewigkeit sitze ich in einem schicken Großraumbüro an einem Schreibtisch, blicke auf einen Bildschirm mit unendlichen Zahlenfolgen und vergleiche die aktuellen Einkaufspreise mit den Verkaufspreisen der neuen Saison. Ich bin bei einem mittelständischen Fahrradhersteller in Koblenz als Sachbearbeiter im Einkauf angestellt. Während ich an diesem sommerlichen Tag im Jahr 2009 dasitze und prüfe, läuft das Fass der eintönigen, langweiligen Einfachheit über. „Das trockene Prüfen von Zahlen kann doch nicht alles sein! Ich will etwas Sinnvolles aus meinem Leben machen und etwas erleben!", sage ich zu mir.

Mit meinem noch sehr unausgegorenen und undefinierten Wunsch im Kopf durchsuche ich das Internet nach neuen beruflichen Möglichkeiten und denke spontan an die Bundeswehr; für mich sozusagen der größere Bruder des THW, dem ich seit Kindesbeinen zugehöre. Ich wollte nicht ewig als Zahlenprüfer für einen Unternehmer arbeiten. Meine Tätigkeit sollte nicht nur ein Job sein, ich wollte meiner Berufung folgen und stolz auf meinen Arbeitgeber sein, mich mit ihm identifizieren können. Ich wollte einer größeren Sache, der Allgemeinheit, dem eigenen Land, dem ich mich verbunden fühle, und den Menschen in ihm, dienen. Unmittelbar im Anschluss an einen meiner langweiligen Arbeitstage fuhr ich nach Koblenz in das Kreiswehrersatzamt, um Ideen für eine neue Tätigkeit zu sammeln.

Erste Schritte

Meinen erlernten Beruf wollte ich möglichst auch weiterhin ausüben, um später im Anschluss an die Verpflichtungszeit auch etwas Kaufmännisches gemacht zu haben und notfalls in die zivile Arbeitswelt zurückkehren zu können. Heimatnah sollte es wegen des Fernstudiums, das ich gerade absolvierte, sein. So würde ich weiterhin die Klausuren schreiben können. Nicht zu weit weg von meiner Lebensgefährtin und der Familie. Man sagte mir, dass in Köln ein Dienstposten als Personalfeldwebel zum 04.01.2010 zur Besetzung frei sei. Also nicht weiter gezögert und die Gelegenheit beim Schopf gepackt. Nach der Bewerbung durchlief ich die übliche Einstellungsprozedur, wurde eingestellt und sogleich in meinem Sinne beschäftigt: Heide (Schleswig-Holstein) für zwei Monate, Appen (nördlich Hamburg) für vier Monate, Hannover für zwei Monate und die kommenden Jahre in Köln. Genauso hatte ich es mir in den Streitkräften vorgestellt. Abenteuer ja, aber dann doch nur dosiert und nicht zu viel davon und vor allem nicht um seiner selbst willen. Meine Lebensgefährtin studierte zu dieser Zeit in Gießen, war also unter der Woche nicht vor Ort und somit hatte ich keine Schwierigkeit, selbst auch unter der Woche nicht zu Hause zu sein.

Meine Grundausbildung war, wie bei vielen Soldaten, eine der härtesten, anstrengendsten und entbehrungsreichsten Zeiten. Laut gebrüllte und dadurch unverständliche Kommandos, die für einen Zivilisten, wie ich es war, leicht verstörend wirkten, prasselten auf mich ein. Trotzdem war es spannend, anders und es tat gut, weil es sich für mich richtig anfühlte. In dieser Zeit fernab der Heimat war es, anders als erwartet, keine Schwierigkeit. Diese erste Zeit war ich sogar regelrecht froh, weg von zu Hause zu sein. Aus meinem Vereinsleben hatte ich mich rechtzeitig verabschiedet, und all meine sozialen Kontakte waren über die neue Situation informiert. Die Phase der Grundausbildung war aus späterer Sicht tatsächlich eine stark prägende Zeit. Laufbahnübergreifend wurden mir Inhalte vermittelt und Bilder gestellt, von denen ich zum Teil heute noch zehre. Es war eben eine grundlegende Ausbildung im wahrsten Sinne des Wortes.

Mit offenen Augen

Zwei Monate später war mein erster Teilabschnitt bei der Bundeswehr vorbei. Ich hatte das „Unternehmen" Bundeswehr nun kennengelernt, mich voll und ganz auf es eingelassen und die mir vermittelten Werte in mich aufgesogen. Kurzum: es war genau das, wonach ich gesucht hatte. Von Heide, meinem Erstkontakt mit der Luftwaffe, führte mich der Dienstherr nach Köln. Die Luftwaffenkaserne Wahn war im Rahmen meiner weiteren Ausbildung meine militärische Heimat. Im Dienstzimmer der Stabsabteilung für Personal gab es keinen Arbeitsplatz für mich. Aus diesem Grund wurde ich als angehender Personalfeldwebel nicht dort, sondern beim Kasernenfeldwebel eingesetzt. Strafzettel im Bereich der Kaserne zu verteilen, war nun mein Schwerpunkt. Für mich war das in der Anfangsphase nicht zu verstehen, denn ich verdiente zu diesem Zeitpunkt knapp 600 Euro mehr als in meiner zivilen Sachbearbeiter-Tätigkeit, und ich hatte einen deutlich kleineren Aufgabenbereich, weniger Verantwortung. Die Tätigkeit füllte mein wöchentliches Arbeitspensum nicht einmal zu einem Drittel aus. Mein Verständnis von Effizienz, qualifiziertem Personaleinsatz und vorausschauender Aufgabenverteilung geriet nun erst einmal ernsthaft ins Wanken. All die Lerninhalte, die mir in Schule, Lehre und akademischer Ausbildung näher gebracht wurden, waren nicht mehr von Relevanz. Es schien mir, als ob eine ganze Nation effektiv arbeitet und eines der größten Unternehmen Deutschlands, die Bundeswehr, sich ineffizient selbst verwaltet. In diesen Wochen des Verteilens von Strafzetteln gewöhnte ich mich an die Situation und fand mich im Hinblick auf meine Verpflichtungszeit damit ab. Mir ging es ja letztendlich um das große Ganze – die Bundeswehr als berufliche und seelische Heimat – und nicht um die kleineren, in jedem perfekten sozialen Organismus, den die Bundeswehr in meinen Augen darstellt, vorkommenden Unzulänglichkeiten. Allerdings fand ich mich genau deshalb nicht damit ab, diese grundlegende Dilemma-Situation der ineffizienten Arbeitsweise in diesem speziellen Fall für meine zukünftigen Tätigkeiten als Vorgesetzter zu übernehmen oder anzunehmen. Ich wollte es mit meinen Mitteln und im Rahmen meiner Möglichkeiten nicht noch einmal dazu kommen lassen.

Als frischgebackener Feldwebel, militärischer Vorgesetzter und ausgebildeter Personalfeldwebel wurde ich in eine andere Einheit am Standort der Luftwaffenkaserne Wahn versetzt. Ich war nun in der Stabsabteilung für Personal eingesetzt. Knapp eineinhalb Jahre nach Eintritt in die Bundeswehr war ich froh, dort zu sein, wo ich hin wollte. Die Tätigkeit war erfüllend, weil ich sehen und erleben konnte, wie das ein oder andere Problem gelöst und somit den Soldaten geholfen wurde. Beispielsweise sah ich den Erfolg anhand einer Bearbeitung eines Versetzungswunsches, einer Beförderung oder einer Dienstzeitverlängerung. Die Kombination zwischen dem militärischen Dienst auf der einen sowie der Tätigkeit als Personalfeldwebel auf der anderen Seite war für mich sehr zufriedenstellend und erfüllend. In dieser Zeit wandelte sich mein Blick auf meinen Arbeitgeber von einem ineffizienten Staatsgebilde zu einer lebhaften Zelle sozialen Lebens mit anderen Abläufen, mit anderen Schwerpunkten und einem anderen, aber viel dichteren sozialen Gefüge als in einem zivilen Unternehmen.

Im Rahmen meiner Ausbildung sowie im Rahmen meiner Tätigkeit als Personalfeldwebel wurde mir nach und nach bewusst, das Effizienz, vorausschauende Arbeitsverteilung und qualifizierter Personaleinsatz untrennbar mit den Fähigkeiten der Vorgesetzten, der Verantwortlichen, der Offiziere vor Ort zusammenhängen. Die Regeln, Vorschriften und Anweisungen werden zwar an einem für den einfachen Soldaten weit entfernten Ort festgelegt, jedoch die Ausführung und die Organisation des täglichen Dienstbetriebes bleibt in der Verantwortung der unterschiedlichsten Vorgesetzten ohne zentrale Steuerung. Jeder im Kleinen, im Rahmen des großen Ganzen, für sich handelnd und entscheidend. So kommt es vor, dass die eine Einheit bzw. Teileinheit oder Stabsabteilung einen besseren Personaleinsatz und einen effizienteren Weg der Aufgabenverteilung hat als die andere. Diese Erkenntnis ließ in mir den Wunsch wachsen, Offizier werden zu wollen.

Mir schwebte vor, Abläufe effizienter und damit produktiver zu gestalten, Aufgaben zielorientierter zu lösen, Dinge anzupacken und selber machen zu dürfen, um nicht im Nachhinein eine Rüge zu erhalten. Auch die Möglichkeit zu haben, alte Krusten aufbrechen zu können, war mein Wunsch. Es dauerte ab diesem Zeitpunkt knapp vier Jahre, bis ich auf Zug-Ebene kleine Krusten öffnen konnte. Das war und ist meine Vorstellung davon, dem großen Ganzen – der Bundeswehr und damit meiner Heimat mit all seinen Menschen – dienen zu können.

Laufbahnwechsel in eine andere Welt

An einem Herbsttag 2011 saß ich vor meinem E-Mail-Postfach und las eine E-Mail bezüglich der Aufhebung der Altersbegrenzung für die Bewerbung in der Laufbahn der Offiziere. An diesem Tag fasste ich den Entschluss und formulierte meine Bewerbung. Meine Lebensgefährtin, die mittlerweile in Köln arbeitete und wie ich in Köln wohnte, war nicht begeistert von meinem Entschluss. Aber obwohl der Laufbahnwechsel drei Jahre Ausbildung an unterschiedlichen Standorten in Deutschland bedeuten würde, stärkte sie mir den Rücken. Im Anschluss an diese drei Jahre hatte ich zudem auch nur eine sehr geringe Chance, zurück an den Standort Köln zu kommen. Der Dienstherr plante mich als Offizier im Truppendienst – im Ausbildungsgang ohne Studium – in der Panzertruppe des deutschen Heeres ein. Es war mein Wunsch, aber ich musste mich zugegebener Maßen zunächst an die Situation und meine Zukunft gewöhnen.

Meine Planungen vor Eintritt in die Armee musste ich nun überdenken. Ursprünglich ging ich davon aus, in der Bundeswehr einer zivilberufsnahen Tätigkeit nachgehen zu können, damit ich mich nach meiner Verpflichtungszeit wieder problemlos im zivilen Berufsfeld einfinden kann. Doch die Entscheidung, meine Dienstzeit bei der Panzertruppe zu verbringen, bildete sich nicht mehr ausschließlich auf der Grundlage meiner oben ausgeführten Erfahrungen und Wünsche. Zwischenzeitlich lagen ganz andere und für mich deutlich höhere Werte der Entscheidung zugrunde. Der Kampfpanzer als agiles, präzises, hoch technisiertes und beeindruckendes Gefechtsfahrzeug vereinigte in meinen Augen sowohl ein technisches Wunderwerkzeug, das es zu ergründen und zu beherrschen galt, als auch ein probates Mittel, um meine Ideale – u.a. Schutz meiner Heimat und seiner Menschen – ganz realitätsnah und schnörkellos verfolgen zu können; wann immer es nötig werden sollte.

Mir war bewusst, dass es eine harte und entbehrungsreiche Zeit werden würde. Mit dem Ziel, Offizier werden zu wollen, wollte ich den Schritt auf jeden Fall wagen, obwohl ich in den Augen meiner Unteroffizierskameraden ein „Laufbahnverräter" war. Einer, der seinen Stall verlässt, um sich egoistisch der Karriere zu widmen. Für mich waren es aber weder Verrat noch egoistische Ambition, denn nur durch diesen Laufbahnwechsel konnte ich mit meinen Idealen und Fähigkeiten der Allgemeinheit am besten dienen. Alles andere wäre Verrat an ihr gewesen. So nahm ich es in Kauf, meine Kameraden zugunsten höherer Ziele zu verletzen und war mir sicher, sie würden es eines Tages verstehen und akzeptieren.

Für sechs Monate Idar-Oberstein, für weitere sechs Monate Dresden, drei Monate Bad Salzungen (Thüringen) und 13 Monate Munster. Mein Ausbildungsplan sah ein häufiges Pendeln zwischen Dienstort und Wohnung vor, um an die einzelnen Ausbildungseinrichtungen zu gelangen. Zu Beginn meiner Ausbildung, zur Mitte des Jahres 2012, wurde mir nicht mitgeteilt, an welchen Standort ich später langfristig stationiert werden würde. Von meinem Wohnort in Köln ging ich von Pfreimd (Oberpfalz) als Standort für das am weitesten entfernte Panzerbataillon aus. Für die Zeit meiner Ausbildung konnte ich mich mit diesem Szenario nur sehr schwer anfreunden. Als ich Mitte des Jahres 2014 erfuhr, dass ich nach Augustdorf versetzt werden würde, also „nur" etwa 200 km von Köln entfernt, war ich gemeinsam mit meiner Lebensgefährtin erleichtert.

Mitte des Jahres 2012 wurde ich zum Offizieranwärterbataillon nach Idar-Oberstein versetzt. Ich hatte die Möglichkeit, eine weitere Grundausbildung zu durchlaufen. In den sechs Monaten wurden mir auch neue Lerninhalte vermittelt. Das Maschinengewehr, die Panzerfaust, das neue Schießausbildungskonzept sowie weitere, für das Heer spezifische Inhalte waren nun Teil meiner Fähigkeiten. Sehr fordernd für mich waren die Endphase meines privaten Studiums sowie die etwa zeitgleiche Übernahme in die Laufbahn der Offiziere. Einen Monat vor meinem Versetzungstermin nach Idar-Oberstein meldete ich meine Bachelor-Thesis an. Meine Absicht war es, die Arbeit so schnell wie möglich abzuschließen, um mich dann auf die Ausbildung und den Dienst zu konzentrieren. Mit Verlängerung des Abgabetermins und vielen Arbeitsstunden an Wochenenden hielt ich im Oktober meine Bachelor-Urkunde in Händen.

Die Ausbildung in Dresden war für mein taktisches Verständnis sowie für die Darstellung der Abläufe im Gefecht im Rahmen des Einsatzes von Verbundenen Kräften fordernd und fördernd. Das Panzerbataillon im Angriff war für mich als zukünftiger Panzeroffizier ein faszinierendes Unterfangen im Hinblick auf Stärke, Agilität sowie Durchsetzungskraft der Panzerkompanie im Zusammenspiel mit den einzelnen Panzerzügen.

Meine praktische Ausbildung zum Panzeroffizier in Munster rundete die fachliche, truppengattungsspezifische Ausbildung, ab. Dort lernte ich die technischen und taktischen Grundlagen im Panzerzug kennen. Von der Kraftfahr- und Besatzungsausbildung über den Einzelkämpferlehrgang bis hin zur Gefechtsausbildung auf den verschiedensten Truppenübungsplätzen gewann ich zunehmend an Handlungssicherheit. Ich konnte es kaum erwarten, endlich auf einen Dienstposten als Panzerzugführer nach Augustdorf versetzt zu werden. Vor allem, als einige meiner Kameraden anderweitig verplant wurden, konnte ich von Glück sprechen, dass ich tatsächlich auf dem Dienstposten eines Panzerzugführers eingesetzt wurde. Auf diese Aufgabe fühlte ich mich hervorragend vorbereitet. Im Nachhinein und mit Rückblick auf die Ausbildungszeit in Munster würde ich keine Facette der Ausbildung verändern. Für meine Truppengattung wurden mir aussagekräftige Bilder gestellt, die mir heute den täglichen Dienstbetrieb erleichtern.

Bin ich angekommen?

Als Oberfähnrich wurde ich im Februar 2015 zur 2./Panzerbataillon 203, Augustdorf, versetzt. Mit meinem Panzerzug hatte ich nun die Möglichkeit, alle meine Vorsätze, Wünsche und Ziele zu verwirklichen. Effizienz, qualifizierter Personaleinsatz und vorausschauende Aufgabenverteilung konnte ich nun steuern. Im Rahmen der Übernahme- und Übergabephase erkannte ich einen gewissen Verbesserungsbedarf. Es war ein gutes Gefühl, Verbesserungen einzuleiten und das effizientere Ergebnis zu sehen.

Aus meiner heutigen Sicht hat sich die Entscheidung, bei den Streitkräften zu dienen, als richtig erwiesen, um bestmöglich dem Erhalt und der Sicherheit meiner Heimat mit all ihren Menschen dienen zu können. Es hat sich für mich sowohl gelohnt, in die Bundeswehr einzutreten als auch die Laufbahn zu wechseln, mit dem Ziel, mehr Eigenverantwortliches leisten zu können. Meiner Heimat Deutschland zu dienen, erfüllt mich, trotz kleiner Widrigkeiten, mit Stolz.

Der Funk knattert: „Übungsende, Übungsende, Übungsende!". Ich lasse den Motor ausschalten, die Besatzung absitzen und sammle die Kameraden für eine kleine Nachbesprechung auf dem Topdeck. Der Geruch von Pulvergasen liegt noch in der Luft und die Ringkühler geben eine angenehme Wärme ab. Kurze Worte zum Tag, der vergangenen Übung und für den kommenden Tag beenden meine Ausführungen. Ich sitze erschöpft auf den Staukästen. Neben der Wärme des Panzers steigt in mir die Wärme von Zufriedenheit auf.

Bin ich angekommen? Ja! Ich bin im deutschen Heer, in der Panzertruppe und in der Laufbahn der Offiziere endlich angekommen und fühle mich dort zu Hause.

Dienen aus Überzeugung – Eine Soldatenfamilie

Horst A. Weggel und Daniela Harnisch

Familiensituation und Berufsmotivation

Ich bin 52 Jahre alt und seit knapp 33 Jahren Soldat aus Einstellung und Überzeugung. Zum einen, weil es Staatsbürger geben muss, die bereit sind, auch unter Einsatz von Entbehrungen und ggf. ihres Lebens für unsere freiheitlich demokratische Grundordnung, also unsere Werte und Normen, einzutreten. Zum anderen, weil der Beruf „Soldat" ein sehr umfangreiches, interessantes und verantwortungsvolles Spektrum bietet. Meine Einstellung zum Beruf und die Berufsfreude lebe ich auch in meiner Familie und im täglichen Umgang. Das war nur möglich, weil meine Ehefrau mich stets unterstützt und mir in meinem Berufsleben auch in schwierigen Situationen immer den Rücken freigehalten hat. Meine Ehefrau musste oftmals Dinge alleine regeln und zahlreiche Belastungen vor allem während meiner Auslandseinsätze durchstehen.

Unsere beiden Kinder haben sehr viel von meiner Einstellung und Überzeugung zum Soldatenberuf übernommen, aber auch erfahren, wie Zusammenhalt und gemeinsame Überzeugungen eine Familie tragen können. Beide haben nun selbst Familie, jeweils zwei Kinder – und sind Berufssoldaten. Beide starteten ihren Berufsweg in der Unteroffizierlaufbahn und wechselten dann in die Laufbahn des militärfachlichen Dienstes. Unser Sohn fand seine Berufserfüllung als Personaloffizier, ist nun Oberleutnant in einem Panzeraufklärungsbataillon und war einmal im Einsatz in Afghanistan. Unsere Tochter Daniela, ausgebildet als medizinisch-technische Laborassistentin, war bereits viermal im Einsatz, jeweils zweimal im Kosovo und in Afghanistan, und ist inzwischen als Leutnant im Sanitätsdienst eingesetzt. Sie schildert im folgenden Abschnitt – exemplarisch für meine Kinder – ihre Beweggründe und Erfahrungen.

Erfahrungen meiner Tochter

Aufgewachsen als Soldatentochter bin ich 2003 in die Bundeswehr eingetreten. Meine beiden Töchter waren zu diesem Zeitpunkt zwei Jahre und acht Monate alt. Angefangen hat es mit der Grundausbildung in der Feldwebellaufbahn, über 500 km von zu Hause entfernt. Somit war ich von Anfang an auf die Unterstützung meiner gesamten Familie, also meines Mannes und meiner Eltern, angewiesen. Dies war meine erste Bewährungsprobe in meiner Laufbahn. Viele meiner Kameraden und Kameradinnen konnten sich nicht oder nur schwer in meine Situation hineinversetzen, da niemand von ihnen selbst Kinder hatte. Eine Kameradin meinte ein paar Jahre später, als sie selbst eine kleine Tochter hatte, dass sie die Situation nun mit ganz anderen Augen sehe und die Trennung von ihrer Tochter nicht geschafft hätte. Aber für mich hat sich gezeigt, dass man mit dem Rückhalt und der Unterstützung der Familie vieles schaffen kann.

Meine Kinder sind mit meinem Beruf aufgewachsen. Zusammen mit meinem Mann und meinen Eltern konnte ich sie gut auf die Erfordernisse meines Berufes (Abwesenheiten durch Lehrgänge, Einsätze, Sonderdienste, etc.) und insbesondere auf meinen ersten Auslandseinsatz vorbereiten. Einsatz ist für mich einerseits ein fester Bestandteil meines Berufes und steigert andererseits meine Überzeugung und Einstellung zum Beruf.

Aus meiner Erfahrung ist die Zeit des Einsatzes für den Soldaten bzw. die Soldatin nicht so lang wie für die Familie. Im Einsatz ist man beschäftigt, hat bestimmte Abläufe und ist „abgelenkt", man muss sich nicht mit dem „Alltag zu Hause" bzw. dem „normalen" Leben mit all seinen vielschichtigen Belangen beschäftigen. Für die Familie zu Hause geht aber der Alltag weiter, wobei genau hier die „leere" Stelle der Mutter gefüllt werden muss. Die nächste Herausforderung besteht nach dem Einsatz, diese „vakante" Stelle wieder einnehmen zu können. Ich hatte keine Probleme damit und meine Familie hat alles dafür getan, damit dies problemlos möglich war. Die Möglichkeit des „Splittens", also die Einsatzzeit auf einem Dienstposten mit anderen Soldaten und Soldatinnen zu teilen, kam den Bedürfnissen von meiner Familie und mir voll entgegen. Ich habe jeden Einsatz „gesplittet", um es für mich und die Familie einfacher zu machen. Dafür war ich auch bereit, vier Jahre hintereinander zu marschieren.

Mein Ziel war seit meinem Dienstantritt, Berufssoldatin zu werden; diese Zielsetzung wurde mit der Zeit nur noch verstärkt. Leider ist der Soldatenberuf in unserer Gesellschaft nicht so angesehen, wie man sich das wünschen würde. Nicht nur einmal wurde ich als „Rabenmutter" bezeichnet, weil ich meine Kinder für einen Einsatz „zurücklasse" und riskiere, dass mir etwas passieren könnte. Aber meine Familie hat mir stets den Rücken gestärkt und im Oktober 2015 konnte ich endlich die Ernennungsurkunde zur Berufssoldatin in den Händen halten.

2011 habe ich mich – in Abstimmung mit meinem Mann – für die Laufbahn zum militärfachlichen Dienst und damit für die nächste Herausforderung beworben und wurde ausgewählt. Auch dies setzte die uneingeschränkte Unterstützung meiner Familie voraus. Da alle wussten, dass ich meinen Beruf gern ausübe und von ihm überzeugt bin, trugen alle Familienmitglieder diese Entscheidung mit. Auch meine Kinder entwickelten das nötige Verständnis dafür, dass mein Laufbahnwechsel und die damit verbundene Ausbildung wieder mit vielen Entbehrungen, insbesondere Abwesenheiten, verbunden waren. An den kostbaren Wochenenden stand stets die Familie im Mittelpunkt. Gemeinsam haben wir auf ein Ziel hingearbeitet und es erreicht.

Ich hoffe, dadurch auch ein Vorbild für meine Töchter zu sein, indem sie miterleben, dass es sich lohnt, einen Weg zielgerichtet zu verfolgen. Mittlerweile reift bei meinen Töchtern – inzwischen 15 und 13 Jahre alt – auch langsam der Wunsch, vielleicht in die Bundeswehr einzutreten. Ihren Weg werden sie finden und egal für welchen sie sich entscheiden, ich werde sie unterstützen. Und ich werde sie motivieren, ihre selbst gesetzten Ziele zu erreichen, auch wenn dies nicht immer einfach ist und sie für die Überwindung mancher Hürden mal etwas länger brauchen.

Im August 2012 startete ich dann die dreijährige Ausbildung zum Offizier im militärfachlichen Dienst, habe diese 2015 erfolgreich beendet und meine erste Verwendung als Fachoffizier in Diez angetreten. Zugleich bin ich gerade dabei, mich mit meiner Familie von Sachsen-Anhalt nach Rheinland-Pfalz zu verändern. Auch dies werden wir gemeinsam meistern – davon bin ich zutiefst überzeugt.

Besonderheiten des Berufes

Ich bin stolz auf meine Tochter und ihre Einstellung zu Familie und Beruf. In meiner Grundausbildung in Bayreuth habe ich schätzen gelernt, was gute Soldaten, insbesondere Unteroffiziere und Feldwebel, leisten können. Sie waren „Meister ihres Faches" und lebten Kameradschaft im Unteroffizierkorps und in der Einheit. Ihr Vorbild überzeugte mich derart, dass ich trotz eigentlich „besserer beruflicher Perspektive" (Fachabitur, abgeschlossene Berufsausbildung) die Laufbahn der Unteroffiziere wählte.

Mein damaliger Batteriefeldwebel sagte, ich hätte die Einstellung zum Beruf, das Herz am rechten Fleck, sei körperlich belastbar und könne auch einmal, wenn es erforderlich sei, die „Arschbacken zusammenkneifen" und

„Jawohl" sagen. Bedingt durch meinen Ehrgeiz, in der gewählten Laufbahn möglichst den höchsten Dienstgrad – und auch möglichst frühzeitig – zu erreichen, habe ich diesen Weg zielstrebig verfolgt. Neben guten Lehrgangsergebnissen und Leistungen war der Werdegang an förderungswürdige Dienstposten gebunden und davon abhängig. Wenn man bestimmte Dienstposten hierzu durchlaufen musste, hatte man entweder zu warten, bis dieser vor Ort zur Nachbesetzung frei wird, oder man ließ sich auf einen freien Dienstposten an einem anderen Standort versetzen. Den zweiten Weg habe ich damals eingeschlagen. Dabei war und bin ich froh, dass meine verständnisvolle Frau dies und die daraus resultierenden Veränderungen (Umzug, neue Umgebung, Aufbau neuer Freundschaften und eines neuen Bekanntenkreises, Schulwechsel der Kinder, etc.) mitgetragen und auch aktiv gestaltet hat. Dies hat – trotz mancherlei Schwierigkeiten auf Grund der unterschiedlichen Lebens- und Wohnbedingungen in den Bundesländern – fast immer gut funktioniert.

Vieles wäre sicherlich noch besser gelaufen, wenn das föderalistische deutsche Schulsystem durch die unterschiedlichen Lehr- und Stoffpläne nicht unnötige Hürden für meine Kinder errichtet hätte. So erforderte im Jahre 1995 die Versetzung von Mecklenburg-Vorpommern nach Bayern die Wiederholung eines Schuljahres. Die Bemerkung des bayerischen Schuldirektors – „wir wollen den Kindern aus dem Osten etwas Gutes tun, damit ihnen die Eingliederung einfacher fällt" – setzte dem Ganzen die Krone auf. Stattdessen hätte er und die Kultusministerien darüber nachdenken sollen, wie sie durch mehr Einheitlichkeit die Mobilität von Bürgern fördern könnten. Auch das Bundesverteidigungsministerium ist hier gefordert, im Sinne der Attraktivität des Soldatenberufes und der Verbesserung der Vereinbarkeit von Familie und Beruf endlich aktiv zu werden.

Mit der Unterstützung der Ehefrau konnte ich durch die Jahre unterschiedliche Verwendungen, vom Geschützunteroffizier über Vermessungsfeldwebel, Zugführer, S 3 Feldwebel, Kompaniefeldwebel, Auswertefeldwebel bis zum Stabsdienstbearbeiter im Kommando in verschiedenen Standorten – Regensburg, Bayreuth, Lahnstein, Eggesin, Tauberbischofsheim, Weißenfels und Koblenz – wahrnehmen. Die Versetzungen haben meine Familie und mich zusätzlich geprägt. Wir mussten weltoffen sein und auf unsere „neuen Nachbarn" zugehen, um schnell Anschluss zu finden. Meine Kinder haben sich immer relativ schnell angepasst, und meine Frau hat immer wieder gute Freundschaften aufgebaut, die vereinzelt über all die Jahre bis heute anhalten.

Für mich selbst baute sich immer ein gewisser Druck auf, denn ich musste mich in der neuen Einheit erst bewähren. Für eine gute Beurteilung und weitere Förderung musste ich nicht nur 100% Leistung zeigen, sondern schon eher gefühlte 180%. Was die Eingewöhnung in den meisten Fällen wesentlich gefördert hat, war der Zusammenhalt der Unteroffizierskorps und die Einbindung der Soldatenfamilien – von der Grillveranstaltung in der Einheit am Wochenende, dem Biwak des Bataillons mit Kinderbetreuung bis hin zum Tag der offenen Tür. Es gab Veranstaltungen zu Ostern oder Pfingsten und Weihnachtsfeiern mit Familien, wie auch Brigade- und Divisionsbälle, die schon „Stil hatten" – eben auch besondere Erlebnisse für die Soldatenfamilien.

Für mich war der Verdienst nie der ausschlaggebende Faktor. Der Verdienst ist ausreichend; wichtig ist mir darüber hinaus, dass erstens meine Familie sowohl mit krankenversichert als auch bei Unfall oder Todesfall hinreichend grundversichert ist, dass zweitens die Unterstützung der Einheit bzw. der Dienststelle und des Unteroffizierskorps gegeben ist und dass drittens auch der Anspruch auf eine Pension von bis zu 71,75% (früher bis zu 75%) steht. An diesen Errungenschaften, einschließlich der unentgeltlichen sanitätsdienstlichen Versorgung wie auch den Einsatzversorgungsgesetzen, darf nicht gerüttelt werden – dies hieße an der Attraktivität des Soldatenberufes, insbesondere der Unteroffizierlaufbahn zu rütteln.

Einsätze im Fokus der Familie

Für mich ist mein Beruf stets attraktiv und herausfordernd geblieben. Da es für mich selbstverständlich war und ist, Bedrohungen von meinem Vaterland fern zu halten und ihnen im multinationalen Verbund entgegenzutreten, habe ich auch bereitwillig an Einsätzen im erweiterten Aufgabenspektrum teilgenommen. Als Soldat mit einer guten Ausbildung und der erforderlichen Handlungssicherheit stellte dies für mich persönlich erst einmal keine Mehrbelastung dar. An wochenlange Truppenübungsplatzaufenthalte und freilaufende Übungen in den 80er und Anfang der 90er Jahre gewöhnt, konnte meine Familie mit Zeiten der Trennung umgehen.

Mit den Einsätzen haben die Dauer und vor allem die Gefährdung zugenommen. Seither bin ich mir bewusst, dass jeder Einsatz – gleich welcher Intensität – meine Familie und mich verändert hat. Zum einen muss man sich als Soldat im Einsatz arrangieren; man lebt in der sogenannten „Einsatzwelt" jeden Tag und jede Nacht – angefangen vom Truppenalltag im Feldlager oder im Außenposten bis hin zu ständig angepasstem Verhalten an die Bedrohungslage. Zum anderen steht dem der Alltag der Familie gegenüber. Viele Dinge, für die ich als Familienvater und Ehemann zuständig war, mussten nun meine Ehefrau und Kinder allein bewerkstelligen. Zweifelsohne mit Erfolg – eine andere Wahl hatten sie ohnehin nicht. Meine Familie lernte schnell, sich ohne Hilfestellung zu organisieren.

Den zu erwartenden Verunsicherungen, oftmals verursacht durch unsachgemäße Medienberichte oder leichtfertige Gerüchte von daheim gebliebenen Kameraden, haben meine Frau und ich durch gute Regelungen für unsere Kommunikation vorgebeugt. Uns war der telefonische Kontakt zwar wichtig, doch telefonierten wir immer nur einmal pro Woche. Es war gut, zwischendurch die Stimme der Frau und der Kinder zu hören; aber wesentlich intensiver und hilfreicher war es, sich zu schreiben. Die liebevollen und ausführlichen Briefe meiner Frau, die Bilder, Zeichnungen und „altersgerechten süßen" Zeilen und Worte meiner Kinder und später Enkelkinder, haben mir stets gut getan!

Nach der Rückkehr aus den Einsätzen waren die ersten Tage geprägt von vielen Erzählungen meiner Lieben, von tausend verschiedenen Dinge, die in meiner Abwesenheit zu Hause passiert sind. Man lachte wieder zusammen und erzählte sich Anekdoten. Schnell stellte ich oftmals fest, dass Dinge aus dem Einsatz, die ich als teilweise belanglos oder normal auffasste, für meine Familie überaus wichtig waren. Es waren oftmals Kleinigkeiten zuhause, denen ich anfangs nicht ausreichend Aufmerksamkeit geschenkt habe. Meine bzw. unsere Lehre war: man muss wieder aufeinander zugehen und sich zum Teil wieder neu kennenlernen. Jeder hat sich während der Trennungszeit weiterentwickelt und auch unterschiedliche Dinge erlebt; daher ist es wichtig, dass die gesamte Familie diese Entwicklung teilt.

Ich musste aber auch akzeptieren lernen, dass ich mich in den Einsätzen selbst verändert habe. Ich reagiere auf Nachrichten und Aussagen über Einsätze anders als zuvor; fast immer messe ich sie an meinen eigenen Erfahrungen. Mit meiner Familie habe ich – oftmals erst nach etlicher Zeit – über die meisten meiner Erfahrungen und Erlebnisse geredet. Aber es gibt Erlebnisse, über die rede ich nur mit den Kameraden, die dabei waren. In den Einsatzländern lernte ich auch viele höfliche und hilfsbereite Menschen kennen und ärgerte mich bspw. beim Einkaufen mit meiner Frau darüber, wie „egoistisch und unanständig" viele Mitbürger in Deutschland geworden sind.

Resümee und Ausblick

In meinen 33 Dienstjahren mit insgesamt zehn Einsätzen und zahlreichen Hilfeleistungen im Inland, z. B. bei Flutkatastrophen an Oder, Mulde und Elbe, habe ich stets unterschiedliche Erfahrungen mit meiner Familie gesammelt. Es sind Erfahrungen, die mich persönlich, aber auch meine Familie geprägt haben, und die ich nicht bereue, da sie zu meinem Beruf und Leben gehören. All diese Erfahrungen haben unsere Persönlichkeiten weiterentwickelt und haben uns gelehrt, dass der Zusammenhalt der Familie die Basis sowohl für Erfolg im Berufsleben als auch für hohe Berufszufriedenheit ist.

Diese Erfahrungen, die Vielfalt der Entwicklungsmöglichkeiten und die Chance, unseren Führungsgrundsätzen entsprechend auf jeder Ebene eigenverantwortlich handeln zu können, sind für mich entscheidende Merkmale, ungedienten Nachwuchs gewinnen sowie freiwillig Wehrdienstleistende und Zeitsoldaten an uns binden zu können. Dies muss mehr als bisher genutzt werden, insbesondere müssen mehr einsatzerfahrene Soldaten und Soldatinnen die Möglichkeit erhalten, ihren Weg in unserer Bundeswehr zu gehen.

Soldat zu sein ist ein besonderer Beruf, und ich würde diesen, wie es bei anderen Armeen möglich ist, als aktiver Soldat auch noch gerne bis zum 58. Lebensjahr ausüben. Hier halte ich eine Anpassung der Altersgrenzen für Unteroffiziere für angebracht. Nach der jetzigen Regelung würde ich in 2 ½ Jahren in Pension gehen.

Während ich diesen Artikel schreibe, bereitet sich meine Familie für einen neuen Umzug von Sachsen-Anhalt nach Rheinland-Pfalz vor – und ich selbst für einen sechs Monate langen Einsatz bei der UN-Mission in Dafur (Sudan). Dort wird es meine Aufgabe sein, Transporte für die UN-Truppen und Hilfslieferungen für die Bevölkerung/Flüchtlinge zu koordinieren.

Kurzum: Soldat bzw. Soldatin zu sein ist für mich nicht ein Beruf wie jeder andere. Folglich bedürfen sie und ihre Familien der Wertschätzung und der Unterstützung unserer Gesellschaft, für deren Werte und Interessen sie notfalls mit Leib und Leben eintreten.

Schlusswort der Herausgeber – Innere Führung und Staatsbürger in Uniform aktueller denn je!

Alois Bach und Walter Sauer

Unsere Streitkräfte sind heute fest in der bundesrepublikanischen Gesellschaft verankert; sie verfügen über hohes institutionelles Ansehen bei unserer Bevölkerung wie auch bei unseren Verbündeten und Partnern. Auch wenn die Wertschätzung des Soldatenberufes dem gegenüber ein wenig zurücksteht, was für Aktive, Reservisten (Einsatz-)Veteranen, Ehemalige und deren Familien schwer nachzuvollziehen ist, vertrauen unsere Bürger und Bürgerinnen ihren Soldatinnen und Soldaten. Die Menschen verlassen sich zu Recht auf die Loyalität ihrer Staatbürger in Uniform gegenüber unserer Verfassung; sie und die politisch Verantwortlichen setzten auf deren Professionalität bei der Erfüllung ihrer demokratisch legitimierten Aufträge.

Unser Staat und unsere Gesellschaft können 2016 mit Stolz und Dankbarkeit auf eine erfolgreiche 60-jährige Geschichte ihrer Bundeswehr zurückblicken – wir als Herausgeber und der Freundeskreis Zentrum Innere Führung e.V. tun dies ohne Abstriche. In diesem Kontext ist auch festzustellen, dass wir der offenen und dynamischen Konzeption der Inneren Führung mit ihrem Leitbild des Staatsbürgers in Uniform einen nicht unwesentlichen Teil dieser Erfolgsgeschichte zu verdanken haben. Die Grundsätze der Inneren Führung und unsere Führungskultur haben sich bewährt – auch unter Einsatzbedingungen. Das ethische und rechtliche Fundament trägt. Menschenwürde, Freiheit und Rechtsstaatlichkeit sind keine abstrakten Postulate oder Worthülsen. Sie sind gelebte Tradition in der Bundeswehr mit praktischer Konsequenz für das Handeln jedes Soldaten und jeder Soldatin.

Das Leitbild des Staatsbürgers in Uniform ist heute aktueller denn je. Es deckt die Rollenerwartungen umfassend ab, die ein moderne(r) Soldat bzw. Soldatin zu bewältigen hat – vom Schützen, Retten, Kämpfen bis zum Vermitteln, Schlichten, Helfen. Das Leitbild des verantwortungsbewussten, selbständig handelnden, militärisch einsatzbereiten Soldaten gewährleistet die Anwendung unseres erfolgreichen Führungsprinzips des „Führens mit Auftrag". Kurzum: die Konzeption der Inneren Führung bleibt auch zukünftig die zentrale Orientierungshilfe für das berufliche Selbstverständnis. Sie stellt sicher, dass alle Soldaten und Soldatinnen – unabhängig vom Dienstgrad – gemeinsame Grundauffassungen über ihre Pflichten, Rechte, Aufgaben und

Verantwortung haben. Das damit verbundene Ziel, nicht nur einen einsatzfähigen Soldaten zu haben, sondern einen, der aus innerer Überzeugung heraus einsatzbereit ist, kann so auch zukünftig sichergestellt werden.

Dennoch fällt es manchen Soldaten und Soldatinnen bisweilen nicht leicht, ihren Dienst in einzelnen Einsätzen oder einsatzgleichen Missionen als unmittelbaren Beitrag zum Schutz Deutschlands und seiner Bürger/-innen zu begreifen. Diese Problematik wird durch das geringe öffentliche Interesse und die fehlende gesellschaftliche Unterstützung verstärkt. Gerade die oftmals vorhandene Diskrepanz zwischen parlamentarischer Mehrheitsentscheidung für ein Mandat und mangelnder öffentlicher Akzeptanz erfordern eine breitere gesellschaftliche Diskussion. Wir brauchen beispielsweise eine klare Antwort auf die Frage: "Inwieweit erfordern oder rechtfertigen deutsche Interessen und/oder internationale Verpflichtungen einen Einsatz?" Genauso brauchen wir eine gesellschaftlich tragfähige Antwort für die Frage: "Welche Auswirkungen hat ein Nichteinsatz zur Folge?" Letztendlich gilt es zu klären: „Welchen Preis sind wir bereit zu zahlen für ein Leben in Freiheit, Sicherheit, Wohlstand und unter Wahrung der Menschenrechte?"

Einhergehen mit dieser Debatte muss die Bereitstellung der dafür erforderlichen Ressourcen, Kräfte und Haushaltsmittel. Hier hat die Bundeswehr – wie in vielen Beiträgen klar artikuliert wurde – erheblichen Nachholbedarf, um den zukünftigen Anforderungen an eine moderne, einsatzfähige und -bereite Bundeswehr gerecht zu werden. Gerade Innere Führung verlangt vom parlamentarischen Auftraggeber, die Streitkräfte, ihre Soldaten und Soldatinnen so auszustatten, dass sie die gestellten Aufgaben mit hoher Erfolgsaussicht bewältigen können und dem politisch gewollten Anspruch einer Führungs- und Anlehnungsnation entsprechen. Neue Bedrohungen, politische und rasante technologische Entwicklungen sowie neue Aufgaben müssen sich nicht nur in Strukturveränderungen (wie z. B. neuer Organisationsbereich: Cyber- und Informationsraum), sondern auch im Personalumfang, in materieller Ausstattung der Streitkräfte und in Haushaltsmitteln niederschlagen. Zur Sicherstellung eines qualifizierten Personalkörpers ist es zudem unabdingbar, die Rahmenbedingungen des soldatischen Dienstes noch attraktiver als bisher zu gestalten, die letztlich auch eine individuelle, mehr die Familie berücksichtigende Lebensplanung zulassen.

Alle konkreten, zeitnahen Verbesserungen haben eine spürbare positive Auswirkung auf Motivation, Leistungsbereitschaft, „Innere Lage" (Betriebsklima) und Attraktivität der Streitkräfte. So sind beispielsweise das

Einsatzversorgungsgesetz, das Einsatzweiterverwendungsgesetz, der verbesserte Rechtsschutz für Soldaten im Einsatz oder das „Artikelgesetz" zur Steigerung der Attraktivität in der Bundeswehr beredte Beispiele dafür. Die Glaubwürdigkeit der politisch Verantwortlichen und auch der militärischen Führung geht allerdings verloren, wenn die Rahmenbedingungen auf Dauer gravierende Differenzen zur Auftragslage aufweisen und die geweckten Erwartungshaltungen nicht erfüllt werden. Die Grundsätze der Inneren Führung weisen für alle – Auftraggeber und -nehmer – den Weg, sie müssen nur beachtet werden.

Wir haben deshalb auch keine Scheu, unsere Führungskultur, unsere Führungsphilosophie oder unser Berufsleitbild des Staatsbürgers in Uniform aktiv zu vertreten – sowohl in gesellschaftlichen Debatten als auch im Umgang mit unseren weltweiten Partnern und Freunden. Innere Führung kann zur Intensivierung des sicherheitspolitischen Dialogs und einer vertieften militärischen Zusammenarbeit beitragen. Innere Führung kann aufgrund ihrer Bindung an unser Grundgesetz in ihrer Gesamtheit nicht in andere Staaten übertragen und anderen Armeen übergestülpt werden. Dennoch bietet sie in ihrem Kernbestand eine Grundlage, auf der Überlegungen zur Harmonisierung europäischer Führungskonzeptionen und soldatischer Leitbilder gut gedeihen können. So ist z. B. der „Verhaltenskodex zu politisch-militärischen Aspekten der Sicherheit der OSZE" (Organisation für Sicherheit und Zusammenarbeit in Europa) von 1994 weitgehend deckungsgleich mit den Zielen und Anforderungen der Inneren Führung. Die seit 2012 stattfindenden jährlichen Überprüfungskonferenzen bieten zudem die Gelegenheit, den Bekanntheitsgrad und die Wirksamkeit des Verhaltenskodex zu erhöhen, auch über die OSZE Staaten hinaus.

Wenn es den Autoren und Autorinnen wie auch den Herausgebern gelungen ist, mit den Beiträgen Ihnen, den Lesern und Leserinnen, Wissensvertiefung zu ermöglichen, Denkanstöße zu geben und eventuell auch Anreize für eine Teilnahme an entsprechenden Debatten zu setzen, dann wäre das Ziel dieses Sachbuches mehr als erreicht. Sollte das Buch Ihr Interesse an weiteren Informationen zu diesen Themenfeldern geweckt haben, so lohnt sich ein Blick auf folgende Homepage: www.innerefuehrung.bundeswehr.de

Wenn Sie mehr über die Aktivitäten des Freundeskreis Zentrum Innere Führung e.V. wissen wollen, so besuchen sie unsere Homepage:
www.freundeskreis-zinfue.de

Der Wehrbeauftragte ist nicht nur ständiger Gast, sondern auch Schirmherr der jährlichen Kolloquien des Freundeskreises.

Die Kolloquien des Freundeskreises wecken ungeteiltes Interesse eines fachkundigen Publikums.

ABGESCHLOSSENE EINSÄTZE DER BUNDESWEHR (1991 - 2015) - Teil 1

© Freundeskreis Zentrum Innere Führung e.V. Andreas Leis Stand April 2016

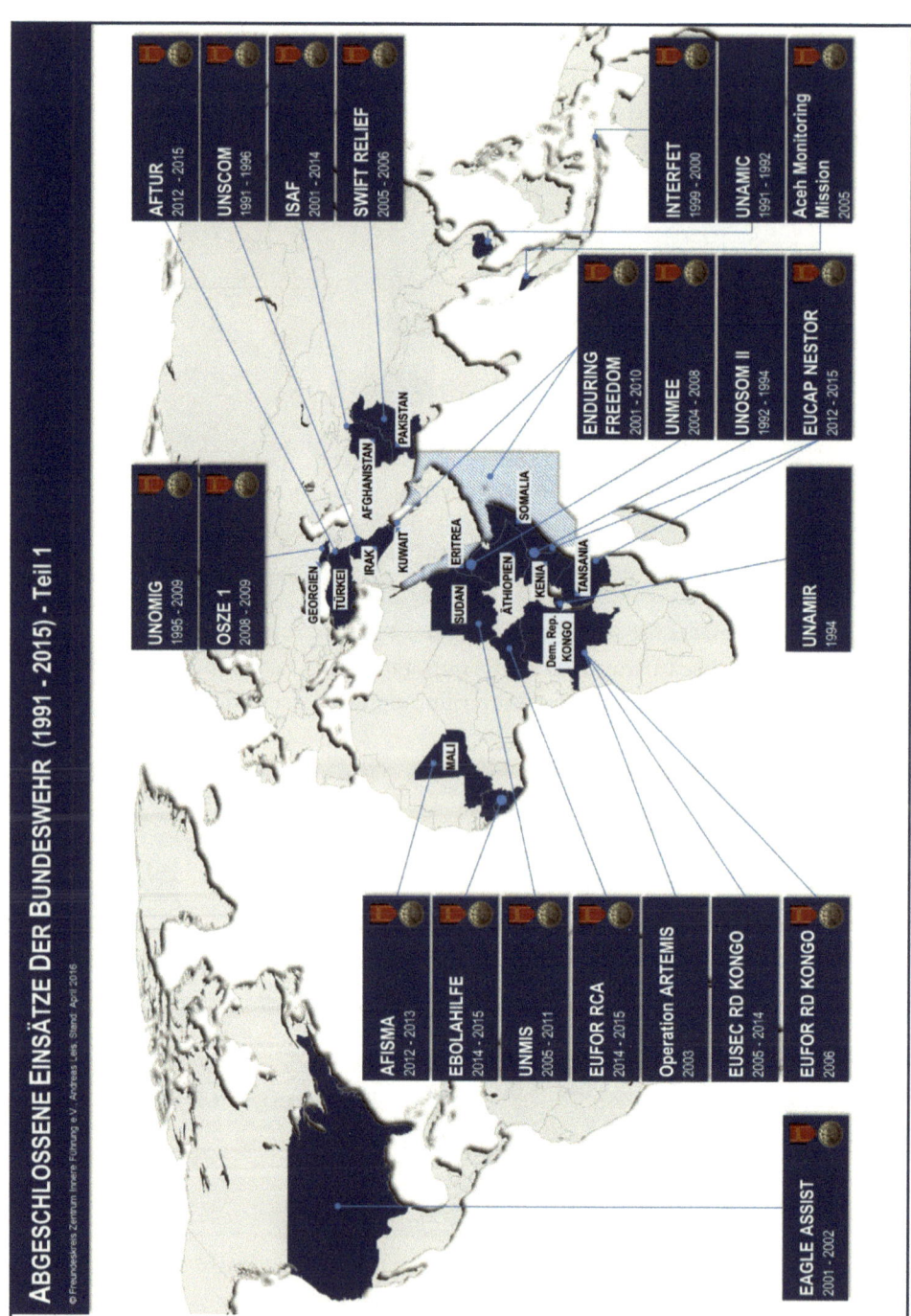

AFTUR
2012 - 2015

UNSCOM
1991 - 1996

ISAF
2001 - 2014

SWIFT RELIEF
2005 - 2006

INTERFET
1999 - 2000

UNAMIC
1991 - 1992

Aceh Monitoring Mission
2005

ENDURING FREEDOM
2001 - 2010

UNMEE
2004 - 2008

UNOSOM II
1992 - 1994

EUCAP NESTOR
2012 - 2015

UNOMIG
1995 - 2009

OSZE 1
2008 - 2009

UNAMIR
1994

GEORGIEN
TÜRKEI
IRAK
KUWAIT
AFGHANISTAN
PAKISTAN
SUDAN
ERITREA
SOMALIA
ÄTHIOPIEN
KENIA
TANSANIA
Dem. Rep. KONGO
MALI

AFISMA
2012 - 2013

EBOLAHILFE
2014 - 2015

UNMIS
2005 - 2011

EUFOR RCA
2014 - 2015

Operation ARTEMIS
2003

EUSEC RD KONGO
2005 - 2014

EUFOR RD KONGO
2006

EAGLE ASSIST
2001 - 2002

ABGESCHLOSSENE EINSÄTZE DER BUNDESWEHR (1991 - 2015) - Teil 1

Missionsbezeichnung	Beschreibung	Zeitraum
Aceh Monitoring Mission	Humanitäre Hilfeleistung in Südost-Asien (Region Aceh)	Januar bis März 2005
Active Fence Turkey (AFTUR)	Verstärkung der integrierten Luftverteidigung der NATO in der Türkei	Dezember 2012 bis Dezember 2015
AFISMA	Internationale Unterstützungsmission in Mali (unter afrikanischer Führung)	Dezember 2012 bis April 2013
EAGLE ASSIST	Einsatz von AWACS-Aufklärungsflugzeugen über Nordamerika	Oktober 2001 bis Mai 2002
EBOLAHILFE	Kampf gegen die Ebola-Epidemie in Westafrika (Guinea, Sierra Leone, Liberia)	November 2014 bis März 2015
ENDURING FREEDOM	Kampf gegen den internationalen Terrorismus	November 2001 bis Juni 2010
EUCAP NESTOR	Verbesserung der maritimen Sicherheit in/um Somalia (Tansania)	Juli 2012 bis April 2015
EUFOR RCA	EU-Überbrückungsmission in der Zentralafrikanischen Republik	April 2014 bis Februar 2015
EUFOR RD KONGO	Absicherung der Wahlen in der Demokratischen Republik Kongo	Juli bis Dezember 2006
EUSEC RD KONGO	Beratung zur Reform der Streitkräfte in der Demokratischen Republik Kongo	Juni 2005 bis September 2014
INTERFET	Multinationale Schutztruppe in Ost-Timor (Indonesien)	November 1999 bis Februar 2000
ISAF	International Security Assistance Force in Afghanistan	Dezember 2001 bis Dezember 2014
Operation ARTEMIS	EU-geführter Einsatz zur humanitären Hilfe in der Demokratischen Republik Kongo	Juli bis September 2003
OSZE 1	Beobachtermission der OSZE in Georgien	August 2008 bis Juni 2009
SWIFT RELIEF	Humanitäre Hilfeleistung nach der Erdbebenkatastrophe in Pakistan	Oktober 2005 bis April 2006
UNAMIC	Humanitärer Hilfseinsatz (United Nations Advance Mission) in Kambodscha	Oktober 1991 bis März 1992
UNAMIR	United Nations Assistance Mission for Ruanda, Luftbrücke zur Versorgung von Flüchtlingen	Juli bis Dezember 1994
UNMEE	United Nations Mission in Äthiopien und Eritrea	Februar 2004 bis Juli 2008
UNMIS	United Nations Mission im Sudan	April 2005 bis Juli 2011
UNOMIG	United Nations Observer Mission in Georgien	Juni 1995 bis Juni 2009
UNOSOM II	UN-geführte Friedensoperation in Kenia / Somalia	August 1992 bis März 1994

ABGESCHLOSSENE EINSÄTZE DER BUNDESWEHR (1991 - 2015) - Teil 2

© Freundeskreis Zentrum Innere Führung e.V. Andreas Leis, Stand April 2016.

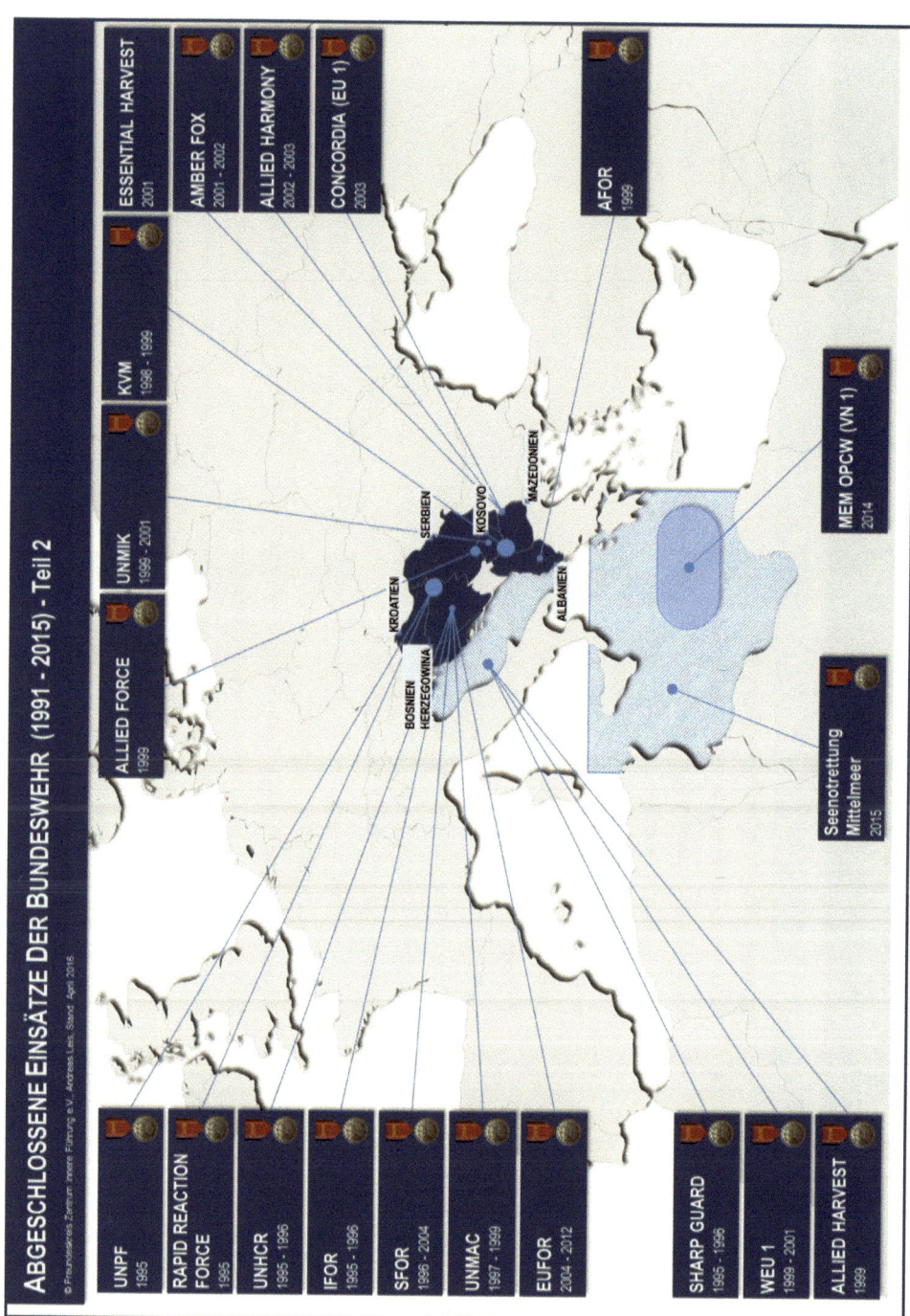

ESSENTIAL HARVEST
2001

AMBER FOX
2001 - 2002

ALLIED HARMONY
2002 - 2003

CONCORDIA (EU 1)
2003

AFOR
1999

ALLIED FORCE
1999

UNMIK
1999 - 2001

KVM
1998 - 1999

MEM OPCW (VN 1)
2014

Seenotrettung
Mittelmeer
2015

UNPF
1995

RAPID REACTION
FORCE
1995

UNHCR
1995 - 1996

IFOR
1995 - 1996

SFOR
1996 - 2004

UNMAC
1997 - 1999

EUFOR
2004 - 2012

SHARP GUARD
1995 - 1996

WEU 1
1999 - 2001

ALLIED HARVEST
1999

KROATIEN
BOSNIEN HERZEGOWINA
SERBIEN
KOSOVO
MAZEDONIEN
ALBANIEN

ABGESCHLOSSENE EINSÄTZE DER BUNDESWEHR (1991 - 2015) - Teil 2

© Panoramos Zentrum Innere Führung e.V. Andreas Liss, Stand: April 2016

Missionsbezeichnung	Beschreibung	Zeitraum
AFOR	Aufbau und Versorgung von Flüchtlingen in Albanien	April bis August 1999
ALLIED FORCE	Luftoperation gegen die ehemalige Bundesrepublik Jugoslawien	März bis Juni 1999
ALLIED HARMONY	Fortführung der NATO-Operation FOX in Mazedonien	Dezember 2002 bis März 2003
ALLIED HARVEST	Munitionsbergung in Notabwurfgebieten in der Adria	Juni bis August 1999
AMBER FOX	Schutz der internationalen Beobachter von OSZE und EU in Mazedonien	September 2001 bis Dezember 2002
CONCORDIA (EU 1)	Fortsetzung von ALLIED HARMONY unter EU-Führung in Mazedonien	März bis Dezember 2003
ESSENTIAL HARVEST	Entwaffnung militanter Gruppen in Mazedonien	August bis September 2001
EUFOR	Multinationale Sicherungstruppe in Bosnien und Herzegowina	Dezember 2004 bis September 2012
IFOR	Implementation Force in Bosnien und Herzegowina	Dezember 1995 bis Dezember 1996
KVM	Kosovo Verifications Mission in Mazedonien, Albanien und Kosovo	Dezember 1998 bis Juni 1999
MEM OPCW (VN 1)	Begleitoperation zur Vernichtung syrischer Chemiewaffen im Mittelmeer	April bis September 2014
RAPID REACTION FORCE	Unterstützungseinsatz im Rahmen UNPF	August bis Dezember 1995
Seenotrettung Mittelmeer	Rettung von Flüchtlingen im Mittelmeer	Mai und Juni 2015
SFOR	Stabilization Force in Bosnien und Herzegowina	Dezember 1996 bis Dezember 2004
SHARP GUARD	Seeraumüberwachung in der Adria	Juni 1995 bis Juni 1996
UNHCR	United Nations High Commission for Refugees - Luftbrücke Sarajewo	Juni 1995 bis Januar 1996
UNMAC	United Nations Mine Action Centre in Bosnien und Herzegowina	Oktober 1997 bis Juni 1999
UNMIK	United Nations Interim Administration Mission im Kosovo	Dezember 1999 bis Dezember 2001
UNPF	United Nations Peace Force im ehemaligen Jugoslawien	August bis Dezember 1995
WEU 1	Operation der West European Union in der Adria	Mai 1999 April 2001

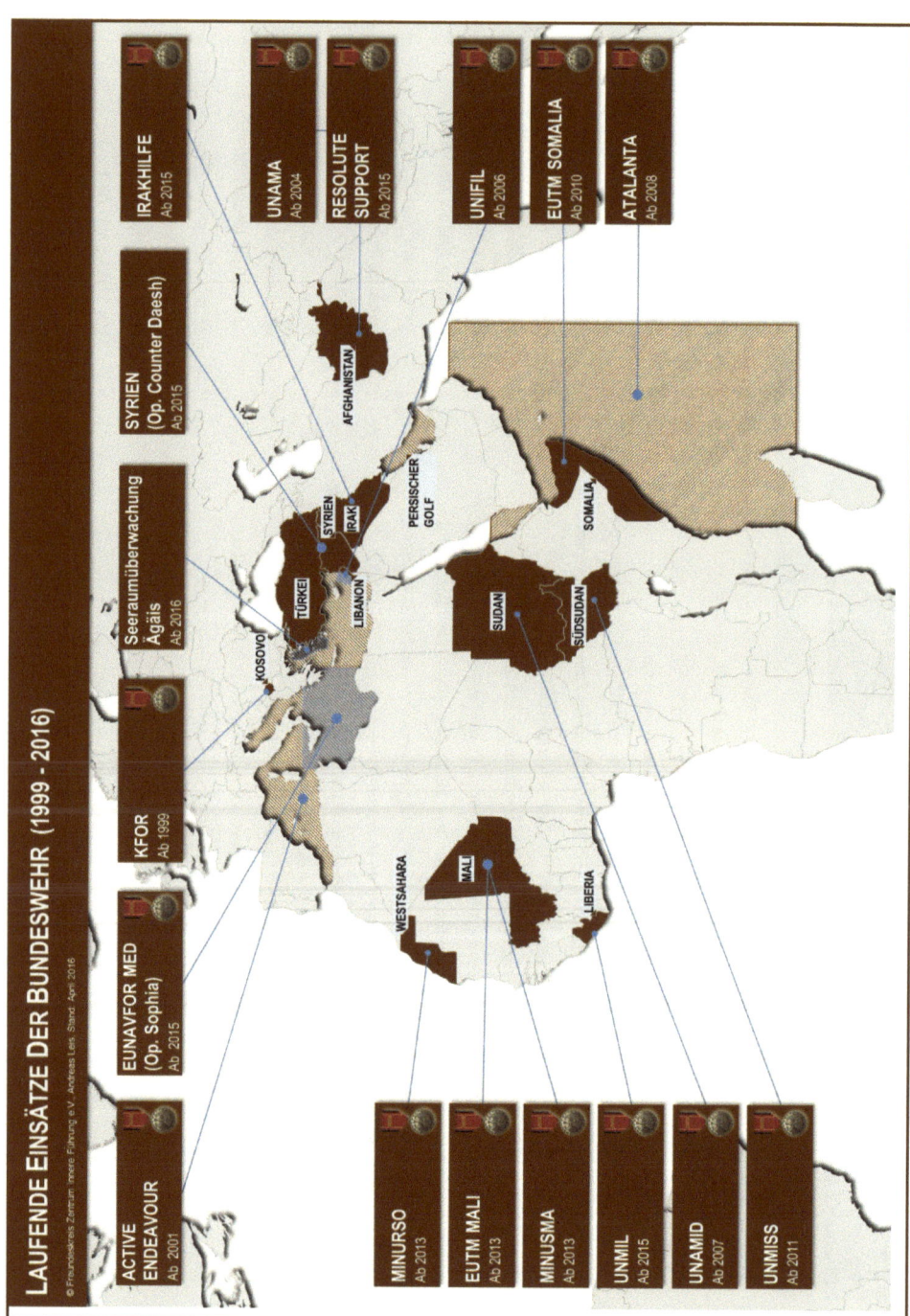

LAUFENDE EINSÄTZE DER BUNDESWEHR (1999 - 2016)

© Freundeskreis Zentrum Innere Führung e.V. Andreas Leeb, Stand April 2016

IRAKHILFE
Ab 2015

UNAMA
Ab 2004

RESOLUTE
SUPPORT
Ab 2015

UNIFIL
Ab 2006

EUTM SOMALIA
Ab 2010

ATALANTA
Ab 2008

SYRIEN
(Op. Counter Daesh)
Ab 2015

Seeraumüberwachung
Ägäis
Ab 2016

KFOR
Ab 1999

EUNAVFOR MED
(Op. Sophia)
Ab 2015

ACTIVE
ENDEAVOUR
Ab 2001

MINURSO
Ab 2013

EUTM MALI
Ab 2013

MINUSMA
Ab 2013

UNMIL
Ab 2015

UNAMID
Ab 2007

UNMISS
Ab 2011

AFGHANISTAN

TÜRKEI

SYRIEN

IRAK

LIBANON

PERSISCHER
GOLF

KOSOVO

SOMALIA

SUDAN

SÜDSUDAN

WESTSAHARA

MALI

LIBERIA

LAUFENDE EINSÄTZE DER BUNDESWEHR (1999 - 2016)

© Franzoesisches Zentrum Innere Führung e.V. Andreas Leis, Stand: April 2016

Missionsbezeichnung	Beschreibung	Zeitraum
ACTIVE ENDEAVOUR	Seeraumüberwachung zur Terrorismusbekämpfung im Mittelmeer	Oktober 2001 bis heute
ATALANTA	EU-Operation zur Bekämpfung der Piraterie vor Somalia	Dezember 2008 bis heute
EUNAVFOR MED (Op. Sophia)	Seeraumüberwachung und Aufklärung von Schleusernetzwerken im Mittelmeer	Juni 2015 bis heute
EUTM MALI	EU-geführte Ausbildungsmission in Mali	Januar 2013 bis heute
EUTM SOMALIA	Ausbildungsmission für somalisches Militär in Uganda und seit 2013 in Somalia	Februar 2010 bis heute
IRAKHILFE	Multinationale Ausbildungsunterstützung der Sicherheitskräfte im Nordirak	Februar 2015 bis heute
KFOR	Kosovo Force	Juni 1999 bis heute
MINURSO	Mission der Vereinten Nationen in West-Sahara	Oktober 2013 bis heute
MINUSMA	Multidimensionale Integrierte Stabilisierungsmission der Vereinten Nationen in Mali	April 2013 bis heute
RESOLUTE SUPPORT	Ausbildungs- und Beratungsmission der NATO in Afghanistan	Januar 2015 bis heute
Seeraumüberwachung Ägäis	Unterstützung der NATO-Aktivität zur Aufklärung von Schleusernetzwerken in der Ägäis	März 2016 bis heute
SYRIEN (Op. Counter Daesh)	Unterstützung der Anti-IS-Koalition (Türkei / Syrien / Persischer Golf)	Dezember 2015 bis heute
UNAMA	United Nations Assistance Mission in Afghanistan	Mai 2004 bis heute
UNAMID	African Union / United Nations Hybrid Operation in Darfur (Sudan)	November 2007 bis heute
UNIFIL	United Nations Interim Force im Libanon	Oktober 2006 bis heute
UNMIL	United Nations Mission in Liberia	Juni 2015 bis heute
UNMISS	United Nations Mission in der Republik Süd-Sudan	Juli 2011 bis heute

Autoren- /Autorinnenverzeichnis

Aust, David Oberstabsgefreiter, Fachhochschulreife, ab Oktober 2008 Grundausbildung, seit Januar 2009 eingesetzt als „Infanterist spezielle Operationen" in der 2. Kompanie Fallschirmjägerbataillon 373 (2./FschJgBtl 373) in Seedorf, 2010/2011 Einsatz in Schutzkompanie des Provincial Reconstruction Team's (PRT) Kunduz (ISAF), seit August 2015 Cheffahrer und im Kompanietrupp der 5./FschJgRgt 31.

Bach, Alois Brigadegeneral a.D., bis April 2013 Kommandeur (Kdr) Zentrum Innere Führung (ZInFü), davor u.a. Beauftragter für Erziehung und Ausbildung des Generalinspekteur der Bw, Kdr der Panzergrenadierbrigade 38, in 2001/2002 Kdr der Multinationalen Brigade "SÜD" in Prizren/Kosovo und Befehlshaber im Einsatzland, Mitglied im Kuratorium der Karl-Theodor-Molinari-Stiftung, Vorsitzender Freundeskreis ZInFü e.V.

Bartels, Hans-Peter, Dr. phil. seit 21. Mai 2015 zwölfter Wehrbeauftragter des Deutschen Bundestages, zuvor 1998 bis 2015 Mitglied des Deutschen Bundestages (MdB) für die SPD, ordentliches Mitglied im Verteidigungsausschuss, seit 2014 dessen Vorsitzender, 1980/81 Wehrdienst.

Beck, Hans-Christian Generalmajor a.D., zuletzt Kdr der Führungsakademie der Bw, zuvor u.a. Divisionskommandeur Luftbewegliche Kräfte, Kdr ZInFü, Mitglied im Kuratorium der Karl-Theodor-Molinari-Stiftung, Ehrenmitglied des Freundeskreises ZInFü e.V.

Bestehorn, Stephan Claudius Oberstabsfeldwebel, verheiratet, zwei Töchter, Dienstantritt 1987, Auslandseinsätze: 1993/1994 in Somalia und 2002 im Kosovo, aktuell Organisationsfeldwebel im Bereich Coaching Führungspersonal am ZInFü.

Biehl, Heiko, Dr. Leiter des Forschungsbereichs Militärsoziologie am Zentrum für Militärgeschichte und Sozialwissenschaften der Bw (ZMSBw) und Lehrbeauftragter der Universität Potsdam, Schwerpunkte: Militärsoziologie, Politische Soziologie, Öffentliche Meinung, Parteienforschung. Zahlreiche Veröffentlichungen zum sicherheitspolitischen Meinungsbild, zuletzt Sicherheitspolitik und Streitkräfte im Urteil der Bürger. Theorien, Methoden und Befunde. Wiesbaden (Springer VS) 2015 (hrsg. mit Harald Schoen).

Breutner, Robert Hauptfeldwebel, verheiratet, 2 Kinder, seit 1995 bei der Bw als Feldjäger, 2004 zum Berufssoldat ernannt, eingesetzt als Personenschützer, bisher neun Auslandseinsätze in Afghanistan und Kosovo mit über 1100 Einsatztagen.

Breutner, Susanne Human Resources Managerin, seit 2008 verheiratet mit Robert Breutner, 2 Kinder, nach Abitur und Ausbildung in einem Rüstungskonzern Studium Betriebswirtschaftslehre, seit März 2005 beschäftigt im Personalbereich einer Unternehmensberatung.

Elßner, Thomas R., Dr. theol. habil. seit 2005 Katholischer Militärseelsorger und Dozent für Ethik am ZInFü; Vizepräsident von Euro-ISME (europäischer Teil der „International Society for Military Ethics"), Professor für Theologie und Exegese des Alten Testaments, Vallendar.

Frantzen, Martin Hauptfeldwebel, Zeitsoldat für 12 Jahre von Juli 2007 bis Juni 2019, davon 7 Jahre im Nachschubbataillon in Diez, Dezember 2013–April 2014 Einsatz im Kosovo, anschl. Nachschubfeldwebel zunächst im Bundesamt für Ausrüstung, Informationstechnik und Nutzung der Bw in Koblenz, seit Mai 2015 im Verbindungskommando des Logistikkommandos der Bw in Köln-Wahn.

Gerster, Martin Oberstleutnant, Dozent Internationale Kooperation am ZInFü am Standort Strausberg, zuvor u.a. Inspektionschef Offizierausbildung und Verbindungsoffizier Artillerieschule Idar-Oberstein zu United States Army Garrison in Baumholder, 3 Chefverwendungen (2 in Artillerie-/1 in Fernmeldetruppe), militärische Heimat in Deutsch-Französischer Brigade, 2 Einsätze bei ISAF (2010, 2012).

Glatz, Rainer L. Generalleutnant a.D., wissenschaftlicher Mitarbeiter der Stiftung Wissenschaft und Politik; 2009 - 2013 Befehlshaber Einsatzführungskommando (Befh EinsFüKdo), zuvor u.a. Stellvertretender Befh EinsFüKdo, Kdr Division spezielle Operationen, Kdr Jägerbrigade 37, Kdr der multinationalen Brigade Centre SFOR (Nov. 1998 - April 1999), Herausgeber des Buches: „Am Hindukusch – und weiter? Die Bundeswehr im Auslandseinsatz. Erfahrungen, Bilanzen, Ausblicke." Bonn 2015 (hrsg. mit Rolf Tophoven).

Hammerstein, Ralf Oberstleutnant, seit Mai 2014 Kdr Artilleriebataillon 295 der deutsch-französischen Brigade, dabei von Sept 2014 bis März 2015 Einsatz in Mali, zuvor Generalstabsausbildung an der Führungsakademie der Bw in Hamburg, anschl. Verwendungen im Heeresamt, im Stab des deutschen militärischen Vertreters in Brüssel, im BMVg und sicherheitspolitisches Studium in Monterey/USA.

Harnisch, Daniela Leutnant (FD), Dienstantritt Juli 2003 als Feldwebelanwärterin im Sanitätsregiment 32 in Halle, medizinisch-technische Laborassistentin, 2012 Wechsel in die Laufbahn des militärfachlichen Dienstes, seit 2015 tätig in der „Überwachungsstelle für öffentlich-rechtliche Aufgaben" im Gesundheits-/

Verbraucherschutz und Veterinärwesen" in Diez (später Koblenz), 4 Einsätze: KFOR (2009, 2010) und ISAF (2011, 2012).

Hellmich, Wolfgang seit 22. Juni 2012 MdB (SPD) und ordentliches Mitglied des Verteidigungsausschusses, ab 20. Mai 2015 dessen Vorsitzender, ordentliches Mitglied der Parlamentarischen Versammlung der NATO, u.a. Mitglied des Präsidiums der Deutschen Gesellschaft für Wehrtechnik e.V., des Verbands der Reservisten der Deutschen Bundeswehr e.V., des Förderkreises Deutsches Heer e.V. und in der Gesellschaft für Sicherheitspolitik.

Henze, Bodo Oberstabsfeldwebel a.D., ab Juli 1974 Ableistung des Grundwehrdienstes, anschl. Wechsel in die Unteroffizierlaufbahn, u.a. 8 Jahre Panzerzugführer und 15 Jahre Kompaniefeldwebel, nach Pensionierung (Januar 2007) Wehrübungen als Bereichs- und Kompaniefeldwebel, Ehrenamtliche Jugendarbeit beim Volksbund Deutsche Kriegsgräberfürsorge, Jugendschöffe beim Amtsgericht Stendal.

Janke, Reinhold Oberst i. G., Studium Germanistik, Klassische Philologie und Geschichte, Abschluss Magister Artium, Führungsverwendungen bis zum Regimentskommandeur, zahlreiche Verwendungen in der Personalführung bis auf Ämterebene, Verwendungen im Generalstabsdienst bis zum BMVg, derzeit Bereichsleiter Konzeption und Weiterentwicklung am ZInFü, Einsatz bei EUFOR in Bosnien-Herzegowina in 2006.

Kiesewetter, Roderich seit 2009 MdB (CDU), Obmann der CDU/CSU Bundestagsfraktion im Auswärtigen Ausschuss, Vorsitzender des Bundesfachausschusses der CDU für Außen-, Sicherheits-, Entwicklungs-, Menschenrechtspolitik, Mitglied der Rühe-Kommission zur Überprüfung und Sicherung der Parlamentsrechte bei Mandatierung von Auslandseinsätzen der Bw; Oberst a.D. – Führungs-/Stabsverwendungen in Truppe, BMVg, NATO, EU, Präsident des Verbands der Reservisten der Deutschen Bundeswehr e.V.

Kwasny, Sabine geboren 1982 in Wiesbaden, jetzt wohnhaft im Elbe-Weser-Dreieck, seit 2012 verheiratet mit Stabsfeldwebel Jan Kwasny (seit 1994 bei der Bw, jetzt Fallschirmjägerregiment 31 in Seedorf), zwei Kinder (geb. 2013 und 2016).

Liese, Julian Kapitänleutnant, 2006 Eintritt in die Marine – 2011 in die spezialisierten Einsatzkräfte der Marine (SEK M), anschl. Einsatzoffizier der Boardingkompanie SEK M. Seit April 2014 Zugführer der Bordeinsatzkompanie des Seebataillons, dort z.Zt. Stellvertretender Kompaniechef, 2 Einsätze im Mittelmeer: 1. DEU EinsKtgt Seenotrettung (2015), EUNAVFOR MED - Mission Sophia (2015/2016).

Most, Bruno Oberstarzt, seit März 2016 Abteilungsleiter (AL) A (Konzeption, Planung, Internationale Zusammenarbeit, fachliche Angelegenheiten, sanitätsdienstlicher Einsatz) im Kommando Sanitätsdienst der Bw, dort zuvor AL Spezialstab; 2007–2015 G3 Sanitätskommando III und G3 Kdo Sanitätsdienstliche Einsatzunterstützung in Weißenfels, Einsätze: Task Force Fox in Mazedonien (2001/2002), zweimal ISAF in Kabul (2008/2009) und Mazar-e-Sharif (2011/2012).

Nachtwei, Winfried 1994-2009 Mitglied des Deutschen Bundestages, ab 2002 sicherheits- und abrüstungspolitischer Sprecher der Grünen-Fraktion; beteiligt an 20 Mandatsentscheidungen zu Afghanistan, 18 Besuche vor Ort, Ko-Vorsitzender des Beirats Zivile Krisenprävention beim Auswärtigen Amt, Leiter der AG Einsatzrückkehrer im Beirat Innere Führung beim BMVg, 2015 Leiter der Kommission „G36 im Einsatz", 1965-67 Wehrdienst.

Nichting, Andreas Hauptmann, September 2000 Diensteintritt in der Laufbahn der Mannschaften, 2 Einsätze (2001 KFOR-Orahovac, 2002 ISAF-Kabul), 2003 Wechsel in die Laufbahn der Offiziere, Maschinenbaustudium – Master of Engineering, anschl. Zugführer im FschJgBtl 373, 2013 Einsatz bei ISAF-Kunduz, Okt. 2013 bis März 2016 Kompaniechef 2./FschJgBtl 373, umgegliedert in 5./FschJgRgt 31.

Nolte, Almut Oberstarzt (Allgemein-, Rettungs- und Sportmedizin, Chirotherapie, Diabetologie), seit Mai 2015 Leiterin Stabselement „Chancengerechtigkeit im Geschäftsbereich des BMVg" beim Abteilungsleiter Personal, zuvor u.a. Leiterin Institut für Wehrmedizinalstatistik und Berichtswesen der Bw, Referatsleiterin im Kommando Sanitätsdienst der Bw, Leiterin Sanitätszentrum Mainz, Einsatz: 2002 KFOR.

Pauker, Martin Kapitänleutnant, Juli 2003 Diensteintritt als Soldat in der Laufbahn der Offiziere, 2004-2007 Betriebswirtschaft-Studium – Diplom Betriebswirt, anschl. Offizierlehrgänge, 2009-2013 Wachoffizier auf Schnellbooten Klasse 143A, seit September 2014 Kommandant des Flugkörperschnellbootes S80 HYÄNE, 4 Einsätze (2009, 2011, 2012, 2015 UNIFIL Maritime Operations).

Peddinghaus, Dirk Kapitän zur See, Bereichsleiter Internationale Kooperation am ZInFü, zuvor u.a. Tutor Generalstabs-/Admiralstabslehrgang an Führungsakademie der Bw, Nutzungsleiter P 3 Orion Waffensystemkommando der Lw, Kdr Technische Gruppe Marinefliegergeschwader 2, Logistikstabsoffizier Sanitätskommando 1, Referent beim Parlamentarischen Staatssekretär im BMVg, Walter Kolbow.

Rauer, Felix Oberstabsgefreiter, Fachhochschulreife, Oktober 2005 Eintritt in das Panzergrenadierbataillon (PzGrenBtl) 212 als Grundwehrdienstleistender (W9), anschl. 4 Jahre Zeitsoldat, Verwendung als Panzergrenadier und Kraftfahrer, 3 Einsätze in Afghanistan (ISAF): 2008 Mazar-e-Sharif/Kunduz, 2009 und 2010 in Feyzabad/Kunduz, seit 2012 im Lotsenteam PzGrenBtl 212, Ernennung zum Berufssoldaten in 2013, aktuell Stabsdienstsoldat in der Ausbildungsunterstützungskompanie 212, demnächst Start des Ausbildungsganges zum Personalfeldwebel.

Rücker, Janine geboren 1982 in Brandenburg, wohnhaft in Norddeutsch-land, seit 2005 verheiratet mit Major Matthias Rücker (IT-Stabsoffizier im Logistikzentrum Wilhelmshaven, 2001 Diensteintritt bei der Bw), drei Kinder (geb. 2006, 2008, 2009).

Sauer, Walter Oberst a. D., zuletzt Bereichsleiter Menschenführung, Lehrstabsoffizier und Lehrgangsleiter, Leiter Entwicklung und Durchführung des Coachingprojekts „Führungsbegleitung in militärischen Organisationen" am ZInFü; Einsatz: Teilnehmer 3. (GE) KFOR-Kontingent im Stab MNB (S), Prizren; Stellvertretender Vorsitzender Freundeskreis ZInFü e. V., Koblenz.

Schneider, Axel Oberst i. G., seit März 2013 im Zentrum für Verifikationsaufgaben der Bw, seit Oktober 2014 Abteilungsleiter Zentrale Rüstungskontrollaufgaben, zuvor Verwendungen auf Ministeriums-, NATO-, Ämter- und Truppenebene (Korps, Division, Kdr Panzerbataillon 154), Generalstabsausbildung an der Führungsakademie der Bw, 2 Einsätze bei ISAF: 2006 in Pol-e-Charkhi, 2011/12 in Mazar-e-Sharif.

Schneider, Jochen Oberst, seit Sept. 2015 Leiter Ausbildungsbereich Panzertruppen (PzTr)/General der PzTr, Vorverwendungen: als Stellvertretender Kdr Panzerbrigade 12, im Kommando Operative Führung Eingreifkräfte, im BMVg und als Kdr Panzergrenadierbataillon (PzGrenBtl) 122, Einsätze: letzter deutscher Kdr in Kunduz (ISAF)von Juni bis Nov. 2013, Kdr 1. Deutsches Einsatzkontingent Ausbildungsunterstützung Nord-Irak im 1. Halbjahr 2015.

Schneiderhan, Wolfgang General a. D., Juli 2002 bis Ende 2009 Generalinspekteur der Bw, zuvor im Bundesministerium der Verteidigung Leiter Planungsstab, Stabsabteilungsleiter für Militärpolitik und Streitkräfteplanung, 2014/2015 Mitglied der Rühe-Kommission zur Überprüfung und Sicherung der Parlamentsrechte bei der Mandatierung von Auslandseinsätzen der Bw.

Schnell, Gerd Oberstleutnant, seit Februar 2013 Staffelkapitän der zwei Fliegenden Staffeln beim Taktischen Luftwaffengeschwader 31 ‚Boelcke' (Nörvenich), von Oktober 2015 bis Januar 2016 Kontingentführer des Deutschen Kontingents Verstärktes Air Policing Baltikum in Estland, erstmals 2010 im Einsatz bei ISAF im Alliierten Hauptquartier in Kabul.

Schönau, Karsten Oberstleutnant, seit Juni 2015 am ZInFü im Bereich Spitzenpersonalcoaching, dort IHK-Zertifizierung zum Leadership-Coach Bw. Letzte Verwendungen/Ausbildungen: Fachlehrer für Kommunikation, Team-Prozesse und Konfliktmanagement, Chief-Analyst Knowledge-Development, Verbindungs-/Austauschoffizier zur/in der U.S. Army, Einsätze: 2009 (ATALANTA), 2011 (ISAF).

Schultze, Stefan Stabsfeldwebel, verheiratet, zwei Kinder, seit Juli 1993 in der Bw, Verwendungen im PzGrenBtl 152, Jägerregiment 1 und (aktuell) im Jägerbataillon 1 jeweils in Schwarzenborn, 4 Einsätze, von 2011 bis 2014 als Lotse (Betreuer) für einsatzgeschädigte Soldaten eingesetzt, zurzeit als S1 Feldwebel verwendet.

Schumacher, Guido Stabsfeldwebel, Dienstantritt 1990 in der Ausbildungskompanie eines Fernmeldebataillons, anschl. Verwendungen in Fernmeldeverbänden und ZInFü, ausgebildeter IT- und Medienproduktionsfeldwebel, aktuell Angehöriger Betriebszentrum IT-System der Bw in Rheinbach, Auslandseinsatz: 2015 in Liberia (Ebola-Hilfe).

Seiffert, Anja, Dr. Politikwissenschaftlerin, Leiterin des Projektbereiches Sozialwissenschaftliche Einsatzbegleitung und Einsatzdokumentation am ZMSBw, Forschungsschwerpunkte: Militärsoziologie und Auslandseinsätze, dabei mehrfach in Einsatzländern auf dem Balkan und in Afghanistan.

Sembritzki, Jared Oberst i.G., seit Juli 2015 Chef des Stabes (CdS) 10. Panzerdivision, vorher u.a. G3 Operationsstabsoffizier im Kdo Spezialkräfte, Kdr Gebirgsjägerbataillon 231, Adjutant beim Generalinspekteur der Bw, Master-Studium National Security Strategy an National Defense University in Washington D.C., 4 Einsätze: Chef Einsatzkompanie (KFOR 2001), Stv Kdr Einsatzverband Spezialkräfte (ISAF 2006), Kdr Quick Reaction Force 5 (ISAF 2010), CdS Train Assist Advise Command NORTH (RS 2015).

Spindler, Walter Generalmajor, seit Juli 2013 Kdr Ausbildungskommando, zuvor u.a. Stellvertretender Kommandierender General Eurokorps, Abteilungsleiter im Heeresamt (zuständig für Ausbildung), Kdr Deutsch-Französische Brigade, Kdr der Kabul Multinational Brigade von Juli 2004 bis Januar 2005 – zugleich deutscher Kontingentführer bei ISAF.

Steyer, Adriano Leutnant, Leiter Zelle Personal-Steuerung-Auslandseinsatz im Panzerbataillon 203 in Augustdorf; zuvor Panzerzugführer in der dortigen Kompanie, vor Wechsel in die Laufbahn der Offiziere Personalfeldwebel im Führungsunterstützungsbereich der Luftwaffe in Köln-Wahn.

Stöckmann, Bernd Oberst, seit März 2014 Kommodore Flugabwehrraketengeschwader 1 in Husum, zuvor Verwendungen im Einsatzführungskommando, im BMVg, im Kommando Einsatzverbände Lw und als Kdr Flugabwehrraketengruppe 24 in Bad Sülze. Einsätze: von Juli 2013 bis Januar 2014 Kdr des 2./3. EinsKtgt AF TUR in Kahramanmaras, 2009/2010 Senior Mentor eines Operation Mentor and Liaison Team in Kunduz (ISAF),

Thiels, Christian Chef vom Dienst der ARD-Tagesthemen und Verteidigungsexperte der Tagesschau in Hamburg, zuvor im ARD-Hauptstadtstudio Berlin Ressortleiter Verteidigung und Sicherheitspolitik, u.a. 2007 Grimme Preisträger (Online Award Information) für redaktionelle Verantwortung und Autorenschaft im Team des Tagesschau-Blog's.

Tillmann, Karl Rüdiger Oberstleutnant, 6 Jahre Dezernatsleiter für Beobachtermissionen im EinsFüKdoBw, zuvor u.a. Verwendungen im ZInFü, VN-Ausbildungszentrum in Hammelburg und UN-Hauptquartier in New York, 2 Kontingenteinsätze: SFOR und ISAF, 3 UN-Einsätze: UNOMIG (Georgien 1995/96), UNMIS (Sudan 2011/12) und UNAMA (Afghanistan 2014/15), jetzt Referent für Sicherheitspolitik am Planungsamt der Bw.

Ulrich, Uwe, Dr. Oberstleutnant, Diplompädagoge, seit 2013 Dozent an der Führungsakademie der Bw in Hamburg, dort u.a. mit Fragen der soziokulturellen Vielfalt befasst, zuvor fünf Jahre verantwortlich für Aufbau und Betrieb der Zentralen Koordinierungsstelle Interkulturelle Kompetenz am ZInFü, Einsatz bei KFOR.

Von der Leyen, Ursula, Dr. Ärztin, seit 17. Dezember 2013 Bundesministerin (BM'in) der Verteidigung, 2009-2013 BM'in für Arbeit und Soziales, 2005-2009 BM'in für Familien, Senioren, Frauen und Jugend, seit 2009 Mitglied des Bundestages (CDU), von 2003 bis 2005 Mitglied des niedersächsischen Landtages und niedersächsische Ministerin für Soziales, Familien, Frauen und Gesundheit.

Wächter, Karsten seit März 2014 evangelischer (ev.) Gemeindepfarrer in Bad Neuenahr, zuvor 12 Jahre ev. Militärpfarrer/Militärdekan in Koblenz und Potsdam, zwei Einsätze: 2004 in Sarajewo (SFOR) und 2009/2010 in Kunduz (ISAF).

Weber, Stephan, Dr. iur., LL.M. (U.E.A.) Direktor, ab 2008 Aufbau der Zentralen Ausbildungseinrichtung für die Rechtspflege der Bw (ZAR) am ZInFü, seit 2013 Beauftragter für die Rechtsausbildung in den Streitkräften und Abteilungsleiter Recht/ZAR am ZInFü, Einsatz: 1998 als Rechtsberater-Stabsoffizier des Nationalen Befehlshabers im Einsatzland des deutschen Heereskontingentes SFOR.

Weggel, Horst Oberstabsfeldwebel, Oktober 1983 Eintritt in die Bw, Verwendungen in 7 Artillerieverbänden/-einheiten in Regensburg, Bayreuth, Lahnstein, Tauberbischofsheim Eggesin, Weißenfels, seit 2002 im Zentralen Sanitätsdienst (ZSanDst) in Weißenfels und Koblenz einsetzt, 10 Einsätze: KFOR (1999), SFOR/EUFOR (2004, 2005), ISAF (2006, 2007, 2009, 2010, 2012, 2014), aktuell Sachbearbeiter im Kommando ZSanDst in Koblenz.

Weigt, Jürgen Generalmajor, seit Mai 2013 Kdr ZInFü, zuvor Kdr der Offizierschule des Heeres, Stabsabteilungsleiter im multinationalen Kommando Operative Führung, Kdr der Panzerbrigade 21, 3 Einsätze: einmal UNPROFOR/IFOR in Sarajewo, zweimal bei ISAF in Kabul und Mazar-e-Sharif – hier deutscher Kontingentführer und Regionalkommandeur Nord von Juli 2008 bis Januar 2009.

Wieker, Volker General, seit 21. Januar 2010 Generalinspekteur der Bw, gemäß Dresdener Erlass vom 21. Februar 2012 höchster militärischer Repräsentant und militärischer Berater der Bundesregierung, verantwortlich für Gesamtkonzeption der militärischen Verteidigung, einschl. Planung, Weiterentwicklung und Führung der Streitkräfte, truppendienstlicher Vorgesetzter aller Soldaten der Bw, 3 Einsätze: 1996 (IFOR), 2001 (KFOR) und 2009 (ISAF).

Wilke, Carl-Mathias Oberstleutnant a.D., Diplomkaufmann, von 2008 bis 2013 Leiter der Zentralen Ansprechstelle für die militärische Ethikausbildung am ZInFü, in dieser Zeit zahlreiche Gastvorträge zur Militärethik an Akademien sowie Aus- und Weiterbildungseinrichtungen im In- und Ausland – vorwiegend in Europa, aber auch in Afrika und Asien, Mitglied im Vorstand Freundeskreis ZInFü e.V.

Wüstner, André Oberstleutnant, seit November 2013 Bundesvorsitzender (BV) des Deutschen BundeswehrVerbandes e.V., davor 4 Jahre Stellvertretender BV, von 2008 bis 2013 Sprecher des Gesamtvertrauenspersonenausschusses beim BMVg, zuvor u.a. Dozent am ZInFü für Menschenführung, Betreuung und Fürsorge, Kompaniechef, Einsätze bei KFOR und ISAF.

Carola Hartmann Miles-Verlag

Politik, Gesellschaft, Militär

Wolf Graf von Baudissin, *Grundwert Frieden in Politik – Strategie – Führung von Streit-kräften,* hrsg. von Claus von Rosen, Berlin 2014.

Wolf Graf von Baudissin, *Der Widerstand. „… um nie wieder in die auswegslose Lage zu geraten… ",* hrsg. von Claus von Rosen, Berlin 2014.

Marcel Bohnert, Lukas J. Reitstetter (Hrsg.), *Armee im Aufbruch. Zur Gedankenwelt junger Offiziere in den Kampftruppen der Bundeswehr,* Berlin 2014.

Arjan Kozica, Kai Prüter, Hannes Wendroth (Hrsg.), *Unternehmen Bundeswehr? Theorie und Praxis (militärischer) Führung,* Berlin 2014.

Angelika Dörfler-Dierken, Robert Kramer, *Innere Führung in Zahlen. Streitkräftebe-fragung 2013,* Berlin 2014.

Eberhard Birk, Heiner Möllers (Hrsg.), *Luftwaffe und Luftkrieg,* Berlin 2015.

Phil C. Langer, Gerhard Kümmel (Hrsg.), *„Wir sind Bundeswehr." Wie viel Vielfalt benötigen/vertragen die Streitkräfte?,* Berlin 2015.

Jéronimo L. S. Barbin, *Imperialkriegführung im 21. Jahrhundert. Von Algier nach Bagdad. Die kolonialen Ursprünge der COIN-Doktrin,* Berlin 2015.

Dirk Freudenberg, *Counterinsurgency. Aufstandsbekämpfung als Phase zur Überwindung schwacher Staatlichkeit und zur Etablierung des Aufbaus einer stabilen Nachkriegsordnung,* Ber-lin 2016.

Marcel Bohnert, Björn Schreiber (Hrsg.), *Die unsichtbaren Veteranen. Kriegsheimkeh-rer in der deutschen Gesellschaft,* Berlin 2016.

Alois Bach, Walter Sauer (Hrsg.), *Schützen, Retten, Kämpfen – Dienen für Deutschland,* Berlin 2016.

Christian Göbel, *Glücksgarant Bundeswehr? Ethische Schlaglichter auf einige neuere Studien des ZMSBw im Kontext von Sinn und Glück des Soldatenberufs, Innerer Führung und Einsatz-Ethos,* Berlin 2016.

Jahrbuch Innere Führung

Uwe Hartmann, Claus von Rosen, Christian Walther (Hrsg.), *Jahrbuch Innere Führung 2009. Die Rückkehr des Soldatischen,* Eschede 2009.

Helmut R. Hammerich, Uwe Hartmann, Claus von Rosen (Hrsg.), *Jahrbuch Innere Führung 2010. Die Grenzen des Militärischen,* Berlin 2010.

Uwe Hartmann, Claus von Rosen, Christian Walther (Hrsg.), *Jahrbuch Innere Führung 2011. Ethik als geistige Rüstung für Soldaten,* Berlin 2011.

Uwe Hartmann, Claus von Rosen, Christian Walther (Hrsg.), *Jahrbuch Innere Führung 2012. Der Soldatenberuf zwischen gesellschaftlicher Integration und suis generis-Ansprüchen,* Berlin 2012.

Uwe Hartmann, Claus von Rosen (Hrsg.), *Jahrbuch Innere Führung 2013. Wissenschaften und ihre Relevanz für die Bundeswehr als Armee im Einsatz,* Berlin 2013.

Uwe Hartmann, Claus von Rosen (Hrsg.), *Jahrbuch Innere Führung 2014. Drohnen, Roboter und Cyborgs – Der Soldat im Angesicht neuer Militärtechnologien,* Berlin 2014.

Uwe Hartmann, Claus von Rosen (Hrsg.), *Jahrbuch Innere Führung 2015. Neue Denkwege angesichts der Gleichzeitigkeit unterschiedlicher Krisen, Konflikte und Kriege,* Berlin 2015.

Einsatzerfahrungen

Kay Kuhlen, *Um des lieben Friedens willen. Als Peacekeeper im Kosovo,* Eschede 2009.

Sascha Brinkmann, Joachim Hoppe (Hrsg.), *Generation Einsatz, Fallschirmjäger berichten ihre Erfahrungen aus Afghanistan,* Berlin 2010.

Artur Schwitalla, *Afghanistan, jetzt weiß ich erst… Gedanken aus meiner Zeit als Kommandeur des Provincial Reconstruction Team FEYZABAD,* Berlin 2010.

Uwe Hartmann, *War without Fighting? The Reintegration of Former Combatants in Afghanistan seen through the Lens of Strategic Thought,* Berlin 2014.

Rainer Buske, *KUNDUZ. Ein Erlebnisbericht über einen militärischen Einsatz der Bundeswehr in Afghanistan im Jahre 2008,* Berlin ²2016.

Standpunkte und Orientierungen

Daniel Giese, *Militärische Führung im Internetzeitalter – Die Bedeutung von Strategischer Kommunikation und Social Media für Entscheidungsprozesse, Organisationsstrukturen und Führerausbildung in der Bundeswehr,* Berlin 2014.

Dirk Freudenberg, *Auftragstaktik und Innere Führung. Feststellungen und Anmerkungen zur Frage nach Bedeutung und Verhältnis des inneren Gefüges und der Auftragstaktik unter den Bedingungen des Einsatzes der Deutschen Bundeswehr,* Berlin 2014.

Uwe Hartmann (Hrsg.), *Lernen von Afghanistan. Innovative Mittel und Wege für Auslandseinsätze,* Berlin 2015.

Fouzieh Melanie Alamir, *Vernetzte Sicherheit – Quo Vadis?,* Berlin 2015.

Hartwig von Schubert, *Integrative Militärethik. Ethische Urteilsbildung in der militärischen Führung,* Berlin 2015.

Uwe Hartmann, *Hybrider Krieg als neue Bedrohung von Freiheit und Frieden. Zur Relevanz der Inneren Führung in Politik, Gesellschaft und Streitkräften,* Berlin 2015.

Klaus Beckmann, *Treue.Bürgermut.Ungehorsam. Anstöße zur Führungskultur und zum beruflichen Selbstverständnis in der Bundeswehr,* Berlin 2015.

Militärgeschichte

Dieter E. Kilian, *Adenauers vergessener Retter – Major Fritz Schliebusch,* Berlin 2011.

Ingo Pfeiffer, *Gegner wider Willen. Konfrontation von Volksmarine und Bundesmarine auf See,* Berlin 2012.

Dieter E. Kilian, *Kai-Uwe von Hassel und seine Familie. Zwischen Ostsee und Ostafrika. Militär-biographisches Mosaik,* Berlin 2013.

Peter Heinze, *Berliner Militärgeschichten,* Berlin 2013.

Ingo Pfeiffer, *Seestreitkräfte der DDR,* Berlin 2014.

Ulrich C. Kleyser, *Lazare Carnot. "Le Grand Carnot". Ein Charakterbild,* Berlin 2016.

Eberhard Birk, *"Auf Euch ruht das Heil meines theuern Württemberg!" Das Gefecht bei Tauberbischofsheim am 24. Juli 1866 im Spiegel der württembergischen Heeresgeschichte des 19. Jahrhunderts,* Berlin 2016.

Erinnerungen

Blue Braun, *Erinnerungen an die Marine 1956–1996,* Berlin 2012.

Harald Volkmar Schlieder, *Kommando zurück!,* Berlin 2012.

Reinhart Lunderstädt, *Aus dem Leben eines Hochschullehrers. Persönlicher Bericht,* Berlin 2012.

Wulf Beeck, *Mit Überschall durch den Kalten Krieg. Mein Leben für die Marine,* Berlin 2013.

Jan Becker, *Aufgewühltes Wasser,* 3 Bde., Berlin 2014.

Klaus Grot, *So war's, damals. Dienstchronik eines Pionieroffiziers im Kalten Krieg 1954–1991,* Berlin 2014.

Gustav Lünenborg, *Bürger und Soldat. Innere Führung hautnah 1956–1993, 1993–2015,* Berlin 2015.

Adolf Brüggemann, *Als Offizier der Bundeswehr im Auswärtigen Dienst. Meine Erinnerungen als Militärattaché in Seoul (Republik Korea) 1978–83 und in Prag (Tschechoslowakei/Tschechien) 1988–1993,* Berlin 2015.

Rainer Buske, *Eine Reise ins Innere der Bundeswehr. Wundersame Geschichten aus einer anderen Welt,* Berlin 2016.

www.miles-verlag.jimdo.com